日本書紀の研究ひとつ

ジョン・ロックのように日本書紀を読んだなら

山田宗睦

風人社

日本書紀の研究ひとつ

ジョン・ロックのように日本書紀を読んだなら

「自分に課したのは、一定の理論を前提にして関係資料を蒐集するのではなく、史書を丹念に読むことから自ずと明らかになって来る歴史展開の筋道を叙述することであった。そのようにして各正史を次々と読みすすんでゆく作業は、その一見雑然たる記事にもかかわらず予想外に魅力あるものであった」。——谷川道雄『隋唐世界帝国の形成』(学術文庫版あとがき、傍点山田、本書九つ章、二九三頁注を見よ)

「われわれは、そろそろ、日本書紀の記述を相対化し、それとは別の歴史の可能性を視野に入れて、考察を進めていかなければならないだろう」。——吉田一彦『仏教伝来の研究』(二〇一二年、傍点山田、本書九つ章、三一八頁注を見よ)

日本書紀の研究ひとつ

まえがき

「記紀神話」をどう読んでも天皇支配の枠組しかでてこない、と書いたのは、四〇代の後半に入ったころだった。そのころはまだ自分の力量を見極めることができなかった。能がないのにがさつな論を書きつづけた。還暦になって自分の力量に見切りをつけ、評論家その他を捨てる決心をした。ではなにをやるのか、日本書紀を読もう、未完でもいいから日本書紀の注釈にうちこもう。ふりかえってみると、日本書紀を岩波文庫旧版でさいしょに読んだのは、旧制水戸高校に入学し、古典研究部に入った、昭和一六（一九四一）年である。それからじつに七五年もがたつ。

いまの私には、書紀はけっして天皇支配の枠組を語っているだけのものではない。枠組の向こうに透けて見えるものを、書紀は消し去っていないのである。そのことに気づくのと、日本書紀の読み甲斐を知ったのとは、同時であった。このときから、日本書紀を日本の古典とためらうことなくよべるようになった。

もはや死語だが、私たちの世代は戦中派とよばれた。すでに鬼籍に入った安田武や渡辺清やをふくめて、戦争、天皇、神話にこだわってきた。私たちのような戦中派もそうだが、年長のおだやかな戦前派でもそうではなかったか。ジョン・ロック『市民政府論』*の訳者、鵜飼信成は、その解説（一九六七・一一）で、こう書いた、――「ロックが、このフィルマーの所説［王権神授説］を、フィルマーと同様に聖書を根拠として、反駁してゆく論争の進め方は、読物としても、まことに面白い。ことに、家と国とは同じ構造をもち、国の主権者（天皇）は、国民の父となり、国民は主権者の子であって、この支配権は、神から与えられたものとして、その正統の相続人に代々うけつがれて行くという思想を最近までもっていたわれわれ日本人にとって、それをロックがしたように、建国神話自身に基づいて反駁するすべがないようにみえるだけに、ロックの、聖書の字句を引いての進退自在な鋭い論法は、いかにもうらやましく思われる。おそらく、このように思想史に一つの断層をもつことが、日本政治の近代化を、いちじるしく妨げているのであろう」（傍点引用者）と。

　いまの私に、そのすべはあるようにみえる。日本書紀にもとづいて天皇王権神授説に反駁することができる。加えて「日本政治の近代化」への思想史の断層を埋めることができるとすれば、望外のことである。日本書紀を読んだ甲斐があったというべきである。

　本書は前・後篇の二篇からなる。

　前篇は、アマテラスがいわゆる神代の「神」ではなく、六八九年（持統三）に公表された政治的な産物であることを証明し、そうと知れば、日本（書）紀がどのように作られたのかをも明らかにできることに、及んでいる。

　前篇のいま一つの論点は、私たちが学生の頃からの通説である大化の改新は存在せず、また戦後の大化改新否定論が替って唱えたいわゆる乙巳《いっし》の変《クーデター》もまた虚構であり、実態すなわち史実としては、ソガ王朝から天皇王朝への王朝交替であった、ということにある。

　加えて、ほぼ発掘調査の完了した飛鳥浄御原宮についての通説を批判し、この宮に大極殿はなかったことを、最終章「覚え書」一、二で論じ、ひいては宮跡三層の遺構の比定についても異論を述べている。

　後篇は、すでに一七年前に刊行した、古代史と日本書紀（一九九九年）の再録だが、日本（書）紀の巻第七、八、九の中に、倭国史を日本国史（日本〈書〉紀）に書き替えた部分があることを指摘した。それは、倭国がどのように形成されたのかに復元でき、そうと知れば、倭国はヤマト（大和）ではなくチクシ（筑紫）に存在し、その倭国創世史が、いわゆる天孫降臨「神話」と、七、八、九の三巻の部分とに書き替えられたことも分かってくる。

後篇の二・三つ章から前篇の四つ章にかけて、紀を作られた順序で読むことを提唱した。山片蟠桃・津田左右吉流の、紀を叙述（巻数、頁数、天皇の代）の順序で読解し、どこかに確実・不確実の画期点を打つ読み方では、紀の作為を超えることはできない。紀の各級レベルで作られた順序を見出しえたとき、紀の作為は明らかとなり、紀を如実に読みぬいたことになる。この点の解明は本書では、ほんの入口《とばくち》しか示していない。切に後考を俟つ。

おおよそ右が、わが紀伝（日本〔書〕紀研究ひとつ）の枢要である。

注 まえがきに注はおかしいが、副題にかかわるので簡単にふれておく。まえがきの前半に、紀の現代語訳に私がつけたあとがき（一九九一年一一月）の一部を再利用している。このときJohn Locke, Two Treatises of Government の岩波文庫版は、鵜飼信成訳（一九六八年）でその解説の一部をまえがきに引用した。二〇〇七年に加藤節訳・統治二論が出た（二〇一〇年、完訳統治二論として岩波文庫に入った）。みごとな訳業に加え、一七世紀人ロックの政治学とその神学的パラダイムとのかかわりをのべた解説に教えられた。加藤は、鵜飼信成訳・市民政府論について、ロックが「civil を political の同義語として使い、government に一八世紀以降に一般化する統治機構の意味を与えなかった」のに、civil を市民的、government を政府と訳したと、批判している。批判は正当だが、加藤はまた「あの狂気の時代にも、抵抗権や革命権を正当化した統治二論に注目する批判精神が存在した」と、鵜飼に敬意を表している。

目次

覚え書一　飛鳥の宮都論　四三九頁

併せて宮都と対応する七世紀半の東アジア史に及ぶ

問題　弟王子と兄王子　倭国に余豊・大和に翹岐　義慈王の太子は扶余隆　扶余豊は古王子　糺解は余豊、翹岐の行方は　前期難波宮は難波津と一体　真東西線の法円坂遺跡　飛鳥板蓋宮は　宮もまた揺れている　津田流文飾説は採らぬ　思いやり予言というべき注　板蓋宮・後岡本宮は無かった　ではⅠ期遺構はなにか　Ⅰ期遺構は北で20度西偏　小沢・林部説は採らぬ　岡本宮は焼けなかった　Ⅱ期遺構は板蓋宮でない　天武期に大極殿は無かった　東南郭は殯宮　そして殯宮が残った　アマテラスの奉宣も殯宮か

覚え書二　天武の殯　五三一頁

――是歳、蛇犬相交、俄而倶死

天武が死んだ　南院は公的天皇の空間　北四分の一は内裏的な空間　内郭の中枢部は内安殿と外安殿　浄御原宮の内郭は天武一代かけて完成　松田敏行による建物の復元考察　内安殿が正宮　大津謀反記事は不審な点が多い　天武期の殯の純粋な形誄で天武一代の治績が見渡せる　殯宮について検証する　天武期に大極殿はなかった　小沢毅・林部均説への疑問　浄御原宮の門（1西門）　浄御原宮の門（2東門）　小沢・林部説への反論　西門、大極殿にこだわって強弁　七世紀史の入口と中程と出口と　持統紀での天武殯記事　皇太子率公卿百寮人等　持統紀の誄は太政官高官たち　誄の終了と天武埋葬の奉宣　大内陵のこと　持統期の殯の多彩化（1無遮大会）　多彩化の2花縵　多彩化の3嘗　多彩化の4斎　天武一周忌の設斎は紀中五巻一五度　設斎は天武紀に4持統紀に4度　斎と設斎　設斎の斎《とき》　紀中の斎《とき》　多彩化の5奠　多彩化の6楯節儛　多彩化の7騰極・日嗣　蛇犬相交俄而倶死　文物之儀於是備矣

後篇　日本書紀と古代史（一九九九年刊、古代史と日本書紀を再録）

前篇　私の紀伝

一《ひと》つ章　持統三年八月条
——アマテラスの誕生と伊勢神宮の成立

日本書紀を読んでいて、ふっと立ちどまることがある。たとえば、巻第二一（用明紀）のはじめの方に、酢香手姫という皇女が出てくる。

日神に立ちどまる

酢香手姫皇女《すかてひめのひめみこ》ヲ以テ、伊勢神宮ニ拝シ〔この拝はイセの斎宮に任じた意〕、日神ノ祀《まつり》ニ奉《つか》エタ。㈣—五二、五三、㈣は岩波文庫本日本書紀分冊数、五二は頁数、以下同じ）

そして注がついている。「是ノ皇女ハ、此ノ〔用明〕天皇ノ時ヨリ、炊屋姫《かしきやひめ》〔推古〕天皇ノ世ニ逮《まで》日神ノ祀ニ奉《つか》エタ」云々。この期間を注＝或本は「三十七年間」としているが、この箇所に、たとえば、立ちどまるのである。

紀は、伊勢神宮の成立（建立）を、周知のように、巻第五（崇神紀）から第六（垂仁紀）にかけて記している。崇神六年条には、この年以前、天照《アマテラス》・倭大国魂《ヤマトオオクニタマ》二神を、大殿の内に並祭していたが、天皇は不安だった、そこで前者はトヨスキイリヒメ、後者はヌナキイリヒメに託して、大殿から移した、と書かれている。これをうけて、垂仁二五年三月条は、さらに倭姫命《やまとひめのみこと》がアマテラスを奉じ、その指示で伊勢国に祠を立て、斎宮を五十鈴川の上《ほとり》に興《た》てた、と記す。伊勢神宮は、一一代垂仁のときにできたというのである。だから、三一代用明のとき、スカテ皇女が斎宮となって伊勢神宮に奉仕したのは、日本書紀の文脈からすれば、異とするまでもないことになる。

それでも立ちどまるのは、用明紀の文に、伊勢神宮とならんで、アマテラスではなく、日神と記されているからである。注意深く日本書紀を読むなら、日神とアマテラスとが微妙に異なっているのを、知り得る（後篇、六つ章を参照）。巻第一は、イザナキ・イザナミ二尊が、国土と山川草木を生んだのち、「天下の主者」を生もうとして、第一に日神を生んだ、と書く。

是《ここ》に、共に日神を生んだ。大日孁貴《おおひるめのむち》と号《よ》ぶ。大日孁貴《たいにちれいき》、此は於保《[ほ]》比孁咩能武智《オオヒルメノムチ》と云う。……一書は天照大神《あまてらす》と云う。一書は天照大日孁尊《あまてらすおおひるめのみこと》と云う。（一―三四頁、史注1―一五四頁）

日神はヒルメ

日神を、本文では、擬人的な名で（オオ）ヒルメ（ノムチ）とよび、これがアマテラスと同じだとするのは、注、それも注に引用された別の資料（一書）だけである。日神（オオヒルメ）とアマテラスとはただちに同じではない。

スカテ皇女が拝した伊勢神宮には、アマテラスではなく、日神が祀られていたことになっている。巻第二一（用明紀）が記すところは、巻第六（垂仁紀）が記すのとは、微妙に異なり、一一代垂仁のときにできたとされていたアマテラスの伊勢神宮は、三一代用明のときには、なかったことになる。

日本書紀を読んで、ということはこの書物をもとに作られたいまの日本古代史を読んでも、どこかあいまいで、不安な感じがするのは、さしあたり三点ある。第一は天皇制（あるいは天皇王朝）はいつできたのか。第二に、アマテラスはいつ作られたのか。第三、伊勢神宮ができたのはいつか。この三点は、日本書紀の中に明確な記述がないようにみえる。したがって日本古代史にも、この三点について明確な定説がなく、不安である。第一はこの章では扱わないが、第二と第三にはこの章でとりくむことにしよう。

持統三年八月条の井上光貞の解

その手がかりが、巻第三十（持統紀）の三年八月壬午（二日）条の一七文字の記事である。百官会㆓集於神祇官㆒、而奉㆓宣天神地祇之事㆒。

百官ヲ神祇官ニ会集《あつ》メテ、天神地祇ノ事ヲ奉宣シタ。（五―二五六頁）

右について、古典文学大系本（＝岩波文庫本）の紀は、「何のための会集か未詳」と注しているが、これは、井上光貞（日本古代の王権と祭祀、一九八四年、東京大学出版会、第一編第一章）説につながっていく。こうである――ここにみえる「奉宣」は、天智紀一〇年正月甲辰（六日）条「東宮太皇弟奉宣」、同一〇月庚辰（一七日）条「請奉㆓洪業㆒、付㆓属太后㆒、令㆓大友王㆒、奉㆓宣諸政㆒」のように、何人《なんぴと》かが天皇の命をうけて事をおこなうことをいうようである。したがってこの内容も、百官が神祇官に集められて、そこで何人かが天神地祇のことについて天皇に替わって何事かを宣布したことを指している、と言えよう。その宣布された何事かの内容はすべて不明であるが、しかしこの記事は、神祇官が天神地祇の公的祭祀を掌るとされる神祇令第一条と関連することは、認めてもよいであろう（三六、三七頁、傍点原）。

このとき、井上の関心は、神祇令と神祇令祭祀に向いていたので、三年八月条も、天神地祇の公的祭祀を掌るとの神祇令一条とかかわらせて眺められている。それがこの記事の理解をさまたげたようである。

読解のかぎは百官にある。神祇官・太政官の全役人（百官）を、神祇官（役所）に集会させたのである。奉宣という用語は、臣下の天皇に対する言動が奉で、天皇が臣下に詔するのが宣だから、それぞれ方向がちがうが、持統が直接に詔を宣したのではなく、代理（たぶん神祇伯中臣朝臣大嶋）が持統にかわってその詔を宣し奉ったのである。詔の内容は天神地祇之事と書かれている。天神地祇と天神地祇之事とは、別事ではないか。井上は前者と解したから、この記事を、神祇令第一条、凡ソ天神地祇ハ者、神祇官皆依リテ二常典一ニ祭ル之、とかかわらせた。だが、神祇官に集会させられたのは、神祇官だけではなく、太政官もふくめた百官である。奉宣されたのは、天神地祇でもなく、それを祀る神祇令祭祀でもない。このとき公表（百官に奉宣）されたのは、アマテラスと、アマテラスを頂点とする天神地祇の体系であった。あらかじめ、一足跳びに言えば、持統三年（六八九）八月に、アマテラスは誕生したのである。

イザ二尊の子の代からは神世でない

ここまででは、持統三年八月条の解釈について、井上説と私説とでは、決め手を欠く水掛論になりかねない。日本書紀じしんは、アマテラスを「神代」からいた存在とし、垂仁のときに伊勢神宮に祠祀した、という構造をとっている。このためアマテラスの誕生については、紀の中に明確な記述がない。しかし、日本書紀は、日本書紀によって解読すべきだし、また解読できる。すこしまだるっこしいが、日本書紀を追って見ていくことにしよう。まず巻第一。

国常立《くにのとこたち》尊自《よ》リ、伊奘諾《いざなき》尊・伊奘冉《いざなみ》尊迄《まで》、是ヲ神世七代《かみよななだい》ト謂《い》ウ。（㈠―一二二頁）

大系本はここに「ここまでを神世とし、七代と数えている。神世の語、書紀を通じてこれ以外に無い」（㈠―一二三頁、注六）と注している。神世と神代にちがいはない。神代はイザナキ・イザナミ兄妹までである。それなのに、巻第一を神代上、巻第二を神代下とし、この二巻で神話が語られていると解する奇妙な通説が、大方の学者をとらえている。神世七代は、巻第一の第二段本文に記されている。そして古事記ですら此を引き継いでいる。

神世七代のうち一～六代は、新しく作られ、紀の冒頭に架上された。七代一一尊の神々のなかで、さいごのイザ二尊以外の、六代九尊はみな新しい。神世七代じたいが架空なのである。しかし第一巻冒頭の作者は、第二段本文の末尾に神世七代の語をいれることで、後代の読者に、ひとつはっきりした言伝《ことづて》をした。すなわち、イザ二尊の子の代からは神世ではない。イザ二尊の子の系譜は一様ではないが、すべて省略してただ一神だけをあげる。アマテラス大神。紀の作者は、アマテラスが神世の尊ではなく、新世の神だと知っていたのである。神世七代は、称号がすべて尊である。叙述（あるいは亘）の順序での紀のさいしょの注は、至貴ハ尊ト曰《い》イ、自余ハ命ト曰《い》ウ、並ビニ美《ミ》挙等《コト》ト訓《よ》ム、下皆《いかみな》此ニ效《なら》ヘ、である。このマニュアルで、神世七代はみな尊とされた。神世ではないアマテラス以下になると、あるいは神がつき、スサノオなどには尊がつく。このような称号の二重基準《ダブルスタンダード》は、巻第七（景行紀）前後にもあり、天皇の子を、皇子もしくは命・尊と混淆して表記している。神世に神の称号がなく、神世でない代に神の称号があらわれる。巻第一・二を神代とし、この二巻で神話が語られている、と解するのは、紀作者のおかしな表記を注意深く見ず、目眩ましされているからである。　（'07・4・20）

紀の冒頭で、アマテラスが神代の存在ではないことが明示されていた。紀作者はアマテラスが新しく（持統三年八月に）造作されていたことを、知っていたのである。つぎに、紀の最終巻（巻第三十・持統紀）へまわってみよう。

スデニ始アリタリ、又終リナカルベカラズ（西田幾多郎）。

三年八月の政治史的な背景

持統三年（六八九）八月は、一つの政治的意図ないし策謀が挫折し、それに終止符をうって、新たな転換を計るという時点である。周知のように、六八六年の九月九日に、天武が死んだ。皇子大津の謀反《ぼうはん》が迅速に処理されたのと対照的に、天武の殯は足かけ三年、のばしにのばしたようにつづき、大内陵に埋葬し終えたのは、持統二年（六八八）一一月であった。この時まで、公卿百寮人を率きつれては殯の中心に居らされた「皇太子」草壁が、三年四月に死んだ。衆望あつい大津にくらべ、草壁は凡庸だったようにみえる。ひきのばされた足かけ三年の天武葬は、偉大な父の殯の中心に草壁をおき、その間に政治的な求心力が生まれるのを期待してのことだったろう。（前篇、覚え書二・天武の殯を参照）

日本書紀は、皇后持統が、三年正月一八日に、吉野宮に行幸し、二一日にもどった、と書く。すでにこの時、草壁の病は絶望的とわかっていたであろう。草壁を天武後の天皇にという政治的意図はむなしくなった。持統一生の吉野行は三二回を数えるが、この時のは、大后持統が天武との原点にたちもどって、転換すべき路線を見定めるための緊迫した吉野行であったと思われる。その結論は、孫の文武が成人するまで自分が天皇位に即く、天皇位について夫天武の路線を確固としたものにする。思えば、天武一〇年（六八一）二月、天武、皇后がそろって出御して、王臣に律令をつくれ、と宣した（ただしこの文の信憑性に問題がある。五二五〜七頁参照）。つづいて三月、帝紀および上古の諸事（のちの日本紀）を記し定めよ、との宣が出た。即位を決意した持統は、まずもって律令と日本紀の両輪を、自分なりに、廻そうとする。

三年六月、紀は書く——諸司ニ令一部二十二巻ヲ班賜シタ。いわゆる浄御原令で、半年後に施行される。問題は日本紀の方である。持統は自分なりにいくらかの増補改訂を試みる。その第一が、三年八月条アマテラスの増補である。天武の皇子たちを押さえ、持統が即位するについては、自分を荘厳する光背がいる。アマテラスをもって自分を荘厳しよう。こうして皇祖タカミムスヒ—皇孫ニニギと定まっていた巻第二に、アマテラスが増補される。日本書紀を読む誰もが一度はもつ疑問、高天原の主宰神は、タカミムスヒなのかアマテラスか。そのもとは、アマテラスが新規におしこまれたことからくる。

持統とアマテラスとのきりはなせない関係は、持統の名（和風諡号）に表現されている。日本書紀は、その名を高天原広野姫とする。しかし続日本紀巻三、大宝三年（七〇三）一二月癸酉（一七日）条は、持統の一周忌にさいし諡《おくりな》して大倭根子《やまとねこ》天之広野日女尊と曰った、と記す。上の四文字ヤマトネコは、一種の天皇称号で、これが欠史八代のさいご、孝霊、孝元、開化の名にふくまれていて、この三代が持統以後に架上されたことを示している。根子以外（ここでは大倭）は地名。根子の根は、巻第一に母のいる根国とあったように、根本、根元を意味する。子は親称。その地の根本として地の人に親しみをもたれている、というほどの称号である。天之広野と高天原広野とでは、意味にちがいはない。しかし持統紀の作者が、天之をわざわざ高天原にかえたのは、これも後代の読者への言伝で、持統が高天原と、したがってアマテラスとも、きりはなせない存在だと、指示しているのである。

伊勢神宮の成立は持統六年三月

さて、アマテラスが新しい存在であることの状況証拠を、みてきたが、持統紀に即してもう少し絞った考察を試みることにしよう。持統六年（六九二）二月条に、こういう記事がある。

丁未（一一日）、諸官ニ詔シタ「当ニ三月三日ヲ以テ、伊勢ニ幸《いでま》サン、此ノ意ヲ知リテ、諸衣物ヲ備ウベシ」。

八日後の乙卯（一九日）、中納言直大弐《じきだいに》［従四位上］三輪朝臣《みわのあそみ》高市麻呂《たけちまろ》が、上表して、「天皇が伊勢に幸《いでま》さんと欲《のぞ》むのは、農事を妨《さまた》げる」と諌争した。右記事で注意をひくのは、三月三日と日まで特定して行幸を予告したことである。行幸の予告記事もめずらしいが、月日まで指定しているのはここ以外、ない。その当の三月三日の記事、――浄広肆《じょうこうし》［従五位下］広瀬王、直広参《じきこうさん》［正五位下］当麻真人《たぎまのまひと》知徳《ちとこ》、直広肆《じきこうし》［従五位下］紀朝臣弓張等を以て、留守官と為《し》たが、ここに中納言大三輪朝臣高市麻呂が、其の冠位《かんむり》を脱ぎ、朝《みかど》に擎上《さしあ》げて、重ねて諌《いさ》め、「農作の節、車駕《みかど》［きよが］は動いてはなりません」と曰った。そして辛未（六日）、天皇、諌《いさめ》ニ従ワズ、遂ニ伊勢ニ幸《みゆき》ス。このあとは、通過する国の国造や百姓たち、従う騎兵などへの恩賜記事しかないから、持統が日まで予告し、中納言が二度も諌争した、この行幸の内容・目的が分らぬ。推測するに、この行幸の目的は、三年八月に公表されたアマテラスを祀る、第一次伊勢神宮の落成式に臨幸すること、にあった。だから日まで特定して、行幸を予告したのである。第一次伊勢神宮とは多気大神宮のことである。続日本紀巻一、文武二年（六九八）一二月乙卯（二九日）条――遷《うつ》ス二多気《たけ》大神宮ヲ于度会郡《わたらえのこおり》ニ一、とみえる。

筑紫申真『アマテラスの誕生』

筑紫申真の衝撃的な『アマテラスの誕生』（角川新書、のち講談社学術文庫）が出たのは、一九六二年であった。一九七三年、足早に鬼籍に入ったこの人に、幸いにもあう機会をもちえたが、そのときの私に素養がなく、格別の討論はできなかった。筑紫は、文武二年一二月条をもって、伊勢神宮の成立記事とみた。「皇大神宮《こうたいじんぐう》のできた年は、意外にあたらしいのです。そして、日付までわかっているのです。文武天皇の二年（六九八）十二月二十九日に成立しました」（前掲書、2皇大神宮の成立、冒頭、学術文庫版18頁）。いまの私は、多気大神宮こそ第一次伊勢神宮で、持統六年三月に落成した、とみる。いまなら討論できるのに、と謙譲だった筑紫の風貌をおもいかえす。文武二年一二月条は、第二次伊勢神宮の成立記事である。多気大神宮の所在を滝の宮にあてる説（筑紫、田村圓澄・伊勢神宮の成立、一九九六年）は、多気郡から離れすぎる。宣長・記伝の佐那県にあてる方が、まだしもよい。

諫争した高市麻呂の氏名は、大三輪である。壬申の乱で天武側についた伊勢介三輪君子首《こびと》がいた。この人物は、天武五年八月に死んだが、そのときには、大三輪真上田子人君《まかむだのこびと》となっていて、天武がその死を哀《かな》しんだともある。壬申の功で、大三輪の名称をえたし、高市麻呂が中納言になれたのもそのせいである。しかし高市麻呂の諫争は、タテマエ上のもので、中納言が行幸は農繁期の民のわずらいになると止めたという記述は、事をあいまいにしている。大三輪はすなわち大神《おおみわ》（オオモノヌシ神）の祭主でもある。神体三輪山は天皇霊ともかかわるとされ（敏達一〇年閏二月条）、伊勢神宮ができると、神の序列第一から第二に降ることになる。大三輪の氏上としての高市麻呂は、伊勢神宮落成式への天皇行幸に、反対せざるをえなかったのである（田村圓澄・伊勢神宮の成立、一八四頁参照）。そして、諫争を無視され、大神および大三輪氏は失脚したのである。

神と人ともに失脚

神（大神）人（高市麻呂）ともに失脚した証拠はある。まず人。高市麻呂はこれ以後、紀に登場しない。復活したのは、続紀、大宝二年正月乙酉（一七日）、従四位上大神朝臣高市麻呂を長門守とした。官房長官だった人が県知事として復活したようなものだ。この年の一二月、持統が死ぬ。これで高市麻呂は都にもどることができた。大宝三年六月乙丑（五日）、高市麻呂は左京大夫（都知事）となったが、これがさいごの記事である。

次に神。持統六年五月庚寅（二六日）、使者ヲ遣ハシ、幣ヲ四所、伊勢、大倭、住吉、紀伊大神ニ奉リ、告グルニ新宮（藤原宮）ノコトヲ以テス。持統にとって、藤原宮の完成は、天武以来の政治課題の一つの達成であったから、それに関して、四所の大神への奉幣は、有意味の行為であった。一に伊勢（アマテラス）は当然として、二に大倭（現大和神社、旧大和国魂神社）はおさまりがわるい。ここは当然、大神《おおみわ》（オオモノヌシ）がおさまるべきところであった。大倭にかわったのは、大神の神の失脚を意味する。ついで一二月甲申（二四日）、大夫等ヲ遣ハシ、新羅ノ調ヲ、五社、伊勢、住吉、紀伊、大倭、菟名足《うなたり》ニ奉ル。おさまりのわるかった大倭が四位に下ったのは、それ相当のこととして、二位にいぜん大神はもどらない。事が二度つづくと、やはり神としての失脚が確かめられる。

こうして、持統三年八月に誕生したアマテラスが、同六年三月に落成した第一次伊勢神宮すなわち多気大神宮に祭祀されたのは、史実とみなされる。そしてこれが日本書紀の解読、ひいては日本古代史の構築の出発点である。アマテラスは、けっして神話の主役ではなく、持統が、四年正月の即位に先立ち、自己を荘厳すべく新たにつくったカリスマ像である。即位後の天皇、就任後の首相が、いまだに伊勢神宮（第二次）に詣でるほどのカリスマ像である。荘厳するのは、持統だけではない。しかしアマテラスが神話的存在ではなく、持統一代の作物・虚構にすぎないのなら、天皇位もまた政治的な作物・虚構ということになる。アマテラスは天皇位を神授のものとは根拠づけないのである。

アマテラス誕生と神武・崇神垂仁紀

日本書紀の諸側面の解読、ひいては日本古代史の構築については、追い追いに考究するとして、以上のアマテラス誕生の解明が、日本書紀のいくつかの巻の成立を知る手がかりになることを示して、この章をとじたい。

巻第三（神武紀）をみていくと、対照的な表現に気がつく。一つは、巻の冒頭、いわゆる東征の勅にある、我ガ皇祖高皇産霊《たかみむすひ》尊・大日孁《おおひるめ》尊（一—四七八頁）である。これと対照的なのが、神武即位前紀戊午年六月条の、我ガ天神天照大神（一—四八一頁）である。我天神——・——尊という表現と我皇祖——神、という表現は異なる。タカミムスヒにはこの章ではたちいって考察しなかったが、上に示したように巻第二で、高天原の主宰神を、タカミムスヒとするか、アマテラスとするか、二様の記述がある。つぎに、日神＝大日孁貴と天照大神とは、注所引の一書でつながっているだけで、実質別のものであった。我皇祖天照大神は、持統三年八月条のアマテラスの公表以後の表現である。これに対し我天神高皇産霊尊・大日孁尊は、天武期の表現とみなされる。タカミムスヒは後代、鎮魂祭に迎えられる神だが、鎮魂祭の起源は、天武一四年一一月丙寅（二四日）条、是ノ日、為ニ天皇ノ、招魂ス之、とされている。我天神高皇産霊尊・大日孁尊は、天武期の表現とみなしてもいいであろう。つまり、巻第三には、天武期に作られた部分と、持統期に作られた部分があるように思える。次の二つ章で解決したい一つの課題である。　（'07・4・21）

もう一つは、巻第五（崇神紀）・第六（垂仁紀）である。先述のように、この二巻にわたって、アマテラスが、崇神の大殿から五十鈴川の上へと移り、伊勢神宮が成立したと記されていた。ところが、あらためて巻第五の崇神六年条をみてみよう。

　是ヨリ先、天照大神・倭大国魂ノ二神ハ、並ビニ天皇ノ大殿ノ内ニ祭ル。（一—五〇三頁）

アマテラスは、事もあろうにヤマトクニタマ*（大和の地主神）と、大殿の内に並祭されていた。大神《おおみわ》の失脚ののち、そのあとの神社序列二位にいったんは入りながら、すぐに四位に下げられたヤマトクニタマと、である。この組み合せは通常なら生じない。生じたのは、オオミワの失脚以後である。このことは、崇神六年条が持統期に作られたということであり、ひいては伊勢神宮の建立をのべた垂仁二十五年三月条も、同じである。持統六年（六九二）の多気大神宮が、文武二年（六九八）に度会郡に遷って伊勢神宮となったのちに、書かれた。持統が死ぬ大宝二年（七〇二）の四年前である。垂仁紀は、アマテラスを託された倭姫命が、近江、美濃、伊勢と廻っていった、と記す。続紀によると、死の二カ月前、持統は参河国に行幸したが、伊賀国から伊勢国、美濃国、尾張国を経て参河へ行っている。

アマテラスの誕生を持統三年八月の事と確定すると、紀の各巻、巻の中の各部の成立年代を計ることができるようになる、と思われる。

（'07・4・22）

注　事もあろうにヤマトクニタマ。この言い方には、私が神々の序列でヤマトクニタマを劣視しているかのように取られるおそれがある。神々に序列をつけ位を与えたのは律令制天皇王朝である。神をも臣下とみて位を授けた。私はどこへ行っても当在の神社をのぞくが、お伊勢様だろうが路傍の石祠であろうが、すべて平等に私がきめた一定の少額を幣《まいない》する。事もあろうにという表現は、遅く来たアマテラスが巻第一、二の序列に入り、しかも最高位の高天原主宰神の一人とされているのに、それよりは旧いが巻第一、二に入れられず、巻第五で初出しながら、それでも巻第六、垂仁二五年の、それも本文ではなく、一云という注でようやくいくらかの説明がなされる倭大神（ヤマトクニタマ）――この紀じしんによる二神の格差づけ、差別を勘案して、それなのに天皇大殿に二神同居して処遇された意外さを、事もあろうにと言表したのである。右とは別だが、一般に意外な叙述や相容れぬ言表などは、紀を読むさい立ちどまる点であり、これを手がかりに紀の作られ方に迫る知的好奇心をひろげる好点でもある。

（この注'15・8・15）

補論一《ひとつ》　伊勢神宮の成立、二説

田村圓澄説

伊勢神宮の成立について、これまでその真実にもっとも近づいたのは、田村圓澄・伊勢神宮の成立（一九九六年）である。

田村は、右著の終章、伊勢神宮の創立をめぐって、で次のように記す。「律令国家成立の契機としての、「天照大神」――「天皇」――「日本」の三者の同時出現に注目しなければならない。出現の時期を同じくするこの三者は、また相互に不可分であった」（三〇二頁）、と。アマテラスの誕生、伊勢神宮の成立、律令的天皇制の創出と、この三者を同時に形成されたとし、この観点から伊勢神宮の成立を見る田村説は、これまでの研究にはなかった清新かつ本質に迫った成果と評価される。津田左右吉（日本古典の研究、上）が六世紀後半、直木孝次郎（日本古代の氏族と天皇）が五世紀後半ないし六世紀前半としたのに対し、田村説は七世紀末を以て伊勢神宮の創建とする。津田、直木に丸山二郎（日本古代史研究、一九四七年）の先行三研究について、「第三に、最も重要なことであるが、三者とも天照大神の「出現」の時期について論及されていない」（四頁）と田村は指摘している。

それでは田村は、天照大神の「出現」を、どうみたのであろうか。「天照大神を祀る伊勢神宮が創建され、律令体制において、太政官とあい並ぶ国家の最高機関としての神祇官が設置されたが、神祇官設置の眼目は、天神地祇の祭祀を通して、天照大神を日本の神々のなかの最高位に位置づけることにあったと考えられる」（六頁）。この考えから、田村は津田を批判している。津田は神代史を「物語」とし、天照大神の「出現」についても、「物語の述作」という視点でとらえているが、「物語のなかの天照大神と、国家祭祀の首座に置かれた天照大神とを、一体のものとしてとらえる視点が必要」（五〜六頁）だと田村はいう。「重要なのは、原初の天照大神が姿や形をととのえ、発展し、最終的に天武・持統期の律令国家構築の原動力となった事実である」（六頁）。

では、具体的に、アマテラスはいつ出現し、伊勢神宮はいつ創建されたのか。田村が出現という言葉を使うのは、アマテラスには、アマテラス以前、天上の日神とか地上の伊勢大神とかの前史があり、その延長上に「天照大神」として「みずからを現わした」（一一四頁）時点がある、と考えてのことだ。それはどの時点か。第六章「天照大神の出現」の一は、「天照大神と天武天皇」と標題している。(1)紀巻第二八（壬申紀）、天武元年（六七二）六月丙戌〔二六日〕条に、且、於㆓朝明郡迹太川辺㆒、望㆓拝天照大神㆒、とある。これは、釈日本紀、巻十五、天武上にひく安斗智徳日記に、廿六日辰時、於㆓明朝《（ママ）》郡迹太川上㆒、而拝㆓礼天照大神㆒、によったとみなされている。（ただし、智徳が持統三年に誕生した天照大神の名を記録したはずはない――山田記。）さすがに慧眼の田村は、(1)と(2)天武二年四月己巳〔一四日〕の大来皇女の「天照太神宮」派遣記事について、「注意されるのは、天武紀・持統紀において「天照大神」の名称が現われるのは右の二ヵ所だけであり、他は「伊勢大神」〔持統六年五月庚寅・同閏五月丁未条〕「伊勢神宮」〔天武三年十月乙酉・同四*年二月丁亥・朱鳥元年四月丙申条〕「伊勢神祠」〔持統称制前紀・朱鳥元年十一月壬子条〕「伊勢（社）」〔持統六年十二月甲申条〕とされており、すべて「伊勢」の文字が用いられていることである。つまり天武紀の初年に「天照大神」が二ヵ所にあらわれ、以後は持統紀の終わりまで「伊勢大神」などの名称が続き、「天照大神」の名称は現われない。したがって、六七二年（天武元）の時点で大海人皇子が望拝したのは「天照大神」ではなく「伊勢大神」ではなかったか。「伊勢大神」は滝原の地で祭られていた」（一一三頁）と指摘した。

注　以上〔　〕内は、それぞれの出典の注を便宜上、引用文の内に山田がいれたものである。なお伊勢（社）はもう一箇所、持統六年五月庚寅〔二六日〕条にある。

鋭い指摘だが、このあとのアマテラスの出現についての田村説は、ややメンタルな出現史に片寄っている。大海人は「伊勢大神」を望拝したが、「このとき「伊勢大神」を通して「天照大神」に出会った。その神は名前もなく、いわば原初の「天照大神」であったが、苦難に立ち向かう大海人皇子を励まし、任務と責任の重大さを自覚させた。ともあれ「天照大神」は、危機の大海人皇子の直観と自覚を通して、みずからを現わした」（一一四頁）。田村は、本書の前著『飛鳥・白鳳仏教史』上下（一九九四年）で、天武・持統の仏教帰依（下・三九頁）を述べたが、本書での壬申の乱時迹太川アマテラス出現説にも、それを援用し、なかでも仏法から帝王神権説、正法治世説をのべた金光明経を大海人が理解していた（下・三頁）ことを援用して、こう述べる――「伊勢の迹太川の辺にたどりつき、「伊勢大神」を拝した大海人皇子は、自身が神の子孫であること、また「正法」によって倭を統治する王者であることの直観と自覚をえた。この体験の根底に、「伊勢大神」とは異なる「天照大神」の原像があったと考えられる」（一一五頁）、と。

筑紫申真説

　天武壬申紀の冒頭にある、迹太川から望拝した「天照大神」への史料批判の鋭さと、右の「天照大神」が出現する場の「直観と自覚」とは、あわない感じがする。そういえば、衝撃的だった筑紫申真・アマテラスの誕生（一九六二年、角川新書）にも、同じような違和感があった。筑紫は、伊勢神宮の成立を、続紀、文武二年（六九八）十二月乙卯〔二九日〕条、遷二多気大神宮于度会郡〔評〕一、に求めた。これがわずかに思いちがいで、右記事は第二次伊勢神宮の成立である。第一次伊勢神宮は文中の多気大神宮のことで、その成立が持統六年三月であったことは、一つ章で述べておいた。そのちがいはあるが、伊勢神宮の成立時点について筑紫は文武二年一二月二九日と、簡明に指定していた。

　ところが書名としたアマテラスの誕生については、それほど簡明ではない。いやこれについても、この本の最末尾に「アマテラスの誕生した六九〇年代」（学術文庫版、二七六頁）とあるから、いま一歩までは接近していた。やや田村本からはなれるかもしれぬが、先に筑紫本に立ち入っておこう。筑紫本は12の章建てをもつが、その6が「アマテラスの誕生」である。その結論は、「持統三年にはアマテラスは未完成であり、天武の歿した年から持統十年のころには、まだ皇大神宮は成立していなかったといえる」（一一八頁）。「そこでアマテラスの誕生の年次をしぼ〔る〕……と、持統三年以後、（伊勢神宮が成立した）文武二年までの十年ばかりのあいだ」（一一八〜九頁）となる。「文武二年以前のいつに創立されていたのか」確定できないので「やむをえず文武二年以前の十年間といっておくより」（一一九頁）ない。

右のうち、③持統三年〔八月壬午〕は、すでに一つ章でみたようにアマテラスの誕生した時点である。そこを筑紫は、紀ではなく万葉の草壁への挽歌を挙げて、この時点はまだプレ天照大神の段階だったとみた。折口信夫系につらなる筑紫らしい挙証だが、紀の百官会二集於神祇官一、而奉二宣天神地祇之事一が、アマテラスの誕生の瞬間を書き留めたものと知れば、「文武二年以前の十年間」などとまだるい言い方をしなくてすんだのである。第一次伊勢神宮＝多気大神宮の落成は持統六年三月であった。

筑紫は、「アマテラスという架空の人物」はいつ「つくりあげられたのか」（一六頁）と明晰に言う一方で、「アマテラスは蛇だった」「アマテラスは織姫だった」として、その「三転する神格」を、日神→大日孁貴→アマテラス、と序列づけた（九〜一七頁）。蛇とみる根拠に、筑紫は「折口博士」（一五頁）の説をあげていた。「架空の人物」とみる一方で、折口の民俗学的新国学に沿ってアマテラスの神格を問う。むろんアマテラスはごく新しい架空の人物だが、これを高天原の神と仕立てるため、紀の巻第一・二はさまざまの工風、造作をした（七つ章を見よ）。しかしそのことと、筑紫がいう架空の人物とアマテラスの神格とのあいだの違和感とは、別である。前者は史料批判の対象（紀）のことなのに、後者は史料批判にさいしての筑紫の主観、方法にかかわってのことである。

一九六二年の筑紫申真、一九九六年の田村圓澄それぞれに、論述の上で違和感が生じているのは、持統期の紀がアマテラスを造作して以来、およそ一三〇〇年にわたって古代〜近代の日本政治史がつみ重ねてきた、アマテラスの荘厳化が、なおも史料批判者に重くのしかかるせいである。一度生じた歴史の惰性（エンゲルス）は、その増幅を破滅にいたるまで止めることはない。

田村説にもどる。その第十二章・伊勢神宮の創建、一、伊勢神宮造営の時期、である。こう書き始める、「中納言大神高市麻呂の再度にわたる諫止をしりぞけ、六九二年（持統六）三月に、持統天皇は伊勢行幸を決行した」（二〇四頁）。

そして言う、「注目されるのは、持統天皇が「神郡」を通過していることである」（二〇六頁）、と。田村は、竹内理三・筑前国観世音寺史（南都仏教二、一九五五年）が、寺封二百戸が施入された六八六年（朱鳥元）を、観世音寺の造営が開始された年としたのをあげ、「持統天皇が伊勢に行幸したとき、すでに神郡があり、天皇はそのひとつ、あるいは二つの神郡を通過している。すなわち伊勢神宮の造営のための伊勢神郡が、持統天皇の伊勢行幸の六九二年（持統六）の時点で設定されていた事実がうかがえる」（二〇六頁）。「したがって持統天皇の伊勢行幸が行われた六九二年（持統六）三月以前に、度会・多気の二神郡、またはいずれかの神郡が設置され、これを資財として伊勢神宮の造営が始まった、としなければならない。伊勢神宮の造営の完成の時期にあわせ、持統天皇の伊勢行幸が行われたことが考えられよう」（二〇六頁、傍点山田）。

注　田村は、「右の史料(2)〔持統六年三月一七日条〕により、持統天皇が通過した国は、近江・美濃・尾張・参河・遠江・伊賀・伊勢・志摩であったことが知られる」（二〇五〜六頁）、と書いているが、少し混同しているように思える。(2)には、過ぐる所の神郡及伊賀・伊勢・志摩の国造らとに冠位を賜ったとあるから、たしかに行幸したのは伊賀・伊勢・志摩であり、そのときの国造らの奉仕に冠位で報いたのである。この三地以外、近江・美濃・尾張・参河・遠江の五は、史料(5)〔同二九日条〕によると持統の行幸に供奉した騎士を出した地である。持統は大宝二年一二月の死の直前、病をおして参河まで行幸し、東国経営の基礎を固めたが、持統六年の時点では、行幸は神郡もふくめ伊賀・伊勢・志摩に限られていたのである。

右引の傍点部分で、田村は伊勢神宮創建の本質に迫ったのである。ところが、次の二、伊勢神宮の竣功で、田村はわずかにずれてしまう。その理由は、紀を紀によって読むことからそれ、後代（平安後期）の太神宮諸雑事記によって紀を読んだからである。それは、朱雀(鳥)三年〔＝持統二年〕九月に、伊勢二所太神宮〔度会宮と豊受宮〕の遷宮を廿年一度とし、これを長例とする、と定めたという記事である（式年遷宮）。諸雑事記は、もう一つ、持統女帝皇、即位四年、庚寅太神宮御遷宮、と記している。ここから田村は、「伊勢神宮の創建は、第一回の式年遷宮の年とされる六九〇年（持統四）ではなかったか」（二〇七頁）、とそれていってしまったのである。伊勢神宮の造営の完成に合せて伊勢行幸が行われた（前引傍点部）。それなら、伊勢神宮の創建は、持統が伊勢に行幸した六年〈692〉三月のことである。*

注　この行幸について、それていった田村がとらえたところは、「六九二年（持統六）三月の伊勢行幸は、竣功した伊勢神宮の建物その他の視察であったと考えられる」（二〇七頁）、である。少しだけずれているが、それでもこれだけ伊勢神宮の成立時期に接近したのは、伊勢神宮成立研究史上、なかったことだ。付記。京都の哲学科同期の親友元濱清海が、田村さんと京都のある高校で同僚だったことがあり、その縁で、ある年美作の奥津の宿で一夜を過したことがある。田村さんは多忙のため一度は断ってきたのに、時間を工面して、交通の便の悪い奥津まで来てくれた。以前、国立ソウル博物館の弥勒像と、太秦寺の弥勒像とを比較した『美の探究―二つの弥勒像』を、ＮＨＫ・ＴＶの番組とその後それを本にしたとき、他の複数の人も加って田村さんと討論したことがあった。そのとき田村さんが古代史の通説にこだわらずに自分のみるところ、考えるところをすっと話すのに感じいったことがある。この夜もそうで、あれこれ話し合って、翌朝早く田村さんは帰っていった。『伊勢神宮の成立』は、一九九六年の刊行とともに送っていただいたが、そのころ別の方面に関心があり、まことに礼を失したことだが、読んだのは十年後の二〇〇五年のG.W.だった。この稿を書くに当り再読したが、アマテラス、伊勢神宮、律令体制下の天皇制を三位一体としてとらえる基本軸が、本書を通してぶれていないのに感心した。

筑紫申真は、アマテラスの誕生を六九〇年代とみ、伊勢神宮の成立を六九八年（文武二）とした。田村圓澄は、アマテラスの出現を天武・持統期と書くときもある（三一一頁）が、天武期とみた。* そして伊勢神宮の竣功は持統四年（六九〇）としている。一九六二年の『アマテラスの誕生』と、一九九六年の『伊勢神宮の成立』と、この二著は、アマテラス・伊勢神宮創立史の研究では最良の成果であった。

注 こういう一節がある。——天武天皇は「天照大神」により、つまり「天照大神」があることにより、「天皇」＝「明神」になることができた。「天照大神」の「神孫」となったからである。天智天皇およびそれ以前の倭王が、「明神」にならなかったのは、逆説的であるが、「天照大神」が出現していなかったからであった。（第七章、天照大神と律令国家、最末尾、一四八頁）

（'08・10・23）

補論二《ふたつ》　天神地祇

持統三年八月条の天神地祇之事が、アマテラスの誕生を意味することを、一つ章は論じた。そこで、天神地祇の語が、紀でどのように使われているのかを、確かめておきたい。紀は紀によって読むべきであり、他のテキスト（たとえば古事記）によって読むのは、厳につつしまなくてはならぬ。

天神地祇は紀中に15度

天神地祇の語は、紀中、一五度使われている。
以下枚挙しよう。

1　（巻第三、戊午年九月）天ノ香山ノ社ノ中の土を取って厳瓮《いつへ》を造り、天神地祇を敬い祭るが宜い。（二次本の加筆部分を省略、三つ章参照）

2　（同）是に天皇は甚だ悦び、厳瓮を造作《つく》り、丹生川の上《ほとり》に陟《い》って、天神地祇を祭った。（1に同じ）

3　（巻第五、崇神一二年九月）是を以て天神地祇は共に和享《なご》み、風雨は時に順《したが》い、百穀は用《もっ》て成り、家は給《みちた》り人も足りて、天下は大平であった。

4　（巻第九、神功摂政前紀・仲哀九年一〇月）即ち、天神地祇が悉く助けた、と知った。

5　（同）天神地祇よ、共に討て。

6　（巻第十、応神即位前紀）初め天皇が孕《はらま》れて在《い》たとき、天神地祇が三韓を授けた。

7　（巻第二十三、舒明即位前紀）即ち天神地祇よ、共に証せよ。
8　（巻第二十五、孝徳即位前紀）天神地祇に告げて曰った。
9　（巻第二十七、天智一〇年一一月）天神地祇よ、亦復《また》誅罰せよ。
10　（巻第二十八、天武元年六月二七日）天皇が祈り「天神地祇が朕を扶けるのなら、雷雨は息む」と曰った。
11　（巻第二十九、天武七年是春）天神地祇を祠《まつ》るのに、天下悉くを祓禊《はら》った。
12　（同、天武八年五月）即ち草壁皇子尊が先ず進んで盟《ちか》い、「天神地祇及び天皇よ、証せよ…」と曰った。
13　（巻第三十、持統三年八月二日）百官を神祇官に会集し、天神地祇の事を奉宣した。
14　（同、四年正月二三日）幣を畿内の天神地祇に班《わ》け、神戸・田地を増した。
15　（同、四年七月三日）幣を天神地祇に班けた。

一五度の記事は、㈠天神地祇は祭るべきもの（1、2、11）、㈡天神地祇は天皇・皇后を助けるもの（3、4、6、10）、㈢保証神としての天神地祇（5、7、8、9、12）、㈣班幣の対象としての天神地祇（14、15）と区分できる。この四区分に入らないのが13（持統三年八月の）天神地祇之事である。

（'11・3・28）

天神地祇の紀中分布は　一五度の分布にある特徴がある。日本紀は一頁から書きおこし頁の順で書きつぎさいごの頁（持統が文武に譲位した記事）で筆を措く、というようには作られていない。紀の作られた順序は、別に探究すべき難題である。これについては五つ章で入口の扉を開けてみたいが、作られた順序で最も大きな部立は、

Ⅰ部　巻第一～第十（応神）
Ⅱ部　巻第十七（継体）～第三十（持統）
Ⅲ部　巻第十一（仁徳）～第十六（武烈）

巻	3 神武	5 崇神	9 神功	10 応神	23 舒明	25 孝徳	27 天智	28 壬申	29 天武	30 持統	計
使用数	2	1	2	1	1	1	1	1	2	3	15

＊天神地祇の語の分布

である。上表に見るとおり天神地祇の語はⅢ部には使われていない。Ⅰ部に6、Ⅱ部に9度である。天神地祇と略語の神祇とは、むろん同義である。神祇の語の分布もまた次頁表に見るとおり、Ⅲ部に使われず、Ⅰ部に20、Ⅱ部に19と半々になっている。また念のため、単独で使われた天神、地祇の両語をみても、これまたⅢ部には使われていない。作られた順序でいちばん新しいⅢ部は、天神地祇、神祇、天神、地祇のどれとも無縁である。

注　六国史版・日本書紀索引は、件名、神祇の項で、Ⅲ部の天皇の一人、履中の五年一〇月一一日甲子に神祇の語があるとしているが、これはなにかのまちがいで同所に神祇の語はない。

先に天神地祇の用例15を㈠～㈣四区分したが、こんどは一つ一つみていこう。1、2はともに巻第三・戊午年九月条の一次本にあるから、天神地祇の語は天武期には使用されていたのである。3は巻第五・崇神一二年九月条だが、巻第五にも一次本・二次本の区別があり(三つ章参照)、3は二次本だから天神地祇の語は持統期でも使用されていた。

4、5、6は、いわゆる三韓征伐の記事中にある。4は天神地祇の助けで、神功の軍艦のおこした浪が国土の奥深くまで及んだ、という文。5は、降伏した新羅《しら》(シラギの訓みをとらない)王が毎年の朝貢を誓い、欠廃したら天神地祇が我を討つ、という文。6は、神功胎中の応神に天神地祇が三韓を授けた、という文。

7は山背大兄の長話の終りである。推古の死後、後継がのちの舒明か山背かで、大いにもめる。その中で推古の遺詔の委細を語った山背が、長話の終いに、自分はただ聆いた事を顕

巻	3 神武	4 欠史八代	5 崇神	6 垂仁	7 景行	8 仲哀	9 神功	10 応神	17 継体	19 欽明	22 推古	25 孝徳	29 天武	30 持統	計
使用数	1	1	5	4	3	1	4	1	2	1	4	2	9	1	39

＊神祇の語の分布

したただけで何の野心もないことを、天神地祇ともに証せよ、と結んだ（舒明即位前紀）。いわば保証神としての天神地祇である。そしてここで指摘しておきたいのは、Ⅱ部でも継体系皇統（a継体、安閑、宣化、b欽明とその四子）に天神地祇は出てこない（神祇は7度出る、上表を見よ）のである。

8は巻第二五・孝徳即位前紀で、孝徳・斉明・中大兄が群臣を集めて、盟ったところに出てくる。後述するが、旧説が大化改新さらには乙巳の変とよんだ出来事は、ソガ王朝から天皇王朝への王朝交替であった（八つ章参照）。新王朝の始祖孝徳と、その姉の斉明と中大兄の母子とは、新王朝内部での亀裂を示していた。権力の内部に亀裂が生じそう、というよりすでに生じたとき、会盟が為される。ここ8も、天智死後の大友を中心とした9も、また天武八年の草壁、大津をふくむ六皇子のばあい12も、みな会盟がなされるが、その保証役に天神地祇が引出される。ここ8では、主文に盟約の言葉はなく、また一云といった類のことわりもなく、いきなり割注で盟約の辞が記されている。8はその冒頭である。告げたのは盟約の保証神だからである。

天武七年正~四月条の復元　天武七年の11は、考証すべき記事の中にある。全文を引く。

七年春正月戊午朔甲戌（一七日）、射《タ》二于南門一《ニ》。己卯（二二日）、耽羅人《ガ》向レ京《ッタニ》。

是《ノ》春、将レ祠《しテまつロウト》二天神地祇一《ヲ》、而天下《ヲ》悉《ク》祓禊《はらッタ》之。竪《テタ》二斎宮《ヲ》於倉梯河《ノ》上《ほとりニ》一。

夏四月丁亥朔（一日）、欲レ幸《イ》二斎宮《コウト》一《ニ》卜《ッタ》之。癸巳（七日）が食《あたッタ》レ卜《ニ》。仍取《リ》二平旦《ノ》時（午前四時）一《ヲ》、警蹕《ガ》既《ニ》動《イタ》。百寮《ハ》成レ列《シ》《ヲ》、乗輿《ハ》命《ジテ》レ蓋《ヲ》、以未《なイノニ》レ及《バ》二出行一《ニ》、十市皇女ガ卒然ト病発シ、薨《し》ンダ二於宮中一デ。由レ此、鹵簿ハ既《まつた》ク停リ、不レ得《で》キ二幸行一、遂ニ不《な》レカッタ祭ラ二神祇ヲ一。己亥（一三日）、霹二靂シタ新宮ノ西ノ庁ノ柱一ニ。庚子（一四日）、葬ムッタ二十市皇女ヲ於赤穂一ニ。天皇臨ミ之、降シテレ恩ヲ以発哀シタ。

右文で年月日が揃った記事は、史実か否かとは別に、天武七年条を記定したとき、まず記された先行記事である。そして書き加えた後行記事は、是春（正月〜三月）という季の表示となった。

正月条は、甲戌（一七日）が四文字、乙卯（二二日）が五文字と、簡要な文でなりたち、全文を先行記事としていい。これに比し、是春条の文は長く、しかも夏四月につづく文脈になっている。したがって年月日は揃っているが、夏四月条では、正月条と同じ先行記事と、是春条と文脈のつづく後行記事とが、接合しているはずである。手がかりは、全文が先行記事と認定できる正月条が、四・五字の短句だったことにある。その目で四月条を見ていくと、十市皇女、卒然病発、薨於宮中の四字三句に目が止まる。これが先行記事である。それ以外は後行記事で、（是春条の）天神地祇を祭ろうとしたが（を受け）、十市皇女の死で不レ祭二神祇一に終った、との文脈が作られた。1先行記事、2後行記事の順で復元しておく。（ここで先行記事、後行記事と表現したものは、二つ章で使った天武期の一次本、持統期の二次本とは無関係である。念のため断っておく。）


1七年春正月戊午朔甲戌（一七日）、南門で射た。己卯（二二日）、耽羅人が京に向った。

夏四月丁亥朔（一日）、十市皇女が卒然と病を発し、宮中で薨《し》んだ。

己亥（一三日）、新宮の西庁の柱に霹靂。

庚子（一四日）、十市皇女を赤穂に葬むる。

天皇が臨んで、恩を降し発哀した。

2是春、天神地祇を祠《まつ》ろうとして、天下に悉く祓禊した。斎宮を倉梯川の上《ほとり》に竪てた。

夏四月（一日）、斎宮に幸《い》こうと欲い、卜った。癸巳（七日）が卜を食《う》けた。〔より意訳すると四四頁、卜に食《あた》った。〕

癸巳（七日）、仍って平旦の時（午前四時）を取って、警蹕が既に動き、百寮は列を成し、乗輿に蓋《おおい》を命じたが、まだ出行に及ばないとき、（十市皇女の死—先行記事を借用）此に由り、鹵簿は既《まった》く停り、幸行できなかった。遂に神祇を祭らなかった。

右の考証から、11の天神地祇は、天武七年条の後行記事に使われたものと結論できる。では後行記事はいつのものか。手がかりは斎宮である。通説は、天武二年四月条の大来皇女の泊瀬斎宮記事を、史実としての斎宮の最初とする。その背後にあるのは、紀のいう崇神・垂仁紀での伊勢神宮成立はとらないにしても、六世紀前半には成立していたとの旧説である。しかし第一次伊勢神宮（多気大神宮）の成立は持統六年三月であった。天武二年の泊瀬斎宮も、同七年の倉梯斎宮も、ともに作為にすぎない。そして持統期には斎宮の成立を考えさせる記事はない。斎宮の語すらない。続紀、文武二年（六九八）九月丁卯（一〇日）、遣㆓当耆皇女㆒侍㆓于伊勢斎宮㆒が初見である。同年一二月二九日、多気大神宮は度会郡に遷された。こうみてくると、後行記事が作られたのは文武二年をさかのぼらない。12は先にみた㈢保証神、14、15は㈣班幣の対象。そして13だけが四区分とは別のものだった。

天神地祇の原義と列島人の受容四態

あらためて言うまでもないが、天神地祇は、周礼、春官、大宗伯の条に出る中国の古語である。春官の長である大宗伯之職ハ、掌ツテ㆑建テルノヲ㆓邦之天神、人鬼、地示（地祇）之礼ヲ㆒、以テ佐ケ㆑王（天子）ヲ建㆓保スル邦国ヲ㆒、とある。天神も、同条に、以テ㆓禋祀ヲ㆒祀リ㆓昊天上帝ヲ㆒、以テ㆓実柴ヲ㆒祀リ㆓司中・司命・風師・

雨師一ヲ、以二テ血祭一ヲ祭二リ社稷五祀五嶽一ヲ、以二テ狸沈一ヲ祭二ル山林川沢一ヲ、とある。天帝を祀るのが禋祀《いんし》（禋は身を清めて祀る）、司中・司命・風師・雨師を祀るのが実柴（柴を焼く）で、以上が天神。以下が地示（地祇）で、后土（中央の土地神、大宗伯条に出る）、社稷（土地神と五穀の神）、五祀（春に戸＝入口の神、夏にかまどの神、秋に門の神、冬に行＝道の神、土曜に中霤＝室の中央の神、を祀る）、五岳（東岳＝泰山、西岳＝華山、南岳＝衡山、北岳＝恒山、中岳＝嵩山）。人鬼は死者の霊魂。

この原義に対し、東南の海中・山島の住民は、天への関心が薄く、中原の地祇という観念もまたなかった。外来の天神地祇なる観念は、日本列島の住民にとって受容するのが難しいものであった。職員令、神祇官条の跡記が、自リレ天而下リテ坐《いま》スヲ曰レイ神ト、就レイテ地ニ而顕《あらわ》レタノヲ曰レウ祇ト也とのべたのは、受容の仕方のあらわれの一つである。自レ天下坐に天孫降臨の話が重なるが、天帝が地上の聖人に天命を下すという中国の政治哲学を、紀は、高天原から葦原中国への天孫降臨という形で受容している。つぎに神祇令、天神地祇条の義解が、受容の仕方のいま一つをあらわしている。それによれば、天神に伊勢、山代鴨、住吉、出雲国造斎神（熊野坐神社）など、地祇に大神、大倭、葛木鴨、出雲大汝神など、が充てられている。

この事態を、井上光貞は「中国とは全く伝統を異にする神祇信仰を、唐の祠令にもとづいて整理した」（日本思想体系・律令、一九七六年、補注6—1、五六〇頁）という。

ここで先にみた、紀中の天神地祇の用語が、13の一例をのぞいて、㈠祭るべきもの、㈡天皇、皇后を助けるもの、㈢保証神、㈣班幣の対象に区分されていたことを、想起しよう。この四区分もまた天神地祇の受容の仕方の一つのあらわれだが、四区分に入らない13こそは、持統三年八月二日条、百官ヲ会二集シテ於神祇官一ニ、而奉二ス宣天神地祇之事一ヲ、である。あれこれと揺れた中国の天神地祇の受容過程を経て、アマテラスを頂点とした天神地祇が定まった。持統期以後、日本の天神地祇の体系は、もはや揺れることなく確立した、と言っていいであろう。

（'11・4・1）

補論三《みっつ》　天社〔国〕地社

天社地社は紀中に４度　天社国社、天社地社の語は、紀中に各二度、計四度しかみない稀語である。枚挙しよう。

1 （巻第三、神武即位前紀戊午年九月）、宣イ下今当ニ取ッテ二天香山ノ埴ヲ一、以造リ二天ノ平瓮ヲ一、而祭ルガ中天社国社之神ヲ上。

2 （巻第五、崇神七年一一月）、仍テ定メタ二天社国社及ビ神地神戸ヲ一

3 （巻第二十九、天武六年五月）、天社地社ノ神税。

4 （同、一〇年正月）、詔シ二畿内及ビ諸国ニ一、修二理ス天社地社ノ神宮ヲ一

まず訓みをみる。すべてアマツヤシロ、クニツヤシロである。しかし1の場合、少し前の戊午年四月条に神祇の語が出るが、1の天社国社に合せたかのように、アマツヤシロ、クニツヤシロと訓まれている（大系本、文庫本㈠—二〇六頁）。また、3の天社地社への全集本の注（下三七七頁注一三）は「天神地祇に同じ。諸国の神社の總称」とする。

天社地社は書紀の造語　天社地社の語は中国にはない。社はもともと地の神（社、地主也と説文）のことだから、なくて当然である。社にはいろいろ種類がある。礼記、祭法にくわしいが、いま一部を引く。王（天子）ガ為ニ二群姓ノ一立テタノヲレ社ヲ曰ウ二大社ト一、王ガ自ラノ為ニ立テタノヲレ社ヲ曰ウ二王社ト一、諸侯ガ為ニ二百姓ノ一立テタノヲレ社ヲ曰ウ二国社ト一、諸侯ガ自ラノ為ニ立テタノヲレ社ヲ曰ウ二侯社ト一、〔中略〕大夫以下ガ成シテレ群ヲ立テタノヲレ社ヲ曰ウ二置社ト一。みるとおり国社はあるが、天社がないから

天社国社、天社地社はない。

天社地（国）社は日本紀の造語だし、また社を神社（やしろ）の意としたのもわれらの先祖である。やしろは、はじめ神籬《ひもろき》で囲って神を勧請した施設で、神の屋ノ代リでやしろといい、これに社をあてた。中国で、祭りの場としての社とは、地主神の祭りの場のことである。

ふりかえると、1天社国社之神、2天社国社及神地神戸、3天社地社之神税、4天社地社神官、とみな神、神地、神戸、神税、神宮と連語になっている。天社地社と天神地祇とのちがうところだ。

天社国社は持統期二次本に

1（天社国社）が所在の巻第三・神武紀戊午年九月条は、二つ章でみるように、一次本、二次本が接合しているが、1は二次本に当るところに記されているから、作られた順序でいえば持統期のものである。2（天社国社）は、巻第五・崇神紀七年一一月条にあるが、三つ章でみるように、この条は二次本である。1同様に持統期の文である。

天武期天社地社記事は造作

3（天社地社）は、巻第二九・天武紀六年（六七七）五月二八日条の天武の勅に出る。「天社地社ノ神税ハ、三分ノ一ヲ神ニ擬供《そな》ヘル為ニ、二分ヲ神主ニ（支）給セヨ」（㈤―一四〇頁）。神税《かんちから》は紀中ここだけの稀語で、「神社に属する神戸《かんべ》から出される田租（大系本㈤―一四一頁注二）」。また天社地社には「諸国の神社の總称。天地に分けるのは神々を天神地祇と称するのと同じ」（大系本、同前注一）とあり、先の全集本はこれを受けていた。この勅を信じるなら、天武六年（六七七）の段階で、諸国に天神地祇を祭る神社（天社地社）があり、神社には神戸が支給され、神主もいて神税（神戸の出す調庸、田租）の三分の二を給されていた。これは史実か。

養老神祇令20条は、凡ソ神戸ノ調庸及ビ田租ハ、並ビニ神宮ヲ造リ、及ビ神ニ供スル調度ニ充テヨ、とある。これについて古記は一つの（質）問（と）答を記録している。

問、神戸ノ調庸及ビ租ハ、并ビニ神宮及ビ神ニ供スル調度ヲ造ルノニ充テル。若し〔余〕乗ガ有レバ何《どう》スルノカ。

答、昔ハ〔余剰ハ〕神祇官ニ治メ置イタ。

中間デハ神主等ニ給シタ。

今ハ神祇官ニ治メ置キ、臨時ニ准シテ用イル所ノ多少ヲ量リ、荷ニ充テルヲ給イ己ニ訖ル。

古記は天平一〇年（七三八）までに成立した。右の答で中間給㆓神主等㆒としたのが、紀の天武六年五月条の知識によったもの、と思える。思想大系・律令の20条補注は、昔治㆓置神祇官㆒が史実か否か断じがたい、とするが、天武六年（六七七）五月に、三分の一を神、三分の二を神主へ分ける制度があったとは、にわかに考えにくい。紀中の神祇祭祀の記事には、一般的に、疑わしいものが多い。欽明一三年一〇月条（㈢―三〇〇頁）に、我ガ国家《みかど》ノ天下ニ王タル者ハ、恒ニ天地社稷ノ百八十神ヲ以テ、春夏秋冬、祭拝スルノヲ事トスル、とある。この天地社稷は、アマツヤシロ、クニツヤシロと訓まれてきたものだが、中国の宗廟社稷と日本の天社地社とを折衷した造語である。天社地社が諸国神社の總称であるなら、欽明のときすでに百八十神を祭る神社があったことになる。これは天武一〇年正月条の4と矛盾する。4（天社地社）は、畿内及ビ諸国ニ詔シテ、天社地社ノ神宮ヲ修理シタ、と記す。現代語とちがい修理は創建の意だから、紀は天武一〇年に畿内諸国の神社を創建したというのである。したがって欽明一三年一〇月条の記事はたんなる作文にすぎない。

仏教史・神祇史の公的発端　上代仏教は、欽明一三年（五五二）一〇月のいわゆる仏教公伝の記事でもなければ、敏達一三年（五八四）九月の仏法之初自㆑茲而作の記事でもなく、発端は崇峻元年（五八八）、是歳条（㈣―七六頁）だが、推古一四年（六〇六）四月壬辰（九日）是日条（㈣―一〇六頁）の飛鳥寺（法興寺）の完成（仏像安置）をもって、公的に成立した。むろん飛鳥寺以前に、私的に仏像を入手し私宅の一部を仏像安置の場とすることはありえた。こういう前駆的な私的仏教の段階と、公的な仏教の成立とを区切るのは、田村圓澄（飛鳥・白鳳仏教史上、第三章、一九九四年）がいうように伽藍仏教の創始である。

同様に、上代神祇史の公的発端は、持統によるアマテラスの造作と伊勢神宮の創建である。それ以前に、三輪山を神体とした大神信仰の類があり、氏や戸に祖神を祀る私的な儀礼が行われていた（古墳時代の古墳での祭祀はここではふれない）。しかし仏教史での飛鳥寺に相当するのは伊勢神宮しかない。神祇史は持統六年（六九二）三月に始まる。すなわち、4の天武一〇年正月の全国に天社地社の神宮を創建した記事もまた、史実とは言えない。それにしても、欽明一三年一〇月条には、いわゆる仏教公伝という擬似的な発端記事と、天地社稷百八十神祭拝という擬似的な神社史の発端とが同居している。ふしぎな成り行きというべきだろう。

欽明一六年二月条

欽明一六年二月条は、やや長く複雑な記事だが、いま神祇関係を抄出して引くと、次のようである。

蘇我卿ガ曰ッタ、昔《むかし》在、天皇大泊瀬之世ニ、…命ジ二神祇伯一ニ、敬ッテ受ケタ二策ヲ於神祇一ニ、…祝ハ者廼チ託シ二神語一ニ報ジテ曰ウニハ、屈二請スレバ建テタレ邦ヲ之神一ヲ、…必ズ当ニ国家《みかど》ハ謐靖《しずま》ルト、…由リレ是ニ、請ジレ神ヲ往ッテ救ッタ、所以ニ社稷ハ安寧《やすら》イダ。原《もと》ハ夫レ建レ邦ノ神トハ者、天地割判之代、草木言語之時、自リレ天降ッテ来テ、造二立シタ国家《みかど》ヲ一之神デアル也…。

なによりも注目したいのが、天皇大泊瀬、の書き方である。巻第三十・持統紀では、皇子大津、皇女山辺という書き方が目立つ。大津が謀反者だからこう表現されたのではない。持統四年七月条にも、以二皇子高市一為二太政大臣一とみえる。巻第三十の作者は、当初、客観的な書き方を心がけたようである。天皇大泊瀬をみると、欽明一六年二月条の作者と巻第三十の当初の部の作者とに、ひょっとすると同一人である可能性があるのかもしれない。

初代神祇伯は中臣朝臣大嶋

つぎに注目すべきは神祇伯である。令制の神祇官と、その長官の神祇伯の史実としての初出は、それぞれ持統三年八月（アマテラス誕生）、持統四年正月（持統即位）である。後者には、神祇伯中臣大嶋朝臣、読二天神寿詞一、という一文がみえる。大嶋の書き方がすでにカバネをさいごにもってくる万葉集式にひっくりかえっている。むろん紀中にはこれ以前に神祇伯は三度出ている。継体元年二月一〇日条に遣二神祇伯等一、敬二祭神祇一、ここ欽明一六年二月、そして皇極三年正月に以二中臣鎌子連一、拝二神祇伯一。いずれも史実ではなく、史上初の神祇伯は大嶋である。持統三年八月、百官を神祇官に会集し、天神地祇之事を奉宣したのもこの人物で、その時すでに神祇伯であったろう。四年正月に読んだ天神寿詞には、アマテラスの事績がすでに述べられていたはずである。

神祇史の画期は持統の時代

欽明一六年二月の文中に、神祇伯や神祇の語が出るのは、それが史実かどうかを問うよりも、それが書かれた時期を考えるべきである。天皇大泊瀬の書き方が持統紀冒頭年と共通しているのが一つ。二つに、神祇伯や神祇の語が出ること。持統期の三年八月、アマテラスの生誕が神祇史の画期であることを考え合すと、これもまた持統朝の作者とのかかわりを思わせる。三つに、建邦之神。天地割判之代ニ、草木言語《はな》ガ之《した》時ニ、自リレ天降リテ来テ、造リ二立テタ国家《みかど》ヲ一之神、と敷衍されている。天地割判は紀巻第一の冒頭の語・天地未剖と、草木言語は巻第二の冒頭に草木咸能言語とあるのに重なる。天降って国家《みかど》（天皇の意、クニと訓むのは不可）を造立した神とは紀ではニニギである。

紀は、巻第一でいわゆる高天原「神話」を、巻第二でいわゆる天孫降臨「神話」を、中心的に筋立てしている。ニニギに降下の命を下すのは、タカミムスヒ、アマテラスと二様になっているが、その違いを残しつつ、高天原とアマテラスの結びつきが強いから、ニニギの背後には、タカミムスヒよりもアマテラスの方が想起されるように、巻第一、第二は結構されている。アマテラスが念入りに造像されている。欽明一六年二月条の建邦之神は、この条が持統紀初頭部分の作者とかかわることを、示している。

天社国社の語が、1、2ともそれぞれに、持統期に書き加えた神武戊午年九月条、崇神七年一一月条に出てくるのは、神祇史の画期、持統の時代と見合っている。これに対し、天社地社の語は、3天武六年五月条、4同一〇年正月条に出ている。しかし3、4に記された畿内・諸国にわたる神税や神宮の制が、天武期に実現していたとは考えにくい。神祇関係の記事は天武紀のものといえども、信じがたいところがある。

（'11・12・6〜8）

補論四《よっつ》　天神寿詞

持統四年（六九〇）正月条は、戊寅の朔（元旦）に持統即位の儀、己卯（二日）に正月の儀が記されて、めずらしい。その即位の儀の中に、

天神寿詞　神祇伯ノ中臣ノ大嶋ノ朝臣ガ天神《あまつかみ》ノ寿詞《よごと》ヲ読ンダ

とみえる。これについて補論三《みっつ》の終りの方でふれておいたが、改めて考察したい。日本古典文学大系の1（一九五八年）は、古事記・祝詞で、後者は武田祐吉が校注を担当し、解説の中で、こう記した。—左大臣、藤原頼長（一一二〇—五六）の日記、台記別記がのせている「中臣の寿詞は、康治元年（一一四二）の大嘗祭にとなえられたものであるが、本居宣長の「玉かつま」という随筆に、古い時代からの伝承であろうとしてのせているので…取り入れることにした」。宣長さんのいうとおり、一二世紀半ばごろの中臣寿詞が、五世紀半も前の持統四年（六九〇）の天神寿詞を、明らかにうけついでいることを、以下に証しておきたい。まず中臣寿詞の四分の一ほどに当る前の方の文を掲げておく。

現御神止大八嶋國所レ知食須大倭根子天皇我御前仁、天神乃壽詞遠稱辭定奉仕良久止申須。

高天原仁神留坐須皇親神漏岐・神漏美乃命遠持天、八百萬乃神等遠神集倍賜天、皇孫尊波、高天原仁事始天、豊葦原乃瑞穂乃國遠、安國止平久介所レ知食天、天都日嗣乃天都高御座仁御坐天、天都御膳乃長御膳乃遠御膳止、千秋乃五百秋仁、瑞穂遠平久介安久介由庭仁所レ知食止事依志奉氏、天降坐之後仁、中臣乃遠都祖天兒屋根命、皇御孫尊乃御前仁奉レ仕氏、天忍雲根神遠、天乃二上仁奉レ上氏、神漏岐・神漏美命乃前仁受給里波申仁、皇御孫尊乃御膳都水波、宇都志國乃水爾天都水遠加氏奉止牟申止世事教給仁志依氏（下略）

右引の一行目は祝詞を宣べるに当っての一種のご挨拶である。主だった祝詞、祈年祭《としごひ》、六月《みなづき》・十二月月次《しはすのつきなみ》、大嘗祭は、決り文句の集侍神主《うごなはれるかむぬし》・祝部等《はふりら》、諸聞食登宣《もろもろきこしめせとのる》で始まる。漢字ばかりだが漢文ではない。集侍…は、要するに、集って少しざわつくご一同に、静かにして聞け、と宣したのである。これに比すると、中臣寿詞の「挨拶」はきわだって異なる。現御神《あきつかみ》止大八嶋国所知食《おおやしまくにしらしめす》は、養老公式令詔書式に明神ト御スニ大八州ヲ一天皇ノ詔旨《おおみこと》云云、咸聞とあるのに近く、思想大系本律令の補注は「即位、譲位、立太子、立皇（略）などに際して宣せられる詔には、おおむね「明神御大八州天皇詔旨」…が用いられ」る（六三九頁）とする。

大倭根子天皇

つづく大倭根子天皇は、一定の時代に限られた天皇呼称である。そのさいしょは、続紀、大宝三年（七〇三）一二月癸酉（一七日）条に、奉ルレ誄シ二太上天皇（持統）一ニ、謚《おくりな》シテ曰ツタ二大倭根子天之広野日女尊ト一、是ノ日、火二葬シタ於飛鳥ノ岡ニ一、壬午（二六日）、合二葬シタ於大内ノ山陵ニ一、とある持統である。つぎに文武は倭根子豊祖父天皇。三に元明の日本根子天津御代豊国成姫天皇である。四に日本根子高瑞浄足姫天皇（元正）だが、つづく聖武にはない。そのつぎが女帝の孝謙だがこれは宝字称徳孝謙皇帝で日本根子はない。ないが即位の詔では、現神止御宇《あめのしたしらす》倭根子天皇可御命止良麻宣ル御命《おおみこと》乎、衆聞食《もろもろきこしめせ》ト宣ル、と使っている。すぐつづけて高天原ニ神積坐皇親神魯棄《かんづまりますすめむつかむろき》・神魯美命以《かむろみのみこともち》テ、と言っているのも注意される。元正の即位詔に倭根子天皇の称はなかった。

慶雲四年（七〇七）七月壬子（一七日）の元明の即位詔にはある。

その詔。現神ト大八州御宇《しらしめす》倭根子天皇ノ詔旨《おおみこと》ト勅《のら》ス命《みこと》ヲ、親王、諸王、諸臣、百官人等、天下公民、衆《もろもろ》聞宣、とはじまり、開《かけまく》母威《かしこ》岐〔持統〕藤原宮ニ御宇ス倭根子天皇…開母威岐〔天智〕近江大津宮ニ御宇ス大倭根子天皇とのべて、ヤマトネコを天智にまでさかのぼらせている。続紀、巻第三、慶雲四年一一月丙午（一二日）条には、先にみた文武に諡名して倭根子豊祖父天皇とした、とある。

これを要するに、天智までひきいれたのは、皇位を天武の他の皇子に渡さず、文武から聖武への中継ぎに、文武の母（そして姉の元正）が女帝となるのに、天智―持統（第二女）―元明（第四女）の系譜を強調したせいで、それを除くと、ヤマトネコは、持統―文武―元明―元正の四代に限って使われた限定的な天皇称号である。（大倭根子、日本根子をともにヤマトネコと読むのについては、六つ章補論・倭のこと日本のこと参照。）

根子の根は巻第一第四段本文*などに出ていた根国の根である。大系本補注1―四〇（㈠―三三七頁）によれば根国は紀に一一例あり、遠き根国・根国に就《ゆ》くが各二例のほかは一例ずつで、母に根国に従はむ、下して根国を治む、底根国、根国に帰る、等がある。平安院政期となるまで、生れた子は母のもとで育てられた。紀でも例えば、衣通郎女は母ニ随ッテ近江ノ坂田ニ在《い》タ（㈡―三一八頁）、とある。スサノオは母イザナミをしたって根国に行きたいと泣きつづけた。根国すなわち母の居地である。一書によってはイザナミは火神を産んで死に、イザナキが黄泉国に訪ねていく話を展開する。このため根国に下や底がついたので、根国は多義的ではなく一義的に母の居る処の意だ。ヤマトネコが持統、元明、元正の女帝の称で、それぞれ孫の文武や子の聖武の即位までの祖母、母であったことが、根子（子は親しみを表わす称）をひきだし、ヤマト天皇王朝と結んで、ヤマトネコの称号が出来たのである。

中臣寿詞の中に大倭根子天皇の語があることは、この一二世紀の台記別記所引の寿詞が、持統以来、つまりは持統四年正月一日に中臣朝臣大嶋が宣べた天神寿詞とそう変らずにひきつがれていることを示す一端とみていいだろう。

祝詞の開始の辞に相当する中臣寿詞の冒頭の辞のさいごは、天神乃寿詞遠称《たたエ》辞《ごと》定メ奉ルで、中臣寿詞がまさしく天神寿詞だったことを示している。

神漏岐・神漏美

さて、寿詞の本文（というのはおかしいが）は、高天ノ原仁神留坐《かむづまりま》須皇親《すめむつ》神漏岐《かむろき》神漏美《かむろみ》乃命《みこと》遠持《もち》天、と始まる。これは一言でいうと、巻第二本文の冒頭で、アマテラスの男とタカミムスヒの女とが結婚して皇孫ニニギを生んだ、とあるのと同じものである。カムロキ、カムロミは、それぞれタカミムスヒ、アマテラスをさす。ロは連体助詞（ヒルコ、ヒルメのルとおそらく同じと思うが、専門家の教示をえたい）、キ、ミはイザナキ・ミで分るとおりだ。皇親《すめむつ》は祈年祭祝詞に皇睦とあるのと同じとみた訓みだ。巻第二冒頭の系譜が、巻第一にないタカミムスヒとアマテラスとの親和策であることは、七つ章その三で述べておいた。天神寿詞は、まったく同様に、冒頭で、タカミムスヒとアマテラスとをスメムツの関係に仕立てたのである。

中臣朝臣大嶋

中臣大嶋という人物は、天武・持統史で、まことに興味深い存在である（十三つ章参照）。天武一〇年（六八一）三月丙戌（一七日）条に、「帝紀及上古諸事」（のちの日本紀）を記定せよとの天武詔をうけた、臣下六人の下から二番目に大山上（正六位上）の肩書で初出した。大山下（正六位下）平群臣子首と、親《みずか》ラ執ッレテ筆ヲ以録シタ焉とあるから、この二人が紀作者の二、三号（一号は六つ章でみた筑紫史益）である。子首はここにしか出ないから不明。大嶋の方は、同年一二月に小錦下（従五位下）、一二年一二月に伊勢王以下の一員として諸国の境堺を分つ任についたが、おしつまってこの年に分つことはできず、一三年一〇月にまた伊勢王等（大嶋の名は不記）を派遣して諸国の堺を定めさせた。大嶋が藤原朝臣の氏姓で初出したのは天武一四年九月一八日、王卿等を殿前におよび博戯したという記事につづけ、是日王三人、臣下七人（そのさいごに藤原朝臣大嶋）に御衣袴を賜ったという記事の中である。鎌足に藤原の氏名を賜ったとの天智八年一〇月庚申（一五日）の記事は造作にすぎないから、藤原を名乗ったのは大嶋がさいしょである。直後の丁卯（二四日）、天武の体不予とあり、一年後の朱鳥元年（六八六）九月丙午（九日）、天武は死ぬ。天武紀の最後は、天武への誄記事だが、その中に乙丑（二八日）直大肆（従五位上）藤原朝臣大嶋が兵政官（のちの兵部省）の事を誄した、とある。断片的にしか記さない紀の記事を並べると、大嶋が紀の仕事にかかわることができたのは、天武一〇年三月から一二年一二月までの三年間ほどと思える。一〇年一二月に小錦下の位に上ったのは、修史事業への奨励だったのかもしれない。

もう一人、六つ章でのべた筑紫史益が、いつ筑紫から飛鳥へ移ってきたのか。益は、倭国創世史を日本国史（日本紀）に書き替えた。イザ二尊や天孫降臨は、益の関与がないと書けなかったと考えられる。益と大嶋とが、いつ飛鳥の修史局で協力したのかは、憶測の域を出られない。

天社国社

天神寿詞の「本文」の冒頭、高天原仁神留坐須皇親神漏岐神漏美乃命遠持天は、ほとんど同文で各祝詞に踏襲されている。以下のようである。

1（祈年祭）高天原爾神留坐、皇睦神漏伎命神漏彌命以、天社国社登称辞竟奉

2（六月月次、十二月月次祭）高天原仁神留坐、皇睦神漏伎命神漏彌命以、天社国社登称辞竟奉

3（大嘗祭）高天原爾神留坐、皇睦神漏伎神漏彌命以、天社国社登敷坐留、皇神等前爾白久

右引の三祝詞に共通して、天神寿詞にはなかった天社国社の語が入っている。この語については補論三でみておいたように、巻第三・神武紀と巻第五・崇神紀の、それぞれ二次本（持統期の書き加え）の中に、一度ずつ計二度しか使われていない稀語である。（天神寿詞の）大倭根子天皇―高天原―（右引三祝詞の）天社国社。このつながりから、これらが持統期系の文章であることが明らかである。また、天皇近衛(76)（一一三九―五五）の大嘗祭で大中臣朝臣清親

が称え、台記別記に引かれた中臣寿詞が、持統四年（六九〇）一月元日に中臣朝臣大嶋が読んだ天神寿詞の伝統をついでいて、大きく変化してはいないことをも、断定できるのではないか。

天壊無窮の神勅と天神寿詞

中臣寿詞を読みすすむと、皇孫尊《すめみま》波高天原仁事始天、豊葦原乃瑞穂乃国遠、安国止平久介所知食天、と天孫降臨のことを称えており、千秋乃五百秋仁、瑞穂遠平久介安久介由庭仁所知食止事依奉氏、天降坐、とアマテラスのいわゆる天壊無窮の神勅（㈠―一三二頁）を彷彿とさせる辞句もある。平らけく、安けくも葦原中国の平定が原義である。そして、先に引用した中臣寿詞の範囲では、天乃二上奉レ上氏としかみえないが、さらに先に天乃二上仁上坐氏とくりかえされている。この二上とは、紀の「天孫降臨」条（㈠―一二二、四五五頁）に、皇孫の遊行の状として、自リ二槵日《くしひ》ノ二上《ふたかみ》ノ天浮橋一、立《たた》シ二於浮渚在平処《うきしまりたひら》ニ一とある二上である。これが博多湾の西岸、二上峯だった今山の下、現在横浜と呼ばれている砂浜の元だった砂堆に、仮桟橋から上陸したという意味であることは、七つ章その三で述べた。

天神寿詞がいわゆる天孫降臨ともかかわっているのであれば、天神寿詞の作者・中臣朝臣大嶋と、「天孫降臨」の作者・筑紫史益とは、どこかで協力したことになる。おそらく益が〔帝紀及上古諸事を記定せよと詔した〕天武一〇年以後に飛鳥の修史局に「転勤」移動してきたとみるのが、蓋然性は高いと思う。

中臣氏はいつから神祀と関わったか

中臣氏がいつから神まつりの事にかかわったのかは、改めて考えるべきことである。⑴中臣連遠祖天児屋命は、巻第一・第六段*本文に初出して、（忌部遠祖太玉命と）致シ二其ノ祈禱ヲ一ている。祈禱（二字ともイノルの意）は誰もがすることで、特別に神祭り専家の行事とはいえまい。つぎが⑵巻第二・第八段*の第一の一書で、アマテラスがいわゆる天壊無窮の神勅とともにニニギに授けた五部神の中に、⑴同様に中臣上祖天児屋命と、忌部上祖太玉命とが並んでいる。⑵はあきらかに持統三年八月以後の作文で、⑵同様の遠〔上〕祖天児屋命の名が出る⑴も同じとみていい。いわゆる「神代」の事ではない。⑶巻第六・垂仁二五年一云に中臣連祖探湯《くか》主《ぬし》が出るが、この一云は三つ章でみたようにかなり紀の他の箇所とは異なるものだが、アマテラスが出るからこれまた持統期以後の覚え書風の断片と解される。氏としての中臣については十三つ章に委ね、中臣の誰がいつ神祭りないし祝詞にかかわったのかを見ることにしよう。

巻第十九・欽明一三年一〇月条は、例の仏教公伝の箇所で、片や蘇我宿禰稲目、片や物部連尾輿・中臣連鎌子による、崇仏排仏論争があった。ここの鎌子はのちの中臣鎌子（鎌足は一ヵ所だけ）とは別人で、むしろ身許不明である。（この箇所は、紀作者系列のさいごの道慈が書き入れたものである。ときの権力者藤原史の意を汲んで、史の父の鎌子を書きこんだが、若干時代が早すぎたか。）うさんくさい鎌子だが、我ガ国家《みかど》之、王タル二天下一ニ者ハ、恒ニ以テ二天地社稷百八十神《ももやそがみ》ヲ一、春夏秋冬、祭拝スルノヲ為タレ事ト とは言ったが、祭拝するのは王（天皇）であって、鎌子が祭拝ノ為事《しごと》をするのではない。ほんもの（と言っても史に父はいたろうが、それが紀にいう鎌子・鎌足かは慎重に判断しなくてはならない）の鎌子は、巻第二四・皇極三年正月朔、以テ二中臣鎌子連ヲ一拝シタ二神祇伯ニ一、再三固辞シテ不レ就カ、称シレ疾ト退二居シタ三嶋ニ一とあるように、神祇とは関わらなかった。初めて関わったかのように書かれたのが、巻第二七・天智九年三月壬午（九日）、於二山ノ御井ノ傍ニ一、敷イテ二諸神ノ座ヲ一、而班ケタ二幣帛ヲ一、中臣ノ金ノ連ガ、宣ベタ二祝詞ヲ一。宣べてすぐ金は近江朝廷での右大臣となったが、壬申の乱後ただ一人斬（首）の刑をうけ、子も流刑。大系本は「朝廷の祭事に中臣氏が祝詞をよむことは、神代紀上、宝鏡開始章にもみえ（上の(1)、祝詞を読んだのではなく祈祷を致しただけ——山田）、神祇令でも制度化されている」（青木和夫カ）と注した。養老神祇令13は、凡ソ践祚ノ日ニ、中臣ハ奏セ二天神之寿詞ヲ一、忌部ハ上レ二神璽之鏡剣ヲ一、である。宣祝詞と奏天神之寿詞とは必ずしも同じではない。天神寿詞は持統四年元旦の持統即位式で、中臣大嶋が初めて読んだものだから、中臣金の三月の宣祝詞とは異なる。以上、検討の結果、神祇伯も天神寿詞も大嶋をもって嚆矢とすることが、明らかになった。

大嶋は、天武の時には、タカミムスヒを主役とする記事を書き、持統がアマテラスを以て、女帝になろうとする自分を荘厳しようとした時には、もっとも頼りになる相談相手として、アマテラスを主役とした記事を作った。紀の中に作っただけではなく、三年八月の会集では、持統に代って神祇伯として天神地祇之事を奉宣し、四月元旦の即位で天神寿詞を読んだ。つまりは、巻第三に即して言えば、我天神タカミムスヒ、オオヒルメノムチの一次本も、我皇祖アマテラスの二次本も、大嶋中心に録された。二股とまでは言わないが、その二途に出たことに始末をつけた結果が、先の高天原神留坐皇親神漏伎《タカミムスヒ》・神漏美《アマテラス》（天神寿詞）であり、紀巻第二の冒頭の系譜、アマテラス大神の男が、タカミムスヒ尊の女を娶ぎ、ニニギ尊を生んだ、とした折衷策だったのである。

（'15・9・16）

二《ふた》つ章　神　武　紀

——天武期の一次本と、持統期に書き加えた二次本との複合

アマテラスは、持統三年（六八九）八月に出生した。これは、日本書紀の解読、ひいては日本の古代史にとって、絶対時間の定点となるものである。その効用を、巻第三（神武紀）で確かめることにしよう。

いわゆる東征の勅

巻第三は、その冒頭に、四五歳の神日本磐余彦《かんやまといわれひこ》（神武）がのべた、昔の「東征の勅」、今の「東征の宣言」（岩波文庫本㈠一九九頁注一三）とよばれるものをのせている。その言い出しは、

昔、我ガ天神高皇産霊尊《たかみむすひ》・大日孁尊《おおひるめ》ハ、此ノ豊葦原瑞穂国《とよあしはらみつほのち》ヲ挙《あ》ゲテ、我ガ天祖彦火瓊瓊杵尊《ひこほのににぎ》ニ授ケタ。（㈠一九八頁）

である。ここで天照大神《あまてらす》ではなく大日孁尊と書かれているのが大事である。前章でもふれたように、アマテラスとヒルメとはちがう存在である。巻第三の大系本注を分担したのは坂本太郎だが、日本紀をよく読んだこの史家にしてなお、ここ大日孁尊に「天照大神」と注している。これでは日本紀の解読はできない。事の認識で大事なのは、同一性ではなく他異性である。名がちがえば、体も異なる。オオヒルメはアマテラスではない。ちがいをちが《（異）》いとして維持し、安易にヒルメをアマテラスに同化しないことで、わたしたちは、神武紀の錯雑した叙述の構造を、ときほぐすことができる。

東征への出発は、甲寅年の冬十月だが、日本紀は、出発地を記していない。「天皇親シク帥イテ二諸皇子舟師一ヲ東征ス。至ル二速吸之門一ニ」。東征のさいしょの経過地は速吸之門だが、これは固有地名ではなくて「潮流の早い海峡をいう」（坂本）一般用語と大系本。出発地を記していないのには、それなりの理由があるかと思う。記はこのところを自二日向一発、幸二行筑紫一、と記している。この日向を宮崎県ととれば、速吸之門とは豊予海峡（坂本）になってしまう。わたしは日本紀の読解に古事記を当てるこれまでの読法を排除する。日向については、巻第一、第二とくにいわゆる天孫降臨を論じるところでふれるが、天孫の到達した日向を、わたしは、吉武高木遺跡の地、福岡市西部の室見川とその支流日向川《ひなた》とにはさまれた地と、解している（わたしの、日本書紀史注、巻第二、一九九七年、同巻第三、一九九八年、同巻第四、日本書紀関連地図集(一)の一九七～二一五頁、一九九九年、また、古代史と日本書紀―津田史学をこえて、一九九九年＝本書後篇を参照）。日向＝宮崎県説の難点は、蓋シ六合之中心乎とした大和への東行なのに、いったん西行して関門海峡を外に出て、筑紫の岡水門にまでまわりこむところにある。すなわち甲寅年一〇月条は、(1)不記の出発地→(2)速吸之門→(3)筑紫国菟狭→(4)筑紫国岡水門という径路を記している。(1)を記の日向、それも日向＝宮崎県説で解釈すると、(2)は豊予海峡となり、(3)を紀は筑紫国と明記しているのに、記の豊国宇沙と置き換えて、現宇佐八幡宮所在の大分県宇佐市にあててしまう。ここから(4)の遠賀川河口の岡（遠賀）水門へは、関門海峡を出て、西行するほかはない。このように、紀を記に置換し、さらには明治薩長政府以来の日向＝霧島高千穂峰＝宮崎県説で補強したあげく、宮崎県→豊予海峡→大分県宇佐→福岡県遠賀川河口という偽の経路ができあがった。偽の径路は正されなくてはならない。

神武の諱は彦火々出見　巻第三は、神ヤマトイワレヒコの諱（本名）を彦火々出見《ひこほほでみ》と、めずらしく、記している。紀の天皇四〇人中、諱を記したのはほかに巻第十五の仁賢（諱、大脚）しかいない。ヒコホホデミとはニニギの男で、津田左右吉は、そもそもの構想では、父ニニギの降臨説話にすぐひきつづいて、子ヒコホホデミの東征説話に移るはずが、海幸山幸説話を導入したため、いわゆる日向三代記ができあがり、その名残りとして神武の諱ヒコホホデミが遺存した、と考えた。父ニニギは二上の今山の麓に上陸して、吉武高木遺跡の地・日向に六年いた(巻第七、景行紀、岩波文庫本(二)—七四頁)後、橿日へ移った。子ヒコホホデミは、出発するとすれば故地の橿日—儺津から出発するしかない。そこで諱ヒコホホデミの神武の出発地を、紀作者はことさらに記さなかったのである。博多湾岸の儺津から出発すると、干満の折に潮流のはやい速吸之門とよばれるところがあった。イザナキがみそぎした小門(現、福岡市西区小戸)の辺にも、速吸之門はあった。「其ノ穢悪《けがれ》ヲ濯イ除《のぞ》コウト欲《おも》イ、往ッテ粟門《あわのと》ト速吸名門《はやすいなと》トヲ見タ。然《しか》シ此ノ二ツ門《ふたと》ハ、潮《しお》ガ既《まった》ク太急《はや》カッタ。故《そこ》デ橘小門《たちばなのおど》ニ還向《もど》ッテ、払濯《あら》ッタ」(文庫本(一)—五六頁)。橘は立ち花で潮の流れが立てる波頭をいったものだが、速吸名門(名は格助詞のノに同じ)よりは潮の流れが速くはなく、また門の幅が小さかった。それで小門と言った。速吸名門は小門からそう遠くではない。筑紫の菟狭は特定できずにいる。旧小倉市に宇佐町があるが、これがどこまでさかのぼる地名か調べていないし、径路から菟狭は岡水門よりも手前(福岡市側)である。なお筑紫はチクシでツクシではないし(だからのち筑前、筑後となった、ツクゼン、ツクゴではない)、この名はかつて「九州の總称」(文庫本、(一)—二七頁注一六)などであったことはなく、いまの福岡県とほぼ重なる。九州の總称というのは、筑紫の日向を宮崎県としたことから生じた誤謬の連鎖にすぎない。日向→速吸名門→筑紫菟狭→筑紫岡水門、すべて筑紫の玄界灘側に沿っている。そして以上の経路は、のち巻第七(景行紀)、第八(仲哀紀)に記された、灘県→岡津→穴門引嶋→周芳沙麼の径路(後篇　日本書紀と古代史、二つ章、三つ章参照)と重なるのである。

巻第三では、関門海峡をこえると、径路が簡略になり、周芳沙麼(現、防府市佐波)どころか、安芸国埃宮にとぶ(甲寅年一二月)。ついで乙卯年三月に吉備国高嶋宮に移り、ここにとどまること三年。戊午年二月、「皇師遂ニ東シ」、三月、河内国草香邑青雲白肩之津に至った。四月、難敵ナガスネヒコと孔舎衛坂で会戦して敗北。五月、転じて茅淳の雄水門から紀国の竈山《かま》へまわったが、そこで長兄のイツセが死んだ。

問題は、その後、六月条にある。ここから経路が乱れる。竈山から名草邑はすぐだが、その次の狭野（新宮市佐野）、熊野神邑（新宮市新宮、熊野速玉神社がある）は現在の新宮市辺、紀伊半島のいわば東側である。しかも神邑に上陸したのち、また海に出て暴風に遭い、次兄イナヒ、三男のミケイリノと年順に死ぬ。熊野荒坂津（不詳）でニシキトベを誅したが、その毒気で「人物咸瘁《みなつか》」れはてた。そこで高倉下の話になり、夢にタケミカツチの剣を指示され、さめてこの剣を神武に献じ、人物みな醒めて起きることができた。このときタカクラジの夢の中にアマテラスが登場していたのが、伏線である。ついで皇軍は紀伊半島を南北にこえようとしたが、山は峻嶮、道はなく、難渋した。その夜、とうとう神武の夢の中に天照大神があらわれ、頭八咫烏を遣《や》るから郷導者にせよと訓えた。この烏をみて、神武の言ったのが、

神武戊午年六月条

此ノ烏ノ来タコトハ、自《おの》ズト祥夢《しょうむ》ニ叶ッテイル。大《おおい》ナルカナ、赫《さかん》ナルカナ。我ガ皇祖天照大神《こうそあまてらすおおかみ》ハ、以テ基業《きぎょう》ヲ助成セント欲シタノカ。

冒頭の東征の勅では、我天神タカミムスヒ・オオヒルメとあったのが、戊午年六月条では、我皇祖アマテラスとなっている。ちがいを重んぜず、あいまいな同化にとどまる認識では、両者のちがいはないにひとしい。巻第一に初出した大日孁貴（文庫本㈠—三四頁）についていた注の中で、「一書ハ言フ、天照大神」とあるのを根拠に、あいまいな同化が成立する。くりかえすが、名《オノマ》がちがえば実体も異なる。ヒルメとアマテラスとはちがうのである。

天武期一次本と持統期の二次本

わたしたちはすでに、アマテラスが持統三年八月に誕生したのを、知っている。この絶対年代の定点からすれば、巻第三の戊午年六月条は、持統以後に記されたことになる。これに対しヒ

ルメの方はどうか。一対の日神ヒルメ（日の女）・ヒルコ（日の男）がいつごろの神かはわからないが、ヤマトではなくチクシの神だろう。しかし、ヒルコ・ヒルメ抜きの日神が、巻第十五（顕宗紀）に出てくる。顕宗三年二月条に月神、同四月条に日神の記事がある。

是ニ〔壱岐ノ〕月神ガ人ニ著《つ》イテ謂《い》イ、「我ガ祖高皇産霊《たかみむすひ》ハ、預《あらかじ》メ天地ヲ鎔造シタ功ガ有ル。民地ヲ以テ我ガ月神ニ奉《たてまつ》レ」、ト曰《い》ッタ。（文庫本㈢—一二八頁）

是ニ〔対馬ノ〕日神ガ人ニ著イテ…謂イ、「磐余《いわれ》ノ田ヲ以テ、我ガ祖高皇産霊《たかみむすひ》ニ献ゼヨ」、ト曰《い》ッタ。（同一三〇頁）

名なしの日神、月神は、タカミムスヒを祖としていた。そのタカミムスヒは、宮中八神の一つだが、八神は大直《おおなお》（日《ひ》）神とともに、鎮魂祭の祭神となっている。後代の延喜式、神祇二、四時祭下、鎮魂祭条には、神八座 神魂《カンミムスヒ》 高御魂《タカミムスヒ》 生魂《イクムスヒ》 足魂《タルムスヒ》 魂留魂《タマムスヒ》 大宮女《オホミヤメ》 御膳（魂）《ミケツ》 辞代主《コトシロ》 とある。その鎮魂祭の初出は、紀の巻第二九（天武紀）、天武一四年（六八五）一一月丙寅（二四日）条であり、為ニ㆓天皇ノ㆒招魂ス之、とみえる。すなわちタカミムスヒは、天武期の後半には、宮中に祭られていたのである。

こう見てきて、我天神タカミムスヒ・オオヒルメが天武期の言表であるのに対し、我皇祖アマテラスの言表は持統期、と結論づけられる。同じ巻第三、同じ東征記事に、わずかの時期のちがいだが、冒頭から戊午年五月までが天武期の作文であるのに対し、同六月条は持統期の作文ということになる。これを、我天神の言表だけからではなく、他にも傍証することはできないか。できるように思える。一つは経路の問題で、他は順次見ていくうちに浮び上ってくるだろう。

二様もの東征径路

ヤタノカラスにみちびかれて到達したのは、菟田下県《うだのしもあがた》、穿邑《うかちむら》であった。戊午年八月、穿邑の猾《うかし》兄弟（菟田県の魁帥）の弟をひきこみ、兄を殺した。これで菟田を通り抜け、難敵ナガスネヒコのいる大和へ進むべきところ、神武はとつぜんそれて吉野へ行く。是ノ後、天皇ハ、吉野ノ地ヲ省《み》タイト欲《おも》イ、乃《すなわ》チ菟田ノ穿邑従《よ》リ、親シク軽兵ヲ率イ巡幸シタ（文庫本㈠―二二四頁）。あきらかに逆行である。これをおかしいとして訂正したのが、古事記で、径路をかえた。ヤタノカラスに導かれて出てきたところは、吉野河の河尻で、ここから蹈《ふ》み穿《うか》ち越《こ》えて、宇陀の穿に至った（文庫本、八二―八三頁）、と。紀記のちがいは、誰の目にもうつるから、森浩一（日本神話の考古学、一九九三年、二二〇頁）が整理したように、

記、熊野→宇智→吉野→宇陀

紀、熊野→菟田→吉野→宇智

と、「記・紀によってまったく逆になっている」のを、たやすく見分けることができる。

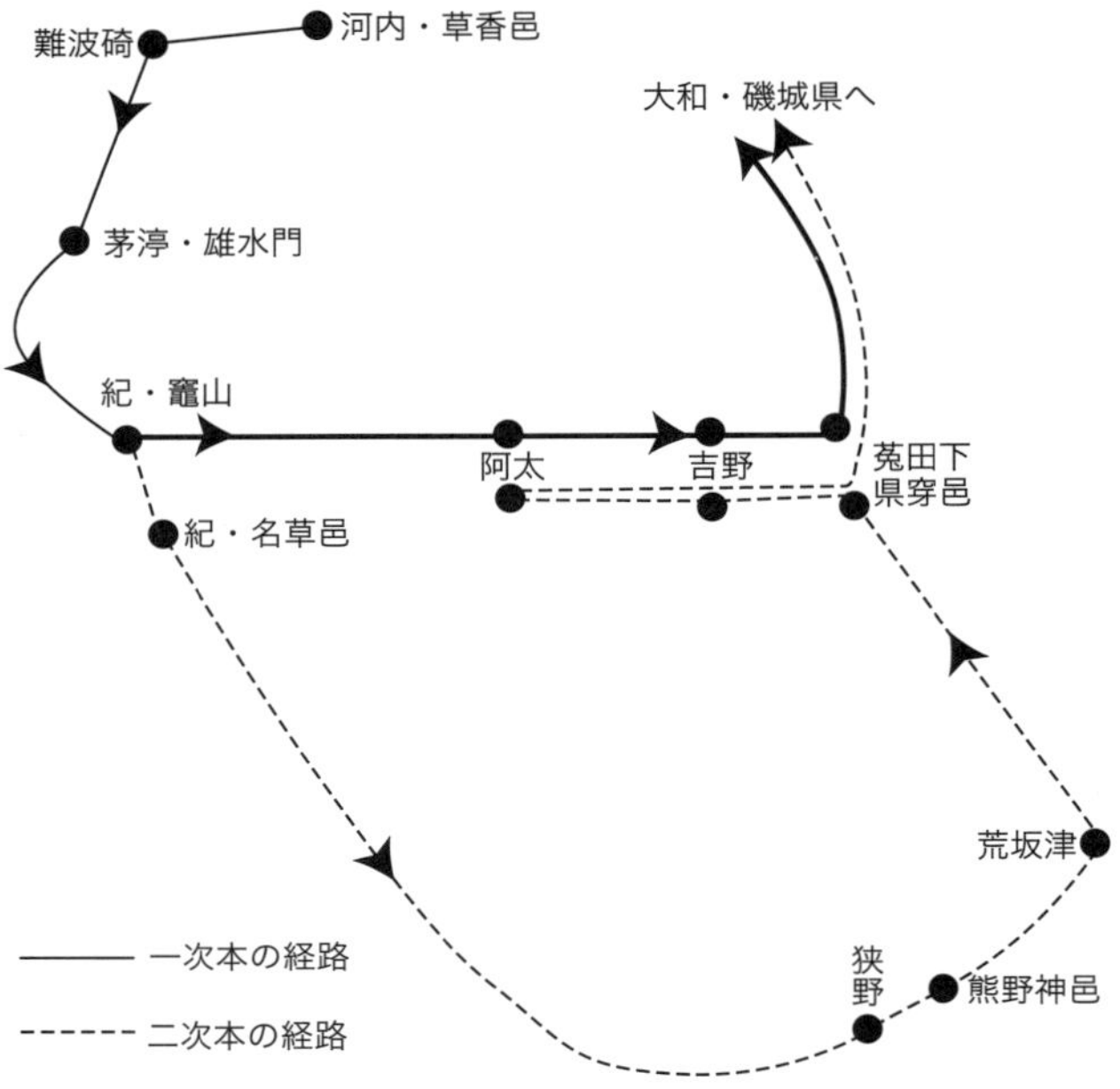

図1　一・二次本の径路

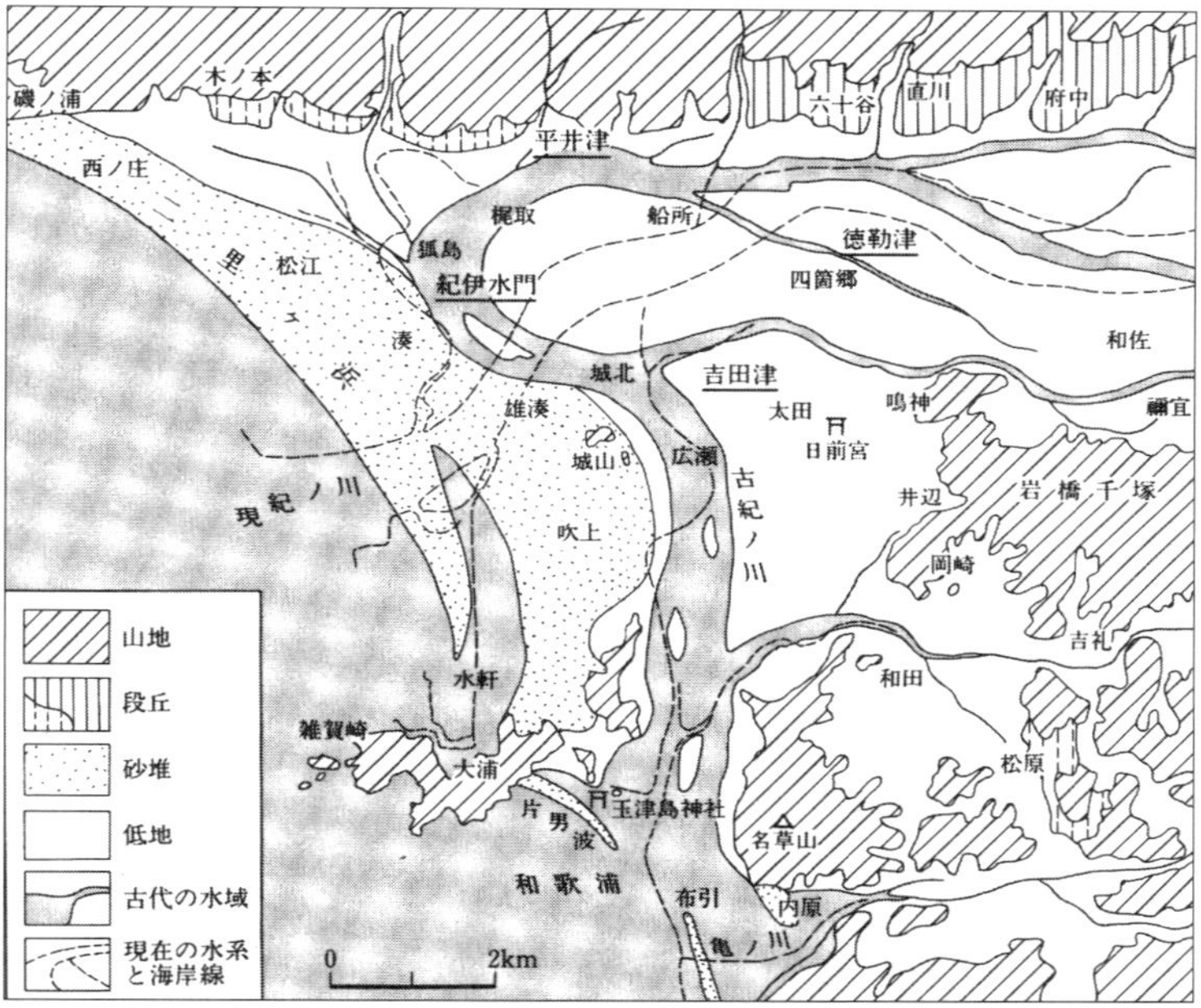

図２　古紀の川　原図は日下雅義『古代景観の復元』1991，第六章　図6－4（学術文庫版，2012，200頁）

問題はその先で、なぜそうなったのかを解かねばならない。

持統期の作であった六月条には、大伴氏の遠祖日臣命（のち道臣命）が登場していた。吉野行の記事のでる八月条にも道臣が出てくるから、この条も持統期の作としていい。もともとの天武期の作を、一次本と呼ぶなら、持統期の書き加えないし書き換えは、二次本ということになる。吉野への逆行は、二次本で生じたのである。そこで径路問題をみてみよう。一次本のとりあえずのさいごである戊午年五月条の最終句にもどってみよう。因《よ》ッテ［五瀬命を］竈山ニ葬ッタ（紀(一)―二〇八頁）、である。　（'07・5・15）

上に掲げるのは、地理学者日下雅義が復元した古代紀ノ川と水門の地図である。現紀ノ川とちがい、古紀ノ川は、自体が搬出し堆積した二里ヶ浜の砂堆にはばまれ、その内側を南流して和歌浦湾に注いでいた。竈山は、その河口から北へ遡上し、すぐに合流する支流を東へ入った

(地図上では和田の)あたりである。一次本＝戊午年五月条によると、神武軍は古紀ノ川を遡って竈山にまで入りこんだのである。そこからおよそ五〇km紀ノ川を遡ると、和歌山県と奈良県との県境になり、この境から下流が紀ノ川、上流が吉野川と呼ばれ、さらにこの境を東へ入ったところが、現、五条市で、その今井(吉野川北岸)三丁目辺に宇智の地名が残る。紀で神武が逆行して吉野行をした終点の阿太、記でヤタノカラスに導かれて山越に出た吉野河の河尻が、宇智郡阿陀[太]郷(和名抄)である。

二次本の初、六月条は径路が乱れていた。神武軍をさらに紀伊半島の突端までもっていった。一に、その突端から宇陀に至るまでの間に、高倉下と頭八咫烏の話をいれ、その二話の内にアマテラスを登場させるためである。東征という架空の話に、さらにアマテラスの虚構をもちこんだのが、六月条であった。

一次本には、紀伊半島への廻行記事などなかった。一次本の径路を復元すると、五月条末の竈山から、(二次本だが)八月条に是後以下として付け加えられた神武の吉野行の終点、宇智の阿太まで、直線距離でおよそ五、六〇km。これが一次本の径路である。すなわち、

竈山→宇智(阿太)→吉野→宇陀(菟田)

そして、二次本八月条に付加された是後以下は、もともとは(全体は二次本で削除された)一次本の径路記事の一部分だったものを、道順を逆にして、すなわち本来は宇智阿太→吉野→宇陀穿とあった記事を、宇陀穿→吉野→阿太と書き替えたのである(紀が道順を逆に書き替えた例として、巻第八・仲哀紀八年正月条がある。後篇、日本書紀と古代史、二つ章参照)。

さて、径路の傍証で、巻第三が一次本と二次本とから成り立っているのを、ほぼ認めてもいいように思う。巻第三の二次本のさいしょは六月条であった。一次本と二次本のちがいの一つは、登場人物である。一次本の五月条まで、一貫して出るのはシイネツヒコ(椎根津彦)ひとりである。筑紫の菟狭で、ウサ兄妹の妹の方を妻に賜った中

臣氏遠祖アマノタネコがいたが、物語が展開していくうちに背後に消えてしまう。これに対し、二次本では、六月条に大伴氏遠祖道《［日］》臣命、八月条でオトウカシがあらわれる。以下、巻第三を読みすすむとき、登場人物を目安に、一、二次本を区別しうる。もう一つ、二次本の特徴に来目歌がある。大伴氏の道臣は六月条で帥《イ》二大来目《ヲ》一たとあったから、道臣の動くところ来目歌がつきまとう。来目歌の初出は八月条であった。

戊午年九月条

九月条は、一次本のシイネツヒコと、二次本のオトウカシとが、仲良く登場して、天香山の埴土を取ってくる話である。これまで、五月条までが一次本、六、八月条は二次本と単純に区分けできた。しかし九月条は複雑で、一次本と二次本とが混合している。一次本の記事に、二次本が記事を書き加えたり、書き替えたりしている、と考えられる。いわば九月条は巻第三の縮図で、その中に一次本と二次本とが接合ないし複合している。その接合の様相を分析してみよう。

九月条に入る冒頭の文は、こうである——天皇《ハ》陟《リ》二彼《ノ》菟田《ノ》高倉山之巓《ニ》一、瞻二望《シタ》域中《ヲ》一。この一文でもっとも注目されるのは彼である。一般的な代名詞で、カノ、アノ。話手（紀作者）と読者（天皇）とが、アノといえばそれだけで以心伝心通じあう。かかっているのは菟田。ウダは、壬申の乱で、吉野で決起した天武・持統が、二十人余の舎人とだけ、徒歩で通り抜けた。この内乱に勝利した天武がとった天下統治の方策（このごろは骨太の方針とやや品柄低くいうらしい）こそ、古代律令国家日本とそのマニフェスト日本紀の出発点だった。だからこそ、日本紀の読者＝天武とその作者とのあいだで、アノ宇陀と言い得たのである。九月条の頭は、一次本のものであった。このほか下文にも彼菟田川とある。

このときも神武の夢の中に天神が出てくる。この天神は、一次本だから、タカミムスヒとして良いが、あるいは二次本はこの名を削って天神だけを残したのかもしれない。夢中の訓は、宜《シ》レ取《ル》二天香山《ノ》社《ノ》中《ノ》土《ヲ》一、であった。この訓文で、もっとも注目すべき文字は、土である。じつは九月条の中に、同じ天香山のツチを、土と書く部分と、埴と書く部分とがある。以下、九月条の原文を現代語で訓み下したものを揚げておく。文中、線でかこった部分が二次本、ない部分が一次本である。若干の脚注をほどこしてある。

一次本と二次本との接合の例（巻第三、戊午年九月条）

九月、甲子《きのえね》が朔《ついたち》の戊辰《つちのえたつ》［＝五日］、天皇は彼の菟田《うだ》の高倉山の巓《いただき》に陟《のぼ》って、域《くに》の中を瞻《のぞ》み望《み》た。この時、国見の丘の上には八十梟帥《やそたける》　梟帥《きょうすい》、此は多稽屢《タケル》と云う。　が有《い》た。又女《め》坂に女軍を置き、男《お》坂に男軍を置き、墨坂に焃《おこ》し炭を置いた。其の女坂、男坂、墨坂の号《よびな》は、此に由って起こったのである。さて復《また》兄磯城《えしき》の軍が有って、磐余《いわれ》邑に布《し》き満《み》ちていた。磯《き》、此は志《シ》と云う。賊虜《てき》の拠る所は、皆要害の地である。それ故、道路は絶え、塞《ふさ》がり、通ることの可《でき》る処は無かった。天皇は悪《にく》んだ。是の夜、自《みず》から祈って寝た。夢に天神が有《あらわ》れ、訓えて、「宜しく天の香《かぐ》山の社の中の土を取って、香山《こうさん》、此は介遇夜摩《カグヤマ》と云う。天の平瓮《ひらか》を八十枚造り、平瓮《へいほん》、此は毘邏介《ヒラカ》と云う。幷《なら》びに厳瓮《いつへ》を造り、天神《てんしん》、地祇《ちぎ》を敬《うやま》い祭りなさい。厳瓮《げんおう》、此は怡途背《イツヘ》と云う。亦厳《いつ》の呪詛《じゅそ》を為《し》なさい。此の如《よう》にすれば、虜《てき》は自《おの》ずから平伏《ひれふ》すでしょう　厳呪詛《げんじゅそ》、此は怡途能伽辞離《イツノカシリ》と云う。」と曰った。天皇は祇《まさ》に夢の訓《おしえ》を承《う》け、それに依って行おうとした。この時弟猾《おとうかし》が又奏《もう》しあげて、「倭国《やまと》の磯城邑《しきむら》に、磯城《しき》の八十梟帥《やそたける》が有《い》ます。又高尾張邑《たかおわり》　或本は云う、葛城邑だと。　に、赤銅《あかがね》の八十梟帥《やそたける》が有《い》ます。此の類《たぐい》は皆天皇を拒《こば》み戦い欲《たが》っています。臣は窃《ひそか》に天皇の為に憂います。宜《よろ》し

この八十梟帥の文も二次本の書き加え。二次本で女・男・墨坂を入れたので、五行目に「皆」の一字が書き足された。

大系本（岩波文庫本）は、平瓮の瓮も厳瓮の瓮も、すべて瓮にしてしまったが、これは誤りで（日本書紀史注、巻第三、一九九八年、一八一～四頁参照）、一次本が香山の土から厳瓮を、二次本が香山の埴から八十瓮を、造る、という区別がある。

オトウカシは二次本の人物。一次本は夢の「訓」と書くが、二次本は夢の「辞」と記す。

く今当《まさ》に天の香山《かぐ》の埴《はにつち》を取り、天の平瓮《ひらか》を造り、天社《てんしゃ》、国社《こくしゃ》の神を祭るべきです。然《そ》の後に虜《てき》を撃てば、除き易いでしょう」と曰った。天皇は既に夢の辞《ことば》を以て吉兆と為《し》ていたが、弟猾《おとうかし》の言を聞くに及んで、益《ます》ます懐《こころ》のなかで喜んだ。乃《すぐ》さま椎《しい》根津彦に、弊《やぶ》れた衣服及び蓑笠を著《き》せて、老父《じじ》の貌《すがた》に為《し》、又弟猾《おとうかし》に箕《みき》を被せて、老嫗《ばば》の貌《すがた》に為《し》て、勅して、汝《おまえ》たち二人は、天の香山《かぐ》に到《ゆ》き、潜《ひそか》に其の巓《いただき》の土を取って、施《かえ》って来《こ》い。基業《たいぎょう》の成否は、当に汝《おまえ》を以て占うと為《し》よう。努力し慎《つつ》しめよ」と曰った。是の時、虜《てき》兵は路に満ち、それで往《ゆ》き還《き》するのが難しかった。時《そこ》で椎根津彦は、祈って、「我が皇《きみ》が当に此の国を［平］定能《でき》るものなら、行路は自《おの》ずと通じよう。如し能《でき》ないものなら、賊が必ず防禦せん」と曰った。言い訖《おわ》って徑《すぐ》に去《でか》けた。時《する》と、群虜《てきたち》は、二人を見て、大咲《わらい》して、「大醜《あなみにく》い　大醜《たいしゅう》、此は鞅奈瀰爾句《アナミニク》と云う。老父老嫗《じじばば》だなあ」と曰って、相与《あいとも》に道を闢《ひら》いて行かせた。二人は其の山に至《ゆ》くことが得《でき》て、土を取って来帰《かえってき》た。是に天皇は甚だ悦《よろ》こび、此の埴《はにつち》を以て、八十平瓮《やそひらか》・天の手抉《あまのたくじり》八十枚　手抉《しゅけつ》、此は多衢餌離《タクジリ》と云う。厳瓮《いっへ》を造作《つく》り、丹生の川の上《ほとり》に陟《のぼ》り、用《もっ》て天神、地祇を祭った。彼《あ》の菟田《うだ》川の朝原で、譬《たと》えていえば、水沫《みなわ》の如《よう》に、呪《のろ》い著《つ》く所が有った。天皇は又祈って、「吾《わし》は今当《まさ》に八十平瓮《ひらか》を以て、水無しで飴《あめ》を造ろう。飴が成《でき》たなら、吾《わし》は必ず鋒刃《かたな》の威を仮《か》りずに、坐して天下を平［定］するだろう」と曰った。乃《そし》て飴を造った。飴は自《おの》ずから成《でき》た。さらに又祈って、「吾《わし》は今当《まさ》に厳瓮《いっへ》を以て丹生の川に沈めよう。如し魚が大小と無く、悉《ことごと》く酔って流れるのが、譬《たと》えていえば柀《まき》の葉の浮いて流れる猶《よう》ならば、柀《ひ》、此は磨紀《マキ》と云う。吾《わし》は必ず此の国を［平］定能《でき》よう。如《も》し其が爾《そう》でないなら、終《つい》に成る所は無いだろう」と曰い、乃《そし》

シイネツヒコは一次本の人物。

「二人」はオトウカシを登場させた二次本の表現。一次本では「老父」又は「椎根津彦」となっていたはず。

て瓮《かめ》を川に沈めた。其の口は下に向いていた。頃《しばらく》して魚は皆浮き出て、水に随って噞喁《くちをひら》いた。時に椎根津彦が見ていて、奏《もう》しあげた。天皇は大いに喜び、丹生川の上《ほとり》の五百箇《いおつ》の真坂樹《まさかき》を抜き取って、以て諸神を祭った。此より始めて厳瓮《いつへ》の置ものが有るようになった。

時に道臣命に勅して、「今高皇産霊尊《たかみむすひ》を以《ば》、朕親《みず》から顕斎《けんさい》　顕斎、此は于図詩怡破毗《ウツシイハヒ》と云う。を作《し》よう。汝《おまえ》を用《もっ》て斎《いわい》の主《ぬし》と為《し》、授けるのに厳媛《いつひめ》の号《よびな》を以てし、其の置かれた埴《はに》の瓮《かめ》を名づけて、厳瓮《いつへ》と為よう。又火の名を厳《いつ》の香来雷《かぐつち》と為よう。水の名は厳《いつ》の罔象女《みつはのめ》　罔象女《もうしょうじょ》、此は瀰茆破廼迷《ミツハノメ》と云う。と為よう。粮の名は厳《いつ》の稲魂女《うかのめ》　稲魂女《とうこんじょ》、此は于伽能迷《ウカノメ》という。と為よう。薪《たきぎ》の名は厳《いつ》の山雷《やまつち》と為よう。草の名を厳の野椎《のつち》と為よう」と曰った。

道臣は二次本の人物。ここはタカミムスヒが出たり、厳瓮が出たり一次本を思わせるが、道臣や埴の瓮とあったりするので、二次本とみなすのがいい。

一次本・二次本用語対照表

みるように、土と書くのは一次本、埴と書くのは二次本が書き加えた部分である。九月条の中で、オトウカシ、道臣が二次本、シイネツヒコが一次本の登場人物だから、それによってまず九月条を一次本の部分、二次本の部分と分ける見当がつく。そしてこの二つの部分にわけるのが妥当だということは、同じ天香山社のツチを、一次本が土、二次本が埴とちがう文字をあてていることで、証される。天香山の土を取ると書く方は、その土で厳瓮《いっへ》（神聖な酒ガメ）を造ると書き、天香山の埴を取ると書く方は、その埴で平瓮《ひらか》（皿）を造ると書いている。さらに、土、厳瓮と書く方は、それで天神地祇を祭ると書き、埴、平瓮の方は、それで天社国社の神を祭ると書く。土—厳瓮—天神地祇（二つ章、補論二、天神地祇を参照）が一次本で、埴—平瓮—天社国社（二つ章、補論三、天社国社を参照）の神が二次本である。土はごく一般的なツチ、埴は粘土である。二次本が埴の字を使ったのは、のちに八十平瓮《ひらか》や天の手抉八十枚を造作するからで、埴は粘土の意である。

また埴で造作する平瓮や手抉はみな八十枚とされている。九月条では初めてオトウカシが出てきたとき、磯城には磯城の八十梟帥、高尾張にも赤銅の八十梟帥がいる、と語っていて、二次本が八十という形容詞を好んで使用していることがわかる。九月条中、天の平瓮八十枚、天の手抉八十枚と出る文章は、二次本の部分とみなしていい。

テキスト	我天神・皇祖	香山	焼物	祭神	採取者	品詞
一次本	(天神)タカミムスヒ オオヒルメ(夢訓)	土	厳瓮	天神地祇	シイツネヒコ	彼(代名詞)
二次本	(皇祖)アマテラス(夢辞)	埴	平瓮	天社国社	オトウカシ	八十(数詞)

シイネツヒコは二次本（六月・八月条）には出現せず、逆にオトウカシは一次本に登場することがなかった。九月条で、この二人が共に天香山のツチを取りにいくのは、一次本にはなく、二次本を書き加えることで生じた形である。オトウカシについての文や語、二人という表現は、みな二次本の書き加え、改変である。

九月条のしまいに、道臣に命じてタカミムスヒを祭る話がおかれている。二次本がタカミムスヒにふれるのは稀なことだが、天武期のタカミムスヒと、持統期のアマテラスとを融和させる意図によるのかもしれない。巻第二の冒頭に、系図示すると、

アマテラス―アマノオシホミミ―┐
　　　　　　　　　　　　　　　├―ニニギ
タカミムスヒ―タクハタチヂヒメ―┘

という系譜があり、この系譜は巻第一の叙述のどこにもなかったとうとつなもので、のちに天孫降臨の段で、本文、一書それぞれに、下命者をタカミムスヒとするもの、アマテラスとするものがいりみだれるのを、あらかじめ巻頭に二神の整合的な系譜を置くことで、宥和している。この形と、巻第三の九月条のさいごの形とには、共通した融和策がみてとれる。むろん、アマテラスが誕生した持統三年八月以後の、二次本の造作である。

前章のアマテラスの誕生時の確定をうけて、そのことから、巻第三の中心である神武東征記事に、天武の時に記定された一次本と、持統の時に書き加えられた二次本との二つがあり、巻第三はこれら二つの複合であることを、解明した。それは、紀の解読において、巻数の順序、頁の順序、あるいは叙述の順序で読むのではなく、各巻、各頁、各叙述の作られた順序を発見して読むことの必要を要請している。次の主題としたい。なお以下に、参考として、巻第三の戊午年条の一次本を復元して、同年条の二次本と並べて付録しておく。これまでの古語による訓み下しをやめ、現代語による訓み下し文にしている。

巻第三、戊午年四・五月の一次本の復元

夏四月、丙申《ひのえさる》が朔《ついたち》の甲辰《きのえたつ》［＝九日］、皇師《こうぐん》は兵を勒《ととの》え、歩いて龍田《たつた》に趣《おもむ》いた。而《しか》し其《そ》の路《みち》は狭く嶮《けわ》しく、人は並んでいくことが得《でき》なかった。乃《そこ》でひき還《かえ》して更《あらた》めて東して胆《い》駒《こま》山を踰《こ》えて、中洲《なかくに》に入ろうと欲《し》た。この時長髄彦《ながすねひこ》が聞いて、「天神の子等《ら》が来る所以《わけ》は、必ず我が国《とち》を奪おうというのだ」と曰い、尽《ことごと》く属兵《ぞくへい》を起《お》こし、孔舎衛坂《くさえさか》で徼《さえぎ》り、与《とも》

に会戦した。流れ矢が有り、五瀬命《いつせ》の肱《ひじ》、脛《すね》に中《あた》った。皇師《こうぐん》は進み戦うことが能《でき》なかった。天皇は憂い、乃《そし》て神策を衿《こころ》の冲《うち》に運《めぐ》らして、「今我《わし》は、日神の子孫なのに、日に向かって虜《てき》を征《う》っている。此は天の道に逆《そむ》く。退《しりぞ》き還《もど》って弱いと示《みせか》け、神祇《かみ》を礼祭《まつ》り、背に日神の威を負って、影に随《したが》って圧《お》ひ躡《ふ》んでいくのに、若《し》くはない。此の如《よう》にしたなら、會《いちど》も刃《は》を血でぬらすことなく、虜《てき》は必ず自《おの》ずから敗《やぶ》れるだろう」と曰った。僉《みんな》が「そうです」と曰った。是で、軍中に令して、「且は停れ。復たび進んではならぬ」と曰い、乃《すぐ》に軍を引き還した。虜《てき》も亦敢《またあ》えて逼《せ》めなかった。

却《しりぞ》いて草香《くさか》の津に至り、盾を植《た》てて雄誥《おたけび》をした。雄誥《ゆうこく》、此は烏多鶏縻《オタケビ》と云う。因《それ》で改《あらた》めて其の津を号《な》づけて盾津《たてつ》と曰った。今蓼津《たでつ》と云うのは訛ったのだ。初め孔舎衛《くさえ》の戦に、有《あ》る人が大樹に隠れて、難を免《まぬが》れることが得《でき》た。仍《そこ》で其の樹を指《さ》して、「恩は母《おも》の如《よう》だ」と曰った。時の人が、因《それ》で其の地を号《な》づけて、母木邑《おもきむら》と曰った。今飫悶廼奇《おものき》と云うのは訛ったのだ。

五月、丙寅《ひのえとら》が朔《ついたち》の癸酉《みずのととり》［＝八日］、軍は、茅渟《ちぬ》の山城《やまき》の水門《みなと》*に至った。亦の名は山井の水門。茅渟《ぼうてい》、此は智怒《チヌ》と云う。この時、五瀬命《いつせ》の矢瘡《やきず》の痛みが甚《ひど》かった。乃《すなわ》ち剣を撫《お》さえ雄誥《おたけび》して、撫剣《ぶけん》、此は都盧耆能多伽弥屠利辞魔屢《ツルギノタカミトリシバル》と云う。「慨哉《なげかわしいなあ》、大の丈夫《おとこ》が、慨哉《がいさい》、此は宇黎多棄伽夜《ウレタキカヤ》と云う。虜《てき》の手に傷つけ被《ら》れ、報《むく》いることなくして死ぬとは」と曰った。時の人は、因《それ》で其処《そこ》を号《な》づけて、雄《お》の水門*と曰った。進んで紀《き》の国の竈山《かまやま》に到《つ》き、五瀬命は軍のうちに薨《し》んだ。因《それ》で竈山に葬《ほうむ》った。

［A］［紀ノ］水《かわ》[1]に縁《そ》って東[2]に行った及《とき》、[3]梁《やな》を作って魚を取る者が有《い》た。梁《りょう》、此は

＊なぜ和泉の大津（現泉大津市）ではなく、ずっと南の茅渟の雄の水門に寄ったのかは、八つ章（二七五頁）を参照。

1) 水は紀の川。よってカワと訓む。

2) 一次本は、東。二次本が逆にしたとき、西と書き替えた。それで現在の紀では西になっている。

3) 二次本では［C］が先に書かれているので、［B］［A］の3)の箇所に「亦」の字がついた。一次本への復元には［A］［B］の亦は取る。

揶奈《ヤナ》と云う。天皇が問うと、対《こた》えて、「臣《おら》は是苞苴担《はあにえもつ》の子だ」と曰った。苞苴担《ほうしょたん》、此は珥倍毛菟《ニヘモツ》と云う。此が阿太《あだ》の養鸕部《うかいら》の始祖である。［B］更に少し進むと、[3]尾が有って磐石《いわ》をおし披《ひら》いて出てきた者がいた。天皇が問いかけて、「汝《おまえ》は何人《なにもの》だ」と曰うと、対《こた》えて、「臣《おら》は是磐排別《はあいわおしわく》の子だ」と曰った。排別《はいべつ》、此は飫時和句《オシワク》と云う。此が吉野《よしの》の国樔部《くずべ》の始祖である。［C］吉野に至《つ》いた時、人が有《い》て井の中より出てきた。光って尾が有った。天皇が問いかけて、「汝《おまえ》は何人《なにもの》だ」と曰うと、対《こた》えて、「臣《おら》は是国神《はあとちのかみ》で、名は井光《いひか》と為《いう》だ」と曰った。此が吉野首部《よしののおびとべ》の始祖である。

［D］[4]是の後、天皇は、吉野の地を省《み》ようと欲《おも》った。乃《そこ》で菟田《うだ》の穿邑《うかちむら》より、親《した》しく軽兵を率いて、巡幸した。

巻第三、戊午年六・八月の二次本の復元

六月、乙未《きのとひつじ》が朔《ついたち》の丁巳《ひのとみ》［＝二三日］、軍は名草邑《なくさむら》に至った。名草戸畔《なくさとべ》という者を誅《ころ》した。戸畔《こはん》、此は妬鞞《トベ》と云う。遂《とうとう》狭野《さの》を越えて、熊野の神邑《みわむら》に到《つ》き、且に天の磐盾《いわたて》に登ろうとした。

仍《そこ》で軍を引いて、漸《だんだん》に進んだ。海の中で卒《にわか》に暴風に遇い、皇舟《みふね》は漂蕩《ただよ》った。この時稲飯《いなひ》命が歎いて、「嗟乎《ああ》、吾《わし》の祖は天の神で、母は海の神だ。如何《どう》して我《わし》を陸で厄《くる》しめ、復我《またわし》を海で厄《くる》しめるのか」と曰った。言い訖《お》わってから、剣を抜いて海に入り、鋤持《さひもち》

4)［D］は、二次本の作文で、一次本では、たんに菟田の穿邑についた意の短文だった、と思われる。

神と化為《な》った。三毛入野命《みけいりの》も亦恨《またうら》んで、「我《わし》の母と姨《おば》は、並《ふたり》とも海の神だぞ。何為《どうして》波瀾《なみ》を起こして、灌溺《おぼら》せるのか」と曰い、浪の秀《ほ》を蹈んで、常世郷《とこよのさと》に往《い》った。

天皇は独《ひとり》、皇子手研耳命《たぎしみみ》と、軍を帥《ひき》いて進み、熊野の荒坂の津　亦の名は丹敷浦《ニシキ》に至った。因《それ》で丹敷戸畔《にしきとべ》という者を誅《ころ》した。

この時、神が毒気を吐き、人物《ひとびと》は咸瘁《みなや》みふした。是《こ》の由《せい》で、皇軍は復《ふたたび》ちからを振《ふ》るうことが能《でき》なかった。時に、彼処《そこ》に人が有《い》て、号《な》を熊野の高倉下《たかくらじ》と曰った。忽《たちまち》に夜夢をみた、天照大神《あまてらす》が武甕雷神《たけみかつち》に謂《かた》って、「葦原《あしはら》の中の国《ち》は猶《なお》も聞《さ》二喧擾之響《やげりな》一焉《り》［＝喧擾《さわぎ》の響《ひび》きが聞こえている］。聞喧擾之響焉、此は左揶霓利奈離《サヤゲリナリ》と云う。汝が更往《またい》って征《う》つが宜《よ》い」と曰った。武甕雷神《たけみかつち》が対《こた》えて、「予《わし》が行かず雖《とも》、予《わし》が国を平《たいら》げた剣を下《おろ》したならば、すぐに国は自《おのず》ずと平《たいら》ぐでしょう」と曰った。天照大神は、「諾《うべなり》［諾《いいわ》］」と曰った。諾《だく》、此は宇毎那利《ウベナリ》と云う。この時、武甕雷神は、登高倉《すぐさまたかくら》に謂《かた》って、「予《わし》の剣は号《な》は韴霊《ふつのみたま》と曰うが、韴霊《しれい》、此は赴屠能瀰哆磨《フツノミタマ》と云う。今当《まさ》に汝《おまえ》の庫《くら》の裏《なか》に置いておこう。取って天孫に献ぜよ」と曰った。高倉《たかくら》は、「唯々《はい》」と曰って寤《めざ》めた。明旦《あくるあさ》、夢の中の教えの依《まま》に、庫を開いて視《み》ると、果たして落ちてきた剣が有り、倒《さか》さまに庫の底板に立っていた。即《すぐ》に取って進《たてまつ》った。この時、天皇は適《よ》く寐《ね》ていたが、忽然《たちまち》に寤《めざ》めて、「予《わし》は何《どう》うして此の若《よう》に長く眠っていたのか」と曰い、尋《つ》いで毒に中《あた》った士卒も、悉復《みなふた》たび醒《さ》めて起きあがった。

既而皇師《さてこうぐん》［軍］は、中洲《なかくに》に趣《むか》おうと欲《し》た。而《しか》るに山中は嶮《けわ》しく絶《とだ》え、復行《またゆけ》可る路も無かった。乃ち棲遑《うろうろ》と其《こ》の跋え渉《わた》る所が知《わか》らなかった。時夜《そのよ》夢をみた、天照大神が天皇に訓《おし》えて、「朕が今頭八咫烏《やたのからす》を遣《つか》わすので、郷導者《みちあんない》に為《す》るが宜《よ》い」と曰った。果たして頭八咫烏が有り、空自《よ》り翔び降《お》りてきた。天皇は、「此の鳥が来たのは、自《おの》ずと祥《よ》い夢に叶っている。い《[偉]》大だなあ、赫《あきらか》だぞ。我が皇祖天照大神が、基《そう》《[創]》業を助成しようと欲《し》たのか」と曰った。

是の時、大伴氏の遠祖日臣命《ひのおみ》が、大来目《おおくめ》を帥《ひき》いて、元戎《たいぐん》《[大軍]》を督《ひき》いる将として、山を蹈《ふ》み行《みち》を啓《ひら》き、烏の向かう所を尋《たず》ねて、仰ぎ視《み》て追《お》っていった。遂《つい》に菟田《うだ》の下県《しもあがた》に達した。因《それ》で其の至《つ》いた処を号《な》づけて、菟田の穿邑《うかちむら》と曰う。穿邑《せんいう》、此は于介知能務羅《ウカチノムラ》と云う。この時、勅して日臣命を誉《ほ》めて、「汝《おまえ》は忠で且《また》勇である。加えて能《よ》く導いた功も有る。是以《そこで》、汝《おまえ》の名を改めて道臣《みちのおみ》と為《せ》よ」と曰った。

秋八月、甲午《きのえうま》が朔《ついたち》の乙未《きのとひつじ》［＝二日］、天皇は、兄猾《えうかし》と弟猾《おとうかし》という者を徴《め》させた。猾《かつ》、此は宇介志《ウカシ》と云う。是《こ》の両人《ふたり》は、菟田県《うだあがた》の魁帥《そうすい》である。魁帥《かいすい》、此は比鄧誤廼伽瀰《ヒトゴノカミ》と云う。この時、兄猾は来ず、弟猾は即《すぐ》に詣至《やってき》た。因《そし》て軍門を拝し、告げて、「臣の兄の兄猾が逆《さか》らう状は、天孫が且《まさ》に到《いた》ろうとしていると聞き、兵を起こして襲おうとしました。皇師《こうぐん》の威《い》を望《のぞ》み見て、敢《と》ても敵せないと懼《おそ》れ、乃《そこ》で潜《ひそか》に其の兵を伏せ、権《かり》に新宮《にいみや》を作って、殿の内に機《しかけ》を施《ほどこ》し、饗《うたげ》に請《しょう》じる因《こと》で作難《ころ》そうと欲《し》ています。願《ど》うか此の詐《たくらみ》を知って、善《よ》く備を為《し》てください」と曰った。

天皇は、即《すぐ》さま道臣命《みちのおみ》を遣《つか》わし、其の逆《さか》らう状《さま》を察《み》た。この時、道臣命は、審《くわし》く賊害《そこ》なおうとの心が有るのを知って、大いに怒り詰《つ》げ嘖《さけ》んで、「虜《あだ》め、爾《お(の)れ》が造った屋《いえ》に、爾自《お(の)れじしん》が居《はい》ってみろ」と曰った。爾《じ》、此は飫例《オレ》と云う。因《そ》して、剣のつかに案《てをか》け、弓を彎《ひきしぼ》り、逼《せま》りて催《せきた》てて入《はい》らせた。兄猾《えうかし》は、罪を天に獲《え》ていて、事を辞《ことわ》れなかった。乃《そこ》で自《みず》から機《しかけ》を蹈《ふ》んで圧死した。時に其の屍《しかばね》を陳《ひきだ》して斬った。流血が踝《くるぶし》を没した。故、其の地を号づけて、菟田《うだ》の血原《ちはら》という。

已《さ》て、弟猾《おとうかし》は大いに牛・酒を設《もう》けて、皇帥《こうぐん》《[軍]》を労《ねぎら》い饗《うたげ》した。天皇は其の酒・宍《にく》を軍卒に班《わ》け賜えた。乃《そし》て御謡《おうたよみ》して、謡《よう》、此は宇哆預瀰《ウタヨミ》と云う。

菟田《うだ》の高城《たかき》に鴫羂《しぎわな》[を]張る
我《わ》が待つ　ヤ
　鴫《しぎ》は障《さや》《[かか]》らず
いすくはし　鯨障《さや》《[かか]》り[ぬ]
前妻《こなみ》《[ふるづま]》が　肴《な》《[さかな]》乞はさば
　立稜麦《たちそば》《[ぶなのき]》の[ごと]実《み》の無けくを　幾多《こきし》《[たくさん]》聶《ひ》《[そ][削]》ゑね《[いでやれ]》
後妻《うはなり》《[にいづま]》が　肴《な》《[さかな]》乞はさば
　斎賢木《いちさかき》《[まてばしい]》の[ごと]実の多《おほ》けくを《[いところ]》　幾多《こきし》《[たくさん]》聶《ひ》《[そ][削]》ゑね《[いでやれ]》

と曰った。是《これ》は来目歌《くめうた》と謂う。今、楽府《うたのつかさ》で此の歌を奏するとき、猶《まだ》手を量《ひろ》げる大小、及《およ》び音声の巨細が有る。此は古《むかし》の遺《のこ》った式《やり》かたである。

[D]是の後、天皇は、吉野の地を省《み》ようと欲《おも》った。乃で菟田《うだ》の穿邑《うかちむら》より、親《した》しく軽兵

ぶなのき、まてばしい―前川文夫・日本人と植物（岩波新書）による。

[D][C][B][A]は先の一次本末尾の[A][B][C][D]に対応している。そこで、[D]には一次本末尾の脚注4)、[C][B]には脚注3)、[A]に脚注2)1)を参照。

を率いて、巡幸した。〔C〕吉野に至《つ》いた時、人が有て井《い》の中より出てきた。光って尾が有った。天皇が問いかけて、「汝《おまえ》は何人《なにもの》だ」と曰うと、対《こた》えて、「臣《おら》は是国神《はあとちのかみ》で、名は井光《いひか》と為《いう》だ」と曰った。此が吉野首部《よしののおびとべ》の始祖である。〔B〕更《さら》に少し進むと、亦《また》尾が有って磐石《いわ》をおし披《ひら》いて出てきた者がいた。天皇が問いかけて、「汝《おまえ》は何人《なにもの》だ」と曰うと、対えて、「臣《おら》は是磐排別《はあいわおしわく》の子だ」と曰った。排別《はいべつ》、此は飫時和句《オシワク》と云う。此が吉野《よしの》の国樔部《くずべ》の始祖である。〔A〕水《かわ》に縁《そ》って西に行った及《とき》、亦梁《またやな》を作って魚を取る者が有《い》た。梁《りょう》、此は揶奈《ヤナ》と云う。天皇が問うと、対えて、「臣《おら》は是苞苴担《はあにえもつ》の子だ」と曰った。苞苴担《ほうしょたん》、此は珥倍《ニヘ》毛菟《モツ》と云う。此が阿太《あだ》の養鸕部《うかいべ》の始祖である。

付記　この八月条につづく九月条は、一次本と二次本とが接合された時、細部にわたって挿入・書き替えがなされ、やや複雑な様相を示している。この九月条の一次本・二次本の区別は、先に「一次本と二次本との接合の例」として掲げておいた。なおそれより以下、一〇月条から己未年、庚申年条にかけても、同様に一次本・二次本の接合がみられるが、九月条の「接合の例」を参考に解明できるであろう。

〔以上、補論を除く一つ章・二つ章は、中部大学国際人間研究所『アリーナ』第五号、二〇〇八年三月に掲載〕

三《みっ》つ章　伊勢神宮成立の証

――巻第五・六の伊勢神宮成立記によって、巻第三十の伊勢神宮成立史を証する

持統三年八月壬午（三日）条の記事、百官ヲ会二集シテ於神祇官一ニ、而奉二宣ス天神地祇之事一ヲが、神祇体系の頂点にアマテラスをおくことを奉宣し、ここにアマテラスが誕生したこと。また同六年二月丁未（一一日）に、三月三日と日まで限定して伊勢への行幸を予告し、大神神社祭主・大三輪朝臣高市麻呂の諫争をおしきって、日こそ六日とおくれたが伊勢行幸を敢行したのは、これが第一次伊勢神宮（続紀、文武二年一二月乙卯〔二九日〕条のいわゆる多気大神宮）の落成であったからであること。以上を一つ章で述べておいた。

この巻第三十の伊勢神宮成立史が、紀の伊勢神宮成立記（巻第五〜第六）によって、逆に、立証されることを、本章は述べようとしている。

皮肉な史料事実

巻第五（崇神紀）・六（垂仁紀）に伊勢神宮の成立を記したからこそ、紀は、持統三年八月条の会集がなんのための会集だったのかを記さず、また、六年三月の行幸がなんのための行幸かを記さなかった。その巻第五・六の当該記事が、かえって、巻第三十でのアマテラスの誕生と伊勢神宮の成立とを、立証する。皮肉な史料事実といわねばならない。

まず巻第五・崇神六年条を引いておく。

㈠先レ是ヨリ、天照大神・倭大国魂《やまとおおくにたま》ノ二神ヲ、並二祭シタ於天皇ノ大殿之内一ニ。然シ畏二レ其ノ神ノ勢一ヲ、共ニ住ムノガ不安ダッタ。

故ニ以テ二天照大神一ヲ、託シ二豊鋤《すき》入姫ノ命一ニ、祭ツタ二於倭ノ笠縫邑《かさぬいむら》一ニ。……亦以テ二日本《やまと》大国魂ノ神一ヲ、託シテ二淳名城《ぬなき》入姫ノ命一ニ
令《せ》タレ祭ラ。(一―五〇三頁)

つぎに、巻第六・垂仁二五年三月丙申〔一〇日〕条。

(二)離シ二天照大神ヲ於豊耜《すき》入姫ノ命一カラ、託シタ二干倭姫《やまとひめ》ノ命一ニ。爰ニ倭姫ノ命ハ求メテ下鎮二座スル大神一ヲ之処上ヲ、而詣ツタ二菟田《うだ》ノ篠幡《ささはた》一ニ。更ニ還《もど》ッテ之入リ二近江ノ国一ニ、東廻リ二美濃一ヲ、到ツタ二伊勢ノ国一ニ。時ニ天照大神ガ誨エテ二倭姫命一ニ曰ッタ、是ノ神風ノ伊勢ノ国ハ、則常世《とこよ》之浪ノ重浪《しきなみ》ノ帰ル国ダ也。傍国ダガ可怜ナ国ダ也。欲《おも》ウレ居タイト二是ノ国一ニ。故ニ随イ二大神ノ教一ニ、其ノ祠ヲ立テタ二於伊勢国一ニ。因ッテ興《たて》タ二斎宮《まつりのみや》ヲ于五十鈴川ノ上《ほとり》一ニ。是ヲ謂ウ二磯ノ宮一ト。則チ天照大神ガ始メテ自リレ天降ッタ之処デアル也。

(一―四六三頁、以下の一云は(三)として後出)

右により、崇神六年から垂仁二五年にかけ、アマテラスは、天皇の大殿の内から大和の笠縫邑へ、そして伊勢の五十鈴の川の上《べ》の斎宮へと移動したことになる。紀によれば崇神は六八年一二月に死んだから、この間じつに八八年かかった計算である。

ヤマトクニタマってだーれ　さて、アマテラスはヤマトクニタマと並祭されていた。なぜほかならぬヤマトクニタマなのか。

この神は、紀中、巻第五・六すなわち右引の(一)(二)と、(二)のあと、省略した(三)一云の三箇所と、巻第三十・持統六年条と、四箇所にしか出ない。いわゆる神代(巻第一・二)にも続日本紀にも出てこない。こんな孤立したヤマトクニタマが、なぜ紀の伊勢神宮成立記で、アマテラスに同伴するのか。

ヤマトクニタマを祭る神社は、大倭社(持統六年五、一二月条)である。延喜神名式では山辺郡の大和坐大国魂神

社三座である。先引㈡で省略した注釈・一云にはこうあった。

㈢是ノ時、倭ノ大神ガ、著イテ二穂積ノ臣ノ遠祖・大水口《おおみなくち》ノ宿禰ニ一、而誨エテ之曰ッタ、太初之時、期シテ曰ウニハ、天照大神ハ悉ク治メヨ二天ノ原ヲ一、皇御孫《すめみま》ノ尊ハ専ラ治メヨ二葦原ノ中国之八十魂神ヲ一、我ハ親ラ治メヨウ二大地ノ官ヲ一…。〔中略〕卜シテ之、誰人ニカ以テ令《せ》ヨウレ祭ラ二大倭ノ大神ヲ一。即チ淳名城稚《ぬなきわか》姫ノ命ガ食《あた》ッタレ卜ニ焉。因ッテ以命ジ二淳名城稚姫ノ命ニ一、定メ二神地ヲ於穴磯《あなし》邑ニ一、祠ッタ二於大市ノ長岡ノ岬ニ一。然シ是ノ淳名城稚姫ノ命ハ、既ニ身体ガ悉ク痩弱シテ、以不《な》カッタレ能《で》キレ祭ルコトガ。是ヲ以テ命ジ二大倭ノ直ノ祖・長尾市《ながおち》ノ宿禰ニ一、令タレ祭ラ矣。（㈡—四六三～四頁）

この一云は、全体的に紀の主筋の説に異を唱えていて興ぶかいが、いまは、関わる範囲でふれることにする。太初之時期《とりきめ》テ曰の主語は倭ノ大神である。大系本がイザナキ・イザナミ二尊の言葉を指していると注したのは、以後の言葉の様相から推定してのことだ。巻第一、第四段＊第六の一書は、イザナキが三子に勅任して、アマテラスは高天原、ツクヨミは滄海原、スサノオは天下、を治めよと曰ったと記していた。それを一云は、アマテラスは天原、皇御孫尊は葦原中国、我は大地官《おおつちのつかさ》、を治めようと曰ったとする。この我が太初之時期曰の主語だが、イザナキ・イザナミ二尊でないことは確かだ（なぜならイザ二尊が言寄せたのは三子に対してで、孫のニニギや、まして他人の倭大神なぞに言寄せはしない）。皇御孫尊（これについては十つ章皇祖考参照）を高天原から葦原中国に天降ったニニギとすると、一云は、第四段＊第六の一書のいわゆる三貴子分治の話とはちがい、天孫降臨説話をふくみ、かつそこへ我（ヤマトクニタマ）をおしならべた作為がうかがえる。

一云にはさまざまの説話や要素が錯綜しているが、巻第五・六になってとつぜんに登場した、ヤマトクニタマを由緒ありげに仕立てたし、加えて、この前後には、オオモノヌシの神格を替えるような工作が重ねられている。

崇神紀年月日の書き方

巻第五・崇神紀では、年月日の記載の仕方に注目したい。列挙する。（同年に複数の月日記事があるときは（　）内に記した。）

元年春正月壬午朔甲午
三年秋九月
四年冬十月庚申朔壬午
五年
六年
七年春二月丁丑朔辛卯（秋八月癸卯朔己酉　十一月丁卯朔己卯）
八年夏四月庚子朔乙卯（冬十二月丙申朔乙卯）
九年春三月甲子朔戊寅（四月甲午朔己酉）
十年秋七月丙戌朔己酉（九月丙戌朔甲午　冬十月乙卯朔）
十一年夏四月壬子朔己卯（是歳）
十二年春三月丁丑朔丁亥（秋九月甲辰朔己丑）
十七年秋七月丙午朔（冬十月）
四十八年春正月己卯朔戊子（四月戊申朔丙寅）
六十年秋七月丙申朔己酉
六十二年秋七月乙卯朔丙辰（冬十月　十一月）
六十五年秋七月
六十八年冬十二月戊申朔壬子

右の一七項のうち、(イ)年月日そろったのが一三項、(ロ)年月だけなのが二項、(ハ)年だけが二項、となる。(ロ)の三年九月条は、磯城瑞籬宮に遷った記事、六五年七月条は、任那国使の来朝記事（紀外交記事の初出）である。外交記事には年月日をそろえて書くはずで、日を欠く六五年七月条が怱々の間に作文されたことを示している。年だけの(ハ)はいっそう異例である。五年条は疫病（疾疫）のこと、六年条はアマテラス、オオクニタマを大殿の内から外にだしたこと、を記している。

崇神紀の疫病記事

疫は、紀中に三朝六度みえる。崇神五年（疾疫）、七年一一月三日（疫病）、一二年三月一一日（疫病）、欽明一三年一〇月（疫気）、敏達一四年二月二四日（疫疾）、三月一日（疫疾）である。欽明・敏達朝の疫は、蘇我氏が仏教を受容したところ疫病がおこった、というものである。これに対し崇神朝の疫はオオモノヌシの祟りとされてきた。

崇神紀の疫病記事は、五、六、七年条にあり、五年が発端、六年がその蔓延、七年で解決というはこびである。アマテラス、ヤマトクニタマは、六年条の疫病記事の中に並んで出ている。七年条は、春二月丁丑朔辛卯（五日）について、秋八月癸卯朔己酉、一一月（冬ヲ欠ク）丁卯朔己卯（一三日）と、月ごとに日にちまで書き入れ、疫病の治まる過程が克明に記されているように見える。しかしよくみると、五年条で疾疫と書いていたのに、七年条では、国之不治ないし不治が解決する自平・立平のことが書かれている。その中で一一月条末に疫病始息の句が見えるが、これは後から挿入されたと考えられる。すなわち五・六年条は、すでにあった七年条を利用して挿入され、五・六年と七年とを整合的につなぐため、七年末（一一月）に疫病始息と書き加えたのである。　（'05・5・31）

これを傍証するのが、四年一〇月の詔である。詔の末尾は、其《レ》群卿百寮、竭《シ》二爾《ノ》忠貞《ヲ》一、共《ニ》安《ンジルコト》二天下《ヲ》一、不《ヤ》二亦可《よカラ》一乎（一—五〇三頁）となっていて、この安天下は、七年二月条の国之〔不〕治、自平・立平（一—五〇四頁）に通じるもので、挿入された五、六年条とはかかわりがない。　（同6・18追記）

オオモノヌシの神威譚

七年二月条は、もともと三輪山の神オオモノヌシの神威譚であった。崇神が国之ガ不レ治《な》イマラ（一—五〇四頁）を心配していると、倭国ノ域内ニ所レ居ル神、大物主神が是ハ吾ガ意《こころ》ダ也（同）と言い、わが子の大田田根子に自分を祭らせるようにすれば、立ちどころに平らぎ（立平）、海外の国も自ずと帰伏すると告げ、そのとおりになったと語られている。そして八年一二月の記事の終りで、オオタタネコは、今、三輪君等之始祖也とあるから、七年条は、持統五年八月に祖等之墓記を上進した十八氏の筆頭、大三輪氏（同六年の失脚以前）の墓記によったとみなされ、祖神オオモノヌシの神威を語ったのもそのせいである。

オオモノヌシがワープする

すでに四年（一〇月）条が、天下経営、安天下をテーマとしていて、それが七年（二月）条で、オオモノヌシが国之不治は立《たちどころに》平《たいらぐ》と告げたのに、つながっている。この在来線（一次本）に、五、六年条の引込線（二次本）が挿入されると、安天下のテーマが、疫病の方へワープさせられてしまう。テーマがワープすると、主役のオオモノヌシも変化する。それを七年二・八月両条の記事から抜き出してみよう。

㈠〔七年二月条〕神明《かみ》が倭迹々日百襲姫《やまとととひももそ》に憑り、「若し能く我を敬祭したなら、必らず当に自《おの》ずから平らぐ（自平）」と曰ったので、天皇がその名を問うと、我ハ是レ倭《やまと》國ノ域《ち》ノ内ニ所レ居ル神デ、名ハ為二スト大物主神一ト、と答えた。

㈡〔同年八月条〕臣下三人が、夢にみた貴人から、以二テ大田田根子命一ヲ、為下セバ祭二ル大物主大神一ヲ之主上ト、…必ラズ天下太平ナラン矣、と教えられた。

見るように、㈠は大物主神、㈡は大物主大神と表記する。同じ七年でも、二月条と八月条とでちがいがある。同年の一一月条も大物主大神と書き、上にふれたように、於レ是、疫病始息とも書くから、五・六年の疫病系記事を

巻	5	6	7	9	10	13	15	22	23	24	25	29	30	計
群卿	3	5 (5)	8 (1)	1	2 (2)	5 (4)		5 (3)	10 (8)	2 (1)	6 (3)	6 (4)		53
公卿							2				8	2	40	52

受けている。さらに八年四月条、一二月条にも、大神とでてくる（大系本は大神に四月の方でオホミワのふりがなをつけながら、一二月の方ではオホミワノカミとしているが、これはオホカミ、大物主大神の大神である）。(二)でもう一つ目をひくのは、オオモノヌシが大神とされたのと揆を一にして、オオタタネコも根子の下に命がついた。表示しておく。

	七年二月（一次本）	同八月（二次本）
オオモノヌシ	大物主神	大物主大神
オオタタネコ	大田田根子	大田田根子命

崇神紀の一次本と二次本　テキストでいえば、五年条、六年条、七年八月条、同一一月条、八年四月条、同一二月条が一系列である。六年条には、アマテラスとヤマトクニタマとが天皇の大殿に並祭されていた。この一組が成り立つのは、一つ章（本書三二頁）でみたように、持統六年をおいてない。この一系列のテキストは、持統期のアマテラス誕生にともなう作文で、二つ章の神武紀の分析で二次本とよんだものと同じである。

これに対し、四年一〇月条、七年二月条がもともとの一次本である。四年一〇月壬午〔二三日〕の記事の終りに、其《レ》群卿百僚、竭《シ》二爾《ノ》忠貞《ヲ》一、共安《ンジルコト》二天下《ヲ》一、不《ヤ》二亦可《カラ》一乎、とあった。上表のように、群卿は（群臣同様に）各巻に使われているが、群卿百僚とつながるのは、ここと天武一二年正月一八日（群卿百僚）条しかない。ほとんど同義の公卿は、群卿よりも分布が狭く、その大部分は巻第三十（持統紀）が占める。巻第二九（天武紀）に二度あるが、二度とも公卿大夫とつながり、持統期の公卿百寮（人）とは区別される。この語の形は、

天武期　群卿百僚
持統期　公卿百寮（人）
続　紀　公卿百官

と推移する。群卿百僚の語は、四年一〇月条、七年二月条のテキストを、天武期一次本とする一つの根拠である。

注　表中、小さく( )で入れた数は、鴻巣隼雄・日本書紀の編纂に就いて―特に使用語句を通じて見たる（日本諸学研究3、一九三九年）のものである。紀の索引類のない時代、特定語句の分布を調べるのは苦労の多い作業であったが、鴻巣は延べ九八もの特定語句を五枚の分布表に整理し、紀三〇巻を、A（巻第一～一三）、B（巻第一四～二一）、A′（巻第二二～二九）に三区分し、AとA′とが似ていることを結論づけた。これは、万葉仮名に選んだ漢字の発音で区分した森博達の$\alpha\beta$の巻別と一致する。

崇神紀と持統紀の神配置図　すでにふれたが、二次本で挿入された六年条には、アマテラス、オオクニタマが宮中に並祭されていたことが記されていた。そして一次本ではオオモノヌシの神威が、安天下、天下太平に関して述べられていたのを、二次本がテーマを疫病にワープさせ、オオモノヌシを祟り神に変えた。その結果、あえてきわだつ表わし方をすると、

天　皇　方　アマテラス
　　　　　　ヤマトクニタマ
大三輪氏方　オオモノヌシ

崇神紀のこの配置図は、持統六年にオオモノヌシを祭る大神神社を守るために、新生のアマテラスを祭る多気大神宮（第一次伊勢神宮）の落成式に行幸する持統に諫争し、失脚した大三輪朝臣高市麻呂・大神神社、替ってその位置にすべりこんだヤマトクニタマ・大倭社、という配置図と、まったく同じである。すなわち㈠紀の叙述の順序では、崇神・垂仁期に創立されたという伊勢神宮成立期は、㈡作られた順序でいえば、持統期の伊勢〔多気〕神宮成立史が先で、これに基づいて崇神紀の二次本の部分が後から作られたのである。それで両者は同じ神々の配置図を示しているし、㈠の成立記が、ひるがえって、㈡の成立史を立証することになる。

アマテラス誕生の史的背景

持統がアマテラスを必要とした史的背景をもみておこう。大軍を動かして天皇位を手にいれた天武には、それに伴う実権とカリスマ性とがあった。天武が死んだ朱鳥元年（六八六）九月丙午（九日）から、築造した大内陵に埋葬した持統二年（六八八）一一月戊午（四日）まで、葬儀（この語、持統二年八月丁酉にみえる）は足かけ三年におよんだ。そしてこの間、紀は六度も同じ記事を重ねている。皇太子率イ二公卿百寮ノ人等ヲ一、適イッテ二殯ノ宮ニ一而慟哭シタ焉。持統元年正月一日、五日、同年五月二二日、一〇月二二日、二年正月一日、一一月四日（そのあと一一日大内陵に埋葬して天武の葬儀が終了する。なお前篇末の覚え書二・天武の殯参照。）

皇太子（このとき皇太子制はまだなかった）とは草壁である。持統の姉太田の子、大津にくらべ凡庸に思える。大津の方は、周知のとおり、天武の死後すぐに謀反したとして、死に追いやられたが、この謀反人に紀作者は、容止ハ墻岸《しょうがん》、音辞ハ俊朗、及レ長てジ辨《あまね》ク有リ二才学一、尤モ愛シタ二文筆ヲ一、詩賦之興ハ、自リ二大津一始マル也、の賛辞をおくっている。対して、持統三年四月乙未、皇太子草壁皇子尊薨は、ありもしなかった地位や資格のない尊称がつけられているが、それだけで一字の薨伝もない。そんな草壁に公卿百寮人への求心力をどうつけるか。判を押したような率二公卿百寮人一適二殯宮一*を繰り返した意味が、その答えである。三年にわたる天武の葬儀は、たんなる葬儀ではなかった。

葬儀そのものが、天武から草壁への皇位渡御の儀となるはずだったのである。

注　飛鳥浄御原宮跡にやや未限定の命名だがエビノコ郭と呼ばれる一画がある。この宮跡の発掘をつづけた橿原考古学研究所の考古学者たちは、天武紀（一〇年二・三月条など）に見える大極殿を発掘しあてようとの期待をもちつづけたようにみえる。紀は、そもそも天皇の称号でさえ初代神武から使用しているように、後代の名称をさかのぼらせて使うのに、なんのためらいもない。検出したエビノコ郭を大極殿と判断したのは、もちつづけた期待のせいだろう。エビノコ郭検出以後、その南にあたかも朝堂が存したかのような復元図等がみうけられたが、大殿風の建物、その四周を囲む回廊、それに西門だけという図におちついた。同研究所の河上邦彦は、天武紀の朱鳥元年九月戊申（天武が死んだ翌々日）の条に、起《ツ》二殯宮《ヲ》於南庭《ニ》一とあるのに着目し、この建物を殯宮ととらえた。これに賛成である。（前編、覚え書一　飛鳥の宮都論参照）

一つだけ西に開いた門は、草壁が、浄御原宮内郭から公卿百寮人を率いて訪れる経路、内郭―南門―南庭―（殯宮）西門―殯宮にあっている。この葬儀がたんなる葬式ではなく、皇位渡御の儀に近い役割をもっていたことを勘案すれば、殯宮が大極殿にまがう大殿であったことに不審はない。殯宮院の回廊の南の部分が、排水用の東西石組大溝をこわして匆々に建てられたことを示しているのも、殯宮ゆえと合点がゆく。

持統二年六月戊戌（一一日）に、大赦と税の半減の詔が出た。率公卿百寮人記事の中で、五度目（二年正月一日条）と六度目（同年一一月四日条）との間隔があいているが、大赦の詔はその中間にある。なんのための大赦なのか、前後に該当する記事はないが、草壁の発病によると推測できる。小康をえて六度目の適殯宮をこなしたが、翌三年丙子（二四日）、またも大赦。しかしその効なく夏四月乙未（一三日）、草壁は死ぬ。

その直前、三年春正月辛未（一八日）、持統は吉野宮に幸き、甲戌（二一日）には浄御原宮にもどっている。草壁の死を覚っての、切迫した吉野行だったと思える。草壁は助からぬ。ではどうするか。手間どると他の天武皇子をかついで皇位をうかがう不測の事態が生じかねない。持統の決断は以降の経過に明らかである。自分が天皇になる。諸家の研究によると、皇太子制の成立以前、皇后のもつ特権は大きかった。自分が天皇になって、草壁の子・珂瑠（軽）の成人をまって譲位しよう。持統の即位は、四年春正月戊寅朔。そして一一年八月乙丑朔、天皇定二策禁中一、禪二天皇位於皇太子（軽）一。この記事で日本（書）紀は閉じられる。

武則天と持統

のちに、皇極紀に出る大雲経をめぐっての章（九つ章）をたてるが、そこで述べるように、武則天は前人未到の女帝への道をひらくのに、偽経を造作してまで一身を荘厳している。持統もまた即位とその後の一身の荘厳のため、さまざまな政治的布石を打った。それが一月の吉野行にはじまる持統三年（六八九）紀で、その中心をなすのがすでに述べてきた八月の女神アマテラスの公表であった。これが紀制作上、大きな変更をもたらしたことも、一次本、二次本とテキストに重複のあることで証示できた（二つ章）と思っている。

これと対をなすのが、六月庚戌（二九日）、班二賜諸司令一部廿二巻一、である。天武は、一〇年（六八一）二月甲子（二五日）に詔して、朕今更欲下定二律令一改中法式上といい、三月丙戌（一七日）また詔して、記二定帝紀及上古諸事一と命じた。じつのところ二月条の文は、三月条のと検校して、史実とするのに疑がある。だが二月条を作文してまで、紀作者は、律令の制定と日本（書）紀の記定とが、天武政治を仕上げる二大政綱であったことを表現したかったのである。持統は即位に先立ちこの二大政綱を踏襲しながら、女神アマテラスで女帝《じしん》を荘厳した。

持統が、皇位を草壁系に限定するには、まず自身に政治的な求心力ないしカリスマ性を付与しなくてはならなかった。皇祖アマテラスの誕生と伊勢神宮の成立は、持統がねらい定めて打った政局的な一石であった。これをめぐってのマツリゴト上の争いが、オオモノヌシの疎外とアマテラス・ヤマトクニタマの組み合せに表現された。そして紀の崇神六年条から垂仁二五年条までに、持統三～六年の歴史が刻印されたのである。

（'05・6・2）

東国の経営と伊勢神宮　大宝二年（七〇二）一二月二二日、持統が死ぬ。続紀は、その二月ほど前に、持統が、伊賀、伊勢、美濃、尾張、参河の五国に行幸した、と録している。この経路は、垂仁二五年に、アマテラスを託されたヤマトヒメがたどり、また壬申の乱で、大海夫妻がたどった東国・美濃への道と重なったり、ふれあったりしている。七世紀末、天武以後の天皇王朝は、当代の関東（美濃以東）になみなみでない関心をよせ、東日本の統一に乗り出したのである。第一次伊勢神宮（多気大神宮）は持統六年三月に成立したのだから、伊勢神宮が東国経営、東日本の統一とかかわっているのは、ごく当然のことである。

美濃守で尾張守を兼ね、木曽の桟道を通し、按察使として尾張、参河、信濃三国を管したのは、笠朝臣麻呂である。彼がさいしょに美濃守となったのが、慶雲三年（七〇六）七月辛酉（二〇日）、持統の死後四年のことであった。

（'05・6・2）

巻第五・崇神紀四〜八年の一次本、二次本の復元

一、復元一次本

四年冬十月庚申朔壬午、詔して「我が皇祖ノ諸天皇等が宸極《しんきょく》（皇位）に光臨《のぞ》んだのは、一身の為ではない。人の神（心）を司牧《やしな》い、天下を経綸《おさめ》る所以《ため》である。それ故、世に玄功を闡《ひら》き、時に至徳を流《し》くことが能《でき》た。今、朕は大運（天運）を承け奉り、黎元《たみ》を愛育することになった。何としてもまさに事《みず》から皇祖の跡に遵《したが》い、永く無窮の祚（皇位）を保たねばならぬ。群卿百僚よ、爾の忠貞を竭《つく》し、（朕と）共に天下を安んじる（共安二天下一）のも、亦可《よ》いではないか」と曰った。

七年春二月丁丑朔辛卯、詔して「昔、我が皇祖は、大いに鴻基〔帝業の基〕を啓《ひら》き、其の後、聖業〔帝業〕は逾《いよ》いよ高く、王風は転《ます》ます盛んである。〔しかるに〕意《おも》いがけなく、今、朕の世に当り、数《しば》しば災害が有る。恐らく朝〔庭〕に善政が無いからで、咎《つみ》を〔天〕神〔地〕祇に取らせられぬ。神亀に命じ〔亀卜で〕、災を致す所由〔理由〕を極《つきと》めよ」と曰った。

於是《そして》、天皇は乃《すぐ》に神浅茅原《かんあさじはら》に幸《ゆ》き、八十万神を会《あつ》め、卜い問うた。是の時神明《かみ》が倭迹々日百襲姫ノ命に憑き、「天皇よ、どうして国が治まらない〔国之不治〕のを憂うのか。若し能く我を敬い祭ったなら、必ず自《おのず》から平《たいら》ぐ〔自平〕ぞ」、と曰った。天皇が問い「此の如《よう》に教えるのは誰《ど》の神だ」と曰った。答えて「我は倭国の域内に居る神、名は大物主ノ神ぞ」と曰った。

時に神語を得て、教の随《まま》に祭祀した。然し猶《なお》、事に験《しるし》がなかった。天皇は沐浴斎戒し、〔大〕殿の内を潔浄《きよ》め、祈って「朕が神を礼《うやま》うのに、尚未だ尽《た》りないのか。どうして享けいれないのが甚だしいのか。冀くは亦夢の裏《なか》で教えて、神恩を畢《つ》くせ」、と曰った。

是の夜、夢に一《ひと》りの貴人が有り、〔大〕殿の戸に対《むか》って立ち、自《みずか》ら大物主神と称《なの》り、「天皇よ、復愁《もうれ》えなくともよい。若し吾が児、大田田根子をして吾を祭らせたなら、立ちどころに平ぐ〔立平〕ぞ。亦海外の国も自《おのず》から帰伏してくるぞ」、と曰った。

秋八月癸卯朔己酉〔七日〕、天皇は、夢の辞《ことば》を得て、益ます心に歓んだ。天下に布告し、大田田根子を求めた。即《すぐ》さま茅淳の県の陶邑で大田田根子を得て、貢じた。

八年夏四月庚子朔乙卯〔一六日〕、高橋邑の人活日を以て大神の掌酒《さかひと》〔訓注略〕とした。

八年冬十二月丙申朔乙卯、天皇は大田々根子を以て、大神〔オオモノヌシ〕を祭らせた。

是日、活日自から神酒《みき》を挙《ささ》げて天皇に献じた。仍《そし》て歌い、

この神酒は　わが神酒ならず
大和成す　大物主の　醸《か》みし神酒
幾久《(いくひさ)》　幾久

と曰った。此の如《よう》に歌い、神宮で宴《うたげ》した。宴が竟《おわ》り、諸大夫等が歌って、

甘酒《うまさけ》　三輪の殿の　朝門にも
出《い》でて行かな　三輪の殿門を

と曰った。茲に天皇が歌って、

甘酒《うまさけ》　三輪の殿の　朝門にも
押し開かね　三輪の殿門を

と曰った。即ち神宮の門を開いて幸行《でてい》った。謂うところの大田々根子は、今の三輪君等の始祖である。

二、復元二次本

五年、国内に疾疫が多く、民に死亡者が有り、且《しかも》大半であった。

六年、百姓は流離し、或いは背叛するものが有《い》た。其の勢《いきおい》は徳を以て治めるのが難《むつか》しかった。是以《そこで》、晨《くらいうち》に興《お》き夕まで愓《おそ》れ神祇に罪を請うた。是より先、天照大神、倭大国魂二神を、天皇の大殿の内に並祭していた。然し其の神威を畏《おそ》れ、共に住むのが不安だった。それ故、天照大神を豊鍬入姫《とよすきいりひめ》命に託し、倭の笠縫邑に祭った。仍《そし》て、磯堅城《しかたき》に神籬《ひもろき》〔訓注略〕を立てた。亦日本大国魂《やまとおおくにたま》神を渟名城入姫命に託して祭らせた。しかし渟名城入姫命は、髪が落ち体は痩せて祭ることが能《でき》なかった。

〔七年秋八月七日〕倭迹速神浅茅原目妙姫《やまととはやかんあさじはらまくわし》、穂積臣遠祖の大水口宿禰、伊勢の麻績君の三人が、共に夢を同じくしてしん奏言した、「昨夜夢をみたが、一《ひとり》の貴人が有り、誨えて『大田々根子命を以て大物主大神を祭る主と為《し》、亦、市磯《いちし》ノ長尾市を以て倭大国魂神を祭る主と為《し》たなら、必らずや天下は太平である』と曰った」、と。〔一次本の八月七日条につづけて二次本が書き加えた分〕天皇は即《すぐ》に親《みずか》ら神浅茅原に臨み、諸王卿及び八十諸部を会《あつ》めて、大田々根子に問い「汝《おまえ》は誰の子か」と曰った。対えて「父は大物主大神と曰い、母は活玉依媛と曰います。陶津耳の女です」と曰った。〔異伝略〕天皇は「朕は栄楽《たのし》いなあ」と曰った。乃《そし》て物部連の祖伊香色雄《いかしこお》を、神班物者《かんものわかちひと》と為るのをトうと、吉。又便《ついで》に他神を祭るのをトうと、不吉。

〔一一月一三日〕伊香色雄に命じ、物部の八十平瓮《ひらか》を以て神を祭る物を作った。即ち大田々根子を以て大物主大神の祭主とした。又、長尾市を以て倭大国魂神の祭主とした。然《そ》の後に、他神を祭るのをトうと吉。便ち別に八十万の群神を祭った。仍《そし》て天社・国社及び神地・神戸を定めた。是に疫病が始めて息《や》み、国内は漸《ようや》く謐《しずま》った。五穀は既《まった》く成り、百姓は饒《ゆたか》だった。

（'08・6・21）

神と人補遺及安天下・天下太平

崇神四〜八年紀を、一次本、二次本に区分して、なお二、三、述べるべき事がある。

第一に神と人補遺。ヤマトクニタマは巻第五、第六、第三十にしか出ない神であった。巻第五では、

神と人補遺　崇神六年に倭大国魂、日本大国魂神、七年八月一一月に倭大国魂神、巻第六・垂仁二五年三月一云に倭大神、巻第三十・持統六年五月に大倭大神。では対するオオモノヌシの方はどうか。じつはほとんど同じように、限られた出方をしている。ヤマトクニタマとちがうのは巻第一、第二にでていることだが、巻第一では大国主

神の亦名（第七段*第六の一書）として、巻第二ではいわゆる天孫降臨に先立つ葦原中国の平定に帰順した首渠として、その名が挙っている（第八段*第二の一書）。高天原は葦原中国を蔑視しているから、オオモノヌシも蔑視された神にすぎないことになる。いわゆる神代の巻第一、第二の他は、ヤマトクニタマ同様に巻第五（崇神七年二月、八月、一一月、八年四月、一二月、一〇年九月に八度）、それに巻第十四（雄略七年七月）と出る。

ついでに、持統への諫争で、オオモノヌシ神とその祭主で中納言の大三輪朝臣高市麻呂が失脚したが、ヤマトクニタマの祭主倭直はオオクニタマ神につれて上昇したのか。ヤマト邑の地主神を奉じる倭直は、巻第三・神武紀によれば、外来のシイネツヒコが祖である。先祖が初代神武のときに出たのに、そのあとは、巻第六・垂仁七年七月七日条（能見宿禰と当摩蹶速との捔力《すもう》）に倭直祖、長尾市、巻第十一・仁徳即位前紀に、倭直祖、麻呂、その弟の吾子籠は（仁徳即位前紀から、同六二年五月、履中即位前紀、允恭七年一二月、雄略二年一〇月）大倭国造で妹に日之媛、と出ているが、すべて巻第十一・仁徳から巻第十四・雄略（二年）までの紀Ⅲa部である（四つ章参照）。以上のほかはただ一箇所、巻第二九・天武一〇年四月一二日条。倭直龍麻呂が他の一三人と共に、連を賜姓された。そして、この龍麻呂が紀の倭直氏の中でただひとり、実在した。

連賜姓は、八色の姓制定のための既成事実づくりである。氏の序列づけ、階梯ごとの天皇による授位といったことは、氏の自治権からすると好ましくない。天武は既成事実を積み重ねて、抵抗を緩和する策に出た。八色の姓（天武一三年一〇月）制定前、連の賜姓は八度に及んでいる。紀の記述を見ていくと、さいしょに連を授かった忌部首首は、弟色弗とともに天皇を悦拝した（天武九年正月八日）。倭漢直は氏をあげて参内し、悦び天皇を拝した（同一一年五月一二日）。悦拝する下位の氏族をねらいすまして賜姓の常踏化を計り、八色の姓の制定後では真人、朝臣と最上位から賜姓していったのは、天武の行政手腕の妙というべきであろう。

倭直の紀の叙述で、実在したさいしょの人物、倭直龍麻呂は、（天武一四年六月に忌寸になるが）持統六年（六〇二）

に中納言大三輪朝臣高市麻呂が失脚する一一年前（天武一〇＝六八一年）、ようやく連に列した低位の氏族であった。

第二に天下太平。一次本が安天下をテーマとしていたのに、二次本が挿入されて疫病にワープした。ところが、その二次本の七年八月条に天下太平の語がみえる。

天下太平と泰平

天下太平の語は、紀中、七度しか使われていない。枚挙しよう。

1崇神七年八月七日、以《テ》二大田田根子一《ヲ》、為下祭《シル》二大物主大神一《ヲ》之主上《ト》、亦以《テ》二市磯《ノ》長尾市一《ヲ》、為下《しタナラ》祭《ル》二倭大国魂神一《ヲ》主下《ト》、必《ラズ》天下《ハ》太平《デアル》矣。

2同一二年九月、是《ヲ》以《テ》天神地祇《ガ》共《ニ》和享《シテ》、而風雨《ハ》時《ニ》順《イ》、百穀《ガ》用《テ》成《ッタ》。家《ハ》給《みちたリ》人《モ》足《リ》、天下《ハ》太平《ダッタ》矣。

3垂仁二五年二月八日、是《ヲ》以《テ》人民《ハ》富《ミ》足《リ》、天下《ハ》太平《デアル》矣。

4同二五年三月一云、汝尊《ノ》寿命《ハ》延長《シ》、復天下《ハ》太平《デアル》矣。

5同三五年九月是蔵、因《リ》レ是《ニ》、百姓《ハ》富《ミ》寛《ギ》、天下《ハ》太平《デアル》矣。

6仁徳六七年是蔵、是《ヲ》以《テ》、政令《ハ》流行《シ》、天下《ハ》太平、廿余年無事《デアル》矣。

7反正元年一〇月、当《リ》二是《ノ》時一《ニ》、風雨《ハ》順《イ》レ時《ニ》、五穀《ハ》成熟《シ》、人民《ハ》富《ミ》饒《ゆたカデ》、天下《ハ》太平。

みるとおり、人民（百姓）が富足、富寛、富饒であるなら天下太平と構文されていて、天下泰平と同じである。

天下太平、泰平ともに中国の成語である。

礼記、仲尼燕居に、〔天〕君子が礼楽を以て天下を治めると天下太平であるといい、荘子によれば、太平とは治之至だという。太平にはもう一つ興味ある用法がある。爾雅、釈地に、東至《ルノヲ》二日《ノ》所《ニ》一レ出《ル》為《すル》二太平一《ト》、がある。太平洋の命名はこれによっているし、奈良時代に天下太平が重んぜられたのも、あるいはこれによったのかもしれない。

泰平と聖帝仁徳　泰平については、漢書、食貨志上に聴くのがいい。こうである。民《ハ》三年耕《セバ》、則《チ》余《ス》二一年之蓄ヲ一。衣食ガ足リテ而知リ二栄辱ヲ一、廉譲ガ生ジテ而争訟ハ息ム。故ニ三載考エルレ続ヲ。……三考黜陟《ちゅっちょく》シ、余セバ二三年ノ食ヲ一、進メテレ業ヲ曰イレ登ト、再登ヲ曰イレ平ト、余ス二六年ノ食ヲ一。三登ヲ曰二泰平ト、二十七歳、遺ス二九年ノ食ヲ一。然ノ後ニ王徳ハ流洽シ、礼落ハ成ル焉。（民は三年耕せば、すなわち一年分の蓄えを余す。衣食が足って栄辱を知り、廉潔・礼譲が生じて争訟が息む。それゆえ三年に一度、民を治める者の成績を評定するのである。……三たび農功を評定し黜陟したうえで、三年の食を余せば、その功業を推挙して登といい、登をふたたびすればこれを平といい、六年の食を余す。登を三たびすればこれを泰平といい、都合二十七年で九年の食を余す。そうした後に、至徳は流れて洽《あまね》く、礼楽が成就する。―小竹文夫・武夫訳）

（'08・6・17）

巻第十一で、仁徳が聖帝であることを示すのに、四年、民のかまどに烟気が起てないのを見て、課役を七年まで三年免除し、さらに三年（とは記さないが、仁徳七年から一〇年まで）延長した、とある。はじめの三年を律令時代になってからの復三年にならったとみた（史注原稿など）が、さらに三年延長したのが、なにによるのか分らなかった。漢書、食貨志をみて、はじめの三年が登、さらに三年が再登と合点した。再登で六年ノ食を余したから、仁徳一〇年、百姓は領されずに宮室を競作した。だから今に聖帝と称される。

史実としての天下太平　もとへ戻る。史実としての天下太平は、飛鳥時代よりも奈良時代の色が濃いのではないか。続紀は、紀が完成する養老四年以前に、三度、（天下）太平の語のある記事をもつ。

1元明、和同元（七〇八）年六月乙丑（二八日）、詔シテ為ニ二天下太平百姓安寧ノ一、令《さ》セタ二都下ノ諸寺ニ転経一焉。

2元正、霊亀元＝七一五年一〇月乙卯（七日）、太平之風可シレ致ス。

3同、養老三＝七一九年一〇月辛卯（一七日）、詔、乃チ致シ二太平タ一…太平之治可シレ期ス。

しかし続紀、奈良時代にとっての天下太平をもっとも象徴的かつ現実的にしめしているのは、孝謙、天平宝字元（七五七）年三、四月条の天下太平である。この年は聖武・橘諸兄の政権が終り、孝謙・藤原仲麻呂の政権に移行する年であった。その三月、皇太子を替える勅の中に、とつぜん、三月廿日戊辰、朕之住屋ノ承塵ノ帳裏ニ、現スコト二天下太平之字《ヲ》、灼然《ト》昭著《デアル》、との言が出る。七月、橘奈良麻呂ら反対派を一掃したのち、八月、改元した宝字とは、この天下太平之字にほかならない。

七年八月条で一・二次本が接合

一次本、二次本の区分を考えていくうちに、七年八月条で（巻第三の戊午年九月条のように―二つ章をみよ）両者が接合していると、気づいた。この条の年月日は、〔七年〕(1)秋八月癸卯朔己酉と紀の正規の書き方に則っている。記事はやや長い。結論から言った方が解かりやすいから、説明を後廻しにしていえば、やや長い記事の中ほどに、(2)天皇《ハ》得《テ》夢《ニ》辞《ヲ》、益歓《ビ》於心《ニ》、布告《シテ》天下《ニ》、求《メタ》大田々根子《ヲ》、即於《ニテ》茅渟《ノ》県《ノ》陶邑《ニ》得《テ》大田々根子《ヲ》而貢《ジタ》之《ヲ》とみえるのが、一次本である。本条の一次本は(1)の月日と(2)の記事から成り立った、わりと短い記事だった。二次本は(2)の前(a)後(b)に（(2)よりも長い）文を書きいれた。だから、本条は、(a)二次本（この中に天下太平の語がある）、(2)一次本、(b)二次本の順から構成されている。

本条を読むと、はじめに(a)がきて、(a)文には大物主大神（(b)でも同じ）とあるから、本条は二次本とうつる。二次本の文では年月日がととのっていないのが通例である。ところがここでは、癸卯朔己酉と日にちまできちんと書いてあるから、二次本らしくない。それで目をこらすと、(1)の月日は(2)文とつづいて一次本、これを二次本(a)(b)がサンドイッチしている、と見えてくる。

(b)に諸王卿及八十諸部の用語がある。王卿は巻第三十・持統紀の用語だから、(b)を二次本と判断する一つの手がかりとなる。八十の方は、二つ章でみたように、巻第三の二次本が八十梟帥、八十平瓮、天手抉八十枚のように、八十好みだったのをみた。七年八月条の(b)から、同じ二次本の一一月条にかけて、八十諸部、八十平瓮、八十万群臣とあるのをみると、巻第三、第五の二次本の作者は同一人物かもしれないとの思いが湧く。

さてこれで三つ章を閉じることにしたいが、二次本の一一月条は、そのさいごを、二次本の筋書きだった疫病が始めて息み、国内が漸く謐った、五穀は既《まった》く成り、百姓は饒《にぎわ》った、としめくくった。上来延べたように、天下太平は、泰平すなわち五穀成熟、人民富饒と対をなし、紀の中での用法もそうであった。ところが二次本の一一月条では、天下太平とは疫病始息のことで、だから五穀既成、百姓饒之と作文した。一次本の安天下というテーマを、二次本は疫病にワープさせたが、合せて天下太平をも泰平から疫病にワープしてしまったのである。

（'12・12・12、三つ章清書）

四《よっ》つ章　応神五世の孫

——作られた順序で書紀を読む

山片蟠桃・津田左右吉流の読法

江戸後期の山片蟠桃や、近代大正期の津田左右吉は、それぞれの合理主義から、書紀は巻第十・応神を境とし、巻第一から第九（神功紀）までは荒唐無稽だが、応神以後の記述はほぼ確実とみなした。戦前、戦中とそれこそ荒唐無稽な神学が支配してきた時代には、山片・津田の合理主義は生かされなかったが、暗い時代から解放された二〇世紀の後半、日本書紀はその信憑性を疑われながら、それ故に山片・津田流の読み方が支配的になった。

この読み方の特徴は、紀三〇巻を、巻数あるいは頁数の順序、つまりは叙述の順序を前提とし、叙述の線上に打点して、それ以前は造作、以後はなにがしかの史実と、区分することにある。山片・津田は巻第十・応神に打点し、二〇世紀後半の古代史家、井上光貞、岸俊男は、巻第十四・雄略に打点した。この方法が成り立つ条件は、紀が原則として巻第一から第三十まで順に書き下ろされたこと、それと表裏のことだが、この巻数の順序が原則として通史的であること、である。戦後（二〇世紀後半）日本書紀が述べる通史は疑わしいと一方で思いながら、他方で線上打点方式の読み方がとられたのは、矛盾とまではいわずとも、鶍の嘴のくいちがいを感じさせることであった。

紀の冒頭（巻第一、第一段本文前半）、天地剖判の記事は、叙述の順序でいえばむろんいちばん初めである。淮南子や三五歴紀からの句を綴り合せた作文は、小島憲之によってそれら古典からの直接の引用ではなく、唐代の類書、芸文類聚からの孫引きであることが指摘された。作られた順序でいえば後代の作ということになる。

注　小島憲之、書紀と渡来書、日本史研究、一九四七年。しかし紀の最冒頭の文、古天地未レ剖、陰陽不レ分は、たしかに淮南子、俶真訓の天地未レ剖、陰陽未レ到にもとづくが、この部分は芸文類聚にはない。このことを日本書紀史注、巻第一（一九九七年、一九～二一頁）でのべたが、出典論は私の守備範囲外で、他の類書にあたる余裕などなかった。その後、二〇年も前に、勝村哲也・修文殿御覧天部の復元（中国の科学と科学者、京都大学人文学研究所、一九七八年）などが、修文殿御覧説を出していたのを知った。

作られた順序での紀最大の部位は三

叙述の順序で紀を読むかぎり、紀作者の作為を越えることはできない。書紀を読み解くには、紀の各級での作られた順序を解明して、作為と史実を判別しなくてはならない（史注、巻第一、二七頁）。日本書紀三〇巻の作られた順序は、もっとも大きくは三部に分けられる（古代史と日本書紀、一九九八年、一〇五頁、本書後篇編六四二頁）。

Ⅰ　巻第一（いわゆる、「神代」）～巻第十（応神紀）
Ⅱ　巻第十七（継体紀）～巻第三十（持統紀）
Ⅲ　巻第十一（仁徳紀）～巻第十六（武烈紀）

三部とする理由について、以下、若干の論証を試みることにしよう。まず巻第十七（Ⅱ部のはじめ）の冒頭にこうある。

男大迹《おおど》天皇更名、彦太尊（継体）ハ、誉田《ほむた》天皇（応神）ノ五世ノ孫デ、彦主人《ひこうし》王ノ子デアル。母ハ振媛《ふりひめ》ト曰ウ。振媛ハ活目天皇（垂仁）ノ七世ノ孫デアル。

はじめに（少年の日の）私がいだいた疑問は、継体はなぜ直前の天皇たちとの関係ではなく、はるか以前の応神との系譜で語られているのか、であった。戦後、水野祐が有名な三王朝交替論をうちだし、井上光貞もこれを踏襲し、古代史ブームを決定づけた中央公論社版・日本歴史講座の第一巻、神話から歴史へ（一九六五年）、を書いた。私の疑問は暫定的にこれで解けたように思った――そうか、別王朝だったのか。しかし、それならばなぜ古王朝につながる王朝だったのか。

継体の前には武烈[25]、仁賢[24]、顕宗[23]、清寧[22]の四代がいるが、清寧、顕宗には子が無く、仁賢の八子の中で男子は武烈だけで、その武烈に子は無かった。継体以前の四代に子の無い状態が続くのは異常である。武烈で子が絶えたから応神五世の孫をさがしたのではなく、すでに若干世の孫という系譜が存在していて、それがⅡ部の冒頭に記されていたので、Ⅰ部とⅡ部のあいだにⅢ部を挿入したとき、Ⅲ部の終りの四代天皇に子が無く、跡を継ぐものが無かったと、話の辻褄が合わされたのである。そう考えた方が合点がゆく。

某天皇何世の孫を検証する系図

Ⅱ部冒頭の継体紀が作られたとき、Ⅲ部（仁徳〜武烈）はまだなく、あるのはⅠ部（神武〜応神）だけだった。だから継体紀では、

倭彦王――足仲彦天皇（仲哀）[14]五世の孫
振媛――活目天皇（垂仁）[11]七世の孫
継体――誉田天皇（応神）[15]五世の孫

というように、三人とも、Ⅰ部の終りに近い応神[15]、仲哀[14]、垂仁[11]とのつながりで、位置づけられたのである。系図で示すと次頁の図のようだ。（'07・6・2）

五世・七世の孫といった数字は、Ⅲ部（仁徳〜武烈をⅠⅡ部の間に）を挿入したさい、Ⅲ部の出来具合でⅢ部の終り

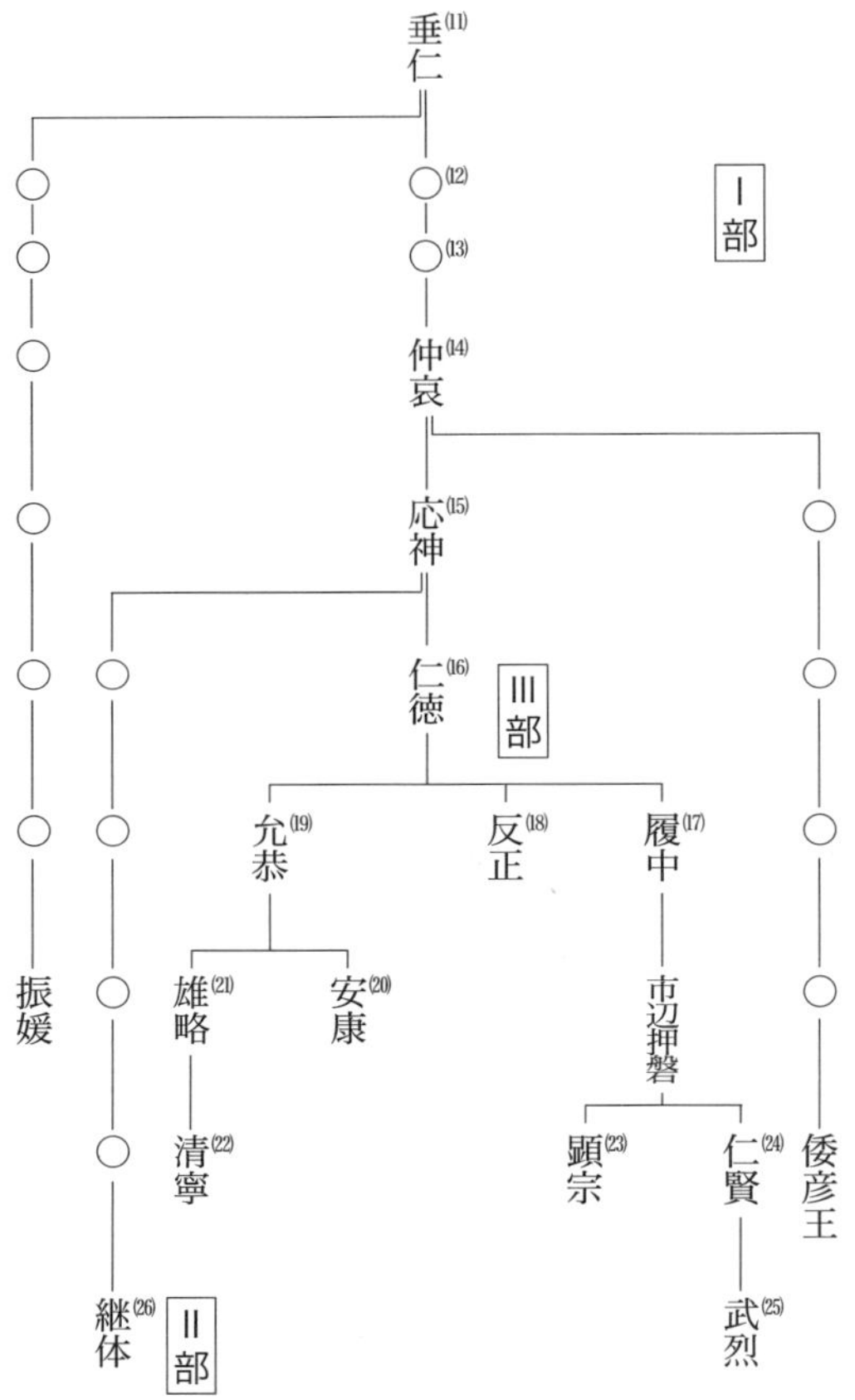

の天皇が確定してから算出されたものである。(1)某天皇+(2)何世孫という書き方で、(1)はII部成立のとき(2)がIII部完成のさいに、書きこまれた。先の系図は、II III両部の世代数が整合されていることを、示している。しかし、注意してみると、振媛と継体とは母子なのに一世代ぶんずれている。振媛が雄略と同世代だから、継体は清寧の世代位置にいるはずが、一世代ぶん後の武烈の世代位置にずれている。

井上・岸の雄略朝画期説は假空

巻第十四、雄略二年一〇月是月条（三―三二頁）は、雄略を天下《ガ》誹謗《シテ》言《ッタ》、大悪《ノ》天皇《ダト》也、と記している。ところが、わずか一年半後、一言主神と狩を共楽した四年二月条（同―三四頁）では、手の平をかえしたように、是《ノ》時百姓咸言《ウ》、有徳《ノ》天皇《ナリ》也、と記している。大悪と有徳とではとても同一の天皇の属性とはみとめられない。大悪から有徳へ。なぜこのような変化が生じたのか。

Ⅲ部は、「唐から入ってきた、天命、革命といった中国の政治思想によって、構想されていて、聖帝仁徳にはじまり暴君武烈に終わる形」（古代史と日本書紀、一九九九年、一〇五頁、後篇六四三頁）をとっている。大悪天皇とは暴君にほかならない。Ⅲ部は当初、聖帝仁徳にはじまり大悪雄略で終わるという構想が立てられていた。しかし、おそらくは天皇の代数をふやすため、仁徳から雄略までの三世代五天皇という第一次構想（Ⅲａ）を更新して、雄略以後にさらに二世代四天皇を架上する第二次構想（Ⅲｂ）が浮上した。こうして第一次構想（Ⅲａ）での最終だった大悪天皇に、付加された第二次構想（Ⅲｂ）での最初、有徳天皇が、同一の雄略の中に共存することになった。作られた順序で紀を読解するなら、史実として雄略朝を画期とする井上・岸説が、紀成立論を考慮しない假空の説であることを、知るのである。

振媛が雄略と同世代とされたのは、大悪雄略を最終としたⅢａ（第一次構想）で、雄略の次に継体を位置づけるためであった。ところが、構想がⅢｂに増殖され、継体が武烈の次（世代としては同世代）に位置づけられても、振媛の世代数はⅢａのままで、Ⅲｂに相応するよう変えられることなく残り、このため振媛・継体の母子間が一世代分間延びしてしまったのである。ちなみに、系図でみるとおり、継体は、Ⅲａなら応神四世の孫、Ⅲｂで応神五世の孫となる。また倭彦王の仲哀五世孫もⅢａ構想のときのもので、現在の記（Ⅲｂ）にあう形に訂正されないままになった。春秋の筆法をもってすれば、倭彦王は天皇位に迎えにくる軍列をみて、懼《く》然ト失ナイレ色ヲ行方不明となったからではなく、旧構想（Ⅲａ）の世代位置のまま放置されたため、武烈後（Ⅲｂ）の天皇位につけなかったのである。

雄略と武烈はプチ予定調和

雄略と武烈は、名にプチ予定調和を感じさせる。紀での名で、雄略はオオハツセノワカタケル、継体がオハツセノワカサザキである。

雄略――大泊瀬《おおはつせ》　幼《わか》武《たける》
↔　↔
武烈――小泊瀬《をはつせ》　稚《わか》鷦鷯《さざき》

しまいの武↕鷦の対応は、聖帝仁徳元年正月己卯〔三日〕条（二―二三四頁）が語っていた。仁徳が生まれたとき、産殿《うぶどの》に木菟《つく》（みみずく）が飛び入った。父の応神が大臣武内宿禰をよび、これはなんの瑞《みつ》かと聞くと、昨日わが妻がお産のとき鷦鷯《さざき》（みそさざい）が産屋に飛び入った、吉兆です、と答えた。応神は、共に瑞があったのだから鳥の名をとり換えて子につけようと、仁徳が大鷦鷯、武内の子が木菟になった。ミソサザイは小さな鳥でミミズクとではつりあわないから大をつけたのだなと、私は面白がっている。武内の鷦鷯だから武↕鷦鷯と、これはやや鶍《いすか》の嘴《はし》のこじつけだなと苦笑しながら、いま一つ、右の話は、心成しか、仁徳＜雄略（Ⅲa）・武烈（Ⅲb）の関係をしのばせるな、と思う。プチ予定調和と戯れ言した所以である。あるいは紀作者もこんな小細工を楽しんでいたのかなあ。

胎中天皇の呼称が証明

戯れ言は措いて、巻第十（Ⅰ部の終り、応神紀）と巻第十七（Ⅱ部の始め、継体紀）とが、直接に結びついていた、いま一つの痕跡がある。胎中天皇である。いうまでもなく応神を指す個別的な呼称である。母の胎内にいたまま新羅征討に出かけたので、この名がついた。母神功は産み月（開胎）に当っていたのに、取レ石挿レ腰して出征し、還ってきた筑紫の宇瀰で応神を生んだ。こうしてついた胎中天皇の語は、紀に四度しか使われていない稀語だが、三度が巻第十七（継体紀）、一度が巻第十八（宣化紀）である。

1（継体六年冬一二月）夫レ住吉ノ大神、初メテ以テ二海表ノ金銀ノ国、高麗・百済・新羅・任那等一ヲ、授二記ス胎中誉田天皇一ニ。（三―四五八頁）

2 (同)令シテ曰ク、自リ二胎中之帝一、置ク二官家一之国ヲ、軽《かるがる》シク随イ二蓄ノ乞一ニ、輒チ爾《しか》賜ウノカ乎。(同)

3 (同二三年四月)夫レ海表ノ諸蕃ハ、自リ三胎中天皇ガ置イテ二内ノ官家一ヲ、不レ棄テ二本土一ヲ、因ツテ封ジタノハ二其ノ地一ニ、良ニ有レツタ以《ゆえ》ガ也。(三—四六四頁)

4 (宣化元年五月)是ヲ以テ、海表之国ハ、候《うかが》ツテ二海水一ヲ以来賓シ、望ンデ二天雲一ヲ而奉レツタ貢ヲ。自リ二胎中之帝一、洎《およ》ブマデ二于朕《わ》ガ身一ニ、收二蔵シ穀稼一ヲ、蓄二積シタ儲粮一ヲ。(三—四七三頁)

1は、任那四県を百済に割譲しようとする大伴連金村の、尻馬に乗ろうとした物部連麁鹿火を、その妻が固要(固《かた》く止める)した言葉の中にある。固要は、漢書、文帝紀に、宿敵匈奴を自から征しようとした文帝を、群臣が諫めたが聞き入れず、母の皇太后が固要してようやく思い止った、とある。注に文穎が哀痛…之言也と曰った、とする。諫言の中に、神功と胎中天皇のえた内官家である任那をたやすく割譲するな、という趣旨を入れたのである。

2は、その割譲を知った勾大兄(安閑)が、麁鹿火の妻と同じく阻止しようとした言である。

3は、任那王己能末多干岐が来朝し、新羅の任那侵攻から救助してくれるよう天皇に奏してくれと言った中にある。新羅、任那それぞれ胎中天皇に封じられたものなのに、なぜ新羅が侵すのか、という論法である。

4は、宣化元年五月の詔で、筑紫に穀稼を集積して凶年に備え、また外交使節を厚遇するのが、胎中之帝から自分まで継続してきたこと、と言っている。胎中之帝をひきあいに出したのは、新羅による金官加羅の滅亡に対処するため、日本国天皇が三韓への宗主権をもつとの主張の淵源にさかのぼったからである。

胎中天皇の名は、右にみるとおり、任那問題を史的背景に、大義名分的な意味合いで使われている。しかし1が示すように、胎中天皇に授記されたのは、高麗、百済、新羅、任那のすべてである。であれば、百済三書のかかわる神功・応神期(百済記)、雄略・武烈期(百済新撰)、継体・欽明期(百済本記)のすべてに出てしかるべきなのに、継体・宣化紀に四度だけ使われたのは、史実としての任那（伽耶）とのかかわりよりも、紀の作製、成立からの必要を考えるべきなのではないか。

その必要とは、すなわち、既成のＩⅡ部の間に新作のⅢ部が挿入される以前には、当然、巻第十（応神紀）の次の巻は、現巻第十七（継体紀）であった。継体が応神五世之孫だったように、応神＝胎中天皇の呼称が継体・宣化紀にだけ四度出てくる。胎中之帝は、Ｉ部の終りの応神の巻がⅡ部の始めの継体の巻に、直接つながっていたことの証人なのである。

（胎中天皇の項、'08・9・10）

Ｉ部とⅡ部をつなぐ工夫

ところで、これも後篇、古代史と日本書紀（五つ章）でのべたことだが、紀には奇妙に長寿な人物がいる。シオツチ、葛城襲津彦、倭直吾子籠など、代表が武内宿禰で三百歳も生きている。これら長寿の人物は、Ｉ部とⅢ部とをつなぐ役割をはたすために、登場した（後篇六四〇頁）。

両部をつなぐには必ずしも長寿でなくともよい。ＩⅢ部をつなぐのは長寿の人物、ⅢⅡ部は大連役の人物と、役割が交替している。Ⅲ部の終り巻第十六（武烈紀）と、Ⅱ部の始め巻第十七（継体紀）とをつなぐ者が、大伴、物部二氏からあらわれる。大伴でいえば室屋、金村、物部では目、麁鹿火、さらに尾輿、守屋で、みな大連の肩書をもつ。室屋は巻第十三・允恭一一年三月丙午に初出、巻第十四・雄略即位前紀で大連となった。室屋の孫金村は、武烈即位前紀に初出し、この前紀の最終が、是日以㆓大伴金村連㆒為㆓大連㆒である（是日とあるが、武烈即位前紀は仁賢一一年八月にはじまり、一二月で終わる。その一二月条は月だけがあって、日付はない。ないのに是日とむりやり挿入した趣である）。そして金村は、巻第十七・継体紀で任那を百済に割譲しようとした。大伴の祖父と孫は、祖父がⅢａ構想（大悪天皇雄略で終り）のときのⅢａとⅡとのつなぎ役、孫はⅢｂ構想（有徳天皇雄略から武烈を架上）にさいしてⅢｂとⅡのつなぎ役、として造作された。巻第十六・武烈紀の記事を見出す。

(1)（武烈即位前紀・仁賢一一年一二月是日）以㆓大伴金村連㆒為㆓大連㆒。（一二月条に日付はない。それなのに是日）

(2)（武烈三年一一月）詔二大伴室屋大連一。（(1)より五行後〔三―一五四頁〕、一一月だけで日付がない）

(1)の日付がおかしいだけではなく、(2)もまた日付を欠く。日付だけではなく(1)は孫で、(2)が祖父と、大連が前後錯雑している。これらは、Ⅲa→Ⅲbの変更が怱々の間になされたための不備を示すものだ。

大臣・大連の共治は、無かった

つなぎ役が持たされた大連の肩書はいったい何か。紀は、巻第十四・雄略の即位前紀から巻第二一・崇峻紀まで、大臣・大連を併記している。

1（巻第十四・雄略即位前紀）大臣、平群臣真鳥、大連、大伴連室屋、物部連目
2（巻第十五・清寧元年正月一五日）大連、大伴連室屋、大臣、平群臣真鳥
3（同・顕宗即位前紀）大臣、大連（顕宗元年条もたんに大臣、大連で該当人物名がない、按ずるに2と同じか）
4（同・仁賢）（大臣、大連の記事なし）
5（巻第十六・武烈即位前紀）大臣、平群臣真鳥、大連、物部連麁鹿火
6（巻第十七・継体元年正月四日）大連、大伴連金村、物部連麁鹿火、大臣、許勢臣男人
7（巻第十八・安閑即位前紀）大連、大伴連金村、大連、物部連麁鹿火
8（同・宣化元年二月一日）大連、大伴連金村、物部連麁鹿火、大臣、蘇我稲目宿禰
9（巻第十九・欽明即位前紀）右に同じ
10（巻第二十・敏達元年四月是日）大連、物部弓削連守屋、大臣、蘇我稲目宿禰
11（巻第二十一・用明即位前紀）大臣、蘇我馬子宿禰、大連、物部弓削連守屋
12（同・崇峻即位前紀）大臣、蘇我馬子宿禰、卿大夫

倉本一宏、遠山美都男の大連否定説

右について、倉本一宏は「大化前代の大和王権上部の政治構造」に関し、「五世紀中葉に大臣・大連という最高執政官が成立し、六世紀末、その下に大夫という参議、奉宣を職掌とする官職が成立したと推定する解釈は、ほとんど疑われることなく信じられてきた。…しかしながら、記紀に見える大臣・大連という語が、当時の最高執政官としての史実性を有していたかという点については、特に大連に関して疑わしい」（氏族合議制の成立と展開、ヒストリア第一三一号、一九九一年、のち日本古代国家成立期の政権構造、一九九七年所収、その三頁）と断じた。とくに大連に史実性がないことを、倉本は九つの論点で追究したが、その一つ、物部、大伴二氏が大連を占めるのは、持統五年提出の石上（物部）大伴の家記で父祖を大連と称していたのがそのまま紀に残ったと、考えている。

倉本説を踏襲して、遠山美都男（蘇我四代、二〇〇六年）も「大連は実在したか」（二四頁）と問い、「大連という職位は実在せず」（二七頁）と答えた。「臣のカバネをもつ豪族の代表が大臣として、連のカバネをもつ豪族の代表が大連として、大王のもとで国政をうごかしたと」は、「日本書紀が創り出した歴史認識」（二七頁）にすぎない。

紀の即位記事の形式、二つ

この問題について、私は別の面、紀における即位記事の形式から倉本や遠山と同じ結論が出せると考えている。遠山が「大連という職位」といった、職位の語は、紀中、巻第十五・清寧元年正月条と、巻第十七・継体元年二月条と、二度しか使われていない。左氏春秋、成公十七年にも大夫無レ辱クルコト、其レ復セヨ二職位ニ一と見える、古い熟語である。のち養老律令に官位令がある。官職位階の言いである。

後漢書型と史記・漢書型と

さて別表（二一四〜七頁）は、紀の天皇即位記事を即位、皇太后、立后、職位の四項目に分けて示したものである。この表を見るとき、つぎの二つの即位記事の形式を下敷きにするのがいい。

㈠後漢書、明帝紀。皇太子ガ即ツイタ二皇帝ノ位ニ一、年卅、尊ビ二皇后ヲ一曰ツタ二皇太后ト一。

㈡史記、孝文本紀。漢書、文帝紀等。（原文の引用は長く煩瑣なので項目にまとめて揚げる）。

1即ク二天子ノ位ニ一。

2職位記事。

3立后記事。

中国史書の即位記事の型式で別表に整理するとこうなる。㈠の後漢書（明帝紀）型の即位記事は、巻第三・神武紀から巻第十三・允恭紀にみられる（ただし巻第三では、当然のこと先后がいないので、尊二正后一為二皇后一と変形している）。これに対し、㈡の史記・漢書（たとえば文帝紀）型即位記事は、巻第十四・雄略紀から巻第二一・用明・崇峻紀に見られる*（ただし巻第十五の顕宗・仁賢紀は、即位記事が整っていない）。

注　この区別は、はからずも、森博達、古代の音韻と日本書紀の成立（一九九一年）が紀の各巻をαβの二群に分けたのと合致する。巻第一～巻第十三（允恭・安康）はβ群で、巻第十四（雄略）～巻第二一（用明・崇峻）はα群である。（'07・6・11）

作られた順序の精細化　紀をⅠ～Ⅲの三部に分けたのは、もっとも大きな概略的な作製の順序にすぎない。Ⅰ部が全て一〇〇%でき上り、ついでこれまた一〇〇%完成したⅡ部、Ⅲ部が作られたとはまったく考えられぬ。たとえば七つ章でとりあげる蒙《かがふ》リ二天皇《すめらみこと》之霊《みたまのふゆ》ヲ一といった型の文が、神武、景行、神功、欽明等、日本国形成の節目になった巻々に、みられる。これらは、ある程度できあがった巻々に、意図的、選択的に書きこまれたとみていいだろう。書きこむさい、その前後に書きこみが不自然、唐突ではないよう、いろいろの細工（書き換え、削除など）がほどこされる。各巻ごと、このような作為が幾重にも幾通りも重ねられている。紀の作られた順序を明らかにするため、三部構成からさらに、各巻、各細部に下降して、精細に考えなくてはならない。（'08・2・16追記）

巻	天皇	即位	皇太后	立后	職位
3	神武	辛酉年正月庚辰、天皇即二帝位於橿原宮一。是歳為二天皇元年一。		尊二正妃一為二皇后一	
4	綏靖	元年正月己卯、神渟名川耳尊、即天皇位。	尊二皇后一曰二皇太后一。	二年正月、立二五十鈴媛一、為二皇后一。	
	安寧	綏靖卅三年七月乙丑、太子即天皇位。	尊二皇后一曰二皇太后一。	三年正月壬午、立二渟名底仲媛命一、為二皇后一。	
	懿徳	元年正月壬子、皇太子即天皇位。	九月乙丑、尊二皇后一曰二皇太后一。	二月癸丑、立二天豊津媛命一、為二皇后一。	
	孝昭	元年正月甲午、皇太子即天皇位。	四月己未、尊二皇后一曰二皇太后一。	廿九年正月丙午、立二世襲足媛一、為二皇后一。	
	孝安	元年正月辛亥、皇太子即天皇位。	秋八月辛巳、尊二皇后一曰二皇太后一。	廿六年二月壬寅、立二姪押媛一、為二皇后一。	
	孝霊	元年正月癸卯、太子即天皇位。	尊二皇后一曰二皇太后一。	二年二月丙寅、立二天細媛命一、為二皇后一。	
	孝元	元年正月甲申、太子即天皇位。	尊二皇后一曰二皇太后一。	七年二月丁卯、立二欝色謎命一、為二皇后一。	
	開化	孝元五十七年十一月壬午、太子即天皇位。	元年正月癸酉、尊二皇后一曰二皇太后一。	六年正月甲寅、立二伊香色謎命一、為二皇后一。	
5	崇神	元年正月甲午、皇太子即天皇位。	尊二皇后一曰二皇太后一。	二月丙寅、立二御間城姫一、為二皇后一。	
6	垂仁	元年正月戊寅、皇太子即天皇位。	十一月癸酉丑、尊二皇后一曰二皇太后一。	二年春二月己卯、立二狭穂姫一、為二皇后一。	
7	景行	元年七月己卯、太子即天皇位。因以改レ元。		二年三月戊辰、立二播磨稲日大郎姫一為二皇后一。	
	成務	元年正月戊子、皇太子即位。	尊二皇后一曰二皇太后一。		三年正月己卯、以二武内宿禰一、為二大臣一也。

8	仲哀	元年正月庚子、太子即天皇位。	九月丙戌、尊二母皇后一曰二皇太后一。	二年正月甲子、立二気長足姫尊一為二皇后一。	
10	応神	元年正月丁亥、皇太子即位。		二年正月甲子、立二仲姫一為二皇后一。	
11	仁徳	元年正月己卯、大鷦鷯尊即天皇位。	尊二皇后一曰二皇太后一。	二年三月戊寅、立二磐之媛命一為二皇后一。	
12	履中	元年二月壬午、皇太子即二位於磐余稚桜宮一。		六年正月戊子、立二草香幡梭皇女一為二皇后一。	当二是時一、平群木菟宿禰・蘇賀満智宿禰・物部伊莒大連・圓大使主、共執二国事一。
	反正	元年正月戊寅、儲君即天皇位。		八月己酉、立二大宅臣祖木事之女津野媛一、為二皇夫人一。	
13	允恭	元年十二月、群臣大喜、即日、捧二天皇之璽符一、再拝上焉。皇子曰、群卿共為二天下一請二寡人一。々々何敢遂辞、乃即二帝位一。		二年二月己酉、立二忍坂大中姫一為二皇后一。	
	安康	允恭卅二年十二月壬午、穴穂皇子、即天皇位。	尊二皇后一曰二皇太后一。	二年正月己酉、立二中蒂姫命一為二皇后一。	
14	雄略	安康三年十一月甲子、天皇命二有司一、設二壇於泊瀬朝倉一、即天皇位。		元年三月壬子、立二草香幡梭皇女一為二皇后一。	以二平群臣真鳥一為二大臣一。以二大伴連室屋・物部連目一為二大連一。
15	清寧	雄略廿三年十月壬申、大伴室屋大連、率二臣連等一、奉二璽於皇太子一。元年正月壬子、命二有司一、設二壇於磐余栗一、陟天皇位。	尊二葛城韓媛一、為二皇太夫人一。		以二大伴連室屋大連一為二大連一、平群真鳥大臣為二大臣一、並如レ故。臣連伴造等、各依二職位一焉。
	顕宗	元年正月、召二公卿百寮於近飛鳥八釣宮一、即天皇位。		是月、立二皇后難波小野王一。	

巻	天皇	即位	皇太后	立后	職位
	仁賢	元年正月乙酉、皇太子、於二石上広高宮一、即天皇位。		二月壬子、立二前妃春日大娘皇女一為二皇后一。	
16	武烈	仁賢十一年十二月、於是、太子命二有司一、設二壇場於泊瀬列城一、陟天皇位。		元年三月戊寅、立二春日娘子一為二皇后一。	是日、以二大伴金村連一為二大連一。
17	継体	元年二月甲午、大伴金村大連、乃跪上二天子鏡剣璽符一再拝。男大迹天皇、西向譲者三。南向譲者再。男大迹天皇曰、大臣大連、将相諸臣、咸推二寡人一。々々敢不レ乖、乃受二璽符一。是日、即天皇位。		三月甲子、立二皇后手城香皇女一。	以二大伴金村連一為二大連一、許勢男人大臣為二大臣一、物部麁鹿火大連為二大連一、並如レ故。是以、大臣大連等、各依二職位一焉。
18	安閑	継体廿五年二月丁未、男大迹天皇、立二大兄一為二天皇一。即日、男大迹天皇崩。		三月戊子、有司為二天皇一納二采億計天皇女春日山田皇女一為二皇后一。	是月、以二大伴大連一為二大連一、物部麁鹿火大連為二大連一、並如レ故。
	宣化	安閑二年十二月、群臣奏上二剣鏡於武小広国押盾尊一、使二即天皇之位一焉。		三月己酉、立二前正妃億計天皇女橘仲皇女一為二皇后一。	二月壬申、以二大伴金村大連一為二大連一、物部麁鹿火大連為二大連一、並如レ故。以二蘇我稲目宿禰一為二大臣一、阿倍大麻呂臣為二大夫一。
19	欽明	宣化四年十二月甲申、天国排広庭皇子、即天皇位、時年若干。	尊二皇后一曰二皇太后一。	元年正月甲子、有司請レ立二皇后一。立二正妃武小広国押盾天皇皇女石姫一為二皇后一。	大伴金村大連・物部尾輿大連為二大連一、及蘇我稲目宿禰一為二大臣一、並如レ故。
20	敏達	元年四月甲戌、皇太子即天皇位。	尊二皇后一曰二皇太后一。	四年正月甲子、立二息長真手王女広姫一為二皇后一。十一月、皇后広姫薨。五年三月戊子、有司請レ立二皇后一。詔立二豊御食炊屋姫尊一為二皇后一。	以二物部弓削守屋大連一為二大連一如レ故。以二蘇我馬子宿禰一為二大臣一。
21	用明	敏達十四年九月戊午、天皇即天皇位。		元年正月壬子、立二穴穂部間人皇女一為二皇后一。	以二蘇我馬子宿禰一為二大臣一、物部弓削守屋大連一為二大連一、並如レ故。

		22	23	24	25	26	27	29	30
	崇峻	推古	舒明	皇極	孝徳	斉明	天智	天武	持統
	用明二年八月甲辰、炊屋姫尊與二群臣一、勧二進天皇一、即天皇之位。	崇峻五年十一月、群臣請二渟中倉太珠敷天皇之皇后額田部皇女一、以将二令践祖一。皇后辞譲是。百寮上レ表勧進。至二于三一乃従之。因以奉二天皇之璽印一。十二月己卯、皇后即二天皇位於豊浦宮一。	元年正月丙午、大臣及群卿、共以二天皇之璽印一、献二於田村皇子一。則辞之曰、宗廟重事矣。寡人不賢。何敢当乎。群臣伏固請曰、大王先朝鍾愛、幽顕属レ心。宜纂二皇総一、光二臨億兆一。即日、即天皇位。	元年正月辛未、皇后即天皇位。	皇極四年六月庚戌、軽皇子、不レ得二固辞一、升レ壇即祚。	元年正月甲戌、皇祖母尊、即二天皇位、於飛鳥板蓋宮一。	七年正月戊子、皇太子即天皇位。或本云、六年歳次丁卯三月、即レ位。	二月癸未、天皇命二有司一、設二壇場一、即二帝位於飛鳥浄御原宮一。	四年正月戊寅、物部麻呂朝臣樹二大盾一。神祇伯中臣大嶋朝臣読二天神寿詞一。畢忌部宿禰色夫知奉二上神璽剣鏡於皇后一。皇后即天皇位。公卿百寮、羅列匝拝、而拍レ手焉。
					奉二号於豊財天皇一曰二皇祖母尊一。				
	元年三月、立二大伴糠手連女小手子一為レ妃。		二年正月戊寅、立二寶皇女一為二皇后一。		大化元年七月戊辰、立二息長足日広額天皇女間人皇女一、為二皇后一。		二月戊寅、立二古人大兄皇子女倭姫王一、為二皇后一。	立二正妃一為二皇后一。	
	以二蘇我馬子宿禰一為二大臣一如レ故。卿大夫之位亦如レ故。			以二蘇我臣蝦夷一為二大臣一如レ故。	以二阿倍内麿路臣一為二左大臣一。蘇我倉山田石川麻呂、為二右大臣一。以二大錦冠一、授二中臣鎌子連一、為二内臣一。				

（この表、'07・5・25作製）

五《いつ》つ章　書紀Ｉ部の論点二、三
——その成立と述作者

いまのところでの三部構成

前章で述べた紀の作られた順序での、もっとも大きな三部構成については、いまのところ次のように考えている。

Ｉ部——巻第一から巻第十（応神紀）まで
Ⅱ部——巻第十七（継体紀）から巻第三十（持統紀）まで
Ⅱａ　巻第十七から巻第二十四（皇極紀）まで
Ⅱｂ　巻第二十五（孝徳紀）から巻第三十まで
Ⅲ部——巻第十一（仁徳紀）から巻第十六（武烈紀）まで
Ⅲａ　巻第十一から巻第十四（雄略二年是月）まで
Ⅲｂ　巻第十四（雄略四年二月）から巻第十六まで

作られた順序での推古一三、四年条

ひと言で作られた順序といい、それを各巻からさらに細部につめるといっても、なかなか理解されにくい。一例をあげて実地に見るのが、確実な説明になるだろう。巻第二二の推古一三、四年条である。

A十三年夏四月辛酉朔、天皇《ガ》詔《シ》皇太子（厩戸）大臣（馬子）及《ビ》諸王諸臣《ニ》、共同《ニ》発《シテ》誓願《ヲ》以始《メタ》造《リ》銅繍《ノ》丈六《ノ》仏像各一躯《ヲ》。乃《チ》命《ジ》鞍作《ノ》鳥《ニ》、為《タ》造仏之工《ト》。是《ノ》時、高麗国《ノ》大興王《ガ》、聞《キ》日本国天皇《ガ》造《ルト》仏像《ヲ》、貢上《シタ》黄金三百両《ヲ》。（四—一〇六頁）

B十四年夏四月乙酉朔壬辰（八日）、銅繍《ノ》丈六《ノ》仏像《ヲ》並《ビニ》造《リ》竟《エタ》。是《ノ》日也、丈六《ノ》銅像《ヲ》坐《すエタ》元興寺《ノ》金堂《ニ》。然《シ》時《ニ》仏像《ガ》高《クテ》於金堂《ノ》戸《ヨリ》、以不《なカッタ》得納《レ》堂《ニ》。於是、諸工人等《ガ》議《シテ》曰《ッタ》、破《ッテ》堂《ノ》戸《ヲ》而納《レヨウ》之。然《シ》鞍作《ノ》鳥《ハ》之秀工《デ》、不《ニ》壊《サ》戸《ヲ》得《タ》入《レ》堂《ニ》。即日設《ケタ》斎《ヲ》。（同前）

C五月甲寅朔戊午（五日）、勅《シテ》鞍作《ノ》鳥《ニ》曰《ッタ》「朕《ハ》、欲《たイ》興隆《シ》内典《ヲ》。方《ニ》将建《テヨウト》仏刹《ヲ》、肇《メテ》求《メタ》舎利《ヲ》。時《ニ》汝《ノ》祖父司馬達等《ガ》、便《チ》献《ジタ》舎利《ヲ》。亦於国《ニ》無《カッタ》僧尼《ガ》。於是、汝《ノ》父多須那《ガ》、為《ニ》橘《ノ》豊日《ノ》天皇《ノ》出家《シ》、恭敬《シタ》仏法《ヲ》。又汝《ノ》姨《おば》嶋女《ハ》、初《メテ》出家《シ》、為《ッテ》諸尼《ノ》導者《ト》、以修行《シタ》釈教《ヲ》。今朕《ハ》為《テ》造《ロウト》丈六仏《ヲ》、以求《メタ》好《イ》仏像《ヲ》。汝之所献《ジタ》仏本《ハ》、則《チ》合《ッタ》朕《ノ》心《ニ》。又造《ルノハ》仏像《ヲ》既《ニ》訖《ッタガ》、不《なイ》得入《レ》堂《ニ》。諸工人《ハ》不《ず》能《ニでき》計《ルコトガ》、以将《タ》破《ロウト》堂《ノ》戸《ヲ》。然《シ》汝《ガ》不《ニ》破《ラ》戸《ヲ》而得《タ》入《レ》。此《ハ》皆汝之功《デアル》也」。即《チ》賜《ッタ》大仁《ノ》位《ヲ》。因以給《シタ》近江国《ノ》坂田郡《ニ》水田廿町《ヲ》焉。鳥《ハ》以《テ》此《ノ》由《ヲ》、為《ニ》天皇《ノ》作《ッタ》金剛寺《ヲ》。是《ハ》今謂《ウ》南渕《ノ》坂田尼寺《ト》。（同、一〇六〜八頁）

大山誠一の解読

右三条は、聖徳太子の実在を否定した大山誠一（『聖徳太子の誕生』、一九九九年）によって、解読された。叙述の順で読むと、Aでは推古が朝廷の諸人をうながして、飛鳥寺の丈六仏の像を造りはじめた、Ｂで丈六仏像を造り竟えた、Ｃでその功をたたえて鞍作鳥に水田二〇町を与えた、と続くから、三条は継時的な記事として読まれることになる。大山はこの三条を作られた順序で読み、Ｂ、Ｃ、Ａの順で話がふくらんでいった、と解いた。「この三ヵ条の登場人物を比較してみると、〔Ｂ〕十四年四月条に登場するのは鞍作鳥だけであるが、〔Ｃ〕同年五月条になると、発願者として天皇が加わり、さらに〔Ａ〕十三年四月条になると、発願者が天皇と皇太子、大臣、諸王、諸臣らになり、さらに高句麗の大興王の黄金貢上が加わっている。しかし、基礎となる事実は、〔Ｂ〕推古十四年四月条の飛鳥寺の大仏を鞍作鳥が作ったという話だけである。したがって、この鳥の功績譚を出発点として、〔Ｃ〕同年五月条で天皇が、〔Ａ〕十三年四月条では皇太子・大臣以下と高句麗王が加わって、大きく話が膨《ふく》らんだものと理解されるのである。本来、飛鳥寺は蘇我馬子が建立した寺であるはずなのに、次第に天皇、そして、皇太子に比重が移っていった様子が見て取れる。そして最終段階に相当する十三年四月条に初めて皇太子が登場するのである」（前掲書、一四四頁）。

聖徳太子造作の最初の動機は、蘇我王朝の実在をかくすためであった、と私は考えている。それに大山のいう奈良朝政治の思惑や必要がつけ加わった。巻第十九、欽明一三年一〇月のいわゆる仏教公伝をふくめ、同五年九月是月条から以降、推古朝まで、仏教関係の記事の多くは、大宝二年に入唐し、日本書紀が完成する二年前の養老二年に帰国した、僧道慈が書き入れたものである（九つ章に後述）。聖徳は、のちの聖徳信仰がひきついでいるように、政治上の聖人であるとともに、仏教における法大王（巻第二十一、用明元年正月条）でもあり、聖徳の名とともに、法大王などの荘厳化も道慈によってなされたと考えられる。たんなる書き入れの水準をこえ、道慈は日本書紀の作者系列さいごに位置する人物であった。

Ｉ部の四区分

作られた順序の精細化は、老来の私一己《ひとり》の力をはるかにこえている。せめて見えているところを書きとどめておこう。Ｉ部は次の各巻から成る（大系本の通用の目次を借りる）。

巻第一　神代　上
巻第二　神代　下
巻第三　神日本磐余彦天皇　神武天皇
巻第四　神渟名川耳天皇　綏靖天皇
　　　　磯城津彦玉手看天皇　安寧天皇
　　　　大日本彦耜友天皇　懿徳天皇
　　　　観松彦香殖稲天皇　孝昭天皇
　　　　日本足彦国押人天皇　孝安天皇
　　　　大日本根子彦太瓊天皇　孝霊天皇
　　　　大日本根子彦国牽天皇　孝元天皇
　　　　稚日本根子彦大日日天皇　開化天皇
巻第五　御間城入彦五十瓊殖天皇　崇神天皇
巻第六　活目入彦五十狭茅天皇　垂仁天皇
巻第七　大足彦忍代別天皇　景行天皇
　　　　稚足彦天皇　成務天皇
巻第八　足仲彦天皇　仲哀天皇
巻第九　気長足姫尊　神功皇后
巻第十　誉田天皇　応神天皇

いまの私の視力では、この一〇巻はつぎのように見えるだけである。一つは巻第一から第三までの擬似神話群。二つは巻第四のいわゆる欠史八代の巻。三つに巻第五、第六の伊勢神宮創建偽史。四つに巻第七から第十までの倭国史の日本国史への換骨奪胎。ひとつずつ見ていこう。

一つ、疑似神話群
巻第一、二、三

一つ。巻第一、第二はふつう日本神話を叙した巻とされ、巻第一の中心が高天原「神話」、巻第二の中心が天孫降臨「神話」。紀を専家のように読みこんだ古代史家、坂本太郎は、大系本・日本書紀の解説で、「最近（大系本・紀上巻は一九六五年刊）著しい成果をあげた書紀区分論」にふれ、全体で十の区分が成り立つのを紹介し、その1を「巻一――巻二、神代上下」としている。神話論からも、書紀区分論からも、巻第一、第二が一括りなのである。

それなのに、あえて巻第三を加えて括ったのは、私の書紀観次第というほかはない。一つ章で述べたように、神代はイザナキ、イザナミ止りである。アマテラスは作者（中臣朝臣大嶋）の入念な神装いにかかわらず、政治的な産物である。アマテラス以降は神代ではなく人代である。旧来の巻第二までが「神代」で、巻第三から以後を「皇代」とする見方を、私はとらない。巻第三はこう始まる、神日本磐余彦《かんやまといわれひこ》天皇ハ、諱ガ彦火々出見《ひこほほでみ》。ヒコホホデミは、巻第二、第九段*で海神の宮に遊幸した、神武の祖父である。そして孫の神武もまた実名（諱《いみな》）がヒコホホデミである。ヒコホホデミは天降りしたニニギの子であった。これについて、かつて津田左右吉が、ニニギの天孫降臨にひきつづいてすぐ、ヒコホホデミの東征が構想され、その名残りが神武ヒコホホデミだ、という趣旨のことをのべている。神武の主たる事績が東征であることは動かせないし、旧来の神代・皇代の別を巻第二と第三とのあいだに敷くイワレもない。津田の考えは魅力的で、よって、巻第一〜第三を一群としたのである。

二つ、欠史
八代、巻四

二つ。巻第四。欠史八代という捉え方は巧みである。綏靖[2]から開化[9]までの八代、古事記の推古以後と同じで史を欠く（綏靖即位前紀だけ例外）。八人の天皇の名をみると、五人までもが日本の称号をもち、さいごの三人は持統、元明、元正の三女帝がその名にもつ日本根子を冠している。このことは巻第四の新しさを示すもので、I部の中にありながら、天皇代を太古にまで遡上させる目的で作られた点で同じ、Ⅲ部とへだたらぬ時期の作とみなされる。欠史八代とされるにふさわしく未完成の巻である。時間の余裕があれば、あるいはⅢ部よりも長い作になったかもしれない。

名の二形式とヤマトネコ

欠史だから、巻第四は名から見るほかはない。名は歴史を表す（古代史と日本書紀、八頁、後篇五八一頁）。三〜六代を上段、七〜九代を下段にして、名の対照を示そう。

シキツ彦タマテミ（安寧）[3]　彦フトニ（孝霊）[7]
オオヤマト彦スキトモ（懿徳）[4]　彦クニクル（孝元）[8]
ミマツ彦カエシネ（孝昭）[5]　彦オオヒヒ（開化）[9]
ヤマトタラシ彦クニオシヒト（孝安）[6]

上段が——彦の形なのに、下段は彦——の形をとる。もっとも下段の三人はみな彦の上に日本根子という（持統、元明、元正の三女帝がもった）天皇称号をもつ。大・稚ヤマトネコを上にもつ三人は、持統に大倭根子天之廣野日女尊*の諡が贈られた大宝三年一二月一七日（続紀）を上限として、架上された。欠史ということから勘案すれば、もっと後、紀の完成に近い時とすべきであろう。

注　元明の諡は日本根子天津御代豊国成姫、元正のは日本根子高瑞浄足姫で、持統だけが大倭根子。元明、元正が日本根子と表記されているのに興が湧く。三人いずれも女性で、持統に譲位された男性の文武は、たんに天之真宗豊祖父である。考え合されるのは、スサノオが母のいる根国に行きたいと泣いたことである。根はもとより根本、根元の意。母系制までさかのぼらずとも、双系制のもとでも子は母のもとで育てられた。允恭后の妹ソトオシヒメは近江・坂田の母のもとに居た。草壁系の皇統に固執した持統および藤原氏が、持統以後に女帝三人をたてざるをえなかった中での苦肉の策が、女帝こそは日本の根っこ、日本根子（子は親称）なのだという宣言だったろう。日本根子を天皇の称号の一つとみる通説はまちがいではないが、右のような限られた時期の特殊な政局的な意味合いをもっての称号とみるべきだろう。持統の即位にアマテラスを作って荘厳したのと同工異曲。かつは不改常典を強調するのと並ぶ方策であった。それが紀の巻第四にも一つの痕跡を残していたのである。

ヤマトネコを孝霊、孝元、開花の三男帝がもつのは、三女帝の諡の中にあるという史実からずれている。これもまた架上が紀作製（六八一〜七二〇）のおそい時期であることを示している。ヤマトネコは忘れていないが、三女帝のものだという方は忘れている、そういう時期である。

ヤマトネコが上につくから、下段の名は彦——の形になった。これに対し、上段は——彦の形で、彦の上のシキ（ツ）、ヤマト、ミマ（ツ）は地名で、シキの男（彦）、ヤマトを背負うほどの男、ミマの男といった感じである。地名＋彦とみないと、ツで彦につづいている二例では地名もツも浮いてしまう。彦は男子の美称。詩経（鄭風、羔裘）に、彼其之子、邦之彦兮（ほんにあの子は、郷土《くに》の秀れ人）とあり、集伝は、彦、士之美称、とする。この伝でいえば地名ツ彦が安定した形である。

彦を頭とした名は、天ツ彦彦ホノニニギ、彦ホホデミにはじまる。以下、彦イツセ命（神武の兄）、彦イサセリ彦命亦名吉備津彦命（四道将軍の一人）、彦サシマ命（以上二人、孝霊の子）とつづく。彦イサセリ彦は、彦が上下につくという不規則にくずれている。上・下段のほか、綏靖[2]が神武[1]と同じ形の神——（神渟名川耳）という名である。これに、上段の安寧[3]、懿徳[4]まで、巻第四によると次の系図におさまる。

言代主神の歴史への登場は壬申の乱（巻第二八）である。もう一神とともに高市郡の大領に神がかりし、神日本磐余彦陵に、馬、武器を奉れ、自分は皇御孫命（天武）を不破（行宮）に送り奉る、と言った。これによると神武、

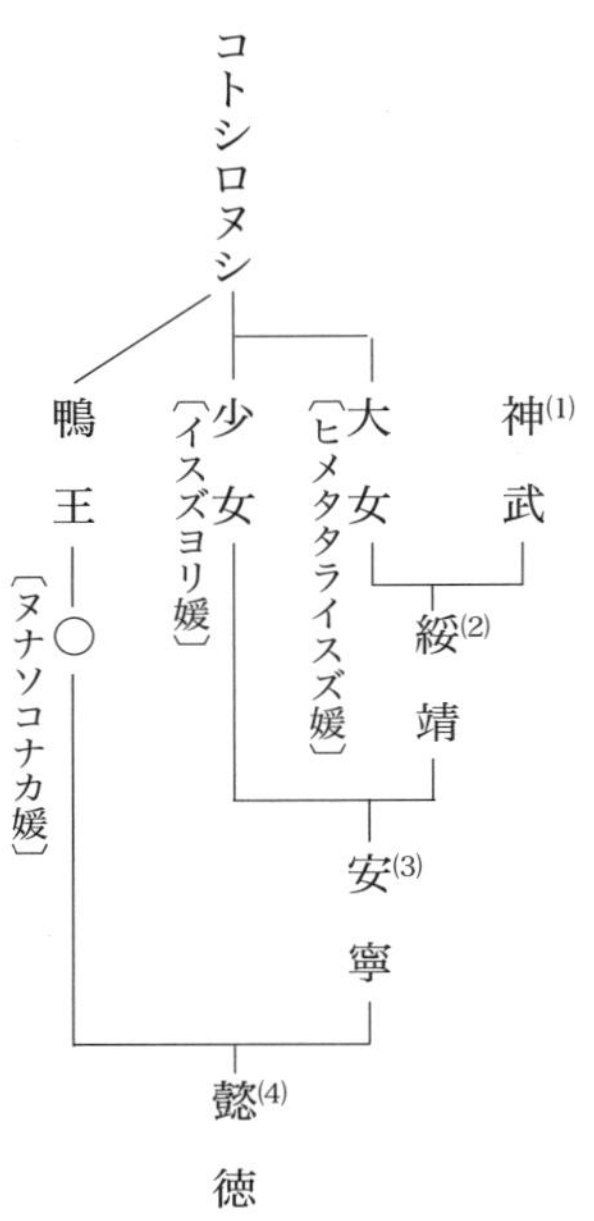

言代主、天武は三位一体であり、右系図で言代主と神武とがかかわり、綏靖（神――）は安寧以下（――彦グループ）に入る。欠史八代は、㈠二～六代の――彦グループ、㈡七～九代の彦――グループから成る。

三つ、伊勢神宮創建偽史、巻五、六

三つ。巻第五、第六。これについては三つ章で述べた。巻第三と同じに、天武期の一次本と持統期の二次本とから成立っている。この点を強くみると、巻第三、第五、第六が作られた後に、巻第四が押しこまれたと分る。主題はもちろん伊勢神宮だが、その成立史にアマテラス、オオモノヌシ、ヤマトクニタマの三神が登場することで、かえって、持統三年八月のアマテラス誕生、持統六年三月の第一次伊勢神宮（続紀にいう多気大神宮）創立を証する結果になった。アマテラス誕生、伊勢神宮成立以前に作られたのが一次本、その後に書き加えられたのが二次本ということになる。

最初の紀作者平群臣子首

日本紀を作れとの詔は天武一〇年（六八二）三月癸酉（四日）に出された。その場に居た皇子二人、王四人、諸臣六人のうち、最下位の大山上（正六位）中臣連大嶋と大山下（従六位）平郡臣子首とが、執レ筆以録した。この二人が日本国側さいしょの紀作者である。子首はここしか出ないから、その後の経歴が分からないが、Ⅲ部の最初の天皇とされた仁徳（当然、形の上ではⅠ部最後の天皇応神の子）、大鷦鷯と、武内宿禰の子木菟宿禰とは、同日の生まれだが、大鷦鷯の産屋に木菟が、木菟の産屋には鷦鷯がとびこんだので、名をとりかえたという話が書かれ、この木菟宿禰が平群臣の始祖だ、とあるのは、平群臣子首の書き入れであろう。その上で弱小氏族の平群臣から、雄略（Ⅲａの方）の時に大臣平群臣真鳥（むろん非実在）が出たことになっている。平群臣子首一介の力では、いかに最初の作者でも、ここまでは書けまい。紀撰述のさいの太政官の一人、大納言紀朝臣麻呂の本拠が、紀伊国ではなく大和平群の地だとすれば（平群在の紀氏の古墳石室が紀伊特有の石棚をもつ）、その助力で、ここまで記せたのかもしれない（もっとも大臣真鳥は専横で、大連大伴金村に殺されてしまうが）。平群氏でやや突出したのは、天平四年（七三二）遣唐使判官となり再三の難破で苦労して、外従五位下から従四位上となった平群臣広成だけである。

最初の紀作者　中臣連大嶋

大嶋の方は、天武一四年九月辛酉（一八日）、天武が大安殿に出御して王卿に博戯をさせた記事に、藤原朝臣大嶋とある。死ぬまぎわの鎌足に、天智が弟大海を遣し藤原の姓を賜ったという記事には、なんの信憑性もない（前田晴人、中臣鎌足没伝の検討、日本歴史第六一三号、一九九九年六月号）から、大嶋が藤原を称したさいしょの人物である。

大嶋の経歴でもっとも注目すべきは、持統四年正月戊寅（一日）条（㈤―一五八頁）の持統即位式で、神祇伯中臣朝臣大嶋が、天神寿詞を読んだことである。前年八月には一つ章で論じたアマテラスの公表があった。そのことを百官に奉宣したとも記されていた。四年正月に神祇伯なら、四ヵ月前にも大嶋は神祇伯の公算が大きい。奉宣したのはおそらく大嶋である。アマテラスは女帝持統の即位を飾りかつは納得させる布石である。この策を禁中に定めるのに、大嶋は持統がもっとも信頼し力とした廷臣であったろう。即位式で読まれた天神寿詞は、当然に、アマテラスと天皇日嗣のことを言祝ぐものだったにちがいない。

中臣の天神寿詞

現存する中臣寿詞（天神寿詞）は、台記の別記に載る、近衛[76]の大嘗祭にさいし大中臣清親が読んだものである。大嶋の天神寿詞と四世紀半ものへだたりがあるから、ただちに大嶋の寿詞を推測する参考にはならないが、二世紀余へだたる延喜式巻八の祈年祭祝詞を介すると、清親の寿詞は、高天原仁神留坐須皇親神漏岐神漏美乃命遠持天と始まるが、祈年祭の祝詞もまた、高天原爾神留坐皇睦神漏伎命漏彌命以、とほとんど同じ文で始まっている。清親の寿詞はこの極り文句の前に、もうひとつ、現御神止大八嶋国所レ知食須大倭根子天皇我御前仁天神乃寿詞遠稱辞定良久止申須、がある。この大倭根子天皇は、先にみたように、持統、元正の女帝三代が諡の中にもった称号であった。この点から推し測ると、中臣の伝えた天神寿詞は、清親の頃でもまだ大嶋以来の旧態を、部分的には残していたのかもしれない。清親の寿詞は、皇御孫ノ尊ハ高天原ニ事始メ…天ツ日嗣ノ天ツ高御座ニ御《おお》坐《ま》シマシテと、天孫降臨のことをのべている。大嶋の寿詞は同じ高天原でもその前のアマテラスに力点がおかれていたのではないか。大嶋は、即位式についで、翌五年一一月戊辰（一日）の大嘗祭でも、神祇伯として天神寿詞を読んでいる。（二つ章、補論四）

大嶋は子首とともに、天武一〇年三月丙戌（一七日）の日本書紀作製の開始日、筆ヲ執ッテ以テ録シタ、とあったから、一次本の記定を行った一人であった。そして右にみた持統紀の記録から、大嶋はまた二次本の作者でもあり、巻第一、二、三のアマテラス記事を書き加えたと思われる。持統七年（六九三）三月庚子（一一日）、賻物が大嶋に贈られているから、この直前ぐらいに死んだのであろう。したがって、巻第五、六の二次本については、直接の関与はなかったはずである。

（'08・3・1）

山田史御方の登場

いれかわるようにあらわれた人物がいる。山田史御方。持統六年一〇月壬申（一一日）条に、務広肆（従七位下）を授かり、前に沙門として新羅に学問す、とみえる。この人物を森博達は「β群の述作者」としている。「文武・元明朝で国史撰述の担当者を挙げるなら、山田史御方が随一の候補である」（日本書紀の謎を解く――述作者は誰か、一九九九年、二一八頁）。本拠はたぶん山城国葛城郡山田郷（京都市西京区の旧上山田村、下山田村）で、新羅系帰化人同士、秦氏と親しかった。この人物については、大系本（続日本紀）脚注が簡要である。「もと沙門で学を新羅に学び（書紀持統六年十月条）、文章の道に秀でる（養老五年正月甲戌条）。のち周防国前守としての監臨盗が発覚したが、贓物の徴収を免除された（養老六年四月庚寅条）。懐風藻に大学頭従五位下山田史三方三首。家伝下に文雅。（下略）」。すなわち律令官僚（行政官）としては能に乏しいが、文の道に秀でること随一であった。新羅に学問したのは、仏教以外にも、いちはやく唐化してその制度文物をとりいれた新羅で、それらのことをも学んだのである。いちいちあげないが、学業に優遊し、師範ニ堪フル者（続紀、養老五年正月二七日）としてしばしば褒賞された。養老四年（七二〇）正月に従五位上に昇進したが、五月に日本書紀が撰上されたことからして、あるいはそれへの貢献を賞する意もふくめてのことだったかもしれない。巻第五、六の二次本は、持統六年一〇月に登場した御方によって述作された、と考える。

（同・3・2）

四つ、倭国史の紀への書替。七、八、九　さいごに四つ。巻第七、第八、第九、第十。紀としては、景行、仲哀、神功で、西の熊襲と東の蝦夷を征服して全国統一をなしとげ、さらに海外を征討して、三韓を属国とし、プチ中国になった、という主張の筋をつくりあげている。しかし巻第七～九の三巻には、まったく別のかくれた歴史叙述が、分散しながら残存している。これに気づいたのが、私の紀伝、日本書紀研究ひとつの出発点であった。

注　以下は後篇、日本書紀と古代史、二つ章書紀のヘンなところ、の繰り返しである。Ⅰ部の構成四区分中の四つ目に当たること、また次の六つ章で述べる筑紫史益について彼が行なった倭国史の日本国史（日本紀）への書き替えを知っておいた方が分りやすいこと、を考えあえて重複することにした。一言断っておく。

仲哀八年正月壬午条　解明の手がかりは、巻第八、仲哀八年正月壬午（四日）条である。長い記事だが、必要最小限の抄文を掲げておく。

八年正月〔四日〕〔穴門（山口県の西半分）豊浦宮（下関市長府）から〕筑紫《ちくし》（福岡県）に幸《でか》けた。この時、岡《おか》（福岡県遠賀《おか》川口）の県主《あがたぬし》の祖・熊鰐《くまわに》が、天皇の車駕《らいが》を聞き、予《あらかじ》め五百枝《いおえ》の賢木《さかき》を抜き取って、九尋船《きゅうひろぶね》の舳《へさき》に立て、……周芳《すわ》（後の周防国、山口県東半分）の沙麼浦《さばのうら》（防府市佐波）に参《まい》り迎えた。（中略）又筑紫（福岡県）の伊覩《いと》（糸島市）の県主の祖・五十迹手《いとて》は、天皇の行を聞き、五百枝《いおえ》の賢木を抜き取り、船の艫《とも》に立て、……穴門の引嶋《ひこしま》（下関市彦島）に参り迎え…た。（中略）〔二一日〕儺《な》の県《あがた》に到《つ》き、因《よ》って橿日《かしひ》の宮に居た。

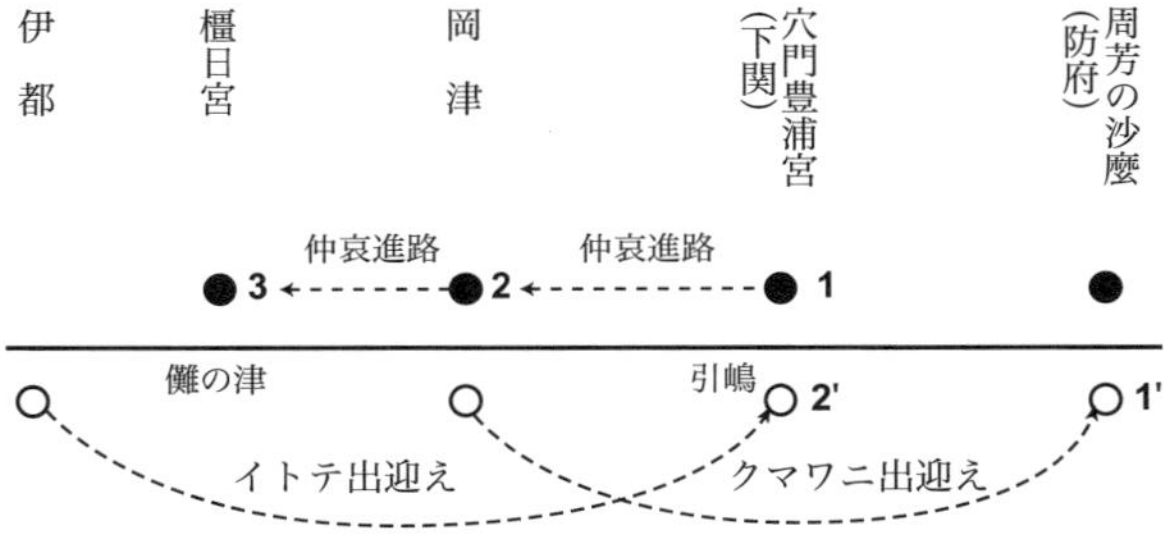

文中、地名に相当する現代地名を括弧でいれておいた。地図と照合しながら読むと、熊鰐も五十迹手も奇行の持主だと分る。文中の地名を東から西へ並べると、いちばん東にあるのが周芳（のち周防国、山口県の東半分）の沙麼浦（防府市佐波）である。ついで穴門（のち長門国、山口県の西半分）の豊浦宮（下関市長府）。岡津（福岡県遠賀郡芦屋町）。橿日宮（福岡市東区香椎宮）。伊都（福岡県糸島市）がいちばん西である。（上図参照）。クマワニは岡津の人である。穴門豊浦宮から仲哀が来るというので、豊浦のずっと東の周芳沙麼まで参り迎えた。イトテは伊都の人である。岡津から仲哀が来るというので、岡津を通り越し、ずっと東の穴門の引嶋《ひこしま》（下関市彦島）まで参り迎えた。二人とも、日常の地理感覚に合わない奇行の持主で、なんともへんな行動である。

へんだ、と気がついても、どうしてへんになったのか、どうしたらへんで

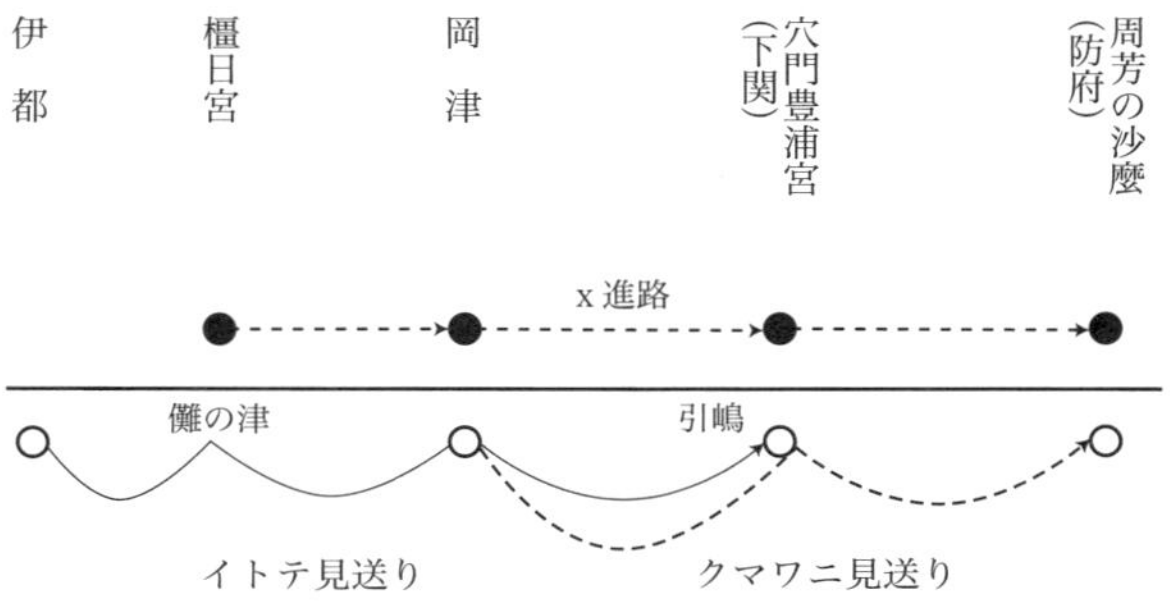

なくなるのか考えあぐねた。頭の中にこのへんなのが棲みついてしまい、おちつかない数年がたち、ふっと思いついた。これは逆なのではないか。上図をみてほしい。もはや仲哀とは限らないからxとする。xは、樴日宮を出て、儺津（那珂港）で乗船、周芳の沙麼をめざした。xの船出を、西隣の伊都県主イトテが送ってきて、岡津（遠賀《おか》川口）から、さらには穴門の引嶋まで見送り、そこからひき返した。岡県主クマワニは、岡津から見送りに加わり、イトテがひき返した引嶋から、さらに周芳の沙麼までxの伴をした。――これが仲哀八年条の文を逆にたどったもので、へんなところは一つもなくなる（山田、日本書紀の地名、二つ、学士会会報七七六号、一九八七年、のち、まち・みち・ひと・とき、一九九六年、に収録）。

景行一二年
九月戊辰条

ではxは、沙麼まで行き、その先はどうなったのか。じつは、巻第七、景行一二年九月戊辰（五日）条につづくのである。

九月、甲子《きのえね》が朔の戊辰《つちのえたつ》〔五日〕、周芳《すわ》の沙麼《さば》に到《つ》いた。この時天皇は南を望《のぞ》んで、群卿《ぐんけい》に詔し、「南方に烟気《けむり》が多く起こっている。必ず賊《ぞく》が在《い》る」、と曰った。〔天皇は沙麼《さば》に〕留《とど》まって、多臣《おおのおみ》の祖の武諸木《たけもろき》、国前臣《くにさき》の祖の菟名手《うなて》、物部君《もののべのきみ》の祖の夏花《なつはな》を先遣して、其《そ》の状《ようす》を察《しら》べさせた。爰《ここ》に女人が有《い》て、神夏磯媛《かんなつそひめ》と曰った。其の徒衆《としゅう》は甚《はなは》だ多く、一国の魁帥《きみ》である。天皇の使者が至《く》ると聆《き》き、磯津《しつ》の山の賢木《さかき》を抜いて、上の枝に八握《やつか》の剣を掛《か》け、中の枝に八咫《やた》の鏡を掛け、下の枝には八尺《やさか》の瓊《たま》を掛け、さらに亦素幡《またしろはた》を船の舳《へさき》に樹《た》てて、参迎《でむか》え（下略）

巻第八、仲哀八年正月四日条が、巻第七、景行一二年九月五日条へつづくことなど、叙述の順で紀を読むばあい、けっしてないことである。しかしそれだけに、なぜつづくのかを説得しなくてはならない。一つは周芳の沙麼という地名である。律令制中央官僚である紀作者にとって、この地名は不案内の僻地である。巻第七、第八とつづけて二度出る方がおかしい。第八の方は右にみたとおりへんな文で、逆に読むとxが沙麼を目ざしていたことになる。そして第七の方には、平仄を合わせるように、周芳の沙麼に到いた、とある。

剣、鏡、玉を掛ける儀礼

もう一つは、巻第七、景行一二年九月五日の文の末尾で、天皇（の使者）を迎えるのに、抜き取った賢木の上、中、下枝に剣、鏡、瓊をとりかける、という儀礼を以てした、と記したこと。上に引いた仲哀八年正月四日条は、さまざまの枝葉はのぞいて、ひたすら行文の中の参迎の仕方がへんだと分るように抄文しておいた。それでも文中に二箇所、五百枝の賢木を抜き取り、船の（クマワニの方は）舳《へさき》、（イトテの方は）艫《とも》に立て…、を残しておいた。この…と省略したところに、取り掛ける順序に小異があるが、上、中、下枝に、瓊、鏡、剣を掛けた、と記してあった。玄界灘沿岸の北部九州や、周防灘沿岸の豊国に、王君を迎える儀礼として、鏡、剣、玉三種の宝器を常緑樹にとりかけるということが行われていた。三つの宝器は、まず遼寧の青銅器文化（剣）が南下し、朝鮮半島の北半で多鈕粗文鏡、南半（韓）で鏡が多鈕細文鏡となり、百済の松菊里遺跡で、日本列島からの玉を加えて、剣、鏡、玉の三種が揃った。あげく海を渡って、吉武高木遺跡（福岡市西区）の三号木棺墓から、日本列島で唯一、三種の宝器がそろって出土した。紀中、三種の宝器をかかげる儀礼を叙したのは、景行一二年九月五日条（一度）と仲哀八年正月四日条（二度）の三度しかない。この両条が一つづきの文であるのを儀礼記事が証していることになる。

xは三代目のヒコホホデミ

ではこのxは誰か。東《やまと》から西《ちくし》へ動いた仲哀が、西・橿日から東・沙麼へ進むはずはない。西《ひむか》から東《やまと》へ進んだと紀が記したのは、諱ヒコホホデミの神武だけである。カンヤマトイワレヒコではなく、ヒコホホデミの最小系図を示しておく。

ニ　ニ　ギ ┐
　　　　　　├─ヒコホホデミ
カシツヒメ ┘

ニニギは博多湾岸を西から東へ移動して、カシツヒメと逢い、結婚してヒコホホデミら三子が生まれた。カシツヒメ（鹿葦津姫）という名について、大系本補注（一）―三七二～三頁）は、鹿葦 kaasi が上代日本語では kasi となると指摘した。同様に si もまた後代流には sii、合わせて kaasi → kasi と考える。カシツヒメは橿日（香椎）の姫である。女系制までさかのぼらずとも、双系制でも子は母のもとで育つ。スサノオが（母のいる）根国に行きたいと泣いたのも、それである。ヒコホホデミは根国、橿日に居た。だから x は、橿日から儺津に出て周芳の沙麼へ、西から東へ進んだ。イナ作の弥生時代は西からひらけ、西《ちくし》から東（青森県の垂柳水田遺跡まで）へ進んだのである。（ただし藤尾慎一郎・〈新〉弥生時代、二〇一一年によると、B.C.二世紀に中断する。）

沙麼についた（巻第七、景行一二年九月条）ヒコホホデミは、南へ先遣隊を出し、残賊四を討伐した。その一が菟狭の川上《かわのべ》にいたと記すから、いまの宇佐市辺、その二は御木の川（現、山国川）上、三が高羽川上、四が緑野川上。大分県の周防灘に面した一帯とみていい。討伐がすみ、ヒコホホデミも海を渡って、京《みやこ》（延喜式・和名抄で豊前国京都郡、現行橋市辺）で合流した。

阿蘇山以北の土蜘蛛を討つ

京から先は、同一〇月条にくわしい。碩田《おおきた》国に到ったとはじまる。京、碩田間の経路は、海路か陸路か記述がない。碩田国は現在の大分県。行先としては漠然としている。すぐつづいて速見邑（現、別府市辺）に到ったとあるから、京から（たぶん陸路で）碩田国の速見邑へ移動したの意である。ここで土蜘蛛二を、ついで直入県の禰疑野に土蜘蛛を討伐した。直入県（延喜式、和名抄に豊後国直入郡）は、九住山、阿蘇山の東麓、両山から東へ流出する幾多の支流が谷を削り、その間に幾つもの台地が形成されている。土蜘蛛との戦闘は激烈で、ヒコホホデミ軍がいったん退いた城原（現、竹田市木原）は、九住山流出の諸川の中心、稲葉川沿い、激戦地の禰疑野は、阿蘇山から流出の諸川が作った台地の一つ、菅生台地にある。訪ねあてるのに苦労したが、畑仕事中の中年の夫婦に教えられてそれと知ったときは、とびあがりたいほど嬉しかった。すぐ先に菅生台地から北側の吐合川に降りていく農道があり、はや傾斜しはじめていた。九住山、阿蘇山両方からの諸川をそれぞれ集めた二大支流が、竹田市辺で合流し、大野川となって大分市で海に出る。

阿蘇山に近い直入の地で、つまり内陸に入って土蜘蛛五を平定した、というのに注意が向く。周防灘ぞいでは一般名詞の残賊を征討した。内陸の直入では固有名詞の土蜘蛛を征討している。山間の複雑な地形になじみ不意に出没しては頑強に抵抗する、縄文以来の住民に、土蜘蛛とは、その生態をうつしつつ難敵への蔑称としてつけた名である。

魏志倭人伝は、女王国の南に難敵の狗奴国が所在したと伝える。両者の境界は阿蘇山の南のあたりと推定される。推定の根拠は、墓制と後の官道の通り具合とである。（古代史と日本書紀、一九九九年、七六〜八〇頁、後篇六二四頁〜）

このあと巻第七、景行紀は、景行のいわゆる九州一円平定譚を記すが、直入までの叙述とは様態が異なり、のんびりと（ややおおげさにいえば）風土記風、文学風になり、地域間相互の交通も史的つながりもないものとなっている。それでいて、（もはや現代地名で記すが）島原半島から熊本県の玉杵名邑（玉名市辺）へ海を渡って来ると、内陸深く阿蘇山まで入りこんでいる。なぜか。先にヒコホホデミは阿蘇山東麓の直入県禰疑野まで入りこんで、土蜘蛛を征服した。そのあと、ヒコホホデミの進路は、紀が記すようにとつぜん日向国にとぶのではなく、阿蘇山をこえて玉杵名邑へ出、筑紫の櫃日にもどった、と考えられる。このように三代目（はおかしいが、一代を父ニニギ、二代を母カシツヒメとして）のヒコホホデミは、阿蘇山以北の土蜘蛛を平定して、九州北半を支配下においた。

一代目ニニギは博多湾岸日向に上陸

一代ニニギの天降りについては、七つ章で述べる。だがそのさいごの事績は、同じく景行一二年一一、一二月、一三年五月条（以上、㈡―七二〜四頁）が記している。到《つ》イタ㆓日向ノ宮㆒ニ起シテ㆓行宮㆒ヲ以居《す》ンダ之。是ヲ謂ウ㆓高屋ノ宮㆒ト。一二年一〇月条は、上にみたばかり、ヒコホホデミの直入・土蜘蛛征討の記事だった。その後が右に記した一一月条で、そこに日向宮に到いたとあるから、叙述の順序で読むと、景行（紀の主語）は直入から宮崎県（日向宮）へ行ったと解してしまう。だが作られた順序で読むと、一一月条は巻第二第八*段本文にあるように、ニニギは、槵日の二上（今山遺跡の今山）の海岸に天浮橋（假桟橋）で浮渚に在る平処に上陸した（㈠―一二二頁）。本文はつづけて、ニニギが吾田の長屋笠狭碕（那珂川と御笠川との河口、今の中洲）に到り、事勝国勝長狭という人物に遇い、国《とち》ガ在ルカ耶以不《ない》カと問うた。国は土地である。この地は、水田遺構を検出した著名な板付遺跡に近い（弥生時代に博多湾は博多駅近くまで入りこんでいた）。ニニギが聞いたのは、水田式イナ作の適地があるかどうかである。当然に此ニ焉有㆑ル国ガとの返事を得ている。彼国《その（と）ち》にカシツヒメという美人がいて結婚し、三子が生まれた（次男がヒコホホデミ）とのべた（㈠―一二四頁）あと、第八段本文はこうとじられている―久シクシテ之天津彦彦火ノ瓊瓊杵ガ崩レンダ、因ッテ葬ッタ㆓筑紫ノ日向ノ可愛此ヲ云㆑ウ埃《え》ト之山稜㆒ニ（㈠―四五六頁）。

上陸から死まで一足跳びに書かれているが、上陸したニニギは、筑紫の日向に本拠を据えた。室見川とその支流日向《ひなた》川にはさまれた吉武遺跡群が、古代の日向《ひむか》の痕跡だと私は見ている。この日向での記録が、こともあろうに、巻第七、景行一二年一一月〜一三年五月条に、次男ヒコホホデミの土蜘蛛征討記録にすぐつづいて、挿入されている。一一月条、五月条にみえる高屋宮こそは、吉武高木遺跡の宮殿跡であり、第八*段本文にいう筑紫の日向の可愛の山稜こそは、吉武高木遺跡の三号木棺墓である。

日向の背《そ》は背振山地で、ここの住民（縄文以来の）は侵入者ニニギに頑強に抵抗した。吉武大石遺跡のカメ棺墓群

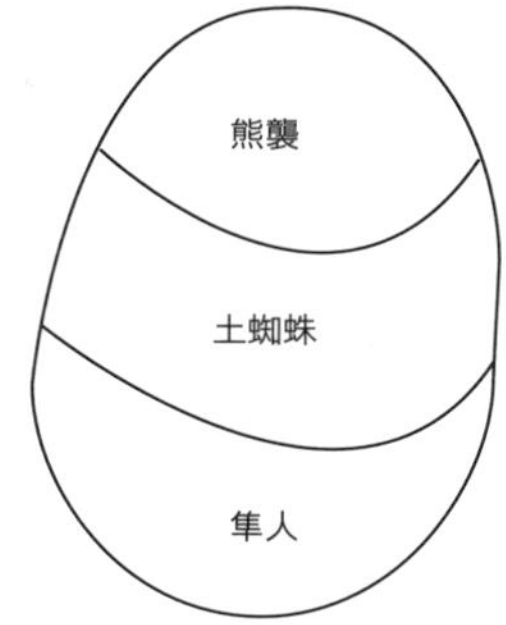

の中に石鏃の折れた先を入れたものが五基あり（同じ現象は唐津潟＝末盧潟の宇木汲田遺跡のカメ棺墓にもある）、戦死者の墓とみなされている（常松幹雄、最古の王墓—吉武高木遺跡、二〇〇六年、二二～三頁）。クマソ（熊襲）の熊は猛々しく強いの意で、襲は背である（第八段*本文に膂宍《そしし》の空国とあった）。背後で猛々しく抵抗するから熊背である。一代目ニニギの仕事はクマソを平定し、日向を中心に博多湾岸一帯を安定することであった。日向を宮崎県のこととする通説はクマソをも南へもってゆく誤りにおちいっている。九州の北部にクマソ、中部にツチグモ、南部がハヤト（隼人）だったのである。（同・3・4）

景行一二年一一月から一三年五月まで、ニニギは襲国を平げ、日向の高屋宮に六年住居して、その間佳人御刀媛《みはかしひめ》とのあいだに日向国造の始祖となる皇子をもうけた（㈡—七三頁）。その後（第八段*本文が語るように）博多湾（吾田）の東岸、笠沙碕へ移り、カシツヒメと結婚したことになる。

二代カシツヒメ筑紫を征定

一代ニニギが博多湾一帯を平定したのをうけつぎ、二代カシツヒメは、筑紫（福岡県）を平定した。その記録は、巻第九、神功摂政前紀・仲哀九年三月条後半、四月条（㈡—一四〇～一頁）に、挿入されている。荷持田村の羽白熊鷲（この名にも熊がつく）を討とうと、カシツヒメは橿日宮から松峡宮へ遷り、遂に兵を挙げて熊鷲を撃滅した。さらに筑後川流域の西南端、山門県に行き、土蜘蛛の田油津媛を誅した。これで筑紫のほとんどが安定したから、カシツヒメは北、火前国の松浦県（魏志倭人伝の末盧）へまわり、鮎釣りを楽しんでいる（㈡—一四〇～二頁）。

以上の父母の事績をうけついで、ヒコホホデミは九州中部の土蜘蛛を征討したのである。ではこの（妙な表現をしてきているが）三代はいったい何者なのか。日向に居たのは一代ニニギだけだから、たわむれにでも日向三代とはいえない。吉武遺跡群は、弥生中期初頭の高木遺跡がもっとも盛んな状態で、中期中ごろの樋渡遺跡で終る。ニニギののちは、後代の日向国造級の勢威しかはれなかったようである。二代カシツヒメ、三代ヒコホホデミの母子は、橿日宮を本拠に、筑紫、阿蘇山以北を平定した。

倭国創世の聖家族

北に玄界灘があり、西に唐津湾、東は博多湾が今の海岸線よりも深く陸地に侵入していた。

その南に一〇〇〇メートル級の峰（日向の襲の高千穂）をもつ背振山地が楕円状にひろがり、さらに南は、東半が筑後平野、西半が佐賀平野である。吉野ヶ里遺跡が両平野の中間にある。

この地形を頭の中に描くと、楕円状の背振山地の（やや東寄りだがまあ）中央に、一代ニニギが上陸し、南背振山地に近い日向に入りこみ、ほぼ博多湾岸を支配した。二代カシツヒメは、その東端の橿日から御笠川をさかのぼり、低い分水嶺をこえて、筑後川が貫流する筑後平野の南端、山門郡山門郷（和名抄）に行き、転じて佐賀平野の西、松浦川への低い分水嶺をこえて、のちの末盧国の東端玉嶋里まで行った。ここから伊都をへて日向までは、背振山地の北麓の海岸西半を行くだけである。つまり一代、二代で背振山をぐるっと囲む楕円状の平地の輪が完成した。後の倭国の中心である。

三代ヒコホホデミが土蜘蛛を征討した範囲が、倭国の「女王の境界の尽く所」（魏志倭人伝、岩波文庫版、四三頁）にひとしい。すなわちニニギ以来の三代は、倭国創建の聖家族だったのである。もっとも簡単な系図、

Aニ　ニ　ギ ┬ ヒコホホデミ
カシツヒメ ┘

これを紀は、

B仲　哀 ┬ 応　神
神　功 ┘

と置き換え、Aにともなっていた倭国創世史を切り離し、逆に加工したり、あれこれ細工をして、巻第二第八段*本文、巻第七、第八、第九に配分した。この作業が倭国史を日本国史（日本紀）へ書き替えることになった。

注　周知のようにBの仲哀をのぞく母子は八幡宮の祭神である。源氏が鶴ガ岡八幡宮を勧請したので武士の間に八幡信仰がひろがり、応神が主神となったが、もとは母子、それもBではなく、Aのカシツヒメ、ヒコホホデミが八幡宮の祭神である。また八幡宮が宇佐八幡宮に発するとの通説も正しくはない。カシツヒメ、ヒコホホデミは香椎宮に居た。香椎宮が八幡信仰の原点と考えられる。

倭国史の日本国史への書き替えには、専当の作者がいた。持統五年正月丙戌条に出る筑紫史益である。彼については次の六つ章でとりあつかうことにする。

残った蛇足の応神紀

巻第十が残っている。この巻は江戸期の山片蟠桃や大正期の津田左右吉によって、荒唐無稽と確実とを区切る劃期とされた。私見は異なる。作られた順序での第I部の蛇足とみる。巻第七、八、九の三巻にわたって、旧倭国史を日本国史（つまりは日本書紀）に書き替える作業が行われたことは、上に述べた。またその際、倭国創世の聖家族（ニニギ、カシツヒメ、ヒコホホデミ）が、仲哀、神功、応神に置き替えられたことも、みておいた。応神紀にはさしたる主題がない。ただ元のヒコホホデミを置き替える必要から、応神が作られた。これが一つ。つぎに、神功から欽明までいわゆる百済三書への準拠がなされ、神功・応神にわたって三書さいしょの百済記を利用している。史書百済記の扱った時代の幅が、巻第九・神功紀に余り、それで巻第十・応神紀が作られた。これが二つ。以上の二つ目の論拠を以下に示さなくてはならない。

別表は、百済三書ごとの各天皇紀への配分表である（原表は大系本、巻第九、補注三七の表、若干改変）。百済記は巻第

引用紀年	百済記	百済新撰	百済本記
神功四七年紀丁卯（三六七）	職麻那那加比跪		
〃六二年紀壬午（三八二）	沙至比跪		
応神八年紀　丁酉（三九七）	阿花王・王子直支		
〃二五年紀甲寅（四一四）	木満致		
雄略二年紀　戊戌（四五八）		適稽女郎	
〃五年紀　辛丑（四六一）		蓋鹵王弟琨支君	
〃二〇年紀丙辰（四七六）	（狛軍来攻）		
武烈四年紀　壬午（五〇二）		武寧王	
継体三年紀　己丑（五〇九）			久羅麻致支弥
〃七年紀　癸巳（五一三）			委意斯移麻岐弥
〃九年紀　乙未（五一五）			物部至至連
〃二五年紀辛亥（五三一）			高麗王安
欽明二年紀　辛酉（五四一）			加不至費直
〃五年紀　甲子（五四四）			津守連己麻奴跪
〃〃			河内直
〃〃			那干陀甲背
〃〃			為哥岐弥
〃〃			鳥胡跛臣
〃〃			安羅・日本府
〃〃			印支弥・既酒臣
〃〃			奈率得文
〃六年紀　乙丑（五四五）			狛鵠香岡上王
〃七年紀　丙寅（五四六）			高麗大乱
〃一一年紀庚午（五五〇）			阿比多来阿比多還
〃一七年紀丙子（五五六）			筑紫君児火中君弟

九（神功紀）、第十（応神紀）、すなわちⅠ部の末尾に配分されている。もう一箇所、雄略二〇年冬条末尾に、百済記云（三―一八二頁）がある。三八字のやや長い文で、高麗軍の来攻で漢城が陥落、蓋鹵王、大后、王子みな死亡、第一次百済は滅んだ。百済史上、最大の出来事の一つだが、おそらく三書では百済記だけが記していたので、雄略二〇年条に引用された、と考えられる。

百済三書と作られた順序三部の対応　雄略二〇年条を例外とみて括弧にくくる。また別表は、紀の叙述（年月）の順序で作られているから、作られた順序にかえると、百済記は紀Ⅰ部（巻第九・神功紀、巻第十・応神記）、百済本記がⅡ部（巻第十七・継体紀、巻第十九・欽明紀）、百済新撰がⅢ部（巻第十四・雄略二年条はⅢa、同五年二〇年、武烈四年条はⅢb）と、綺麗に対応、援用されている。百済記、百済本記、百済新撰という書名の並びも、作られた順序にふさわしい。いちばん後に新しく作られたⅢ部が百済新撰に準拠しているのも面白い。

三書は、「ただに書紀の本文に対する参考史料として引用されたにとどまらず、書紀の本文それ自体が、これら〔三書〕の逸史の文をほとんどそのまま採録していると思われるものがあり、さらに大きいことは、書紀編纂の根本、すなわち紀年構成の基準とされたことさえある」（大系本補注、巻第九・三七、井上光貞カ）三書がⅠⅡⅢ三部にわたって配分されているのは、先述したとおりで、三部において紀年構成の最大の根拠となっている。先表にみるように、Ⅰ部の基礎の百済記は、引用された紀の年次で、三六七～四一四の四七年、Ⅱ部の百済本紀が、五〇九～五五六の四七年、Ⅲ部の百済新撰が、四五八～五〇二の四四年、といずれも五〇年近くあり、引用以外「本文それ自体」すら依拠しているのを考慮すれば、二〇〇年近い紀年構成を支えている。

注　ただし紀作者の側に、紀年と百済史の年数とを精密に付き合せる能力が不足していた。たとえば巻第九、神功四六年条の頭注が「百済記は干支を以て年次を示したが、書紀は干支二運をくりあげて配当した」、さらに補注（巻第八―一）が「百済系史料にもとづく記事は干支二運下げて読むべきだという原則は、那珂通世・菅政友以来、定説となっている」（文庫版㈢―三九三頁）と記すように、一二〇年のずれをそのまま放置している。さらに、周知のように、巻第九、神功三九年を魏志倭人伝の景初三年、同四〇年を倭人伝の正始元年、同四三年を正始四年にあてている。それぞれ西暦二三九、二四〇、二四三年にあたる。つぎの神功四六年は百済記によって書かれたとみなされるから、この年次（倭人伝流には二四六年）は二運くりあがって三六六年となる。このように巻第九は、倭人伝流の年次、百済記流の年次が、干支二運のへだたりをもったまま二重になっている。なお神功三九年を紀は魏の明帝・景初三年としている。景初三年は二四〇年、神功三九年は二三九年。したがって三九年は景初二年が正しい。魏志の景初二年を三年に改訂したのは神功紀にはじまると言ってもいい。

神功・応神紀一体を証する語は三韓

さて巻第十・応神紀が、蛇足であっても、巻第九・神功紀と一体であることは、これまで倭国史の紀への書き替え、また百済記を両巻が援用していること、この二点からみてきた。この一体を示す二つの用語がある（もっと多いのかも知れない）。三韓、貴国である。三韓は紀中わずかに三度しか使われていない。

（同・3・11）

1（巻第九、神功摂政前紀・仲哀九年一〇月条末）於レ是、高麗・百済二国王《ハ》聞下新羅《ガ》収二《メ》図籍一《ヲ》降中《ルト》於日本国上《ニ》、密《カニ》令レ《タ》伺二《ハ》其《ノ》軍勢一《ヲ》。則《チ》知レ《リ》不レ《ルヲ》可レ《カラ》勝《ツ》、自《カラ》来二《テ》于営外一《ニ》、叩頭《シ》而款《シテ》曰《ツタ》、従レ《リ》今以後、永《エニ》称二《シ》西蕃一《ヲ》、不レ《ト》絶二《ヤサ》朝貢一《ヲ》。故《ニ》因《テ》以《テ》、定二《メタ》内宮家屯倉《うちつみやけ》一《ニ》。是《レガ》所謂之三韓《デアル》也。

2（巻第十、応神即位前紀）初《メ》天皇在レ《リテ》孕《ニ》而、天神地祇授二《ク》三韓一《ヲ》。

3（同、同九年四月条）独《リ》裂二《キ》筑紫一《ヲ》、招二《イテ》三韓一《ヲ》令レ《タナラ》朝二《サ》於己一《ニ》、遂《ニ》将レ有二《タント》天下一《ヲ》。

三韓とは、前漢の初めごろ、朝鮮半島南半（その地名が韓）にあった馬韓、弁韓、辰韓のことである（後漢書、東夷伝）。これに対し紀の三韓は、四世紀半ごろの高麗（紀元前一世紀初）、新羅（四世紀初）、百済（四世紀半）の三国を意味するものとして使われている。紀の三韓が、漢字のいわば国義的用法になったことは、懐風藻に証がある。藤原總（房）前、秋日於二長王宅一宴二新羅客一詩に、職貢梯航使、従レ此及二三韓一、とあるのがそれである。紀中ただ三度の三韓の語が、巻第九と第十とにだけあるのは、両巻一体の傍証である。

同、貴国　つぎに貴国。これは紀中に一二度使われているが、内訳は巻第九に九度、巻第十に三度。これまた両巻一体を証している。貴国は貴い国という一般名詞だが、紀では、百済（王）が日本国に特定して貴国と呼ぶ準固有名詞的用法だ。

1 （巻第九、神功摂政四六年三月）百済王《ガ》、聞《キ》三東方《ニ》有《ルト》二日本貴国《ガ》一、而遣《ワシタ》二臣等《ヲ》一。（2につづく）
2 （同）令《せタ》レ朝《サ》二其《ノ》貴国《ニ》一。
3 （同）本《ト》聞《イタ》三東《ニ》有《ルト》二貴国《ガ》一。然《シ》未《ダ》二曽《テ》有一レ通《ツタコトガ》不《なイ》レ知《ラ》二其《ノ》道《ヲ》一。
4 （同）若《シ》有《ツタラ》二貴国《ノ》使人《ガ》来《ルコトガ》一、必《ラズ》応《シ》レ告《ゲル》二吾国《ニ》一。
5 （同）欲《ス》レ貢《セント》二貴国《ニ》一。
6 （同、五一年三月）貴国《ノ》鴻恩《ハ》、重《イ》二於天地《ニ》一。
7 （同、五二年九月）今我《ガ》所《ノ》レ通《ウ》、海東《ノ》貴国《ハ》、是《レ》天《ノ》所《ダ》レ啓《ク》。
8 （同、六二年、百済記）新羅《ガ》不レ奉《つかへ》二貴国《ニ》一（9につづく）
9 （同）貴国《ガ》遣《ワシ》二沙至比跪《ヲ》一令《せタ》レ討《タ》之。
10 （巻第十、応神三年是歳）百済《ノ》辰斯王《ガ》立《チ》之、失《シタ》レ礼《ヲ》二於貴国《ノ》天皇《ニ》一。
11 （同、同八年三月）百済記《ニ》云《ウ》、阿花王《ガ》立《チ》、无《カッタ》レ礼《ガ》二於貴国《ニ》一。
12 （同、同二五年、百済記）以《テ》二其《ノ》父《ノ》功《ヲ》一、専《シ》二於任那《ヲ》一、往二還《シタ》貴国《ニ》一。

以上、国義的な三韓、固有名詞的な貴国、この二語が神功・応神紀にしかないのは、両巻一体の傍証とみていいであろう。

応神紀はさまざまに着目された。その最たるものが、山片蟠桃の夢の代（享和二、一八〇二年）、津田左右吉の、神代史の新しい研究（大正二、一九一三年）から、古事記及び日本書紀の新研究（同八、一九一九年）をへて、神代史の研究（同一二、一九二三年）にいたる、一連の著作で、神功以前と応神以後とを峻別する。岸俊男流にいえば、画期としての応神朝説である。

津田は記紀に「所謂帝紀旧辞」が採録されたとの旧説に立っていたが、「先づ旧辞として考ふべきものを見ると、古事記の方では、…仲哀天皇（及び神功皇后）以前と応神天皇以後とが頗る其の趣きを異にしてゐる。仲哀天皇より前の物語は、神武天皇東遷は勿論、ヤマトタケルの命のクマソや東方の経略綏撫、また神功皇后の新羅遠征、など…多かれ少かれ政治に関係がある。ところが、応神天皇以後のは、或は恋愛譚、或は皇族間の種々の人事関係、或は遊猟の物語などであって、…物語そのものに政治的意義は無い」（全集第一巻、七九頁）。「記紀によって伝へられてゐる帝紀の天皇の名の書き方を、今一度考へてみる必要がある。それは、仲哀天皇から前の歴代のがみな同じであることと、それが応神天皇から継体天皇までのと全く違ってゐることである。さうして、応神天皇から後の歴代が明かに歴史的存在であるとすれば、仲哀天皇から前のは、すべて同じやうに、さうではない」（同、三〇四頁）。

（'11・11・28）

注　津田の読み方をひきつぐ古代史家からも、たとえば次のような発言がある。「私は応神天皇の時に一つの新しい王朝が成立し、この天皇から天皇家と朝廷の歴史を語りはじめる古い列伝があったことを想像する」「記紀所伝成立の過程をまとめてみると、おそらくまず六世紀に帝紀的部分と旧辞的部分とを含む応神朝以降の部分ができ、ついで神武朝の部分と、崇神から仲哀までの一部分が付加され、つぎに七世紀にはいって、上記の所伝が修正増補されるとともに、帝紀的部分のみからなる綏靖朝から開化期までの部分が架上されて、今日の形になった」（直木孝次郎、応神王朝序説、一九六四年、のち日本古代の氏族と天皇、一九六四年に収録、その一九八頁）。直木はのちに応神、仁徳一体説をのべてもいる。

応神朝劃期説あるいは応神・仁徳一体説に対して、私見は、神功紀・応神紀一体説である。そうなる理由は、景行・仲哀・神功の三紀が、倭国史を日本国史（日本紀）に書き替えたのを基とし、このさいカシツヒメ、ヒコホホデミの母子を、神功・応神の母子に変更したからである。

（'13・8・2清書）

六《むっ》つ章　持統五年正月丙戌条

——筑紫史益のこと

筑紫史益が書き替えた

ニニギ、カシツヒメ、ヒコホホデミ「三代」の倭国創世史が、いろいろ細工されながら巻第七、八、九に配分されていて、これらをひとつらなりの文章に復元できることは、すでに前章で述べた。（また後篇、日本書紀と古代史、二つ・三つ章）。これに気づいたことが、私の日本書紀読解の出発点となった。

概略次のごとくだ。一代ニニギは、海北の道をへて（巻第一、第五段*第一の一書、文庫版㈠—六八頁）、槵日《くしひ》（奇し霊）の二上山（縄文石斧製作の聖地、今山）の地点で、天浮橋（浮桟橋）から浮渚《うきしま》（生成期の中洲）在平処《(あ)りたひら》におり立ち（巻第二、第八段*本文㈠—一二二頁）、日向（筑紫＝福岡県の日向＝吉武遺跡群）に本拠をおいた（巻第七、景行一二年一月、㈡—七二頁）。この侵入に対し頑強に抵抗したのがクマソである。ソは日向の襲（＝背、日向の背後、現、脊振山地、㈠—一二二頁）の住人で、勇猛の意のクマと合せてクマソ。これを六年かけて平定した（巻第七、景行一二年一二月～一三年五月条、そこに悉平㆓襲国㆒とある、㈡—七二～四頁）。

ニニギが短命というか、そう長生きでなかったのは、紀の中に痕跡がある（日本書紀史注、巻第二、一九九七年、第八*段第二の一書注四二参照）。ニニギの死後、「二代」カシツヒメは筑紫全域の平定に着手し（巻第九、仲哀九年三月壬申、然後条、㈡—一四〇頁）、筑紫の南端山門県で土蜘蛛タブラツヒメを誅した。倭国の中心である筑紫は、カシツヒメの代に平定、実現したのである。「三代」ヒコホホデミは、父母の業をつぎ、阿蘇山以北の土蜘蛛を平定し、倭国の版図を決定した（巻第八、仲哀八年正月条、㈡—一二六～一三〇頁、これにつづくのは巻第七、景行一二年九月、一〇月条、㈡—六六〜七二頁)。

私は、紀には倭国のことが必ず記されているという思いを、ずーっともち続けていた。周知のように、紀は、巻第九、神功三九年から四三年の箇所に、魏志倭人伝を引いている。だがこんな形式的なことではなく、もっと内実に倭国とのつながりがあるはずだと思いつづけた。一九八〇年代の半ばごろ、右に概略のべたことに気づいて、長い長い積年の思いに対応する事実を解きはじめたのである(日本書紀の地名、二つ、一九八七年、のち『まち・みち・ひと・とき』一九九六年、所収)。

右に概略したのは紀から復元したものであって、紀の叙述とは異質である。もともと復元(倭国史)の方が先にあり、それを利用して紀の叙述(日本国史)に作りかえ、書き替えたのである。では作りかえ、書き替えたのは誰か。持統五年正月丙戌条に出る、筑紫史益である(筑紫史益、東アジアの古代文化、一九八七年一月、のち『まち・みち・ひと・とき』所収)。

直広肆筑紫史益ハ、筑紫ノ大宰ノ府ノ典ニ拝サレテ以来、今ニ二十九年デアル。清白ナ忠誠を以テ、敢エテ怠惰セズ。是ノ故ニ、食封五十戸・絁十五匹・綿廿五屯・布五十端・稲五千束ヲ賜ウ。

青木和夫の丙戌条解釈

この記事を私は、倭国史を上に述べたように、日本国史すなわち日本書紀に書き替えた功労に対する賞与、とみなした。この記事については、六〇年前に青木和夫の解釈がある。その著、日本律令国家論攷(一九九二年)の第一部、二に収められた、浄御原令と古代官僚制(古代学、三巻二号、一九五四年)が、それである。青木はこの詔、記事を、古代官僚制を支える官位相当制の成立という文脈の中で、とらえている。天武五年(六七六)正月甲子の、畿内陸奥長門以外の国司には大山位以下を任ぜよ、という記事を、官位相当制成立の端緒とみ、持統五年（六七二）正月丙戌の筑紫史益の記事は、官位相当制実施の掉尾を飾る事件、としたのである。青木説は、ほぼ五〇年をへて、加藤謙吉・大和政権とフミヒト制（二〇〇二年）に、うけつがれている。両者の所説を必要最小限引く。

天武五年正月甲子紀に畿内陸奥長門以外の国司には大山位以下の人を任ぜよとあるのは、官位相当の端緒か過程或は掉尾か、この材料ばかりでは判定し難いけれども、如上の大勢の中に置くときやはり端緒と解すべきであると思はれ、下つて持統五年正月丙戌紀に筑紫史益が大宰府勤続二十九年の表彰を受けてゐるのは、彼が帰化人の裔として天智称制元年頃に大宰府典となつて以来同じ官にあり、冠位のみが当初の低い位階から直広肆の高位に上つていつたものと解すれば、官位相当制実施の掉尾を飾る事件と見ることができる。（青木、九〇頁）

筑紫史益は天智二年に大宰府の前身である筑紫大宰の実務官人として畿内より派遣され四等官制の成立により、従来の官職を引き継ぐ形で、第四等官の典に就任したのであろう。筑紫大宰は、倉住靖彦氏が説かれるように、持統三年から四年にかけて統治機構が整い、筑紫大宰府として新たに発足したとみられるが、益はこの改変期に致仕し、そのさい、永年勤続の功を賞せられたのではなかろうか。青木和夫氏は、益の直広肆の冠位（令制の従五位下）が、令制下の大宰大典・少典の相当位の正七位上・正八位上に比べてかなり高いことに着目し、二九年間、同じ職にありながら益の冠位だけが直広肆の高位に昇ったとし、彼の表彰が官位相当制の実施と関連することを指摘されている。そうすると天智朝に筑紫大宰の実務官人として赴任した益は、フミヒトの一員として現地で文書実務の任務にあたり、四等官制を経て、官位相当制や官人の遷代制が成立する時期に官職を退いたとみることができよう。彼の表彰は、はしなくもフミヒト制の解体期がいつごろであったかを暗示するのである。（加藤、三九三頁）

加藤の場合は、官位相当制の成立に、フミヒト制が「主典と史生に分割・吸収される」（一七頁）ことをからませ、論じているわけだが、持統五年正月条の記事が意味するところは、青木説をうけついでいる。同じ記事をまったくちがう観点からみている私としては、青木、加藤説がなりたたないことを論証しなくてはならない。（'07・8・12）

今に二九年条が意味すること

一つは、記事中の二十九年の意味である。それははたして「大宰府勤続二十九年」（青木）、「二十九年の精勤」「永年勤続の功」（加藤）しか意味しないのであろうか。持統五年正月丙戌条の文脈では、たしかに筑紫の大宰府の典に任ぜられて現在まで二九年、清白な忠誠で怠惰することなく「勤続」した故、食封五十戸以下を賜った、とあるのだから、「二十九年の精勤」とするのは正当である。だが、私が問うのは、それだけか、それにつきるのか、である。二九年を勤続年数とだけ解するのは、史料の読解として不足ではないのか。

持統五年（六七二）の二九年前は、数えで天智二年（六六三）である。周知のように、この年、倭・百済（実体は倭海軍）と唐・新羅（実体は唐海軍）とが白村江で交戦し、倭海軍は壊滅した。斉明六年（六六〇）、すでに王朝として滅亡していた百済は、ここに完全に消滅し、以後ふたたび歴史には登場しない。この白村江の敗戦の年に、筑紫史益が筑紫の大宰府の典に任命されたのである。

二十九年の意味について、もう一つ関わってくるのが、倭国問題である。上述の概略からも分かるように、倭国の所在は紀各所の記事の復元によって北九州以外に考えられないというのが、私見である。ニニギに始まった倭国は、白村江の敗戦で崩壊した（この間、倭国が単一王朝ないしは万世一系で存続したとは考えない）。筑紫史益はこのような二九年前に、筑紫の大宰府の典に任ぜられた。そうであれば、

倭国滅亡と筑紫大宰府

二つに、筑紫の大宰府を考えなくてはならない。紀のいう筑紫の大宰府とは、いうまでもなく日本国の政府機関である。しかし白村江の敗戦で倭国が崩壊した二九年前の時点で、筑紫の大宰府はどのように存在したのか。私が注目するのは大宰である。この官職は商（殷）にさかのぼる（礼紀、曲礼下）が、周にひきつがれた。周礼、天官、大宰に、掌《ルコト》建《テ》二邦之六典《ヲ》一、以《テ》佐《ケ》レ王《ヲ》治《メル》二邦国《ヲ》一、とある。六典とは治典、教典、礼典、政典、刑典、事典をいう。上引につづけて周礼は、一《ニ》曰《ウ》治典、以《テ》経《シ》二邦国《ヲ》一、以《テ》治《メ》二官府《ヲ》一、以《テ》紀《おさム》二万民《ヲ》一、二《ニ》曰《ウ》教典、以《テ》安《ンジ》二邦国《ヲ》一、以《テ》教《エ》二官府《ヲ》一、以《テ》擾《なつク》二万民《ヲ》一、三《ニ》曰《ウ》礼典、以《テ》和《シ》二邦国《ヲ》一、以《テ》統《ベ》二官府《ヲ》一、以《テ》諧《ととのエル》二万民《ヲ》一、四《ニ》曰《ウ》政典、以《テ》平《ゲ》二邦国《ヲ》一、以《テ》正《シ》二百官《ヲ》一、以《テ》均《シクス》二万民《ヲ》一、五《ニ》曰《ウ》刑典、以《テ》詰《おさメ》二邦国《ヲ》一、以《テ》刑《シ》二百官《ヲ》一、以《テ》糾《ス》二万民《ヲ》一、六《ニ》曰《ウ》事典、以《テ》富《マセ》二邦国《ヲ》一、以《テ》任《ジ》二百官《ヲ》一、以《テ》生《ヤス》二万民《ヲ》一、と記す。一が大宰、二が大宗、三が大史、四は大祝、五が大士、六は大卜の任で、大宰はこれら天官六大の首として、大宗とともに、大史以下の四官を率いる。王（天子）を佐けて国を治める大宰は、漢代の丞相に当り、後代に宰相の語が出る所以である。丞相ともに佐と等義である。

そういう大宰だから、その執務の府（大宰府）は当然に王の居るところ（王宮）と同所にある。ヤマト王権といおうが天皇王朝といおうが、その所在するヤマトと、大宰府の所在地（筑紫）とが、遠く離れているのは異常である。紀に筑紫大宰ないし筑紫大宰府の設置記事はない。大宰は、巻第二二、推古一七年四月庚子（四日）に、筑紫大宰奏上言…と、さりげなく初出する。

巻第二七、天智六年一一月乙丑（九日）に、筑紫都督府の名が出る。都督府とは軍事、民政を掌る地方府である。同条は、唐の百済方面軍司令官劉仁願が、熊津都督府の長に日本の遣唐副使を筑紫都督府まで送らせた、と記している。大系本頭注は「原史料にあった修飾がそのまま残った」とするが、熊津都督府に合せて、同じ役所機能の筑紫大宰府を都督府と表現したのであろう。このとき筑紫大宰府は、すでにヤマトの天皇王朝の機関で、後の律令制の下、西海道にだけおかれた、九国（九州）を統轄する大宰府制度に近い機構、機能をはたしていたとみていいであろう。それが唐側からみると都督府と同じと判断されたのである。この推考に大過がなければ、白村江の敗戦で崩壊した倭国は、そのまま後援の日本国（巻第二十六・斉明七年＝六六一年正月壬寅＝六日条は天皇王朝が百済救援の大軍を派遣したことを記している。(四)—三五六〜八頁）に接収、併合され、旧倭国政府は筑紫大宰府となって存続したのである。大宰府の語は、天智一〇年一一月癸卯（一〇月）条に、対馬国司の使が筑紫大宰府に派遣されてきたと、これもまたさりげなく記されている。

持統が五年正月条で、益が筑紫大宰府の典を拝してから二九年といった、その筑紫大宰府は、所見のごとく、日本国によって制度的に設置された痕跡がない。大宰府は倭国ではその中央政府であり、益は倭国中央政府の史官だったと思われる。天智二年の倭国の滅亡は、倭国中央政府も、また小なりとはいえ筑紫史益一箇をも、存亡の岐路に立たせたのである。この危機は、日本国が倭国中央政府も益一箇をも接収したことで、解決した。倭国でも王宮と大宰が總監する中央政府とは同所にあった。倭国中央政府が日本国に接収されて筑紫大宰府となってから遠の朝廷とよばれるようになった。倭国の史官筑紫史益もまた、日本国の筑紫大宰府に典として再任された。持統五年から二九年前、天智二年のことであった。

益の本拠地は筑紫

三つ。では益はどこを本拠としたのか。すでに述べたように、この人物の本拠は筑紫とみなされる。これに対し加藤は「筑紫史の本拠地は畿内とみられる」（前掲書、二六頁）とし、「河内国丹比郡野の上（野々上）と摂津国百済郡がその拠点である」（六五頁）と注した。根拠は二つ。(一)姓氏録、河内国諸蕃にみえる野上連は、丹比郡野の上を拠点としており、続紀、延暦四年（七八五）二月条は、筑紫史広嶋に野上連の氏姓を賜った、とする。(二)天平勝宝九歳（七五七）ごろの摂津職百済（原、斉）郡南部郷の戸主、戸口に竹志麻呂、同浄道の名がある（大日本古文書、一三、二二〇頁）。この二つの史料は、しかしながら、八世紀後半のもので、天智二年（六六三）次の益の本拠地の史料に当てるのがためらわれる。

加藤は前掲書（表1史姓氏族一覧、二三頁）で、史をカバネとする六七氏族をあげたが、うち三四氏を同一氏名の帰化氏族と比較している（表3、三五～四〇頁）。たとえば（表3筆頭の）登美史の氏名は大和国添上郡登美郷により、（表3最後の）豊津史の氏名は、摂津国豊嶋郷による。三四氏のうち二七氏（嶋史のように明確に地名によるとはいえないが、おそらく島は地名とみなされるものも含む）が、居住地名をとって氏名としている。筑紫史の氏名も、丹比郡や百済郡ではなく、居住地名の筑紫からきたとすべきであろう。加藤が先の二史料から、「筑紫史の本拠地は畿内とみられるので、筑紫の氏名は益が天智二年（六六三）、筑紫大宰の官人として現地に赴任したことに由来し、史姓を得たのもそのころと思われる」（二六頁）としたのには、若干の無理がある。赴任地の地名が氏名となった例はないのではないか。筑紫史益はのちに筑紫から畿内（おそらくは河内国丹比郡野ノ上）に移住したが、益以後のこの氏は先細りで、それを示すのが先の二史料とみる方に、理があるのではないか。

注　ちなみに、佐伯有清、新撰姓氏録の研究、考証篇第四（一九八二年）は、左京諸蕃のさいご、筑紫史について、「筑紫の氏名は竺志とも書き、筑紫国（福岡県）の地名にもとづく」（四三八頁）とする。またこれを承けて、佐伯編・日本古代氏族事典（一九九四年）の星野良作・筑紫〔氏〕の項も、「氏名は筑紫国（のち筑前、筑後国。今の福岡県）の地名にもとづく。姓は㈠君、㈡連、㈢史、㈣無姓の筑紫氏も居た」（三二五頁）と記す。

丙戌条を官位相当制から見るべきか

さいごに四つ。持統五年正月丙戌条を、官位相当制の成立ないし掉尾という文脈でみるのがいいのか、いなか。青木は益が「天智称制元年頃に大宰府典となって以来同じ官にあり、冠位のみが当初の低い位階から直広肆の高位に上っていった」とし、加藤は、「筑紫史益は天智二年に大宰府の前身である筑紫大宰の実務官人として畿内より派遣され、四等官制の成立により、第四等官の典に就任した」（三九三頁）とする。それでいいのか。

こころみに、天武元年以後の筑紫大宰の記事を、紀から抽き出すと、こうである。

1天武元年六月丙戌（二六日）、筑紫大宰栗隈王
2同五年九月丁丑（一二日）、筑紫大宰三位屋垣王
3同一一年四月辛未（九日）、筑紫大宰丹比真人嶋
4持統三年正月甲寅（一日）、筑紫大宰粟田真人朝臣
5同三年八月丁丑（二七日）、以二浄広肆河内王一為二筑紫大宰帥一
6同八年九月癸卯（二二日）、以二浄広肆三野王一拝二筑紫大宰率一

通覧して、4まで筑紫大宰某であったのが、5、6で以浄広肆某為（拝）筑紫大宰帥（率）と改まっているのが分る。倉住靖彦（古代の大宰府、一九八五年）がいうように、持統三年から四年にかけて浄御原令によって、令制的な統治機構が整備され、この一環として筑紫大宰府も、筑紫大宰帥以下の官制が成立した。それが4、5の間にある。しかし今は筑紫大宰の位が眼目である。

2の三位《みつのくらい》は、天武四年三月庚申（一六日）条に、諸王四位に栗隈王とあるのを初見とする諸王の位で、紀中二位から五位まで出てくる。諸王が位階制に組みこまれ、天武一四年正月の新位階制にひきつがれた。5、6の浄広肆もその一つで、大宝位階制の従五位下に相当する。天武・持統期、筑紫大宰の位は比較的に低かったのである。

筑紫史益の位は、持統五年正月丙戌の詔では、直広肆（諸王位の浄広肆と同じ、従五位下相当）である。すなわち青木、

加藤説では、筑紫大宰府の第一等官である大宰帥と、第四等官である大宰典とが、同じ位になる。官位相当制からはありえないことと言わねばならない。

筑紫史益の今の官職名

持統五年正月の今、益が直広肆の位にあったことは確かである。しかしその今、官職が筑紫大宰府典であったのかどうか。否である。拝二筑紫大宰府典一以来、於レ今廿九年矣の一文からは、二九年前に大宰府典に任命されたことだけが確かで、於レ今なお大宰府典であるとは読解出来ない。「天智称制元年頃に大宰府典となって以来同じ官にあり、冠位のみが当初の低い位階から直広肆の高位に上っていったものと解す」（青木、傍点山田）るのは、一つは文章上、もう一つは官位相当制上、できないと言わねばならぬ。もし益が同じ官（サカン）にとどまり位だけがカミと同じ高位に上ったと解するなら、この記事を「官位相当制実施の掉尾を飾る事件と見ること」（青木）はできなくなる。

五年正月の詔で、益の肩書が位だけで官名を欠くのは、このとき益がすでに高齢で官を辞したばかり（だから賞与を得た）だったからであろう。しかしその官とは、二九年前に任ぜられた筑紫の大宰府典ではなく、その後（いつとはもはや分らぬ）中央に転じて修史にかかわる官職についていたと考える。（'07・8・12）

天武・持統紀の日本紀編纂記事

そこでこの前後の日本書紀編纂にかかわる記事を抄出し、その流れの中に益の記事を置いてみよう。

1天武一〇年二月、朕今更ニ欲下ス定二メ律令一ヲ改中メント法式上ヲ。
2同年三月、令レム記二定セ紀及ビ上古ノ諸事一ヲ。
3朱鳥元年七月癸卯（五日）、奉下幣ス於居《いま》ス二紀伊ノ国一ニ々懸《くにかかす》神・飛鳥四社・住吉大神上ニ。
4持統三年六月庚子（一九日）、賜二ウ大唐ノ続守言・薩弘恪等ニ稲一ヲ。

5同年同月庚戌（二九日）、班《チ》二賜《ウ》諸司《ニ》令一部廿二巻一《ヲ》。

6同年八月壬午（二日）、百官《ヲ》会二集《シテ》於神祇官一《ニ》、而奉二宣《ス》天神地祇之事一《ヲ》。

7同四年正月戊寅（一日）、神祇伯中臣大嶋朝臣、読《ム》二天神《ノ》寿詞一《ヲ》。

8同年一一月甲申（一一日）、奉《ジ》レ勅《ヲ》始《メテ》行《ウ》三元嘉暦《ト》与《ヲ》二儀鳳暦一。

9同五年正月丙戌（一四日）、（筑紫史益記事）

10同年八月辛亥（一三日）、詔《シ》二十八氏一《ニ》（大三輪、雀部、石上、藤原、石川、巨勢、膳部、春日、上毛野、大伴、紀伊、平群、羽田、阿倍、佐伯、采女、穂積、安曇）上二進《セシム》其《ノ》祖等《ノ》墓記一《ヲ》。

11同年九月壬申（四日）、賜《ウ》二音《ノ》博士大唐《ノ》続守言・薩弘恪、書《ノ》博士百済《ノ》末士善信《ニ》、銀人《ゴトニ》廿両一《ヲ》。

12同年一一月戊辰（一日）、大嘗、神祇伯中臣《ノ》朝臣大嶋《ガ》、読《ム》二天神《ノ》寿詞一《ヲ》。

13同六年二月丁未（一一日）、詔《シテ》二諸官一《ニ》曰《ウ》、当《ニ》以《テ》二三月三日一《ヲ》、将《ニ》レ幸《カント》二伊勢一《ニ》。

14同年三月辛未（六日）、天皇《ガ》不レ従《ハ》レ諫《ニ》、遂《ニ》幸《ク》二伊勢一《ニ》。

15同年五月庚寅（二六日）、遣《ワシ》二使者一《ヲ》、奉二幣《ス》千四所、伊勢・大倭・住吉・紀伊《ノ》大神一《ニ》
16同年一〇月壬申（一一日）、授《ク》二山田史御形《ニ》務広肆一《ヲ》、前《ニ》為《リ》二沙門一《ト》、学二問《ス》新羅一《ニ》。

17同年一二月甲戌（一四日）、賜《ウ》二音《ノ》博士続守言・薩弘恪《ニ》水田一《ヲ》、人《ゴトニ》四町。

18同年同月甲申（二四日）、遣《ワシ》二大夫等一《ヲ》、奉《マツル》二新羅《ノ》調《ヲ》於五社、伊勢・住吉・紀伊・大倭・菟名足一《ニ》（8・23）

若干のコメントをつける。1、2は、六八一年、二月に律令の制定、三月に日本紀の編集と、二つを両輪に天武の基本政策が着手された記事である（ただし二月条は書き方からその年月がうたがわれる）。3はあまり着目されない記事だが、天武の病を救う手だての一つとして、奉幣した神名である。のちの15、18と合せて考えたい。飛鳥四社は在地の神だが、大神《みわ》がないのと、なぜ15、18とともに紀伊、住吉がでてくるのか。興味ぶかいがいまは措く。4、5

は1以来の浄御原令の完成を告げる記事。5に先立ち4があるのは、続守言、薩弘恪が、はじめは律令の制定にかかわっていたことを示す。この二人は11、17で音博士の肩書きででてくる。漢字の発音の博士で、とくに百済系の仏教経典の呉音訓みを、唐系の漢音に正そうとしたと考える（11で音博士大唐とつづけているのもそんな感じである）が、効がなかったのは、明治以後になっても、経の呉音読みがつづいていることから明らかだ。二人の紀への関与は紀の記事からは判然としない。あるいは音博士として、神名、人名、地名、歌謡などの万葉仮名の選字を担当もしくは教示したのかもしれない。後考をまちたい。

6は本書の出発点となった、アマテラスの誕生、公表の記事である。これが天武一〇年三月に始まった日本紀の構想（一次本）に、変更を迫ることになる（二次本）。この変更を担当したのが中臣朝臣大嶋である。7は持統の即位式、12はその大嘗祭（後代的な呼称）で、ともに大嶋が天神寿詞（中臣寿詞）を読み上げている。天神（アマテラス）と高天原とのことが高らかに奏言されたのである。9の筑紫史益への二九年にわたる忠誠への賞与は、このアマテラス公表以来の経過の中にある。高天原のことは、天孫降臨へとひきつがれるが、その天孫に倭国創世の初代ニニギが転用され、残余の倭国史は切り刻まれて景行、仲哀、神功紀に配分された。これが筑紫史益の忠誠の内実である。むろんアマテラスにつながる形は、益の仕事の最終に近く決ったもので、これによって現在の巻第一、二の両巻に、益がどの部分に関与したのかは、未詳である。その不明の部分もふくめ益が倭国史の日本国史への書き換えに、二九年間取り組み続けてきたのである。

（'07・8・24）

元嘉暦・儀鳳暦の併用

8は私にとって難解な記事だった。暦の制定は天子、天皇のいわば大権事項の一つだが、二つの暦が同時に採用、施行されるなどありえないことだ（われわれの社会はまだ新暦と旧暦、西暦と日本年号とを使いわけているが、これは歴史の惰性、社会習慣の問題で、制度的な暦の制定とは別の事である）。暦がちがえば日付も異なる。詔勅その他の公文書に二つの日付を併記することなど、あるはずもない。内田正男（日本暦日原典、一九七五年、また日本書紀暦日原典、一九七八年）は日本暦法小史のⅱ元嘉・儀鳳の併用で、「結論としては、文武元年七〔原、7〕月までは、暦日は元嘉暦を主に用い、〔元嘉暦での計算と、日本書紀の月朔干支とが〕不合の三〔原、3〕回は、司暦の誤算か、あるいは何か特別な理由があって儀鳳暦を援用した。そして元嘉暦儀鳳暦併用の意味は、月朔は元嘉暦を主にし、日食予報には儀鳳暦を用いたということであろう。これによって持統五〔原、5〕年より初めて記載されだした日食の予報記事の説明もつく」（日本暦日原典、五二七頁、傍点山田）、と述べている。西暦四四五年（南宋、百済の元嘉暦採用の年）から一八七二年（明治五）までの全暦日計算を完行した人の見解を尊重するが、なお心内の疑問が解けない。

はやく小川清彦（日本書紀の暦日に就て）は、「要スルニ日本紀の暦日ハ神武以降五世紀ニ至ルマデノ分ガ儀鳳暦（経朔）ニヨリ推算サレ、ソノ後ノ分ハ、元嘉暦ニヨツテ推算サレタモノト考ヘラレル。而シテ元嘉暦ハ支那ニ於テ元嘉二十二年（四四五AD）カラ行用ヲ見タモノデアル事実ヲ参照スルト、丁度ソノ頃ヲ分岐点トシテ後ノ元嘉ニヨル暦日ヲ用イタ文献トノ振合ヒカラ、元嘉暦ノ推算ニ振替ヘタモノト考ヘラレル。…*サウスルト多分安康元年（四五四AD）以後ガ元嘉暦ニヨル推算ニナッタトスベキデアラウ」（同書、Ⅳ推算整理ノ結果、九頁）、としていた。

紀は、初代神武の東征出発の時から、年（太歳甲寅）、月（十月）、日（月朔丁巳辛酉（五日））を記し、以降欠かすことがない。記し方は各種各様で、年月日が揃ったもの、年月だけで日を欠くもの、某年の内に是歳（又は年）、某月のあとに是月、某日のあとに是日といれたものなど、多様だが、年次などのない記事はない。おそらく（じっさいに年月日の記し方の多様ごとに紀の記事を分類、整理して、多様さごとの記事の性格をたしかめていないので）、年月日の揃った記事は長暦にもとづいた一次稿（一つ章などで使った一次本とは全くちがった意味）で、是条（是歳、是月、是日）や某月（日付を欠く）、だけの条などは、後から書き入れた二次稿以下（二、三…n次）のもので、手許に長暦の準備がないため、不備、不完全の年月次しか表記できなかったのである（むろん各種の例外もあるだろう。たとえば、「年月日A記事」に、B記事を挿入するとして、年月日とAとのあいだにBをいれると、「年月日B、是日A」となり、年月日揃った二次稿、是日の一次稿ができる、など）。

長暦と一言でいうが、紀の年次は一三六四年にわたる。神武即位の辛酉年は紀元前六六〇年、それ以前に七年（甲寅～庚申）、そして紀末の持統一一年は西暦六九七年、計一三六四年。閏月の有無、月の大小、日次を示す干支の有無など手におえないから、おおざっぱにおよそ五九万日。月朔もミニマム一六、三六八日分。ざっと見て、長暦を作ることじたいが、いかに大事業であるかが分る。

暦を作るのは陰陽寮である。紀での初出は天武四年正月条だが、養老令にいう暦博士一人、暦生十人の人員はこのときなかったであろう。長暦の作製に、旧い元嘉暦の専門、新しい儀鳳暦の専門とそろったのが、持統期に入ってから。そこで8、四年一一月甲申に、始メテ元嘉暦ト儀鳳暦トヲ行《つか》ウことになった。その境目がなぜ安康元年なのかは、小川が先引で省略した＊箇所で説明していた、「コノ頃両者〔暦〕ノ朔ノ時刻差ハ僅カ〔約二刻〕トナッテキルカラ都合モヨカッタノデアル」。両暦併用は、社会一般でのことではなく、紀成立過程でのことだったのではないだろうか。

9は筑紫史益の記事だが、右の8両暦併用と10一八氏の墓記上進とのあいだに位置し、紀作成過程の一齣として、おさまりがいい感じである。10については、はやく坂本太郎（纂記と日本書紀、史学雑誌五六―七、一九四六年七月）が、大三輪、上毛野、膳、紀、大伴、石上の六氏の墓記から出たと思える記事が、紀中に数ヵ所ずつ見出されると指摘している。12は7と同じ中臣寿詞のことで、高天ノ原ニ神留リ坐ス皇親神漏岐《すめむつかむろ》神漏美と、皇孫尊《すめみま》の天降りとを結びつけた文である。13、14、15、18は一つ章で述べた第一次伊勢神宮、多気大神宮の落成をめぐる記事群。16は山田史御方についての紀中で唯一の記事である。

一つ章で、持統三年八月壬午（二日）条を、井上光貞が、神祇令の神祇の文脈でみたために、この会集の意味をめに、この功賞の意味をとらえられないまま、推移したのである。

('07・8・25)

とらええなかったことを、関説した。持統五年正月丙戌条も、青木和夫が、令制的な官位相当制の文脈で見たため

注 青木和夫・浄御原令と古代官僚制（古代学、三巻二号、一九五四年）は、近江令なるものが存在したとする当時の通説に対し、その存在を否定した点で古代史学史上記憶されるべき論稿である。私は、ただ、その論の展開の中で、筑紫史益への功賞を官位相当制の成立という文脈で見た一点についてだけ異論を述べたにすぎない。互いに二〇代の後半から旧知の青木と、紀の読みについて論を交したい思いは強いが、お互い年を重ねすぎたからむつかしいかもしれない。('08・3・12)―本書の刊行を老人ののものぐさで先のばししているうちに、青木和夫がかえらぬ人となってしまった。

('13・2・24、本章清書)

補論　倭のことと日本のこと

倭、日本なぜ共にヤマトと訓むのか

紀を読んでいると、なぜ倭と日本とをともにヤマトと訓んできたのか、を問いたくなる。中国史書では、漢書から旧唐書までが倭と書き、旧唐書から以降はすべて日本と書いている。接点の旧唐書は、倭国伝と日本伝を併記し、日本伝の冒頭に、倭国と日本との関係についてのべている。

まず日本という言葉の紀中分布を別表で見ておこう。三段目の日本府は任那日本府のことだから巻第十九（欽明紀）に集中しているし、五段目の個人名では巻第四（欠史八代）に日本を名にふくむ天皇が六人もいるので、4のところに32回、また日本武（ヤマトタケル）が巻第七に三七回も出ている。以上で一〇三回だから、日本の総計二〇七回の半分になり、残り半分がちらばっているという形で、この表さして有意味とは思えない。ただしⅢaをのぞいて、ⅠⅡに各九六、Ⅲbに一三と日本の語があまねく分布しているのは、日本国史書である日本紀にふさわしい。しかしⅢbにあってⅢaに日本の語がまったくないのは、ⅢaとⅢbとで、作られた時期のちがい、またab各部分の性質のちがいがあることを示している。そんな分布の日本だが、そんな日本をなぜヤマトと訓むのかと問いたくなるのである。

叙述の順でさいしょの日本を示す表中＊は、第三段本文のいわゆる国生みの箇所（㈠—二四頁）で、淡路州を胞として大日本豊秋津州を生んだとあり、地名である。それに訓注がつき、日本《じつほん》、此《ハ》云《ウ》二耶麻騰《やまと》一《ト》、下皆效《エ》レ此《ニ》、とあり、紀では日本とあればさいごまでヤマトと訓む、とのマニュアルが示されている。したがって次の日本である虚

III b				II										計	部
14	15	16	小計	17	19	22	25	26	27	28	29	30	小計		巻
5		4	9	11	28		3		9			2	53	66	日本
1			1			3	2	1	1				7	17	日本国
1			1		34								34	35	日本府
						(2)**	(2)	(1)					(5)	(5)	天皇日本国
1	1		2					3		1			4	89	個人名
8	1	4	13	11	62	3(2)	5(2)	4(1)	10	1		2	98(5)	207(5)	小計

空見日本国（巻第三、神武三一年四月一日、㈠―二四四頁）はするっとソラミツヤマトノクニと訓まれている。これに対し倭字は、日本書紀總索引によると、紀中に一八六回も使われているが、倭国、倭京、大倭など固有名詞的に使われているのは、三〇回余しかなく、またそれにはなんの訓注もついてなく、すべてヤマトと訓んでいる。倭国の初出は、巻第三・戊午年九月条の倭国磯城邑（㈠―三一八頁）だが、訓注なしにヤマトノクニノシキノムラと訓み、この種の用法が一一度、倭国が九度、大倭（大和）は三度、あとはすべて一、二度（倭種、神・神社名など）どまりである。倭京の初出は、巻第二五・孝徳紀の白雉四年是歳条（㈣―三二二頁）で、中大兄が難波宮から倭京に遷ろうと迫った言葉の中だが、訓注はなくヤマトノミヤコと訓んでいる。これらの諸例からみれば、まず、倭をヤマトと訓むのは既定の事で、つぎに、新規に定められた日本には倭同様にヤマトと訓む旨の訓注をつけた、と解される。

倭、日本を共にヤマトと訓むのは、旧唐書日本国伝の冒頭に、倭国《ガ》自《カラ》悪《にくミ》二其《ノ》名《ノ》不《な》一レ雅《イノヲ》、改《メテ》為《タ》二日本《ト》一、と記された日本国側の主張と合っている。これともう一説の、以三《テ》其《ノ》国《ガ》存《ルノヲ》二日辺《ニ》一、故《ニ》以《テ》二日本《ヲ》一為《タ》レ名《ト》とは補完しあうも

部	Ⅰ										
巻	1	2	3	4	5	6	7	8	9	10	小計
日本	1*		1						2		4
日本国	1		1			3			3	1	9
日本府											
天皇日本国											
個人名	3	4	1	32	3	1	37	1	1		83
小計	5	4	3	32	3	4	37	1	6	1	96

紀中「日本」の分布表
( )**は上から２段目の日本国３、２、１の中に、日本国天皇が⑵、⑵、⑴と重複していることを示す。
国の称号日本国と君主の称号天皇とを合せて使用したのは、推古、孝徳、斉明紀の⑸度しかない。

のと解される。この二説に対しもう一説、日本ハ旧《もと》小国ダッタガ、併セタ㆓倭国之地ヲ㆒は、異説というべきものである。私はこの異説のほうが史実だったと見ている。

斉明七年条と天智紀斉明七年条　斉明はその七年（六六一）正月六日に、難波津を出航。三月一五日、娜大津（博多港）に至《つ》いた。しばらく磐瀬行宮に居たが、五月（九日）、朝倉（橘広庭）宮に遷居し、そして七月二四日、ここで崩《し》んだ。前年一二月二四日条に、思ツタ㆘幸《ゆ》キ㆓筑紫ニ㆒、将《そう》ト㆖レ遣ワ㆓救軍ヲ㆒、と記すから、救援軍をひきつれての筑紫行だったように読める。斉明の死後八月一日磐瀬に、一〇月二三日難波に還りついている。（この間斉明紀は援軍について何一つふれていない）。

斉明死後の記事は七、八、一〇月とつづくが、斉明紀には九月がない。九月は巻第二七・天智紀の即位前紀にある。また天智紀の斉明七年七月以後の記述は斉明紀とは対照的に異っている。七月二四日、皇太子ガ素服〔喪服〕で称制シタ。是月、〔唐ノ〕蘇〔定方〕将軍ガ与㆓突厥《とっけつ》ノ王子契苾加力《けいひつかりき》等㆒、水陸二路デ、至ッタ㆓于高麗ノ城下㆒ニ。皇太子ガ遷㆓居シ長津ノ宮㆒ニ、稍《ようや》ク聴㆓イタ水表之軍政㆒ヲ。八月、遣ワシ㆓前〔軍〕ノ将軍大花下阿曇ノ比邏夫ノ連・小花下河辺ノ百枝ノ臣等、後〔軍〕ノ将軍大花下阿倍ノ引田ノ比邏夫ノ臣・大山上物部ノ連熊・大山上守ノ君大石等一ヲ、救二ツタ於百済一ヲ、仍テ送二ツタ兵杖・五穀一ヲ。（ワリ注、或本を省略）そして九月、皇太子御二ガシ長津宮一ニ。以二テ織冠一ヲ、授二ケタ於百済ノ王子豊璋一ニ。（中略）乃遣二ワシ大山下狭井ノ連檳榔《あじまさ》・小山下秦《はだ》ノ造田来津一ヲ、奉二ジ軍五千余一ヲ、衛二送シタ於本郷一ニ（下略）。注意すべきは、以上の七月、是月、八月、九月と記事はすべて日を欠いている。七月は二四日とあるように見えるが、これは斉明が死んだ日にちで、天智紀でも崩の一字で表わし、つづいて（斉明紀にはない）皇太子の称制のことが記されている。従って称制記事の日にちはないにひとしい。斉明・天智両紀は未完の巻のようにもみえ、天智紀の斉明七年条は一次稿よりも二次稿の趣が濃い。

斉明七年条で、さながら死地を求めたかのように、斉明が筑紫表（那津、磐瀬）から筑紫裏（朝倉）に移ったのは前に記しておいた。記事の背景には日本国の百済救援（史実かどうかわからない）があるかのようだが、斉明紀はそのことにまったくふれていない。かわって天智即位前紀が、（斉明七年）九月、中大兄が筑紫表（長津宮）にもどり、百済王子余豊に五千余の援兵を付けて百済に護送した、と記す。しかしこの五千余の援兵記事は、日本国の中大兄の水表之軍政ではない。本書前篇の覚え書一に書いたように、百済の兄王子余豊が派遣されていたのは、日本国ではなく倭国だった。五千余の援兵を付けて百済へ護送したのは、したがって倭国である。長津宮は、斉明七年三月条に、斉明が娜大津に到着して磐瀬行宮に一月余り居住したとき、娜大津を長津に改名したとあるから、磐瀬行宮に同じである。港が長津になったから宮も長津宮と改名した。

伊吉連博徳書

斉明紀には、もう一つ特徴がある。伊吉連博得書の引用である。紀に四度引かれている。⑴は孝徳・白雉五年（六五四）二月条の注、⑵～⑷はみな斉明紀である。

⑴（白雉五年〔六五四〕二月条注）……別ノ倭種韓智興・趙元宝ガ、今年共ニ二使人一ト帰ッタ。（四—三三六頁）

(2)(斉明五年〔六五九〕七月条注)……〔九月〕三十日、天子ガ相見エ問訊《と》ウタ之、日本国天皇ハ、平安カ以《い》不《な》カ。……十一月一日、朝ニ有リ二冬至之会一ガ、々ノ日ニ亦覲《まみえ》タ、所レ朝スル諸蕃之中デ、倭客ガ最モ勝レタ……十二月三日、韓智興ノ傔人ノ西ノ漢ノ大麻呂ガ、枉《ま》ゲ二讒《そし》リ我ガ客一ヲ、々等ハ獲テ二罪ヲ唐朝一ニ、已ニ決シタ二流罪一ト、前《さき》ニ流シタ二智興ヲ於三千里之外一ニ、……(下略)。(四―三五〇～四頁)

(3)(斉明六年〔六六〇〕七月条注)庚申年〔六六〇〕八月、百済ヲ已ニ平ゲタ之後、九月十二日、放ツタ二客ヲ本国一ニ。……(下略)。(四―三六〇～二頁)

(4)(同七年〔六六一〕五月条注)…又、為ニ二智興ノ傔人東ノ漢ノ草直足嶋一ノ、所《ら》レ讒《そし》レタ、使人等ハ不レ蒙ラ二寵命一ヲ、使人等ノ怨ハ、徹リ二于上天之神一ニ、震二死サセタ足嶋一ヲ。時ノ人ガ称シテ曰ツタ、大倭ノ天ノ報ガ之近イト。(四―三六八～七〇頁)

別倭種と倭客との関係　(1)～(4)いずれも長文なので、最低限必要な部分だけを引用した。(1)の問題点は別倭種。大系本は「倭種とは日本人との混血児」と注し、全集本もこれに従い、別を「それとは別に」、倭種を「日本人との混血児」とする。別倭種とされたのは、韓智興、超元宝の二人である。韓智興は伊吉連博徳書(1)、(2)、(4)にその名が出るだけで、紀本文には出ない。超元宝は持統四年一〇月二二日条に出る弓削連元宝と同一人かとされている。韓智興の傔人(従臣)が、伊吉連博徳が「倭客」と書いたものを枉讒《おうざん》したと(2)にある。博徳は「倭客」を「我客」とも呼んでいる。博徳は天皇王朝の臣(大系本補注25―三三、(四)―四二二～三頁参照)だから、倭客(我客)とは「日本国使節」で、韓智興は「倭客」とは「別ノ倭種」と解される。

(1)の全文をみると、本文のさいごに、押使高向玄理ガ、卆レンダ二於大唐一デとある。それを受けてワリ注で、伊吉博徳の言から「学問僧」(留学僧)の生死を一括して記している。於レ唐死(唐で客死)が恵妙、覚勝の二人、於レ海死(難船死)が知聡、智国、義通の三人、付船帰(生還)が庚寅年(持統四)に智宗(新羅船)、乙丑年(天智四)に定恵(唐、劉徳高船）の二人。そして さらに今年共㆓使人㆒帰った者が妙位、法勝、学生氷連老人、高黄金、併十二人、別倭種韓智興、超元宝。素直に読むと、妙位から高黄金までの十二人とは別の倭種が韓・超の二人だととれる。

伊吉連博徳の引用⑴〜⑷の中で、⑴だけが孝徳紀にありかつ博徳書ではなく博得言となっていた。すなわち⑴は紀作者が博徳書を参照して自分なりに整理し纏めたものと、みなされる。したがって別倭種は、博徳書の表記ではなく紀作者の語とみなされる。

死者とちがい、生者の方には生還の年が記された。a庚寅年、b乙丑年、c今年—先引⑴—の三つである。

a（持統四・六九〇年九月二三日）大唐ノ学問僧智宗・義徳・浄願、軍丁筑紫ノ国ノ上ツ陽咩ノ郡ノ大伴部ノ博麻ガ、従イ㆓新羅ノ送使大奈末金高訓等ニ㆒、還リ㆓至ツタ筑紫ニ㆒。（一〇月一〇日）大唐ノ学問僧智宗等ガ、至ツタ㆓于京師ニ㆒。

b（天智四・六六五年九月二三日）唐国ガ遣ワシタ㆓朝散ノ大夫沂州司馬上柱国劉徳高等ヲ㆒

a、bの年次は明確だが、cの今年が何年かは確定するのがむつかしい。大系本は、頭注で「天智三年以後、同七年までの間の某年」とし、さらに補注で「由来一般に〝今年〟を白雉五年とする人が多い」と指摘し、「近年坂本太郎は、⑵⑶⑷は博徳がみずからの功績を伝えるため天武十二年以後書き、…〝今年〟の二字は採録の際の書紀編者の修正で原本には〝白雉五年〟とあったと考えた。天武十二年というのは壱岐史が連になった年で、⑵の文に伊吉連博徳とあるからである」と述べ、すぐつづけて、「また北村文治は、⑴は日本書紀本文と直接関連なく、今年を白雉五年とする根拠がないこと、1の〝使人〟とは博徳等で〝今年〟は天智七年説が最も有力であること、…〝博徳書〟というのは…博徳が持統四年〜九年に官界復帰のため政府に提出したものだとした」と書いている（井上光貞カ）。これに対し、全集本頭注は、今年とは「白雉五年をさす。ただし〝今年〟は書紀編者の修正」と坂本説をつぎ、「天智四年説は…前にみえる乙丑年であるから今年というのは不当。天智七年説もあるが、持統四年である庚寅年のことが述べられているので不当」（直木孝次郎カ）と対照的である。

博徳書が伝える唐三代高宗との謁見

斉明五年（六五九）七月三日条の本文は、坂合部連石布《いわしき》、津守連吉祥《きさ》を唐に遣し、道奥《みちのく》蝦夷の男女二人を天子（高宗）に示した、との短記事である。これに伊吉連博徳書から長文（と難波吉士男人書から本文なみの短文と）を、ワリ注で付けている。⑵は三つに区分できる。㈠遣唐使の経路。「この部分は、遣唐使の航路を示す史料として注目されている」（大系本頭注）。

つぎに㈡三代高宗の謁見記録。きわめて興ぶかいが、いまは関係する点だけをとりあげる。一つは以不、二つが日本国天皇。高宗が問うた、日本国天皇、平安以不。以不は唐代の変文に使われた俗語である。この俗語を天子高宗が使ったのか、博徳が使ったのか。以不は天孫ニニギも使っていた。ニニギ（あるいは紀作者）が以不を使っても、高宗は使わなかったろう。天子高宗の言に三度も以不を使ったのは、やはり博徳とすべきだろう。㈡は天子謁見の記録として興深いものがある。日本国天皇は平安以不、卿は好在以不、国内は平〔以〕不と、天子の礼節を守って問うた高宗は、一転して、（これ故に日本国遣唐使にはやばやと謁見の機会を与えた）初見の蝦夷についての質問に転じている。この時、むろん、日本国天皇の称はない。たぶん持統期に博徳書が書かれたせいで日本国天皇となった。この呼称が博徳書にあるので、次の㈢で博徳のいう我客＝倭客が日本国使節のことと分る。

さいごの㈢は、一一月一日の二度目の謁見のあとの、倭客と別倭種との争いの記録である。博徳は、一一月一日の朔日冬至の会で、所ノ朝スル諸蕃之中デ、倭客ガ最モ勝《まさ》ッタと誇っている。この倭客が日本国側の客（外交使節）を指していることは、いまのべた。しかしその後、出火の乱（火事騒ぎ）のため日本国遣唐使は棄テテ而不二復タ検一エラレ（放たらかし）で、荏苒と日が立ち一二月三日となった。この日、事件が起きた。韓智興ノ傔人西漢《かふちのあや》大麻呂ガ、枉二讒ゲテそしッタ我ガ客一ヲ。その結果、倭客等が唐朝に罪された。決定は流罪だが、それに前《さきだ》ち智興の方が流罪（三千里の遠流）となった。
韓智興の名は、博徳書にしか出ない。韓智興本人については、⑵で流されたが（許されたので）、⑴で今年、使人（倭客）と共に帰ってきた、としか分らない。倭客の津守連吉祥の方は、讒言の疑が晴れた後も、唐の百済侵攻を秘するため留置されたが、翌六六〇年八月、百済王以下が洛陽に拉致されたので、九月一二日帰国を許され、翌七年（六六一）五月に、ようやく帰国した（斉明紀）。津守連は天武一三年（六八四）一二月己卯（二日）に宿禰を賜姓されている。

韓智興とは何者か ――先倭と後倭と

では、その倭客を讒した側の韓智興とは何者か。仮に別倭種を別ニ日本人トノ混血種と解すれば、韓智興は日本国側の存在となる。たとえば、韓智興の傔人について、大系本は、「後の延喜大蔵式によると、留学生・学問僧には数人ずつの傔従（傔人）が官費でつけられる。韓智興の場合も少なくとも、次の西漢直大麻呂と下文七年五月条伊吉博徳書の東漢草直足島とが付けられたのであろう」と注している。後代の延喜式までもちだしているのは、韓智興を日本国側の存在とみてのことだろう。

　では何故、唐朝に、津守連吉祥を長とする正規の日本国遣唐使の他に、傔人を従えた韓智興なるものがどういう資格で居て、しかも讒言するほどの力をもっていたのか。韓智興は博徳書にだけ名が出る存在にすぎないし、なんの肩書きもついていない。別倭種はそんな韓智興についた唯一の肩書風の説明なのである。

　別倭種の、別は別として（少し変）、倭種とは何か。倭、倭人、倭国等は、日本列島とその住民を、東アジア世界で唯一、文字をもって記録した中国が、さいしょに表現したものである。したがって当時の国際社会に、日本列島のどの政治勢力が中国に通好したとしても、すべて倭と見なされ、そう呼ばれるのはさけられない。最古の記録は、後漢王充（二七～九七？）の論衡にある。それは、紀巻第二五（孝徳紀）の、白雉年号の由来についての僧旻の説明の中に出ている（四―三二〇頁）。又周ノ成王ノ時ニ、越裳氏ガ、来テ献ジテ二白雉一ヲ、曰ッタ、吾ガ聞クニ、国之黄耇《こうこう》（老人）曰ガウニハ、久《シイカナ》矣無二《ク》別風淫雨一《ガ》、江海《ハ》不《な》二《イコト》波溢一《シ》、三二年《デアル》於一レ茲《ニ》矣（この文が芸文類聚、水部、海水条に引かれた韓氏外伝の文に依ったことは、小島憲之が指摘している）。成王（ＢＣ一一一五～一〇七九年）に朝貢したのは越裳（現、ベトナム）だけではない。論衡（巻八、儒増篇と巻十九、恢国篇）は、越裳《ハ》献二《ジ》白雉一《ヲ》、倭人《ハ》貢二《ジタ》鬯艸《ちょうそう》一《ヲ》、と書く。

倭の呼称は、初め、北部九州の倭人及び倭国が独占した。弥生時代の先進地帯が北部九州であったことは、何人も否定できない。同様に古墳時代に入ると、先進地帯が東の吉備から大和へ転じたことも、考古学的に否定できない。後発のヤマト（日本旧《もと》小国―旧唐書）が、中国へ通好しても、やはり倭人、倭国と呼ばれたであろう。紀が倭、大倭、倭国を訓注なしにすべてヤマトと訓んだのは、一つは古代東アジア世界の史的慣行が原因である。東アジアの中の日本の歴史を考えるなら、自然に理解される事柄である。倭客がヤマト（後の日本国）の遣唐使の唐での自称（博徳は経歴上うたがいもなく倭客の一人）であっても、おどろくに足りない。またその倭をヤマトと訓んでもふしぎではない。だが北部九州のそもそもの倭国は、当然のことながら、倭、倭人、倭国を自称している。そもそもの倭人なら、倭をチクシと訓んでもヤマトとは言うまい。先行のチクシの倭と後発のヤマトの倭とが、白村江の敗戦まで併存している。これが日本側つまり紀が表記した別倭種と、博徳書が記した倭客とを理解する史的根拠である。そして又旧唐書が困惑気味に倭国と日本国との関係について聞き取ったところを三説に整理し、聞き取りに当り、其人入朝者、多自矜大、不以実対、とまで記録しているのは、そのせいである。先倭（倭国）、後倭（日本国）ともに我こそ倭と強調力説したであろう。博徳書が倭客、我客と記しているのはその一端である。先の博徳書の引用（一六二～三頁）(1)が、後倭側の并一二人について、別倭種韓智興・超元宝と書いたのは、韓智興らが先倭側の人物だったからである。唐朝の儀礼で、互いに優先席を争うのは、後代でも副使大伴宿禰古麻呂が、天平勝宝五年（七五三）の朝賀で、新羅使が日本国遣唐使よりも上席に就くのに抗議して変えさせた例がある。(2)で、倭客が韓智興傔人に讒言されたというのは、後倭に対して先倭が仕掛けた唐朝での優先争いだった、とみなされる。

おかしいのは別倭種を「日本人との混血」としたことにある。韓智興・超元宝の表記からやや苦しまぎれに混血としたのだろうが、これは高向黒麻呂が中国式に高向玄理を称したり、あるいは小野臣妹子が蘇因高と呼ばれたりしたのと同じことである。韓智興の先倭での名はもはや分らない。超元宝は、大系本頭注がいうように、持統四年（六九〇）一〇月二二日条に、弓削連元宝児四人とみえ、弓削氏とされている。先倭の韓智興、超元宝とも、「今年」帰国したことは(1)で分るが、では「今年」とはいつだったのか。

「今年」白雉五年説は無理

今年問題については、先に全集本が白雉五年、大系本が天智三～七年の某年、としていたのをみておいた。(1)の文は、今年共《ニ》㆓使人《ト》㆒帰《ル》、である。ワリ注として(1)がついている白雉五年（六五四）二月条は、押使高向史玄理、大使河辺臣麻呂以下の遣唐使記事で、私はこれを以て日本国（後倭）最初の遣唐使とみた（前篇、覚え書）。今年共㆓使人㆒帰の使人をかりに高向玄理・河辺臣麻呂遣唐使のこととしても、帰国は斉明元年（六五五）八月戊戌（一日）、河辺臣麻呂等、自㆓大唐㆒還（玄理は大唐で没した）、である。以下、遣唐使記事を抄出する。（上の（ ）が任命又は出発、下の（ ）が帰国）

1 （白雉五・六五四年二月）使人、高向史玄理・河辺臣麻呂（斉明元年・六五五年八月）
2 （斉明五・六五九年七月三日）使人、坂合部連石布《しき》・津守連吉祥（斉明七年五月）
3 （天智四年・六六五年是歳）使人、守君大石・坂合部連石積《つみ》（天智六年一一月九日）
4 （天智六年・六六七年一一月九日）送使、伊吉連博徳・笠臣諸石（天智七年一月二三日）
5 （天智八年・六六九年是歳）使人、河内直鯨（不明）

これ以後、大宝二年（七〇二）の栗田朝臣真人の遣唐使まで、三〇年余、国交断絶である。今年共使人帰のは、百済滅亡後だから、右の遣唐使年表中3〜5に限られる。念のため右の3〜5と紀中の博徳書(1)〜(4)との関係をみると、1に(1)、2に(2)、2の上の括弧の年と下の括弧の年の間（斉明六年八月）に(3)、2の下の括弧の年に(4)、となる。すなわち博徳書は、遣唐使かもしくは唐軍による百済の滅亡かを背景にしている。

(2)にもどる。台頭してくる後倭（のちの日本国）の遣唐使2に対し、先倭（倭国）の遣唐使（おそらく韓智興が大使で、副使が超元宝）の一員（大使傔人）が讒言をし、このためヤマト遣唐使（倭客）も流罪と決定したが、それに先立ち倭国遣唐使の韓智興がもっとも重い三千里流罪と決した。この時、（倭）客中有《ニいテ》二伊吉連博徳《ガ》一奏《シ》、因《ツテ》即《チ》免《レタ》レ罪《ヲ》、と(2)は書く。大津皇子謀反に加担（持統即位前紀、朱鳥元年一〇月二日）した博徳が、失地回復のために記した上申書・伊吉連博徳書らしい箇所だ。このとき「智興まで許されたか否かは不明」と大系本。しかし免ぜられた者も不明の者も、ひとしく匿《かくス》二西京《ニ》一、長安に強制的に留め置かれた（閉戸防禁、不レ許二東西一）。国家（唐帝）《ハ》、来年（六六〇年）、必《ラズ》有《おさメル》二海東之政《ヲ》一、汝等倭客《ハ》、不《なイ》レ得《でき》二東《ニ》帰《ルコトガ》一。つまり、来年、唐は百済を征討するが、これを秘するため倭客（先倭客も後倭客も）を拘禁する、というのである。吉祥（後倭客）も智興（先倭客）も博徳も、みな不得東帰となった。全集本のいうような、白雉五年（六五九）に使人（遣唐使）と共に帰ることは不可能だったのである。

はたして六六〇年（斉明六年）七月、唐将蘇定方の大軍で百済王朝は、亡んだ。紀は高麗の僧道顕の日本世記を引いて百済滅亡を伝えている（四―三六〇頁）。日本世記の次には、博徳書(3)が引かれているが、その最後の文はこうである。又、為《ニ》二智興《ノ》傔人《ノ》東漢草直足嶋《ノ》一、所レ讒《レセ》、使人等《ハ》不レ蒙《ラ》二寵命《ヲ》一、使人等《ノ》怨《ハ》、徹《とおッテ》二于上天之神《ニ》一、震二死《シタ》足嶋一《ハ》、時《ノ》人《ガ》称《シテ》曰《ッタ》、大倭《ノ》天《ノ》報《ハ》之近《イト》、と。形は倭国使傔人の因果応報記事だが、しめくくりが大倭《ノ》天《ノ》報《ハ》近《イゾ》。傔人の報いは震（落雷）死だったが、大倭ノ天報とはなにか。（ついでだが傔人の姓名、(2)で西漢大麻呂、(3)で東漢草直足嶋。この名に疑いがある。東がヤマトで西がカワチで東漢氏、西文氏が擬制的氏として作られた。北部九州で漢（帰化人）を東西に分かつ地理的史的条件はなかったと思える。あるいは紀作者の造作か。後考に俟つ。）文脈上、ここの大倭は先倭（倭国）を指していて、後倭（日本国）ではない。つまり博徳書(3)の末尾は、傔人の讒言に託して倭国（大倭）の滅亡（天報）をほのめかしている。

斉明七年条の真実

本補論の冒頭で、斉明が百済救援軍を率いて筑紫に出向いたが、長津宮（那ノ津）から大宰府を素通りして、筑後川上流の朝倉宮に居住し、そこで死んだことを、見た。なぜ斉明は大宰府を素通りしたのか。答は、倭国が存在していたから、である。それでも周辺（朝倉は筑紫の内である）に日本国天皇を置くほどに、倭国（先倭）の力は右肩下り、日本国（後倭）の力は右肩上りに、すでに力の均衡は西低東高となっていた。長安の朝儀でも、（後）倭客最勝と自讃するほど羽振りをきかせ、のちに旧唐書が其人入朝者、多自矜大、と記すほどだった。

百済王朝が亡んだ庚申年（斉明六・六六〇）から三年続いた、百済遺臣たちの抵抗に、紀は中大兄が辛酉年（斉明七）九月、兵五千を送ったと記しているが、これは博徳書(4)のいわゆる大倭（先倭）の援兵である。たんに陸兵だけではない。天智二年（六六三）八月一七日条に、日本船師とあるのも倭国船師である。海陸両面、倭国は総力をあげて、百済の残兵を支援したのである。

三国史記巻第七（新羅本紀第七、文武王下）の冒頭には、大唐の摠管蒒《し》仁貴の信書と、文武王の返書とが並録されている。三国統一戦争に勝利した統一新羅と、朝鮮半島領有への野心をもつ大唐との、微妙な関係・かけひきを偲ばせるが、文武王返書の中に、白村江の海戦についての回想文が含まれている。此《ノ》時倭国《ノ》船兵《ガ》、来《テ》助《ケタ》二百済《ヲ》一、倭船《ハ》千艘（井上秀雄訳注、三国史記1、東洋文庫三七二、一九八〇年、二一八頁）。また、旧唐書、劉仁軌伝もこう記す、仁軌遇《イ》二倭兵《ト》於白江之口《デ》一、四《タビ》戦《ッテ》捷《ッタ》、焚《キ》二其舟四百艘《ヲ》一、煙《ガ》漲《みなぎ》レ天《リ》《ニ》、海水《ハ》皆赤《クナッタ》。旧唐書は倭国伝と日本伝を別に区分けして記している。倭兵、其（倭）舟、ともに倭国（先倭）の兵、軍船をさす。（ついでだが方言、九に、舟《ハ》、自《リシテ》レ〔函谷〕関而西《ニ》、謂《イ》二之船《ヲ》《ト》一、自《リシテ》レ関而東《ニ》、或《ハ》謂《イ》二之舟《ヲ》《ト》一、或《ハ》謂《ウ》二之航《ヲ》《ト》一、とする。）（総力をもって支援した倭も、百済も、天智二年（六六三）八月二七日の白村江の敗戦で、共に亡んだ。

斉明紀の終り、七年七（斉明死）、八（中大兄、磐瀬宮へ）、一〇（斉明の遺体を大和に移す）、一一（斉明の殯を飛鳥の川原で）月の記述と、天智紀冒頭の同じ斉明七年七～一二月（さらには天智元、二年まで）の記事とは異質である。斉明紀の方はただただ斉明の遺体を飛鳥へもどして弔うことだけを記し、天智紀の方はただただ百済残軍を援けて唐と戦うことだけを記している。七月是月、中大兄（この名はソガ王朝から天皇王朝への王朝交替をかくすための、イルカ殺しの話に作られたもので、あまり使いたくないが、紀がありもしなかった皇太子の名で記述しているのに沿うよりもましかと、使っている）が長津宮に遷居し、稍ク聴二イタ水表之軍政一ヲ。水表は他には見えない熟語である。「水表は海外」（大系本）、「海表に同じ、海外」（全集本）。書経、立政に、方二行シ天下一ヲ、至二リ海表一ニ、罔《な》シレ有ルレ不ルガレ服サ、とある。方行の方は四方、戦国時代から変り始めた宇宙観では天ハ円ク地ハ方。天下＝大地は方形だから、四方へ行けば普く行きつくしたことになる。海表は伝に蛮夷戎狄、蔡伝は四裔とする。四裔は四方の涯。四方の涯に居るのは南蛮、東夷、西戎、北狄。よって四裔にまで方行したなら夷狄の罔レ有レ不レ服（なんとナイ｜ノガアル｜ナドナイ｜の二重否定）、すなわち水表之軍政とは夷狄を征服する政策、軍略を言うのである。天智紀の七年七月条からは、露骨なプチ帝国・日本の北狄（百済）政策を、中大兄が掌握、推進する形が伝わってくる。

ついで八月、当時の二軍編成に沿って、前将軍（阿曇比邏夫連・河辺百枝臣）、後将軍（阿倍引田比邏夫連・物部連熊・守君大石）を任命、百済救援の体制を整え、兵杖・五穀も送った。九月、中大兄は百済王子豊璋に織冠を授け、狭井連檳榔、秦造田来津に軍兵五千余を率い、本郷（百済）に護送した。このように中大兄の水表之軍政は順調にすべり出したかのように記されている。しかし覚え書・宮都論でみるように、百済王子豊璋（この名は紀だけ、余豊とすべきである）は倭国（先倭）へ派遣された「質」外交官であった。紀があたかも日本国称制の水表之軍政のように記しているのは、虚偽で、その実態は倭国による百済救援だった。百済救援の主役は倭国（先倭）であり、その行きついたところが、白村江の敗戦、ひいて倭国自体の滅亡（それは六つ章筑紫史益でもみておいた）であった。それをあたかも日本国の救援であるかのように紀は記しているのだが、肝心の中大兄は、天智紀の斉明七年（六六一）七月、九月に皇太子として出たあと、その姿が見えなくなる。白村江の敗戦（天智二年・六六三年八月）から海陸の救援軍の引揚げ、発《チ》レ船始《メテ》向《ウ》二日本《ニ》一（同二年九月二四日）まで、中大兄はまったく出てこない。そして三年二月、突如、天皇《ガ》…宣《シタ》下増《シ》二換《エルコト》冠位《ノ》階名《ヲ》一、及《ビ》氏上・民部・家部等《ノ》事《ヲ》上、と内政場面に一転する。読んできてなにかしらの欠落感に戸惑うのである。

ふたたび旧唐書　旧唐書にもどる。日本国伝の冒頭である。

日本国《ハ》者倭国之別種《デアル》也。以《のデ》三其《ノ》国《ガ》在《ル》二日辺《ニ》一、故《ニ》以《テ》二日本《ヲ》一為《タ》レ名《ト》。或《ハ》曰《ウ》、倭国自《カラ》悪《にくミ》二其《ノ》名《ノ》不《なイノヲ》一レ雅《デ》、改《メテ》為《タト》二日本《ト》一。或《ハ》云《ウ》、日本《ハもと》旧小国《デ》、併《セタト》二倭国之地《ヲ》一。其《ノ》人《デ》入朝《スル》者《ハ》、多《ク》自《カラ》矜大《デ》、不《イ》以《テ》レ実《ヲ》対《エ》。故《ニ》中国《ハ》疑《ッテイル》焉。又云《ウ》、其《ノ》国《ノ》界《ハ》東西南北《ガ》各々数千里《デ》、西界《ト》南界《ハ》咸《ナ》至《リ》二大海《ニ》一、東界《ト》北界《ハ》有《ッテ》二大山《ガ》一為《シ》レ限《ト》、山外《ハ》即《チ》毛人之国《デアルト》。

Aさいしょに、日本国と倭国とはちがう、別種だ、とある。これが、以下、偉そうにあれこれ言う日本人（其人）の言い分を判断しての結論である。言い分は整理して三つになった。その一、その国土が日の出る方角にあるから、日本を国名とした。その二、倭国自身が倭字が佳字でない（文選などに倭を醜の意としたものがある）のを嫌って、日本とした。その三、日本はもとは小国だったが、倭国の領土を併合した。其（この代名詞は文脈上、日本）人で唐朝に使する者はおおむね自尊心が高く、実（本当の事）を答えない。だから中国は（日本人の言うところを）疑っている。

Bさらに又、その国土は東西、南北それぞれ数千里あり、西と南の境界は大海（東シナ海と太平洋）で、東と北の境界は大山（中部地方、日本列島で唯一、三〇〇〇m以上の山が複数ある。大海と対照的に大山）である。大山の向うには毛人之国（上毛＝現群馬県、下毛＝栃木県）がある。

右のAのその三が、一番史実に近いと私はみている。斉明紀の末、百済救援で苦しむ倭国・大宰府を囲むように、斉明（というより中大兄）率いる日本国の百済救援軍が存在する。白村江の敗戦はそのまま倭国（先倭）の軍事的政治的崩壊につながった。摂収したのはのちの日本国（後倭）である。この経緯が紀に書かれていないのは、上に見たとおりだし、倭を合せた日本は、唐帝国とどう交渉したのか。先の遣唐使記事で、天智四、六、八年（3〜5）条の遣唐使は、百済占領唐軍との交渉が主とみなされるが、紀はその内容、経過を記さない。

こういう複雑多岐な推移と、それについてのまったく不十分な紀の経過記事の中で、別倭種韓智興の帰国した今年がいつかを、決定するのはむつかしい。大系本の「天智三年以後、同七年までの間の某年」は、巧みな注である。天智三年はむろん白村江の敗戦の翌年である。同七年はようやく天智が即位した年である。即位が長引いた一因は、大唐との折り合いがつくかどうかにあったろうから、即位年はその問題が一段落し在唐留置者の帰国に望ましい状況ができたことを意味する。

別倭種後日譚　持統四年九、一〇月条にわたって、以上の議論にかかわるとみなされる記事がある。かかわるというのは、日本と倭との関係、あるいは日本ハモト小国、倭ヲ併セタリとの旧唐書を考える史料ではないか、ということである。

1（九月丁酉・二三日）大唐ノ学問僧智宗・義徳・浄願、軍丁筑紫ノ国ノ上陽咩ノ郡大伴部ノ博麻ガ、従ッテ二新羅ノ送使大奈末金高訓等ニ一、還ッテ二至きタ筑紫ニ一

2（一〇月乙丑・二二日）詔シテ二軍丁筑紫ノ国ノ上陽咩ノ郡ノ人大伴部ノ博麻ニ一曰ッタ、於天豊財重日足姫ノ天皇〔斉明〕ノ七年、救ウ二百済ヲ一之役デ、汝ハ為ニ二唐軍ノ一見《れ》タレ虜《いけど》ラ、泊《およ》ビ二天命開別天皇〔天智〕ノ三年一ニ、土師ノ連富杼・氷ノ連老・筑紫ノ君薩夜麻・弓削ノ連元宝ノ児、四人、思《お》三欲《も》ッタガ奏二聞ショウト唐人ノ所一レ計ヲ、縁《ので》ルレ無イ二衣粮一ガ、憂レエタ不《ない》ノヲレ能《ら》レ達《とど》ケ、於是、博麻ガ謂シテ二土師富杼等ニ一曰ッタ、我ハ欲《た》イガ三共ニレ汝ト、還《か》二向《え》リ本朝《くに》一ニ、縁《ので》レ無イ二衣粮一ガ、倶ニ不《ない》レ能《れ》レ去《ゆ》カ、願《く》下売レトッテ二我ガ身一ヲ、以充《あ》テテ中衣食上ニ、富杼等ハ、依ッテ二博麻ノ計一ニ、得タレ通ジ二天朝一ニ、汝ハ独リ淹《と》二滞《ど》マルコト他界一ニ、於今ニ卅年デアル矣、朕ハ嘉《よろこ》ブ二厥ノ尊ビレ朝ヲ愛シレ国ヲ、売ッテレ己ヲ顕ワシタノヲ一レ忠ヲ、故ニ賜ウ二務大肆〔従七位下〕ト、并セテ絁五匹・綿一十屯・布三十端・稲一千束・水田四町一ヲ、其ノ水田ハ及《まで》二至《およ》ブ曽孫ニ一也、免ジテ二三族ノ課役一ヲ、以顕ス二其ノ功一ヲ

この二つの記事から考えられることはいくつかあるが、一つに、上来問題としていた今年共使人帰（白雉五年）の使人が、必ずしも唐使と限らず統一新羅使（それも送使の可能性）でありうる、ということがある。二つに、2の記事が、六つ章で考察した持統五年正月条の筑紫史益の記事と似た構文になっているのが注意される。

1、2を校勘すると、大伴部博麻の本籍地が、1では筑紫国2に筑後国と表記されているのが気になる。日本書紀總索引によると人名などすべてを含めて筑紫は、紀中一八〇度も出るが、そのうち筑後は、上の2と、巻第七（景行紀）一八年七月甲午（四日、㈡―八〇頁）条の筑紫後国御木との二度しかない（總索引は後者は記すが、1、2はともに筑紫国上陽咩郡になっている）。持統四年（六九〇）の段階では筑紫国とするのが穏当だろう。

次に1、2とも大伴部博麻にまず軍丁の肩書をつけている。軍丁すなわち農民にいつから兵役が課せられたのかも、未詳である。笹山晴生は軍防令（思想体系本、律令）補注で、「軍団制は、朝鮮半島をめぐる政治情勢の緊張に対応して、七世紀後半の時期に形成された。その端緒は、編戸・造籍が全国的に進行した、持統朝の飛鳥浄御原令施行前後のことと思われる。持統三年（六八九）閏八月、諸国司に造籍を命じるとともに、其レ兵士ハ者、毎ニ二於一国一

四分シテ而点シ二其ノ一一ヲ、令セ習ハ二武事一ヲ、と詔していることはそれを示している」（六二〇頁上段）としている。日本国の軍団制についてはそうとして、百済救援の倭国の場合はもう少し早かったと思われる。そう考えるもとは、博麻についた軍丁である。

丁（テイまたはチョウ）は権力の側からする年令の区分の一つである。旧唐書、食貨志上に、武徳四年（六二四）、始メテ定メタ二律令ヲ一…男女ノ始メテ生レタル者ヲ為すルレ黄ト、四歳ヲ為ルレ小ト、十六ヲ為なシレ中ト、二十一歳ハ為ルレ丁ト、六十ヲ為ルレ老ト、とあり、天皇王朝もこれに倣った。養老戸令6条はいう、凡ソ男女、三歳以下ヲ為すルレ黄ト、十六以下ハ為ルレ小ト、廿以下ハ為ルレ中ト、其レ男ノ廿一ハ為ルレ丁ト、六十一ヲ為ルレ老ト、六十六ハ為ルレ者ト…。「丁、老、者の別は、兵役・課役の負担に関する区分なので、本来は男性だけに適用される」と補注。したがって大伴部博麻のばあいは、日本国ではなく倭国のこととみなしているが、おそらく二〇歳で軍丁となり、ただちに捕虜、じつに三〇年をへて、五〇歳過ぎで帰国してきた。

1に較べて2はいくらか難解である。博麻の肩書の軍丁は同じだが、先に述べておいたように筑後国は持統四年（六九〇）の時点ではありえない名だ。角川日本史辞典は一（一九六六年）、二（一九七四年）版とも、筑紫の「分割当初は筑紫後国と称したが、7Cごろには筑後国となる」としているが、筑紫後国とは、先述のように景行一八年七月条に出ただけである。この条は景行のいわゆる九州一円征討譚の一部だが、後篇二つ章でみたように、本来は倭国創世史だったのを日本国史（日本紀）に書き換えたものである。書き換えたのは六つ章でみたように筑紫史益。したがって、筑紫後国は益が功賞された持統五年（六九一）以前の語とは言えるが、これだけでは筑紫分割当初の名とまでは言えまい。

景行紀に「筑紫後国の御木《みけ》とあるが、筑前国の初見は続日本紀文武天皇二年（六九八）三月条であるから、筑紫が筑前・筑後に分かれたのは七世紀末期であろう」としたのは、国史大辞典9（一九八八年）の筑後国の項（川添昭二）である。すぐつづけて「筑後国は大宝元年（七〇一）の大宝令によって行政区画として確立するが、大宝四年二月十一日の大宰府移（大東急記念文庫所蔵文書）には竹志後国とみえている」と記す。川添は同じ筑前国の項で、右の大宰府移には竹志前国とあることを記している。

次へ移ろう。博麻が身を売ってまで帰そうとした四人である。カバネでみると連三人に君一人だが、一人ずつ検討しよう。まず土師連富杼。富杼については「他に見えず」（大系本、全集本）。ただ土師氏や土師部の分布をみると筑紫や九州との関係はうすい。つぎに氷連老《おゆ》。白雉四年五月条に、遣唐使に付随した学生として氷連老人《おきな》があり、これと同一人かとされている。老人は、同五年二月条の伊吉連博徳言に（例の別倭種韓智興・趙元宝と）今年共二使人一帰った日本（後倭）側十二人の中に出ているから、明らかに日本国の留学生である。

これに対し筑紫君薩夜麻《ちくしのきみさつやま》は名からして倭国（先倭）の人間である。その名は継体紀に記された筑紫国造磐井の子、筑紫ノ君葛子と同じで、倭王一族の者であることを示している。紀の巻第一第五段*（いわゆる誓約《うけい》「神話」）本文に出る筑紫ノ胸肩ノ君は、筑紫の中の胸肩（宗像）の君、筑紫ノ水沼ノ君は筑紫の中の水沼の君と二段地名の君だが、これに比すると一段地名の筑紫君は筑紫そのものの君を表示している。薩夜麻の名は、天智一〇年一一月癸卯（一〇日）条に、対馬ノ国司ガ、遣二使シテ於筑紫大宰府ニ一言ッタ、月生ノ二日ニ、沙門道久、筑紫ノ君薩野馬、韓島ノ勝ノ裟婆、布師ノ首磐ノ、四人ガ、従ッテ二唐〈国使人〉ニ一来タ…とあった。

四人目の弓削連元宝児は分りにくい。この人物だけが児で、しかも本人の名はなく父の名が記されている。父の名にしても、これが果して白雉五年二月条の趙元宝と同一人なのかどうかも、資料がない。かりに同じとすれば倭国人である。しかし土師連、氷連、弓削連は八色の姓でそろって宿禰を賜姓されているし、とくに弓削氏は三系統の別があるようだが、いずれも畿内が本拠で、この点からは日本国人である。

軍丁大伴部博麻は筑紫国上陽咩郡の人だった。徴兵されて軍丁となったが、身分は農民だろう。これに対し四人は豪族以上とみていいが、出身地で博麻と見合うのは筑紫君薩夜麻一人である。先述のように百済と運命を共にした倭国は、水陸軍をあげて百済を救援した。天智紀は、百済王子豊璋（余豊）を本国にもどしたとき兵五千余を付けた、と記すが、これが倭国の出来事であるのは先に述べた。憶測すれば、筑紫君薩夜麻は五千余の将軍で、博麻はその兵の一人であったろう、四人の残りの三人は、この美談を飾る仮空の人物と、私は見ている。十五年戦争中、数々の美談が語られた。その美談と、突然発表された北辺アッツ島の玉砕にはじまり、やがて太平洋諸島で連続した玉砕の出来事との落差は、私たち戦中世代以上の国民を衝撃した。博麻の話はあきらかに美談である。美談は史実ではない。その反対に虚構の美談でおおいかくす何事かがある。

何事かは旧唐書日本国伝が記していた、日本ハモト小国、倭ヲ併セタリ。白村江の敗戦で倭国が滅びなければ、将軍筑紫君薩夜麻も軍丁大伴部博麻も、ともに倭国に帰還した。倭国が日本国に併合されたから、二人は相共に、年次は異なるが、日本国へもどってきた。美談の作者は、二人の年次のちがいを利用して、博麻の身売り話を作った。その前提にしつらえたのが唐人所レ計である。先の四人がそれを知ったが無二衣粮一いので帰れない。そこで軍丁の身売り話になる。

博徳書が伝えた、倭客（後倭すなわち日本国使節）が別倭種（先倭すなわち倭国人）の讒言で、両者とも流罪に決したが、博徳の努力で免ぜられた。しかし時節が悪く、来年に唐が百済に侵攻するので、秘密保持のため、両倭とも帰国を許されず軟禁された。美談が下敷としたのがこの博徳書である。誰もが不審に思うのが、唐人所計である。大系本頭注（青木和夫カ）は「未詳」としつつ「天智称制三年〔六六四〕五月には熊津都督府から郭務悰らが来日、天智即位三年〔六七〇〕には前年末渡唐した河内鯨らが在唐」と記し、唐朝が秘すべき新規の計をたてるような国際関係にはないことを、示唆している。全集本は「唐が日本侵攻を計画していたように解されるが、六七〇年ごろは朝鮮で高句麗・新羅の挙兵があいつぎ、唐が侵攻を計画したとは思われない。新羅対策を誤解したか」。

唐人所計をおおまじめに解さなくともよいと判断したのは、つづいて出てきた無衣粮からである。衣粮（＝糧）は衣服と食糧、ひいては旅費である。伝えたいが伝えるには唐から倭まで遠い旅をしなくてはならないが、旅費が無い。唐の秘策を伝えたくとも、唐に監禁されてできない（博徳書）。美談では一人が身を売って四人を帰すことができたことになっている。じっさいには一人をかえすのに四人が身を売らねばならぬほど、日本列島は遠くかつ旅費がかかる。だが、この頃民営航路などありはしない。かりに旅費があっても、官の送使の船には乗れまい。四人の帰国にこだわったのは、天智一〇年一一月条で、共に帰国したのが筑紫君薩野馬と、沙門道久、韓島勝裟婆、布師首磐の四人だったからだろう。そしてこの四人が伝えたのが、唐国の使人郭務悰が六百、送使沙宅孫登等が一千四百人、計二千人が船四十七隻で来日する、で、これが唐人所計のもとになったと、私はみている。

作られた美談は、西に倭国、東に日本国が長く共存し、白村江の敗戦で日本が倭を併合した史実を、かくした。神武この方、日本列島はつねに天皇の統治するところである。先倭をかくし、後倭＝日本だけを残しえた、そのめでたさが美談の主、軍丁大伴部博麻への賞功と重なる。

1汝《ハ》独《リ》淹二滞《シ》他界一《ニ》、於今《ニ》卅年《デアル》矣、朕《ハ》嘉《よみシ》二厥《ノ》尊朝愛国一《ト》、売レ《ッテ》己《ヲ》顕一レ《ワシタノヲ》忠《ヲ》、故《ニ》賜二《ウ》務大肆、并《ビニ》絁五匹・綿十屯……一《ヲ》。（持統四年一〇月二二日、㈤―二六八頁、原文㈤―四四九頁）

2直広肆筑紫《ノ》史益《ハ》、拝二《シテ》筑紫《ノ》大宰府《ノ》典一《ヲ》以来、於今《ニ》廿九年《デアル》矣、以二《テ》清白《ノ》忠誠一《ヲ》、不二敢《テ》怠惰一《セ》、是《ノ》故《ニ》、賜二《ウ》食封五十戸・絁十五匹・綿廿五屯……一《ヲ》（持統五年正月一四日、㈤―二七〇頁、原文㈤―四五〇頁）

1 2をみると、語はちがっても文は同じである。2は六つ章で、1は本余論で検討したが、共に、倭国、日本国が一時期――かなり長期――列島上に共存していたことにかかわっていた。それが1、2が同じ文の構造をもっていることに象徴されているように思う。倭のこと、日本のこと、紀の叙述にはかくれた史実が所在する。その一つが軍丁博麻の美談である。それはアマテラスと伊勢神宮の創立が、紀の叙述にかくれた史実であったのと、変らない。

（'15・8・28）

七《なな》つ章　「記紀神話」は神話ではない

その一　高天原「神話」の創出過程

神代の巻など無い

日本書紀の巻第一・第二を、通常、神代上、神代下とよぶ。これについて大系本補注（巻第一の二）は、こう書く「書紀巻一・巻二及びそれ以下の巻巻を通じて、カミノヨと訓むべき所は、巻一初頭の、神世七代、以外には無い。卜部家本の系統の巻一・巻二は一書を一字下げ大字で書くなどの特徴があるが、この本の系統では改行して神代上、神代下とある。しかし、一書を二行割注の形式で書写した古写本、たとえば丹鶴本では、神代上神代下は、日本書紀巻第一の下に小字で注として書かれているだけである。巻数の下の注記は、他の巻巻の漢諷謚号にあたる。従ってこれは、後で加えられたもので、神代上という標目は、書紀編纂当初には無かったものかもしれない（奥村恒哉の説）。なお研究を要する所である」（文庫版㈠―三〇八頁）。

大系本は「神代紀の区分」を段数で表わしたが、巻第一を八段、巻第二を三段、計一一段に分けている。段数で区分するのに賛成だが、大系本が二・三段としたのは、合せて二段とすべきだから、大系本の四段から一一段までは三～一〇段に改め、この分け方を示すのに以下二～一〇段の数字の右下に＊印をつけることにする。

神世は、イザナキイザナミまで

第一段の後半には、国常立以下純男（男だけ）の三代が記され、第二＊段の、男女の対からなる四代にひきつがれて、神世七代が作られている。その第二＊段の末尾は、一つ章でも引いたが、国常立尊自リ、伊奘諾尊・伊奘冉尊マデ、是ヲ神世七代ト謂ウで、神世の語は、紀中ここにしかない。あらわな言表はないが、神世はイザナキ・イザナミまでで、その子アマテラスからは神世ではない。

国常立や天照など現代人にも分る感じの名は新しい。神世七代の中でも、一見分らなくとも古語の解説で分る一～六代の神名は、必ずしも古くない。これに対し七代のイザナキ・イザナミの神名は、江戸期の国学者や近代の国語学者によっても理解されなかった。

おもしろいのは、第一段が天地未剖ではじまったのに、第二段*の一～三代（国常立、国狭槌、豊斟渟）がみな国土（地）とかかわった神名だ、ということである。天にかかわる神名は、神世ではない日霎、天照をさいしょとし、神世にはいない。話の筋としては、(1)イザ二尊の初婚譚があり、(2)ついで国（土）産み「神話」から子産み（アマテラス以下のいわゆる三貴子）から国（土）産み「神話」へ展開する。ところが第二段*の神の名は、一～三代が国土、四～六代が初婚にかかわっていて、話の筋と逆になっている。

四～六代の名は、(1)結婚する場をもとめて、滄溟に下した天瓊矛をひきあげると、矛先からしたたった潮がこり固まり、一つの嶋になった。これを名としたのが四代のウヒジニ、スヒジニ（ヒジもニも泥の意）である。(2)結婚し性交（トツギ）した話が、五代のオオトノジ、オオトマベ（トは性器をいう）の名になった。(3)結婚に先立ち国中の柱を廻った。男が左旋し女が右旋して、ばったり鉢合わせしたとき、男が「やぁ、いい女だ」といい、女が「おそれいります」といった。これを名前にしたのが、六代のオモタル、カシコネである。（以上、大系本補注(一)―一八、一九による。）七代目イザナキ・イザナミをのぞき、一～六代の神名は紀作製時に作られた名ということになる。

村山七郎がイザの語義を解いた

これらに比べ、イザの名は長く解けなかった。江戸期のある国学者が出した、結婚にさいしいざと誘いあったからだといった類の思いつきを出なかった。一九六五年の大系本ですら「イザは誘う言葉」（補注(一)―二一）としている。解き明かしたのは、言語学者村山七郎（日本語の起源、民族学研究三五、一九七一年、なお私の日本書紀史注、巻第一、一九九七年、八六頁を参照）である。イザナキの古形は *it'a-z-laki で南島祖語の基

語 *it'a-'（1）＋ *laki（男）と対応し、その意味は最初ノ男である。ナは格助詞ノの古態。キが男でミは女。初婚譚の主役にふさわしく結婚最初の男、女の意となる。神世七代で紀以前の神話の神と認めていいのは、イザ二尊*だけである。ただし紀のイザ物語すべてが神話とは限らない。紀がイザ神話を利用して、国生み「神話」のように、拡大、付加したところもある。

注　イザナキ、イザナミをふつうはイザ二神と書くが、紀は神世七代のすべての名に尊の称号をつけている。その子以降は、神（日神、月神など）、貴（オオヒルメの貴）、尊（ツクヨミ、スサノオなど）、大神（アマテラスなど）、命（ワタツミなど）と雑多である。そこで、イザナミ・イザナキだけを二尊と書くことにし、その子以降は神として区別することにした。かりに神を付していても、断らない限りは「神」（括弧つきの神、つまり神としてはうたがわしい）の意である。

イザ二尊の本拠は博多湾岸

二尊の本拠地はどこか。博多湾岸である。二尊の話には二様がある。紀本文がその一様で、初婚、子産み、国生み、みな二尊が共議し、共生し（第四段*本文、文庫本㈠―三四頁）ている。これに対し第四*段第六の一書がその二様で、イザナミはカグツチ（火神、カグはカガヤキ、カギロヒ、カグツチ、カゲで明るく輝く、ツは格助詞ノの古態、チは霊）を生んで火傷で死ぬ。残ったイザナキが、亡き妻を訪ねていく黄泉訪問譚、二尊の離婚、イザナキの祓除《みそぎ》・三貴子生誕と推移していく（古事記はこの第六の一書によって作られている）。第六の一書は祓除の場所を、筑紫ノ日向ノ小戸ノ橘之檍原、と記している。この地名をどう解読するか。

筑紫はほぼ今の福岡県。チクシと読む。断じてツクシではない。筑紫は竺紫、竹斯とも書く。竺も竹もチク、だから天竺《てんぢく》。天竺（巻第十九、欽明一三年一〇月）は上にn音があるから濁音になってテンヂク。チクシだから後に筑前《チク》、筑後。大系本は筑紫を「九州の總称」（第三*段本文、文庫版㈠―二七頁、注一六）とするが、従えない。これは、天孫降臨の段（第八段）*第一の一書で、天降ったところを筑紫ノ日向ノ高千穂ノ櫛觸《くしふる》之峯と記している、その日向を根拠もなく宮崎県としたためにひねりだした謬説にすぎない。

つぎにその日向。地名表記は大きい順で書くから、ヒムカ（音便形ヒウガ）は、上に記された筑紫（福岡県）の中にある。今、福岡市の西を流れて、早良区と西区を区切る室見川と、その支流の日向川（今、ヒナタ川）とにはさまれた、吉武高木遺跡など吉武遺跡群を中心とする室見川左岸一帯が、紀にいう日向である（後述）。

さらに小戸。小門でもいい。戸、門は、陸であれ海であれ両側が迫った地形をいう。海なら瀬戸、水戸、水門。それのさらに狭い戸を小戸といった。今、室見川左岸の福岡市西区小戸。古代ここはまだ海中で、いま小戸大明神宮のある丘陵は古代の島の一つで、対岸のより小さな島との門が小戸だったと考える。

ここまで筑紫（福岡県）の日向（福岡市室見川左岸一帯）の小戸（西区小戸）と、地名を三段階に表記している。このあとにつづく橘之檍原は、地名ではなくさいごの小戸の形容、説明ではなかろうか。地名を五段階で表記する必要はまずもってほとんどない。橘は立花、小戸に立つ小さな浪花の形容であろうか。第一〇の一書に橘ノ小門（㈠—五六頁）ともみえる。檍については阿波岐の訓注が、第七の一書の末尾（㈠—五二頁）にある。アハキはアハシ（淡し）の連体形。立つ浪の花も淡あわしい小さな戸だと、小戸を説明したのである。第一〇の一書には、みそぎの場としてまず粟門や速吸名門を見たが、潮流がはなはだ急なので橘の小門に還向《もど》った（㈠—五六頁）、とある。粟門などの二門が潮既太急（㈠—五六頁、四三五頁）なのに対し、小戸の方は橘之檍原だと言ったのである。この小戸へイザナキは還向（第一一の一書）したのだが、還とはもともと居たところへ戻ってくるの意だ。

アマテラスをイザの子にする、長い過程

神代七代の中で唯一、神話的存在であるイザ二尊の本拠が筑紫の日向の小戸であれば、紀によってその子とされながら、他方、持統三年（六八九）八月に飛鳥浄御原宮の神祇官にて奉宣されたアマテラスが、二尊（もしくはイザナキだけ）の子であるはずはない。そのアマテラスを二尊の子として、さらには、高天原「神話」から天孫降臨「神話」へと展開するには、長い過程が必要であった。一般論でいえば、この長い過程は一本槍に進められたものではない。たとえばすでに見てきた、天武期の構想で進められた一次本の過程があり、ついで持統期の構想で進められた二次本の過程があり、さらにこの二つをつなぐために、替えたり加えたり消したりする小過程があった。これを具体論でいえば、現存する日本書紀をみても、巻第一、第二の両巻は、全一〇段*の過程の中に、まず一書（最多で一一、最少で一）の過程、ついで本文の過程が、錯綜して書きとどめられている。これらを一つ一つ解きほぐして、巻第一、第二の作られた順序を追ってみたい。

いわゆる「三貴子」の生誕　右に長い過程といったものの第一歩が、第四段*のいわゆる三貴子の生誕である。第三段*・国生みの条で大八洲国、第四*段冒頭で海と山川草木を生んだのち、イザ二尊は、天下之主者（㈠—四二八頁）を生むことにし、次の四神を生んだ。

1　日神、号《よブ》二大日孁貴《おおひるめのむち》ト一
2　月神（ワリ注で月弓、月読尊）
3　蛭児《ひるこ》
4　素戔嗚尊

このうち違和しているのがさいごのスサノオである。紀には、三子の話に一子を加えて四子とする例が目立ち、右がそのさいしょである。ここはもと、1日神ヒルコ、2日神ヒルメ、3月神の三子だったのに、4スサノオを加えて四子とし、さらにヒルコを流して三子にもどした。オオヒルメノムチから美称の接頭・接尾語をとりさると、ヒルメとなりヒルコと一対の男女神となる。ヒは日、ルは「ヒルコのルと同じく助詞のノの意の古語」（㈠—三五頁、注㈥）、メは女でコが男。漢民族の神話に十日《じゅうじつ》があったように、日神は男女二神であった。後代へんな合理主義から、一つの太陽にするため、三年足が立たなかったヒルコを流し棄てる。しかし男女の日神と月神の三子が古態で、イザ二尊同様に、独立した神話の主人公だった、と思われる。これに対し、スサノオはスサ（出雲の須佐）の男の意で、日月三神の中に、地上それもごく局地的な男が押し込まれたのが、第四段*の天下の主者生みの様態である。

注　ヒルコ、ヒルメを一対の男女とみたのは、松本信広、蛭子と日女（日本神話の研究、一九三一年）である。「ヒルコがヒルメに対する名称であり、太陽の子を意味する」（東洋文庫版、一九五頁）。そして松本は自説を「蛭子を日子《ひるこ》とする古い考え方になら」った（東洋文庫版解説、二四五頁）ものという。松本はヒルコ、ヒルメを一対の男女とみることよりも、蛭子を流した「葦舟を、太陽をはこぶ船の伝承の遺存」とみる方に主眼をおいている。三〇年ほど後、横田健一は「ヒルメに対するヒルコ・日子があったとみる説は承認してもよい」（蛭子神話の原義、西宮市史第一巻、古代篇、一九五九年）とした。ついで泉谷康夫は、ヒルメ、ヒルコの対にからめて、アマテラスの古い呼称がヒルメなら、対するヒルコはスサノオの古い呼称だった、と考えた（記紀神話形成の一考察、日本書紀研究、第一冊、一九六四年、のち記紀神話伝承の研究、二〇〇三年、1記紀神話の研究、に収録）。古称ヒルメが新称アマテラスに、古称ヒルコが新称スサノオに変ったという古新一体論は、紀の叙述にまどわされた倒錯の論にすぎない。ところが横田は、「ヒルコ・ヒルメの二神が皇室神話のふるい型」としてあったと旧稿（前出）で推論していたが、ヒルコがスサノオだとの解釈には思いいたらず、泉谷の洞察に「敬意を表する」（天真名井盟約神話異伝考、日本書紀研究、第四冊、一九七〇年）とまでいう。古態の日月三神を、まったく別の三貴子にふりかえた紀の作為については、以下で述べよう。

なおヒルコは、紀が作られたときすでに不可解になっていたことが、紀のヒルコ記事から帰結される。

1　（第三段*第一の一書）遂ニ夫婦ト為リ、先ヅ蛭子ヲ生ム、便チ葦船ニ載セテ流シタ（㈠—二八頁）。流した理由を書いていないが、ヒルコがつけたされた国生みの洲名をいれても第一子であることは残っている。

2　（同、第一〇の一書）遂ニ夫婦ト為リ、淡路洲ヲ生ム、次ニ蛭子（㈠—三二頁）。第一子から二子に下げられた。

3　（第四段*本文）次ニ蛭児ヲ生ム、既ニ三歳ト雖モ脚ガ猶立タズ、故ニ天磐櫲樟船ニ載セテ、風ニ順イ放棄シタ（㈠—三四頁）。

日神ヒルメ、月神の次がヒルコとするこの本文は次の4第二の一書によって書いたと考えている。

4（同、第二の一書）日月ハ既に生レタ、次ニ蛭児ヲ生ム、此ノ児ハ年ガ三歳ニ満チテモ、脚ガ立タズ、初メ伊奘諾、伊奘冉尊ガ柱ヲ巡ッタ時、陰神ガ先ズ喜ビノ言ヲ発シ、既《まつた》ク陰陽ノ理ニ違《そむ》イタ、所以ニ今蛭児ヲ生ンダノダ、……次ニ鳥磐樟船ヲ生ム、輙チ此ノ船ヲ以テ蛭児ヲ載セ、流ニ順イ放棄シタ（㈠—三七、八頁）。

右から、1の「先ずヒルコ」が大事なことで、ヒルコ、ヒルメ、月神が古態で、その一子がヒルコであることが原義だったと思える。これに対し4がもっとも新しい、書紀的に完成した形で、これを要約したのが3（第四*段本文）である。第三*段の1、2と、第四*段の3、4とでは、ヒルコ像にちがいがある。第三*段のヒルコは、第四段の3の足が立たないとか、同4の女が先に言った因果がヒルコに及んだとか、そういうヘンな話とは無縁である。

天下之主者は決らなかった

さて、天下之主者は決ったのか。1日神ヒルメと2月神とは天（第四*段本文が高天原としていないことに注意）に送られ、3ヒルコと4スサノオは放棄された。すなわち天下（葦原中国）之主は、遂に生まれなかった。また「三貴子」というのも居なかった。しかし二子が送天、二子が放逐されたことで、天下之主者が不在となる話はこびで、後に天孫が降臨してくる伏線がはられた。巧妙というべきか。なお、第三*段第一の一書（右注の1）の冒頭はこうはじまる。

（'07・6・12、半世紀をこえるつきあいの門脇禎二が午前二時七分に死んだ由）

A天神ガ、伊奘諾尊、伊奘冉尊ニ謂《つ》ゲテ、「豊葦原ノ千五百秋《ちいほあき》ノ瑞穂《みつほ》ノ地《くに》ガ有ル。汝《おまえ》ガ往ッテ修メヨ」ト曰ッタ。廼《そし》テ天瓊矛ヲ賜ッタ。是《そこ》デ二神ハ天上浮橋《あまのうきはし》ニ立チ、戈ヲ投ジテ地ヲ求メタ。（文庫版㈠—二六頁）

第八*段第一の一書にこうある。

B〔アマテラスが〕皇孫ニ勅シテ、「葦原ノ千五百秋ノ瑞穂ノ国《ち》、是ハ、吾ガ子孫ノ王タルベキ地《くに》デアル。爾皇《おまえ》孫ハ就《い》ッテ治メヨ。行クガヨイ。宝祚ノ隆《さか》ンナノハ、天壌ト与《とも》ニ無窮デアル」ト曰ッタ。（同㈠―一三二頁）

Bはいわゆる天孫降臨の神勅である。Aの天神は通常どおりタカミムスヒとみていいであろう。AB比較すると、Aが天孫降臨の原型で、当初、イザ二尊の天降りという構想があったと知る。あるいはAが倭国神話の名残で、Bがその日本国版とみることもできよう。

ここでも筑紫史益が…

先（六つ章のおわり）に、筑紫史益が、倭国史を日本国史（日本〔書〕紀）に書き替えたほかに、巻第一、二の両巻の中にも手跡を残しているはず、としておいた。イザ二尊と古日月神（ヒルコ、ヒルメ、ツクヨミ）は、北部九州、博多湾岸の存在である。顕宗紀にも、三年二月に月神が出、壱岐県主の祖が、三月には日神が出、対馬下県直が、祭祀にかかわっている。古日月神は、対馬、壱岐、筑紫にわたっているから、イザ二尊とその子日月三神は、倭国史の神世の物語に存在していた可能性が高い。顕宗紀では日神、月神ともに我祖高皇産霊に磐余田あるいは民地を奉献せよ、と言っている。第三段*第一の一書では、天神（タカミムスヒ）が命じて、イザ二尊を天降らせようとしていた。彼此つづり合せると、倭国史の神世記事に、タカミムスヒ、ヒルコ、ヒルメ、ツクヨミらの天上の物語があった可能性が高い。とすれば、イザ二尊が、博多湾岸の小戸に天降って天下之主者となり、イザ（初婚）の男女として、倭の国と人とを産んだ、という神話もありえたろう。これら倭国の天上・天下神話が、これもまた日本国「神話」に書き替えられ、高天原「神話」（巻第一）、天孫降臨「神話」（巻第二）となった、と考えられる。そして、この書き替えもまた筑紫史益の、清白ナ忠誠デ敢エテ怠惰セズ、今ニ二十九年つづけた成果とみてもいいのではないか。

（この項、'14・5・21）

イザ二尊は兄妹婚神話

イザ二尊は同母兄妹である。此ノ二神ハ青橿城根尊（神世六代の女神カシコネの別名の一つ）ノ子デアル（㈠—二三頁）。同母の兄妹が結婚してある種族の祖となる話は、漢民族の伏羲・女媧神話を中心に、とくに中国西南の少数民族に分布している。博多湾岸のイザ二尊もその東辺にわずかに遺存した兄妹婚神話の主である。結婚に先立って国中の柱廻りをする（㈠—二二～三頁）のも、この神話の名残りである。もとの神話がもっていたふくらみは、紀に利用されるさい切り棄てられ、かわりに国生み「神話」のような作為が付加された。国生みはイザ二尊とはかかわりのない淡路島を胞とし、筑紫とは無縁の佐渡島まで生んでいる（㈠—二四頁）。

イザ二尊の紀での位置は、アマテラスの誕生によって定まった。第三段*の天下之主者生みの条で、古態の三神の筆頭におかれた日神オオヒルメに訓注がつき、訓注の中にさらに一書云がアマテラス誕生（持統三年）後に書き足され、天照大神と同じとされた（㈠—三四頁）。ヒルメのアマテラスへの同化が計られだしたのである。アマテラスの誕生は紀の神統譜に数かずの変更をもたらした。

第四段*が古態三神を新態三神に変換

第四段*（旧称、四神出生章）は一書が一一、本文とも一二の異伝がある。それだけこの段には、いわゆる「神代」の構成に向けた、各種各様の変更の跡がとどめられていよう。そこで神名などの一覧表を作ると、別表（次頁）のようになる。表中、太線でかこって、ⅠⅡⅢⅣを区画しておいた。（'07・6・15）

Ⅰは本文と第一、第二の一書からなる。日神オオヒルメ、月神、蛭子、素戔嗚の四神が登場するが、すでにみたように、挿入されたスサノオが異質の存在である。Ⅰの日神・月神・蛭子の古態三神を、Ⅳのアマテラス・ツクヨミ・スサノオの新態三神に変換する（次頁）。——これが第四段*の役割だが、——そのために、変換素子としてスサノオが挿入されたことが、みてとれる。本文、第一・第二の一書は、Ⅰの項目中、スサノオとその行先、根国の二項を共有しているだけだが、スサノオの挿入に周到な準備がなされたことを示している。

中間のII、IIIを見てみよう。IIは火神カグツチの、IIIがイザナキのみそぎの、話である。前にものべたが、イザナキ・イザナミ二尊の神話には二様があった。(1)一つは、二尊そろって日神ヒルコ、ヒルメ、月神の旧態三神を生んだとする本文型。(2)二つは、火神カグツチを生んで焼け死んだイザナミを黄泉に訪ねたイザナキが、その汚穢《けがれ》を祓除《みそぎ》したときにアマテラス、ツクヨミ、スサノオが生まれたとする第六の一書（とこれによった古事記）型。表を参照すると、(1)は表中I型である。(2)はIV型で、II（カグツチ譚）とIII（みそぎの話）をつないで、IVの新態三神（アマテラス、ツクヨミ、スサノオ）にいたる。カグツチ譚を入れたので、新態三神すなわち「三貴子」は男神イザナキが一人で生むというゆがんだ形になった。このゆがみは、基本的に、I（日月神）をIV（アマテラス三姉弟）に変換したことから生じた。　（'08・6・4）

相反するIとIVとをつなぐ手だてが、順を追って作られた。(1)（上に述べたことだが）日月三神を生む古い形のIに、スサノオを押しこむこと。(2)第二の一書に、Iの本来の範囲（表最上段の左の八項）をこえてIIカグツチ譚を接続し、IIとの接続に備えた。(3)カグツチの話は、第三、四、五の一書群の

葦原中国	天下 素戔嗚	滄海原 月読	高天原 天照	筑紫 日向小戸	祓除	黄泉	武甕槌祖 甕速日	経津主
	○	○	○	○	○	○	○	○
								○
					III			
	IV					○		
				○	○	○		
○	○	○	○					

	日神	大日孁	月神	月弓	蛭子	磐楠船	素戔嗚	根国	火神軻遇突智	土神埴山姫	水神罔象女	山神山祇
本文	○	○	○		○	○	○	○				
第一		○		○	Ⅰ		○	○				
第二	○		○		○	○	○	○	○	○	○	
第三									○	○	○	
第四									○	○	○	
第五									○			
第六									○	○	Ⅱ	○
第七									○			○
第八									○			○
第九												
第十												
第十一												

注　項目にとりあげた神名は本文・一書に二度以上出るものに限った。

が単純で、これにつぐのが少し複雑な第七、八の一書である。これらに較べると、第六の一書の異常さはきわだつ。第六の一書こそは、ⅠからⅣへの変換という第四段*の目的を、最大限に担ったといえる。表に見るようにⅡⅢⅣをつらねたのは、唯一つ、この第六の一書である。おそらく一一の一書群の中で、もっとも後に作られたのだろう。(4)第一一の一書は、アマテラスの誕生以後に作られた新態三神(いわゆる三貴子)の単純形である。これと、Ⅲの第一〇の一書(イザナキのみそぎ話)と、さらにはⅡの第三、四、五、七、八一書群(カグツチ譚)とを接続したのが、第六の一書である。(5)第六の一書と第二の一書とがカグツチ譚を共有することで連結し、ここに第四段のⅠⅡⅢⅣの全体が接続、完成した。⑹またこの接続で、Ⅳの新態三神のスサノオが、旧態Ⅰ（日月三神）に付加され（日月三神＋スサノオ）、これをてこにして古態Ⅰが新態Ⅳに変換されもした。

イザナキとスサノオとの関係

この変換の中で、狂言廻しの役割を担わされたのが、スサノオである。スサノオはただただ旧新三神の転化のためにのみ作られた。そのスサノオが、第五段*本文の冒頭で、イザナキに請う、

吾ハ今、教ヲ奉ジテ根ノ国ニ就《い》コウトシテイマス。故、暫ク高天ノ原ニ向カイ、姉（アマテラス）ト相見《あ》ッテ、ソノ後永《とこし》エニ退《さ》リタイ…

と。みごとなものだ。高天原広野姫（持統）の作ったアマテラスに会いに行くと、ヒルメをアマテラスに換える役割をはたしたスサノオがいう。この要請を許スと言ったところで、神世七代から第四段*まで引きのばされてきたイザナキの仕事もまた終った。だから第五段*本文はつづけてこう書く（㈠―六〇頁）。

是ノ後、伊奘諾尊ハ、神功ヲ既《まった》ク畢《お》エ、霊運《じゅみょう》ハ当ニ遷ロウトシテイタ。

イザナキが死に、モハヤ神代デハナイ。かわって新生アマテラス、スサノオ姉弟主演、高天原「神話」が上演される。第四段*でヒルメの注の中の一書に初出したアマテラスは、同段の一書群に七度出たのち、第五段*でようやく本文に登場した。

注 アマテラスが第五段*ではじめて本文に登場したように、高天原もまた第五段*ではじめて本文に登場する。高天原は紀中七度しか

出てこないが、本文に出るのは、巻第一・第五段*と巻第三・神武元年正月条の二度しかない。天地初発之時、於二高天原一成神名…と書き出している古事記と、第一段第四の一書に、又曰、高天原所生神名…という記事をもちながら、これを本文にとらなかった日本紀とは、ちがうテキストである（日本書紀史注、巻第一、一九九七年、五三頁参照）。紀本文は、天地剖判のとき高天原の存在をみとめていない。

晴れて主役のアマテラス

アマテラスが晴れて主役の座についた第五段*は、持統三年八月のアマテラス誕生以後に作られた二次本と考えられる。作られた順序でいえば、この第五段*本文が作られたのち、第四段*にアマテラス登場の花道を敷く必要が生じた。その第一歩がオオヒルメの注に一書云としてアマテラスの名を書き入れたことであり、この段一一の一書に七度びもその名をくりかえして、第五段*本文のアマテラスが、唐突の出現ではない状況を作ったのである。

（'07・6・16）

ちゃんと随伴の藤原の氏神二神

付言を一つ。先の第四段*第六の一書にもどる。イザナキがカグツチを斬ったことで、一五神ほどが生まれるが、その中にフツヌシの祖（五百箇磐石）とタケミカツチの祖（甕速日神）とが、さりげなく入りこんでいる。他の一三神にはない事例である。藤原氏の春日大社の祭神は、タケミカツチ、フツヌシ、アマノコヤネ及ヒメ神の四柱で、上から順に、鹿島神宮（茨城県鹿嶋市）、香取神宮（千葉県佐原市）、枚岡社（大阪府東大阪市）の祭神である。このうち関東の二神が第六の一書に記されている。

アマテラス誕生の半年前、持統三年（六八九）二月、藤原史は判事九人の一人として、日本紀に初出する。むろん八月の会集にも判事として出席していたろう。史は、天武・持統と続いた律令の撰定、帝紀及び上古諸事（日本紀）の記定を、実質的に領導した。日本紀の修史過程では、和銅元年（七〇八）以来、右大臣としてその進行を総覧し、養老四年五月の完成を見とどけて、八月にその生涯を終えた。鹿島神宮禰宜の矢作幸男の感想がある。「藤はじつは木に頼る性質、木に巻き付く性質があるんです。藤原氏というのは、眺めてみますと天皇家によく巻きついて、しっかりとすばらしい巻き付き方ですね」（青木和夫ら編、藤原鎌足とその時代、一九九七年）。

第六の一書に、天皇家の祖アマテラスと、藤原氏の祖タケミカツチ、フツヌシとが、なにくわぬ顔で共存しているのである。

（'08・6・7）

第五段、主題は誓約、書は四つ

第五段*の主題はアマテラス・スサノオ姉弟の誓約である。姉は、弟が高天原を奪いにきたとうたがい、弟の抗弁に耳をかさず、どうやって赤心を証すのだ、という。とどのつまり相手（もしくは自分）が身につけた剣と玉で子を生み、男の子を生んだ方が正しいことにしよう、と誓約《うけい》した。第五段*には本文と三つの一書がある。それぞれの主役の名、場としての天の呼称などを表示することにしよう。

	第五段本文	第一の一書	第二の一書	第三の一書
主役	アマテラス、スサノオ	日神、スサノオ	アマテラス、スサノオ	日神、スサノオ
場所	高天原、天	天原	天、天上	天安河、天原
剣	スサノオの十握剣→アマテラス→三女神	日神の十・九・八握剣→日神→三女神	アマテラスの剣→スサノオ→五男神	日神の十・九・八握剣→日神→三女神
玉	アマテラスの八坂瓊之五百箇御統→スサノオ→五男神	スサノオの五百箇御統→スサノオ→五男神	羽明玉の八坂瓊之曲玉→スサノオ→アマテラス→三女神	スサノオの五百箇統之瓊→スサノオ→六男（神）
井	天真名井（濯、咀嚼）	天渟名井、亦名去来之真名井→（スサノオのみ、濯）	天真名井（浮寄、噛断）	
第一男	正哉吾勝勝速日天忍穂耳尊	正哉吾勝勝速日天忍骨尊	正哉吾勝勝速日天忍骨尊	称之日二正哉吾勝一故因名之曰二勝速日天忍穂耳尊一
三女神	筑紫胸肩君等所祭神	宣下降二居道中一、奉レ助二天孫一、而為二天孫一所上レ祭（筑紫洲）		今在二海北道中一、…此筑紫水沼君等祭神是也（葦原中国宇佐嶋）

まず、主役をアマテラス・スサノオとしたのが、本文と第二の一書。日神・スサノオとしたのが、第一、第三の一書。すなわち第五段*といえども、始めからアマテラス譚ではなかった。話の場所の名が、アマテラスとした本文では高天原だが、同じ第二の一書では天、天上で、日神とした第一・第三の一書は天原とする。始めからそろって高天原ではなかった。

つぎに、誓約は、相手（もしくは自分）が身につけた剣、玉で子を生み、男子ならスサノオの清心が証される、ということだったから、剣と玉それぞれの所有者→それを受けとった者→生んだ子の男女別を、確認しておかなくてはならない。表にみるように、四書（本文と三つの一書）はみな異なる（剣の項で第一と第三の一書が同じである以外）。大勢でいえば、剣のばあい、所有者はアマテラスが一、日神が二、スサノオが一と女性が多く、生まれたのも三女神とするのが三である。これに対し、玉は、所有者にスサノオが三、アマテラスが一、生まれたのが五男神二、六男神一の計三である。玉から男子が生まれる話が四のうち三を占めるから、誓約での玉の優位が認められる。

玉には渟名井

玉の優位は井の名からも証される。天真名井が二、天渟名井が一、去来之真名井一。この名については、大野晋がいうように（文庫版㈠—三四七頁、補注㈠—六九）、天真渟名井がちぢまったもので、語幹はぬけおちた渟（玉）にある。ナはノの古語だから、渟名井とは玉ノ井の意である。名のとおり玉専用の井で、剣を濯っても効はなく、スサノオだけが玉を渟名井で濯った（第一の一書）のが語義に適っている。渟名井の効用で玉の所有者三のスサノオが優位というわけである。

天孫は海北道から

つぎに、第三の一書は、第一男が生まれると、スサノオが正哉吾勝（まさしくおれが勝ったぞ）と言い、この子に勝速日（はやばやと勝つ霊）と名づけた、と書いている。正哉吾勝を名にくりこんでいる他の三書より、くりこまない第三の一書がいい。また三女神は宗像の祭神で、紀に登場するのは胸形君徳善の女、尼子娘が、天武との間に高市皇子をもうけてからのことである。日神と三女神がともに出るのは第一、第三の一書で、アマテラス以前すなわち天武期の作とみなされる。第一の一書では、日神が三女神に宣下降《リ》二居《テ》〔海北〕道中《ニ》一、奉《ツテ》レ助《ケ》二天孫《ヲ》一而為《ニ》二天孫《ノ》一所《れ》レ祭《ヨラ》（(一)―四三九頁）、と命じている。これは、高天原からの天孫降臨（という二次形態）の前に、海北道中から天孫がくるとの一次形態があったことを示していて、興ぶかく且はだいじである。第三の一書は、日神所生《ノ》三女神《ハ》者、使《せ》レ降《タ》二居《サ》于葦原《ノ》中国之宇佐嶋《ニ》一矣。今在《ル》二海北《ノ》道中《ニ》一、と簡単である。また第三の一書は、正哉吾勝を第一男の名にくりいれなかったが、第一の一書はくりいれた長い名にしている。第三の一書は第一の一書の先駆的な形で、その第一の一書は日神と書く天武期のものだが、本文はアマテラスと書いているから持統期のものといった、作られた順序を認めてもいいであろう。

さいごに、第五段本文*の仕掛けにふれる。先表にみるように、剣から三女神、玉から五(六)男神というのが、第五段四書*（本文と三つの一書）の大勢である。また剣は日神、玉はスサノオの所有というのが、もう一つの大勢である。この段本文は、前の大勢はひきついだが、後の大勢はひきつがず、剣はスサノオ、玉はアマテラスの所有に変更した。すなわち、

スサノオの剣→アマテラス→三女神
アマテラスの玉→スサノオ→五男神

右の構図は、生んだ者からいえばスサノオが五男神の親だが、生むさいの物根でいえばアマテラスの玉が五男神の親にふりかわる、との仕掛けを含んでいる。五男神の第一男の子が天孫降臨のニニギである。ふりかわらないと、アマテラスは（天皇家の始祖）ニニギとは無縁に終る。第五段本文末尾*の物根論はそれを防いだのである。逆に言えば、いわゆる高天原「神話」の第二幕、誓約の展開は、新主役アマテラスと隔離したところがあり、物根論でとりつくろうほかはなかったのである。皮肉に言いかえると、アマテラスが初めて第五段本文*で登場したのは、誓約の場・高天原の主神としてよりも、第五段本文末*でスサノオにかわってニニギの祖となるためだったのである。誓約

で負けても物根で勝った。(物根の語は第五段*本文にただ一度だけ出る)。ふりかわってニニギと無縁になったスサノオは、高天原から放逐され、その子オオナムチは、ニニギの天降りに先立って、葦原中国を譲ってかくれるほかはない運命におちていく。

('08・6・17)

補論　泉津醜女考

第四段*第六の一書に泉津醜女　第四段*第六の一書に、泉津醜女が登場する。故イザナミを黄泉《よみ》に訪ねたイザナキが、視るなという請を聴かず、イザナミの死体を見、膿沸蟲流《うみうじがながれ》だす様を知り、急走廻帰《くるつとにげだ》したのを恨み、イザナミが留めさせようと追わせたのが、泉津醜女《よもつしこめ》八人であった。このヨモツシコメなる存在が、長いこと気になっていた。その正体はなにか。

大系本はこれに「冥界の鬼女八人」と注し、全集本は「黄泉国にいる醜い女」とする。意味はそれで通じるが、通じても正体は分らない。醜女とは何か。疑問をもってから五〇年以上がたった。醜女に追いつかれそうになると、イザナキは黒い鬘《かつら》や湯津爪櫛《ゆつつまぐし》を投げる。カツラは蒲陶《ぶどう》に、櫛は筍になり、醜女がこれらを食べている間に、イザナキは逃げのびる。紀でイザナキが投げたのは、以上の二つだが、記では、もう一つ桃子《もものみ》三箇を投げている。ところが、醜女は、ブドウ、タケノコは食べたが、モモを投げても逃げたと書いただけで、食べたとは書いていない。これに着目したのが植物学の白井光太郎で、モモの実物はまだ日本列島には入っていず、モモに除魔の力があるという知識だけが先行して入っていたころの話、と解した。しかしモモの種は、考古学的には弥生時代から出土していて、白井説には障りとなっている。

黄泉を地下とみ、かつ死体を見ることができたのは、横穴式石室をもつ後期古墳が出現した時代、とする考古学者後藤守一（古事記に見える生活文化、坂本太郎編、古事記大成、歴史・考古篇、一九五六年）説がある。これに対し、斉藤忠（黄泉国神話をめぐって――日本古典考古学の一問題、東大出版会、UP16号、一九八六・七）は、紀第四*段第九の一書が、イザナキが欲レ見二其妹一、乃到二殯斂《もがり》之処一（㈠―四三四頁）と記していること等を引き、黄泉をモガリの喪屋のこととした。これに賛成である。（わたしの日本書紀史注、巻第一、一九九七年、黄泉は地下ではない、二三五～九頁を見よ）。

黄泉の語は、左氏春秋（隠公元年条）に、鄭の荘公が母姜氏を城潁に幽閉して、不レ及二黄泉一、無二相見一也（死ぬまで逢いませんぞ）と誓言した、とある。黄泉は死界のことである。

漢墓と画像石

一九七二年、馬王堆漢墓が発掘され、わたしの漢墓への関心（好奇心といった方がいいかもしれない）が始まった。三年後に出た樋口隆康・古代中国を発掘する（一九七五年）は、馬王堆のほか満城の漢墓にもふれていて、その一、二号墓のプランは、さながら黄泉の設計図のようで、私の想像力を大いに刺激した。それと別に、昭和初年、京都大学の美学教室に中井正一があり、軍部が抬頭してくるのに合せて、現代の機械美を研究する『美・批評』誌を、抵抗誌『世界文化』に切り替えた。『世界文化』の一員だった久野収の奨めで、私は雑誌『思想』に、『美・批評』『世界文化』について書いたことがある。それが縁で、『美・批評』の一員だった長広敏雄に逢う機会を得た。そしてこの温容典雅な研究者に、漢代画象の研究（一九六五年）という著書があるのを知った。ずっと後、林巳奈夫・石に刻まれた世界――画像石が語る中国の生活と思想（一九九二年）のあとがきで、長広が京大人文科学研究所で画像石の研究班を作っていたのを知った。林の龍の話（一九九三年）、中国古代の神がみ（二〇〇二年）、神と獣の紋様学（二〇〇四年）、小南一郎の中国の神話と物語り（一九八四年）などを読むと、なんとはなしに長広が偲ばれる。林は人文研を定年で退いたあと、藤沢市にもどってきた。京都の哲学の大先輩である林達夫の子息だった。早く知っていたら訪ねていろいろ話し合えたのに、それと知って間なく、二〇〇六年正月に林は急逝した。

その二〇〇六年、私は漢墓を訪ねて山東・河南・安徽・江蘇の四省を旅した。そして林の本で知った、山東省の沂南漢墓の画像石に心惹かれた。できれば留って詳細に見たかったが、集団での旅のことで思うにまかせなかった。それで翌年、こんどは一人で山東省の画像石を見てまわり、特に沂南漢墓では、その全てを詳密に見る時間をとることにした。幸いに希望が叶い、また沂南漢墓博物館編・山東沂南漢墓画像石（二〇〇一年）や、山東漢画像石三巻を含む中国画像石全集全八巻（二〇〇〇年）なども入手でき、半日を沂南漢墓で過した。

沂南北寨漢墓
後室の神怪図

漢墓は、墓主が生前と同じ生活を送ることができるように建造されている。沂南北寨漢墓の平面図、透視図（山東沂南漢墓画像石、一〜二頁）を揚げておく（次頁）。私が沂南漢墓にひきこまれたのは、紀の泉津醜女八人の正体を考えるのに、この漢墓後室の、北側隔墻東面及西面画像に見える神怪が参考になるのではないか、と直観してのことである。後室は、棺を置くところだが、観念としては墓主夫妻が生前同様に死後の生活をおくる寝室である。平面図で左（西）側が主人、右（東）が夫人の室で、二つの室のあいだには、隔壁がある。隔壁といっても壁ではなく、中央に大きな斗栱（柱部はない）が据えられているだけだから、相手の動きを透し見できる感じである。（'08・7・29）

斗栱は、前室の八角柱に櫨斗（ますがた）をおいて三本の肘木で南北の梁を支えたもの一つ、中室のこれも八角柱に二本の肘木（さらにその外に装飾的に双竜の形をした肘木二本をつけている）で、南北の梁を支えたもの一つ、そして後室の隔壁中央に置かれた斗栱（中室のものと同じに二本の肘木にさらに装飾的な双竜の肘木二本がつく）で南北の梁を支えたもの一つ。これら三つの南北の梁が一直線に並んでいる（ただし前・中室の天井の高さにくらべ、後室の天井は一段と低い）。しかし構造的に三つの斗栱だけで梁を支えるのはむつかしいので、後室でいえば、南北の梁の両端（つまりは斗栱の装飾的な双竜の肘木の先）に形の柱（内側上部を欠いた幅の広い柱）を立て、南北の梁を安定的に支えている。

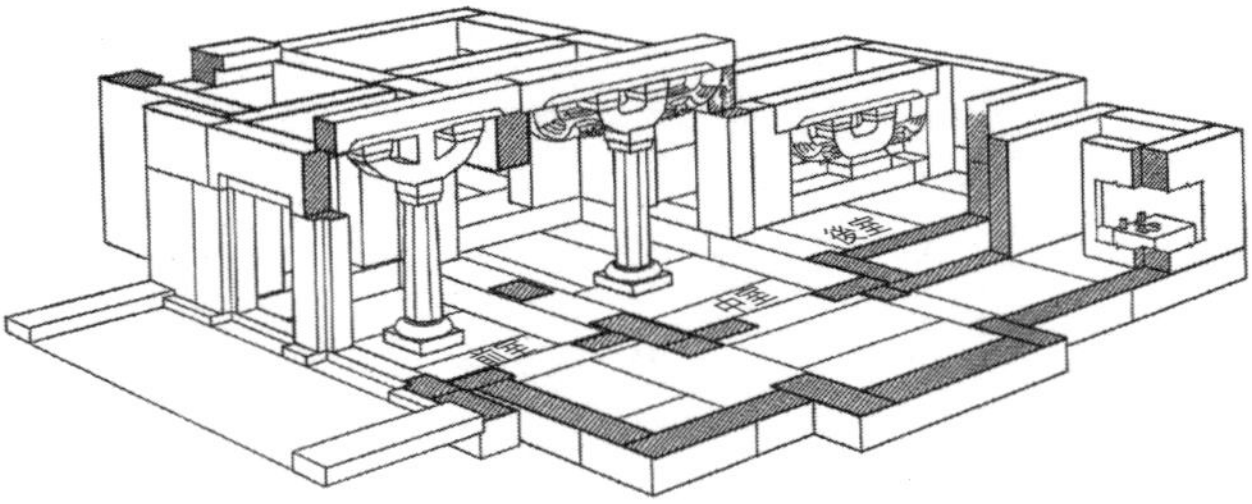

墓室透視圖

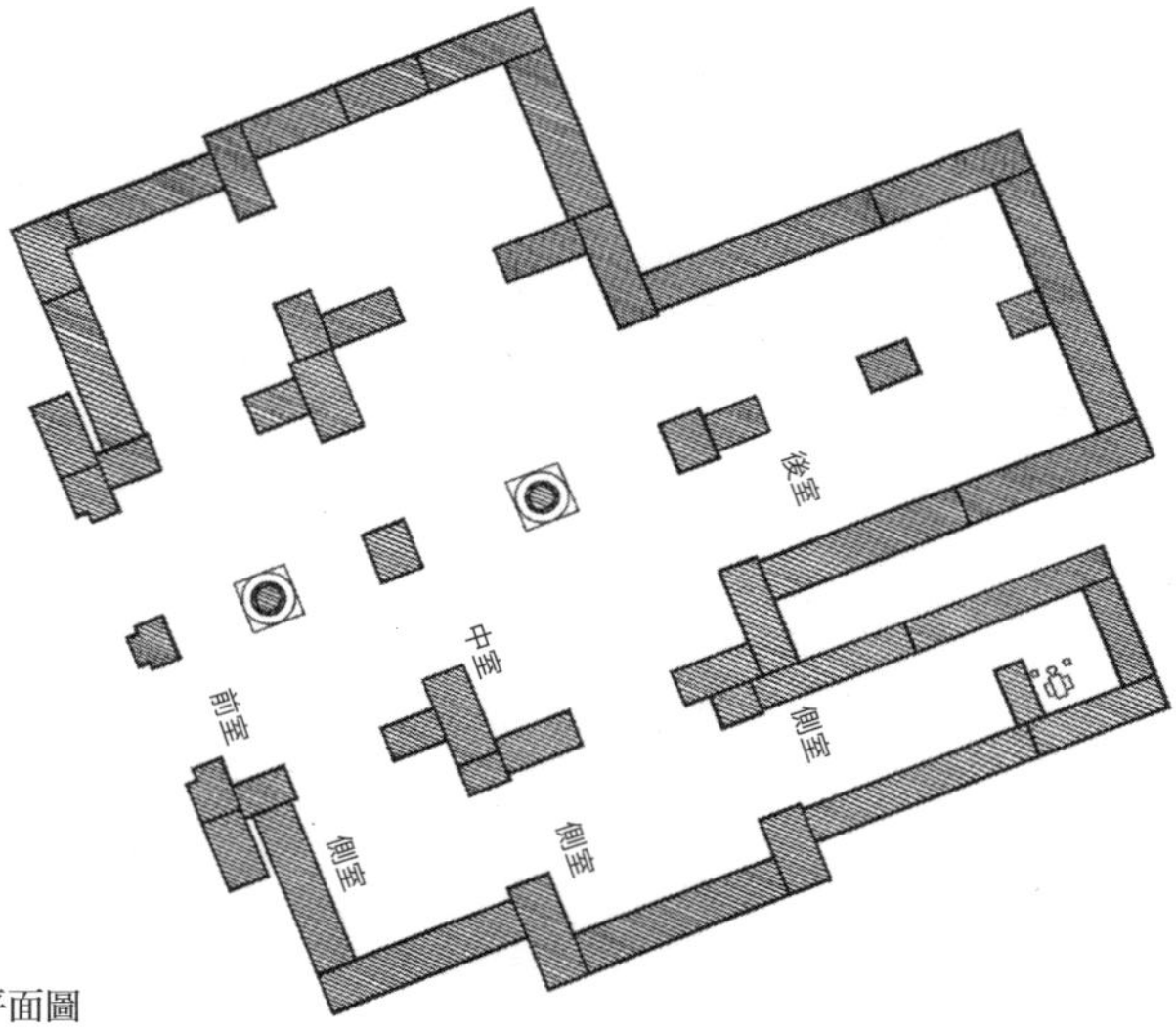

墓室平面圖

この凸形の石柱は、墓主の室（西）側の面（西面）と、婦人の室（東）側の面（東面）がある。すべてが石造の沂南漢墓は、墓内にあらわれる石面のほとんど全てに画像が彫られている（画像石という所以である）。後室も例外ではない。いま、後室隔墻の斗栱をはさむ両端の凸石両面の画像四枚の内一枚の図版を、山東沂南漢墓画像石から借りて掲げておく。後室北側隔墻東面画像、すなわち後室東側の夫人の部屋の隔墻のいちばん奥の画像である。

画像の下の建物は便所で（林、石に刻まれた世界、五三頁）、外には敷瓦が敷かれ、手前に男用、女用の二種の溲瓶《しゅびん》（しびん）を置き、小女が身をかがめて箒で掃除している。「小女は朝になって主人の便器を便所で始末し、ついでに周囲を掃き清めている光景」（五三―四頁）。生前同様の暮しぶ

後室北側隔墻東面画像

りを描いたのである。神怪の画像は獣面獣身であるが、後室の夫人の部屋を守護するものとして描かれた。奇怪醜悪な像だが、胸に垂れ乳が刻画されているから、女性すなわち醜女である。「このように人間と同じように立ちあがり、醜悪な顔を持った神は、この時代〔紀元二世紀の晩期〕に種類が多い。天の四方の星座の神も混じえた天上の神々の百鬼夜行図のような図像が、同じ画像石墓の中にあって、その中にも出てくるから、天上の神々の仲間入りをしたもののあったことは確かである。後の時代の鬼瓦に姿を留めるのはこの類の神である」〔四八頁〕と林は書いている。

守護神怪は、沂南漢墓の画像石の中に、一八を数える。

前室　東壁北段画像（下から二つ目）一
　南段　〃（最上）一
西壁北段　〃（〃）一
　南段　〃（〃）一
北壁横額　〃　二
　中段　〃（真中）一
後室北側隔墻東面　〃（上）一
　西面　〃（〃）一

前室に一六、後室に二。中室になく前室に数多いのは、前室南壁＝門扉（失われている）のある入口を守護しているからで、後室の神怪は墓主・夫人（の棺）を守護している。

イザナミは黄泉で生前のように暮していた。浪泉之竈《とう》、つまり黄泉《よみ》のカマドで作った食物を食べたり、寝たりしている。第九の一書は、イザナキがイザナミにあいたいと殯斂《もがり》（納棺した死者を殯客として安置する）之処に到ると、イザナミは猶如二生平一、出迎共語と書く（㈠―四三四頁）。生平は、史記の、たとえば秦始皇紀などに使われ、ひっくりかえすと日本語平生《へいぜい》となり、同義である。つねひごろ、ふだん。ここではつまり生前同様にの意だ。そしてその殯屋には、沂南北寨漢墓後室の神怪のように、守護神が複数いた。それが泉津醜女八人で、だからイザナミを辱めたイザナキを追ってきたのである。黄泉はあきらかに左氏春秋にもみえる中国の死後世界であった。その黄泉の知識とともに、後漢時代の漢墓にみえる黄泉守護の神怪もまた、日本に移入された、と考えられる。

第六の一書は、本章その一で解明したように、古態（倭国神話として）の日神三神を、新態（日本国史＝日本紀向け）の「三貴神」に変換するために、周到な用意で作られていた。イザ二尊の話に二様があると先に（一八三、一九〇頁）書いたが、その⑵カグツチを生んでイザナミが死ぬ方（第四段*第六〜九の一書）、従ってアマテラス三姉弟（「三貴神」）をイザナキ単独で生んだ話も、その⑴同様に、「三貴神」がアマテラスを頂点としているのだから、持統三年八月の公表（誕生）以後に作られたことになる。持統の晩年には、三二年ぶりに唐との国交回復が実現し、粟田朝臣真人以下の遣唐使が平和で文化的な交流を実現した。真人じしん経史（経書・史書）を好んだというから、秦の始皇陵をはじめとした秦陵漢墓の思想もまた、日本に移入してきた、と考えられる。その一つの痕跡が泉津醜女だったのである。

その二　高天原から葦原中国へ

第六*段の天津罪と新体の文　巻第一、第六*段はいわゆる天岩屋戸「神話」を述べている。誓約で勝ちほこったスサノオの重なる乱暴がもとで、アマテラスが天石窟（文庫版、㈠—七六頁）に幽れ、磐戸を閉してしまう。諸神が協力して、アマテラスを外へ出し、スサノオに罪の贖いをさせたのち、高天原から下界に追放する。こういう筋だ。

本文と三つの一書は、すべてが新体の文で、古体の文が一つもない。たとえば、スサノオの乱暴は、⑴水田イナ作にかかわるもの、⑵新嘗にかかわるもの、に二分される。列挙すると、

⑴春イ重播種子《しきまき》（本文、第三の一書）
ロ畔毀《あはなつ》（本文が毀《こぼつ》㆓其畔《あぜ》㆒、第二・第三の一書が毀畔《キハン》）
ハ填渠《みぞうめ》（第二の一書。第三の一書は埋渠）
ニ廃渠槽《ひはがち》（第三の一書）

秋イ放二天斑駒一、使レ伏二田中一（本文）、伏レ馬（第三の一書）
ロ穀已成、則冒以二絡縄《あぜなわ》一（第二の一書）、挿籤《くしざし》（第三の一書）

(2) イ新嘗時、則陰放二屎於新宮一（本文）、則於新宮御席之下、陰自送レ糞（第二の一書）
ロ則剥二天斑駒一、穿二殿甍一而投納（本文）、則逆二剥斑駒一、投二入之於殿内一（第一の一書）、則生二剥斑駒一、
納二其殿内一（第二の一書）

右のうち、(1)秋、イ伏馬、ロ絡縄をのぞき、他はみな延喜大祓祝詞式が天津罪としたものである。加えてスサノオの悪業は高天原でのものだから、右の罪の条々は太古のそれと解されてきた。しかし、右の(1)水田イナ作の掟は春、秋と順序だてられ、(2)新嘗は(1)ロ秋の収穫とふかくかかわっているから、(1)(2)は一体のものとみるべきである。

嘗と食との一体は天武五年以降

新嘗は、ここ巻第一・第六段*、巻第二・第八段*（天孫降臨）、巻第十一・仁徳四〇年条、巻第十五・顕宗即位前紀、巻第二三・舒明一一年正月条、巻第二四・皇極元年一一月条とつづくが、史実とは認めがたい（後述のように、私見は天皇王朝の始祖を孝徳とするから、皇極以前は実在しない天皇である）。紀で新嘗の初見は、巻第二九・天武五年九、一〇、一一月条ということになる。

〔天武五年九月二一日〕神官ガ奏シテ「新嘗ノ為ニ国郡ヲトシタ」ト曰ッタ。斎忌《ゆき》ハ則チ尾張国山田郡、次《すき》ハ丹波国訶沙郡ガ、並ビニトヲ食《う》ケタ。
〔同一〇月三日〕幣帛ヲ相新嘗ノ諸神祇ニ祭ッタ。
〔同一一月一日〕新嘗ノ事ヲ以テ告朔セズ。

後代とちがい、大嘗、新嘗の区別がなく、ユキ・スキにはじめから郡を、選んでいるのが注意される。嘗《しょう》は味わ

うの意でまた秋の収穫祭をさす。だから嘗味はすめろぎの食す国とかかわる。紀の記事からみると、巻第七・景行「天皇」のいわゆる九州一円平定の中で、一八年春三月条（文庫版(二)―七六頁）、（実は筑紫＝福岡県の）諸《もろ》県に巡狩した天皇に、諸県君泉媛が大御食《おおみあえ》を献じたとある。天皇が食を嘗味したことで、諸県は天皇の食す国に入り、服属した泉媛には諸県の地が安堵される。すなわち嘗のこととは、県（郡）の服属儀礼をくりかえすことで、天皇支配を再確認し再生産する意味をもつ。斎忌《ゆき》、次《すき》（主基）がそれぞれ東国・西国の郡（県）から選ばれるのも、西日本の統一から東日本の統一に乗り出した天武時代にふさわしい。

嘗と食との一体を知り、その食の生産に目を向けると、先の(1)のイ春、ロ秋の掟がうかびあがる。重播し、畔を毀し、灌漑用の梁を埋め、暗渠の樋を廃する——これらを禁じるのが春の掟。稔の田に伏馬して熟稲を倒し、縄を絡ぎ串を挿して結界し、熟田を奪う——これらを禁じるのは秋の掟。こう見て(1)水田イナ作と(2)新嘗の関連は、天武五年以降のものであり、紀が創作し延喜式が再生産した天津罪などではない。第六段*が古体ではなく新体だという所以の一つである。

ふりかえると、第四段*は、古態の日月神Ⅰを新態の天照、月読、素戔三神Ⅳに変換したが、この変換の困難さからか、一書が一一もあった。第五段*第六段*は、すべて天武・持統期の新体の文である。両段とも一書が三しかないのは、たとえば、すでにアマテラス、スサノオの新態に安定し、さしたる異論もなく、また新態が成立した忽々で、他に異伝資料などがない、といった状況を示しているのではないか。

葦原中国への意識

すでに本章その一で、第四段*で天下主者を生むはずだったのに、日神・月神は天上に挙げ、ヒルコ・スサノオは放棄し、結局は天下主者が生まれなかったのを、確かめておいた。天下すなわち葦原中国である。第六段*には、葦原中国の語が三度、天下が一度、出てくる。紀での葦原中国の初出は、第四段*第一一の一書で、葦原中国ニ保食神《うけもち》ガ有ル。一度目が第五段*第三の一書で、三女神を葦原中国の宇佐嶋に降居させた、とあった。三度目が第六段*本文で、アマテラスが、自分が天岩屋にかくれたので、葦原中国は必《ズ》為《ツタ》二長《ノ》夜《ト》一（第一の一書は天下恒闇）はず、という。（それなのに）「どうしてアマノウズメはこのように笑うのか」とすぐつづくから、必為二長夜一は高天原でのこととする方が自然である。それを葦原中国にしたのは、本文作者が葦原中国（天下）を意識しているからである。それは以下の展開からも明らかである。

第六段*は、スサノオが、イザナキだけではなく、高天原の八十神によっても放逐されて、終る。これをうけて、第七段*は、出雲に降ったスサノオが、「天下ヲ経営シタ」国作大己貴命（第六の一書、文庫版㈠一〇二頁）を生み、巻第二・第八段*では、天神の命でフツヌシ・タケミカツチが、オオナムチに国譲りをせまり、その結果、皇孫ニニギが高天原から葦原中国に天降る。これが以降の展開の大筋である。

（'07・6・20）

高天原（アマテラス）から葦原中国・天下の主（ニニギ）へ。この推移が巻第一と巻第二を区分しているのだが、その変転の第一歩が、第六段*で設定されはじめている。

宣長の見当違い イザナキと諸神

補注 第六段*第三の一書は、変った一書である。その「特徴は、㈠素戔嗚尊の暴行、㈡天岩戸隠れ、㈢素戔嗚尊の追放のあとに、㈣姉に逢いたいと天上に登り誓約して男子を得て心の清明を証する。この㈣は第五段*〔原第六段〕の本文及び三つの一書と同類のもので、それがこの場所についている。尤も第五段*〔原六段〕と異なり、天照大神が女神を生む話はない」と大系本頭注（文庫版㈡一八五頁、注一一）。本居宣長が「此ノ次第こそまことに然るべく思はるれ。此レに依て思ふに、此〔古事〕記及書紀ノ余ノ伝へには、事の次第の前と後と乱（マガヒ）つる物か」（古事記伝、文庫版㈡一一五八頁）とまで言った結構である。すぐこう続く、「其由は、初メに伊邪那岐ノ大御神に逐（ヤラ）はれ給フ〔第四段*本文〕と、解除（ハラヘ）の後に諸神に逐（ヤラ）はれ給フ〔第六段*本文〕と、事の状（サマ）の似たる故に、後ノ度（タビ）の次〔第六段*〕に有リシ事を、誤りて初ノ度の次〔第四段*〕に云ヒ伝へしなるべし」と。奇妙な論である。イザナキは紀自体が神世七代に認めた古神、対して宣長が諸神というのはなにか。両者が同質であればとりちがえも生じようが、そうでなければ、たんに逐ふが同じだからというのでは論はなりたつまい。紀の第六段*の四書が伝えている諸神の名は、つぎのようである。

本文―思兼神、手力雄神、天児屋命（中臣連遠祖）、太玉命（忌部遠祖）、天鈿女命（猿女君遠祖）

第一の一書―思兼神（高皇産霊息）、石凝姥、日前神（紀伊国所坐）

第二の一書―天糠戸者（鏡作部遠祖）、太玉（忌部遠祖）、豊玉（玉作部遠祖）、山雷者、野槌者、天児屋命（中臣連遠祖）

第三の一書―天児屋命（中臣連遠祖興台産霊ノ児）、太玉命（忌部遠祖）

一瞥して諸臣とは、オモイカネを別とすれば、中臣の祖アマノコヤネ、忌部の祖フトタマが代表的と分る程度。忌部はここ以外は、大化期に二人ほどが出る以外は、たいてい天武期に登場する。中臣は、忌部より複雑だが、概して敏達以後（ただし崇仏排仏の争いという作り事の中）、孝徳以後（つまりは鎌足以後）の登場にすぎない。鎌足はその修飾をのぞくとなにほどの活躍があったのか不明で、むしろ天武一〇年三月、帝紀及上古諸事〔日本紀〕を記定せよとの詔をうけた、小錦中忌部連首と大山上中臣連大嶋が、注目される。この二氏の祖が代表的な諸神だから、他はおして知るべく、第二の一書が天糠戸者、山雷者、野槌者、すなわち―なる者を、古訓がカミと強訓した程度のものである。何ごとも神事《かみごと》としたい宣長ならいざ知らず、イザナキ尊とたかだか天児屋命らが代表格諸神とでは、天地のちがいがある。アマテラスが誕生する以前、天武期の天神地祇の体系で、頂点に坐していたのは、タカミムスヒである。諸神の軽さを知っていた紀作者は、諸神の中に、タカミムスヒの息オモイカネをいれることで、少しは差をちぢめようとしたふしが、うかがえる。いずれにしろイザナキと諸神とでは前後が乱（まがひ）つるほどの類似はなかった。記伝はときどき見当ちがいの指摘をするが、ここもその一つであった。

第六段*の奇妙さ――天上と地上が混在

第二の一書は、日神を岩屋から出すために入れた鏡についた瑕が今もなお在り、此が伊勢崇祕之大神だ、と書いている。前にも述べたように、本文と第一の一書が天照大神、第二、第三の一書が日神と書いている。小瑕のついた鏡のことは、やや奇妙な挿入句で、アマテラスの方につけるのが妥当と思えるのだが、日神の方につけられている。崇祕之大神が実体として何をさしているのかは分明ではないが、この大神と鏡が同一だというのである。

アマテラスと書く第一の一書にも、奇妙なことがある。オモイカネの思案は、宜《シ》下図二造《シテ》彼《ノ》神之象《ヲ》一、而奉《ル》中招祈禱上《シ》。彼神アマテラスの象《かたち》を図造《えが》いて、招き禱ることで、岩屋からひき出そうというのである。だがこうして造った神（像）は、奇妙なことに、紀伊国所坐日前神だとあって、はぐらかされたような気分になる。念のため付言すれば、日前神すなわち紀伊（神）は、伊勢神宮（多気大神宮）が創建された持統六年五月に、新宮（藤原宮）のことを報じた四所、同年一二月に新羅の調を奉じた五社の中に入っていた。

第二の一書の奇妙さは何か。天岩屋の話は高天原「神話」の（第一場、誓約に次ぐ）第二場である。天上のことで天下（葦原中国）以前、すなわち地上史（日本史）以前のことを述べている。ところが第一の一書が地上の紀伊日前神、第三の一書が伊勢崇祕神を挿入した。これが奇妙さのもとである。この奇妙さは先述した葦原中国への意識と一体のものである。

（'07・6・21）

第七段*各書の小異

第七段*は、天上を放逐されたスサノオが、出雲に降り、八岐大蛇を退治し、助けた奇稲田媛と結婚し、葦原中国の国作オオナムチを生んだ、という話の筋をもつ。これで巻第一が終り、皇祖タカミムスヒが皇孫ニニギのために、オオナムチに国譲りを交渉するのが、巻第二の始まりである。

第七段*には、本文、六つの一書の七書があるが「だいたいは同性質の話」（文庫版(一)―九二頁、注一）である。もちろん小異があり、この小異が大切である。事の認識、物の理解には、大同よりも小異がはるかに価値がある。第七*段の小異は、いや小異と大同とは、神名・地名などが七書にどう分布しているかで、分かる。例によって一覧表を作製する。

	スサノオ	降地	遷地	大蛇	草薙剣	子孫	根国
本文	○	出雲国簸之川上		八岐大蛇	○	児大己貴命	○
第一	○	出雲簸之川上				五世孫大国主神	
第二	○	安芸国可愛之川上	出雲国簸川上	八岐大蛇	○	六世孫大己貴命	
第三	○			(大)蛇	○		
第四	○	新羅国	出雲国簸川上所在島上之峯	(大)蛇	○	五十猛命（紀伊国所坐大神）	
第五	○	韓郷之嶋	紀伊国			五十猛命、大屋津姫命、枛津姫命	○
第六						国作大己貴命	

一見して、狂言廻しスサノオが、第六の一書をのぞく六書に出るのは当然として、根国行きまで記してスサノオの始末をつけたのは、本文と第五の一書との二書しかない。

哀れなスサノオよ

かえりみるとスサノオは、アマテラスをひきたてる対の存在として、アマテラスの本文登場（第五段*、文庫版(一)―六四頁）以前（第四段*天下之主生み、同三四頁）から待機していた。ほんらいは日月三神（ヒルコ・ヒルメ・ツクヨミ）の場なのに、場ちがいの存在としてスサノオがおしこまれ、ヒルメの原注に一書云、天照大神と照応して、第五段*本文へのアマテラスの登場を準備した。古態の日月三神を新態のいわゆる「三貴子」に変換するのを、紀作者は、スサノオを狂言廻しに置くことで、してのけたのである。それなのに誓約で勝った男の子アマノオシホミミを、物根論でアマテラスにとられ、あげく姉にとられたアマノオシホミミの子ニニギが天降ってくる。生涯、紀作者からも乱暴者とされながら、姉をおしあげるための狂言廻し役に徹したスサノオを、やっと母の住む根国に送りとどけたのが二書しかないとは、おお、哀れなスサノオよ。

（'07・6・23）

西出雲の須佐

スサノオが降ったところは、出雲が二（本文、第二）、安芸一（第二）、新羅一（第四）、韓一（第五）と多様だが、表中ほかに出雲国簸川上が七書中の五書（本文、第一、第二、第三、第四）に出る（第三では大蛇を退治したのが出雲簸之川上《ノ》山）から、相対的に出雲の比重が高くなる。スサノオの名はスサの男で、このスサが出雲の地名なので、出雲に降ることになったのであって、八岐大蛇退治を核としたいわゆる「出雲神話」なるものは、史実としての出雲史とはほんらい無縁のものと考えている。

スサについては、和銅六年（七一三）五月に命ぜられて作った、出雲国風土記、飯石郡に須佐郷がみえる。須佐《ノ》郷《ハ》、郡家《ノ》正西《ニ》一十九里。神須佐能袁命《ガ》詔《シテ》、此《ノ》国《ハ》者雖《けれども》二小国一《ダ》、国処《ダ》在、故《ニ》我《ガ》御名《ハ》者、非《ナイト》レ著《ケ》二木石一《ニ》詔《ハ》而《シテ》、己《レ》即《チ》命《ノ》御魂《ヲ》鎮《メ》置《キ》給《ウタ》。然即、大須佐田・小須佐田《ヲ》定《メ》給《ウタ》。故《ニ》云《ウ》二須佐一《ト》。即《チ》有《ル》二正倉一《ガ》。現在は須佐の地名は遺存していないが、同書での須佐川（神門川の上流）と波多小川（大呂川、北流して須佐川に入る）とが合流するあたり一帯が須佐郷で、須佐社（旧佐田村宮内の須佐神社）があった。

古代では、杵築大社（現・出雲大社）の南に大きな神門潟があり、出雲を東西に分つ出雲大河（風土記）、現斐伊川も、また下流で、須佐川の名を改めて呼ぶ神門川も、ともに神門潟に流入していた。その西出雲の須佐がスサノオの名になったのは、門脇禎二（飛鳥、一九七七年）が指摘したように、出雲の服属が神門郡を中心とした西出雲にはじまり、意宇郡中心の東出雲の服属がおくれたという経過に、第一の原因がある。第二に、西出雲で下流の神門郡は、神門氏の本拠地だから、神門川中流の飯石郡の須佐が選ばれたのであろう。すなわち辺境のスサを名としたスサノオは、はじめから捨て駒のような存在であった。

大蛇、草薙剣、日本武はみな天武期以後

つぎに、大蛇と草薙剣についてみよう。大蛇の方は、八岐大蛇、大蛇、蛇と三様に書かれているが、草薙剣の方は四書（本文、第二、第三、第四）とも一様に草薙剣とだけ記されている。ついでに、第五の一書で根国にいくのがさいごのスサノオは、紀中に六六度も出ているが、すべて一様の素戔嗚に書かれている。* 草薙の名は巻第七の日本武尊の東征の出来事にもとづいているから、四書はヤマトタケル譚ができたのちに作られた。また「上古」の八岐大蛇の話も「皇代」の草薙剣とともに語られているところからして、やはりヤマトタケル譚以後の作だ。日本の称号が天武期の成立とすれば、八岐大蛇もヤマトタケルも草薙剣（天武の病はそのたたりだった―㈤―二三二頁）もみな天武以後の新規話ということになる。（補論、草薙剣考を見よ）

注「神」名で巻第一での出度数がいちばん多いのがスサノオ六六度。ついで日神二四度、アマテラス二三度、ツクヨミ九度、ヒルコ五度、タカミムスヒ三度、月神一度、オオヒルメムチ一度、である。スサノオを「神話」中の英雄とする見方を、私は採らない。後発のアマテラスを優位に位置づけるのに利用された存在と見ている。見方はいろいろあり、一つの見方はささいなことで逆転する。オセロ・ゲームで白・黒の駒が一瞬にひっくりかえるのと同じだ。物根はアマテラスがニニギひいては天皇家と無縁になるのを防ぐ窮余の愚策とわかれば、巻一に六六度と圧倒的な存在感を示しているスサノオ以外に天皇家の始祖はいないし、伊勢神宮に祀らるべきはもとよりスサノオの方である。アマテラスは天上にとどまるが、スサノオは天下にくだる。「風雨甚ダシト雖モ、留リ休ムコトヲ得ズ、辛苦シテ降ッタ」（第六段*、第三の一書、㈠―八六頁）スサノオだが、子のオオナムチは、葦原中国の国作の大神で、その幸魂奇魂オオモノヌシは大三輪神社の祭神だから、あわせてスサノオは、実質、天下之主者の始祖でもある。あわれなスサノオとは、記紀作者の不手際をいうのであって、その不手際をとりのぞいてみれば、まさしくスサノオの天下なのである。

子孫の項で、本文は（スサノオの）児大己貴命、第一が五世孫大国主神、第二が六世孫大己貴命なのに、第六だけが国作を冠して国作大己貴命とする（第四、第五については後述）。第六の一書は他と変ったところが多いが、冒頭で、大国主神、亦名大物主神、亦国作大己貴命、亦葦原醜男、亦八千戈神、亦大国玉神、亦顕国玉神、と列挙している。大国主神をはじめにもってきているが、この一書の主役は大己貴で、以下、少彦名命（タカミムスヒ尊の子）との話ではオオナムチ命と合せているが、以外はオオナムチ神である。

オオナムチ神の幸魂奇魂が日本国之三諸山に住む大三輪之神で、その子らが鴨君、大三輪君、姫蹈鞴五十鈴姫命である。ヒメタタライスズ姫については、又曰と別伝があり、（オオナムチの子）コトシロヌシの子としているが、是が神日本磐余彦火火出見天皇の后だ、と書いている。なんとも先走った系譜記事だ。

第六の一書に、日本国（の三諸山）とか神日本磐余彦（神武、巻第三ではその諱が彦火火出見）と日本という称号が出、また大三輪の神ともある。日本の称号は天武期（一〇年三月）から作られだした浄御原令にあったとみなされるし、三輪山の神（オオモノヌシ）の祭主である三輪氏が、壬申の乱で功をたてて大三輪と称するようになった。さらに、巻第二八、壬申紀に、高市社のコトシロヌシが、高市県主許梅に神がかりし、神日本磐余彦天皇の陵に馬及種々の武器を奉れと言った、ともある。こう見てくれれば、すなわち、第六の一書は天武期の作としていいだろう。

定型化される咸蒙恩頼の句

オオナムチとスクナヒコナが戮《りく》力一心、天下（葦原中国）を経営し、やがてあらわれてくる人民と畜産のために療病之方を定め、また鳥獣昆虫の災異を壊うために禁厭之法を定めた。それで百姓は今に至るまで、咸《ことごとく》ニ蒙《かがふ》二レリ恩頼《みたまのふゆ》一ヲ、とある。この咸蒙恩頼が気にかかる。紀中に、多くの変容はあるが、あらまし定型化された類句がある。なんど目かの紀の通読で気づき、書きとどめたのを、以下に挙げておく。

1 蒙《かがふ》二リ恩頼《みたまのふゆ》一ヲ（巻第一、第七段*第六の一書、文庫版㈠—四五〇頁）

2 頼《かがふ》ルニ以テス二皇天《あまつかみ》之威《みいきほひ》ヲ一（巻第三、神武己未年三月、自二我東征一於レ茲六年、㈠—四八九頁）

3 頼リ二聖帝《ひじりのみかど》之神霊《みたまのふゆ》ヲ一（巻第六、垂仁九九年明年、㈡—四六八頁）

4 頼リ二天皇《すめらみこと》之神霊《みたまのふゆ》ヲ一（巻第七、景行二八年、㈡—四七八頁）

5 頼リ二皇霊《みたまのふゆ》之威《みいきほひ》ヲ一（同、景行四〇年七月、㈡—四七九頁）

6 頼リ二神祇《あまつかみくにつかみ》之霊《みたまのふゆ》ヲ一（同右）

7 借《かがふ》リ二天皇《すめらみこと》之威《みいきほひ》ヲ一（同右）

8 被《かがふ》リ二神恩《みたまのふゆ》ヲ一（同、景行四〇年是歳、㈡—四八二頁）

9 頼リ二皇威《すめらのみいきほひ》ヲ一（同右）

10 被リ二神祇《あまつかみくにつかみ》之教《みこと》ヲ一（巻第九、神功摂政前紀、㈡—四九五頁）

11 頼リ二皇祖《すめみおや》之霊《みたまのふゆ》ヲ一（同右）

12 蒙リ二神祇《あまつかみくにつかみ》之霊《みたまのふゆ》ヲ一（同右）

13 頼リ二於天皇《すめらみこと》ヲ一（巻第十四、雄略二一年、㈢—四三二頁）

14 頼リ二皇天《あまつかみ》ノ翼戴《みたまのふゆ》ヲ一（巻第十六、武烈即位前紀、㈢—四五一頁）

15 假リ二天皇《すめらみこと》之威《みいきほひ》ヲ一（巻第十九、欽明五年、㈢—四八三頁）

16 頼リ二可畏天皇《かしこきすめらみこと》之霊《みたまのふゆ》ヲ一（同、同一三年、㈢—四九二頁）

17 蒙リ二天皇《すめらみこと》ノ威霊《みたまのふゆ》ヲ一（同、同一五年、㈢—四九七頁）

18 依《かがふ》リ二天皇之徳《みいきほひ》ヲ一（同、同一六年、㈢—四九八頁）

19 頼リ二天皇ノ聖化《みおもぶけ》ヲ一（巻第二十五、孝徳・大化四年、㈣—五一六頁）

20 頼リ二天皇ノ護念《みめぐみ》ヲ一（巻第二十六、斉明六年一〇月、㈣—五三六頁）

21頼《リ》二神祇《あまつかみくにつかみ》之霊《みたまのふゆヲ》一、請《こイ》二天皇之命《みことのりヲ》一（巻第二十八、天武元年六月、㈤—三九七頁）

各句が使われた状況のうち、誰かの言葉の中に出る例をひろいだすと、2が神武の勅の中、3はタジマモリの言葉の中、4、5、6、7、8、9がみなヤマトタケルの奏言の中、10、11、12は神功の誓約また群臣への令言《のりごと》の中、13〜18、20は百済の王や将軍の言葉の中、19が孝徳の勅言の中、さいごの21は高市皇子の言の中、となる。すなわち、ここ巻第一第七段*第六の一書の1をのぞいて、他はすべて誰かの言葉の中に出る。しかも19をのぞいて、神武2はいわゆる東征、タジマモリ3は常世国という海外、ヤマトタケル4〜9はクマソ、エミシ征討、神功10〜12がいわゆる三韓征伐、百済王・将軍13〜18、20は対新羅戦争、高市21は壬申の乱と、ほとんどが戦争状況のもとでの発言の中にある。これら常踏句の原型とわたしのいう1が、オオナムチ、スクナヒコナの平和な天下経営（文庫版㈠—一〇二頁）を叙した文中にあるのと、まるで異なる。

定型句は日本紀を皇統史化した

たしかに国の存亡、個の生死にかかわる戦争では、神霊や君主の勢威に頼るのが、古代史の中のそれ、私などが育った現代史の中のそれの区別なく、一般である。みたまのふゆにかがふらねば、難局を乗切るのが難儀であった。そこに神霊・君主に依頼する常踏句が、合言葉のように繰り返されるもとがある。しかし同時に、この神霊・天皇霊の勢威、聖徳を、皇祖皇宗の肝要な箇所にちりばめることで、日本紀がゆるぎのない皇統史として確立、完成することになる。右の21（老来のこととて遺漏があろう）の常踏句のちりばめは、日本の謂われを宣命する虚偽意識《イデオロギー》として、日本紀をおおったのである。

1〜21をみていくと、巻第三・神武（神日本磐余彦）—巻第六・垂仁—巻第七・景行（日本武尊）—巻第九・神功—巻第二五・孝徳—巻第二八・天武とつらなっているのに気付く。初代神武が三九代天武とつながることは、上にのべた。神日本磐余彦の名は巻第三、巻第二八にだけ出てくる（綏靖が神武の三子といった形式的な出は別）。巻第六・一一代垂仁条には、二年是歳一云で伽耶のツヌガアラシトが日本国に聖皇有りと伝え聞きして帰化した、またもう一つの一云には日本国に入（朝）した、とある。巻第七・景行紀では、欠史八代の幾人かをのぞいて、名の中に日本をもつ日本武尊が出て、南のクマソ、北のエミシを征討して日本国の統一に貢献している。巻第七と巻第三とは使用語句に類似点が多く、両巻が近い関係をもつことは、紀区分論の諸研究で、明らかである。それが神日本磐余彦と、日本武尊とが名の上で近似していることに、あらわれている。巻第九・神功紀は、蒙天皇威霊の系列が、国内の平定・統治だけではなく、朝鮮三国への支配にまでひろがっていることを、示した。同じことは巻第十九・欽明紀で繰り返され、可畏天皇之霊や詔が強調されている。* 巻第二五・孝徳紀から巻第二八・天武紀にかけては、蒙天皇威霊の系列が律令天皇制に及ぶ、というより、逆に律令天皇制こそが、この系列を作り出したことを表している。

（'07・6・27、ここまで'13・1・4清書）

注 日本紀の作製に大きな支柱となった百済三書が神功紀から欽明紀まで引用されている史料事実も両紀のつながりを示している。

補論 草薙剣考

スサノオという人物は、日神ヒルメをアマテラスに変換するさいの狂言廻しとして、作られた。しかしこの人物は、その役割を終えてからも、なお長くいろいろの役回りを負わされた。それは、この道化におちいりかねない哀れなスサノオのわずかな救いだったのかもしれない。

草薙剣はスサノオの遺産か 諸神に高天原を追放されたスサノオは、出雲の簸ノ川で八岐大蛇を退治し、その尾から草薙剣を得た。草薙剣はスサノオの遺産といってもいい。そこで紀の中の草薙剣を見てみよう。草薙剣は紀に、巻でいえば第一、第三、第四、第二、第七、第二七、第二九の七巻、その一一ヵ所一三度（1に三度）出ている。いつものように枚挙してみよう。

1（巻第一、第七段*本文）時に素戔嗚尊は、帯びていた十握剣を抜き、寸《ずたずた》に其の蛇を斬った。尾に至ると剣の刃が少し欠けた。故《それで》、其の尾を割り裂いて視ると、中に一剣が有った。此が所謂《いわゆる》草薙剣である。草薙剣《つるぎ》、此は倶娑那伎能《くさなぎの》都留伎と云う。一書は云う、本の名は天叢雲剣《あまのむらくものつるぎ》。蓋し大蛇が居る上に雲気が有る。故《それで》名づけたか。日本武尊に至り、名を改めて草薙剣と曰った。（㈠—九二頁）

2（同、第一の一書）素戔嗚尊は剣を抜いて斬った。尾を斬る時に至《な》って、剣の刃が少し欠けた。割いて視ると剣が尾の中に在った。是を草薙剣と号《なづ》けた。此は今尾張国の吾湯市村《あゆちのむら》に在る。即ち熱田の祝部《はふりべ》が掌《つかさど》る神が是である。其の蛇を断った剣は号けて蛇《おろち》の麁正《あらまさ》と曰った。此は今石上《いそのかみ》に在る。（㈠—九六頁）

3（同、第三の一書）素戔嗚尊は乃《そこ》で蛇の韓鋤剣《からさひのつるぎ》を以て、頭を斬り腹を斬った。其の尾を斬った時、剣の刃が少し欠けた。故《それで》、尾を裂いて看れば、即ち別に一剣が有った。名づけて草薙剣と為《し》た。此の剣は昔は素戔嗚尊の許に在ったが、今は尾張国に在る。其の素戔嗚尊の蛇を斬った剣は、今吉備の神部の許に在る。（㈠—九八頁）

4（同、第四の一書）素戔嗚尊は乃《そこ》で天蠅斫剣《あまのははきりのつるぎ》を以て、彼の大蛇を斬った。時に蛇の尾を斬って刃が欠けた。即ち擘《さ》いて視ると、尾の中に一神剣が有った。素戔嗚尊は「此は以て吾が私に用うべきではない」と曰い、乃ち、五世の孫天葺根神《あまのふきね》を遣わし天に上げ奉った。此が今の所謂草薙剣である。（㈠—一〇〇頁）

5（巻第二、第八段*第一の一書）故《それで》、天照大神は天津彦彦火瓊瓊杵尊に、八坂瓊曲玉及び八咫鏡・草薙剣の三種の宝物を賜った。（㈠—一三二頁）

6（巻第七、景行四〇年一〇月）戊午（七日）、道を枉《ま》げて伊勢神宮を拝した。……是に倭姫命は草薙剣を取り、日本武尊に授け、「慎《つつし》め、怠るな」と曰った。（㈡—一九四頁）

7（同巻、同年是歳一云）王の佩いた剣藂雲《むらくも》が自づと抽《と》け、王の傍の草を薙ぎ攘《はら》った。是に因って免れ得たのだ。故《それで》、其の剣を号けて草薙と曰った。㈡―九四頁）

8（同巻、同年是歳）即ち剣を解き、宮簀媛の家に置いて…。㈡―一〇二頁）

9（同巻、五一年八月）初め日本武尊が佩いた草薙横刀、是は今、尾張国の年魚市郡の熱田社に在る。㈡―一〇八頁）

10（巻第二七、天智七年是歳）沙門道行が草薙剣を盗み、新羅に逃げて向《い》こうとしたが、中路で風雨が荒れ、迷って帰《もど》ってきた。㈤―四八頁）

11（巻第二九、朱鳥元年六月）戊寅（一〇日）、天皇の病を卜うと、草薙剣に祟られていた。即日、尾張国の熱田社に送置した。㈤―二二二頁）

（'08・8・13）

剣名は終始草薙剣

通覧して、第一に、紀が初めから終わりまで、この剣の名を草薙剣でおし通しているのが、注目される。記でも、スサノオ（須佐之男）が得た剣の名は草那芸之大刀で、倉野憲司は「この剣は最初からクサナギという名であった」と注している（大系本、記、八八頁）。景行記でも、倭比売命が倭建命に授けたのは、草那芸剣であった。スサノオの時は天叢雲剣で、ヤマトタケルになって草薙剣になったとは、1の注の一書云と7だけで、紀はもとより記ですらスサノオから一貫して草ナギ剣としている。この資料事実は、草薙剣を考えるさいのアルファでありオメガである。

第二に、草薙剣にかかわる人物は三人である。叙述の順で、スサノオ、ヤマトタケル、天武、すなわち剣を得た者（1〜4）、剣を使った者（6〜8）、剣に祟られた者（10〜11）、である。三者のうち、いうまでもないが、実在したのは天武だけである。そこで、10、11の記事から見ていくことにする。

10、11はふしぎな記事だ。叙述の順でスサノオ、ヤマトタケルの記事を前提とすれば別だが、それらが天智七年現在にはなかったありもしない作り話だったとすれば、とつぜん「草薙剣」なるものが出現し、それを盗んだ僧侶が新羅へ逃げそこなったという瑣事が、なぜ天智紀にあらわれたのであろうか。答えはただ一つ、天武紀11記事の前提となるからである。じっと眺めて、11記事こそが、「草薙剣」を古代飛鳥京に認知させ、ひいては日本紀の中にこの剣の話が作られていく、発端であったと気づく。カリスマ天皇に祟った剣である。話題にならないはずはなく、それとともに「草薙剣」の認知が拡がる。このときどき、すなわち10天智七年（六六八）と11朱鳥元年（六八六）、この剣に草薙剣の名が有ったのかどうか、疑わしい。紀を作る過程のどの段階（おそらく日本武）かで、この剣を利用して紀をいろどる史的物語が構想されたさい、草薙剣という名も定まったと思われる。1～11の記事ほとんどが一様にこの名で記されているのは、人為的に作られた定義的な名だからである。こうして、草を薙いだヤマトタケル以前、すなわちスサノオの八岐大蛇退治で得た剣すら、草薙剣の名で記された。

このおかしさに気づいた人がいた。彼は、すでに出来ていた巻第一、第七段本文(1)を見て、ここに注をつけた、―本名《もとものな》は天叢雲剣だが、ヤマトタケルの段で草薙剣になったのだ、と。むろんこの方が辻褄は合っている。しかし注としての補筆で終わってしまい、1～5の草薙剣を天叢雲剣に書き換えるには到らなかった。この剣はつねに草薙剣と書く、との紀の定義的な使用法（マニュアル）の強さは、記をも規定したのである。

剣の所在地　第三に、剣の所在地を検する。剣は二つあった。スサノオが大蛇の尾を斬った剣と、それによって得られた剣とである。次頁の表で、上段が草薙剣の所在地、下段が大蛇の尾を斬った剣の名と所在地である。

当然のことだが、大蛇の尾を斬った剣は、当該の話をのべた（巻第一の）第七段*（の本文と第一、第三、第四の一書）にしか出ない。ところがその1～4で剣の名がすべて異なる。今の所在地は、2、3だけが記していて、2が石上

	草薙剣	尾を断った剣
1		十握剣
2	今、尾張国吾湯市村	蛇ノ麁正　今、石上
3	今、尾張国	韓鋤剣　今、吉備神部ノ許
4	今所謂草薙剣　天	天蠅斫剣
5	（高天原）	
6	（伊勢神宮）	五世孫大国主神
7		
8	（尾張氏女）宮簀媛家	
9		
10	今、尾張国年魚市郡熱田社	
11	尾張国熱田社	

（神宮カ）、3が吉備の神部である。スサノオが出雲で使った剣がなぜ大和の石上や吉備の神部に伝わったのか、紀は沈黙している。

（尾を断った剣ではなく草薙剣の方だが）伝わり方が記されているのは4（第七段*第四の一書）である。尾から出てきたのは神剣（ここだけが草薙剣の名を使っていない。文末で所謂草薙と付記している。）で、スサノオが私用すべきでないと、天に上奉った（上二奉於天一）、と記されている。この天が何かは4だけでは分からない。5（第八段*、第一の一書）と合せてアマテラス（天照）だったと分ってくる。4でスサノオがアマテラスに上奉したから、5でアマテラスはニニギに草薙剣を授けることができたのである。すなわち、巻第一、第七段*第四の一書と、巻第二、第八段*第一の一書とは、ほぼ同時に関連して作られた可能性が高い。

大蛇を断った剣の名が、1~4の四記事ですべてちがうのに較べ、草薙剣が1~11ほとんどで同一ということの方が、変なのである。神剣という唯一、一般名詞での異名が出ても、文末で今所謂草薙剣と収めている。ではその所在地の方も同一なのか。11の内、所在地を記さないのが、1、7、9と三記事あるから、これを除くと八記事。

その半分、四記事が尾張をあげる。2今、尾張国吾湯市村、3今、尾張国、9今、尾張国年魚市郡熱田社、11尾張国熱田社。そして、見るとおり、2第七段*第一の一書、3同第三の一書、9景行四〇年是歳の三記事が、今…としているのに、11朱鳥元年六月記事だけは、今抜きで尾張国熱田社としている。先に、紀中一一度の草薙剣記事の中で、11を全草薙剣記事の発端となった史実、と判断した史料根拠である。そして草薙剣の所在地は尾張国熱田社だったのである。

10で盗まれ、11で祟った剣がなんという名でよばれていたのかは、分らない。草薙剣とは、ヤマトタケルの焼津の難にいちばん適った名称と思われる。ところが、巻第七景行四〇年是歳条の本文が、だまされて狩猟のため野中に入ったタケルを、焼き殺そうと火を放ったが、火打（燧）で向火をつけて免れたとしているのに、またも一云がつき、タケルの佩刀・藂雲がおのずから抜け、周辺の草を薙ぎ攘ったので免れた、それでその剣を草薙と曰った、との別伝が注されている。これは、1で、本文ではスサノオが大蛇から得た剣を草薙剣としていたのに、注の一書が本名は天叢雲剣だったが、ヤマトタケルのとき草薙剣と改名されたと述べたのと、まったく同じである。タケルが剣ではなく火打石で難を免れたとの本文（記も同じ）を打ち消し、いや剣だと言いはり、1一書につづいて剣名ムラクモから剣名クサナギに変ったのだと繰り返す。近代、1の一書および7の一云に沿って、記すら容れなかった剣名の変更話をとったのは、例によっての辻褄合せ読み（浅い合理主義）でしかなかった。

草薙剣は日本国天皇之威の象徴

第四に、草薙剣とかかわる人物は、先にふれたように剣を得たスサノオ、剣を使ったヤマトタケル、剣に祟られた天武の三人であった。この三人は草薙剣でつながっているのだが、つながりはそれだけなのであろうか。本章その二の終りで、1（第七段第六の一書で、スサノオの児オオナムチの）咸蒙二恩頼一（おかげをみな受けている）というごくふつうの語句が、やがて天皇や神のおかげにたよるといった定型句となって、紀を貫いているのを、みておいた。全巻にあるのではなく、縫い針を神武《その一》—日本武尊《その二》—神功《その三》—孝徳《その四》—天武《その五》と通すように綴っていた。神武《その一》は、東征から六年目（己未年三月）の感懐として、2頼以二皇天之威一（大いなる天の威のおかげで）と言った（㈠―二三八頁）が、皇天は、孝徳《その四》が斉明・中大兄の母子と共に（飛鳥寺西の）大槻の樹下に群臣を召集して会盟した言（分注、㈣―二四〇頁）の中にも使われている。日本武《その二》が出る巻第七（景行紀）は、この種の定型句がもっとも多く（4〜8の五度すべて日本武の言の中に）使用されている。皇天は中国流の昊天上帝だったが、日本武では4天皇之神霊、5皇霊之威、6神祇之霊、7天皇之威、8神恩皇威と、中国流の皇天之威から日本流の天皇之威へと転換しているのが注目される。*

注　すでに本章その二の終りで、巻第一、第七段*の少なくとも四書（本文、第一、第三、第四一書）、スサノオの八岐大蛇退治譚が、日本武の話の成立以後であり、日本の国号が天武期にできたとすれば、「オロチもヤマトタケルも天武期以後の新規話」だと書いておいた。

神功《その三》（巻第九）になると、9神祇之教、皇祖之霊、10神祇之霊と、神祇が重ねて出るのは、いわゆる三韓征伐が、神々の教と庇護でなされたことになっているのに、照応している。この神々の第一は神風ノ伊勢ノ国之百伝《ももつた》フ度逢《わたらえ》ノ県《あがた》之拆鈴《さくくしろ》五十鈴ノ宮ニ所レ居ル神、名ハ撞賢木《つきさかき》厳《いつ》之御魂《みたま》天疏《あまさかる》向津媛《むかつひめ》ノ命《みこと》という三五字ものおそろしく長い名の神。これをただちに天照大神としかねる理由は、さいごの媛命。姫尊ではないから、神の身分では二流というほかはない。大系本は、五十鈴宮に「後の伊勢神宮」、天疏向津媛命に「下文の天照大神の荒魂と同じか」と注した（井上光貞カ）が、粗笨というほかはない。アマテラスに媛命と書くのは、紀最初の注、至貴曰レ尊、自余曰レ命…下皆效レ此（㈠―一六頁）に反する。アマテラスが至貴でなくなり、自余の二流に堕すではないか。又、天照大神の荒魂は、眼炎金銀のある新羅を教えた神々（すなわち神祇之教）の場ではなく、帰国して瀬戸内海の東端、難波を目指した神功の船が海の中を廻るばかりで進まず、務古水門でトった場に出てくる。大系本はA欞日宮の神祇之教の神々（(二)—一三八頁）と、B務古水門でトった神々（(二)—一六〇頁）とが「対応する」（(二)—四〇九頁補注一九）というが、それにしてはBの神々が、摂津国武庫郡広田神社、八部郡生田神社、同長田神社、菟原郡住吉郷（又は住吉郡住吉坐神社）と、大阪湾の西北岸に揃って並ぶのが不審である。A、Bの場ちがいが解けない限り、「対応する」とは言えない。神々の第二は、於二尾田《おた》ノ吾田節《あがたふし》之淡《あは》ノ郡《こほり》一ニ所レ居ル神。第三が、於レ天事代《あまにことしろ》於レ虚《そらに》事代玉籤《くし》入彦厳之事代神。そして第四が、於二日向ノ国ノ橘ノ小門之水底一ニ所レ居ル、而水葉ノ稚《わか》ク之出デ居ル神、名ハ表筒男《うわつつのを》、中筒男、底筒男ノ神である。第一から第四まで、まず所在の地を示し、ついで神名を記している（二だけ所在はあるが名無し）。文脈からいずれも博多湾岸の神とするのが自然だが、一が伊勢国度会郡、二は解しがたい所在地だけで、三は形容の多い名だけ、四は、日向（室見川、日向川にはさまれた吉武遺跡群の地）の小門（現、福岡市西区小戸）の地の、名からしていわゆる住吉三神。所在地と神名の両方が整って解り易いのは四に限られる。すなわち、他の三神は添えもので、住吉神だけが教え、かつ守護したのである。一〜三の長い名（神名にしろ地名にしろ）はどこか祝詞めいていて、私は藤原朝臣大嶋の筆ではないかと思案している。

下文に侵攻された新羅王が、東ニ有ル二神国一、謂ウ二日本一ト、亦有ル二聖王一、謂ウ二天皇一ト、と言ったとある。まさに天武期に成立した国号（日本）と王号（天皇）が見本のように記されている。天武一〇年三月の帝紀及上古諸事（すなわち日本紀）を記定するセレモニーで、筆をとった一人が中臣連大嶋であった。彼は天武期一次本の作製をも、またアマテラス誕生後の持統期二次本をも主導したと考えられる。先のA（媛命）、B（天照大神）とその場ちがいとには、その双方に大嶋の関与を想定すると、ちがうようでいてなんとはなしかかわりもありそうな、おなじようであっても場ちがいであって、おぼろに歯がゆい感じなのも、合点できるようである。

神功《その三》でやや足踏みをした。つづく11（巻第一四、雄略二二年）頼二於天皇一、12（巻第一五、顕宗二年）奉二天之霊一、13

（巻第一六、武烈即位前紀）頼二皇天ノ翼戴一、は、いずれも作られた順序でのⅢｂに属する。天皇（新王号）と皇天（唐伝来の天帝）とが並存していてもふしぎではない。以下、14（巻第十九、欽明一三年）頼二可レ畏天皇之霊一から、18（巻第二六、斉明六年）頼二天皇護念一まですべて天皇である。その中の17（巻第二五、大化三年）頼二天皇聖化一が、孝徳《その四》のものである。いかにも天皇王朝初代にふさわしい表現の飾りである。そして天武《その五》の19（巻第二八、元年六月丁亥）は、壬申の乱時の高市の発言の中にある。実のところ壬申の乱での高市に、この発言以外の活動はない。19に引いた前にも、天皇之霊があり、全文をひくと、近江ノ群臣ハ雖レドモ多イト、何ウシテ敢テ逆オウカ二天皇之霊一ニ哉、…則チ臣高市ガ、頼リ二神祇之霊一ニ、請ケ二天皇之命一ヲ、引二率シテ諸將一ヲ而征討ショウ。天皇之霊、神祇之霊、天皇之命の三連で、カリスマ天皇、天皇称号第一号の天武の代を象徴する。そして紀の（叙述の順序での）天皇初代神武《その一》の、神日本磐余彦天皇の名もまた巻第二八（元年七月先是）に初出した。ついで《その二》日本武。神功《その三》の名に日本はないが、上に見たように、新羅王に神国日本、聖王天皇と言わせる作為をした。実質、天皇王朝初代の孝徳《その四》では、天皇聖化と並ぶように、大化元年七月条に、大宝令の明神御宇日本天皇詔旨をさかのぼらせて使っている。そして天武《その五》。以上のその一～四の定型句の系列は、天武期の国号日本、王号天皇の成立をこそ、史実上の初現として、意図的に作られている。それは、天武の朱鳥元年条に初現したことから、草薙剣の系列がスサノオ—日本武—天武とのびているのと併行している。天武の蕩滌之政がスサノオの清浄心とつながることは、十二つ章でのべる。

三種の宝物の背景

これで最後だが、第五に、これまでとは異質の草薙剣記事5をとりあげよう。4（第七段*第四の一書）で、スサノオが神剣を私すべきではないと、天に上げ奉った、とある。この天は高天原したがってアマテラスとみなしうる。その証が5（第八段*第一の一書）で、アマテラスが降臨するニニギに、八坂瓊曲玉、八咫鏡、草薙剣の三種宝物を授けている。アマテラス、ニニギは、草薙剣に関わる三者、すなわち剣を得た者、剣を使った者、剣に祟られた者からは別個の存在である。したがって4、5については、これまでとは別個

	第五段		第六段		第七段				第八段	
	本文	第二	本文	第三	本文	第一	第三	第四	第一	第二
八坂瓊	○	○	○						○	○
八咫鏡			○	○					○	○
草薙剣					○	○	○	○	○	

	垂仁	景行					仲哀	雄略	天智	天武
	87年	12年	40年	40年是歳一云	40年是歳	51年	8年	9年	7年	朱鳥元
八尺瓊	○	○					○			
八咫鏡		○					△			
十握剣		△	○	○	○	○	△		○	○

に考察しなければならない。そこで、八坂瓊曲玉・八咫鏡・草薙剣の三種の宝物が、紀中どのように分布するのかを、表示した（上表は第五段*～第八段*を本文・一書別に、下表は各天皇別にその年次を示している。また○は5の三種の宝物と同名のもの、△は、鏡なら白銅鏡、剣なら十握剣のように異名のものを示す）。

この表から「きわめて明快に帰納できるのは、八坂瓊、八咫鏡、草薙剣の〔○〕三つがそろって出て来るのは、唯一、5〔の〕第八段*第一の一書しかないということである」（日本書紀史注、巻第二、一九九七年、一七二頁）。そこで△をもいれて玉、鏡、剣がそろっている箇所をあげると、次の三箇所である。

		(上枝)	(中枝)	(下枝)
a	（景行一二年九月五日）	八握剣	八咫鏡	八尺瓊
b	（仲哀八年一月四日）	白銅鏡	十握剣	八尺瓊
c	（同　右）	八尺瓊	白銅鏡	十握剣

abcは「いずれも、倭国史書の中で〔阿蘇山以北の〕〔北〕九州一円を平定しに出発した〔ニニギの子〕ヒコホホデミを送迎し〔たさいにしつらえ〕たものである。だから〔三人がそれぞ

れ」根つきの常緑樹の上・中・下枝に、剣・鏡・玉をかけている」（同一七二頁。なお後篇、古代史と日本書紀―津田史学を超えて、二つ、三つ章を参照）。

考古学的な発掘調査で、三種の宝物が出土するのは、まず韓の松菊里《ソングンニ》遺跡から三種そろって出土している。日本でいえば弥生早期に相当する。つぎに壱岐の弥生遺跡原の辻からは、各墓から鏡、剣、玉それぞれが単独に出土しているが、三種そろって出た墓はない。北部九州に上陸すると、ただ一箇所、吉武高木遺跡の三号木棺墓から、三種の宝物一式が出土した。この遺跡は発掘当初、日本列島初の宮殿が発見されたと話題になったが、該当する文献がなく、現在の早良区の名称をとって早良王国の跡とされてきている。私はこの地こそ、ニニギが「天降った日向」であり、ニニギは天降ったのではなく、伽耶から渡海して博多湾西岸、今山の辺に上陸し、景行紀に残る記録では、六年かけて日向周辺を平定したとみている。松菊里―原の辻―吉武（日向）とたどりうる三種の宝物のラインからして、櫃日から出発して阿蘇山以北の北九州を平定した二代目ヒコホホデミの送迎に、a、b、cの三種の宝物での送迎儀礼が行われたのは、史的に当然の事柄と、思っている（後篇、二・三つ章参照）。

なお三種の系譜を考えてみよう。剣・鏡の源は、中国青銅器文明の影響で生じた遼寧青銅器文明である。遼寧式銅剣は、朝鮮半島を満遍なく南下して、北部九州にも入ってきた。鏡は、遼寧の鏡は素文鏡で粗末である。朝鮮半島を南下して主に南半の韓の地で多紐細文鏡が出来、これが北部九州へ入り、さらに東行する。吉武高木・三号木棺墓出土の鏡は、多紐細文鏡である。剣・鏡とちがい玉は日本列島の日本海沿岸の玉の文化が、海峡を北へ渡り、半島南部、韓の地へ入った。

玉、鏡、剣の紀中での分布の特徴（三種がそろうのは、アマテラスがニニギに三種の宝物を授けた5だけ）と、考古学的な玉、鏡、剣の東アジアでの系譜とをつき合せると、5の異様さがきわだってくる。5の記事の三種の宝物の名も不自然である。まず八坂瓊曲玉。曲玉は勾玉とも書き、「巴の紋の中の一片に似た形」（広辞苑）をしていて、韓の地の遺跡からも出土する。八坂瓊の初出は、巻第一、第五*段本文である。弟スサノオが高天原を奪いにきたと誤断したアマテラスは武装して弟を迎える。その装いの一つとして、八坂瓊の五百箇《いおつ》の御統《みすまる》を髻と腕に巻き付けた、とあった。八坂《やさか》は八尺《はっせき》の和訓である。八は実数のほか大きい、たくさんのといった意味をもつ。八坂瓊は、だから、でっかい玉。八咫《はっし》の八咫《やた》も同じである。周代、長さを測るのに人間の身体各部を借りた。男性の両手を並べた指十本分の長さが尺《せき》でおよそ二二・五cm。女性のが咫《し》でおよそ一八cm。よって八咫鏡も、でっかい鏡。5の三種の宝物は、でっかい玉、でっかい鏡と、ごくふつうの呼び方二つを重ね、そしてとつぜん固有名詞で草薙剣とつけたしている。異様という所以である。

さきに、博多湾岸のイザナキ・イザナミと、飛鳥浄御原宮にて奉宣されたアマテラスとが、親子であるはずがない、と書いた。同様に、三種宝物についても、遼寧青銅器文化以来の剣・鏡と、日本海沿岸の玉の文化との接点が、海峡をはさんで北に韓の地と南に北部九州であるなら、アマテラスがニニギに三種宝物を授けることなど、できはしない道理なのである。

（'08・8・14）

注　三種宝物を戦前に「三種の神器」と言いかえて、それが通用した。これについては津田左右吉の批判とそれをついでの研究がある（大系本文庫版、巻第二補注一九、㈠―三七五～八頁にくわしい）。「玉、鏡、剣は、戦前の教育をうけた老人には、いわゆる（つまり真実ではない）三種の神器として、なお記憶されていよう。それは、書紀すらも書いていない、近代の大日本帝国がつくりだしたまったくの虚偽だった。書紀は…ある一書で、三種の宝物という表現はしているが、三種の神器などとは言っていない。神器は、老子に天下ハ神器ナリとあり、無形の神と有形の器とが合した、神聖デ為《つく》ル可《べ》カラ不《ざ》ルもののことである。また漢書、叙伝上に使われた神器について、景帝の子劉徳は神器ハ璽ナリとした。このため帝位の象徴としての宝物のことと解するむきもある。しかし、原文は神器ハ命有リテ、知力ヲ以テ求ム可カラザルヲ知ラズだから、神器というのは天命が有って与えられるので、人知人力をもって求めうるものではない、の意である。すなわち神器とは帝位そのもののことである。だから三種の神器という言い方は、古代ではありえなかった。漢籍漢字に通じた紀作者は、三種の宝物とは言っても、三種の神器などとはいわなかった」（後篇、すなわち前著、古代史と日本書紀、一九九九年2章、五六〜七頁）。津田は、老子の他に、日本でも神器を帝位そのものとして使っているとして、続日本紀、霊亀元年九月己卯の詔から、以二テ此ノ神器一ヲ、欲レス譲二ラント皇太子一ニ、をあげている。大系本続紀はここの補注（6―九六）で、このほか神亀四年十一月己亥条、宝亀三年四月丁巳条を挙げて、「皇位の象徴としての宝器の意というよりは、むしろ皇位そのものを示す語として用いられている」と書いた。津田以来の研究史の結実の一つである。

（この補論'14・9・3清書）

その三　天孫降臨「神話」の史実

紀巻第二に移る。この巻は、実質二つの話から成り立っている。一つが第八段*の天孫降臨で、二つに第九段*の海神宮訪問である。これが神話でなければ、それぞれが意味するところを明らかにしなければならない。

アマテラス、タカミムスヒ折衷系譜　巻頭、第八段*本文はこう始まる、――天照大神ノ子、正哉吾勝勝速日天忍穂耳尊《まさかあかつかちはやひ》ハ、高皇《たかみむ》産霊《すひ》尊ノ女《むすめ》、栲幡千千姫《たくはたちぢ》ヲ娶《めと》リ、天津彦彦穂瓊瓊杵尊ヲ生ンダ。巻第一で、アマテラスがずっと注釈や一書にだけ記され、九度目で第五段*本文に出てきたことは、その二で指摘しておいた。巻第二では、右に引いた巻頭の本文にだけ、アマテラスは登場する。右文を系図化する。

アマテラス――男
　　　　　　　　├――ニニギ
タカミムスヒ――女

この系譜は巻第一のどこにも記されていない。とつぜん巻第二の冒頭に出現した。天武期一次本のタカミムスヒと、持統期二次本のアマテラスとは、テキストを異にした主役として無関係であった。しかし高天原の正統が葦原中国に天降って、天皇家の始祖となる巻第二では、高天原の主宰神が二分したままでは、正統性にゆらぎが生じる。高天原でも（天下一統ならぬ）天上一統をなしとげ、タカミムスヒ、アマテラスの調和を計らなくてはならない。この調和づくりが巻頭の系譜となった。アマテラス、タカミムスヒ、それぞれが安定した所をえていささかの狂いもない。その上でニニギの正統性にもなんのゆるぎもない。降下して天下之主者（第四段*本文）となるのに十分である。その二で述べたが、巻第一の第六*・第七段*で、高天原から葦原中国への転換が準備された。巻第一、第四段*本文の天下之主者（文庫版(一)—三四頁）が、巻第二、第七段*本文で葦原中国之主（同一一〇頁）となった。

巻第二の巻頭で、もう一つ目にとまるのは、皇祖、皇孫である。右の系譜につづいて、故ニ皇祖タカミムスヒ尊ハ、特ニ憐愛《かわいさ》ヲ鍾《あつ》メテ、崇《だいじ》ニ育テタ。遂《あげ》ク皇孫アマツヒコヒコホノニニギ尊ヲ立テ、葦原中国之主ニ為《し》タイト欲シタ、とある。皇祖、皇孫が使われたが、この対概念はここだけで、以後ひきつがれなかった（十つ章、皇祖考参照）。

天孫降臨は、神話ではない

イザナキ、イザナミは第四段*で天下之主者を生むはずが果せなかった。皇孫ニニギをその葦原中国之主に据える。これが第八段*の主題で、これまで天孫降臨「神話」とよばれてきたが、天孫降臨の主文は次のようである。

A時ニ高皇産霊《たかみむすひ》ノ尊ハ、真床追衾《まとこおうふすま》ヲ以テ、皇孫《すめみま》天津彦彦火瓊瓊杵《ほのににぎ》ノ尊ヲ覆イ、降ラセタ。皇孫ハ天磐座《いわくら》ヲ離レ、且《また》天八重雲ヲ排《おし》分ケテ、稜威《いつ》ノ道ヲ別ケ道ヲ別ケテ、日向《ひむか》ノ襲ノ高千穂ノ峯ニ天降ッタ。(一)—一二〇頁)

B既ニシテ皇孫ガ遊行スル状《ようす》ハトイエバ、槵日《くしひ》ノ二上ノ天浮橋ヨリ、浮渚《うきす》ニ在ル平ラナ処ニ立チ、膂宍《そしし》ノ空国《むなくに》ヲ、頓丘《ひたお》ヨリ国《とち》ヲ覓《もと》メテ行去《ゆ》キ、吾田《あた》ノ長屋ノ笠狭碕《かささのさき》ニ到ッタ。(一)—一二二頁)

本条は文が二重になっている。前半Aは天降り・垂直型、後半Bが遊行・水平型である（吉井巌、天皇の系譜と神話、一九六七年、山田、日本書紀史注、巻第二、一九九七年、一一二〜三頁参照）。

まずA。天降ったのが日向ノ襲之高千穂ノ峯。この地点を明白、正確に特定しておかなくてはならない。大系本補注（二―一三）は「神が天から峰に降下するという発想は、神が水平に訪れて来るとする発想と対立するもので、アジア大陸のアルタイ諸族などの持つ神の垂直降下の観念と一致する」（文庫版㈠―三七二頁）。発想だの観念だのと説明しているのは、天孫降臨を神話とみているからである。だんだん解き明かしていくが、天孫降臨は神話ではない。発想や観念のレベルではなく、歴史のレベルで考究すべきであろう。

日向の襲の高千穂はどこか

ニニギが天降ったところは、日向ノ襲之高千穂であった。日向は、イザナキがみそぎしたところを筑紫ノ日向としていた（第四段第六の一書、＊㈠―四六頁）。筑紫が九州の總称では断じてなく福岡県であることや、日向が室見川とその支流日向《ひなた》川とのあいだ、吉武遺跡群を中心とした地であることは、本章その一で述べたからくりかえさない。襲は背とも書く。Bに膂《そ》宍之空国（背中の肉のように痩せた土地）とある膂（りょ、背骨）も同じ。山背は奈良山の向う、背中の方にあるから、はじめはヤマソだったろう。その山背が葛野（京都盆地）までふくむ地名となり、平安京となって国名を山城と書くようになって、山背もヤマシロとなった。日向の襲とは、吉武の背後の背振山地を指す。背振山、雷山、天山など千メートル級を頂点に多くの山々があるから、襲の高千穂とよばれた。

（'08・1・18）

槵日の二上の天浮橋とはなにか

Aの天降りの地を特定したばかりだが、行論の都合があって、Bに移る。ここにも地名がある。槵日ノ二上ノ天浮橋である。これも特定しよう。槵日《くしひ》は奇し霊である。これまでクシを首露王の天降った亀旨《くし》峰にかかわらせて、天降り神話の比較神話学的な説明がなされてきた。しかしBは水平型の文章で、槵日ノ二上ノ天浮橋から浮渚ニ（洲）在ル平ナ処に降り立ったのだから、天から山へ降ってくるのとは、話がちがうのである。

奇し霊（槵日）につづく二上《ふたかみ》は、雌雄二峰からなる大和の二上《ふたかみ》山と同じ意味である。これに叶うのは、海抜わずかに八一メートルだが、博多湾を西から見下している今山である。今の今山は南から見ると東西に低い二峰が並ん

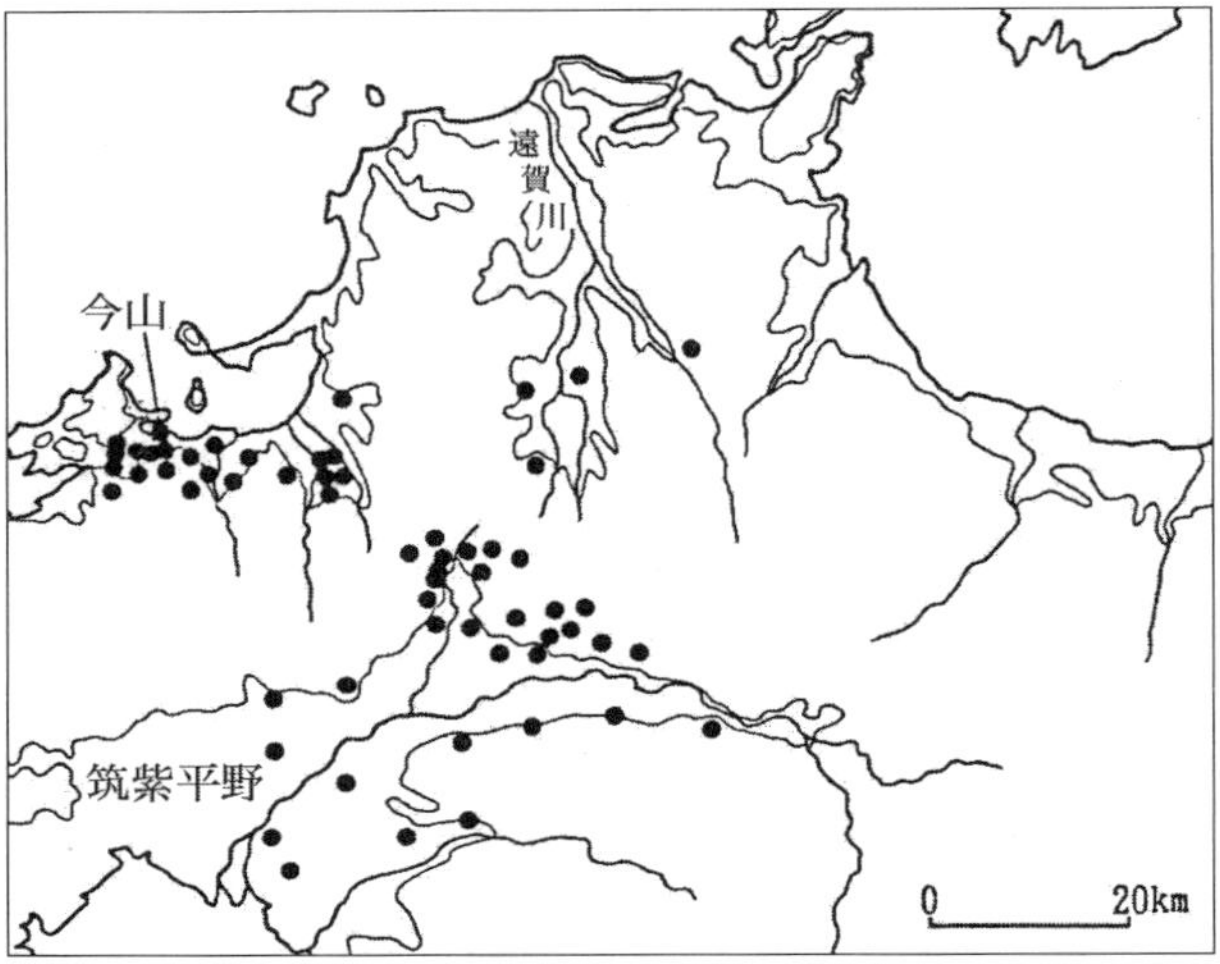

図１　今山製太形蛤刃石斧の供給　福岡・今山遺跡では、今山に産出する良質の玄武岩を用いて、弥生前期末～中期に太形蛤刃石斧が集中的に製作される。製品は福岡平野のみならず、筑紫平野や遠賀川流域まで供給されている。

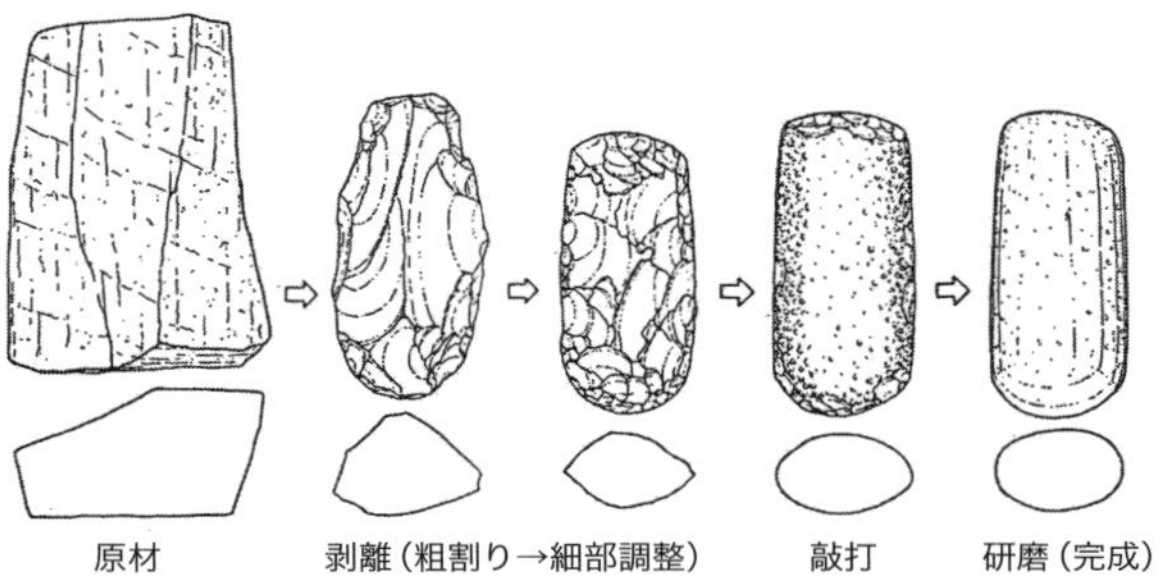

図２　今山製太形蛤刃石斧の製作過程　原材は角礫や長めの円礫を用い、これに加撃して粗割り、細部調整して全形を整え、さらに敲打を入念に施して剥離で生じた表面の凹凸を除去し、最後に研磨して仕上げる。製作工程や手法は縄文時代の磨製石斧と共通する。

お詫び　上二図の原図について、著者・書名の控えを失い、記入できません。判明の折に必らず訂正することを約して、このまま使わさせていただきます。紀の天孫降臨記事の解読に今山遺跡の存在と意義が、欠かすことができない重みをもつからです。どうかお許し下さい。

だようにうつるが、もともとは南北に並んだ二上山だったのだが、「戦前の砕石工場によって頂の一つは失われ」（今山に立つ「今山と今山遺跡の今日」碑、碑文）てしまった。この今山に奇し霊の形容がつくのは、今山が「弥生時代初頭から中期後半〔にかけて〕の石器製造遺跡」（日本古代遺跡事典、一九九五年、六九五頁）だからで、「今山に堆積する玄武岩を原材料とした大型蛤刃石斧の製作地で、北部九州に多量に広く分布する」。（図1・2）

大型の石斧は、森を切りひらき、イナ作をふくむ弥生農耕の場を造成するのに欠かせない道具だったから、北九州一帯に広汎に分布した。神秘な材料玄武岩を産出し、神秘な大型石斧を製造した今山が、奇し霊（槵日）の坐す二上（山）と称されてもふしぎではない。

天浮橋は、天の浮栈橋。舟そのもの、あるいは複数の舟を並べ板を渡したほどの仮栈橋である。構造的な、水中に杭を打ちこみ木材を組み立てた栈橋にくらべ、簡略に設置、撤去できる。海外おそらくは伽耶から移動してきたニニギは、奇し霊の二峰が浮かぶ美しい今山の辺り（現、今宿の横浜）に舟を寄せ、浮渚在平処に上陸した。今山は古今津湾に浮かぶ一小孤島であったが、博多湾、古今津湾に流入する諸河川の運ぶ土砂が堆積して、じょじょに陸続きに移行した。今宿の横浜ができる直前には、潮の干満で見えかくれする中洲（浮渚）がいくつか成長していた。その中の比較的に広い中洲の平地をえらんで上陸した。浮渚在平処とは漢字表記の日本語文で、あるいは倭国史にあった表現をもちこしたものかもしれない。

吾田の長屋の笠狭の碕　このあとBは、ニニギがすぐ遊行して、吾田ノ長屋ノ笠狭之碕に到った、とつづける（五つ章で述べたように、上陸したニニギは、巻第七、景行一二年一一月条の日向に向うのだが、今はBを読むのが主眼）。ここにも地名が出る。まず吾田。明治以後の通説では薩摩の阿多（和名抄に薩摩国阿多郡阿多郷）で、大系本補注（二）―一五、（一）―三七二頁）も、天武一一年七月条に阿多隼人の呼称が出るとしている。これを採らない。地名研究の一方の草わけである鏡完二（日本の地名）によると、アダは川岸で、ワダが入江、河川の曲流部のことである。Bの吾田とは、博多湾で河川が流入している入江である。河川の名が長屋、笠狭。屋（例、名古屋、芦屋）も狭（若狭）も地名語尾として括弧にくくると長川、笠川。博多湾の代表的な港は、那珂川、御笠川の流入する儺ノ津であった。五つ章で述べたように、のちにヒコホホデミが母カシツヒメのいる櫃日から儺津へ出、周芳の沙麼に向け出港している。

Aが日本書紀Bは倭国史の文章

地名を追ってBまでみてきたが、Aで天孫ニニギが日向ノ襲之高千穂峯に天降った、とあったところへもどる。垂直型のAと、水平型のBとは、「同一の性格の叙述ではない」「別種の性格のもの」と吉井は断じたが、かならずしもその性格のちがいをつきとめなかった。私の判断では、Aの天孫降臨の文章は、天皇王朝による作文（筆者はたぶん中臣大嶋）で、Bの海外からの上陸と移動の文章は、倭国史の始祖ニニギの事績を述べる発端の文（筑紫史益が関与）である。

「高天原の主宰神（皇祖もしくは天神）が、皇孫を天下之主者として天降りさせ、これが天皇家の始祖となる」——この天孫降臨とは、いったいどこから出た構想なのか。水平型のBを垂直型のAにふりかえた根底になにがあったのか。津田左右吉は、われわれの先祖が天、とくに中国の政治哲学にいうところの超越的な天帝に、関心と理解をもたなかった、という趣旨のことをのべたことがある。そのとおりだが、しかし理解しようと努力したのではないか。中国の政治哲学とは、天帝が地上の聖人に天命を下す。天命をうけた聖人が天子となるが、それを知った賢人が参集して聖人を補佐する。もし何代、何十代かの後に暴虐の帝が出て天意に背くと、天帝は命ヲ革メ（革レ命）まったく別の聖人に天命を下す。さてこの政治哲学の試験に、天皇王朝とその史官たちの書いた答案が、この文節の頭に括弧して示したものである。私が試験官なら八五点をつけてもいい。天武紀をみると瑞兆の記事が多いのにすぐ気づく。天命を受けた天子は、しかし自分の政治が天帝の意に合致しているかどうか測ることができない。このとき天帝がかなっていると発信してくるのが瑞兆である。瑞の記事が多いのは、すなわち、中国流の政治哲学を、天武政権が律令や史書やその他の制度文物をひっくるめて、理解し取り入れようと努力したことを、示している。

Aは神話ではなく答案、Bが倭国史の史実を日本国史（日本書紀）に書き写したもの。ふざけているのではないことを、本書全体で証明しようとしている。

（'08・2・18）

Bの襲が、ニニギの本拠である日向の背後、背振山地の縄文人の居住地で、侵入者のニニギ勢に勇猛（熊）に抵抗したので、熊襲の名がついた、と五つ章で述べておいた。そうであれば、Aの皇孫ニニギが天降ったところ（日向／襲／高千穂）は、事もあろうに熊襲の本拠地だったのである。Aを天皇王朝の作文、答案などといった所以だが、しかしBを書いたのは倭国史官だった筑紫史益としていいだろう。

天上は皇孫、地上からは天孫と呼ぶ　天孫降臨の史実という主題は、以上にみた。つぎに、巻第二の作られた順序を考えるとしよう。手がかりは皇孫、天孫の両語である。第八段*の本文では、皇孫が一〇度、天孫が三度使われている。本文は話の中身から次の六つに区分できよう。

(1)系譜記事（文庫版㈠一一〇頁一行～四行）
(2)葦原中国平定譚㈠（同一一〇頁四行～一一二頁四行）
(3)　〃　〃　㈡（同一一二頁五行～一一六頁九行）
(4)　〃　〃　㈢（同一一六頁一〇行～一二〇頁一一行）
(5)天孫降臨（同一二〇頁一二行～一二二頁五行）
(6)火中出産（同一二二頁六行～一二四頁七行）

(1)は上に述べた。第八段*は高天原から葦原中国に天孫が天降りしてくる話で、(1)は降りてくる天孫の出自を示した。(2)、(3)、(4)は、降臨に先立って葦原中国の邪神を平定する話。その上で(5)(6)と天孫が降臨して、子孫をもうける話で、完結する。

この六区分で皇孫、天孫の語の分布と、あわせて天神、タカミムスヒ、オオナムチ、葦原中国の分布をみると、

	(1)	(2)	(3)	(4)	(5)	(6)	計
皇　孫	1			1	3	5	10
天　孫				1		2	3
天　神				1		2	3
タカミムスヒ	2	1	6	3	1		13
オオナムチ				3			3
葦原中国	1	1	2	2			6

上表のようになる。タカミムスヒが(6)火中出産をのぞいてすべてに出、葦原中国が(1)〜(4)には出ても、かんじんの(5)天孫降臨には出ないのに、関心が向くが、皇孫一〇度はすべてニニギのことである。皇孫と天孫とが共用されているのは(4)(6)。(4)では皇孫、天孫とともにニニギをさすが、皇孫とよんだのはフツヌシ、タケミカツチ。タカミムスヒが皇孫を下して此地に君として臨ませようとしている、とオオナムチに告げる。天孫とよんだのはそのオオナムチ。かつて自分が葦原中国を平げた広矛を天孫が使ったなら必らず平安だろう、と言った。(5)(6)で、八度使われた皇孫はニニギの代名詞のように地の文に使われている（さいしょに皇孫ニニギとあって、以下は七度ともたんに皇孫とだけ書かれている）。(6)で二度天孫とよんだのはカシツヒメ。天孫に不倫をうたがわれ、火中に出産し、天孫之胤でないなら焼死するはずと誓った言葉の中にある。天（第八段*に高天原の語は使われていない）の側は皇孫といい、地上（第八段*の(1)〜(4)には葦原中国が出ても、かんじんの(5)(6)に使われていないこともすぐ上にのべた）の側からは天孫（また天神）という。

これが第八段*本文からの帰結である。

第一の一書の天神はアマテラス　第八段*第一の一書は、本文と対照的に、すべてアマテラスが指令しているが、話は四区分になる。

(1)天若彦の死とアジスキタカヒコネ賛歌（夷曲）と。（(一)一二四頁八行〜一三〇頁一行）

(2)タケミカツチ・フツヌシの葦原中国平定と、天降る者のニニギへの変更、三種の宝物と神勅。（同一三〇頁二行〜一三二頁八行）

	(1)	(2)	(3)	(4)	計
皇　　孫		4	1	3	8
天　　孫					0
天　　神	5	2	1		8
アマテラス	2	4	2		8
葦原中国	1	2			3
三種宝物		1			1

(3)サルタヒコ物語。（同一三二頁九行～一三四頁一一行）
(4)皇孫ニニギの天降り。（同一三四頁一一行～一三六頁四行）

この区分ごとに、この一書での皇孫などの語使用をみると、上表のようになる。八度の皇孫はすべてニニギをさすが、天孫の語はまったくない。この一書で注目すべきは天神の語である。この一書に八度使われている。そのうちの五度が(1)にあるが、天稚彦ハ、天神ニ賜ッタ天鹿児弓、天真鹿児矢ヲ取リ、便ニ射タ。矢ハ雉ノ胸ヲ達《とお》リ、天神ノ処《イ》ル所ニ至ッタ。時ニ天神ガ其ノ矢ヲ見テ、と、本文で皇孫がニニギの代名詞のように使われたのと同じ用法である。誰の代名詞か。アマテラスである。この一書の冒頭にアマテラスが天稚彦に天の弓矢を授けたとある。そのアマテラスは本一書に八度、天神として八度、計一六度も出るのだが、(4)の天降りには出てこない。(2)でアマテラスは皇孫（ニニギ）に三種の宝物や、いわゆる神勅を授けているから、降臨もふくめて、この一書では、万事、アマテラスがとり仕切っているようにみえる。

紀中全ての天神は六五度、Ⅲ部にはない

ここで紀中の天神もみておく。天神の紀中に出度する数は六五である。次頁の表が示すように、作られた順序でのいちばん大きな区別、ⅠⅡⅢ部のうち、Ⅰ（巻第一～巻第十）Ⅱ部（巻第十七～巻第三十）に天神は使われているが、Ⅲ部（巻第十一～巻第十六）にはまったく使われていない。

巻第一の天神は抽象的

巻第一ではわずか四度しか使われていないが、(1)初出は*第三段第一の一書である。天神がイザ二尊に豊葦原之地へ往く（天降り）べしと命じている。(2)も第一の一書で、女神が先に唱えたところヒル

	巻数	度数
I	1	4
	2	25
	3	18
	5	1
	7	1
	9	4
	10	1
II	20	1
	23	1
	25	2
	28	1
	29	2
	30	4

コが生れた。天神が太占でトしたところに従ってやり直した。(3)は第七段*本文で、スサノオが大蛇の尾からえた草薙剣を、天神に献上した。(4)同段第六の一書。オオナムチがスクナヒコナを怪しんで、天神に告げたところ、タカミムスヒが聞いて、わが子だといった。この(4)で天神とタカミムスヒとが近い関係と分るが、同一とまではいえないだろう。巻第一の天神は名の知れぬ抽象的な天神である。

巻第二の天神は紀中最多、二五度も

巻第二は、紀中、天神の出度数が二五ともっとも高い。巻第一がもっぱら天上の物語だったのに対し、巻第二は、葦原中国が登場し、天神による平定、天降りといった天下の物語が展開するためである。天界ではみなが天神だが、天下では天神とその系統は特別の存在である。そこで天神だけでなく天神之孫や天神子の語が、巻第二、第三に出てくる。

天界ではみな天神天下では独り貴種

巻第二第八段*の各書ごとにみていこう。まず本文（天神三度）。コトシロヌシが、今天神ニ此ノ借間之勅ガ有ッタ、父オオナムチも自分もその意にしたがい避《さ》るべきだ、と言った。この天神は文脈上あきらかにタカミムスヒで、また葦原中国のコトシロヌシの側からみて天ノ神と称されている、と分る。次はともに、火中出産のシーンである。皇孫（ニニギ）にお前は誰の子かと聞かれたカシツヒメが、天神が大山祇《やまつみ》神を娶って生んだ子だ、と答えている。カシツヒメとは橿日の媛の意だが、地上の媛からみてのこの天神がタカミムスヒかどうかは分らぬ。カシツヒメは一夜で妊娠したが、皇孫はいかに天神といえども一夜で妊娠させられないと疑い、話が火中出産へ進んでいく。この天神はニニギの自称である。ある種の優越な出自、身分をあらわし、天神の子、天神の孫とのびていく。

アマテラスと天で、「高天原」ではない

第一の一書（天神八度）では、先表（二三五頁）が示すように、アマテラスの名も八度、天神の語も八度と多用されている。冒頭でアマテラスが天稚彦に弓矢を与えたとあり、この天神の弓矢で稚を射たら、矢が天神のもとまで達し、天神が呪して投げ返した矢で天稚彦が死んだ。天神はすなわちアマテラスと解される。この一書には一六度も天神アマテラスが出ている。

この段の本文では、すべてタカミムスヒが采配を振るい、天上の表現は天であった。天の稚彦の死を悲しむ妻の泣声は、達二于天一、アジスキタカヒコネは昇レ天弔レ喪。第一の一書も同じである。天稚彦の妻子が従レ天降来、アジスキタカヒコネは登レ天弔レ喪。とすれば第一の一書で一六度もの天神アマテラスが出ながら、天上が高天原ではなく、日神の天原でもなく、なぜタカミムスヒと同様の天と表現されているのであろうか。

原第一の一書　現第一の一書

この段の本文で、天とタカミムスヒとが共用されていること、天神とはタカミムスヒであることは、すでにみた。第一の一書でも、天とタカミムスヒとは共用で、八度もの天神はアマテラスではなくタカミムスヒをさすのではないか。第八段の本文と一書群と合せて七つの文の中で、本文と第一の一書とは話の内容が共通している一組である（ちがいも大小いくつかあるが、大きなちがいは、本文の火中出産の、第一の一書のサルタヒコの話が、それぞれ他書にはない）。それでいて、本文ではタカミムスヒが、第一の一書ではアマテラスが主宰している。そして天上の表現はどちらも天である。このようなくいちがいを収めるのに、次のような仮説を考えた。原第一の一書は、もともと本文同様に、天の主宰神としてタカミムスヒを充当していたし、その代名詞として天神の語も使っていた。そのタカミムスヒをアマテラスに置き換え、文も若干書き加えたのが、現第一の一書ではないか。だから天上を天と言表し、高天原とは言わないでいる。

中臣朝臣大嶋が原一書を現一書に

はめを外して、仮説の次は憶測。ではどうして誰が置き換え、書き加えをしたのか。第一の一書にこういう記述がある。

故ニ天照大神ハ、乃チ天津彦彦火瓊瓊杵尊ニ、八坂瓊《やさかに》ノ曲玉《まがたま》及ビ八咫鏡《やたのかがみ》・草薙《くさなぎ》剣ノ、三種ノ宝物ヲ、賜ッタ。又、中臣ノ上祖天児屋《こやね》命、忌部ノ上祖太玉命、猿女ノ上祖天鈿女《うずめ》命、鏡作ノ上祖石凝姥《いしこりどめ》命、玉作ノ上祖玉屋命、凡テ五部《いつとものを》ノ神ヲ以テ、配シ侍《とも》サセタ。因ッテ皇孫ニ勅シテ曰ッタ、「葦原ノ千五百秋《ちいほあき》ノ瑞穂《みつほ》ノ国、是ハ、吾ガ子孫《うみのこ》ノ王《きみ》タルベキ地《くに》ダ。爾皇孫《すめみま》ヨ、就《イ》ッテ治《オサ》メヨ。行クガヨイ。宝祚《ほうそ》ノ隆《さか》ンナコトハ、当ニ天壌《あめつち》トトモニ窮リガ無イ。」

いわゆる三種の「神器」といわゆる天孫降臨の「神勅」をのべた有名な箇所だ。だがいまはふれない。いまは中臣の上祖が気になる。

日本書紀の作製は、天武一〇年（六八一）三月丙戌（一七日）、帝紀及《ビ》上古《ノ》諸事を記し定めよ、との詔で始まる。このとき、親《カラ》執《ッテ》レ筆《ヲ》以録《シタ》のが、大山上中臣連大嶋、大山下平群臣子首であった。天武一三年（六八四）一一月戊申（一日）の朝臣賜姓五二氏の中に藤原の姓はなく、中臣連があるだけだから史は当然に中臣朝臣史である。中臣朝臣大嶋が藤原朝臣大嶋として出るのは、五つ章でみたように、天武一四年（六八五）九月辛酉（一八日）である。藤原朝臣史の初出は持統三年二月己酉（二六日）の判事任命記事だが、このとき藤原だったのか中臣だったのかは定められない。持統五年（六九一）八月辛亥（一三日）、氏祖の墓記を上進させているが、一八氏の中に、中臣はなく、藤原はある。如上の紀記事を重ねてみるなら、この藤原は藤原朝臣大嶋である可能性が高い。持統七年（六九三）庚子（一一日）に葛原朝臣大嶋に賻物を賜うとあるから、大嶋はこのころ死んだとみられている。史の系統だけが藤原を名のるのは、なお五年の後、続紀・文武二年（六九八）八月丙午（一九日）である（詔曰、藤原朝臣所レ賜之姓、宜レ令二其子不比等承一レ之）。

大嶋の天神寿詞こそ中臣祝詞の原型

第一の一書にもどる。先引の文中、中臣上祖を五部の筆頭に書きこみ、さらには例の神勅なるものを書きあげたのは、中臣連大嶋とみなしていいであろう。いや、憶測をいそぎすぎた。

先に第一の一書に、原と現と二様あるように書いた。二様とも作者は大嶋である。つまり、さいしょ、天武一〇年三月以後、大嶋は、タカミムスヒを主宰神とした原第一の一書を作った。天武が死ぬと足かけ三年もの長い殯があり、あげく持統が即位することに決し、一つ章で述べたアマテラスの誕生が計られた。協力したのがこれまた、神祇伯中臣朝臣大嶋である。持統即位（四年＝六九〇年正月戊寅）にさいして大嶋がのべた天神寿詞（五年一一月戊辰の大嘗でも読まれている）こそは、アマテラスと皇孫にはじまる中臣祝詞の原型とみていい。持統五年一一月の二度目の天神寿詞の半年前、先述の藤原の墓記の提出があった。こういう推移の中で、大嶋は原第一の一書を現第一の一書に改変した。タカミムスヒをアマテラスにかえ、タカミムスヒを意味した天神をも、アマテラスをさすように細工した（天照大神の子と天神の子など）。こうしてアマテラス八、天神八の現第一の一書ができあがった。

本文も第一の一書も、オオナムチに迫る天からの使者に、フツヌシ、タケミカツチをあげている。この二者が関東の東部、常陸国の鹿嶋、下總国の香取（第二の一書は東国檝取之地とする）の祭神で、のちに藤原氏の氏神、春日神社の祭神にくりこまれているのは、よく知られている。この二者を第八段*本文、第一、第二の一書に入れこんだのは、大嶋なのか史なのか。

以不という唐代の俗語

それとからんで、第一の一書に気になる一文がある。二者がオオナムチにさいしょに問いかけた、汝將二《テ》此《ノ》国一《ヲ》、奉二《ルヤ》天神一《ニ》耶以不《いなや》、である。末尾の以不は紀中に五度しか使われていない。列挙する。

1（巻第二、第八段*第一の一書）奉二天神一耶以不《ヤ》。

2 （巻第十九、欽明一三年一〇月）西蕃《ノ》献《ジタ》仏《ノ》相貌《ハ》端厳、全《ク》未《ダ》二曽《テ》有《ラ》一、可《キャ》レ礼《ス》以不《ヤ》。

3 （巻第二五、大化二年三月壬午）昔在《ノ》天皇《ノ》日《ニ》所《ノ》レ置《ク》子代入部、皇子等《ガ》私有《シタ》御名入部、皇祖大兄《ノ》御名入部、及《ビ》其《ノ》屯倉、猶如《ク》二古代《ノ》一、而置《クヤ》以不《ヤ》。

4 （巻第二六、斉明五年七月戊寅、壱岐連博徳書）天子《ハ》相《イ》見《テ》問訊《たずネタ》、日本国《ノ》天皇《ハ》、平安《カ》以不《カ》。

5 （同巻、同年月日、同書）天子《ガ》問《ウテ》曰《ッタ》、執《ル》レ事《ヲ》卿等《ハ》、好《ク》在《ルカ》以不《カ》。

4、5の天子は、唐の高宗である。壱岐連博徳は「外交の転換期であった斉明・天智朝に外交官として活躍し」（坂本太郎、平野邦雄、日本古代氏族人名辞典、一九九〇年）たが、4、5の斉明五年〈659〉の入唐を中心に博徳書は書かれていて、その中に、高宗自身が以不を使ったのか、博徳が以不を用いて要約したのかは分らぬが、五度のうち二度までが博徳書に記録されている。4の以不と5の好在とについて、「唐代の俗語」と大系本頭注。そして2、これは有名ないわゆる仏教公伝の記事の中であるが、ここの以不について「普通一般の漢籍には、あまり使われず、唐代の韻文と散文とを混えて故事を述べる、いわゆる変文に使われている唐代の俗語」と大系本頭注。天子が俗語を多用するとは思えぬから、4、5の以不などは博徳の記録とみた方がいいだろう。

2の仏教公伝については、九つ章・補論で、日本紀さいごの作者、僧道慈の手になる作文とみた。七〇二年から入唐し、七一八年に帰国した道慈が変文の通俗文学をも読み、それで習得した以不を、仏教公伝の作文に使った、としたのである。そこにもひいたが、佐藤進・浜口富士雄編・漢辞海（二〇〇〇年）の変文の項を、ここでもひく。「唐・五代に流行した通俗文学の一種。仏教説話や中国の故事などを題材として韻文と散文を交えてつづったもの。これらの作品群が変相図と呼ばれる絵画の解説であったことから変文という。二十世紀はじめに敦煌の石窟から出土した」。この変文の俗語以不が、いわゆる大化改新の中の中大兄の言である3に使われているのも面白いが、さらには天孫降臨の一節である1に、なぜ入ったのか。1がタケミカツチ、フツヌシのオオナムチへの借間（同シーンの本文での用語）の中に出てくるのは、おそらく鎌足系の史による祖神の導入とかかわっていよう。

第八段*に藤原祖神を入れたのは、史

唐仏教というか中国仏教は、ときに三武一宗の廃仏を蒙りながら、天子を頂点とする権力中枢への関与を、先行する道教、儒教と争った。道慈は入唐してすぐ武則天による権力と仏教との纏絡を目にしたはずである。道慈は在唐のときから、日本国の権力中枢に関心をよせていた。大山誠一（「聖徳太子」の誕生、一九九九年）は、「中国では、仏教の高僧や道教の道士が、皇帝の信任を得て国政に参与する例が少なくなく、道慈はそれを意識していたのであろう。懐風藻には、唐に在りて本国の皇太子に奉る（在唐奉二本国皇太子一）という詩があり、帰国を前にした道慈が皇太子首に期待を抱いていたことがわかる」（一二六頁）、と記す。娘の宮子が生んだ首皇子を天皇にすることは、老来の史の悲願だったから、日本紀完成の二年前に帰国した道慈が、史によって日本紀修史の仕上げに起用されてもふしぎではない。これが藤原氏祖、関東出自のタケミカツチ、フツヌシを、天孫降臨に先立つオオナムチの葦原中国平定の功労者、武勲者に仕立てた史と、その二勇士の言の中に唐代の変文に使われた俗語、以不を書きこんだ道慈との、日本紀制作上のつながりであったろう。憶測おわり。

第二の一書で高天原が登場

第二の一書（天神は四度）。本一書の冒頭に、天神がフツ、タケ二神を遣し葦原中国を平定させた、に始まり、右に述べてきた奉二天神一耶以不をへて、この強圧に抗したオオナムチに、タカミムスヒが箇条にして交換条件を示したので、オオナムチが天神の勅教は慇懃だから命に従おう、という。以上の三度が天神で、タカミムスヒも三度でる。第二の一書は、

(1)オオナムチの国譲り。フツ・タケの葦原中国平定。

(2)アマテラスの皇孫降臨主宰。

(3)コノハナサクヤの火中出産。

と、三場面からなるが、天神は⑴に三度出る。⑵は後に、中臣連大嶋が書き足した部分である。⑴がこれまでどおり天上を天と書いているのに、⑵で巻第二でははじめて高天原（紀中で六度目だが）の語が出てくる。高天原のほかに天も出てくる（ニニギに天降りを交替したアマノオシホミミは天にかえったとある）。また虚天（高天原と地上の国との途中のつもりであろう――大系本頭注）というかわりだねも出てくる。しかし⑵に天神の語はない。⑶は、本文のカシツヒメに替ってコノハナサクヤが登場するが、一夜妊娠から火中出産へすすむ筋は、カシツヒメのばあい、つまり本文と変らない。したがって身許にかかわる天神之子が第二の一書でも使われている。

第四の一書で大伴が来目部を率いて登場

このあと、第三の一書（天神の語０）は火中出産の異伝、第四の一書（天神０）は降臨の随伴が、第一の一書の五部ではなく、大伴連遠祖が来目部遠祖を帥いての武部（あるいは建部）だとするもの。そして第四の一書は、この武部（私の造語）が、立二天孫之前一、遊行降来、到二於日向襲之高千穂槵日二上峯天浮橋一、而立二於浮渚在之平地一、膂宍空国、自二頓丘一覓レ国行去、到二於吾田長谷笠狭之御碕一。時彼処有二一神一、名田二事勝国勝長狭一。故天孫問二其神一日、国在耶…と、本文が皇孫を主語に、右の文とほとんど同文の垂直型の記事を述べたのに対し、この一書は、立二天孫之前一った（紀にまとめて表現した名詞がないから、私が造語した）武部を主語にして記している。大伴・来目部組は巻第三の神武東征譚で、二次本の戊午年六月条にも、大伴氏之遠祖日臣命（のち道臣命）、帥二大来目一、と出ている。このように、第四の一書は、短いが、紀成立論上、重要な資料の一つとみなされる（いまはこれ以上ふれない）。

第五の一書（九度）は、カシツヒメの火中出産譚の詳細な資料と考えられる。それで生れてくる子が、天神の胤、天神の子かどうかで、天神之子が六度、天神之胤が二度、天神が一度、計九度も使われている。これに比べて、第六、七、八の三書に、天神の語はまったく使われていない。

第八段*に関して、なお二つの事を記しておく。一つは巻第二冒頭の系譜で、二つは火中出産での生児について、である。

前者にかかわる紀の記述を順に掲げる。

1（本文）天照大神の子、正哉吾勝勝速日天忍穂耳尊が、高皇産霊尊の女、栲幡千千姫を娶って、天津彦彦火瓊瓊杵尊を生んだ。

2（第二の一書）則ち、高皇産霊尊の女、号《な》は万幡姫を以て、天忍穂耳尊に配《めあわ》せ、妃と為て降そうとした。

3（第六の一書）天忍穂根尊は、高皇産霊尊の女子、栲幡千々姫万幡姫命、亦は高皇産霊尊の児、火之戸幡姫の児、千々姫命と云う、を娶《めと》った。

4（第七の一書）高皇産霊尊の女、天万栲幡千幡姫、一に云う高皇産霊尊の児万幡姫の児玉依姫命、此の神が天忍骨命の妃と為り、児の天之杵火々置瀬尊を生んだ。

とくに3、4でみるように、1の系譜へおちつく前に、あれこれの思案がなされた様子をうかがうことができる。4には一云が四つもついている。

火中出産のふしぎな系譜

後者（火中出産での生児）についても、諸説がある。本文は火闌降《ほすそり》命是隼人等。始祖也彦火々出見尊、火明命是尾張連。等始祖也凡三子矣とするが、第二、五、六、七、八の一書に異説が記されている。そのなかで本文のように後裔氏族を書いたのは、第八の一書だけで、火明命（この一書の系譜ではニニギの兄）について是尾張連等遠祖也と（ワリ注ではなく）のべている。思うに、この一書をみて、本文は次のようにととのえたのであろう。

ニニギ
カシツヒメ
├ ホスソリ（隼人始祖）
├ ヒコホホデミ（天皇家祖）
└ ホアカリ（尾張連始祖）

ふしぎな系譜である。天皇家と隼人と尾張連との祖が皇孫ニニギの子つまり兄弟だというのである。三者がこのような関係をもつ歴史状況は、天武期しかない。尾張連とは壬申の乱（六七二）で、隼人の「朝貢」は、天武一一年（六八二）七月、隼人が多に来てと記すから、持統元年（六八七）七月辛未条の三三七人、同三年（六八九）正月条に隼人一七四人とあるように、隼人が天皇の朝廷に親交をもとめてきている。続紀には、養老二年（七一八）二月に大宰府が、隼人が反して大隅国守を殺したと報告してきたので、中納言大伴宿禰旅人を征隼人持節大将軍に任じた、とみえる。日本国が強引に大隅国守をおしつけたのに、頑強に抵抗したが、大がかりな征討軍に屈服、養老七年（七二三）五月辛巳（一七日）、大隅薩摩二国隼人等六百廿四人朝貢、と記す。この推移からみると、親交をもとめた隼人に天武・持統朝は、同祖論をもち出して平和裏に隼人を傘下に納れようとした可能性がある。

隼人の始祖が弟の天皇家の祖に臣従

第九段*は、兄ホスソリ（隼人の始祖である）と釣針をめぐって争いとなった、弟のヒコホホデミ（天皇家の先祖）が、海底の海神を訪ね、海神の娘のトヨタマヒメと婚し、釣針もみつけ、兄をこらしめる瓊《たま》ももらった、というお話である。隼人の始祖が天皇家の祖に臣従したことになる。

巻第十四、雄略二二年七月条（日付なし）に、丹波国ノ餘社（現、与謝）ノ郡ノ管川（現、伊根町筒川）ノ人、瑞江ノ浦嶋子、乗レ舟而釣、遂得二大亀一、便化二為女一、於レ是浦嶋子感以為レ婦、相逐入レ海、到二蓬莱山一、歴二覩仙衆一。語在二別巻一。という一文がある。この別巻について大系本は、「書紀とは別の書物」（頭注）とし、補注（14—二四）で詳論している。補注は雄略紀の記事と、丹後国風土記逸文や万葉長歌やとの異同を指摘したのち、逸文がこの伝説をのべるさい、是旧宰伊預部馬養連所レ記無二相乖一、と断っているのに着目し、馬養が「丹後国の前身丹波国の国司となって伝説を筆録したのは持統—文武の間と見るのが妥当であろう」と述べ、「いずれにせよ本条に語在別巻と紹介しているのは、本条記事の今は失われた原資料であろう」とする。私見は異なる。

第九段*は雄略紀にいう別巻の一候補

検校すべき史料は四つある。(1)紀第九段（いわゆる山幸・海幸「神話」）、(2)紀の巻第十四、雄略二二年秋七月条、(3)丹後国風土記逸文・浦嶼子条、(4)万葉集巻第九・雑歌一七四〇長歌。いつものように比較の表を作ると、次のようである。

	(1)紀第九段*	(2)雄略二二年秋七月	(3)丹後国風土記逸文	(4)万葉一七四〇歌
当　人	天孫ヒコホホデミ	瑞江浦嶋子	水江浦嶼子	水江之浦嶋児
住　所	（葦原中国）	丹波国余社郡管川	丹後国与謝郡日置里筒川村	墨吉之岸
相　手	海神女豊玉姫	大亀　↓　女	天上仙家人・亀比売	海若《わたつみ》之神之女
訪問先	海神豊玉彦之宮	蓬来山	海中博大之嶋（蓬山）	海若神之宮（常代《とこよ》）
帰郷の思まで	三　年		三　歳	三　歳
土　産	潮満瓊・潮涸瓊		玉《たま》匣《くしげ》	篋《くしげ》《キョウ》・筥《はこ》《キョ》
箱から出た物			芳《かぐは》蘭《しき》体《かたち》	白《しら》雲《くも》

一覧して(2)と類似するのは(3)である。(2)の嶋子と亀女（化）とが相遂《したが》イテ入リレ海ニ、到リ二蓬来山一ニ、歴二観シタ仙衆一ヲは、海神宮訪問（入海）がするっと仙界の蓬来山にふりかわった感じだが、これが(3)の―亀が女に化すのとともに―海中博大之嶋（蓬来山）へ行くのと、同じである。むろん仙界の蓬来山が渤海にあるのを背景にした文だが、青木和夫が「本条（雄略二二年秋七月）は前者〔(3)〕と、より関係が深い。記事の成立は持統朝以後であろうか」（大系本頭注、(三)―八五、注七）としたのに異論はない。これに対し(4)は海若の女と宮とにとどまっていて、(2)(3)とは異なる。海若とは中国での海神の呼称である（楚辞、遠遊の注に、海若ハ、海神ノ名也とある）。万葉一七四〇歌は、この点に限ると、(1)紀第九段*と同じだが、決定的なちがいがある。

表をみて、簡略な(2)をのぞいてすべてに共通するのが「三年（歳）」であることが、やや意外である。海神《わたつみ》の宮や蓬来山やの理想境に入っても、三年にして望郷の念にかられ、とりかえしのつかない「絶望」におちいる。（いや本書の与太噺《あとがき》でいうように、いかなる天上その他の神仏界より、われらの類的本質が作り出した現世こそが、はるかに尊い。それが三年にしての望郷である。）

私は子供のとき、もとより浦島太郎の絵本に親しんだ。やや長じてからも幼いときの浦島の絵本を読んだ。そしてもった疑問が、表中の玉匣、篋、つまりは玉手箱である。どんなに飾られていようが箱（筥）は箱である。なぜ容れ物だけを貰ってきたのだろう。小学校の受持の教師に聞いたら、余計なことを考えずに勉強しろと叱られた。旧制高校に入って日本書紀を読むようになり、海宮遊幸章（第九段*）で潮満瓊・潮涸瓊を貰ったのを読んだとき、快哉の声をあげた。やっぱり玉を貰ってきたんだ。海若《わたつみ》の宮と女《むすめ》では(1)と(4)とは共通しているが、決定的にちがうのが、(1)の瓊（玉）と(3)の玉匣(4)の篋（箱）とである。

第九段*は、浦嶋子の話を利用して、ヒコホホデミの海神宮訪問譚を作ったとみなされる。青木が言うように、(2)雄略紀の浦嶋子は、伊予部連馬養を介して、(3)の丹後国風土記逸文のそれと関わっている（ついでだが、雄略紀は菅川を丹波国とし、風土記は筒川を丹後国としている。丹波国から丹後国を分置したのは、和銅六年（七一三）四月で、風土記の編纂を諸国に命じたのは同年五月である）。だが、もはや区分けできないが、(1)第九段*にも確実に浦嶋子の話がとりいれられている。神仙思想のカバーをもたない点では、(3)よりも、伊予部馬養が採録した原浦嶋子譚を反映している可能性がある。時期から言えば、風土記逸文がふれている「馬養連所記」を別巻とみることもできるが、それが巻といえるほどのものであったのか、どうかは、もはや分らない。その蓋然性に比すれば、別巻を紀巻第二の第九段*に該当させることも可能であろう。青木が別巻を「書紀とは別の書物」としたのはやや行きすぎで、「今は失われた原資料」とする方がまだしも穏当である。そして第九段の海神宮訪問譚には、山幸・海幸の争いという付加があるが、青木がいう「今は失われた原資料」にふさわしい、原浦嶋子物語の姿は残っている。別巻の一候補とみてもいい、と考えている。

（この小見出しの項、'15・8・13）

八《やっ》つ章　皇極三年冬一一月条
——ソガ王朝が存在した

日本書紀を読んでいて、そのつど、ふっと立ちどまる箇所がいくつもある。皇極三年の本条もその一つであった。

冬十一月、蘇我ノ大臣蝦夷ト、児ノ入鹿ノ臣ハ、雙ベ起テタ家ヲ於甘梼《うまかし》ノ岡ニ。呼ンデ大臣ノ家ヲ、曰イ上ノ宮門《みかど》ト、入鹿ノ家ヲ曰ッタ谷《はさま》ノ宮門ト（谷、此云波佐麻）。呼ンデ男女ヲ曰ッタ王子《みこ》ト。家ノ外ニ作リ城柵ヲ、門ノ傍ニ作ッタ兵庫ヲ。毎ニ門、置キ盛ッタ水ヲ舟ヲ一ツ、木ノ鉤ヲ数十、以テ備エタ火災ニ。恒ニ使タ力人ニ持タセ兵ヲ守ラ家ヲ。大臣ハ使ワシ長ノ直ヲ於大丹穂ノ山ニ、造ッタ桙削《ほこぬき》寺ヲ。更ニ起テタ家ヲ於畝傍ノ山ノ東ニ。穿チ池ヲ為城ト、起テ庫ヲ儲エタ箭ヲ。恒ニ将イ五十ノ兵士ヲ、繞ラシ身ニ出入シタ。名ヅケ健人ヲ曰ッタ東方ノ儐従者《しとべ》ト。氏々ノ人等ハ、入ッテ侍シタ其ノ門ニ。名ヅケテ曰ッタ祖ノ子孺者《こわらわ》ト。漢ノ直等ハ、全テ侍シタ二門ニ。

右はふつうに、蘇我氏の数々の越権行為の一つとして、冒頭のエミシ、イルカ父子がウマカシ丘に雙宮を建てたことをとりあげ、他は読みすてられてきた印象が濃い。しかし平衡に読むなら、家の双立もふくめて、なにものかへの警戒態勢ないしは臨戦態勢を整えたという記事である。

ソガ氏の家＝宮を紀は記録　一つ一つみていこう。まず家。家を呼んで宮門といったとあるが、下文の家ノ外ニ城柵ヲ作リ、門ノ傍ニ兵庫ヲ作ッタとあるのと勘案すると、宮門とは家と門とを一括しての呼称だから、家は宮と等義である。宮の外周に城柵をめぐらし、入口には厳重な門が構えられた。城門の内側には武器庫を設置、外敵の来襲があれば、すぐさま武装した兵が衛門を守る。

蘇我氏について、紀は多くの家、宅を記している。「大臣」第一代の稲目は、小墾田家や向原家、そして軽曲殿。第二代の馬子は、石川宅、槻曲家、家飛鳥川傍、三代目蝦夷は、豊浦（家）、畝傍家、そして蝦夷と四代目入鹿の甘橿丘の雙家、などである。臣下の居宅が歴代記されたのは蘇我氏だけで、他に類例がない。そして上述のように、紀は、蘇我の家を宮と同義で記していた。すなわち稲目は小墾田宮（御宇大王）、向原宮（豊浦宮）、軽曲宮、馬子が石川宮、槻曲宮、そして飛鳥川上宮（治天下大王）、蝦夷が（後）豊浦宮（治天下大王）、畝傍宮、（蝦夷）入鹿が甘橿宮門《みかど》（治天下大王）、である。

（'10・5・15）

注 紀で一代のうちに複数の宮をもつ天皇は、そう多くない。げんみつではなくひろうと、景行（纏向宮、伊勢の綺宮、近江の高穴穂宮）、仲哀（角鹿の笥飯宮、穴門の豊浦宮、筑紫の橿日宮）、応神（難波の大隅宮、明宮）、継体（河内の楠葉宮、山城の筒城宮、弟国宮、大和の磐余玉穂宮）、推古（豊浦宮、小墾田宮）、舒明（岡本宮、百済宮）、皇極（小墾田宮、飛鳥の板蓋宮）、孝徳（子代宮、蝦蟇宮、小郡宮、武庫宮、味経宮、大郡宮、難波の長柄豊碕宮）、斉明（飛鳥の板蓋宮・川原宮・後岡本宮、磐瀬行宮、朝倉の橘広庭宮）、天智（長津宮、淡海の大津宮）など。私は、七世紀史を前半がソガ王朝で、後半を天皇王朝とみている。これまで大化改新とよんできた歴史の転換は、その実、王朝交替であった。天皇王朝の初代孝徳以後、宮の数はふえ、やがて都（京）の成立でやむ。皇極以前の非実在天皇は、物語の筋によって、たとえば景行のように日本列島の東西をめぐったもの、継体のように越から出てきたものなどが、多くの宮をもつことになる。ソガ出の天皇推古が、稲目の豊浦宮、小墾田宮をもつのも面白い。ソガ四代、孝徳以後の四代、ともに複数の宮をもつのは、七世紀史の一特徴で、持統八年以後の新益京（いわゆる藤原京）建設とともに、一代複数の宮もなくなる。

宮に居住するのを通説の大王と解するなら、男女ヲ呼ンデ王子《みこ》と曰ッタというのも、もっともである。紀によればソガ四代はみな大臣である。ひところ大臣、大連の共治制が存在したかのような主張もあったが、蘇我氏出の大臣以外は、大臣、大連ことごとく実在しなかったし、共治もなかった（倉本一宏、遠山美都男らによる。なお四つ章の大臣・大連の共治はなかったの項をみよ）。ほかに大臣がなく、ソガ四代がみな大臣で、宮に住居すれば、大臣と大王とは、同じ意味の呼称と解しても齟齬をきたしはしないだろう。ソガ四代は大王であり、短かいが四代つづいた王朝であった。

皇極元年四月癸巳の条

それを暗示する記事がある。皇極元年四月癸巳（八日）条は、こう記す、(イ)〔大使ノ〕翹岐ガ、其ノ従者ヲ将イ、拝朝シタ。つづいて(ロ)乙未（一〇日）、蘇我大臣（蝦夷）ハ、畝傍ノ家ニ、百済ノ翹岐等ヲ喚ビ、親シク対シテ語話《かた》ッタ。仍ッテ良馬一匹、鉄二十鋌ヲ賜ッタ、と。これを従来の通念で読むと、(イ)で拝朝とあるから天皇に拝謁し、(ロ)で天皇をこえる実権者の蝦夷が、畝傍の家で親しく歓談し賜物した、ということになる。(イ)拝朝と(ロ)畝傍の家との語感の差がそうさせる。しかしソガの家は宮と等義だから、拝朝と畝傍の宮とでは語感の落差はなくなる。すなわち、豊浦宮ないし小墾田宮で百済大使（ついでだが往々百済王の一族の来日を〝質〟と表現するが、ここでは大使と正常に表現することにした）を謁見し、ついで畝傍宮で親しく歓談し、大王の通常のこととして、良馬一匹・鉄二〇鋌を賜物したのである。なおこの畝傍家と、下文にみえる、更ニ家ヲ畝傍山ノ東ニ起テタ、との関連が気になる。

本宮甘樫岡に、出城畝傍山東と大柵穂山

さて、家（宮）の外と、門の傍と、すなわち宮門《みかど》は、城柵をめぐらし兵庫を備え、防禦が固かった。門毎に（とあるから門は一つではなかった）防火用の水槽、焼け始めの家屋にひっかけて倒壊させる木鉤数十を置くほど、周到であった。武装（持レ兵）兵士（力人）が四六時中（恒に）宮（家）を守っていた。これが本宮、甘樫岡の防備だが、本条はさらに本宮以外の記事二つに言及している。一つが大丹穂山に桙《ほこ》削《ぬき》寺を、もう一つが畝傍山東に出城を、造作した記事である。

大丹穂《にお》山は大仁保（三代実録、元慶二年二月二十七日）とも書き、飛鳥のもっとも奥（南）の丹生《にう》谷（現、入谷《にう》）に所在。そこに、大臣（蝦夷）は東漢氏の一枝族、長直に命じて桙削寺を造らせた。この一文は、本条の中でやや別事にみえるが、寺名からしても防禦のための建造を思わせる。飛鳥防禦の後詰というべきか、あるいは茅渟道、紀伊川、吉野川からの飛鳥攻略への備えというべきか。七世紀をとおして、寺は仏教信仰の寺という現代人の観念と異なり、政治的・軍事的拠点であった。紀の作り話にすぎないが、入鹿誅殺のさい、中大兄が、ソガ氏の政治的・軍事的拠点である飛鳥寺に入って、為レ城而備とある（皇極四年六月、㈣—二一〇頁）。またのちに、中大兄軍（紀は孝徳天皇の軍とするが）に追われた蘇我倉山田石川麻呂は、茅渟道から逃げて山田寺に入ったが、このとき長子の興志が、来軍を逆拒（反撃）しようと言った、とある（孝徳、大化五年三月、㈣—三〇二頁）。こういうのが七世紀の寺だから、桙削寺を造る記事は、次の畝傍山の東に出城を作ったのと、同じ性質のものといえる。

もう一つの記事、更ニ家ヲ畝傍山ノ東ニ起テ、池ヲ穿ッテ城ト為タ。この家と、元年四月条（先のソガ大臣が百済大使と語話した）の畝傍家とが、同じものかどうかは、記述がない。池（濠）を掘って出城とし、甘樫丘の本宮と同じに兵庫を備え、弓箭を備蓄した、と思われる。

本宮にしろ、出城にしろ、宮門を蝦夷や入鹿が出入りするさい、常に兵士五十人が身辺を護衛した。この健人（兵士）は東方の儐従者《しとべ》といったというが、東方がどこをさすのかは記述がない。紀では西日本の統一過程すら定かではなく、まして東日本の統一には不明な点だらけである。ソガ王朝時代の東方がどこか、強い関心があるが、解明の手がかりがない。この東方のしとべが一つ。二つに蘇我氏の一族が、本城、出城の宮門に詰め、衛った。これを祖子孺者《おやのこわらわ》といった。三つに東漢直らが、本城の上、谷の二門を衛った。以上が本条である。

図１　王朝交替ごろの飛鳥（蘇我三代と二つの飛鳥、相原嘉之原図）

読み進めて、飛鳥の防衛態勢を本格的に固めたのが分る。和田萃（飛鳥、二〇〇三年）は、本条について、「皇極三年（六四四）、大臣蝦夷と入鹿は、にわかに周辺の防備を固めるようになった。…（本条を要約）…まことに厳重な防御ぶりで、身辺に危険が迫っていることを察知していたかのようである」（一一〇〜一一一頁）。読み方は私と同じだが、右引の省略箇所で、「上の宮門・谷の宮門や王子の呼称からすると、入鹿は自らを天皇に準《なぞら》える意図を持っていたのかもしれない」としたのは、史家の通念にとどまっている。私見は逆に、ソガ王朝時代だから、宮門、王子を称して当然とする。この争点はおいて、以下には、飛鳥を愛し、くまなく歩きまわった、この史家の真骨頂があらわれている。「散策しながら観察すると、ここ（甘樫丘）からは飛鳥京跡を一望することができ、要塞を構えるに

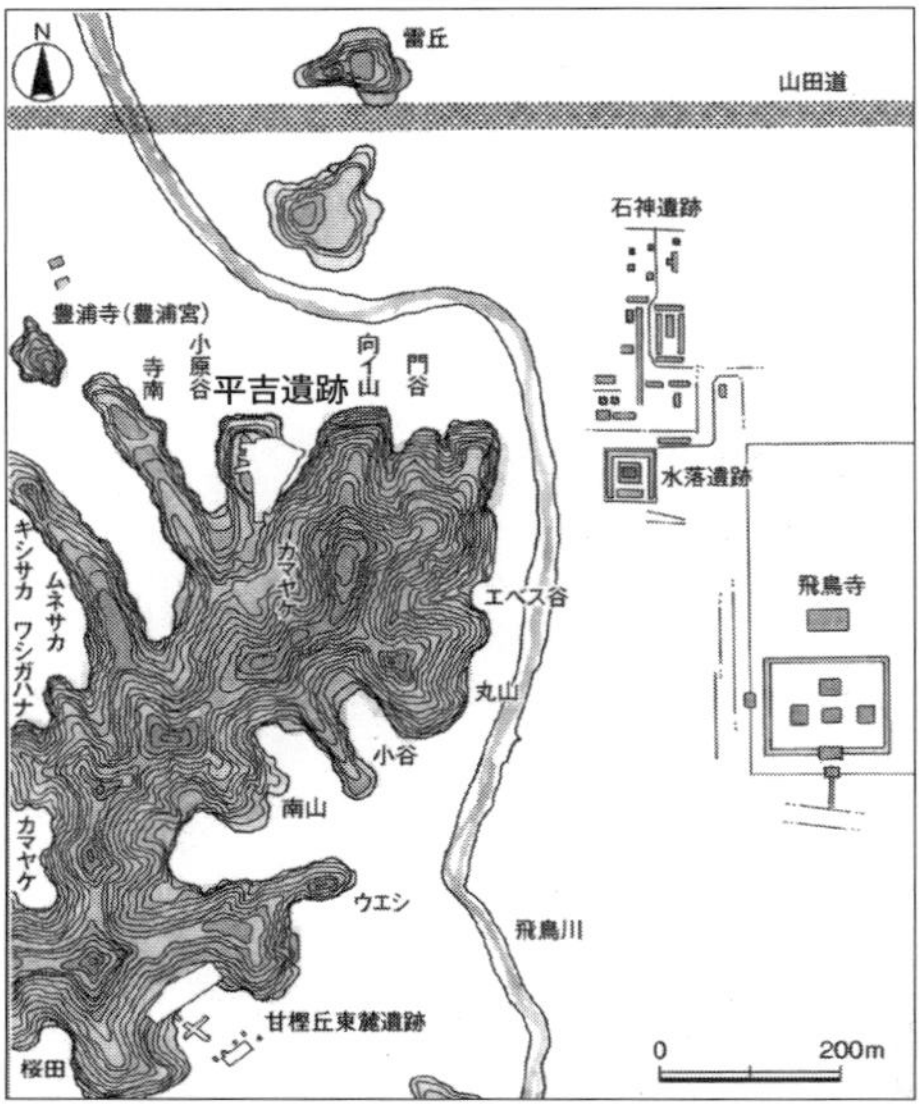

図２　甘樫丘周辺の遺跡・地名（西川・片岡作図）

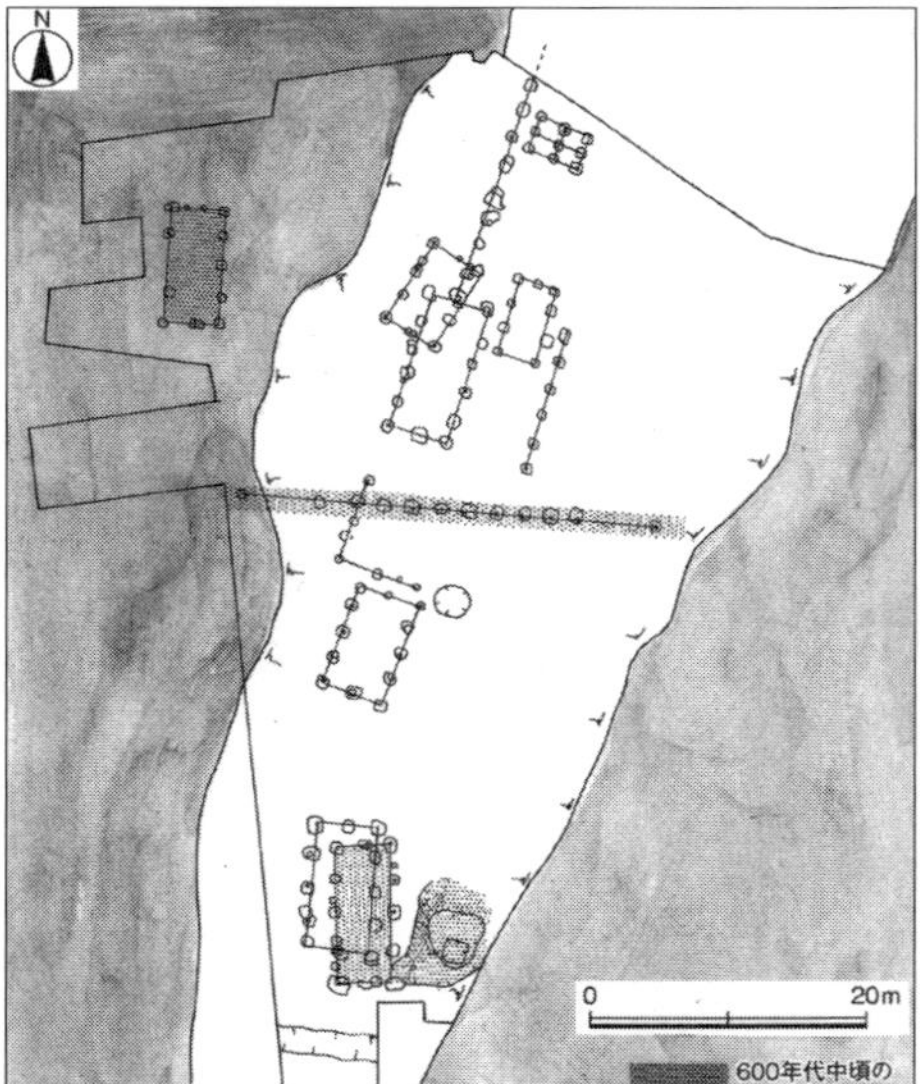

図３　平吉遺跡の遺構（西川寿勝・片岡寛子作図）

図４　平吉遺跡の軒丸瓦

は絶好の場所である。丘陵全体に人の手が加わっている痕跡が各所にある。稜線には人工的な削り出しが、谷の各所には不自然な平坦地があり、その一つが小字エミシ谷。丘陵全体に遺跡が拡がっているのではないだろうか」（一一一〜一二頁）。青木和夫もまた、「確実なことは、蘇我父子が上宮門・谷宮門というような、事あるときは直ちに拠城としうる邸宅をたて、氏人や帰化系の漢氏の兵士らで平常の警備を強化していたことであ」（藤原鎌足、日本人物史大系1、一九六一年、のち日本古代の政治と人物、一九七七年、所収）る、という。

北の谷間の平吉《ひきち》遺跡も、拠城甘樫丘の一劃なのではないか。（ついでだが、紀に倣う甘橿丘という呼称は二次大戦後のもので、私が学生時代はじめて飛鳥を訪ね、この丘の麓で故老に聞いたところ豊浦山という返事が戻ってきた、と記憶している。）

平吉遺跡の遺構図から見る

平吉遺跡の遺構図（西川寿勝・片岡寛子作）を借用する。図中、七世紀半（六〇〇年代中頃）の遺構に網がかけられているが、谷奥（南）と北西の山腹に、ともに南北に長い（南北四間、東西二間）建物があり、その中間におよそ一四本の柱列が東西に延び、防禦壁が作られていたかのようである。北西の山腹の建物はあたかも防禦壁を守る衛兵所のようで、山側の柱が四本で真中が空いているのは、此方が出入口で、平吉の谷側は一面壁で防禦的であるかのようにみえる。冒頭に引いた皇極三年一一月条文と照応すると、右のように読み取れる。そして「平吉遺跡でも豊浦寺から運ばれたと思われる瓦が大量に出土したことから、蘇我氏との関連が指摘されてき」た（相原嘉之「蘇我三代の遺跡を掘る—邸宅・古墳・寺院」、『蘇我三代と二つの飛鳥』第2章、二〇〇九年、一〇九頁）。

飛鳥の羅城—相川嘉之の憶測

八釣や酒船石の尾根に発見された掘立柱塀に着目した、「飛鳥の羅城—飛鳥丘陵上の掘立柱塀についての憶測」（明日香風95、二〇〇五年）で、相原嘉之は、飛鳥地域の防禦施設についての想

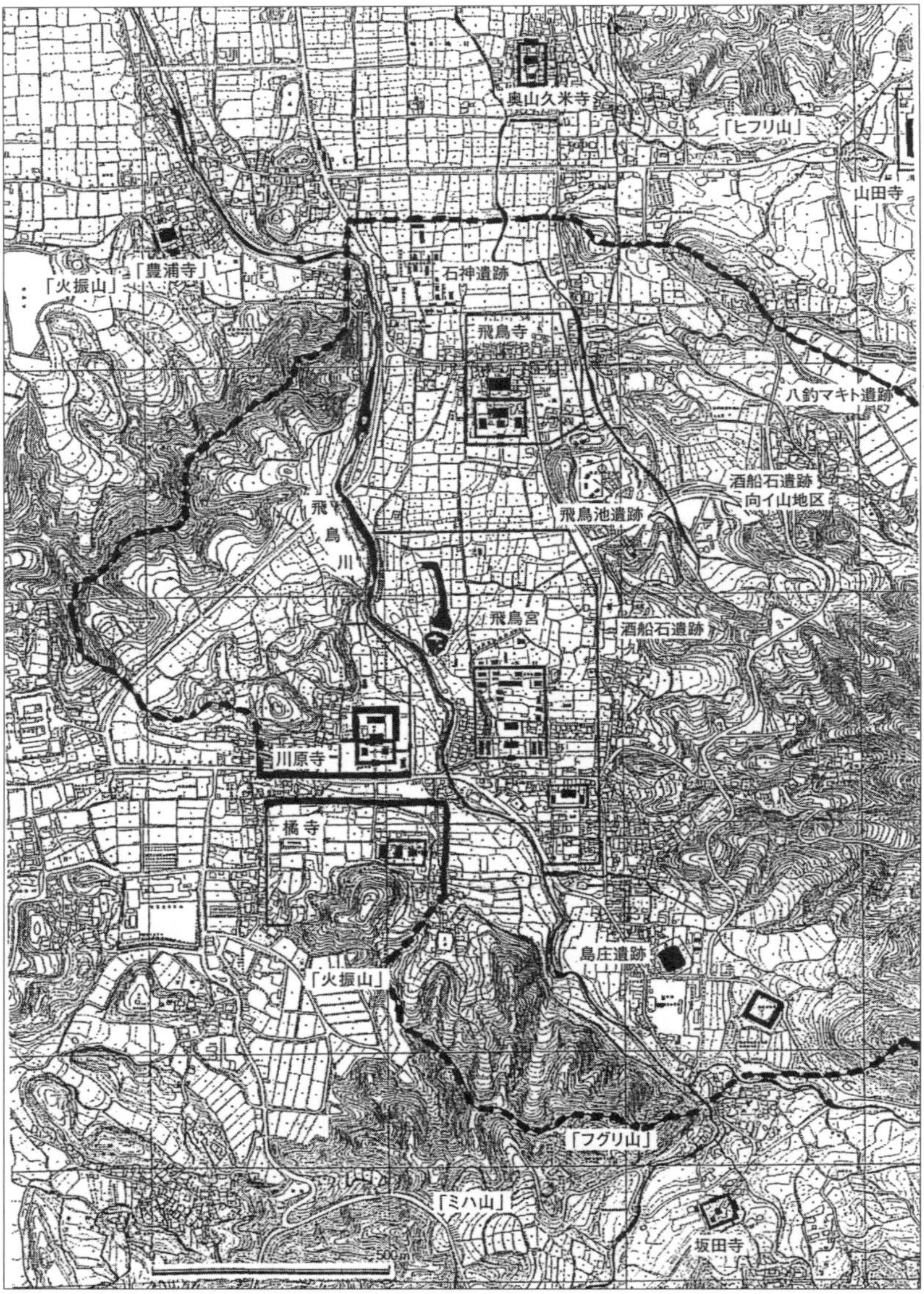

図５　飛鳥地域の防御施設想定復元図（相原原図を太線でなぞったが見誤りがあるかもしれない）

定復元図（図5）を作製した。相原が着目したのは、飛鳥の東北部にある八釣マキト遺跡の掘立柱塀跡である。飛鳥から桜井市高家へ抜ける道の南、東南から西北へのびる尾根筋の稜線上に、一六個の柱穴が発見された。後代の削平により延長部は確認できないし、「出土遺物が乏しく、明確な時期は明らかではないが、七世紀前半までの古墳より新しく、周辺から出土した土器からみると七世紀後半のものと推定される」（三〇頁）。このほかにも、酒船石のある丘陵の北東に隣する尾根上に一五の柱穴が並ぶ。これも後代の削平により延長部を確認できない。

この二つの柱塀から相原は、飛鳥の防禦施設を「憶測」したが、それが守ろうとしたのは「宮殿と官衙群」すなわち浄御原宮である。「このことは、次の藤原宮が掘立柱大垣と内・外濠によって宮殿・官衙を含む宮域を取り囲むことと共通する点であり、藤原京に羅城が無かった事とも一致する」。仮に相原の「憶測」に蓋然性があったとして（私はかなりの蓋然性を認めるが）、天武が飛鳥防禦ラインを設定したのは、ソガ王朝の飛鳥防禦施設をひきついだと考えるべきであろう。

ソガ王朝の敵は西と南から　ではソガ王朝が防禦網を築いて警戒した敵は誰だったのか。畝傍・大丹穂の出城が飛鳥の本城より西と南に築造されたところからみれば、この敵は西、または南から来攻すると想定されていたことになる。

瓦の系列、二つ

その一　ソガ王朝の瓦当系列

坪井清足・瓦の語る寺院の歴史　日本書紀のことだけをやろうときめた年に、坪井清足の飛鳥の寺と国分寺（古代日本を発掘する—2、一九八五年）が出た。その3章が「瓦の語る寺院の歴史」で、これによって私は、文字で知る歴史のほかに、きわめて興味深い図像で見る歴史があるのを教えられた。

紀中、ソガ王朝の実在をほのかに示す文章はいくつかあり、その一つが、巻第二一・崇峻元年是歳条である。百済国すなわち百済王が、飛鳥寺の創建にさいし、使のほかに、三人の僧を遣して仏舎利を献じ、さらに聆照律師以下六人の僧（おそらく伽藍配置に通暁）、二人の寺工、鑪盤博士一人、瓦博士四人、画工一人をも献じた、と記す。天皇の勅願寺ならいざ知らず、いかに専権を振るったとはいえ臣下の蘇我氏に、正規でかつこれだけの規模の支援を他国王が行うとは思えぬ。ソガが王だから、百済王も相当の支援を公けにしたのではないか。そう考えた記事だが、坪井3章、一　最初の瓦—飛鳥寺は、この文の中の瓦博士四人の名から始っている。こうである。百済国が送ってきた「技術者集団のなかに造瓦技術者四名の名がある。藤沢一夫の考証によると、四名は麻那貴文《まなきもん》、奴陽貴文《ぬやきもん》、布陵《ふりよう》貴文《きもん》、昔麻帝弥《しゃくまたいみ》だった、*という」。（この「名」については、三二六頁の注を見よ。）

図6　飛鳥寺創建のときの軒丸瓦
蓮の花を表現した、単純素朴だが、印象的でもある瓦当文様をもつこの瓦が日本最古の軒丸瓦（上）。その文様は、百済の初期の軒丸瓦のそれに酷似している。ところが、百済ではすべて八弁。飛鳥寺でも、八弁のものは一点だけ（下）。なぜ日本では一〇弁になったのか。八弁はなぜ一点だけなのか、謎である。（坪井）

注　この四人の名は、大系本（現岩波文庫本）では、瓦博士麻那文奴、陽貴文、㥄貴文、昔麻帝弥、と解されているが、それは、元興寺縁起（天平一九＝七四七年）がひく露盤銘によったものである（大系本頭注、文庫版㈣—七五・七七頁、注10〜34を見よ）。このテキストが作られた当時は、いわゆる推古遺文なるものが信ぜられていたが、いまはまったく崩れている。塔覆盤銘（露盤銘）の成立は縁起本文と同一時期まで下り、その時期は平安末期だとする吉田一

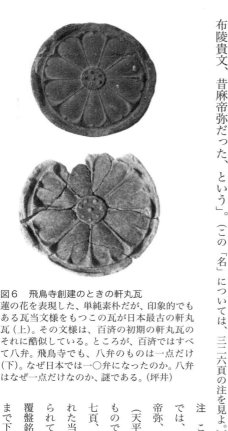

彦（仏教伝来の研究、二〇一二年、第二部Ⅳ元興寺伽藍縁起并流記資財帳の研究、八塔覆盤銘と丈六光銘、二五〇頁）に賛成である。

飛鳥寺創建時の軒丸瓦　坪井は、飛鳥寺の創建時の軒丸瓦について分りやすく叙述して、私のような素人にも瓦への関心を植えつけてくれた。瓦の実物の写真とその説明二つを引いておく。

(1)「飛鳥寺の軒丸瓦は単弁素弁〔少し前に、「単弁は一枚ずつ花弁を表現したもの。これには、花弁のなかになにもあらわさない素弁と、花弁のうえにもう一つ弁を重ねて表現する重弁とがある」〕のもの。花弁の端は、ちょうど桜の花のように、内に小さく切りこんだような形になっている。この花弁を一〇枚放射状にならべ、中央に円く凸出した中房をおき、中房のなかに、中央に一箇、周囲に五個の小さな円形の蓮子《れんし》を配している。…日本最古の軒丸瓦である。この文様は、百済の初期の軒丸瓦の紋様と酷似しており、それは、さらにまた中国の南北朝時代の南朝（四二〇～五八九年）の様式に通じている」。……この創建当初に使われた一〇弁素弁軒丸瓦は、七世紀前半までの出土軒丸瓦のほぼ六割の多数をしめている（一一八頁）。

図7　七世紀はじめの軒丸瓦
飛鳥寺の造営は、五八八年にはじまり、七世紀まで続く。この七世紀はじめごろの工事のときに使用したのがこの一一弁素弁軒丸瓦。弁の先端辺が角ばって小突起がつき、弁の境界線も正確に瓦当中心から出ていない。（坪井）

(2)「飛鳥寺の造営工事は、崇峻三（五九〇）年に材木の切り出しがあって、推古四（五九六）年に一応完成したことになっている。しかし、その一一年あとに丈六仏を安置している記録があるところからみると、その造仏造寺事業はなお継続していたらしい。瓦もそれを裏書きしている。それは七世紀前半までの軒丸瓦の三七パーセントをしめる一一弁素弁の軒丸瓦の存在である。この軒丸瓦は、その瓦当面径がさきの八弁素弁軒丸瓦よりひとまわり小さく、花弁の先端が桜花弁状ではなく、角ばって尖り、その先に乳頭状の小突起がつき、全体に直線的で硬い印象をうける。ただし、中房の蓮子は、同じく一＋五。おそらく、創建当初の一〇弁素弁軒丸瓦を模倣した作品であろう。末端は玉縁になり、筒状部分上面に小孔がある。瓦釘を打ちこむ孔である。この点もまた一〇弁素弁軒丸瓦とは異なる点である。わたくしは七世紀初めごろの製品とみているが、それが多く出土する西門などは、なおそのころ建造されていたのであろう」（二二一頁）。

納谷守章・軒丸瓦製作手法の変遷

坪井の叙述は正確かつ明快で、素人に専門的な知識を説き通して、余すところがない。感服してそうありたいと願っているが、むつかしい。右のように坪井は、日本最初の大寺（官寺）飛鳥寺の創建軒丸瓦二つを、解き明かして、私の心内にも瓦への深い関心を植えつけた。坪井の⑴一〇弁素弁軒丸瓦、⑵一一弁素弁軒丸瓦、という瓦そのものからの分類を、瓦の特徴をその作り手のグループと合せた呼称で、⑴を花組の素弁十弁軒丸瓦、⑵を星組の素弁十一弁軒丸瓦、と呼んだ人がいた。納谷守幸である。この人の当該論文「軒丸瓦製作手法の変遷─飛鳥地域出土の七世紀前半代の資料を中心にして」（一九八八年九月稿了、『飛鳥文化財論攷─納谷守幸氏追悼論文集』二〇〇五年で公表）は、なかなか読めなかった。

一九九三年、橿原考古学研究所の付属博物館が、特別展・聖徳太子の時代、を開催した。その図録に、大脇潔・瓦博士とその末裔達、がのっていて、そこではじめて花組、星組という表現を知った。瓦当文様の作り方で「先端に桜の花のような切込みを入れて花びらの反転をあらわすグループ」が花組、「先端に点をつけて花びらの反転を表現するグループ」が星組、と知った。その後、手当り次第、瓦の文献を渉猟し、瓦の語るところが、あるいは紀の語る作為をこえる可能性があるのではないか、と思いはじめた。

大脇潔・瓦博士とその末裔達

右にあげた大脇潔の一論「瓦博士とその末裔達、飛鳥寺→豊浦寺→斑鳩寺→四天王寺」が、すでにそうだった。大脇は、私の解する限り、ソガ氏が所有、運営していた瓦窯を複数示してい

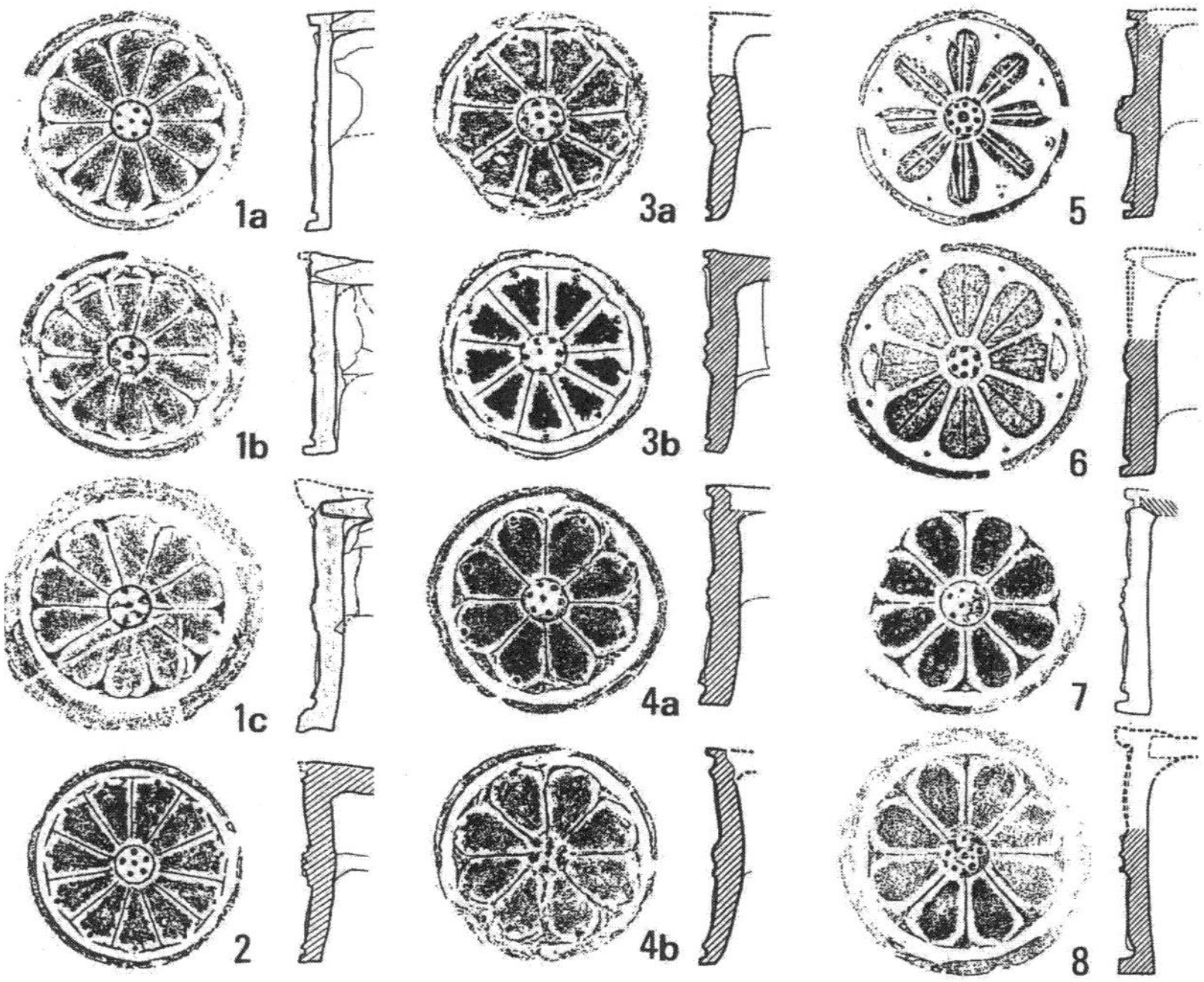

図８　飛鳥寺・豊浦寺・斑鳩寺・四天王寺創建期の軒丸瓦（原図・大脇潔）

る。その一、花組のA瓦窯（飛鳥寺専属）は、別掲の軒丸瓦1a 1b 1cを焼成し、飛鳥寺、豊浦寺、高麗寺（山背）、和田廃寺に供給し、その二、星組のB瓦窯は、瓦2とその模倣3aを焼成して、飛鳥寺、豊浦寺、斑鳩寺に供給した。その三、星組のC瓦窯は3bを、その四、星組のD瓦窯は4aを、焼成して斑鳩寺に供給した。その五、楠葉（現、大阪府枚方市）東窯。4aを作った星組がD瓦窯から移動して4bを作り、四天王寺に供給した。これ以外に、その六、山背の隼上り瓦窯は（高麗系軒丸瓦の）5、6を豊浦寺に、その七、岡山県の都窪郡、末ノ奥瓦窯は7を豊浦寺に、その八、兵庫県の明石市、高丘瓦窯は8を豊浦寺、奥山久米寺、四天王寺に供給している。

　すなわち、これまで紀およびそれにもとづく古代史の通説が聖徳太子の創建としてきた斑鳩寺、四天王寺は、蘇我氏の協力なしには建設されなかったことが分る。「斑鳩寺の造営は、豊浦寺よりも遅れ、しかも蘇我氏が抱えていた星組の協力を得て瓦作りに着手した」「四天王寺の金堂は斑鳩寺の金堂の建設が一段落した後に開始され…その造瓦組織も蘇我氏の強い影響下にあった」と大脇は言う。

右に大脇の所論を、あえて蘇我氏の瓦窯ごとに記したが、それを瓦の編年で言い直してみよう。花組が作った軒丸瓦は1である。それには「笵の傷みが少ない1a、中房の蓮子に傷みが生じた1b、傷みが全体に及び外縁が幅広い1c」と少なくとも三段階がある。星組は2の軒丸瓦を作った。飛鳥寺では3aの軒丸瓦が少量出土したが、これは2の模倣作で、「星組に所属した弟子たちによって、B瓦窯で作られたもの」（傍点山田）と、大脇はいう。なお飛鳥寺の創建期（五八八～五九六）の軒丸瓦は11種ある。豊浦寺の創建軒丸瓦は、倍以上の二六種類もある。そのうち最初に使われたのが、飛鳥寺と同笵の1、2、3aだが、2と3aが多い。「したがって、豊浦寺の造営は、飛鳥寺の創建期の終盤になって開始され、星組がB瓦窯で作った瓦が多く使われたことがわかる」と大脇はいう。造営開始時期の特定はむつかしいが、「豊浦宮から小墾田宮に遷った推古一一年（六〇三）以降、その跡地に造営された可能性が高」いとする。

斑鳩寺の創建軒丸瓦は一三種類だが、金堂に使われたのは、3b（星組の3aの笵に、中房の蓮子二箇を彫り加えた）と新しく笵を作った星組の4aである。3bは、飛鳥寺、豊浦寺の「3aとは土や焼きが異なるので、……斑鳩寺の造営は、豊浦寺よりも遅れ、しかも蘇我氏が抱えていた星組の協力を得て」作られた。創建時期は、3b、4aの存在と、完成した斑鳩宮に推古一三年（六〇五）に遷ったとの紀の記事とを軸に考えると、「豊浦寺よりわずかに遅れる六〇五年以降で、四天王寺より遡るとすべきであろう。」

四天王寺の創建軒丸瓦は二三種類。「最初に使われたのは、斑鳩寺のと同笵で笵の傷みが進行していた4bである。その産地は大阪府枚方市の楠葉東窯であり、星組が4aを作ったD瓦窯から楠葉へ移ったことがわかる。したがって、四天王寺金堂の造営は、斑鳩寺の金堂の建設が一段落した後に開始されたこと、その造瓦組織も蘇我氏の強い影響下にあったことが知られるのである」。

大脇の短い文章は、私にとってまことに衝撃的で、ソガ氏のもとでのみ飛鳥寺→豊浦寺→斑鳩寺→四天王寺が造営された史的な実態を提示していた。物部守屋との一戦で、従軍していた厩戸が、苦戦を前にして四天王像を作り、勝たせてくれたなら寺塔を起立しようと誓願し、つづいて蘇我馬子も諸天と大神王の為に寺塔を起立し三宝を流通しようと誓った。乱が平ぐと摂津国に四天王寺、飛鳥の地に法興寺が起った――これが巻第二一・崇峻即位前紀(秋七月、㈣―六六～六八頁)の記したところである。この話が道慈によって書き込まれた可能性は高いと考えていたし、またその道慈が聖徳の作者であることも大山誠一によって解明されていた。しかし考古学、それも坪井以来関心を植えつけられた瓦の編年の成果によって、崇峻即位前紀の記事がくつがえされたのが、衝撃的だったし、また爽快でもあった。

大脇は、豊浦寺ではなお、「京都府宇治隼上り窯産の5、6などの高句麗系軒丸瓦や、岡山県都窪郡末ノ奥窯産の7や鬼板、兵庫県明石市高丘窯産の8などが創建期に用いられたこと」を記している。この瓦窯のひろがりは、紀の巻第十九・欽明一六年七月条の稲目が吉備五郡に白猪の屯倉を置いたこと、ついで一七年七月、備前の児嶋郡に屯倉を置いたこと、巻第二十・敏達三年一〇月条で、馬子が白猪屯倉と田部を増益し、田部の名籍を白猪史胆津に授けたこと、などと重ねて、ソガ氏が広汎な西日本を統一し支配したこと、つまりはソガ王朝が存在したことへとつながるように思えたのである。

注　その後の瓦の研究の足どりは早かった。花谷浩の回想で、納谷守幸は「瓦がそうやねんから、みたらわかるやん」との流儀だったそうだ。大脇の短い文章でも、「花組は瓦当の裏側をほぼ平坦になでて仕上げる」とか「花組は丸瓦の先端を斜めに削り接合する」が、「星組が作った瓦当裏側には、廻転台を利用してなでた同心円状の痕跡があり、しかも中央を高く作る」「星組は丸瓦の先端を片ほぞ状に下降して接合する」といった説明がある。こういうことは字面を追っても半分も分らない。奈良文化財研究所の『大和吉備池廃寺―百済大寺跡』二〇〇三年で、瓦関係は花谷浩、西川雄大が担当し、形状と製作、手法について精細を極めた観察、描写、分析がなされて、老来硬化した頭脳のせいだけではなく、一いち実物に接してみないと具体的に理解できぬところが多い。吉備池廃寺の瓦は、四天王寺、海会寺の瓦とかかわって、正確に理解したいところだが、瓦の編年、瓦の考古学を十全に理解するのは、いまの私にとって、もはや無理のようである。幸い当の花谷が三寺の瓦の系譜について記しているので、飛鳥寺以下の四寺の瓦について大脇潔にたよったように、依拠することにしたい。

（この注'13・8・7）

その二　天皇王朝の瓦当系列

吉備池廃寺と孝徳朝

一九九六年から二〇〇〇年に、吉備池辺で吉備池廃寺が発掘され、これが舒明の勅願で造られた百済大寺と結論された。だが舒明一一年（六三九）七月の詔と、皇極元年（六四二）九月の詔とは重出記事とうたがいうるし、かりに勅願後の舒明在世二年間に皇極四年を加算しても、発掘によって判明した大規模な百済大寺を完成させるのは無理ではないか。その先をさがすと、巻第二五・孝徳の白雉元年（六五〇）一〇月是月条に、始《メタ》レ造《リ》二丈六《ノ》繡像・俠侍・八部等卅六像《ヲ》一、という記事がある。これについて大系本頭注（文庫版㈣―三一七頁、注五一―七）は、「天平十九年（七四七）大安寺資財帳に、合繡仏像参帳〈一帳高二丈二尺七寸、広二丈二尺四寸、二帳並高各二丈、広一丈八尺〉とあり、そのうち、はじめの一帳について、一帳、像具脇侍菩薩八部等卅六像、右、袁智（斉明）天皇、坐二難波宮一而、庚戌年（百済元年）冬十月、始、辛亥年（同二年）春三月（丁未＝一四日）造畢、即請者、とある。本文これと合致する」という。造像は金堂が完成していたことを示す*から、百済大寺金堂は白雉四年（六五三）には完成していたとみていいだろう。

孝徳は大化元年（六四五）八月癸卯（八日）に大寺に僧尼を喚び集め、使者に詔を奉宣させたが、その中に、凡ソ自リ二天皇一至ルマデ二于伴造一ニ、所レ造ロウトスル之寺ヲ、不レ能バレ営《つく》ル者、朕ガ皆助ケテ作ロウ、という言葉がある。僧尼を集めた大寺を、通証、集解は百済大寺としているが、田村圓澄（飛鳥・白鳳仏教史、上、一九九四年、第六章三の2、孝徳政府の「仏法興隆」、二三二頁）が飛鳥寺としているのがいい。詔中の所造之寺には天皇から伴造までの各級が含まれるが、天皇所造之寺とは、舒明紀以後の紀の文脈に沿うなら、百済大寺と解するのが素直であろう。詔の後文（しかし所造之寺の直前）には、以テ二恵妙法師ヲ一、為タ二百済寺ノ寺主ト一、とある。

注　大化元年八月癸卯の詔文（㈣―二五〇頁）は、やや検考すべき点がある。第一は詔の大部分をしめている欽明以来の仏教史である。詔の冒頭は、欽明一三年一〇月条に、百済（聖）明王が仏法を我大倭に伝えた、とのいわゆる仏教公伝である。その欽明の名が、磯城嶋宮御宇天皇となっている。A某宮御宇天皇という表記は、紀中に七度。他にB御宇が六度ある。

Ｂ１（巻第八、仲哀八年正月）曲妙御宇

Ａ１（巻第十一、仁徳即位前紀）纒向玉城宮御宇天皇〔垂仁〕之世。同じ箇所に

Ｂ２（仝右）御宇帝皇之屯田

Ｂ３（仝右）雖二帝皇之子一、非二御宇一者

Ａ２（巻第二三、舒明即位前紀）磯城嶋宮御宇天皇〔欽明〕之世

Ａ３（仝、二年正月）近江大津宮御宇天皇〔天智〕

Ａ４（仝右）浄御原宮御宇天皇〔天武〕

Ｂ４、５（巻第二五、大化元年七月）明神御宇日本天皇詔旨（二度）

Ａ５（仝右八月）磯城嶋宮御宇天皇〔欽明〕十三年中

A6（仝右）訳語田宮御宇天皇〔敏達〕之世
A7（仝右）小墾田宮御宇天皇〔推古〕之世
B6（仝　大化二年二月）明神御宇日本倭根子天皇

御宇について、大系本補注25―五（井上光貞カ、文庫版㈣―四〇四〜六頁）が適切である。「御宇は宇内を御するの意であるが、それ以前の類似の表現は治天下であった。この種の表現はかなり古くからあり、…熊本県玉名郡江田船山古墳出土の太刀銘の「治天下獲□□鹵大王」は五世紀中葉の例であり、以後、七世紀末まで「治天下」がふつうである。それなら、金石文の上で、「治天下」が、いつ「御宇」と書かれるようになったかといえば、「御宇」は大宝令によってはじめて定まったという市川寛の説がある。事実、御宇は大宝に次ぐ慶雲四年の威奈真人大村墓誌以前にはなく、ただ薬師寺東塔檫名に「馭宇」があるだけである」（引用中に…と故意に省略したのは「反正天皇のころの」である）。

またB4、5の明神御宇日本天皇詔旨についても、同補注は、「公式令では、大事を蕃国の使に宣する時に、この十字を以てすることになっており、両者全く同じである。従って、〔(この十字)、原（A)〕は当時の書き方ではなく、令の知識によって書きあらわされた公算が強い」と、適切である。

御宇の分布は、㈣巻第二五・孝徳紀（6度）以前は、㈠巻第八・仲哀紀（1度）と、㈡巻第十一・仁徳紀（3度）、㈢巻第二三・舒明紀（3度）である。㈠は、仲哀紀の中で、本書の後篇二、三つ章、前篇六つ章で論証した、筑紫史益による倭国創世史の日本国史（日本紀）への書き換え中にある。㈡仁徳紀は、紀の作られた順序ではいちばん遅いⅢ部の初巻である。そして㈢は、通説が専横の実権者ソガ氏から離れようとした天皇とみる、舒明の即位前紀の終りと、二年正月の舒明・皇極間の子（天智・天武）の皇子名につけた注である。御宇が大宝令以後、金石文では慶雲四年（七〇七）以後と分れば、舒明紀の構想が、孝徳紀とともに、天武・持統期にはさかのぼらないものであることも明らかになる。

さて、孝徳紀冒頭の詔文は、欽明一三年のいわゆる仏教公伝から始っていた。前篇、九つ章の補論「いわゆる仏教公伝も道慈の作」で述べたように、公伝は、紀の作者系列のさいごに位置する道慈の創作である。その公伝から始まる詔文は、すなわち道慈帰国（七一八）～紀完成（七二〇）の間の作文である可能性が高い。この詔中に、大宝令以後の宮御宇と書く天皇が三人も出るのとも見合っている。

公伝でイナメ独信㆓其法㆒、ついでウマコが追遵㆓考父之風㆒、猶重㆓能仁之教㆒と道慈は書く。能仁は紀中でも紀外でも稀語。悪い癖でいろいろ当って見ると、六国史索引一の日本書紀索引（一九六九年）の人名・神名の部に能仁はない。日本書紀總索引第四巻（一九六八年）の能字の項では、〔能〕―仁世之教と余計な世の字が入っている（以下、仁、之、教字の項を引いても、また念のため世字の項でも、みな能仁世之教となっている）。この前後に宮御宇天皇之世が三つあるので、カードをとったさい世を衍字したのだろう。手許の漢和辞書では、後で引くが漢和大辞典にだけある。ここで大系本頭注をみる――「釈迦の異称。能く忍んで五濁悪世に出現したものの意。」前半はよく、後続の意解はちがうらしい。手許の仏教辞典の一つ、岩本裕・日本仏教語辞典は、こう書く（岩波仏教辞典に能仁の項はない）――「釈迦牟尼」の意訳。釈尊の出た釈迦族の原名[サ]シャーキャ、Śākya の語をサンスクリットのシャクと、√s「…する能力がある」という動詞語根に由来するとして「能」と訳し、牟尼の原語[サ]ムニ muni「聖者」を中国流に理解して「仁」と訳した。〔下略〕」岩本はなお補説を追加している――のちには能仁を「能忍」と書いて「能く堪え忍んで五濁悪世に出現した者」と解するなど教学的な牽強付会の説がなされ、「能寂《のうじゃく》」などの訳語が生まれた。この岩本の語釈がもっとも説得的である。ついでに大漢和辞典、巻九、能仁―㈠仏釈迦 Śāka の訳。〔梵網経述記、上〕釈迦牟尼、大唐翻云㆓能寂㆒、旧翻亦云㆓能満㆒、亦云㆓能仁㆒。広辞苑（昭和三〇年版）にはある―（梵語 Śākya 能く仁を行う者の意）釈迦。

道慈書き入れの文章には、稀語が多く使われている（前篇、九つ章）。紀でも現代の辞書でも稀語の能仁（之教）があることは、大化元年八月癸卯（八日）の詔が、道慈の作文であることを示していよう。ただし詔の全文ではなく、前半の三「宮御宇」天皇が出る仏教史の部分が。その作文（二次文）で、後半の寺主、十師、寺司、法頭の任命記事が、一次文であったと思われる。その任命記事の中に、別以㆓恵妙法師㆒、為㆓百済寺々主㆒とある。

突然ですが JRの渋谷駅

百済大寺というと、古代史家も考古学者もほとんど反射的に、舒明の百済大寺という。舒明紀の一一年（六三九）七月の詔で、舒明が大宮と大寺を造ろうと言ったのだから、当然のようにみえる。しかし、にわかに私事にわたるが、現在（二〇一四年）私が八九歳、妻が八六歳、幸いに二人揃っている。そこへ一つのニュースがとびこんできた。JR東日本が東京の渋谷駅の再建、再開発を企画した。この会社は駅そのものを市街《まち》化する努力を重ねてきた。渋谷駅も各線の駅を各階ごとに収容し、全体として高層ビル化し、企業のオフィス、消費的店舗、居住域などを一本化しよう、との計画である。そしてさいごにニュースは、その実現は一六年後だと締めくくった。老人二人、顔を見合せ、あ、とてもだめだ（見ることはできないな）と笑った。さて、この渋谷高層駅は、計画（発願）した二〇一四年の存在なのか、完成した一六年後、二〇三〇年の存在なのか。いうまでもなく完成したときの存在である。百済大寺のばあいも同じだろう。発願した六三九年にはまだ存在せず、建造が完了したときに百済大寺は存在し始める。舒明の百済大寺がナンセンスな表現だということは、誰の目にも明らかである。舒明の百済大寺が成り立つなら、渋谷高層駅は、二〇一四年には存在していて、私たち夫婦もそれを見ることができるはずである。古代史といえど

図９　吉備池廃寺創建軒丸瓦拓影（奈文研・大和吉備池廃寺、194頁、Fig.114）

も、大寺は完成したときに存在し始める。すなわち百済大寺の存在は、孝徳期をさかのぼらないのである。（逆に言えば舒明期には存在しなかったのである。）

古代史にはまたあとで戻ることにして、いまは、吉備池廃寺すなわち孝徳期をさかのぼらない「百済」大寺の、瓦、それも瓦当（軒丸瓦）の系列について、専家の証言に聞くとしよう。（'14・5・18）

花谷浩の兄弟の瓦　吉備池廃寺の発掘で、瓦の検討を担当した花谷浩に、兄弟の瓦—百済大寺と海会寺（泉南市教育委員会・古代史博物館フォーラム、第一話・海会寺跡、一九九八年）がある。「吉備池廃寺からは、山田寺式とよばれる単弁八弁蓮華紋がわずかだが出土する。笵は二種類〔IA、IB〕あり、…しかも、斑鳩寺（若草伽藍）と同じ型を使った型押し忍冬唐草紋軒平瓦がともなう。従って瓦からみた寺の年代を山田寺より少し前、とすることに無理はない」。山田寺の造営について、通説は、例の法皇帝説の裏書から、舒明一三年（六四一）から造りはじめ、皇極二年（六四三）に金堂ができ、大化四年（六四八）には僧侶が住みはじめたが、大化五年（六四九）石川麻呂が中大兄に攻められて頓挫した、とする。したがって山田寺より少し前というのは、六四〇年以前となる。ただし法皇帝説がかつての推古遺文という信頼度から大幅に下落した現在、なお検討を要する。

奈文研の『吉備池廃寺—百済大宮跡』で、花谷（出土瓦をめぐる諸問題）はこう書いている。「吉備池廃寺創建軒丸瓦の様式的・年代的位置づけを明確に述べたのは、大脇潔だった。大脇は、吉備池廃寺創建軒丸瓦二種について、つぎの三つの特徴を捉えて山田寺金堂の創建軒丸瓦よりも先行すると認められる、と述べた。

1中房の断面形が低い半球形をしている。

2蓮弁が長い。

3外縁の重圏文は中央の一本が太く、両側の二本は細い。

1の特徴は、石神遺跡（明日香村飛鳥）で出土した素弁十弁蓮華文軒丸瓦（最末期の「花組」）から、いわゆる角端点球型式の素弁八弁蓮華文軒丸瓦（奥山廃寺式）に登場し、瓦当径が大きい素弁八弁蓮華文軒丸瓦（船橋廃寺式）を経て、山田寺式創建軒丸瓦に移行する最終段階の様相と評価した。2の特徴は、船橋廃寺式軒丸瓦を受け継いだ大型の瓦当に対応する。そして、3の特徴は山田寺創建軒丸瓦各種に受け継がれていく、と評価した。〔大脇潔、「吉備寺はなかった―〝京内廿四寺〟の比定に関連して」、奈文研創立四〇周年記念論文集、文化財論叢Ⅱ、一九九五年、一七〇～一七一頁〕この位置づけはその後も継承されていき、今のところ異論をはさむ余地がない」（一九三頁）。

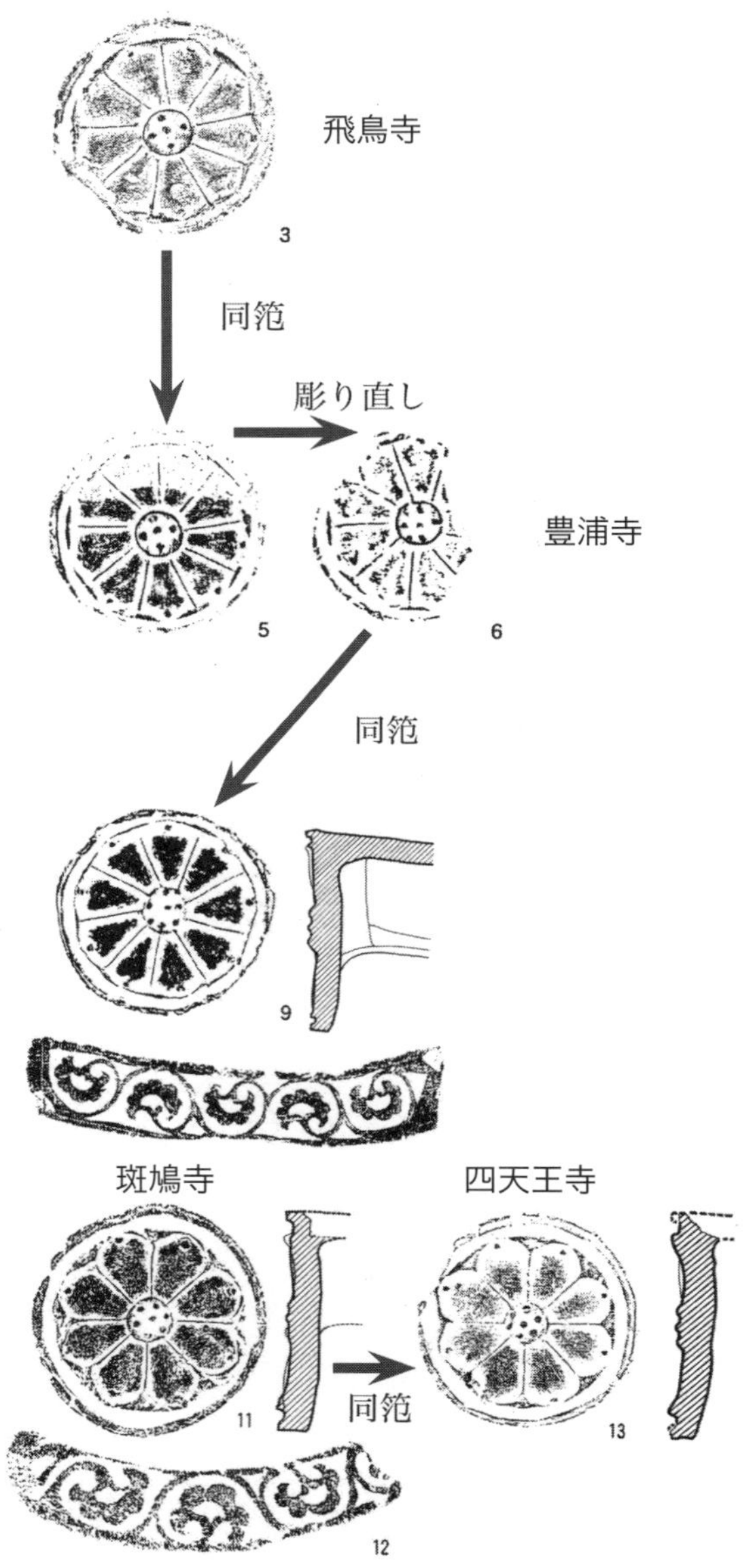

図10　ソガ王朝の瓦当系列（原図は花谷浩・兄弟の瓦）

四天王寺の瓦

吉備池廃寺の瓦のつぎは、四天王寺の瓦だが、四天王寺はソガ王朝の瓦系列で、飛鳥寺→豊浦寺→斑鳩寺→四天王寺と、さいごに位置していた。四天王寺で、ソガ王朝の瓦系列と、天皇王朝の瓦系列とが、交錯している。「四天王寺の創建瓦は八弁軒丸瓦〔図10中の13〕。これが、斑鳩寺（若草伽藍）金堂に使われた中の八弁軒丸瓦〔図10中の11〕と同笵ということは、かなり古くから知られた事実だった。しかも両者の軒丸瓦を比較すると、四天王寺の方が笵の傷みがひどく、中には中房の部分が全く崩れてしまったものまである。従って、四天王寺創建の八弁軒丸瓦は、斑鳩寺金堂の瓦作りが終わったのち、四天王寺造営のため、その瓦工房（瓦窯）に持ち込まれて使われた、とみてよい。瓦窯は近年、京都府八幡市と大阪府枚方《ひらかた》市にまたがってみつかった、楠葉《くすは》平野山瓦窯。ここで掘り出された丸・平瓦は、飛鳥寺「星組」瓦工の技術を忠実に守った作り方だ。つまり、四天王寺の創建瓦は、斑鳩寺で八弁軒丸瓦を作っていた瓦工が、一部か全部かはわからないが、軒丸瓦の笵とともに淀川沿いの楠葉平野山瓦窯に移動して作ったものだった」（一七頁）。いうまでもないが、この点で、花谷浩は大脇潔をついで見解をひとしくしている。「斑鳩寺の八弁軒丸瓦で軒先を創建された四天王寺は、次の軒瓦の様式として山田寺式を採用する。この軒丸瓦は二種あり、これがともに吉備池廃寺や木之本廃寺と同笵〔図11中の14、15〕。四天王寺用にこの瓦を焼いたのは、やはり楠葉平野山瓦窯だった。ただ、四天王寺には忍冬唐草紋の型は行っていない。四天王寺が紋様のある軒平瓦を使い出すのは、もう少しあとになってからだ」（二四頁）。

そして海会寺

「四天王寺へ移った吉備池廃寺創建瓦の笵二種のうちの一つの笵はさらに南に移動し、のちの和泉国南端に近い地で新しい寺作りに用いられた。海会寺《かいえじ》だ。…海会寺伽藍の大きな特徴は、塔を西に置き、南面する金堂を東に並べたその配置形態にある。これまで、この伽藍配置は、〝法隆寺式〟といわれ、法隆寺西院伽藍にはじまるとするのが定説だった。ところが、吉備池廃寺が発見されてその伽藍配置が判明すると、なんとそれは、塔を西に、南面する金堂を東におく、まさに法隆寺式。海会寺と同じ伽藍配置だった。海会寺の伽

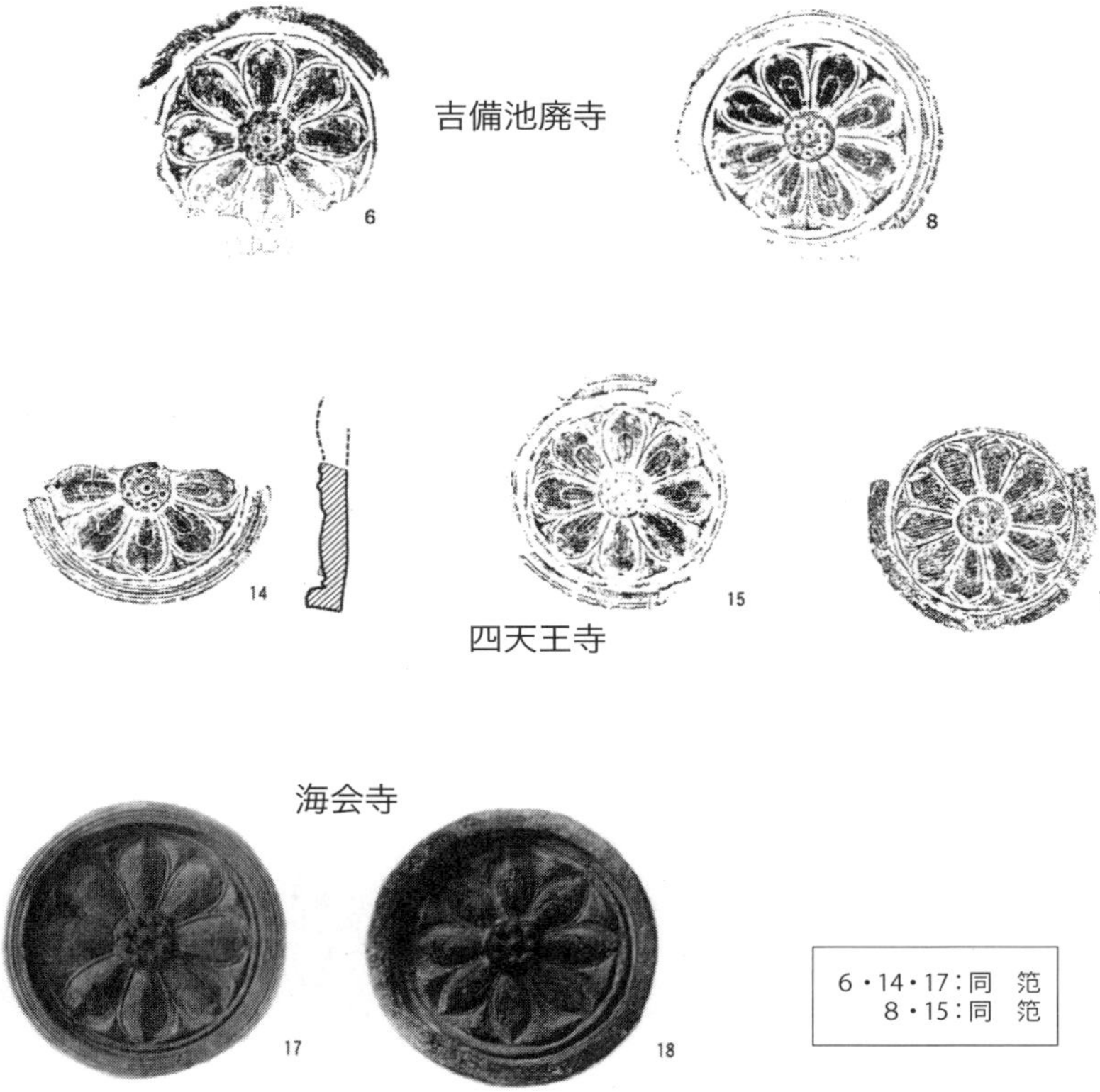

図11　天皇王朝の瓦当系列（原図は図10に同じ）

藍配置は法隆寺ではなく、吉備池廃寺との関係で考える必要がうまれてきた。しかも、海会寺金堂の軒丸瓦（図11中の17）は、吉備池廃寺から四天王寺を経てここにもたらされたもの。吉備池廃寺は百済大寺の可能性がきわめて濃厚となった今、規模こそ小さいが、海会寺は百済大寺と同じ伽藍配置で百済大寺と同笵の軒丸瓦を葺いた寺と評価しなければならない。……海会寺の伽藍と軒丸瓦の紋様は、当時の最新式。この意義は小さくない」（二四〜五頁、傍点山田）。

（'10・5・16）

瓦系列の古代史的意味　正確を期して、専家の大脇・

花谷の叙述を長く借りた。大脇の方は、従来、聖徳の威光のもとにおかれていた斑鳩・四天王両寺が、蘇我氏の協力なしには造成されなかったことを指摘している。花谷もまた引用した瓦プロパーの文の間で、古代史とのかかわりについて述べているが、舒明がソガ氏に対し天皇家の独自性を示すために百済大寺を発願したとの通説に立っているので、海会寺のもつ意義が分明ではない。以下、私見を述べて、吉備池廃寺―四天王寺―海会寺の創建瓦系列がもつ史的意味に迫りたい。

先に述べておいた方が分りやすいと思うから記すが、飛鳥寺―豊浦寺―斑鳩寺―四天王寺の創建軒丸瓦の系列は、ソガ王朝史を表現し、これに対し、吉備池廃寺―四天王寺―海会寺の創建軒丸瓦の系列は、ソガ王朝を倒して天皇王朝を創立した孝徳ラインを示している。吉備池廃寺は、王朝交替をおおいかくそうとした紀が述べる、非実在の舒明の百済大寺ではない。いまのところ発願者を特定できないが、この寺の完成が孝徳のときであることは、先に記した。天皇王朝の太祖、孝徳はソガの飛鳥を離れ、広大で新式の難波（長柄豊碕）宮を、上町台地北端に創建した。この台地は北がいちばん高い。南を見れば四天王寺が指呼の間にある。都づくりの構想の中に四天王寺の修成が浮ぶ。花谷が「次の軒瓦の様式として山田寺式を採用」（傍点山田）したと述べた四天王寺である。では、海会寺はどう孝徳とつながるのか。

孝徳の父は茅渟王である（巻第二四、皇極即位前紀、㈣―一八六頁）。茅渟はのちの和泉国日根郡一帯の地名だから、この一帯の王の息子が孝徳である。図12―2「古代和泉国における氏族と寺院の分布」（発掘速報展・大阪97、泉南市教委・重要文化財シンポジウム「激論海会寺」、三〇頁より）を見ると、海会寺が所在する日根郡呼唹郷には、大鳥郡常陵郷とともに、在地の豪族名がない。常陵郷には寺もないが、呼唹郷には海会寺があり、しかも発掘の結果、東隣に官衙風の大形建物が出土し、これを「寺院（海会寺）建立豪族の集落」とみなしてきた。このためこの豪族名を追って、別君説（栄原永遠男「記された古代の和泉」、泉南市教委・古代史博物館フォーラム第一話・海会寺跡、一九九八年所収）や、

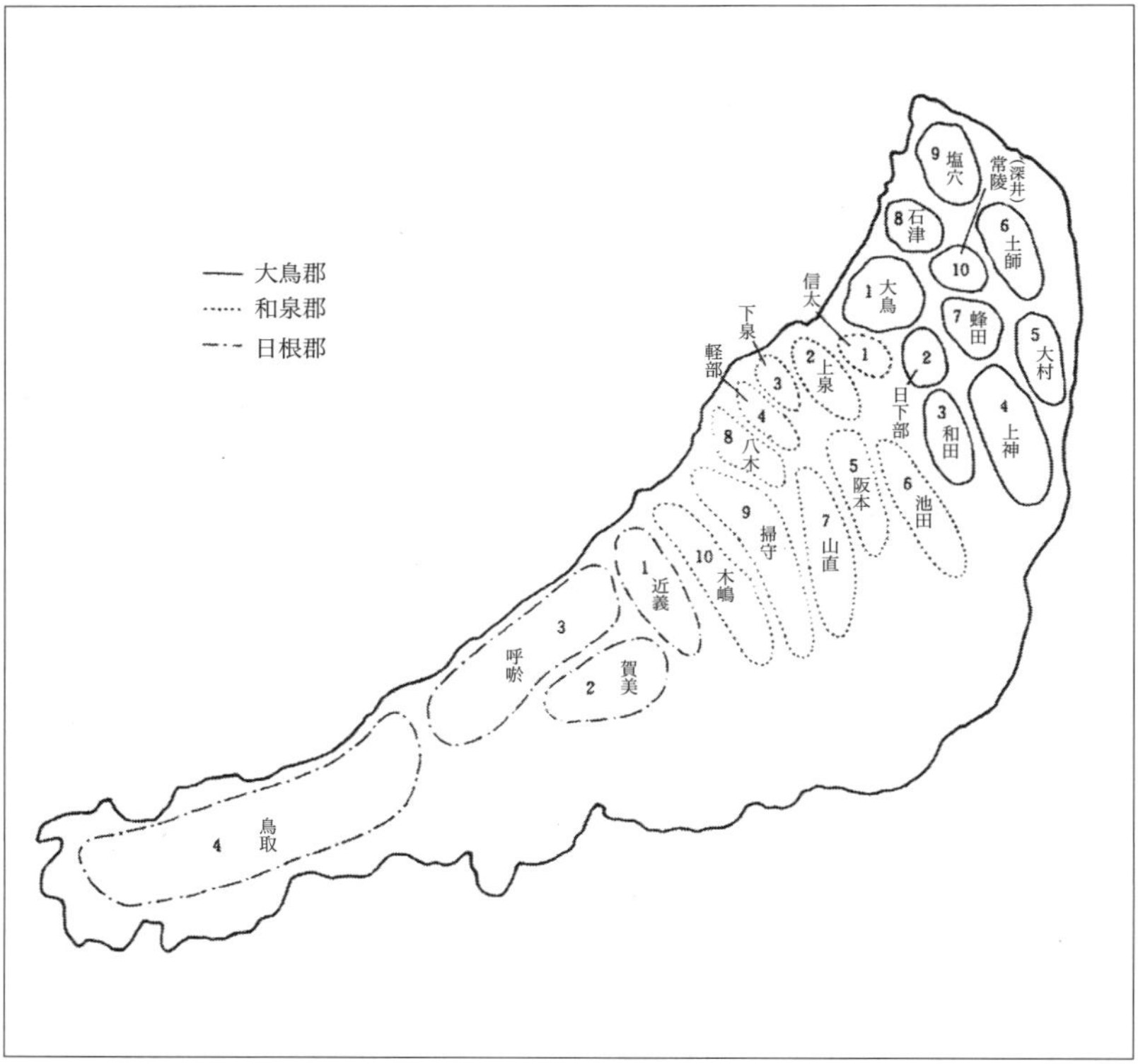

図12–1　和泉国の郡郷図（吉田晶原図）

大伴連長徳説（小笠原好彦『日本古代寺院造営氏族の研究』二〇〇五年、第十五章　海会寺の性格と造営氏族）が出たが、定まってはいない。私見は、海会寺をもって、父の故地茅渟に建てられた孝徳朝の官寺とする。大型建物は、後代、奈良時代の初めから中頃のもので、海会寺を管理した官衙の跡であろう。

和泉国和泉郡はソガ王朝勢力圏　ソガ王朝時代の和泉の政治勢力圏をみてみよう。巻第二四・皇極三年三月条（四―二一八頁）に、豊浦大臣（蝦夷）の大津宅が出ている。この大津を、「集解・通証・通釈などみな和泉国和泉郡の大津（今、泉大津市）とし、そこに蝦夷の別荘があつたとする」（大系本頭注）。図13の「寺院および関連遺跡と出土瓦一

郡	郷	氏　族	古代寺院	備　考
大鳥郡	大鳥郡	大鳥郷　大鳥連　殿木連　古志連　池辺直	長承寺廃寺	大鳥郡衙所在地か?
	日下部郷	日下部首　日下部　櫛代造　菱木造　石津連　山田造		鶴田池東遺跡から「山田造」の墨書土器
	和田郷	和田連　民直		
	上神郷	神直　大庭造		「大庭造」の文字瓦
	大村郷	大村直　荒田直　菱木造		
	土師郷	土師宿禰　土師連　百済公	土師廃寺　陵南廃寺	
	蜂田郷	蜂田連　蜂田首　蜂田薬師　伯太造		
	石津郷	石津連		
	塩穴郷	道守朝臣	塩穴寺	
	常陵郷			深井郷とも言う
和泉郡	信太郷	信太首　取石造	信太寺	「信太寺」の文字瓦
	上泉郷	県主　曾根連　伯太造　伯太首神人　物部二田造	和泉寺	和泉国府所在地
	下泉郷	穴師神社　我孫公		
	軽部郷			
	坂本郷	坂本臣　坂本朝臣　韓国連	坂本寺	
	池田郷	池田首　和田首　池辺直	池田寺　安楽寺（国分寺）松尾寺	「池田堂」の文字瓦
	山直郷	山直	田治米廃寺	
	八木郷	県犬養　布師	小松里廃寺	
	掃守郷	掃守首　掃守田首　秦忌寸	春木廃寺　別所廃寺	
	木嶋郷	安幕首　秦忌寸	秦廃寺	
日根郡	近義郷	近義首　櫛代造		付近に近義堂廃寺（平安後期）所在
	賀美郷	上村主　日根造　辛国連	禅興寺	日根郡衙所在時か?
	呼唹郷		海会寺	呼唹駅所在地
	鳥取郷	石作連　鳥取　秦忌寸		

図12−2　和泉国の氏族と寺院の分布表（吉田晶の原図での式内社を寺院にかえたもの）

覧」（近藤康司・和泉の古代寺院、泉南市教委・古代史博物館フォーラム第十話、和泉と紀伊の古代寺院、二〇〇四年、所収）をみると、ソガ王朝の豊浦寺式の瓦をもつ寺院は五つあり、そのうちの小松里廃寺、秦廃寺、坂本寺が六四〇年前後の造営であることがわかる。和泉郡は、大津だけではなく、郡全体がソガ王朝の勢力圏だったのである。

神武軍が雄水門寄港の理由

これに対し、茅渟王の日根郡は、王朝交替後に、海会寺、禪興寺廃寺が造営され、吉備池廃寺式の瓦を使用している。寺、瓦が政治勢力圏の範囲をよく示しているのである。

紀中の茅渟関連の地名の様態をみておこう。もっとも早いのが巻第三（神武紀）である。後の河内、草香

現市町	郡名	郷名	寺院名	地図番号	豊浦寺式	軽寺式	百済大寺式	山田寺式	池田寺Ⅰ式	川原寺式	紀寺式	法隆寺式	本薬師寺式	藤原宮式	岡寺式	単弁形式	平常宮式	難波宮式	池田寺Ⅱ式	複弁形式	建立氏族・備考 カバネの( )は土塔文字瓦
堺市	大鳥	塩穴	塩穴寺跡	1				○				忍									石津連
		土師	百舌鳥陵南廃寺	2												百	○				百済公(君)(百済渡来系)684年銘瓦
			土師観音廃寺	3							○					○	○				土師宿禰(神別土師系)
			大野寺跡	4													○	○		○	行基　727年銘軒瓦
		蜂田	蜂田寺跡	5												重					蜂田薬師(中国渡来系)
		石津	浜寺石津町東遺跡	6										○							
		日部	鶴田町東遺跡	7																	白鳳・鴟尾・瓦塔
		上神	太平寺	8																	白鳳・鴟尾
			大庭寺遺跡	9																	白鳳・鴟尾
		大鳥	長承寺廃寺	10										○							大鳥連(神別中臣系)大鳥郡寺
			浜寺昭和町北遺跡	11												○	○				
高石市			大園遺跡	12									○								高志連(史)(神別大伴系)山田寺范磚仏
和泉市	和泉	信太	信太寺跡(上代観音寺)	13		○					○					百	○	○			信太首(百済渡来系)
		上泉	和泉寺跡	14					○		○	○			○	○				○	珍県主(皇族系)和泉郡寺
		坂本	坂本寺跡(禅寂寺)	15		○			○	○				○					○		坂本臣(皇族竹内宿禰系)
		池田	池田寺跡	16		○			○										○		池田首(朝臣)(皇族系)
			松尾寺	17																○	役小角672年創建
			和泉国分寺	18																○	839年安楽寺を国分寺に
岸和田市		山直	多治米廃寺	19																	山直(神別土師系)
		八木	小松里廃寺	20	○														○		布師臣(皇族武内宿禰葛城系)
		掃守	春木廃寺	21												○					掃守田首(皇族武内宿禰紀氏系)
			別所廃寺	22										○			○				
貝塚市		木嶋	秦廃寺	23	○						○								○		秦勝(公)(中国渡来系)秦勝賀佐枝680年創建
			堀遺跡	24	○																
	日根	近義	加治神前畠中遺跡	25	○																近義首(新羅渡来系)
			地蔵堂廃寺	26	○																
泉佐野市		賀美	禅興寺廃寺	27			○			○	○					新					日根造(新羅渡来系)日根郡寺
泉南市		呼唹	海会寺跡	28			○	○		○							○				
阪南市		鳥取	道弘寺瓦窯	29												○					窯跡

図13−1　寺院および関連遺跡と出土瓦一覧(忍は忍冬紋、百は百済系、新は新羅系、重は重弁)

	630	40	50	60	70	80	90	700	10	20	30	40	50	60	70	80
小松里廃寺	▒	▒								■	■					
秦廃寺	▒	▒				■	■			■	■					
坂本寺		▒	▒				■	■								
信太寺				■	■					■	■	■	■	■		
海会寺			■	■	■											
禅興寺廃寺			■	■	■	■					■	■				
百舌鳥陵南廃寺			■	■	■					■	■					
池田寺					■	■	■	■	■							
和泉寺					■	■	■									
土師観音廃寺					■	■	■		■							
大野寺(土塔)									■		■		■		■	■

図13−2　瓦から見た主要寺院の造営・補修時期

白肩津に上陸した神武は、ナガスネヒコの迎撃にあって手痛い敗北を喫し、南へまわることになる（巻第三の一次本と二次本とで南の径路にちがいがある。一つ章参照）。最初の寄港地を、紀は、山城水門とするが、ここで神武の兄イツセが戦傷で死ぬ。そのさい雄叫びをしたので、この水門を雄《お》(男)ノ水門《みなと》と呼んだ。現、泉南市の男神社辺である。泉南市の樽井に天神ノ森があり、古代ここが水門だったとされている。男神社の元宮《もとみや》、神武聖蹟地、と二つの石柱がたっている。南辺を流れる男里川に、今、茅渟橋が渡されていた。巻第三の作者が、神武軍を和泉の大津（現、泉大津市）に寄港させず、西南の端、雄水門に寄港させたのが、なぜか。かねて不審だったが、大津がソガ大王の勢力圏、雄水門が茅渟王勢力圏（孝徳出身地）であれば、神武紀作者が雄水門を選んだのは当然のことだった。

茅渟県

茅渟関連で出現回数がもっとも多いのは、茅渟県である。(1)巻第五（崇神紀）、(2)第十四（雄略紀）、(3)巻第二一（崇峻紀）に出る。(1)は崇神七年八月条で、オオモノヌシが孫のオオタタネコに自分を祀らせよ、と言ったので探したところ、茅渟県陶邑で見つけた、という。陶邑は現、堺市中区上之の陶荒田神社辺で、日根郡の茅渟県とは合わない。注目するのは(2)雄略一四年四月条である。坂本臣の祖、根使主が雄略后の兄から押木珠縵を横領したので、その子孫を二分し、一を皇后、一を茅渟県主に与えたという。坂本臣は和泉郡坂本郷の豪族だが、先にみたように同地の坂本寺は、ソガ王朝系の豊浦寺式軒丸瓦をもつ寺であった。紀がその祖、根使主を悪者に描いた理由は、そこにあったといえるだろう。

(3)は崇峻即位前紀で、馬子に撲滅された守屋の資人捕鳥部万が、茅渟県の有真香邑に逃げなおも力戦奮闘したが、ついに自死した。万の養っていた白犬が主の頭を古冢にいれ、その傍に臥して飢え死した、という話である。延喜神名式に、和泉郡阿理莫神社（現、貝塚市久保）、姓氏録、和泉神別に安幕首、…（物部）十千尼大連之後也、とある。和泉郡はソガ勢力圏だが、有真香はそのいちばん西南で日根郡に近い。捕鳥（取鳥）は先述の男里川左岸の地（現、阪南市鳥取）である。

国土地理院の二万五千分一図をみると、樫井川の中流右岸、泉佐野市上之郷中村に、衣通姫之墓と記入している。紀中、茅渟宮は巻第十三（允恭紀）に出る。興シ㆓造ル宮室ヲ於河内ノ茅渟㆒ニとある。この河内は和泉を併合していたときの河内である。允恭が皇后の妹、衣通郎姫を茅渟宮に囲い、遊猟を口実に通った、という話である。訪ねてみると、茅渟宮址という石柱は建てられているが、衣通郎姫の墓はない。茅渟宮は当然に茅渟王の宮処である。中臣宮処ないしは宮処氏があり、この宮処は上之郷中村の地とされている。紀中、蘇我対物部・中臣の崇仏廃仏の争いは、道慈が書き加えた話だが、この図式に見合うように、日根郡の茅渟王の宮を中心に、物部・中臣の枝族というか仕人というかが存在し、合せて和泉郡のソガ勢力圏と対峙しているかのようである。

茅渟県、茅渟宮のほかに、茅渟の池、山、海、道がそれぞれ一度ずつ紀の中に出ている。その中に、物部、中臣にかかわるのが二つある。一つは茅渟池で、巻第六・垂仁三五年九月条に、景行の兄イニシキイリヒコが、大和石上の神宝を掌ってきたが、同八七年、老いたので辞任し、前出の物部トオチネに職を譲った話である。もう一つは茅渟山で、巻第十八・安閑元年一〇月の屯倉設置の中に、桜井屯倉（元、枚岡市池島）があり、一本云はこれを茅渟山屯倉としている。枚岡神社が中臣・藤原氏の祭神アマノコヤネ、ヒメ神を祀るのと合せ、気になるところである。

茅渟道

いま一つ茅渟道がある。巻第二五・大化四年三月一七日、孝徳政権内部の亀裂あるいは対立に押さえとなっていた長老、左大臣阿倍臣倉梯麻呂が没した。すぐさま権力闘争が始まる。七日後、蘇我臣日向が異母兄の右大臣蘇我倉山田石川麻呂に中大兄（孝徳即位前紀に、以㆓中大兄㆒為㆓皇太子㆒）殺害の企てがある、と讒言した。皇太子信之と紀は書く。皇太子軍*に追われた石川麻呂は、自リ㆓茅渟道㆒逃ゲ向ッタ㆓於倭《やまとの》国境㆒ニ。この茅渟道とは、どの道のことなのか。

注　皇太子信之と記したあと、紀はとつぜん（としか私には思えないのだが）主語をかえる。天皇ガ使ワシ㆓大伴狛連（以下三人）ヲ於

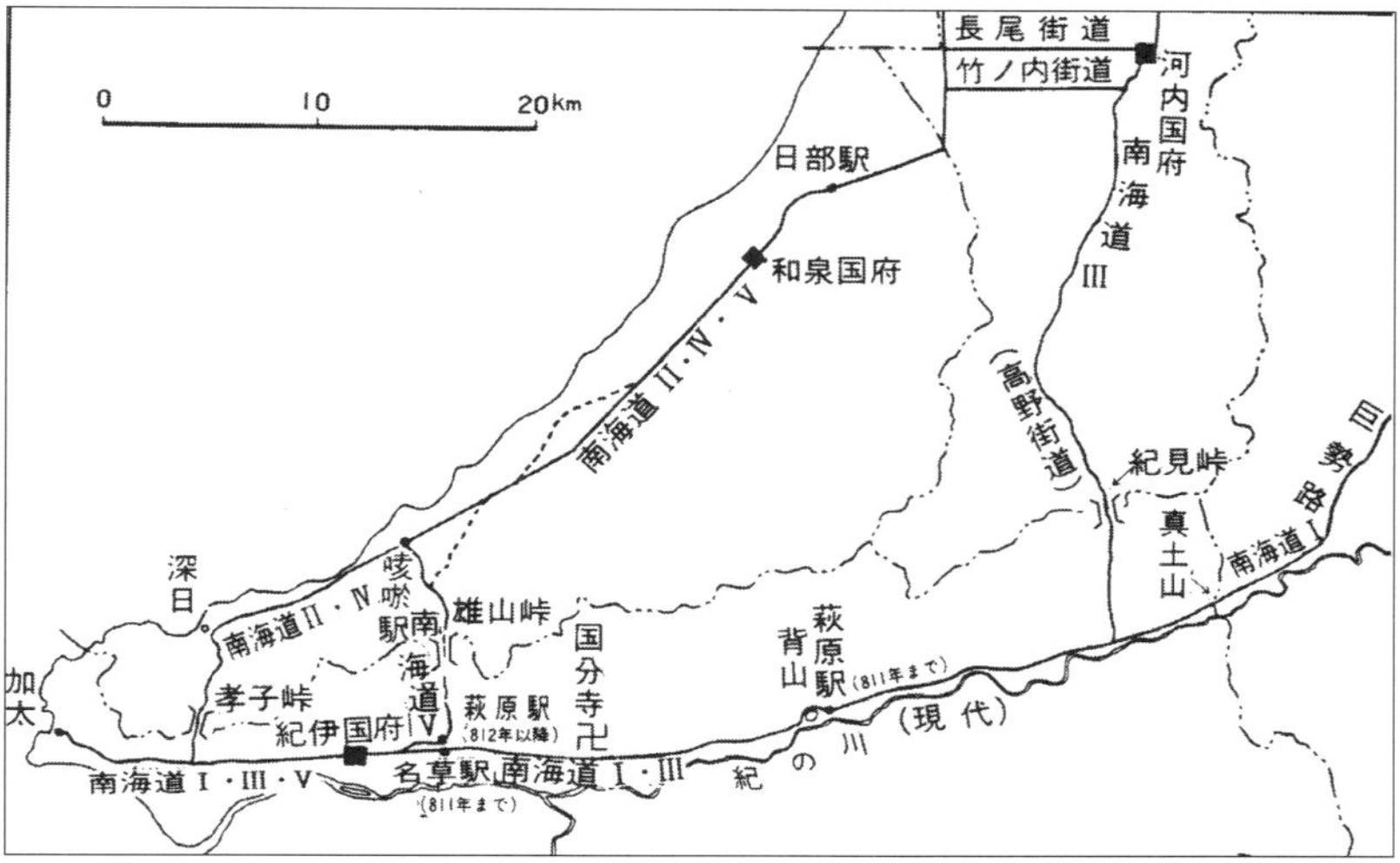

図14　南海道変遷の概略（足利健亮原図）

蘇我倉山田麻呂大臣ノ所ニ一…。こうふりかえて、右大臣倉山田麻呂を軍で追い、殺したのは天皇孝徳とする。二五日、倉山田は死にのぞんで、此伽藍（山田寺）を造ったのは、奉ッタ下為ニ二天皇ノ一誓ッテ作リ上という。ところがそのあと是月条で、また主語が皇太子にかわる。皇太子が山田大臣の資財を没収したという、好書の上には皇太子の書、重宝の上には皇太子物と題書されていて、皇太子は初めて大臣の心を知り、悔い恥じた、云々。この段落、天皇という主語をすべて皇太子とした方が、話が一貫する。左大臣阿倍の死につづいて、右大臣を殺したなら、孝徳の権力基盤は瓦解する。事実、白雉四年是歳条で、中大兄が母、弟、妹（孝徳后）の身内どころか公卿百官をひきつれて飛鳥に還り、孝徳はまったく孤立している。孝徳が倉山田を遣軍して殺すなどありえないことだったのである。　（'11・2・14）

足利健亮・和泉の計画古道

足利健亮（「和泉の計画古道」、日本古代地理研究、一九八五年、第五章第四節、及第六章第三節）は、日根郡の道を咳唹《とお》駅（男の里）について考察し、雄山（咳唹の山）峠ごえに紀の川沿いの南海道に出る道が官道化したのを、南海道Ｖ期（弘化三＝八一一年以後）とみている（別図「南海道変遷の概略」足利原図）。京が飛鳥、寧楽にあったとき、南海道Ⅰは（時代ごとのちがいはあれ）、大和路、巨勢路をへて、紀の川谷を下り、紀伊国府を通って、加太から海路、淡路島へ向っていた。平安京に替ると、日本後紀、弘仁二年（八一一）八月一五日、同三年四月二〇日の駅の廃止と新設記事が示すように、紀の川谷を下るルートは、南海道ではなくなる。かわって、孝徳・難波宮の時代に、難波宮正中線を南下し、のちの河内・和泉の国境にぶつかると南西に折れ、海岸沿いに茅渟に至っていた原南海道Ⅱを復活させた、新たな南海道Ⅴができた。いうまでもないが、この原南海道こそ、難波宮―四天王寺―茅渟宮（男水門）―海会寺を結ぶ瓦の道であったのである。

足利の歴史地理学的考察をかりて考えると、蘇我倉山田石川麻呂が山田寺へおちていった茅渟道とは、飛鳥・寧楽が京の時の南海道Ⅰへ抜ける、男の里―雄山峠ごえの道をさすとみていい。迂回路だが、紀の川谷、巨勢路を駈け抜け、山田寺へ入ったのである。付言すれば、先に蝦夷・入鹿が大丹穂山に桙削寺を造ったのも、茅渟から紀の川へ抜け、吉野*から芋峠ごえに飛鳥に入る軽（のちの孝徳）の一軍に備えたと解される。

注・足利吉野考と万葉歌27

注 吉野についても、足利に好論がある。足利は吉野の地名は移動したとみ、原吉野を吉野川（紀の川上流）の北、西南日本中央構造線の南にはさまれた「小高いなだらかな丘陵地形のところ」とみている。現在でいえば、大淀町の中増、増口、西増、比曽にかけての丘陵である。芋峠は中増の北端・明日香村と接するところに当る。（足利『景観から歴史を読む―地図を解く楽しみ』、NHK人間大学テキスト、一九九七年、ついでNHKライブラリー版、一九九八年、のち『地図から読む歴史』講談社学術文庫版、二〇一二年）。足利さんとは、私がNHKラジオで歴史の新しい相をみつける研究者との対談番組を担当していたとき、相手をしてもらったのが初対面だった。私が六〇で彼は四九、滋賀県の自宅を訪ねて録音したのが、ちょうど彼の最初の単著『日本古代地理研究』一九八五年の見本が届いたばかりで、それを手に話してもらった。同学の木下良が古代交通史研究会をたちあげたとき発起人として共に名をつらねたせいで、久方にあった。右の人間大学での講義をききもらさぬよう毎回まじめにき

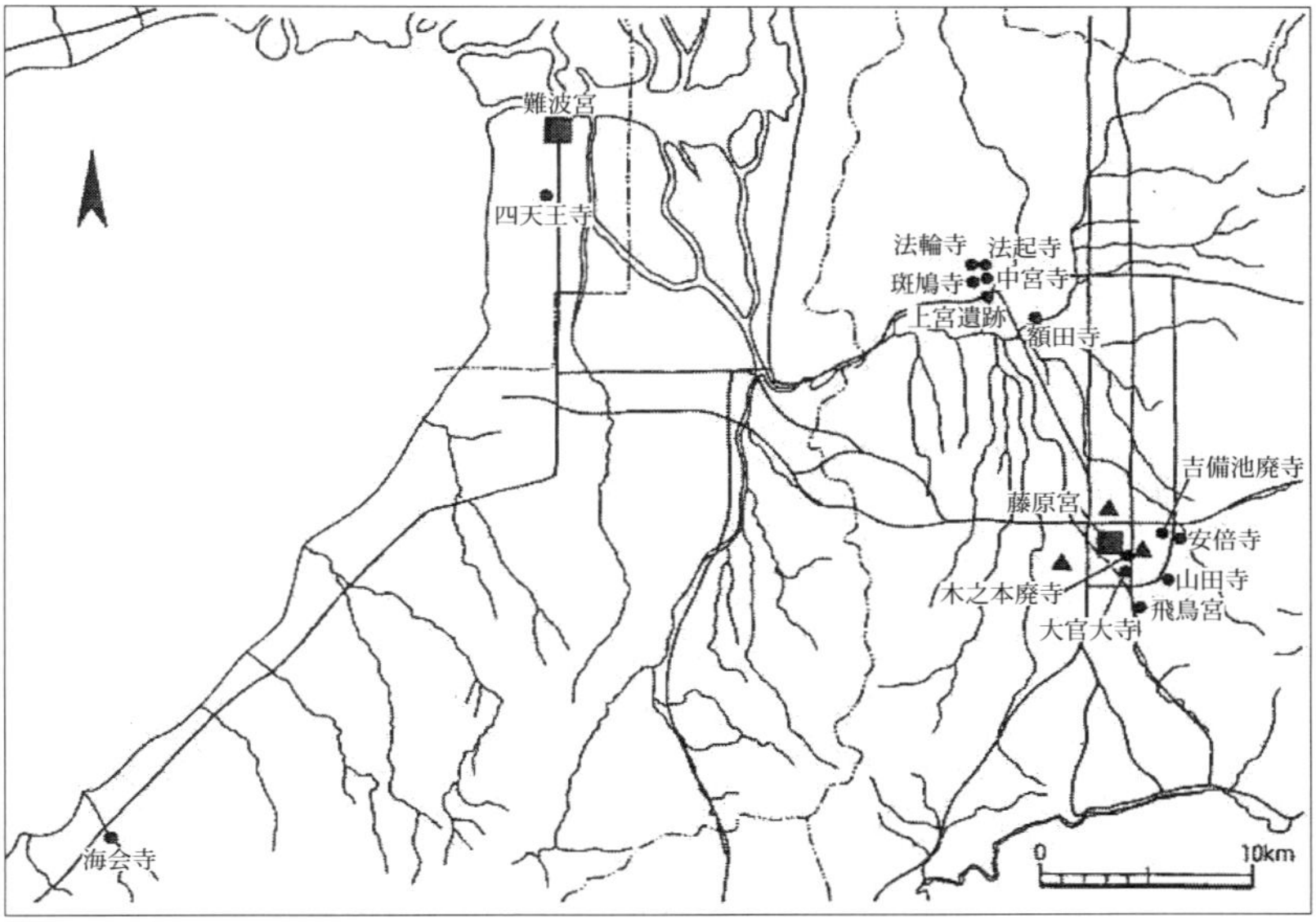

図15　天皇王朝の瓦当系列関連遺跡地図（原図・奈文研・吉備池廃寺）

いたが、その翌々年、足利さんは、彼にはじめてあったときの私ほどの年齢で、とつぜんなくなった。多くを教えられたが、吉野のことは番組テキストでは第一一回、本になってからは第一二章「野とは何か」の終りに「吉野地名は動いた」とある。

なお冗舌を謝して付言したい。吉野（芳野）は万葉集巻第一の二五、二六、二七歌に歌われている。二六は二五の歌いつがれていくうちに生じた別伝歌だから、要するに二歌である。二五は（中西進の訓で）、み吉野の　耳我（みみが）の嶺に　時なくそ　雪は降りける　間なくそ　雨は零（ふ）りける　その雪の　時なきが如（ごと）　その雨の　間なきが如　隈もおちず　思ひつつぞ来し　その山道を、である。水戸高校の国文学の講義でこの歌の訓釈を聞いてからこの方、万葉というとこの歌を思い出す。二七歌は、よき（淑）人のよし（良）とよく（吉）見て　よし（好）と言ひし　芳野よく（吉）見よ　よき（良）人よ（四）く見つ、で、よを八つ句頭に重ね、ちがう万葉仮名文字をえらぶなど、熟慮しながら歌唱は軽快である（さいごのよくみつは四来三とまるでわが紀伝の章だてのようだ）。巻第一は、日本紀流に、天皇の代ごとに編集され、二二〜二七が明日香浄御原宮天皇（天武）代、とされている。そして二七歌左注は、紀曰、天皇己卯五月庚辰朔甲申、幸二于吉野宮一、とする。このため澤瀉久孝すら、「かうした用字（淑、良、吉など）や明るい調子を思っても、この作が左注にいふ如き八年五月、皇后、諸皇子御同列の折であらふといふ推定が認められよう」（万葉集注釈、巻第一、一九五七年、二四七頁）と書く。新古典大系「万葉集」（一九九九―二〇〇四）の文庫版㈠（二〇一三）では、天武の「吉野行幸には、草壁・大津・高市・河島・忍壁・芝基の諸皇子など今の「よき人」がこぞって従属し、臣従結束を誓った（七六頁）とまで書く。旧知の中西進は、二七歌の題詞（天皇幸二于吉野宮一時御製歌）の中の吉野宮について、通説の宮滝、別説の川上の中社の地をあげたのち、「なお壬申の時の行宮は比蘇《ひそ》とも考えられる」（講談社文庫版、万葉集㈠、六二頁、二七歌注2）と記した。比蘇は古代、紀が吉野寺とした比曽寺（現、世尊寺）が所在したところで、足利は、巻第十九・欽明一四年五月一日に、河内国が（和）泉郡、茅渟海の中に梵音を発し、日のように光彩をはなつものがあると報告してきたので、さがさせたところ樟木をみつけ、これで仏像二躯を造らせたが、今、吉野寺に光を放つ樟像である、とあることから、原吉野はこの「吉野寺（比曽寺）周辺の野」であったと考えた。彼此考え合せると二七歌が歌う芳野は、現吉野ないし宮滝ではなく、原吉野のことと解するのがいい。

　また澤瀉が信じた皇后、諸皇子ひきつれての吉野行幸は、はたして史実であろうか。紀の当該箇所（八年五月条）は、五日の幸二于吉野宮一という簡単な記事と、翌六日の一九三字にわたる六皇子（天武・天智皇子）盟約の記事から成り立つ。六日の方には草壁皇子尊という持統紀特有の表記がくりかえされ、若自レ今以後、不レ如二此盟一者、身命亡之と、のちの持統即位前紀のはじめでの、大津皇子の謀反と賜死を当然とすることへの伏線がはられていて、持統以後の書き加えが明らかである。六日がそうであれば簡単な吉野宮（持統が生涯に三二度も通った）への行幸も、この盟約の舞台設定で、妻子同行に浮かれた心理での軽く明るい二七歌の舞台とは異質の吉野行と解すべきだ。つまるところ二七歌の吉野は、天武期では足利が解明した原吉野のことと解するのがよく、作者もまた天武ではないだろう。武略にすぐれた天武であっても、歌は如何。紀巻第三十、持統称制前紀は書く、詩賦之興、自二大津一始也。なお、この興を詩賦のオコリと訓んできたが、詩経・六義（風・雅・頌・賦・比・興）の興《こう》（万葉の寄物陳思歌に近い）とも解せる。

（この注'13・8・10〜11）

王朝交替史の証瓦《にん》

さて、以上、二つの瓦系列、すなわちソガ王朝系の飛鳥寺—豊浦寺—斑鳩寺—四天王寺の素弁十弁蓮華文軒丸瓦等の系列と、吉備池廃寺—四天王寺—海会寺とつながる単弁八弁蓮華文軒丸瓦の孝徳・天皇王朝系列とを、みてきた。この瓦たちは、ソガ王朝から天皇王朝への王朝交替史の証人いや証瓦なのである。

本章の「瓦の系列二つ」節の前に、皇極三年一一月条が語るソガの防禦態勢が備えた西からの敵は誰かを問うておいた。その答えが二つの瓦系列をみてきた結果、明らかになった。のちに海会寺が建てられた茅渟から出自したいわゆる軽皇子、のちの孝徳である。紀はこの王朝交替を、例の、専横な蘇我氏を中大兄と中臣連鎌子とが入鹿を殺すことで排除した話にふり替えている。このため王朝交替の史的過程はなにひとつ分らないが、王朝の交替が熾烈な政治謀略とその延長としての軍事対決で実現することは、東西の王朝盛衰史が物語っている。日本古代の王朝交替もその例外ではなかったろう。結局は軍事的に結着したと思われる。

紀中、カンヤマトイワレヒコ、ヤマトタケルなどを別として、軍を興して征伐した記事は二つしかない。先にふれた倉山田大臣征伐と壬申の内乱である。紀にソガ王朝攻防記がないとすれば、この二つから類推するほかはないであろう。

大化五年三月戊辰条を検証する

巻第二五、大化五年三月戊辰（二四日）条は、弟の日向が兄の麻呂を皇太子にしこぢたのが、話の発端である（弟が兄をしこぢた話は、弟の甘美内宿禰が武内宿禰に対しての例のほかに、紀中にいくつか類型がある）。それを皇太子が信じた。当然皇太子がなんらかの動きに出るはずだが、戊辰条では天皇が動き、以下一件落着まで皇太子のコの字も出さず、片がついた次の是月条で、倉山田大臣の心の貞浄におそまきながら気づいた皇太子が後悔した、という次第になる。先に述べたように、孝徳が倉山田大臣を討つのは自殺行為だが、紀は、倉山田討滅をもっぱら孝徳の行為としている。この件の叙述では、主語がうたがわしく、天皇を皇太子に替えた方が話の首尾が一貫すると、先に述べておいた。

皇太子とふり替った天皇がまず為たのは、大伴狛連ら三人を大臣の許に使《つかわ》し反之虚実（謀反がうそかほんとうか）を問うことだった。三人に対し、大臣は天皇に直接答えるという。天皇はまた三国麻呂公、穂積嚙臣を遣して尋問したが大臣の答は同じだった。そこで、

戊辰（二四日）

天皇ハ乃《そこ》デ將《し》タ三興シレ軍ヲ、圍モウト二大臣ノ宅ヲ一。大臣ハ乃デ…自リ二茅淳ノ道一、逃ゲテ向ッタ二於倭《やまと》国ノ境ニ一

先レ是ヨリ

大臣ノ長子ガ…在ッテレ倭ニ、営《つ》二造《く》ッタ其ノ寺ヲ一、今忽ニ聞キ二父ガ逃ゲテ来ル之事ヲ一、迎エ二於今来ノ大槻ニ一、近クニ就キ前ヲ行キ入ッタレ寺ニ、顧《ふりむ》イテ謂ウニハ二大臣ニ一、…自カラガ直進シ、逆ニ拒ゴウト二来軍ヲ一、…

是ノ夜

…意《こころ》ニ欲イレ焼コウトレ宮ヲ、猶聚メタ二士卒ヲ一

己巳（二五日）

とつづくが、この己巳の記事は、大臣が山田寺の衆僧らに、凡ソ此ノ伽藍ハ者、元非ズ二自身ノ故ニ造ルニ一、奉ッタ下為ニ二天皇ノ一誓イテ作リ上などと綺麗ごとを言って自死したのにつづいて、妻子八人が殉死した、というもの（だが最末尾の是月条で、好書の上には皇太子書、重宝の上には皇太子物と題してあったと、ここで又天皇と皇太子とがふり替る）。

是ノ日

以テ三大伴ノ狛ノ連、与ト二蘇我ノ日向ノ臣一、為シレ将〔軍〕ト領イテレ衆ヲ使《せ》レタ追ワ二大臣ヲ一、将軍大伴連等ガ、及《と》レ到ク二黒山ニ一

土師連身《む》、采女臣使主麻呂らが山田寺から馳け来って、大臣らの自死を告げたので、将軍らは丹比坂より引帰した（黒山は和名抄の河内国丹比郡黒山郷、現、大阪府美原町黒山で、丹比は現、美原町多治井—黒山の東—から羽曳野市郡戸に

かけての一帯)。

庚午（二六日）

大臣の妻子や随身で殉死する者が多かった。穂積臣噛が大臣の伴党、田口臣筑紫らを捉えた。

是ノ夕

木臣麻呂、蘇我臣日向、穂積臣噛、以レ軍囲レ寺、喚二物部二田造塩一、使レ斬二大臣之頭一…

甲戌（三〇日）

山田大臣に連座し、斬は田口臣筑紫…額田部湯坐連名闕ら一四人、絞九人、流一五人。

是ノ月

先是、是夜、
是日、是夕

やや長く紹介したが、事は三日、戊辰（二四日）、己巳（二五日）、庚午（二六日）で終っている。この三日それぞれに、先レ是・是夜、是日、是夕が付加されている。こういう書き方は、本格的には、巻第二八・壬申紀が採用している。紀中、軍を動員しての権力争奪は、山田大臣の征討（主語は皇太子のはず）と、壬申の乱（主語は元皇太子）の二つしかないが、まず戦記の日取りの書き方が共通している。

あるいは別の
記事の加工か

くりかえすが、大化五年三月条には主語の急変（皇太子→天皇、是月条で天皇→皇太子）があった。右に紹介した戊辰、己巳、庚午は、すべて天皇が将軍を任命し軍を率いて大臣を追った記事である。主語の変更は、三日（大化五年三月二四、二五、二六日）の記事の前後にある。そうであれば、三日の記事はあるいは皇太子の右大臣誅滅とは別の記事を、あたかもそうであるかのように加工したもの、とうたがいうるのかもしれない。そう思って三日の記事を紹介するとき、別記事と復元できる箇所を、紀の原文で示している。更めてそれを見直してみよう（こんどは原文を現代語読み下し文とする）。

〔前文、と仮に呼ぶ〕天皇〔軽皇子〕はそこで軍を動員（興）し、大臣〔毛人〕の宅を包囲しようとした。大臣は…茅渟道から逃げて大和（倭）国の境に向った。

先是、大臣の長子は…大和に在って、其の寺を営造した。今忽《にわか》に父が逃げて来た事を聞き、今来の大槻のところで迎え、そば近くに就き前を行《ある》いて寺に入った。顧《ふりかえ》って大臣に謂った、…自分がまっ直ぐ進（軍）し、来《せめてく》る軍を拒《ふせ》ごう…

是夜、…意《こころ》に宮を焼こうと欲《おも》い、猶も士卒を聚めた。

是日、大伴狛連と蘇我日向臣とを将〔軍〕と為て〔軍〕衆を領い、大臣を追った。将軍大伴連等が〔丹比の〕黒山に到《と》く及、…

是夕、〔将軍〕木臣麻呂、蘇我臣日向、穂積臣嚙は、軍を以て寺を圍み、物部二田造塩を喚び、大臣の頭を斬らせた。

期せずして、抜き書きしたところが、すべて先是、是夜、是日、是夕の箇所で、倉山田大臣とその伴党を死においやる戊辰、己巳、庚午の条とは別種であるかのような様態がうかびあがってくる。一つ一つ注釈していこう。

前文。抜き書き全体が大化五年三月にあるのだから、天皇が孝徳をさすのは叙述形式上当然だが、以下こころみに天皇の語、実質、茅渟王の子軽王子と読む。同様に大臣は、叙述形式上、孝徳の左大臣蘇我倉山田石川麻呂である。しかし、以下こころみに、大臣の語をソガ王三代毛人と読むことにしよう。そして前文を憶測すれば、毛人はむろん、冒頭に引いた皇極三年一一月条がいうように、恒ニ五十の兵士ヲ身ニ繞ラシ警戒していたのだが、和泉の大津の宅（大臣ノ宅）に来てやや弛みがあったのかもしれない。そこを衝かれた。軽王子にさしたる兵力があったとは考えにくい。襲った主体は、本宗を裏切った蘇我倉山田石川麻呂の兵力であろう。寸前に察知した毛人は、北の方、河内から来襲する倉山田勢をさけ、茅渟道から逃れて大和の国の境、原吉野、芋峠をこえ、本拠地飛鳥にもどった。こう想像してみる。

今来大槻は飛鳥寺西槻　先是。大臣ノ長子とは、もとより紀のいう興志ではない。蘇我大郎（入鹿）である。其ノ寺は、文脈上は山田寺だが、読み替えると飛鳥寺。逃げてきた父を迎えたのが、今来大槻と先是は書いている。今来は、巻第十九・欽明七年七月条にも、倭国《やまと》今来郡と出ている。大系本頭注（三―二八九頁注六）は「大和国高市郡の旧称。坂上系図に引く姓氏録逸文に、爾時阿智王奏、建㆓今来郡㆒、後改号㆓高市郡㆒、とある」。今来の大槻とは飛鳥寺西槻のことである。この槻（けやき）の大木について、紀は巻第二四以下八度にわたって記している。

1（巻第二四・皇極三年正月）法興寺槻樹之下
2（巻第二五・孝徳即位前紀＝皇極四年六月一九日）大槻樹之下
3（同、大化五年三月、ここ）今来大槻
4（巻第二八・天武元年六月是日＝二九日）飛鳥寺西槻下
5（同右）飛鳥寺西槻下
6（巻第二九・天武六年二月是月）飛鳥寺西槻下
7（同、同九年七月）飛鳥寺西槻枝
8（巻第三十・持統二年一二月）飛鳥寺西槻下

これらはみな同じものだろう。飛鳥を歩いていると、飛鳥小学校跡（石神遺跡の一部分）や高市橋などがあって、高市、飛鳥一体の観がある。高市以前に今来と言ったのは、おそらく十中九までが帰化人だった飛鳥で、今来の伎人が集住してのことと思われる。飛鳥寺の西というと伽藍配置の西と思いがちだが、飛鳥寺をはじめとする大寺

（官寺）は、仏教寺院であるとともに政府機関さらには軍事施設でもあった。入鹿を殺した後、中大兄即入二法興寺一、為レ城而備（皇極四年六月）とあるのは、明らかに軍事施設としての飛鳥寺を示している。今来の大槻は飛鳥寺以前からあって、飛鳥を代表する象徴的な大樹であった。飛鳥寺は、伽藍配置が西南の四分の一強でしかなく、全体として余地が大きい。飛鳥寺の西とはこの広大な寺域の西をさし、石神遺跡の南部、初期石神の迎賓機能もふくめて飛鳥寺西と表現されている、と考える。

この大槻が出ているからには、倉山田誅滅記事に出る其ノ寺ゆえ山田寺と解されてきたが、別種の文として読めば、其寺とは飛鳥寺と解するのが自然である。大臣長子の蘇我大郎は、留守を固めて飛鳥寺に居たのである。

焼宮、背寺の陣か

是夜。意欲レ焼レ宮。この宮が分らない。紀作者は、この文を倉山田誅滅記に利用したので、注を入れ、宮ハ小墾田宮ヲ謂フ、としなければならなかった。紀には稲城を焼く話が二度ある。一つは巻第六（垂仁紀）で、后の兄、狭穂彦が、上毛野君の遠祖八綱田将軍に攻められ、師ヲ興シテ距イダ、忽《チ》積《ンデ》レ稲《ヲ》作《ッタ》レ城《ヲ》、其《ノ》堅《キコト》不レ可《カラ》レ破《ル》、此《ヲ》謂《ウ》二稲城《ト》一也。もう一つは巻第二一（崇峻紀）で、ソガ馬子に攻められた物部守屋が、大伴連囓、阿倍臣人、平群臣神手、坂本臣糠手、春日臣闕字名、倶《ニ》率《イ》二軍兵《ヲ》一、従《リ》二志紀郡一、到《ル》二渋河家《ニ》一、大連（守屋）親《カラ》率《イ》三子弟《ト》与《ヲ》二奴軍一、築《イテ》二稲城《ヲ》一而戦《ウ》。先に軍を興して相手を倒したのが、倉山田誅滅と壬申の乱との二つしかない、と書いたが、いま読み直して、守屋誅滅もその一つ、計三つと訂正する。稲城は稲束を積み上げたものだから、垂仁紀が記すように火を掛けられると忽ち炎上して、ちっとも堅固ではない。なぜ其堅不可破なのか。稲は弥生環濠集落この方、共同体なり王・氏なりの存立の基盤であった。これを稲城とすれば、負けると焼失、存続は不可能となる。だから稲城を築くのは、氏の存亡をかけての背稲の陣になる。必死で頑強の防戦となる所以である。本条では焼稲ならぬ焼宮とある。この宮が敵のものなのか味方のものなのか。常識では敵の宮だろうが、ひきつづいて猶聚士卒とあるところを勘案すると、不意をつかれて、身辺の護衛をこえる大軍に不足していた。このときソガ王朝を支えた漢直等ハ、總《べ》二聚メ眷族ヲ一、擐《つ》ケレ甲《よろい》ヲ持チレ兵ヲ、將《し》タ下助ケテ二大臣ヲ一処中設セント軍陣ヲ上、と紀も書く（皇極四年六月、㈣―二三二頁）。ならばソガの王宮を焼いて、飛鳥寺を城として集中し、決戦に備える方途はあった。背稲の陣ならぬ背寺の陣である。

もう一つ、先の守屋征討のとき、討伐の軍兵を率いた諸将軍の筆頭に大伴連嚙の名があった。つまりソガの軍兵を指揮した将軍である。それが次の是日・是夕条で、ソガ王朝を攻める将軍の名に大伴狛連、穂積臣がある。是日。茅渟道から原南海道に逃れた大臣を追って、茅渟側の軍編成がなされ、進軍は、大伴狛連、蘇我日向臣を将とし、南海道ではなく、河内の丹比・黒山をへて、大坂越に飛鳥をめざした。紀は黒山で倉山田大臣の自決を聞いて大伴ら諸将が引帰したとしているが、また是夕。木（紀）臣麻呂、蘇我臣日向、穂積臣嚙らは軍を以って寺を囲んだ、とする。遂に飛鳥寺は落ち、大臣は斬られ、記してはいないがむろん蘇我大郎も打ち取られ、ソガ王朝は亡んだ。

現、紀の記すところでは、蘇我臣日向は、倉山田麻呂大臣の弟で、兄を讒言したとされているが、倉山田誅殺記から、先是、是夜、是日、是夕を別記とみて憶測すれば、蘇我臣日向はむしろ蘇我倉山田石川麻呂その人ではないか。麻呂をソガ王朝から離反させたことが、天皇王朝への王朝交替をひきおこす最大の要因であった。

（'13・8・12）

九《ここの》つ章　皇極元年七月条

――大雲経は大方等大雲経

検証すべきは次の、皇極元年七月条の一文である。

〔戊寅（二五日）〕蘇我ノ大臣ガ報《こた》エテ曰ツタ、可下於テ寺々ニ転中読ス大乗経典上ヲ、悔過スルノハ如ク二仏ノ所ノ一レ説ク、敬ッテ而祈レ雨ロウヲ。庚辰（二七日）、於テ二大寺ノ南庭一ニ、厳《かざ》リ三仏菩薩像ト与二四天王像一ヲ、屈二請シ衆僧一ヲ、読ンダ二大雲経等一ヲ。于レ時、蘇我ノ大臣ハ、手ニ執リ二香鑪一ヲ、焼《た》キレ香ヲ発シタレ願ヲ。辛巳（二八日）、微雨。壬午（二九日）、不《な》カッタレ能《でき》レ祈ルコトガレ雨ヲ。故ニ停メタ二読経一ヲ。（文庫版、㈣―一九四頁）

大雲輪請雨経になった経緯　大系本は、右文中の大雲経に「仏説大雲輪請雨経か」と注した。これは、従来、義渕や龍蓋寺（岡寺）の名とかかわって、大雲輪請雨経が取沙汰されていたのによる。大系本の紀刊行以前のものが手許になく以後の刊行だが、藪田嘉一郎・岡寺（一九七二）は、大雲輪請雨経に、爾ノ時衆中ニ有リ二一龍王一ガ、名ヅケテ曰ツタ二無辺荘厳海雲威徳輪蓋一ト。於レ此三千大世界龍王之中、是ヲ為ス三勝大徳《う》ルト二不退転一ヲ。本願力故ニ受ク二此ノ龍身ヲ一とあり、この龍王の名から龍蓋寺（岡寺）となった、としていた。これをうけ横田健一・義渕僧正とその時代（橿原考古学研究所論集・第五、一九七九、所収）は、「およそ、これら龍の字を冠する寺（龍蓋寺、龍福寺、龍門寺、龍華寺など）を建立した理由は、おそらく古代の政府にとって、田畑の農作のために必要な雨を祈ることが最も重要な政治であり、そのために水神の神社に奉幣すると共に、祈雨のための寺院をつくり、大雲輪請雨経のような、祈雨に呪力のある経典を僧侶によませることにあった」（二三六頁）と述べ、さらに「付記すると大雲輪請雨経に基づいて、中国の隋では州毎に大雲寺を造立し、この経を修せしめて雨を祈らしめた。これが後に唐の各州に龍興寺を造った先蹤となるものである。また同時に、日本が各国ごとに国分寺を造立する模範となったものであると考えられる」（二三八頁）とした。

だが、皇極元年七月条の大雲経は、大雲輪請雨経（那連提耶舎 Narendrayaśas、四九〇～五八九、訳）ではなく、方等大雲経と解するのが妥当である。以下その所以を述べたい。大方等夢想大雲経（新修大蔵経大正十二、所収、以下大正と略す）は曇無讖（三八五～四三三）の訳である。この経は、大雲（経）、大般涅槃（経）、無想（経）の名をもっている。大雲密蔵菩薩の所問だから大雲と名づけ、一切衆生悉有仏性を説くので大般涅槃の名を得たし、受持読誦すれば一切の想を断つので無想と名づけた（大方等無想経巻五、大正十二・一〇九九上中。）。曇無讖は、河西王（沮渠蒙遜）に招かれて姑蔵（漢書地理志下にみえ、のち北涼の都となった、現甘粛省武威）に行き、大方等大集経（二九巻あるいは三〇巻あるいは二四巻）や金光明経（四巻）を訳したが、その訳は「鬼神の系統の表現に力を入れ、仏教が多神主義と禁呪法術の方向へ発展するのを促した」（一七八頁）と、任継愈らの中国仏教史Ⅲ*は評している。また、「隋唐以後の仏教にかなり大きな影響を与え」た金光明経で、「とくに目立つ鬼神は、四天王をはじめ…仏法を庇護する系統である」（同、一八一頁）とも指摘している。

注　任継愈らの中国仏教史Ⅲ（日本語訳）を読み、深い共感を覚えた。訳者（小川隆ら六人）あとがきがいうとおり、原書全八巻のⅠは一九八一年に刊行された。すでに改革解放期に入ってはいたが、「それ以前の数十年間、学術的な仏教研究はわずかの例外を除いて中断して、…学問・文化全体が過酷な重圧の下に置かれていた」。その中で研究し著述した「本書は、国内に於いては依拠すべき先行業績」を欠き、国外研究の参照は不可能に近かった。著者たちがとったのは、「原典資料を直接読みこんで、その基本的論点を一つひとつ省略なしに、整理し紹介してゆくという方法であった〔それ以外に方法がなかった、と言うべきかもしれない〕」。しかしその結果、本書は学の基本に沿うことができた。学について論ずるには周到緻密さが必要だが、ここはその場ではないので、まるで不十分、おおざっぱになるが、人文の学では、長い歴史の経過のなかでまず典拠となる古典が成立し、つぎにその典拠のさまざまな注釈、読解が生じ、さらに注釈を整理した学説史をふまえた理論が生じる。そしてその理論の中からそのつどの定説的な学説ができあがる。あげく逆転がおきて典拠とすべき原典よりも有力な学説が支配する論だけの学におちいる。それにくらべ、中国仏教史は学の本道に沿ってさわやかである。

谷川道雄は、『隋唐世界帝国の形成』で隋唐帝国の第一歩は三世紀に踏み出されたとみたが、その学術文庫版へのあとがきで、こうのべている。一九四八年に大学を卒業したのち、唐代史について論文を発表しつづけるが、やがて自分の研究観点に不満を覚え、魏晋南北朝時代にさかのぼった。そしてこのとき「自分に課したのは、一定の理論を前提にして関係資料を蒐集するのではなく、史書を丹念に読むことから自ずと明らかになって来る歴史展開の筋道を叙述することであった。そのようにして各正史を次々と読みすすんでゆく作業は、その一見雑然たる記事にもかかわらず予想外に魅力あるものであった」(傍点山田)。まことにその通りで、深い共感を覚えた。私は長い人生の中で、谷川健一、雁、道雄、吉田公彦の四兄弟それぞれに逢うことができたが、同い年の道雄さんとは名古屋大学時代に友人の結婚式で顔を合せたのが、ただ一度の接触であった。その後の端正な学者としての歩みをみていたが、上のあとがきに接してまことにうれしかった。

('09・1・10)

〔追記〕本書の刊行をぐずぐずと延しているうちに、道雄さんの訃報に接した。〔朝日はこう報じている。――谷川道雄さん(たにがわ・みちお=京都大名誉教授・東洋史)7日、腎不全で死去、87歳。熊本県生まれ。中国の隋唐史などの研究で知られ、名古屋大や京都大、龍谷大などの教授を歴任した。民俗学者の谷川健一さん、詩人・評論家の故・谷川雁さんは兄。著書に「隋唐帝国形成史論」「中国中世社会と共同体」など。〕

金光明最勝王経を
もちかえった道慈

周知のように、金光明経には、唐の義浄（六三五～七一三）が七〇三年に訳した金光明最勝王経（一〇巻）があり、その正法正論品で、「国王とは人中の王すなわち人王であり、天子ともよばれ、それは前世に溯源する」と記し、国王の特別の地位と権利について、「強力な神学的証明」を与えている（同、一八二頁）。のち奈良時代の南都仏教で、この経は国家《みかど》鎮護の経典とされたが、新訳されたばかりのこの経をもちかえったのが、僧道慈である。

道慈は、日本仏教史上、本格的な教学知と戒律知を持したさいしょの僧である。大宝二年（七〇二）、三十余年ぶりに復活した遣唐使（執節使は粟田朝臣真人）に、学問僧として従がい入唐した。帰国したのは日本紀が完成する二年前、養老二年（七一八）である。続日本紀は道慈についてこう記している。

〔天平一六年（七四四）〕冬十月辛卯（二日）、〔前〕律師ノ道慈法師ガ卒シタ天平元年ニ為ツタ二律師一ト。法師ハ俗姓ガ額田氏デ、添ノ下ノ郡ノ人デアル也。性ハ聡悟デ、為レ衆ノ所レ推サれテ、大宝元年ニ、随イレ使ニ入唐シタ。渉二覧シ経典一ヲ、尤モ精シク二三論一ニ、養老二年ニ帰朝シタ。是ノ時、釈門ノ秀ハ者、唯法師ト及神叡法師ノ二人而已《のみ》。著二述シ愚志一巻一ヲ、論ジタ二僧尼之事一ヲ。其ノ略ニ曰ウ、今察《み》ルニ二日本ノ素緇《そし》〔緇素、僧と俗人と〕ノ行ウ二仏法ノ軌模一ヲ、全ク、異ナル二大唐ノ道俗ガ伝エル二聖教ノ法則《のり》ト一。若シ順エバ二経典一ニ、能《で》キレ護ルコトガ二国土一ヲ、若シ違エバ二憲章一ニ、不《な》イレ利サ二人民一ヲ。一国ノ仏法ハ、万家ガ修メタナラレ善ヲ、何《ど》ウシテ用イヨウカ二虚設一ヲ。豈ニ不ランヤトレ慎マ。弟子デ伝エルレ業ヲ者ハ、于レ今不《な》イレ絶エ。属《まさ》ニ遷三造シルトキ大安寺ヲ於二平城一ニ。勅シテ二法師一ニ、勾二当サセタ其ノ事一ニ。法師ハ尤モ妙デアッタ二工巧一ニ。構作モ形勢モ、皆稟《さず》ケタ二其ノ規摹《きぼ》〔手本〕一ヲ。所レ有ル匠手デ、莫《な》カッタレ不《な》イモノガ二歎服一シ。卒シタ時、年ハ七十有余。

道慈による紀への加筆　帰朝した道慈が、ほぼ完成しかけていた日本紀に、仏教関係の記事を書き入れたことは、早くから指摘されていた（井上薫、日本書紀仏教伝来記載考、日本古代の政治と宗教、一九六一年、所収）。それで、たとえば巻第十九・欽明一三年一〇月条のいわゆる仏教公伝記事の中、百済王聖の別表につけた大系本注は、「以下は唐の義浄が長安三年（七〇三）に訳した金光明最勝王経の文を用いて構成したもので、明らかに書紀編者の修辞。僧道慈の作文とみる説がある」（下巻一〇〇頁注一九、文庫版㈢—二九九頁注七）。井上薫は欽明から用明までの間に道慈の筆録があるとしていたが、おいおい見るように、皇極の本条にも道慈の加筆を認めることができる。

注　紀によれば、白雉四年（六五三）五月、吉士長丹を大使とする遣唐使に、学問僧一三人も同行している。その中の一一人目に道昭、一二人目が一一歳の定恵内大臣長子也である。道昭の帰国は斉明六年（六六〇）（続紀、文武四年三月条）だから在唐は七年。法相教学の初伝とされているが、道昭が伝えたのは法相教学ではなく摂論だとする説に賛成である。法相宗は護法 Dharmapāla（五三〇～五六一）の成唯識論（玄奘訳）を正義として成立したが、開祖の基（六三二～八二）が玄奘の成唯識論の訳出に従ったのは、二八歳（六六一）、道昭帰国の翌年からのことである。定恵は天智四年（六六五）四月、在唐一二年で帰国したが、この年に死んだ。道昭は飛鳥寺の禅院に住して、義淵、行基、玄昉、良弁、道慈を教えたとされる。斉明四年（六五八）七月是月条は、沙門ノ智通・智達ハ、奉ジテレ勅ヲ乗リ二新羅ノ船一ニ、往キ二大唐ノ国一ニ、受ケタ二無性ノ衆生ノ義ヲ於玄奘法師一ニ、と記している。無性とはインドの学僧で、無着の摂大乗論（五世紀の成立）の釈十巻の著者である。摂大乗論は「唯識教学の根本聖典の一つ」（岩波仏教辞典、以下、仏教と略称、摂大乗論の項）であり、かつ「大乗仏教の数少ないすぐれた綱要書の一つ」（同）でもある。四種の漢訳があるが、そのうち真諦（四九九～五六九、インドの学僧、五四六年海路、中国広州に入る、四大漢訳者の一人で、摂論宗の祖）の訳から摂論宗が、玄奘訳から法相宗が起った。右の智通、智達を、法相宗第二伝とするが、これは鎌倉後期の作為である。実際問題として、この時は百済をはさんで倭・日本と唐・新羅とは鋭い対立関係にあり、留学僧を送るような外交関係は閉ざされている。斉明・

中大兄母子権力が、二年後に百済救援軍を送りこむ。智通らを第二伝と仕立て上げたのは凝念（一二四〇～一三二一）の三国仏法伝通縁起（一三一一）で、智通、智達両般法師、乗二新羅船一往二大唐国一、遇二玄奘三蔵一学二法相宗一とする。凝念が紀の斉明四年七月是月条文によって書いたのは明らかである。新羅船で大唐国へ入るのはこの時期ありえない。

道昭（六二九～七〇〇）につぐのが岡寺の開祖義渕（?～七二八）である。飛鳥寺で道昭から「唯識」を学んだ。つまりは摂論の内である。道昭・義渕に学んだのが行基（六六八～七四九）である。義渕、行基の二人が入唐していないのは、外交環境のせいもあったが、出自が農民だったからである。二人の面目は教学よりも布教にあった。玄昉（?～七四六）、良弁（六八九～七七三）、道慈（?～七四四）のうち、前二者はその活躍と紀との関係はないので、道慈をとりあげる。道慈が唐で学び伝えたのは三論（宗）である。三論ハ、是レ七宗之本、諸宗ハ、是レ三論之末（伝道縁起、上）といわれた。龍樹 nāgārjuna（一五〇～二五〇頃）の中論四巻、十二門論一巻と、その弟子（聖）提婆 **Āryadeva**（一七〇～二七〇年頃）の百論二巻を、三論といい、大乗仏教の基礎理論、教学の中軸である。鳩摩羅什（三四四～四一三、或は三五〇～四一三）が漢訳し、その門下で夭折の天才と称された僧肇（三八四～四一四?）をへて、僧朗が江南に伝え、僧詮、開皇寺の法朗（五〇七～五八一）までが、古三論である。

新三論は吉蔵（五四九～六二三）以後をいう。六朝末から唐初にかけ、三論の教学を大成した。二一歳で具足戒を得て、秀才の誉が高かった。会稽の嘉祥寺に住し三論玄義、破邪顕正を著したが、三論だけではなく法華経、華厳経など大乗諸経を講じ、注釈書を書いている。日本に伝えられたのは新三論である。紀巻第二二・推古紀の三三年正月条に、高麗王ガ貢ジタ二僧ノ恵灌ヲ一、仍テ任ジタ二僧正ニ一とあり、推古紀のこの記事も道慈書き入れの可能性があるが、慧灌は吉蔵相承の高僧で、日本の三論相承史上の初伝とされている。第二伝は智蔵。呉の人福亮（大化元年（六四五）、八月、十師の一人）の子で、父とともに来日したが、また入唐して吉蔵に学び、三論を重伝して法隆寺に住した。田村圓澄は「法隆寺の再建の中核となったのは智蔵ではなかったか」（飛鳥・白鳳仏教史、下、九一頁）という。さて第三伝が道慈。先の三国仏法伝通縁起（一三一一年）によると、智蔵に学んだが、入唐して三論の第三伝となった。その移転を自身が宰領した大安寺に住したので、第三伝は大安寺流とよばれた。「大安寺の前身に聖徳太子の熊凝寺をもち出したのは、道慈であったと考えられる」（田村前掲書、九三頁）。伝通縁起の類は、いわば仏法の系図だから、一般の系図同様に変様や作為の加算がある。その伝で、別三論なるものがあり、これによると道慈は第四代〔伝〕になるが、意とする必要はない。三論初伝の慧潅や法相重伝の智通・智達は、紀の中で道慈が書き加えた可能性の高い記事に出る。聖徳同様にあるいは道慈作の人物かも知れない。こう見てくると、日本古代仏教史上、道慈が教学知をもつさいしょの僧であり、続紀が神叡と二人「釈門ノ秀」としたのを確認できよう。

（この注、'11・12・21）

大方等夢想大雲経にもどる。「この経典の特色は、最後の二犍度（品に同じ、経典の編章）、天女浄光に関する内容にあらわれている」（中国仏教史Ⅲ、一八四頁）。浄光は、過去世では王の夫人だったが、大涅槃経を一聞した因縁で、今世に天女となった。彼女がもう一度仏法の深意を聞けば、「即ち女身を以て王国土を当《つかさど》り、転輪〔聖〕王〔cakravarti-rāja〕の統べている領地の四分の一を得る」（大正一二、一〇九七上〜九八上）という。なお、如来涅槃犍度では、三世（過去世、今世、未来世）の諸仏の説いた神呪が記され、「それを国王の雨乞いに用いたなら、天は必らず雨を降らす」（同、一八四頁、傍点山田）とあった。大雲経は国王の祈雨の経でもあった。祈雨の経であるだけではなく、唐史をみていくと、さらに武則天とかかわっていたことに、気づく。

大雲経と則天武后

則天皇后武氏、諱《いみな》は曌《しょう》（則天文字の一つ）、并州文水の人なり、と旧唐書、則天武后本紀は始まる。并州とは今の山西省、文水県は今もそうよぶ。父は李渊の下で地方官を歴任したが、武氏自身もとは農民だったとみなされている。そこから出自した則天が皇帝の座に昇りつくには、前人未踏の修羅道を強引に切り開くほかはなかった。聖人（男）に天命は下っても、武氏の娘には下るべくもなかった。べくもないところに下すには、それ用に特別の政治哲学を構築することが必要である。それを作った者もいたし、その政治哲学の創出に大雲経が利用された。短絡して言えば、大雲経が女帝則天を生み、彼女を荘厳した。

作ったのは、偽僧薛《せつ》懐義（本名馮小宝）と、洛陽の高僧法明、処一、恵儼らである。馮小宝は則天のいわば男妾で、そのひきで白馬寺の寺主に納まり、さらには名門薛氏にまぎれこみ薛懐義となりおおせた。この懐義に与えられた仏授記寺が、則天向け新政治哲学の産室となった。その骨格は、弥勒下生経と大雲経とを接合して、武氏の娘が皇帝になりうる筋道を描くことである。

弥勒〔当来〕下生経一巻は、西晋（二六五～三一六）の竺法護訳。ついでに、弥勒成仏経一巻は後秦（三八四～四一七）の鳩摩羅什訳、観弥勒菩薩上生兜率天経は北涼王（沮渠蒙遜）の従弟・沮渠京声が南宗（四二〇～七九）の時に初訳した。これら弥勒三部経によると、釈迦の予言で、弥勒 maitreya は三十刧《こう》（却は古代インド最長の時の単位、宇宙が生成し消滅するまで、永劫）の後に仏と成って兜率天《とそつ》（未来仏となるべき菩薩が下生するまで過す場所）へ上り（弥勒上生）、釈迦歿後五六億七千万年に兜率天から現世に下降し（弥勒下生）、龍華樹の下で開悟し、三度衆生に説法して、第一会で九六億人、第二会で九四億人、第三会で九二億人を救う、という。未来仏の弥勒信仰は、ガンジス河のペナレス地方で始まったが、弥勒経の漢訳以後、中国民衆の間に急速に滲透、普及した。一例として、北魏（四二〇～五三四）時代の弥勒造像記の二、三をあげると、太和一九年（四九五）のは、亡息のために「工に請うて石を鏤し、此の弥勒像一躯を造る」。同二三年のは、生ける父母と師僧のために、「弥勒石像一躯を造る」。神亀三年（五二〇）のは、亡父母のために「弥勒像一枢〔躯〕を造る」（中国仏教史Ⅲによる）。

弥勒の知名度はきわめて高いが、これは男だ。大雲経の浄光天女は女で、知名度はきわめて低い。そこで両者を巧みに接合し、新大雲経四巻と「讖文《しんぶん》〔予言書〕をつくり、武后は弥勒仏の下生であるから、まさに唐に代って帝位に即くべしと称え、武周革命を開いた」（鎌田茂雄、新中国仏教史、二〇〇一年、一二五頁）。大雲経と讖文は、武則天の命で、全土の寺院に配布、講説され、やがて州ごとに大雲（経）寺が置かれた（奈良時代の国分寺造立の渕源）。載初元年（六九〇）七月のことである。二カ月後の天授元年（六九〇）九月九日、武周革命成って武則天が晴れて女帝となった。（以上、気賀沢保規、則天武后、一九九五年、藤善真澄、隋唐時代の仏教と社会、二〇〇四年、による。）（'09・1・10）

注　任継愈らの中国仏教史と対照的に、中国仏教の内外の研究成果をあまねくふまえて書かれたのが、鎌田茂雄・中国仏教史六巻（全八巻の予定が著書の死で六巻に終った）である。その遺著、新中国仏教史（二〇〇一）から「大雲寺の設立」の項を借用する。

「国分寺的な性格をもつ官寺の設立は隋代に始まる。…唐の高祖は仏教寺院を整理して、帝都の三寺、諸州の一寺を官給寺院として全仏教の寺院を統制しようとしたが果さなかった。高宗は麟徳三年（六六六）兗州《えんしゅう》に道観、仏寺各三所を置き、また天下の諸州に一観一寺を置いた。…則天武后が政治の実権をにぎると、怪僧薛懐義《せつかいぎ》一派が武后におもねり、法明《ほうみょう》らの九僧とともに『大雲経《だいうんきょう》』に付会した讖文《しんぶん》をつくり、武后は弥勒《みろく》仏の下生《げしょう》であるから、まさに唐に代って帝位に即《つ》くべしと称え、武周革命を開いた。武后は載初元年（六九〇）七月、『大雲経』を天下に頒《わか》ち、同年九月には唐の国号を周《しゅう》と革《あらた》め、天授《てんじゅ》と改名し、聖神《しょうしん》皇帝と称し、十月には両京並びに諸州に大雲寺各一寺を置いた。『大雲経』という経典を寺号とした同一名称の官寺が一斉に設置されたのは大雲寺が初めてである。…日本の国分寺の建立は大雲寺の模倣といわれている。大雲寺に住した僧には、揚州《ようしゅう》の鑑真《がんじん》、温州の鴻楚《こうそ》、淄《し》州の慧沼などがいる」（一二五〜六頁）。さて本章冒頭に先引の横田健一の付記が、大雲輪請雨経に基づいて、隋が州毎に龍興寺を造立した云々と述べたのには、武則天の新大雲経、大雲寺の州毎の配布・造立と錯雑したところがあることになる。隋の高祖文帝は、即位の翌、開皇二年（五八二）に新都造営の詔を発し、その一環として大興善寺を建立し、さらに四五州に大興国寺を建てた。官寺の全国配置という点で武則天の大雲寺設置の先駆とみてもいいが、両者はまったく別ものである。

（この注、'11・12・25）


武則天は、神龍元年（七〇五）、八三歳で天寿を全うした。大宝二年（七〇二）に入唐した道慈は、武周革命の終焉を見聞し、やがて、それとかかわる大雲経とその新大雲経への偽造、大雲寺の造立といった過程をも認知したであろうことは、容易に推察できよう。皇極元年七月二七日の文中の大雲経、そしてまた二五日の文中にある、於二寺々一転二読大乗経典一は、隋唐仏教史に照応させて始めて理解できるのである。

観音・菩薩と道慈

同じ二七日条に菩薩（仏菩薩像）の語がある。この語は紀中に六度使われているが、その内の二度目である。

(1)（用明二年四月二日）今南渕ノ坂田寺ノ木ノ丈六ノ仏像・挟侍ノ菩薩〔像〕是ガデアル也。（文庫版、四―六二頁）

(2)（皇極元年七月二七日）於テ二大寺ノ南庭一ニ、厳《かざ》〔飾〕リ三仏菩薩ノ像ト与ヲ二四天王像一、屈二請シテ衆僧一ヲ、読ム二大雲経等一ヲ。（四―一九四頁）

(3)（孝徳・白雉四年六月）為ニ二〔旻〕法師一ノ、…多ク造ル二仏菩薩ノ像一ヲ。（四―三二二頁）

(4)（天武・朱鳥元年八月二日）〔為二天皇一〕坐《す》エ二百ノ菩薩ヲ於宮中一ニ、読ム二観世音経二百巻一ヲ。（五―二三六頁）

(5)（持統三年四月二〇日）〔新羅〕献ジタ二金銅ノ阿弥陀像・金銅ノ観世音菩薩像・大勢至菩薩像各一躯一ヲ。（五―二五〇頁）

(6)（同、七月一日）付ケ二賜ッタ陸奥ノ蝦夷ノ沙門自得一ニ、所ノレ請ウ金銅ノ薬師仏像・観世音菩薩像各一躯…一ヲ。（五―二五四頁）

(4)で僧を菩薩とよんでいる以外は、ことごとく仏像をさしている。菩薩は、サンスクリット語 bodhi sattiva の俗語形 bodhisatta を音写した菩提薩埵《ぼだいさった》の略語という。bodhi（菩提）は悟りを意味し漢訳は覚。Satta（薩埵）の意味は生者で、漢訳が衆生・有情。それで大乗仏教は bodhisatta（菩薩）を悟りをそなえた人という意味にとる。「菩薩は悟り（仏）の世界から人間界におりてきて、人びとと共歓同苦しながら、衆生救済に努める存在」（仏教、菩薩の項）であり、菩薩は一つの姿容に限られず、種々様々の菩薩が見立てられた。

南北朝から隋唐にかけて漢訳された密教系経典（その一つである大雲輪請雨経の漢訳は南北朝期）は、観（世）音菩薩の主な姿として、十一面観音菩薩、千手観音菩薩、不空羂索観音菩薩、如意輪観音菩薩、馬頭観音菩薩などをあげている。ほかにも観世音三十三身とよばれる種々相であらわれ、その中に帝釈〔天〕、自在天、毘沙門、阿修羅などがある。後秦の僧肇は注維摩詰経巻一で、鳩摩羅什の解釈を引き、「世に危難あるに、〔観世音の〕名を称えて自ら帰せば、菩薩、其の音声を観て、即ち解脱〔悟り〕を得せしむるなり」（大正三八～三三一上）と言っている。

観世音は avalokiteśvara の意訳で、唐代の訳は観自在（自在に観じる）である。現世をあまねく観てとり、救いをもとめる衆生があれば、その音声、祈願を感じて種々の形姿でたちあらわれる。すなわち観音（観自在菩薩）を介して仏と衆生とが結びつき、一切衆生は、煩悩（現世）→菩提（悟り）→涅槃（仏世界）へと昇化、救済されていく。観音信仰は、弥勒信仰、阿弥陀信仰とならんで、仏教が中国民衆の中にまで滲透していくのを、おおいに助けたのである。紀中の菩薩（像）の語が、⑷⑸⑹と観音経や観世音と結びついているのは、道慈が体験し体得した唐代仏教の現実をうつしとっているのであり、また道慈の書き入れが、観世音経や観世音（菩薩）像の出る天武・持統紀にも及ぶ可能性を示している。

井上薫は、類似の文章があれば同一の筆者の手になるとして、道慈筆録説を提示した。文章の類似は、当然のことながら独特な用語の独特な使い方にかかわる。道慈は本格的な教学知をもつ学僧であり、その点から仏教用語の使用に特徴をもつのは自明であり、以下留意して分析をすすめたい。

転㆓読大乗経典㆒ヲ

本条（皇極元年七月）戊寅（二五日）に転読（於㆓テ寺々㆒ニ転㆓読ス大乗経典㆒ヲ）の語があり（四―一九四頁）、また菩薩記事⑷に読㆓ム観世音経二百巻㆒ヲとあった。転読とは「大部の経文の初・中・後の数行を読誦する」のに「経本を転廻して全部を読誦するさまに擬する」（大漢和辞典、巻十、一〇六一頁）やり方をいう。

物心がついたころただ一度、転読を見た。僧侶の両手の間に舞う（と見えた）経本が美しかった。転読をみたのが天台だったのか真言だったのか記憶にない。経名を誦しながら、予め机上に置いた十箇たらずの経本を、上から順に右手でとりあげる。すぐさま左手がその底表紙をつかむ。同時に右手は上表紙をとらえ、円を描くように左方から右方へと廻る。その右手が水平になり掌が上向きとなったところへ、左手が後追いに円を描いて経本を納めていく。治め終えるやいなや、右手が経本を机上の脇の方に置き、すぐさま机上に積まれた次の経本にのび、つかみ上げ、先程の行程がくりかえされる。経本がさながら南京玉簾のように半円を描いて宙空を舞うあいだ、眼にふれた経の間を唱誦する（と私には見えた）。その転読の妙に感じいった。

つづいて悔過の語

二五日条では、転読につづいて悔過の語が出てくる。「奈良時代以来、正月に宮中の御斎会や諸国の国分寺で、昼は義浄訳金光明最勝王経が読誦、講説され、夜は同経大吉祥天女増長財物品に基づいて吉祥悔過が行われた」（仏教・金光明の項）。もとより御斎会は、天平神護二年（七六六）ないし神護景雲二年（七六八）に始められた。日本紀完成の四六〜八年後、道慈の死後二二〜四年後のことである。しかし悔過は、朱鳥元年（六八六）六月丁亥（一九日）（五—二二四頁）、七月庚子（二日）是日条（同頁）に出、庚子につづいて丙午（八日）条には、請《ジ》二百《ノ》僧《ヲ》一、読《ム》二金光明経《ヲ》於宮中《ニ》一とあり、さらに持統五年六月戊子（じつは五月一八日）条では、悔過につづいて、京及ビ畿内《ノ》諸寺《ノ》梵衆、亦当《ニ》五日誦《セヨ》レ経《ヲ》、とある（同、二七四頁）。宮中御斎会という仏教儀式は、奈良時代の後期に始ったが、悔過と関連した宮中での金光明経（曇無讖訳）の読誦が、七世紀末（つまりは道慈以前）すでに行われている。むろん朱鳥の記事は天武の病の重篤を回復するためのもので、史実とみなされるが、皇極元年の七月条の悔過は、金光明最勝王経（義浄訳）を持ちかえった道慈の筆致である。

本条の大寺は飛鳥寺を指す

なお、本条二七日に大寺南庭とみえる。この大寺を標注、通釈ともに百済大寺のことと解してきた。しかし本条は蘇我大臣の請雨記事だから、この大寺は飛鳥寺と解すべきである。舒明という非実在の天皇が発願した百済大寺は、舒明のときもその妻皇極（ともに非実在の天皇）のときにも、当然に完成してはいない。皇極元年九月条に、朕思㆔欲起㆓造大寺㆒とあるのは、死の直前の舒明が大宮と大寺を造ろうと言ったのと重複し、この「夫婦」と百済大寺とが無縁であるということを示している。本条の大寺を飛鳥寺としたのは、大橋一章・百済大寺造営考（美術史研究、第一九冊、一九八二年）である。百済大寺跡と判定された吉備池廃寺の発掘報告書（奈良文化財研究所、大和吉備池廃寺—百済大寺跡、二〇〇三）は、大橋の論文をふまえて、舒明朝では「百済大寺の堂塔は一つとして完成にいたってはいなかったとみるべきである」（一五二頁）とし、その注で、本条の大寺が「飛鳥寺を指すと判断して誤りない」と述べている。

本条で道慈が書替えた部分

大乗仏教の用語が多く本条にちりばめられているのをみてきた。ならば本条はすべて道慈の作文なのであろうか。否である。本条をふくめて七月記は、六月の大旱をひきつぎ、㈠村々の祝部の祷祭ではまったく効験がなく、㈡蘇我大臣の仏教的な請雨行事でもわずかに微雨だったのに、㈢八月条、天皇が四方拝をすると、雷鳴、大雨、天下が潤ったと、天皇の至徳を告げる文脈になっている。仏教が二の次という文章を書くはずが、道慈にはない。舒明紀のいわゆる仏教公伝の条も、道慈の作とみなされるが、そこに仏法は難㆑解難㆑入、周公孔子尚不㆑能㆑知、と記している。しかしながら、他方、大乗語彙をつらねた文章を、他の紀作者（たとえば仏教と多少のかかわりをもつ山田史御方ですら）が、書けるはずもない。

思うに、本条はもと、つぎに示すほどの文であった。蘇我大臣報曰、[a]可㆓読経㆒、敬而祈㆑雨、庚申、於㆓大寺南庭㆒、[b]請㆓諸僧㆒読経、于㆑時蘇我大臣、手執㆓香鑪㆒、焼香発願、辛巳、微雨、壬午、不㆑能㆑祈㆑雨、故停㆓読経㆒。道慈が行なったのは、右文中の傍線ａｂを書きかえることであった。

ａ可㆓読経㆒→可㆘於㆓寺々㆒転㆗読大乗経典㆖、悔過如㆓仏所㆒㆑説。

b請二諸僧一読経↓厳三仏菩薩像与二四天王像一、屈二請衆僧一、読二大雲経等一。

上段の推定原文を、道慈が下段（現、紀の文）のように書きかえた、と私は考える。

補論　いわゆる仏教公伝も道慈の作

さいごの紀作者、道慈　仏教関連の記事は、巻第十九・欽明紀に始まる。さいごの紀作者道慈は「釈門の秀」であった。そこで巻第十九以後の仏教関係記事については、道慈作かどうかを記事に即して検討しなくてはならない。その作業例として、1仏教関係記事と2いわゆる仏教公伝の記事をとりあげ、検証することにしたい。

注　巻第十九以後の仏教関係記事を道慈作かどうかを検討する作業の草稿を、およそ四〇〇枚ほど書いたが、巻二二・推古紀を終えていない。さいごまで書くにはなお数百枚を要しよう。その全てを本書にいれることは不可能かつ不必要である。それで、見本例として仏教公伝にかかわる二文の検証を補論として示すことにした。

そういう事情もあって補論は、本書の中で、書き過ぎたり書き替えたりいろいろ手こずった章の一つである。ようやく二度目の清書を終えたのが、二〇一二年一〇月であった。そしていくらかの解放感で書店に行き、吉田一彦・仏教伝来の研究（二〇一二・九）をみつけ、入手した。しかし一二年から一三・四年と、本章以下十三つ章、覚え書にいたる草稿の整理、清書にかかりきりであったため、一四年夏になってようやく吉田の労作を読んだ。私が手さぐりで紀の仏教関係記事を覚束なくたどっていたのにくらべ、いかにも古代仏教史の専家らしい手際で清新に解明されている。よっておそまきながら、その研究成果を、本章の各所にできるだけ書き加えることにした。本書成稿後の書き加えだが、つまみぐいの形にならぬようにしたい。

吉田は、紀の仏教関係記事の総体を「創作史話」（一三頁）という概念でとらえている。「私は、日本書紀の仏教伝承〔欽明一三年の一〇月条〕から三宝興隆の詔〔推古二年二月、詔文はない〕にいたる一連の記事は、末法→廃仏→廃仏との戦い→三宝興隆というストーリーのもとに語られており、その記述は中国の北周〜隋の時代の末法〜廃仏〜廃仏との戦い〜仏法興隆という歴史を参照し、それを模倣、モデル化して組み立てられているとの読解に達した」（一三頁）。吉田の著書と同時に鎌田茂雄・中国仏教史六巻が重版され、随唐仏教の前提ないし背景をなすいわゆる三武一宗の法難から武周政権と仏教までを学習していたので、右の吉田の「創作史話」説は素直に理解された。吉田はもう一つ、田村圓澄・末法思想の形成（史渕63、一九五四）がはじめて述べた、紀が仏教伝来年（五五二）を末法第一年目に当てたのにつき、諸史料を克明に検討して、「紀が仏教伝来の年次を末法第一年目としたのは、わが国の仏教の歩みを仏法興隆の歴史として描く、その起点として末法を設定したためであった。その全体の構想は、末法→廃仏→廃仏との戦い→仏法興隆、という筋立てになっている」（七〇頁）と、緒論にのべた自己の「読解」を検証している。

（この注'14・8・4）

1（巻第十九、欽明六年九月是月）百済《ガ》造《ッタ》二丈六仏像《ヲ》一。製《つくり》二願文《ヲ》一曰《ウ》、蓋《シ》聞《ク》、造《ルノハ》二丈六仏《ヲ》一、功徳《ガ》甚《ダ》大《キイト》。今敬《ッテ》造《ル》。以《テ》二此《ノ》功徳《ヲ》一願《ウノハ》、天皇《ガ》獲《えテ》二勝善之徳《ヲ》一、天皇《ガ》所《ノ》レ用《イル》弥移居《みやけ》《ノ》国《モ》、倶《ニ》蒙《ルコトヲ》二福祐《ヲ》一。又願《ウノハ》、普天之下《ノ》一切衆生《ガ》、皆蒙《ルヨウニ》二解脱《ヲ》一、故《ニ》造《ルト》レ之《ヲ》。（大系本下、九三頁、文庫版㈢—一八四頁）

右文1は三つの小文に分けうる。

㈠百済〔王〕造二丈六仏像一。製二願文一曰、蓋聞、造二丈六仏一、功徳甚大。今敬造。〔主文〕百済王が「丈六仏を

造ると功徳が大と聞き、今敬い造る」との①願文を作製して、丈六（釈迦）仏像を造った。

㈡以二此功徳一、願下天皇獲二勝善之徳一、天皇所用弥移居国、倶蒙中福祐上。〔②願文〕この功徳で、天皇が勝善の徳をえて、天皇が所有するミヤケ国（百済）ともども、福祐をうけられるよう願う。

㈢又願三、普天之下一切衆生、皆蒙二解脱一。故造レ之。〔③願文〕又天下の生きとし生けるものが解脱をうけられるよう願う。〔㈡㈢あわせて〕だからこの像を造った。

欽明六年九月是月条

㈠の大意に主文と表示したが、三小文の中で、㈠がさいしょの—おそらくは百済本記に拠った—作文で㈡㈢が後の加作、というほどの意味合いである。主語は百済〔王〕だが、王の具体名を欠く。公伝とは仏教がA国王からB国王へ正式に伝わること（田村圓澄、飛鳥・白凰仏教史、上、第一章の表現では「王権→王権のルート」）だから、双方に具体的な王名が必要だ。次に取り扱う文2では百済聖明王と記しているのに、本文1では㈠㈡ともに王名・天皇名がない。史実ではなく抽象的な作文にすぎないことの証である。

丈六仏は釈迦仏。観仏三昧経に釈迦牟尼仏身長丈六円光七尺とある。願文の意味は記すまでもないが、願文の語は、紀中でここ（1の㈠）にだけ使われている稀語である。その㈠の①願文の功徳甚大以下に、大系本の注（小島憲之カ）がついている、「功徳甚大以下の文は、義浄訳金光明最勝王経の十方菩薩讃歎品にある」と。義浄訳ができたのは七〇三年、道慈入唐の翌年である。持ちかえるだけなら、慶雲元年（七〇四）帰国の粟田真人以下の誰でもが可能だが、それを文中に利用して作文するには、この経をよみこなした者に限られよう。最勝王経の利用は、本条が道慈の作であることの傍証になる。

一般的抽象的な文だが、㈠は百済王が功徳を聞いて丈六仏を造った、と完結していた。㈠の①願文も今敬ンデ造ルと閉じられていた。すなわち㈠では、この丈六仏を百済王が日本国天皇のために造ったとは、書かれていない。ところがこのあと願文の語はなく、ただ願ウとあるだけだが、㈡の②願文、㈢の③願文がつづく。

㈡②願文。願ウノハ、天皇ガ勝善ノ徳ヲ獲テ、天皇所用ノ弥移居《ミヤケ》ノ国ト倶ニ福祐ヲ蒙ムルコトヲ。

㈢③願文。又願ウノハ、普天ノ下ノ一切衆生が、皆解脱ヲ蒙ムルコトヲ。

天皇所用弥移居国

㈡の②願文によって、丈六仏の造像が、日本国天皇のためになされた、とふりかわる。天皇所用ノ弥移居国とは百済のことである。ほんらいは百済だけの出来事だったのが、するりと日本国天皇の介入、容認、許可、勅命などなどにふりかわる。巻第十九・欽明紀の常套手法である。いや百済三書を利用して作製された箇書に通有の傾向といっていい。本条の三つの願文の中で、②願文になにがなしの違和を感じるが、そのもとは天皇所用ノ弥移居国にある。この呼称は、天皇という称号からして天武期以降の日本側からのもので、百済が自称するはずはない。三つの願文はみな百済王のものとして書かれているから、天皇所用の弥移居の語が異様にみえるのである。大系本は「弥移居は官家《みやけ》で、南鮮の諸国を〔日本〕国内の屯倉《みやけ》になぞらえた呼称」と注しているが、「当時の百済は日本の属国ではなく、そうした願文を持つ丈六の仏像を造立することはありえない」（吉田一彦、仏教伝来の研究、二〇一二年、七二頁）。

彌永貞三・彌移居と官家（日本古代社会経済史研究、一九八〇、所収）が指摘したように、弥移居の語は、紀中に四度の稀語だが、そのすべてが巻第十九・欽明紀にある。六年九月是月（ここ）、一四年八月（海表ノ諸ノ弥移居）、同（海表ノ弥移居）、一五年一二月（海北ノ弥移居）である。ミヤケの訓注は、巻第六・垂仁二六年是歳条（㈡―四二頁）、興《ツ》二屯倉《ヲ》于来目邑《ニ》一に、屯倉、此《ハ》云《ウ》二弥夜気《ト》一、とあった。夜気と書く巻第六は、森博達のいわゆるβ群、移居と書く巻第十九はα群だが、移居は古韓音によっている。

普天之下一切衆生

もう一つ、③願文の普天之下《ノ》一切衆生が気に障る。周知のように、詩経、小雅、北山に、普天之下、莫《ク》レ非《ザルハ》二王土《ニ》一、率土之浜、莫《シ》レ非《ザルハ》二王臣《ニ》一とあり、旧唐書、李密伝などにある普天之下、率〔全〕土之浜〔果〕が対の形である。その変形が紀に五度ある。⑴巻第七・成務四年二月（普天率土《あめのした》）、莫レ不二王臣一、⑵巻第十四・雄略二三年八月（普天之下《あめのした》）、⑶巻第十八・安閑元年閏一二月（率土之下《あめのした》、莫レ匪二王封一、普天之上《くにのうち》、莫レ匪二王域一）、⑷巻第十九・欽明六年九月是月（普天之下《あめのした》一切衆生）、⑸同、二三年六月（率土之賓《くぬちのひと》…為二王臣一）。⑶の率土之下《あめのしたを》、・普天之上《くにのうち》、はひどいが、これは勅の中に使われていて、率土之下、莫クレ匪ザルハ二王封《きみのところ》ニ一、普天之上、莫シレ匪ザルハ二王域《きみのところ》ニ一、とある。本条の⑷普天之下《あめのした》ノ一切衆生《しかしながらいけるもの》は、政治とかかわることで仏教を安全圏におくよう努めた隋唐仏教に学んだ道慈が、王の統治にかかわる普天之下と、大乗仏教の救済の対象である一切衆生とを組み合わせたと解すれば、合点できる取合せではないだろうか。

注 ⑷普天之下、一切衆生を、平安の博士たちは、アメノシタノ、シカシナガラ・イケルモノ、と訓んだ。今の私たちには意外な、一切をシカシナガラ。この訓みを鎌倉末期の釈日本紀（卜部兼方が平安初期以来の朝廷での紀講読の諸ノートを神道的解釈で集大成した）も、踏襲している。また金光明最勝王経音義の平安初期点も同じで、「シカは然、シは有りの意の古語、ナガラは助詞。そう《シカ》・ある《シ》・まま《ナガラ》〔・は山田〕の意。転じて、そのまま、すべての意」（岩波古語辞典）。

さいごに、本条にだけあって他にはない用語は四つ、願文、福祐、解脱、一切衆生である。道慈の文には紀中一度限りの用語が多いが、大乗仏教ないしはそれに関連した用語だからである。

2 （巻第十九、欽明一三年一〇月）百済ノ聖明王ガ更名、聖王、遣ワシ二西部《せいほう》姫氏達率怒唎斯致契ヌリシチケイ等一ヲ、献ジタ二釈迦仏ノ金銅像一躯、幡蓋若干、経論若干巻一ヲ。別ニ表シ、讃メテ二流通礼拝ノ功徳一ヲ云ッタ、是ノ法ハ於テ二諸法ノ中一ニ、最モ為スル二殊勝一ト、難イシレ解シ、難イレ入リ、周公孔子モ、尚不《な》イレ能《で》キレ知ルコトガ、此ノ法ハ能ク生ジ二無量無辺ノ福徳果報一ヲ、乃チ至ッテ成スル二弁無上ノ菩提一ヲ、

譬《エバ》如《ようナモノダ》人《ガ》懐《キ》随意宝《ヲ》、逐《したがイ》所《ニ》須《ベキ》用《イル》、尽《ク》依《ル》情《ニ》、此《ノ》妙法《ノ》宝《モ》、亦復《また》然《そうダ》、祈願《モ》依《リ》情《ニ》、無《イ》所《ガ》乏《シイ》、且《また》夫《レ》遠《ク》自《リ》天竺《てんじく》、爰泊《ここいたルマデ》三韓《ニ》、依《ッテ》教《ニ》奉持《シ》、無《イ》不《なイコトガ》尊敬《シ》、由《リ》是《ニ》、百済王臣明《ガ》、謹《ン》遣《デワシ》陪臣《ノ》怒唎斯致契《ヌリシチケイヲ》、奉《リ》伝《エ》帝国《ノ》《ニ》、流通《シテ》畿内《ニ》、果《スト》仏《ガ》所《ヲ》記《シタ》我《ガ》法《ハ》東流《スルト》。是《ノ》日、天皇《ハ》聞《キおわッテ》已、歓喜踊躍《シ》、詔《シテ》使者《ニ》云《ッタ》、朕《ハ》従《より》昔来《このかた》、未《なカッタ》曽《かつて》得《え》聞《キ》如《ようナ》是《ノ》微妙《ノ》法《ヲ》、然《シ》朕《ハ》不《なイト》自《カラ》決《シ》。及《そこデ》歴《シテ》問群臣《ニ》云《ッタ》、西蕃《ノ》献《ジタ》仏《ノ》相貌《ハ》端厳《デアル》、全《ク》未《なイ》曽《かつて》有《あッタコトガ》、可《キカ》礼《ス》以不《いなやト》。蘇我《ノ》大臣稲目《ノ》宿禰《ガ》奏《シテ》曰《ッタ》、西審《ノ》諸国《ハ》、一皆《すべて》礼《シテイル》之、豊秋《ノ》日本《ガ》、豈《どうして》独《リ》背《コウカト》（三）—二九八〜三〇〇頁）。

右は仏教公伝として著名な文章だが、百済王聖からの正式の使者の名にはうたがわしい点が多い。大系本補注（十九—一一、(三)—四〇八頁）に委しい。「西部は百済五部の一、姫氏は姓、達率は官位（二品）、怒唎斯致契は名と解されるが、これを一つのものとすることに問題がある」。聖王の代、百済の五部は上・下・前・後・中部であって「唯一人この使者が別種〔東西南北中〕の部名を持っていたことは疑わしい」。次に姫氏という百済人の姓は、紀にも三国史紀にも「全く見えぬ」だけではなく、紀を通じてここだけ「姓〔姫〕と名〔怒唎斯致契〕とを切りはなして氏字を添えたこと」を疑うべきだ、と補注（関晃カ）はいう。「要するに、この仏教を伝えた使者の名には、後世の造作が加えられた可能性が強い」（下、五五四頁、文庫版(三)—四〇八頁）。国王から国王への仏教公伝の使者が、これほどうたがわしければ、公伝そのものの信憑性にもかげりが生じる。

欽明一三年一〇月条

仏教公伝にしてはさびしい

百済王がおくったのは、金銅の釈迦像一、幡蓋若干、経論若干巻の三点である。1の欽明六年九月是月条は百済王が丈六仏（釈迦）像一点を造った記事だった。くらべてここ2では幡蓋、経論の二点が加わったが、国王から国王への仏教公伝にしては不足である。のち持統三年七月一日、陸奥の蝦夷出の沙門自得に、請のまま与えたものは、金銅の薬師仏像、観世音菩薩像各一躯に、鐘、裟羅（読経のとき鳴らす銅器）、宝帳、香爐、幡である。一世紀余をへだてているが、後者はエミシ軟化政策の一環とはいえ、一沙門への賜与である。くらべて公伝記事に基本的な欠如感をもつのである。経論名もなく、若干巻というのもまたなんとも心許ない。幡蓋は幡と天蓋である。原語pataka の音写が波多迦（和名抄に波多すなわち旗）、漢訳が幡。「荘厳のため仏殿の柱や天蓋などにかけ、あるいは法要を行う庭や行道する両側に立てる」（仏教）。天蓋は仏像の頭上に吊ってかけられる笠状の装飾だが、「仏の力を象徴する大蓮華の意匠と一体化した」（同）。

金光明最勝王経による作文　この経論若干巻までの短かい公伝記事に、長文の別ニ表シテがつづくのだが、その中に大系本頭注（小島憲之カ）が指摘したように、金光明最勝王経（七〇三年義浄訳）による作文が二つある。以下、Aが本条、Bが最勝王経である（傍線は道慈が書きかえたところでａｂ…で対照しておいた）。

(1) A　是[a]法於二諸[b]法中一、最為二殊勝一、難レ解難レ入、[c]周公孔子、[d]尚不レ能レ知、此[e]法能生二無量無辺福徳果報一、及至成二弁無上菩提一。

B　是[a]金光明最勝王経、於二諸[b]経中一、最為二殊勝一、難レ解難レ入、[c]声聞独覚、[d]所レ不レ能レ知、此[e]経能生二無量無辺福徳果報一、及至成二弁無上菩提一。

(2) A　譬如下人[a]懐二随意宝一、[b]逐レ所レ[c]須レ用、尽依上レ[d]情、[e]此妙法宝亦然、[f]祈願依レ情無レ所レ乏。

B　如下人[a]室有二妙法篋一、[b]随レ所二[c]受用一、尽従上レ[d]心、[e]最勝王経亦復然、[f]福徳随レ心無レ所レ乏。

右(1)に大系本は「以下は唐の義浄が長安三年に訳した金光明最勝王経の文を用いて構成したもので、明らかに書紀編者の修飾。僧道慈の作文とみる説がある。元興寺縁起に、当聞、仏法既是世間無上之法、其国亦応二修行一也、とあるが、原史料に近い形であろう」(傍点山田)と注(小島憲之カ)した。編者の修飾とは、一時代前の津田左右吉以来の常套語である。津田はその合理的批判から紀の多く(とくに巻第九・神功紀以前)を造作として却けた。しかし応神以後になると史実性が増すと考えた津田は、造作をゆるめて修飾・潤色という逃げ口を設けた。たとえば、いわゆる大化改新之詔について、これを造作とすれば大化改新を否定することになるが、修飾とすれば、いささかの原詔を美辞で飾ったにすぎず、大化改新そのものは残る。逃げ口を設けたという所以である。書紀作者の修飾と、僧道慈の作文(造作)とでは、天地のひらきがある。

注はまた、元興寺縁起の文が「原史料に近い形」としているが、縁起の文の方が事の核心を述べているという意味である。これも一時代前のもので、紀よりも元興寺縁起をふくむ推古朝遺文なるものの方が、旧く信用できると考えている。元興寺縁起は、自体が示す天平一九年二月一一日にすら出来てはいない。古事記がその序文の示す和銅五年正月二八日には出来ていなかったのと、一般である。吉田一彦(元興寺伽藍縁起幷流記資材帳の信憑性、聖徳太子の真実、二〇〇三年、所収)は、元興寺縁起が二段階の成立をへている、とみた。まず第一段落。元興寺縁起はさいしょから元興寺の縁起として作られたものではない。「九世紀後半に建興寺(豊浦寺)の縁起として作成され」たのが、「第一段落の成立」である。「それが平安時代末期に改作され、付加・改変によって元興寺の縁起とされて、今見るものとなった」。これが成立の第二段階である。だから元興寺縁起の文は、原史料にもっとも遠い形なのである。原史料は新訳・金光明最勝王経で、これを書きかえて道慈が作文したとするのが、正解である。

仏教東流伝承による作文

以上によって、別表の前半は金光明最勝王経による道慈の作文と、判明した。後半は、インド時代から伝承された仏法東流伝承にもとづいて、これも道慈が作文したとみなされる。玄奘(六〇二～六六四）が最晩年に完訳して歿した大般若波羅密多経（六〇〇巻）の、難聞功徳品に、我滅度已後《ノ》時後分後五百歳、於二東北方一《ニ》、当二広《シク》流布一《ス》、とある。これを受けて仏法東流伝が生じる。別表の後半、東二仏《ノ》所一レ記《シタ》我《ガ》法《ハ》東流一《スト》、とあるのもそれである。道慈はその東流の経路を、別表後半で、天竺→三韓→帝国（日本）と記し、仏法が日本に伝来する必要性を述べた。

注　公伝記事の仏方東流について、吉田一彦は「仏法東流あるいは仏法東漸、仏法東伝というのは経典や中国の仏書のきまり文句で、仏法の流道についての根本思想の一つ」（二七頁）と言い、道宣・四分律行事鈔、上（大正四〇、二ｂ）や同・続高僧伝巻十七（大正五〇、五六四ａ）の仏法東流、広弘明集巻十の仏教東伝などを挙げている。公伝記事は、天竺→三韓→帝国と東流したと記すが、抜けた「中国の仏書には、仏教が西蕃に起こり、西蕃から伝わったという記述」が、法苑珠林、巻五十五（大正五三、七〇一ａｂ）などにみえる（二八頁）。西蕃（天竺）→中国→三韓→日本（帝国）が仏法東流なのだが、公伝記事で西蕃とは百済を指している。西蕃（百済）→帝国（日本）が公伝記事の東流なのである。

吉田は、仏教公伝の記事が、「日本書紀の内部では、巻九の神功…紀と深く連関している」（三八頁）とたいへん興味深い指摘をし、歓喜踊躍、西蕃、社稷、三韓、群臣など、「注目すべき共通の用語が複数見られる」（三九頁）と、用語それぞれを検している。歓喜踊躍は神功五〇年五月条と仏教公伝記事。前者に大系本頭注は、「法華経、譬喩品に心大歓喜、踊躍無量」としたが、吉田は「日本書紀に二か所だけ見られるこの語は、同じ典拠、すなわち金光明最勝王経〔四天王護国品の四天王聞是頌曰、歓喜踊躍―（二四頁）〕に基づいて同一人によって作文されたとみるのが妥当だろう」（三八頁）という。ついで「とりわけ重要なのが西蕃の語である。……日本書紀にはこの語が七か所用いられているが、そのすべてが神功…紀（三カ所）と欽明紀（四カ所）である」（三九頁）。公伝記事で「西蕃は〔天竺ではなく〕百済のことを指している」（四〇頁）。

（この注'14・8・4）

さて、紀中、本条だけが使った用語を列挙すると、釈迦仏、金銅像、殊勝、無量、無辺、福徳、果報、無上、菩提、随意宝、妙法宝、無所乏、天竺、尊敬、帝国の一五にも達する。また釈迦仏、金剛像以外の一三の用語は、別表中にある。加えて幡蓋は紀中四度の初め（四の1）。経論が二の1。流通四の2・3。礼拝が四の1。道慈は他の紀作者と異なる用語を駆使したが、そのちがいは大乗仏教教学の用語を主とすることが、右から分かる。

殊勝とは殊ニ勝ッテイルとの普通名詞なのに、紀中ただ一度ここに使われている。諸法（道教、儒教など）に比してもっとも殊勝な仏教という表現と、周公（旦）孔子も知る能わずとは、照応している。後漢時代に国教となった儒教に対し、後発の仏教は自己の勝性を際だたせて主張する必要があった。玄奘は、貞観二二年（六四八）に高宗が建立した慈恩寺に居住し、仏典の漢訳に専念するが、このとき慈恩寺の上坐に招かれたのが、道慈に多大の影響を与えた道宣（五九六〜六六七）である。「唐代初期仏教の結節点を占める」（仏教、道宣の項）道宣は、広弘明集*などで、儒教や道教に対する仏教の優位を説いた。儒教についての知などあるべくもない欽明朝の別表に、周公孔子も知りえぬ仏教と書くのは、この別表が、道宣歿後の門弟といっていい道慈の筆になるからである。

注　吉田一彦は、その著書（仏教伝来の研究）第一部、日本書紀仏教伝来記事の研究、周公孔子の項（二五〜七頁）で、紀が最勝王経の声聞独覚をなぜ周公孔子に改変したのかを問い、その典拠を道宣・広弘明集に求めている。その二つだけを引くと、巻六で「仏教の興行、早晩の得失を問う。（中略）孔子周公安んぞ能く述べむや」、巻十一で、唐の廃仏論者、傅奕の「虞夏湯姫は、政、周孔の教に符す」との文言に反論して、「箴に曰く、周公孔子は並びに是国臣なり」。（この注'14・8・4）

無辺・無量・無上　無辺、無量、無上。普通語として無辺（はてしない）は杜甫の詩などに、無量（はかりしれない）は左氏、昭公一九年条などに使われているが、仏典では、人知を超えた仏界を表現するのに、人知を超えているのだから否定詞・無をつける。人知で量ることを超えるから、無量、無限 **a-mita**。同じように **an-anta** の漢訳が無辺。**a-muttara** の漢訳が無上（普通語のこの上もないを転用）。無所乏（かなえられないことはない）が随意宝とそれをまねた妙法宝（仏法）とともに使われた。随意宝はヒンズー神話の珠玉がもと（仏教語、如意珠の項）で、手中にすれば万事をかなえるふしぎな珠で、如意輪観音（奈良時代後期では二臂《にひ》像なのが、平安時代以後になると六臂像が多くなる）、地蔵菩薩など衆生救済仏の持物になっている（仏教、如意宝珠の項）。別表中の依レ情は随レ意と同義である。

是日天皇聞已から以下、本条は、別表を受け取った日本側の動きに移るが、その冒頭Aがまた、B金光明最勝王経、四天王護国品によって、作文されている。

(3) A　[a]天皇聞已、歓喜踊躍、[b]詔二使者一云、[c]朕従レ昔来、未二曽得一レ聞二如レ是微妙之法一。

B　[a]四天王聞二是頌一已、歓喜踊躍、[b]白レ仏言、世尊、[c]我従レ昔来、朱二曽得一レ如レ是甚深微妙之法一。

最勝王経との比較なので省いたが、本条では(3)Aのあとに然朕不二自決一とつづいている。欽明は公伝の受容を決定しなかった、というのである。自決せずに群臣に歴問したのだが、その問いは(4)西蕃《ノ》献《ジタ》仏《ハ》、相貌《ガ》端厳《デ》、全《ク》未二曽《テ》有《ラ》一、可《キカ》レ礼《うやまウ》以《い》不《なカ》、という有名な文であるが、この文もそうだし、(3)Aのこんな微妙の法は聞いたことがないというのに、自から決しないというのは、ちぐはぐである。このちぐはぐさは、仏教伝来が天皇をも感動させたと礼賛記事を書いたが、その実、仏教受容はソガ王朝であったという認識との間に生じたもので、その認識が「然朕不二自決一」の文を書かせている。さらにまたきらぎらしい仏のお顔は見たこともない端厳さだと感歎したのに、可レ礼以不とためらっている。このためらいは、仏法、仏像について僧侶として荘厳に叙述したのだが、それと、欽明期の仏教公伝はなかったという史実との間で生じているのである。

以不は唐代変文に使われた俗語

(4)のさいご以不に、私は関心が向く。「以不は普通一般の漢籍にはあまり使われず、唐代の韻文と散文とを混えて故事を述べる、いわゆる変文に使われている唐代の俗語」(大系本頭注)である。変文とは、「唐・五代に流行した通俗文学の一種。仏教説話や中国の故事などを題材として、韻文と散文を交えてつづったもの。これらの作品群が変相図と呼ばれる絵画の解説であったことから、変文という。二十世紀のはじめ、敦煌の石窟から出土した」(漢辞海、変文の項)。学僧道慈は、ただに大乗経典の研鑽を積んだだけではなく、仏教ともつながってはいたが、流行の変文をも読みふけったのである。道慈への私の親しみはこれから生じた。古代に自分と同質の男がいた。西蕃献仏、相貌端厳と、最勝王経によって書きながら、変相図に書きこまれた変文で覚えた俗語、可礼以不と書きつなぐ。道慈が変文に親しんだのは、ごく自然のことであったろう。変相は㈠阿彌陀経などの観経変相、㈡仏陀と弟子達の仏伝変相、㈢中国の人物・地獄などの伝説変相の三種で、日本ではそれぞれ㈠当麻曼荼羅、㈡仏伝図、㈢地獄絵となって受容されている。

相貌端厳は、最勝王経の夢見全鼓懺悔品、妙幢菩薩讃歎品に、容貌端厳、面貌端厳の語が散見され、これらからできたと小島憲之はいう。キラギラシと訓んできたが、整って美しいの意である。

敏達一三年是歳条

欽明紀の仏教公伝が史実ではなくなった。では仏教の公伝はいつだったのか、改めて問わなくてはならない。紀の仏教関係記事をたどっていくと、紀自身が仏法之初メ自レリ茲《こ》レ而作《おこ》ルとした一文が、巻第二十・敏達一三年(五八四)是歳条にある。

3(巻第二十・敏達一三年)秋九月、従《よ》リ二百済一来タ鹿深臣(甲賀カ)ハ闕ク二名字ヲ一、有《も》チ二弥勒ノ石像一躯一ヲ、佐伯連ハ闕ク二名字ヲ一、有《も》ッテイタ二仏像一躯ヲ。
是歳、蘇我ノ馬子ノ宿禰ハ、請《う》ケ其ノ仏像二躯ヲ、乃遣ワシ鞍部ノ村主司馬達等、池辺ノ直氷田ヲ、使シテ於四方ニ、訪ネ覓メタ修行者ヲ。於是、唯ダ於播磨ノ国ニ、得タ僧ノ還俗シタ者ヲ、名ハ高麗ノ恵便。大臣ハ乃以為シテ師ト、令セタ度サ司馬達等ノ女ノ嶋ヲ。曰ウ善信ノ尼ト（年十一歳）。又度シタ善信ノ尼ノ弟子二人ヲ。其ノ一ハ、漢人ノ夜菩之女ノ豊女デ、名ヲ曰ッタ善蔵ノ尼ト、其ノ二ハ、錦織ノ壺之女ノ石女デ、名ヲ曰ッタ恵善ノ尼ト（壺、此ハ云ウ都符ト）。馬子ハ独リ依リ仏法ニ、崇敬シ三尼ヲ、乃以テ三尼ヲ、付ケテ氷田直ト与ニ達等、令セタ供サ衣食ヲ。経営シ仏殿ヲ於宅ノ東方ニ、安置シタ弥勒ノ石像ヲ。屈請シ三尼ヲ、大会ニ設ケタ斎ヲ。此ノ時、達等ハ得テ仏舎利ヲ於斎食ノ上ニ、即《すぐ》ニ以テ舎利ヲ、献ジタ於馬子ノ宿禰ニ。馬子ノ宿禰ハ、試ミニ以テ舎利ヲ、置キ鉄ノ質ノ中ニ、振イ鉄鎚ヲ打ッタ。其ノ質ト鎚ハ、悉ク被《れ》テ摧《くだ》ケ壊《こわ》、而舎利ヲ不《な》カッタ可《え》摧《くだ》キ毀《こわ》シ。又投ジタガ舎利ヲ於水ニ、舎利ハ随《したが》イ心ノ所ニ願ウ、浮キ沈ミシタ於水ニ。由リ是ニ、馬子ノ宿禰、池辺ノ氷田、司馬ノ達等ハ、深ク信ジ仏法ヲ、修行ヲ不カッタ懈ラ。馬子ノ宿禰ハ、亦於テ石川ノ宅ニ、修治シタ仏殿ヲ。仏法之初ハ、自リ茲而作《おこ》ッタ。

十四年春、二月戊子《つちのえね》ガ朔《ついたち》ノ壬寅《みずのえとら》（一五日）、蘇我大臣馬子ノ宿禰ハ、起テ塔ヲ於大野丘ノ北ニ、大会ニ斎ヲ設ケタ。即以テ達等ガ前ニ所ノ獲タ舎利ヲ、蔵シタ塔ノ柱頭ニ。（四—四二～四頁）

長文だが、馬子が整えたものを順にあげると、仏像（二躯）、僧（一人）、尼（三人）、仏殿、仏舎利。そして一四年条で塔を建てた。仏像は一三年九月条で、名を欠いた鹿深臣（弥勒石像一躯）*、佐伯連（仏像一躯）が有っていたのを請《こいう》けた。僧は還俗していたのをみつけ、尼は身近の三氏の女を得度させ、仏殿（弥勒石像を安置したとあるから金堂のこと）は自宅の東に経営し、その設斎のさいに仏舎利をえたので、一四年にもちこして塔を建てた。有り合せの仏法僧（法が手薄だが）が揃ったので、仏法ノ初ハ茲ヨリ作《おこ》ッタと書いた、といったところである。前の仏教公伝には、百済王の仏像、幡蓋、経論の贈与はあったが、受けた倭王が決せず、寺院も僧尼もいなかった。こんどは寄せ集め、有り合せの仏法僧は整えたが、百済王（もしくは高麗王）の贈与はまったく欠けている。仏法公伝の初はなお来たらず、である。

注　飛鳥寺を発掘調査した坪井清足は、その三金堂のうち北金堂には丈六仏（釈迦）像、東金堂には、藤沢一夫・鹿深臣百済将来弥勒像説（史迹と美術、一七七号、一九四七年）に従って、鹿深臣が所有していた弥勒石像が安置されていたとみている。西金堂には「おそらく西方浄土にいる無量寿仏（のちの阿弥陀如来《あみだにょらい》）像を本尊として安置したのであろう」（飛鳥の寺と国分寺、一九八五年、一七頁）という。

有り合せの一々に言及はしない。一つだけあげると、舎利試しである。本条3には、屈二請シテ三尼一、大会ニ設ケタレ斎ヲ、此ノ時、達等ハ得タリ二仏舎利ヲ於斎食ノ上一ニ、そこで馬子が仏舎利を鉄質に置き鉄鎚で打ったところ、其質ト与レ鎚、悉ク被《れ》二摧《くだ》ケ壊《こわ》一たが舎利は摧けなかった。又水に投じたが沈むことなく、随意に浮き沈みした、とある。これについて、吉田一彦（聖徳太子の真実、二〇〇三年、第Ⅱ部の道慈の文章、後、仏教伝来の研究に収録）は、道宣の集神州三宝感通録の「振丹・神州の仏舎利が感通せること」を見ると、仏舎利が斎食の上に出現した話、舎利を鉄板の上に置いて金槌で撃っても砕けなかった話、舎利が水中で浮遊した話のすべてが記されている（平凡社ライブラリー版、三〇六頁）、と述べている。

いわゆる仏教公伝（欽明一三年一〇月条）も、仏法之初（敏達一三年是歳条）も、ともに事実無根となった。では日本仏教の公伝はいつなのか。結論を先に言うなら、飛鳥寺の建造（崇峻元年是歳～推古四年一一月～同一四年四月）である。*

注　「仏教の国家的伝来は何を手掛りに探究すればよいのか。私は、飛鳥寺の成立を重視してこの問題をとらえるべきだと考える」（吉田・仏教伝来の研究、緒論、一三頁）。「私は、日本書紀や元興寺伽藍縁起并流記私財帳などの記述からは距離をとり、飛鳥寺の成立をもって仏教の国家的伝来と位置づけたい」（一六頁）。この緒論の中で、吉田は大山誠一・仏教伝来年次について（アリーナ、七、二〇〇九年）にふれている。「飛鳥寺の成立については、すでに大山誠一の指摘がある。大山は先端的技術、文化の贈与という観点から仏教の伝来について再考し、日本書紀、崇峻元年（五八八）是歳条の、百済からの仏舎利、僧、技術者たちの贈与こそが真の仏教の伝来にあたると論じている」（一三頁）。なおこの緒論の中で吉田が次のように書いているのに感動した。「われわれは、そろそろ、日本書紀の記述を相対化し、それとは別の歴史の可能性を視野に入れて、考察を進めていかなければならないだろう」（一二頁、傍点山田）。

（この注’14・8・4）

4　〔崇峻元年〕是ノ歳、(1)百済国ガ遣二ワシ使ト并僧恵總、令斤、恵寔《しょう》等一ヲ、献二ジタ仏舎利一ヲ。
(2)百済国ガ、遣二ワシ恩率首信、徳率蓋文、那率福富、味身等一ヲ、進《ささ》ゲレ調ヲ、并セテ献二ジタ仏舎利、僧聆照律師、令威、恵衆、恵宿、道厳、令開等、寺工太良未太、文賈古子、鑪盤博士将徳白昧淳、瓦博士麻奈文奴、陽貴文、㥄貴文、昔麻帝弥、画工白加一ヲ蘇我馬子宿禰ハ、請二ジ百済僧等一ヲ、問二ウタ受戒之法一ヲ。以二テ善信尼等一ヲ、付二シ百済国使ノ恩率首信等一ニ、発二遣シタ学問一ニ。
(3)壊二シ飛鳥ノ衣縫造ノ祖ノ樹葉之家一ヲ、始レメタ作二リ法興寺一ヲ。此ノ地ヲ名二ヅケタ飛鳥ノ真神原一ト。亦名二ヅケタ飛鳥ノ苫田一ト。
(4)〔同三年〕冬十月、入レリ山ニ取二ッタ寺材一ヲ。

(1)と(2)の冒頭とは重複記事とみていいであろう。大系本も、[1]恵總と[2]恵衆、[1]令斤と[2]令開、[1]恵寔と[2]恵宿を「同人か」と注する。献じたのが仏舎利であるのも同じである。仏舎利については後述する。(1)でたんに使（と僧三人）としていたのを、(2)は恩率首信、徳率蓋文、那率福富・味身の四人を記している。紀に他の箇所との重複記事はめずらしくはないが、ここのように同じ箇所で、それもひきつづきに連記されているのは、めずらしい。

舎利信仰から仏像信仰へ　仏舎利の舎利はサンスクリット語 **śarira** の音写だが、その複数形 **śarīrāni** が「遺骨、特に仏・聖者の遺骨の意味」に使われることがある（仏教・舎利の項）。

クシナガラの沙羅双樹の間で死んだ釈迦（紀元前四六三〜三八三頃、もっとさかのぼらせる説もある）は、火葬され、遺骨は八部族が分け合い、舎利塔を建てて供養した。阿育王（在位、紀元前二六八〜二三二）の時代、遺骨信仰から遺骨を埋葬した「仏塔信仰へと展開し、大乗仏教の興起に大きな役割を果たした」（同、仏舎利の項）。大乗仏教は釈迦のほかに阿弥陀、阿閦《しゅく》、薬師など諸仏を生み、その像（仏像）が造られ、仏像を安置する仏殿（金堂）が伽藍の中心を占めるように変遷する。飛鳥寺が一九五六〜八年の発掘で、一塔を中心に北・東・西の三金堂が囲むめずらしい伽藍配置をとっていたことが判明した。塔の心礎には仏舎利、装身具、馬具、挂甲などが埋蔵されていた。あまねくアジア中に流布するほど釈迦の遺骨量があるはずはなく、仏舎利といっても、玉などの象徴的な代用物がふつうである。その仏舎利が百済王から日本王（むろん日本は浄御原令以後）に送られてきたとする本条は、先の仏法之初条と比し、公伝の体をなしている。

飛鳥寺に先立つ王興寺　泗沘（扶余）時代の百済の仏教遺跡の代表として、陵山里寺（あるいは陵寺）、王興寺をあげうる。とくに王興寺は、扶余文化財研究所により、二〇〇〇年から二〇〇八年まで九次の発掘調査が行われ、二〇〇七年一〇月に銘文舎利函、鎮壇、舎利荘厳具がそろって出土した。銘文に丁酉年二月十五日、百済王昌、為二亡王子一、立レ刹とあるが、昌王（威徳王）在位（五五四〜五九八）中の丁酉年は、五七七年しかない。これまで王興寺の創立は、三国史記によって、六〇〇年に造り始め、六三四年に竣工したとされてきたが、銘文により五七七年にさかのぼることが確定した。飛鳥寺創建（五八八〜六〇六）に先立つこと一一年である。そこで、飛鳥寺の解明に王興寺をめぐる知見が役立つのではないかという問題意識が生じた（鈴木靖民編、古代東アジアの仏教と王権—王興寺から飛鳥寺へ、二〇一〇年、参照）。

まず仏舎利とその荘厳について述べる。王興寺の木塔跡の中心に方形舎利孔があり、舎利容器が埋納されていた。舎利容器は三重の入り子状で、外から銘文をもつ青銅舎利盒《こう》、銀製（銀99％以上）舎利壺、金製（金98％以上）舎利瓶である。銘文に本《もと》舎利ハ二枚葬時ニ神化シ為ルレ三トとあるのに、瓶の内部に舎利は確認されなかった。飛鳥寺の方は、百済王からおくられた舎利の数を紀は記していないが、後世の記録に「御舎利其数百余粒」というのがある。

飛鳥寺の舎利とその荘厳具

飛鳥寺の塔は、建久七年（一一九六年、源頼朝が征夷大将軍となった四年後）に落雷で焼失した。その始末を翌「建久八年四月廿日」付で書いた、僧弁暁（のち東大寺別当）の「注進」（報告書）下書きが残っている。まず注進と表題風に書き、一字下げて趣旨を記したのが、建久八年三月廿四日戊戌、大和国ノ本元興寺ノ塔心柱ノ下ヲ所レ奉ル二堀リ立テ一此御舎利、其ノ数百餘粒并ビニ金銀器物等本縁ノ事、である（原、返り点、送り仮名等ナシ）。七六〇年の後、一九五七年、飛鳥寺塔心礎は奈良文化財研究所、担当坪井清足によって、発掘されたが、「一〇〇余粒あったという舎利のほとんどはどこへいったのか」「舎利の功徳で焼失した塔を再興せんとして、勧進に持ちだされたまま、遂に帰らなかったのであろうか」（坪井、飛鳥の寺と国分寺、一九八五年、三一、二頁）と残念そうである。

一〇〇余粒は小さな金銅製舎利容器に入っていたが、鎌倉時代初期の措置で地表から八〇センチ程に埋め置かれ、創建時の塔心礎はさらに二メートルほど下層で発見された。心礎は東に突き出る五角形の花崗岩で、東西二・六m、南北二・四m。中央に一・六m平方の方形を一センチほど浅く彫りこんである。これが柱座だから、飛鳥寺の心柱は角柱である。「さらに、この方形柱座のなかほどに、方三〇センチ、深さ二一センチの孔がある。この孔の東の垂直面の中央下には、龕《がん》状の小孔が、横にうがたれていた。一辺一二センチほどの方孔で、内面は全面朱がついていた。もともとはこの龕状部分に、金銀の容器に収めた舎利が入っていたのであろう。さらに、その外の三〇センチ四方の孔には、…金銀の小粒や玉類の財宝をぎっしりとつめこんでいたにちがいない」（同、三三頁）。

　鎌倉初頭の埋め戻しで、舎利は、地下八〇センチほどに、花崗岩二枚を上下に重ねて石櫃のようにしつらえ、そこに舎利をいれた金銅製容器（高さ三・三センチ）をさらに木箱（一〇・八センチ角、高さも一〇・八センチ）に納めて、置いてあった。木箱の「周囲の隙間には、三六三〇個のガラス玉、金銅製すなわち青銅の金メッキした鈴が七個、同じく金銅製の小さな円板（径一・四センチ）に細い針金を通した垂飾《たれかざ》りが一四六片、赤い琥珀《こはく》片が二〇〇個つめてあった。木箱の中には、金銅製の舎利容器（高さ三・三センチ）がトンボ玉や珊瑚片などと一緒に入っていた。金銅製舎利容器は、四弁の蓮弁《れんべん》の上に卵形の容器をのせ、宝珠《ほうしゅ》のつまみのある栓で蓋《ふた》をしたものであり、トンボ玉は濃紺色のガラス玉で、その上に緑色と黄色のガラスでトンボの眼玉のように象嵌《〔ぞうがん〕》を入れたもの」（同、二九頁）。

　心礎の東辺や西辺には、鎌倉時代の掘削から免かれたところがあり、六世紀末に埋納されたまま遺品が残っていた。坪井がまるで古墳を掘っているようだったと回想しているように、「東に残っていたのは武具の鎧〔挂甲〕一領分」、すなわち肩鎧、胴鎧、草摺《〔くさずり〕》が半月形に置かれていた。西南隅には、鉄製の小刀、金銅製の耳飾りや飾り金具、飾り馬につける青銅製の馬鈴、馬の尻につける飾りである蛇行状鉄器などがあり、「その多くは古墳から出土するものと大差ないものだった」*（三四～五頁）。石櫃やその周囲の土中からは多量の玉類が出た。「勾玉《まがたま》にはひすい製品、うち一点は頭部に三本の刻線の入った丁子頭《ちょうじがしら》勾玉とよぶもの、瑪瑙《めのう》製品、ガラス製品があり、碧玉《へきぎょく》製管玉《くだたま》、水晶製切子玉《きりこだま》、銀製中空の空玉《うつろだま》、くちなしの実に似ているところからその名のある山梔玉《くちなしだま》も銀製品、瑠璃の丸玉、ガラス製トンボ玉などに加えて、ガラス製小玉が多数あった。小玉の数は計二三六六個、紺、青、緑、淡紫、黄、赤と、さまざまな色のものが混ざりあっている。そのほかに、心礎の東西両辺におかれていた小刀や首飾りなどと同じものがここからも出土している（同、三五頁）。

注　私は、ソガ王朝初代のイナメ大王の墓は、五条野丸山古墳（前方後円墳）とみている。二代ウマコ大王のは石舞台（方墳）であろう。六世紀後半から力をもったソガ王朝には半古墳時代王朝の性格が残っている、とみているのだが、これには坪井清足が飛鳥寺塔心礎の発掘で、その出土物から古墳を掘っているようだったと語っていたことの残像という趣がある。この本を脱稿したので、書斎片隅に積上げていた書籍の山を整理したところ、中公美術出版の美術文化シリーズの十数冊があり、その中に坪井清足・飛鳥寺（一九六四年）があった。「飛鳥寺の塔跡の出土品はまさに古墳時代そのものであり、飛鳥大仏をはじめ堂塔の遺構は、新しく入ってきた外来技術の種種相をしめしている。これが同時に一つの寺にみられることこそ、考古学と文献の歴史とを直接に結ぶものとして、一時期を制したものといえる。」まことに卓見だが、「一つの寺」を「ソガ王朝」に置き換えても、そのまま成り立つと思い、追記しておく。

（この注'14・7・25）

以上、多くを引いたが、出土物の名だけを列挙するよりも、発掘者自身の印象をもいれた説明の方が、舎利とその荘厳具とを実感できると思い、あえて坪井清足に依拠した。飛鳥寺を日本書紀解読の一拠点と考えるようになったのは、坪井の前掲書を読んだことが大きく、深く謝意を表したい。

紀中の舎利

舎利は紀中に六度出るが、その(1)は先掲の敏達一三年是歳条（仏法之初）の仏舎利である。(2)は同一四年二月条で、(1)の舎利を大野丘の北に建てた塔の柱頭に蔵したという記事。(3)が、本条の百済王がおくってきた仏舎利。(4)が(3)の仏舎利を法興寺の刹柱の礎の中に置いた推古元年五月条の記事。(5)は同一四年五月条の鞍作鳥への勅の中に、(1)の仏舎利のことを回想して述べた記事（(1)では司馬達等が馬子に献じたとあるのに、(5)では朕が仏利を建てるのに肇めて舎利を求めたと述べている）。(6)は同三一年七月条で、新羅が献じた仏像は葛野の秦寺（太秦寺）に、それ以外の舎利、金塔、観頂幡は四天王寺に納れた、とある。敏達・崇峻・推古と限られた（時代的にも欽明の子という点でも）出現で、井上薫が道慈の作文を認めた範囲と重なるように使われている。あるいは舎利を紀中に出現させたのも道慈だったかもしれない。

阿育王寺塔と南朝梁の武帝

釈迦の遺骨が八部族に分けられ八基の仏舎利塔が建てられたことは、先に述べた。インドを統一した阿育王（アショーカ王、Asoka）は、八塔中の七塔を開いて、「仏舎利をさらに分配し、全インドに8万4千塔を建立した」と伝えられている。この所伝がいつ伝播したのかは判然としないが、中国を経て、朝鮮三国、日本へと影響した。南朝の梁は五〇二年に成立し五五六年には滅んだ。四代五五年の大部分、四八年間に君臨したのは、初代の武王で、南朝仏教はこの間もっとも盛んであった。大同三年（五三七）八月、武帝は阿育王寺塔を改造したが、旧八塔の下から舎利及仏爪髪が出た（梁書、巻五十四、列伝第四十八諸夷）。同年二七日、武帝は阿育王寺に行幸して無碍大会を設け、大赦し、さらに九月五日にも無碍大会を設けたが、「百数十万人が盛儀を観、金銀供具や銭一千万が寺に供された。四年九月一五日にも行幸して無碍大会を設けたが、建てられた二刹にそれぞれ金罌《おう》、玉罌を重ねて舎利と爪髪を盛《おさ》め、七宝塔の中に内《い》れ、さらに石函に宝塔を盛め、二刹の下に分け入れた。王侯、妃主、百姓、富室が喜捨した金、銀、鐶、釧等の珍宝が充積した」（同）。

梁書のいう阿育王寺の二刹（双塔）とは、丹陽（南京）にあった金陵長干寺阿育王塔のことだが、現存していない。これについて、周炅美はこう述べている、「長干寺の双塔は現在までに知られる東アジアの双塔関連資料の中でも最初の文献記録で、類似する様式の舎利荘厳具で互いに異なる種類の舎利を奉安した二つの塔が、同時に梁武帝の発願で建立されたという点が注目される。当時、梁武帝は真身舎利のために玉罌、金罌、七宝塔、石函などで構成された舎利荘厳具を造って奉安したという。おそらくここに奉安された七宝塔は、七宝で装飾した華麗な塔模様の舎利荘厳具だと思われ、中国で製作された比較的早い時期の塔形舎利荘厳具についての記録に該当する（国王の真身舎利供養とその政治的含意、古代東アジアの仏教と王権、所収、二五二頁）。

注　梁書武帝紀は、武帝が即位した天監元年（五〇二）に、高句麗王高雲に車騎大将軍、百済王牟大に征東大将軍、倭国王武に（鎮東大将軍から）征東将軍を進号したことを記している。以後梁書は、高句麗、百済のことは伝えても、倭については記さない。梁武帝の真身舎利信仰もまた百済、新羅に伝来したが、倭にその動きはない。ただ紀巻第二一・用明二年（五八七）四月条（蘇我馬子対物部守屋・中臣勝海のいわゆる崇仏排仏論争）に、豊国法師名が出てくる。豊国はむろん現、大分県のことだから、かりにこの法師が意味を持つとすれば、倭五王の時代末に、梁・倭間になにがしかの仏教伝来があったことを示すが、もとよりこの争いの記事は、道慈の作文であって、なんの史実をも指してはいない。

梁陳隋から則天武后までの舎利信仰　梁を奪って陳をたてた武帝もまた舎利信仰をつぎ、「仏教徒がもっとも崇拝している仏牙を利用し、自己の禪譲革命を正当化する瑞兆の一つとした」（鎌田、中国仏教史、第三巻、二三〇頁）。帝位につくとすぐ詔して、仏牙を杜姥（晋の成帝の恭皇后杜氏の母）宅より出し、四部の僧俗を集めて無遮大会を設け、武帝親から闕の前で仏牙（真身舎利）を礼拝した（陳書巻二、本紀第二、高祖下）。この仏牙は、北斉の僧統だった法顕が烏纏《うてん》国で入手し、定林上寺においたものである（慧皎、高僧伝巻第十三、吉川忠夫・船山徹訳、岩波文庫㈣一二九〇～六頁）。梁武帝、陳武帝とひきつづき真身舎利に肩入れしたのは、真身舎利供養を盛大に挙行することで、民心をひきつけるのと裏腹に自身を阿育王以来の転輪（聖）王たらしめる思惑があった。周炅美が「国王の真身舎利供養とその政治的含意」と規定した史的構造が、梁武帝から陳武帝、さらに隋の文帝から武則天の大周革命へとつながっていくのである。

注　転輪聖《じょう》王とは、倶舎論十二（大正二九巻六四中～下）などが記す、「天から授かった輪宝（戦車の車輪の象徴）を捧持して天下を平定し、正義によって世界を統治する理想的君主」（仏教語、転輪聖王の項）をいう。

隋の高祖武帝が舎利塔の建立を詔したのは、北周静帝の禪譲をうけて即位し、隋王朝が成立してから二〇年をへた仁寿元年（六〇一）のことである。自分の生誕日にあたる六月一三日、仁寿殿に行幸して、舎利塔を立てる詔（広弘明集、巻十七）を出した。三〇州を撰び、七宝箱に三〇の舎利を奉じて御坐の机におき、礼拝。三〇の金瓶に舎利をいれ、封印して三〇州の寺に送り、舎利塔の起塔を命じた。その寺名は王劭の舎利感応記に記されているが、三〇寺すべてで塔が起てられたかは分らない。元年に続けて二年、四年にも起塔がすすめられ、一〇八州、一一二基以上が起てられたという推定もある（周、前論、二五五頁）。また国内だけではなく、朝鮮三国側に照応する記録はないが、広弘明集巻十七に、高麗・百済・新羅三国ノ使者、将ニ還ラントシ、各一舎利ヲ本国ニテ塔ヲ起テ供養セント請ウ、詔シテ並ビニ之ヲ許ス（大正五十二、二一七上）、とある。

北斉→百済・王興寺→日本・飛鳥寺

王興寺の舎利荘厳具は、金瓶、銀壺、銅盒と一揃い出土し、舎利二枚、葬時ニ神化シテ為ルレ三ト と銅蓋の銘文にはあったが、舎利そのものはなかった。注目すべきは、供養具の中に北斉の常平五銖銭が出土したことである。王興寺の舎利信仰は、梁武帝から伝授されたとみるべきであろうが、その百済が南朝とだけではなく、北朝とも交流していたことを見落してはならないだろう。

飛鳥寺の塔下の舎利は、4崇峻元年（五八八）是歳条が記すように、百済国（＝威徳王）から蘇我馬子におくられたものである。おくられたのは、一に仏舎利、二に僧（六人）、三に寺工（二人*）、四に鑪盤博士（一人*）、五に瓦博士（四人*）、六に画工（一人*）で、2（欽明十三年）3（敏達十三年）のように仏像を欠いているのが、大事である。飛鳥寺の根幹は、南朝梁→百済→日本系列の仏舎利・塔に該当していたのである。同時に、おいおい見ていくが、右の三〜六に中国人とも百済人とも思えぬ技師の名がある。これらは西域のさらに西のペルシア人その他とみなされるが、これら異人は、北朝の斉のころいまの山東省に交易を目ざして来住していた。

注　省都済南の東、およそ一四〇キロの青州市五里鎮伝家村に、北斉の石室墓（武平四＝五七三年）がある。墓室石板に、絹織物や大壺を駱駝で運ぶ図、商談図、象戯図などが線刻され、図中に頭髪が縮れ、飾りをつけた長衣の胡人が描かれている（夏名菜・青州伝家北斎線刻画像補遺、文物二〇〇一・五、二〇〇一年）。なお伊藤義教（ペルシア文化渡来考、一九八〇）は、飛鳥寺創建に百済王派遣の寺工二人、鑪盤博士一人、瓦博士四人、画工一人について、主に中世ペルシア語から驚嘆すべき解明を行った。そこに記された八人の名は名ではなかった。私の理解の限りで、寺工・太良未太《たらみだ》・文買古子《もんけこし》は、日本で解る職名が寺工〔師〕・そのペルシア原語が太良未大《タザラーミド》《たらみだ》・その制作物が文賈古子《ブナクコスク》（堂宇の模型）。つぎの鑪盤博士・將徳・白昧淳《はくまいじゅん》は、職名が露盤博士・原語で將徳《オースタード・イ・》（博士）白昧淳《パイミヅネ》《たらみだ》（露盤）・製品の記述はないがむろん露盤である。瓦博士・麻奈文奴《まなもんぬ》・陽貴文《ようきもん》・㥄貴文《りょうきもん》・昔麻帝弥《しゃくまたいみ》。瓦博士は原語で言うと麻奈文奴《マーナフムバーン》（屋根を葺く者）・製作物が陽貴文《ユン・クンプ》（文様のある瓦）・㥄貴文《ラン・クンプ》（色瓦）・昔麻帝弥《サーマーン・トーム》（軒丸瓦）。画工の白加《びゃくか》とは仏像製作者の意。

（なお以下は'16・9・17追記）

鈴木靖民は、「百済仏教は　主に梁の系統を引くと考えられているが、…北朝との関係も視野に収めると、彼ら〔崇峻元年に百済からきた技師たち〕のなかには北朝に移動していたペルシャ系、西域系と目される造寺にかかわる技術者たちを含んでいたと考える余地がある」（王興寺から飛鳥寺へ、古代東アジアの仏教と王権、二〇一〇年、所収）、という。百済威徳王の援助でおくられてきた造寺の専門家たちの手になりながら、飛鳥寺が北斉系統の高麗・清岩里廃寺と類同していることも、実際の工人が北斉系の西域人たちであることと、あるいは関連があるのかもしれない。

百済の瓦博士と日本の瓦生　屋根を瓦で葺く建築物は、飛鳥寺（六〇六年）を嚆矢とし、以後藤原宮（六九四年）まで瓦葺きの殿舎はない。飛鳥寺の「創建当初に使われた一〇弁素弁軒丸瓦は、七世紀前半までの出土軒丸瓦のほぼ六割の多数をしめている」（坪井前掲書、一一八頁）。「この模様は、百済の初期の軒丸瓦の文様と酷似しており、それは、さらにまた中国の南北朝時代の南朝（四二〇～五八九年）の様式に通じている」（同）。これは舎利信仰の経路と合致している。しかしふしぎなことに、「飛鳥寺のもの（軒丸瓦）は一〇弁なのに、百済の瓦はすべて八弁である。この差異がなぜ生じたのか。…ただし、飛鳥寺にも、八弁素弁の軒丸瓦も一点出土している。…このわずか一点の八弁素弁軒丸瓦も謎の作品である」（一一九～一二〇頁）。百済王興寺の伽藍配置が一塔一金堂方式なのに、飛鳥寺のそれは一塔三金堂方式だった。このちがいと八弁、一〇弁のちがいとは類似の謎である。しかし飛鳥寺が、六世紀末仏教の国際的な結節点として、飛鳥という狭小の地に誕生したことは、たしかである。

飛鳥寺の伽藍配置では、一塔三金堂について、真南北線がほとんど振れずに取られている。しかし、これをとり囲む回廊は北の部分で約三〇分、南の部分では一度二七分一〇秒西に振れる。回廊の北にある講堂は一度三三分四四秒西に振れている。「この事実からすると、まず最初に天体観測で真南北を定め、それを基準に一塔三金堂を配置する。ついで回廊あるいは、おくれて講堂、西門（一度二七分五〇秒）の位置を定めていったため、それらの建物にはやや振れが生じてきた、とみてよいのかもしれない。いずれにせよ、最初の天体観測技術と、それによって建物造営を施工する技術の優秀さをおもいしらされたのだった」（同、四六頁）と坪井は書いているが、ここを読みながら、あるいは真南北線とその振れとの間には、威徳王のおくってきた先進的な技師と、それを受容し学習した日本人技生との腕のちがいがあるのではないか、と思っていた。飛鳥寺の瓦について、寺東南に発見された瓦窯のことから、坪井は、「飛鳥寺創建時の瓦は、屋根の斜面をおおう平瓦と丸瓦、おもに軒先を飾る軒丸瓦のいずれにも、紅灰二様の色調をしめすものがある」が、紅（褐）色の瓦の中に、（すでに五世紀に百済から入っていた）須恵器の製作手法がみられると記したうえで、「この事実は、その瓦、とくに紅褐色系の瓦の生産に（日本の）須恵器生産技術者が動員されていたことを暗示している」（同、一一五～七頁）、と書いている。それで伽藍建設の方位に師と生との振れが生じたのではないかと思ったのである。

これについて、田中史生（飛鳥寺建立と渡来工人・僧侶たち―倭国における技能伝習の新局面、古代東アジアの仏教と王権、所収）は、「渡来工人〔師〕と在来工人〔生〕が交わり技術移転が行われる姿は、東アジアの寺院では広くみられるものであった」（前掲書、三四三頁）とし、五四一年に百済王聖（2のいわゆる仏教公伝で仏像をおくった）が、南朝の梁から経典とともに工匠・画師などをもらい受けた（梁書巻五十四、百済伝）ことなどをあげ、さらに「五七七年に百済から渡来した造仏工の技能は、〔鞍部〕多須奈・鳥の父子へと伝えられた可能性が高い」（三四五頁）こと、飛鳥寺創建のさいの百済からおくられた技師たちからの技能継承も、浅香年木（日本古代手工業史の研究、一九七一年）がいうように「師―生編成の先駆形態のあらわれ」とみている。物の伝来・交換が富の平準化への端緒となるように、文物の伝来は知や技術の国際的な平準化の端緒となる。仏教（舎利、塔、寺、仏像）の伝来は、六世紀末・七世紀初の日本が、一つの国際基準を達成したことを示している。

さて、本条4は、紀巻第二四・皇極三年一一月条とともに、蘇我王朝が存在したのではないかを考えさせた。通説では、権勢を擅にしたとはいえ蘇我は臣にすぎない。その蘇我氏の飛鳥寺建立に、先進国の百済王が仏舎利、僧、寺工、鑪盤博士、瓦博士、画工の一大セットをおくることは、ありえないのではないか。ソガ馬子が「日本」王だから、百済威徳王は、飛鳥寺創建にさいし、仏教公伝に当る一大仏教使節団をおくりこんだ。本条4こそは仏教公伝の史実を伝えたものだが、同時に、公伝の対象が、朕不自決の天皇王朝ではなく、日本豈独リ背カンのソガ王朝だったことをも示していたのである。

（この補論'12・10・24～31）

〔追記〕 伊藤義教のことは、一九八二年五月八日の朝日夕刊の記事で知った。伊藤先生は私が学生のとき言語学研究室の講師だった。長い時の涯、今夏（'16・9）ようやくペルシア文化渡来考（一九八〇）を得て、ひきこまれるように読んだ。

孝徳紀から天武紀に一連の吐火羅記事がある。この記事の解明は私にはできないとあきらめていた。それが三六年も前に、中世ペルシア語の力で解かれていたとは。衝撃と歓説《よろこび》が綯《な》い交じった。ひさかたに手の舞い足の踏むを知らぬ経験をした。連記する。

1（白雉五年〔六五三〕四月）吐火羅《トカラ》ノ国ノ男二人・女三人、舎衛女《しゃえのひめみこ》一人ガ、被《あ》イレ風ニ流レ来タッタ于日向ニ。

2（斉明三年〔六五七〕七月三日）覩貨邏《とから》ノ国ノ男二人・女四人ガ、漂泊シタ于筑紫ニ。言ウニ、臣等ハ初メ漂泊シタト于海見嶋《あまみ》ニ。乃チ以テ駅ヲ召シタ。（一五日）暮《ゆうべ》、饗シタ覩貨邏《とから》ノ人ヲ。或本ニ云ウ、堕羅《だら》ノ人。

3（同五年〔六五九〕一〇日）吐火羅ノ人ガ、共ニ妻ノ舎衛婦人《しゃえのみめ》ト来タ。

4（同六年七月一六日）又、覩貨邏《とから》ノ人、乾豆波斯達阿《けんずぺるしあダーラーイ》ガ、欲《た》イト帰リ本土ニ、求メ請ウテ送使ヲ曰ッタ、願ウノハ後ニモ朝ショウ於大国ニ、所以ニ留《とど》メ妻ヲ為ルト表《しるし》ト。乃チ与数十人、入ッタ于西海之路《せいかいのみち》ニ。

5（天武四年〔六七五〕元旦）及ビ舎衛女《しゃえのひめみこ》、堕羅女《たらじま》ガ…捧ゲ…珍異等ノ物ヲ進ッタ。

順次、見ていこう。まず㈠トカラはどこか。伝統的にトカ《〔ハ〕》ーレスタンとされてきた。敗戦後、竹内理三、井上光貞が修正説を出した。竹内はビルマ《〔ミャンマー〕》、イラワジ川中流域の突羅成（属国の一つに舎衛がある）とし、井上はタイ、メナム川下流域のドヴァラヴァティに充てた。トカーレスタン（アフガニスタン北部のクンドゥズからウズベクのサマルカンド、ボハーラにかけての一帯）では遠すぎるので、近間の東南アジアに探したのである。井上「吐火羅・舎衛考」（一九六〇）以後、トカラ＝ドヴァラヴァティ説が、一九六五年の大系本紀はむろん、一九九八年の全集本紀も有力な説としている。私同様、八〇年の伊藤・ペルシア文化渡来考は、古代史ないし紀研究の視野に入らなかった。伊藤は、紀のト（吐・覩）カラが清音で、ドヴァラヴァティは「その頭音がつねに濁音で字音されている」ところから、トカラを旧説トカーレスタンに戻した。つぎ㈡舎衛とはなにか。舎衛はトカラより有名だ。釈迦が説法した祇園精舎は舎衛の郊外だったから。井上も舎衛は伝統説を踏襲した。しかし伊藤は舎衛を中世「ペルシア語シャーフ šāh〔王〕の対音」とし、舎衛女すなわち王女で「しゃゑのひめみこ」と読めという。トカラの地名よりこの方が衝撃的だとはおいおい分る。伊藤は東洋史の榎一雄に、六世紀半当時のトカラ史を問合せた。六五三年（白雉五年）が転期である。それ以前、トカラは西突厥の支配下にあったが、西突厥の力が衰え、この年アラブに征服された。吐火羅葉護烏湿波《ウシバ》が六六五年までトカラを支配している。アラブ征服直前のトカラは資料的に空白だが、西突厥の衰退でイラン系の人物が王を号していた。この王こそ、紀4の覩貨邏《トカラノ》人、乾豆波斯達阿《けんずはしだちあ》ではないかと、伊藤は推論する。

乾豆 Kien-dug はクンドゥズの対音。波斯はペルシア。達阿《ダーラーイ》はダーラーイ。よって紀4の名は「トカーレスタンはクンドゥズのペルシア人ダーラーイ」となる。トカーレスタンは遠いというが、唐・長安の都まで来れば倭は遠くない。アラブに追われ達阿は長安から倭の筑紫・日向へ、おそらくは失地回復の援助の可否を見ようと、妻舎衛夫人《しやゑのみめ》と来倭した。

さて先1に舎衛女《しやゑのひめみこ》がいた。伊藤はこの舎衛女が父達阿《ダーラーイ》と結婚して舎衛婦人になったとし、それが「ゾロアスター教では古くから大善大功徳の行為として勧奨されてい」た（伊藤・ゾロアスター研究、一九七九年、54頁）という。イザナキ・ミ二尊が同母兄妹結婚なのは、中国を中心とした東アジア兄妹婚神話圏に通有のことだった。ゾロアスター教圏通有のことと受止める。

達阿は4で妻舎衛婦人（舎衛女）を置いて帰ったが、5に舎衛女・堕羅女が出る。堕羅女 Dārāy-duxi（2の或本に堕羅人）は、達阿王の女《むすめ》 duxtag の意で、舎衛婦人が母。そしてこの母子が5で、天武に珍異等物を元旦の祝いに献じている。伊藤はこれを、正倉院御物の一つで、ゾロアスター教色の濃い羊木文屏風図にあてている（考83〜115頁）。

これから先の問題。七世紀半は唐の膨張主義で東アジア世界が激動し、日本列島では北九州の倭国が亡ぶ。達阿は先倭と後倭いずれに来たのか。1、2の記事では筑紫、日向即ち先倭に来た。その後倭が以駅召ことはないと覚え書一、四八七〜八頁でみておいた。戦後の古代史はしかと東アジアの中の日本を見てきた。トカラ問題は更にその外、中東と日本列島との接触が古代史に存在したことを示している。歴史の奥行きの深さに打たれる。伊藤義教の提示したところを、古代史の中に受けとめねばなるまい。

（この付記、'16・9・17。明後19日は敬老の日で町内会から茶と羊羹を夫婦一セットずつもらった。）

十《とお》つ章　皇祖考

――天皇王朝の成立

巻第二・巻頭本文に、次の文があった。

故ニ皇祖タカミムスヒ尊ハ、特ニ憐愛《いとしさ》ヲ鍾《あつ》メテ崇《だいじ》ニ育テタ。遂《あげ》クニ皇孫アマツヒコヒコホノニニギ尊ヲ立テテ、葦原中国ノ主ニ為《し》タイト欲《おも》ッタ。

この一文の前に、巻第一の本文には記されていなかった*独特の系譜が記されていた。右文はそれを承けている。
その系譜を系図化して示す。

アマテラス―男
　　　　　　　├―ヒコホノニニギ
タカミムスヒ―女

注　念のため記すが、巻第二・第八段*の一書群の中で、第二、六、七、八が、類似の名でタカミムスヒの女がアマテラスの男に娶されたと記している。

皇祖、皇孫の初出

巻第二の巻頭文は、皇祖、皇孫という語の初出である。

皇祖の語は、詩経、小雅、信南山に、

中田有廬　疆場有瓜
是剝且菹　献之皇祖
曽孫寿考　受天之祜

とみえる。「田んぼの中に草廬があり、田畑の疆場《あぜ》には瓜がある、瓜を剝《む》いて菹《つけもの》とし　太祖の后稷に献じよう曽孫《ひまご》まで長寿に　天の祜《さいわい》を受けるだろう」。ここの皇祖は周王朝の始祖后稷への尊称であるが、一般的には天子の始祖をいう。この皇は、皇帝の意でなく、説文が、自王（皇）、大也、从フ二自王一ニ、自ハ、始メ也、始王ハ者、三皇、大君也、としたように、偉大な始王を意味する。秦の始皇以後、皇が、天子の称号となった皇帝の略となり、王朝の始祖を皇祖というようになった。その皇祖の語が紀に三九度も使われている。

Ⅰ　皇祖

1（巻第二、第八段*冒頭）故ニ皇祖高皇産霊尊、特ニ鍾メテ二憐愛ヲ一、以テ崇養ス焉。

2（巻第三冒頭）皇祖皇考、乃チ神乃チ聖、積ミレ慶ヲ重ネレ暉ヲ、多ク歴タリ二年所ヲ一。

3（同、即位前紀戊午年六月）我皇祖天照大神。

4（同、四年二月）我皇祖之霊也、自リレ天降鑒シ、光二助ス朕ノ躬ヲ一。

5（同）用テ祭ル二皇祖天神ヲ一。

6（巻第四、綏靖即位前紀）以テ承ク二皇祖之業ヲ一。

7 （巻第五、崇神四年一〇月詔）惟レ我ガ皇祖ノ諸天皇等、光二臨シタノ宸極一ニ者、豈《どうし》テ為二ダロウカ一身一ノ乎

8 （同）何《なん》デ当ニ聿《ここ》ニ遵二ヒ皇祖之跡一ニ、永ク保二トウカ無窮之祚一ヲ。

9 （同七年二月詔）昔我ガ皇祖ハ、大イニ啓二イタ鴻基一ヲ。

10 （巻第八、仲哀八年九月己卯〔五日〕）復タ我ガ皇祖ノ諸天皇等ハ、尽ク祭二ッタ神祇一ヲ。

11 （巻第九、神功摂政前紀、仲哀九年四月）吾ハ被二ケ神祇之教一ヲ、頼二リ皇祖之霊一ニ。

12 （巻第十三、允恭即位前紀）大王ハ奉二ジタ皇祖ノ宗廟一ヲ。

13 （巻第二二、推古一五年二月戊子〔九日〕詔）曩《むかし》ハ者我ガ皇祖ノ天皇等ノ宰レメルニハ世ヲ也、跼《かがま》リレ天ニ蹐《ぬきあし》シテレ地ニ、敦ク礼二ッタ神

祇一ヲ。

（'09・12・11）

14 （巻第二四、皇極二年九月丁亥〔二一日〕）吉備ノ嶋ノ皇祖母ノ命ガ薨レンダ。

15 （同癸巳）視二タ皇祖母ノ命ノ喪一ヲ。

16 （同）自二リ皇祖母ガ命ノ臥一レシテ病ニ。

17 （同乙未）葬二ッタ皇祖母ノ命ヲ于檀弓ノ岡一ニ。

18 （同丙午）罷下メタ造二ル皇祖母ノ命ノ墓一ヲ役上ヲ。

19 （巻第二五、孝徳即位前紀、皇極四年六月庚戌〔一四日〕）奉二リ号ヲ於豊財天皇一ニ、曰二ッタ皇祖母ノ尊一ト。

20 （同乙卯）天皇、皇祖母尊、皇太子ガ、於二大槻ノ樹之下一デ、召二集シテ群臣一ヲ盟ッタ。

21 （同大化元年七月戊辰、百済使への詔）始メ我ガ遠皇祖之世ニ、以二テ百済国一ヲ、為二タ内官家一ト。

22 （同大化二年三月甲子〔二日〕、東国国司等への詔）代々之我皇祖等、共二ニ卿ノ祖考一ト倶ニ治メタ。

23 （同辛未〔一九日〕、東国朝集使等への詔）吉備ノ嶋ノ皇祖母ノ処々ノ貸稲。

24 （同壬午〔二〇日〕、皇太子の奏請）皇祖ノ大兄ノ御名入部、謂二ウ彦人ノ大兄一ヲ也。

25 (同三年四月詔) 自《リ》二始《メテ》治《メタ》レ国《ヲ》皇祖之時一、天下《ハ》大同《ダ》。

26 (同五年三月辛酉〔一七日〕) 皇祖母《ノ》尊、皇太子等、及《ビ》諸公卿《ハ》、悉《ク》随《ッテ》哀哭《シタ》。

27 (同白雉二年三月丁未〔一三日〕) 皇祖母《ノ》尊《ガ》、請《ジ》二十師等《ヲ》一設《ケタ》レ斎《ヲ》。

28 (同白雉四年是歳) 皇太子《ハ》乃《チ》奉《ジ》二皇祖母《ノ》尊、間人《ノ》皇后《ヲ》一、并《セテ》率《イ》二皇弟等《ヲ》一、往《ッテ》居《タ》二倭《ノ》飛鳥《ノ》河辺《ノ》行宮《ニ》一。

29 (同五年一〇月癸卯) 皇太子《ハ》聞《キ》二天皇《ノ》病疾《ヲ》一、乃《チ》奉《ジ》二皇祖母《ノ》尊、間人《ノ》皇后《ヲ》一、并《セテ》率《イ》二皇弟公卿等《ヲ》一、赴《イタ》二難波《ノ》宮《ニ》一。

30 (同一二月己酉是日) 皇太子《ハ》奉《ジ》二皇祖母《ノ》尊《ヲ》一、遷《ッテ》居《タ》二倭《ノ》河辺《ノ》行宮《ニ》一。

31 (巻第二六、斉明即位前紀) 称《シテ》二天豊財重日足姫《ノ》天皇《ヲ》一、曰《ウ》二皇祖母《ノ》尊《ト》一。

32 (同斉明元年正月甲戌〔三日〕) 皇祖母《ノ》尊《ガ》、即《イタ》二天皇《ノ》位《ニ》於飛鳥板蓋宮《デ》一。

33 (巻第二七、天智即位前紀、孝徳白雉五年明年) 皇祖母《ノ》尊《ガ》、即《イタ》二天皇《ノ》位《ニ》一。

34 (同天智三年六月) 嶋《ノ》皇祖母《ノ》命《ガ》薨《ンダ》。

35 (巻第二九、天武一〇年五月己卯〔一一日〕) 祭《ッタ》二皇祖《ノ》御魂《ヲ》一。

36 (巻第三〇、持統二年一一月戊午〔四日〕) 奉《ッタ》レ誄《シ》二皇祖等之騰極《ノ》次第《ヲ》一。

37 (同三年五月庚戌〔二二日〕) 又新羅《ガ》元来奏《シテ》云《ウニハ》、我国《ハ》、自《リ》二日本《ノ》遠皇祖《ノ》代一、並《ベテ》レ舳《ヲ》不《ニ》レ干《サ》レ檝《ヲ》奉仕《シタ》国《ダ》。

38 (同) 又奏《シテ》云《ッタ》、自《リ》二日本《ノ》遠皇祖《ノ》代一、以《テ》二清白《ノ》心《ヲ》一仕《エ》奉《ッタ》。

39 (同) 然《シ》自《リ》二我《ガ》国家《みかどノ》遠皇祖《ノ》代一、広《ク》慈《シンダ》二汝等《ヲ》一徳《ハ》、不《なイ》レ可《キデハ》レ絶《ヤス》之。

いくつかの論点を扱うごとに、右の枚挙番号でたしかめながら、述べることにする。

皇祖の語を初出した冒頭所引の文が、枚挙番号1に当る。この文と、そのセットとしての系譜は、アマテラスを誕生させた持統以後の創作である。それなのに皇祖はタカミムスヒで、アマテラスが皇祖となるのは、ようやく3巻第三・神武即位前紀戊午年六月条で、我皇祖天照大神として出ている。二つ章で考察したように、神武紀には、天武期の一次本と持統期の二次本とが接合していて、戊午年六月条はむろん二次本である。タカミムスヒ、アマテラスがそれぞれ皇祖を冠せられるのは、各一回（1及3）しかない珍事なのである。

枚挙の39条をみると、㈠巻第二から巻第二二（推古紀）までに一三度の皇祖（1～13）、㈡巻第二四（皇極紀）から巻第三〇（持統紀）まで、二六度の皇祖（14～39）が使用されている。そして13と14との間に、皇祖語の使用の仕方が異なるという境界線を入れることができる。㈠（1～13）では、1（巻第二・第八段本文冒頭*）と3（巻第三・神武即位前紀戊午年六月）とが、それぞれにタカミムスヒ、アマテラス、つまりは個を皇祖とするが、以外の一一度は皇祖皇考、皇祖之霊、皇祖諸天皇といった一般名詞的な使い方をしている。これに対し㈡の方（14～39）は、一般名詞としての皇祖も八度使っているが、特定の個に皇祖をふくむ尊称を使っている例が一八度もある。14は巻第二四・皇極二年九月丁亥（一一日）条だが、吉備嶋皇祖母命という皇祖を個人に用いた最初の例である。

枚挙して判明したのは、皇祖の語を㈠（推古紀まで13度）よりも、㈡（皇極紀以後26度）の方が二倍も多く使っていたことである。そしてまた皇祖を個と一般とに分けての使用でみると、㈠が個二対一般一一で、㈡は個一八対一般八であった。それにもう一つ、天皇紀ごとにみると孝徳紀が一二度（19～30）と、全体三九度の三〇パーセント強を占めている。その内訳は個九対一般三である。これが意味するところは、以下の叙述で見ていきたい。

一般名詞としての皇祖使用

一般名詞としての皇祖使用を片づけておこう。2（巻第三・神武紀冒頭㈠―二〇〇頁）は、皇祖皇考、乃《チ》神乃《チ》聖、積《ミ》レ慶《ヲ》重《ネ》レ暉《ヲ》、多《ク》歴《ヘタリ》二年所〔数〕一《ヲ》、である。皇祖が王朝の始祖、皇考が歴代の天皇というのが後代の慣用だが、皇祖・皇考はもともとは祖父、父にかかわる用語で、とくに天子に限られた用語ではない。朕が、秦以前には尊卑、男女を問わず自称として使われていたのに、天子だけの自称になったのと似ている。

礼記、曲礼下に、祭ルノ二王父一ヲ曰イ二皇祖考一ト、王母ヲ曰ウ二皇祖妣一ト、父ヲ曰イ二皇考一ト、母ヲ曰ウ二皇妣一ト、とみえる。此れはなにも天子に限ったことではなく、王また皇は大の意である。王父すなわち祖父を祭るに際しては、祖父を尊んで皇祖考と呼び、祖母を祭るのに皇祖妣と呼ぶ。父には皇考、母には皇妣と呼ぶ。天子、諸侯ならぬ士・大夫の身分でも皇祖、皇考の尊称で祖父母、父母を呼んだのである。それがいつしか諸侯すらおいて、天子だけのものとなった。皇祖皇考で、偉大な王朝の始王から代々の天子をへて先代の皇父までの祖系と解される。この2皇祖皇考は、7（巻第五・崇神四年一〇月詔）我皇祖諸天皇等、10（巻第八・仲哀八年九月己卯＝五日）我皇祖諸天皇等、13（巻第二二・推古一五年二月戊子＝九日）我皇祖諸天皇等と、等義である。

㈡の一般名詞的な用法に移ると、特徴的なのが遠皇祖である。㈡の一般名詞的用法の最初は21（巻第二五・大化元年七月戊辰＝二日、百済使への詔）我遠皇祖之世である。これが巻第三十・持統紀にひきつがれ、37（三年五月甲戌＝二二日）、38（同）で新羅の奏言の中に日本ノ遠皇祖ノ代とあり、これに対して39（同）我ガ国家《みかど》ノ遠皇祖ノ代と応じている。この遠皇祖とは神功をさしているのだが、神功に皇祖とされる資格はない。それが遠皇祖と呼ばれているのは、皇祖が皇考ないし皇宗と同義のように解されてのことと言うほかはない。㈡の一般名詞的な用法は八度で、その半分の四度がこのやや歪み崩れた遠皇祖である。この用法が百済、新羅という朝鮮諸国への応対で出ているのが注意される。遠皇祖が対朝鮮外交で——史実としてではなく紀の叙述上で——使われた独特の皇祖概念であるのは、確かである。持統三年五月甲戌をみると、対新羅関係がけわしくなりだした持統期外交で、日本側の一方的主張の中に遠皇祖の語があらわれ、それをあたかも新羅側も認めたかのような書き振りである。孝徳紀21は、持統紀37〜39の遠皇祖の用法ができてからの作文とみてもいいのではないか。また、女神アマテラスが持統三年八月に作られ、それが女帝持統の即位を荘厳したことは、一つ章で述べた。アマテラス、持統、遠皇祖神功とならべると、一つの女系的な相が浮んでくる。

個人につけられた皇祖称号

㈡の個人に贈られた皇祖称号をみることにしよう。まずは巻第二四・皇極二年九月条で、ここに皇祖母命が五度（14〜18）も出る。14、丁亥（一四日）、吉備嶋皇祖母命が薨じた。大系本頭注㈣―二〇七頁、注八）「即位前紀に吉備姫王という。皇極天皇の母。島は高市郡の地名で、そこに住んだからであろう」。15、癸巳（一七日）、皇極母命の喪。17乙未（一九日）、皇祖母命を檀弓《まゆみ》岡に葬。18丙午（三〇日）、皇祖母命の造墓の役を罷む。

視養という稀語にそれる

以上の抄記で16を除いた。16（皇極二年九月癸巳＝一七日）は15にすぐつづく文で、天皇、自リ二皇祖母命ノ一臥シテレ病ニ、及《まで》レ至ルレ発スルニレ喪ヲ、不レ避ラ二床ノ側ヲ一、視養無シレ倦ムコト とある。前田晴人・中臣鎌足没伝の検討（日本歴史、一九九九年六月号）は、視養の語に注目したが、この語は、雄略九年三月条に視養臣と視養、そして16の視養と、紀中二ヵ所三度しか使われていない稀語である。前田の論文は出色のものだが、視養についての解はやや思い入れに流れていると思う。視養をトリミルと平安の博士たちが訓んだのは、名義抄が診（跡）をトリミルと訓んだのに対応している。視養は、たとえば漢書、張安世伝に、所二以視養拊循一、恩甚密焉、とある。（張安世の兄）張賀は、掖庭令のとき、のちの宣帝が皇曽孫ということで、掖庭にひきとられていたのに心をよせ、寄るべのない幼児ゆえ、視養拊循した。小竹武夫の訳を借りると、「それゆえ気をつけて養い、撫でなぐさめた」。視養は気ヲツケテ養ウ、イタワリ養ウ、拊循は、荀子・富周などに使われ、拊も循もともに撫でるの意だが重ねて、慰メイタワルの意である。これを紀は看病の意にとって使ったのである。

視養の初出は、巻第十四・雄略九年三月条である。叙述の順では早いが、作られた順ではⅢbでおそい。紀小弓宿禰が先妻を亡くし、大伴室屋大連に、臣を視養《とりみ》る者が欲しいと訴えた。聞いて天皇が同情し、吉備上道の采女、大海《おおしあま》を賜い、為二随レ身視養《とりみ》ト一、という話である。この視養は直接に病とのかかわりはなく、身辺ニ気ヲツケテ面倒ヲミルぐらいの意味である。次が先の皇極が母の吉備嶋皇祖母命を看病した箇所で、病にかかわって使ったので、トリミだけでなくトリミ・ヲサメと訓んでいる。金光明最勝王経の平安初期点で、「わが父の長者、善く医方に妙に八術を通して能く衆の病と四大の増損とを療《をさ》めたまふ」とあり、看病、治療にかかわらせると、トリミ・ヲサメと訓んだ所以がわかる。するとこの視養を、ことさらに、「病人をトリミルという行為には、霊力（生命力）の衰滅に瀕した病人に手と目と言葉を通路・媒介として健者の霊力を感染・振起させ、その生命力を回復させようとする呪術的意味があった」などと思いめぐらす必要はない。好論の瑕疵というべきか。

紀中の稀語は、紀を理解する鍵の一つなのでやや逸脱したが、特定個人に使われた皇祖称号にもどる。㈠皇祖母命—吉備嶋皇祖母命につづいて㈡皇祖母尊—斉明となるが、その前に皇祖母尊の意味について片づけておかなくてはならない論点がある。

皇祖母尊についての諸注釈

大系本補注（25—三、井上光貞）は、皇祖母尊についてこう記す。「祖母またはそれ以上の皇統上の女性尊長を表わす普通名詞。類例は吉備嶋皇祖母命、嶋皇祖母命（巻二七天智三年六月条）や、聖武天皇の内祖母、元明女帝を皇祖母と称した例（続紀、神亀元年二月四日条宣命）がある」（文庫版、㈣—四〇三頁）。大系本の続紀巻第九（注解の主たる担当は青木和夫）は、右記宣命の皇祖母について、「祖は祖先ではなく親の意。天皇家の女性の尊長」と注釈している。皇祖母が普通名詞であったり、祖が親の意であったり、皇祖母をめぐっては解せない注釈がつく。爾雅、釈親に、祖ハ、王父也とある。王は大。玉篇はまた、祖ハ、父之父也。王父はそれこそ普通名詞で、祖父を尊んでの称である。同じ爾雅、釈親、父之考《（父）》ヲ為ス二王父ト一、父之妣《（母）》ヲ為ス二王母ト一に、如クスルハレ王ノ者、尊ブレナリ之ヲと注がある。祖が祖父（母）ではなく父（母）のこととしたのは、文脈上、この皇祖母が文武の母、元明をさしているのに、つじつまを合せての曲解で、語義上の注とはちがう性質のものである。

この種の解は本居宣長から

この種の解は本居宣長に始まる。皇祖母は「淤保美淤夜《オホミオヤ》と訓べし、文武天皇の大御母命《オホミハハ》のよしにて、元明天皇を申せるなり、……古へは凡て、母を御祖《ミオヤ》といへること、古事記などに多く見え、……又此〔続〕紀の此〔九〕巻の詔に、天皇の大御母藤原夫人を、宣《シ》二文《ニハ》則皇太夫人、語《ニハ》則大御祖云々《トマヲス》一とある、此にて大御祖と申すは大御母なること、いよ〳〵明らけし、さてそれに母《ノ》宮を添て書《ク》事は、皇祖とのみにては、皇神祖《スメロギ》と混《マガ》ふ故に、御母なることを知らさむためなり」（詔詞解）。先の続紀、皇祖母の注が、「祖は祖先ではなく親の意」としたのは宣長の解、つづいて「天皇家の女性の尊長」としたのは井上光貞の解、この二つをうけつぎ、つなげたのである。だが紀の皇祖母命はけっして「皇統上の女性尊長」ではない。皇統上の女性尊長つまりは女帝は、豊財（斉明）のばあいがそうで、これを紀は正確に皇祖母尊と表記している。皇祖母そのものではなく付属した命、尊の別なのである。

他方、宣長の誤りは、すでに井上が正していて、聖武の「内祖母」、すなわち父方（文武）の祖母だから、元明を皇祖母と称した、としていた。続紀の当該宣命の皇祖母の注としては、「祖〔母〕」は聖武の内祖母の意。天皇家の女性の尊長」、とすべきであった。

特定個人を指す紀の皇祖、皇孫　これで続紀の皇祖母は片づいたが、紀の皇祖母等については、なお不分明である。そこで皇祖、皇孫それぞれに特定の個人を指しているのを表示すると、次頁のようである。巻第二六（斉明紀）で、皇祖母斉明と皇孫建王と対応している。建王は天智の子だから、縦系図で、斉明―天智―建王。これを巻第二七・天智七年二月条の帝紀その他で補うと、次々頁の皇祖・皇孫系図ができる。

注　天智と遠智姫の子について、巻第二七本文は、大田、持統、建の順としているが、或本は、建、大田、持統の順に書いている。これを採った。斉明の建への思いを初孫への憐愛とみてのことだ。

巻第二六の皇祖斉明―皇孫建と同様に、巻第二七で斉明・大田が皇祖・皇孫で記されている。であれば、表記は

巻数	皇祖	皇孫
2	皇祖タカミムスヒ(1)	皇孫ニニギ 皇孫ヒコホホデミ
3	皇祖アマテラス(3)	天孫（神武） 皇孫ニニギ
6		皇御孫尊（ニニギ）
9		御孫尊（ヒコホホデミ）
24	吉備ノ嶋ノ皇祖母命(14)	
25	皇祖母尊(19)（豊財天皇） 吉備ノ嶋ノ皇祖母(14) 皇祖大兄(19)（彦人大兄）	
26	皇祖母尊(31)即㆓天皇位㆒	皇孫建王
27	皇祖母尊(33)〔間人皇女〕合葬	皇孫大田皇女
28		皇御孫命（大海皇子）

皇祖の右肩の数字は、紀中の皇祖語39を枚挙した際の順番の番号（この表'08・2・27）

ないが皇孫持統からみて斉明は父方の皇祖母尊である。もっとも興味ぶかいのが、巻第二八の皇御孫命である。天武元年七月四日是日条の次、先㆑是条に、高市社のコトシロヌシと身狭社のイクタマが神がかりして、カンヤマトイワレヒコ陵に馬と種々の武器を奉れ、と言ったのち、吾《ハ》者立《チテ》㆓皇御孫命之前後㆒、以送㆓奉《リテ》于不破㆒而還《ル》焉とも言った。

皇御孫尊考

この皇《すめ》御《み》孫命《まのみこと》に大系本頭注がこうつけた、「祭祀の際の天皇に対する尊称。儀制令、天子条に、天子〈祭祀所㆑称〉とあり、義解に、謂。告㆓于神祇㆒。称名㆓天子㆒。（中略）是書記所㆑用。至㆓風俗所㆒㆑称。別不㆑依㆓文字㆒。仮如。皇御孫命。及須明楽美御徳之類也。とある。大宝令の注釈たる集解古記では、天子祭祀所㆑称。謂祭書将記字。謂㆓之天子㆒也。辞称㆓須売弥麻乃美己等㆒耳也。と

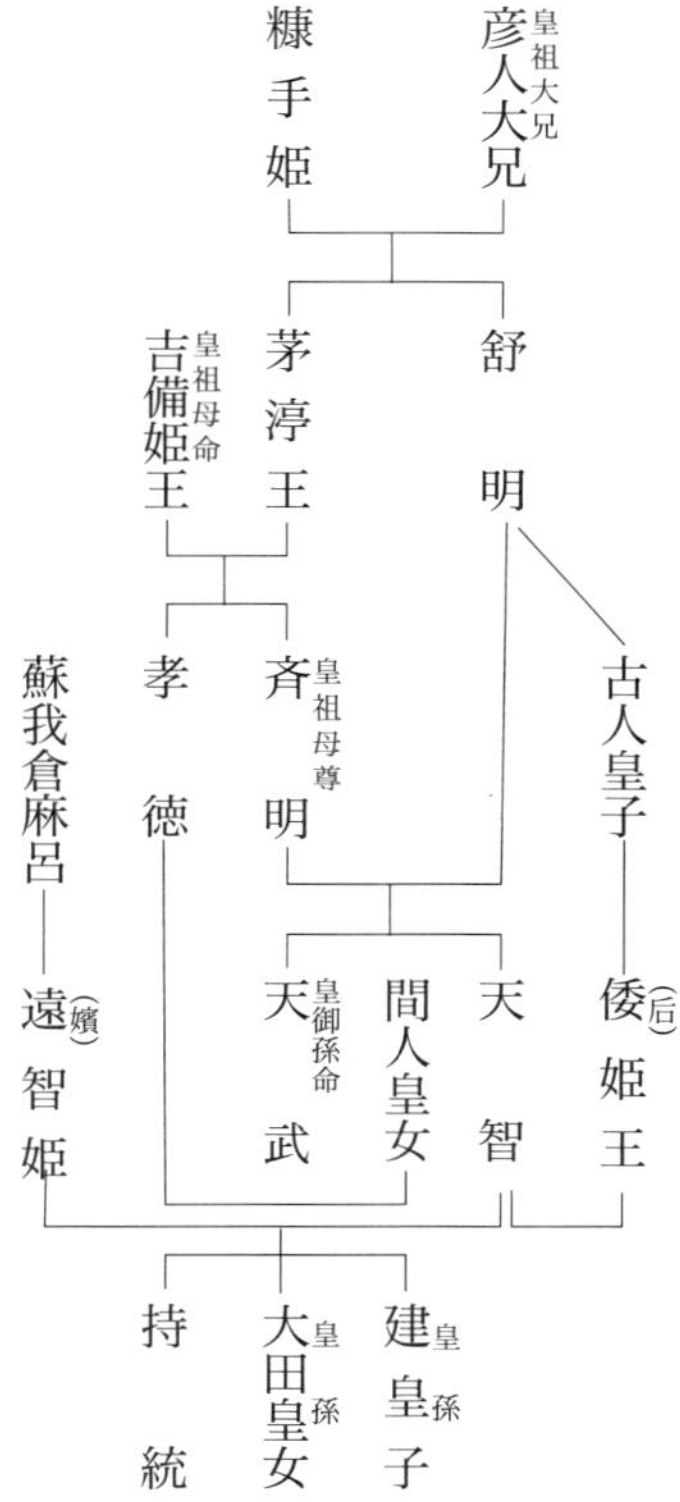

する」。やや意外な注である。そこで巻第六、九での注もみてみよう。巻第六・垂仁二五年三月一云の皇御孫尊の注、「代々の天皇をさす」。また巻第九・神功摂政前紀・仲哀九年一二月一云の御孫尊の注、「天皇」。要するにスメミマノミコトとは天皇ないし代々の天皇、あるいは後代の祭りでの天皇の呼び名だ、というのが、笹山晴生（天武紀注相当）、黛弘道（垂仁紀）、井上光貞（神功紀）ら古代史家の解釈である。これに賛成できない。（'13・8・15）

垂仁二五年三月一云については、管見の限り、先学の紀の研究に先縦を見ない。大系本頭注（黛弘道）も、「以下はじめに伊勢神宮起源の異伝をのべ、次に、崇神六年条・同七年条の大倭神社の起源の話の異伝を述べる」とだけしか、書いていない。一云はＡＢＣＤＥの五部分からなる。

Ａ天皇は倭姫命を御杖として天照大神に貢ぎ奉った。そこで倭姫命は天照大神を、磯城の厳橿《いつかし》の本に鎮座して祠った。その後、神の誨《おしえ》に随がい、丁巳《ひのとみ》の年冬十月甲子《きのえね》を取り、伊勢国の渡遇宮《わたらいのみや》に遷した。

Ｂこの時、倭大神が、穂積臣の遠祖　大水口宿禰に著いて、誨えて曰った、「太初の時に期して曰ったのは、『天照大神は悉く天原を治める。皇御孫尊は専ら葦原中国の八十魂神を治める。我は親《みず》から大地官を治める』だった。言は已《まった》く訖ったのだ。

C然し先皇御間城天皇〔崇神〕は、神祇を祭祀したけれども、微細にはその源根《みなもと》を探らず、粗〔略〕に枝葉に留《とどま》った。

Dそれ故、其の天皇《〔崇神〕》は短命だった。そこで今、汝御孫尊が、先皇の及ばなかったところを悔い、慎み祭ったなら、汝尊の寿命は延長し、復天下は太平である」、といった。

E時に天皇《〔垂仁〕》は、是の言を聞き、すぐに中臣連の祖探湯主《くかぬし》に仰せて、トった。誰人を以て大倭大神を祭らせようか、と。即ち渟名城稚姫命がトに食《あ》った。よって渟名城稚姫に命じ、神地を穴磯邑に定め、大市の長岡岬に祠った。然し是の渟名城稚姫命は、既《まった》く身体が悉く痩せ弱って、祭ることが能《でき》なかった。そこで大倭直の祖長尾市宿禰に命じて祭らせた。

大系本注のいう「伊勢神宮起源の異伝」とは、右のAであり、「大倭神社の起源の話の異伝」とは、BCDEということになる。その中で私が問題にしたいのはDである。BCDEの中に組み込まれて、その文脈にほとんど埋没せんばかりだが、かろうじて原型をしのばせるのが、御孫尊の呼称と、その短命—寿命延長という主題である。皇御孫尊がでる条りBは、倭大神が、巻第一のいわゆる高天原「神話」の主役アマテラス、巻第二のいわゆる天孫降臨「神話」の主役スメミマノミコト（ニニギ）とならべて自己を押し出した夜郎自大の主張である。一つ章、三つ章でのべたように、第一次伊勢神宮（続紀にいう多気大神宮）の創立をめぐって、大神《みわ》の神オオモノヌシとその祭主大三輪朝臣高市麻呂が失脚し、かわって大和国第二位のヤマトクニタマ（倭大神）が進出した。Bはその倭大神側からする資料の一部と考えられる。

一云にはもう一つ御孫尊が出る。Dである。この条りには、其天皇短命とあるが、其天皇とはCから崇神（先皇御間城天皇）とみるしかないが、周知のように、崇神の崩年は百二十歳。とても短命とはいえない。Dの条りの御孫尊とはBの皇御孫尊と等義で、ニニギのことと私は解している。ニニギは、コノハナサクヤ姉妹を親オオヤマツミから進められながら、醜いと姉の方をもどした。巻第二・第八段*第二の一書（㈠—一四四頁）では、姉が詛《のろ》って妹の生む子はコノハナのように移落《ちりおち》ると言った。これはとばっちりで、詛いの相手ニニギこそ短命の的だろう。Dはそのニニギ短命にかかわる断片の変形（つまり手を加えて一云にはめこんだ）である。よって、巻第六・垂仁期の皇御孫尊は「代々の天皇」ではなく、皇孫ニニギである。

つぎに巻第九・神功摂政前紀・仲哀九年一二月一云の御孫尊は、どうか。この一云について大系本頭注（井上光貞）は、「この異伝の内容は仲哀八年九月条以下前段（摂政前紀）まで及び仲哀記前半と対応する」、という。すでに後篇、2章書紀のヘンなところ、3章倭国創世史で解明したように、井上のいう仲哀八年九月条の直前の条で、すなわち八年正月条は、ニニギの子、ヒコホホデミが橿日宮から出発し、周芳の娑麼を経て、後の倭国の範囲となる阿蘇山（周知のように隋書倭国伝が倭国に阿蘇山有りとした）以北を平定した記録である。正月条の直後の九月条は、仲哀が橿日宮で熊襲討伐を群臣に議させた、で始まっている。先の一云が、橿日宮に仲哀が居たで始まり、そこに娑麼県主の祖が出てくることを勘案すると、一云は井上のいう八年九月条以下ではなく、八年正月条以下の異伝とする方が、妥当である。つまり、この一云は仲哀にかかわる異伝ではなく、ヒコホホデミにかかわる異伝を、いわゆる神功三韓征伐譚に合せて改変、加工した文とみるべきである。したがって、一云に四度出る御孫尊は「天皇」ではなく、ヒコホホデミをさしている。（先掲の特定の個を表す皇祖・皇孫表で、6・9巻の皇御孫尊、御孫孫をそれぞれニニギ、ヒコホホデミとした所以である。）

さいごに巻第二八・壬申紀の皇御孫命。いままでの皇御孫尊（ニニギ）あるいは御孫尊（ヒコホホデミ）はみな尊号であったのに、ここだけは命号である。巻第一（したがって紀全体）の最初の原注は、至貴曰レ尊、自餘曰レ命、並訓二美挙等一、下皆效レ此、である。巻第一の神々は名の末尾が神であるよりも尊と書かれ、神武以後は（草壁皇子尊のような例外もあるが）天皇になる人に尊号を付けている。このマニュアルからすると、皇御孫命はまことに珍しい。これが大海皇子を指しているのは不破に送るという文脈により明らかだ。彼はのち天皇になったのだから、皇御孫尊と書かれて当然なのだが、あるいはこのときまだ皇子なので命としたのか。それともマニュアルをもはや忘れたのか。ともあれ大海皇子を指していることは動くまい。ところが大系本頭注はここに後代の律令勉強会でのノートを集めた義解だの集解古記だのを引き合いに出し、あまり意味の分らぬ注（三四〇頁に引用）をほどこした。私にはそうとしか思えない。

飾り立てた皇御孫尊

皇御孫尊の語は、皇孫を飾り立てたものである。皇じたいがかがやくように偉大なという形容詞で、君主号としての名詞、皇は、秦以後の皇帝の略である。皇祖は普通名詞としては立派な爺さん、その孫だから皇孫。それが皇帝・天皇の祖とその孫に昇化し、孫が御孫になり、さらに尊号をつけ、皇御孫尊ができあがった。

短く言うのはむつかしいが、天孫降臨の「神話」は、中国の政治思想を七世紀末八世紀始のわれわれの先祖が理解した形である。天帝が地上の聖人に天命を下すと、この聖人が王朝の始祖（皇祖）となるが、同時に天と地とは関連するからこの始祖は天子でもあり、代々も天子である。ところが王朝も末になると暴虐な天子があらわれ、天の意に反するようになる。すると天帝は革《あらた》メレ命ヲて、別の聖人に天命を移し変える。王朝の交代である。

われわれの先祖が一番理解しにくかったのが、天帝、天命である。分らない部分を残して理解した形が、高天原から天孫（皇孫）が天下りするという「神話」である。その結果が、天神—天子を皇祖—皇孫に置き換えた形である。天子、皇孫いずれもまわりに半知の靄がかかっている。ましてフリルのかかった皇御孫命などなんのことやら、とんとわからぬ。時がたつほど靄は濃くなる。

養老儀制令が、天子条に、天子、祭祀ニ所レ称スル（神祇に告ぐるとき称して天子という）、としたのがすでに（古語まったくの意）靄が濃い。天子は「天命を受けて国君となった人。国を治めるべき天に代って天下を治めるので天帝の子、すなわち天子と称した」と思想大系本・律令の補注18―1a（担当黛弘道）はいう。その天子が祭りのとき称する称号になった。挙句、義解のいうところでは、天子は、皇御孫命あるいは須明楽美御徳《すめらみとこ》の類、となり、集解古記では須売弥麻乃美己等《すめみまのみこと》と音だけ（耳）になってしまった。皇御孫命の大系本頭注（笹山晴生）は、この挙句の果の靄の奥、音だけのスメミマノミコトォ…は示したが、示すべき原義を明るみに出さずじまいだったのである。

孝徳以後の皇祖・皇孫

さて、残るのは巻第二五の皇祖群である。先の皇祖・皇孫系図から巻第二五関係を切り取ると、次のようになる。

彦人大兄（皇祖大兄）――茅渟王（皇祖父命）
吉備姫王（皇祖母命）
├ 斉明（皇祖母尊）――天武（皇御孫命）
└ 孝徳（天皇王朝始祖）

彦人大兄は、天皇王朝の始祖・孝徳からみて、父方の祖父すなわち皇祖父である。孝徳の政治的後継者は天武であるが、この皇御孫命から見て、母方の祖父すなわち皇祖父が、八つ章でみた茅渟王である。吉備姫王は吉備嶋皇祖母命。こうみて分りにくいのが残った斉明。これについて孝徳即位前紀は、即位した孝徳が、是日、奉ニ号於豊財天皇一、曰ニ皇祖母尊一、と記す。斉明が祖母なら御孫は、先の皇祖・皇孫系図が示すように建、大田、持統の三人である。事実、斉明四年五月条に皇孫建王が八歳で薨じたので、千秋の後、朕の陵に合葬せよと詔した。天智六年二月戊午（二七日）、斉明と間人皇女を小市（越智）岡上陵に合葬したが、是日、皇孫大田皇女を陵前の墓に葬した。

この皇孫二人（建皇子と大田皇女）からみて、斉明が皇祖母であることに、不審はない。分りにくいのは、孝徳即位に際して姉に皇祖母尊の称を贈ったことである。そこでもう一度、孝徳の即位記事を見直してみる。

1（即位記事）〔皇極四年六月庚戌＝14日〕軽皇子、不レ得二固辞一、升レ壇即レ祚。

2（職事記事）奉二号於豊財天皇一、曰二皇祖母尊一。

以二中大兄一、為二皇太子一。

以二阿倍内摩呂臣一、為二左大臣一。

蘇我倉山田石川麻呂臣、為二右大臣一

3（立后記事）大化元年秋七月戊辰（二日）

立二息長足目広額天皇女間人皇女一、為二皇后一

すなわち孝徳即位記事は、四つ章でみたいわゆる史記・漢書型のもので、その職事の中に母（後の斉明）子（後の天智）そろっての処遇を記した、と理解される。中大兄を皇太子、その母（孝徳には姉）に皇祖母尊で、この皇祖母尊は、すなわち例の大臣・大連の職事記事と同じ、形式的な書式にすぎない。斉明の皇祖母尊は皇孫（とはどこにも書いてないが）持統と対応し、あるいは女帝持統が即位するために、アマテラスと並べて先行女帝の斉明を皇祖母と荘厳したのかもしれない。

始祖孝徳にふさわしい現象

皇祖、皇孫というと「神代」めいてくるが、巻第二五・天皇王朝の始祖である孝徳のところに、皇祖の語が集中している。それは、ソガ王朝を倒して王朝交代を実現し、新しい天皇王朝の始祖となった孝徳にふさわしい。皇祖の語が、新しい天皇王朝の成立を物語っていたのである。（’13・8・15〜16、敗戦後六八年も戦争のない時代を過ごした。近代の日本史上なかったことだ。）

十一つ《とおとひと》章　アマノ一系

――紀の中のある限定された天皇系

続日本紀の冒頭（文武即位前紀）は特徴的な文である。現代語で訓み下してみる。

文武即位前紀

天之真宗豊祖父《あまのまむねとよおおじ》〔文武〕天皇は、天渟中原瀛真人《あまのぬなはらおおしあまのまひと》〔天武〕天皇の孫で、日並知皇子尊《ひなみしのみこ》〔草壁〕の第二子である。日並知皇子尊は、宝字二年に勅が有り、尊号を追崇して岡宮御宇天皇と称した。母は天命開別《あまのみことひらかすわけ》〔天智〕天皇の第四女で、平城宮御宇日本根子天津御代豊国成姫《ならのみやにあめのしたしろしめししやまとねこあまつみよとよくにならしひめ》〔元明〕天皇である。天皇は天が縦《ゆる》して寛やかに仁《おもいやり》があり、慍《いかり》が色に形《あら》はれず、博《ひろ》く経史を渉り〔読み〕、尤《もっと》も射芸を善くした。高天原広野姫《たかまのはらひろのひめ》〔持統〕天皇の十一年に、立って皇太子と為った。

短文の中に五人の天皇名と一人の皇子名が書きこまれ、五人の天皇名はすべて天の字からはじまる。それで特徴的といったのだが、人名は歴史的である。名を読み解くとある歴史の相があらわれてくる。右文に書かれた順に見ていこう。

天之真宗豊祖父

1天之真宗豊祖父。アマノマムネトヨオホヂ。真宗は中世史の本宗、得宗と似た使い方。広雅、釈詁二に、宗、本《もと》也、とある。真宗はまことに本（正統）だ、である。上に天之があるからアマノ本（正統）中の本（正統）だ、となる。アマノを知るには、紀の天皇系譜を見なくてはならない。名の冒頭に天の字をもつさいしょの天皇は欽明である。天国排開広庭《あまくにおしはらきひろにわ》。しかしこの天は独立語ではない。天国（天地）と熟語になっている。天（アマノ）一字にはじまる名をもつ天皇は、紀では三五代皇極（天豊財重日足姫）、三六代孝徳（天万豊日）から四〇代持統まで五人六代、続紀では文武、元明、聖武とつづき、とんで光仁と四人である。系図にして示す（□で囲ったのが天にはじまる名、＊印は続紀冒頭文に出る天皇、数字は即位順）。

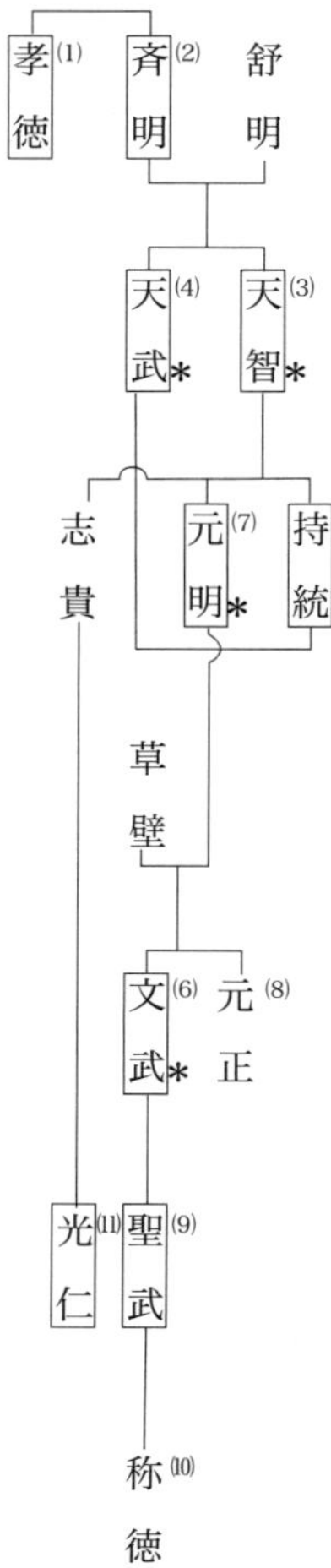

アマノ一系は、（紀の記述では）皇極から（続紀の）聖武まで、十代九人である。草壁が死んだとき、天武の皇子はなお八人いた。持統は后権をもって、自分が即位し、幼年の文武が成長するのをまって譲位し、天武―草壁―文武の系統を貫こうとした。この決意は、草壁の病が不治だとはっきりした、持統三年正月一八～二一日の吉野行でなされた、と私はみている。アマノマムネの名には、八人の天武皇子らとその支持勢力に対し、正統性を強調するひびきがある。真宗の意味については、別系の天宗高紹（光仁）天皇の名が参考になる。新古典大系本・続日本紀四は、アメムネタカツガスと訓む。古事記伝の実質的の初巻、三之巻の冒頭で、本居宣長が、天は阿米《アメ》なり、と述べて、天とあればアメ、天宗もアメムネ、と定まったかのようである。古語大鑑は、アマとアメ〔乙〕とを母音交替形とし、アマは複合語の一部、また助辞を伴って連体修飾語となる、とする。岩波古語辞典で、大野晋は、アマはアメの古形、とした。サカ、サケの古形、タカ、タケの古形、ツマ、ツメの古形などと同類。よって天宗はアマノ

ムネ。新古典大系本の脚注は、天宗高紹を「皇位の正統をついでいる天皇の意。天武の系統と異なる天智の系譜にあたることを意識したものか」とした。文武こそが天武—草壁と受け伝えるアマノ一系の正統、天之真宗なのだ、と同じである。そういえば文武の天性は天縦寛仁、慍不レ形レ色、光仁は寛仁敦厚、意豁然也。文武の名の下半分、トヨノオホヂは、この天性からくる。光仁は六二歳で即位したみごとな老人（トヨノオホヂ）だが、二五歳で死んだ文武が同じくトヨノオホヂなのは、年齢からではなく、天縦寛仁からきたのである。

天渟中原瀛真人　2天渟中原瀛真人。アマノヌナハラオオシアマノマヒト。この人については、十二つ章蕩滌之政の終りでいくらか述べた。補いつつ再説しよう。天武はアマノ一系の要の位置を占める。いまどき風にいえば、古代政治の構造改革を果した。唐・新羅連合に敗れた天智の死後、武力で政権を奪取した天武は、唐化政策をとることで、政治、社会を変革し、敗戦による疲弊と停滞とを克服しようとした（アメリカに敗れた日本が、アメリカナイゼーションで敗戦の疲弊と停滞をのりこえたのと、同じ軌跡である）。名の上半がアマノヌナハラ。天の玉の原、の意。ヌナを沼の中と解する説（古典大系本・日本書紀、巻第十九、一九六五年、一〇八頁注五〔文庫版㈢—三一一頁注七〕の語義二、上田正昭・和風諡号と神代史、一九七二年）をとらない。上掲注五の語義一が解するヌ（瓊）ナ（助詞ノ）がいい。敏達の渟中倉太珠敷のばあいも、下半の珠と照応して、上半の渟ナ倉は玉の倉でいい。天武のばあいも天の玉の原である。スサノオが玉を天真（瓊）名井（玉の井）で濯い、男子をもうけて浄心を証した巻第一、第五段本文の話は、玉と浄（浄御原）とのつながりを示していた。同段第二の一書で、天に昇るスサノオに、羽明玉が瑞八坂瓊曲玉を進っている。この一書では玉とマナイ（玉の井）との対応がくずれているが、玉と天との関係は残っている。玉を濯いで浄心を証したスサノオの話と、祓除によって浄をえるとした天武の事績とが、表裏一体であることは、次の十二つ章、蕩滌之政でみることにする。

瀛はオホシアマ　問題は瀛《えい》である。従来オキノと訓んできたが、広韻に、瀛、大海也とし、沖の意はない。上田正昭が「瀛は瀛海の瀛と同義で、大海を意味し、道教にいう東方三神山のなかの瀛洲山にゆかりをもつ」（和風諡号と神代史、一九七二年）としたのがいい。ただ上田は瀛をオキと訓むのはそのままにし、つづいて大海人皇子の名にふれるが、瀛字とのかかわりには言及していない。瀛の定義からも、皇子のときの名からも、オオシアマと訓むべきである。「真人は道教にいう奥義を悟った真人の義である」（同）は、そのとおりで、オオシアママヒトの名は、天文・遁甲を好んだ天武にふさわしい。八色の姓の第一に真人をあげたのも周知のことだ（有名無実だったが第五の道師も道教用語）。

日並知皇子

3日並知皇子、岡宮御宇天皇。子の文武が天皇になったので、天平宝字二年に天皇名が追贈された。某宮御宇天皇の形は後述のように新しいもので、当面のアマノ系の形とは別だが、日並知《ヒナミシ》の名をみたのち、検討するとしよう。

ヒナミシは万葉四九歌に日雙斯《ひなみし》皇子命乃《みこのみことの》とあるのがさいしょである。神野志隆光は日雙斯を日にあいならぶという意味のヒナミに、過去の助動詞シがついたものと解した（「日双斯皇子」をめぐって、論集上代文学一二）。四五〜四九の長短歌五首には、軽皇子宿二于安騎野一時、柿本人麻呂作歌の題詞がつく。直前の四四歌左注に朱鳥六年（持統六年、六九二年）とあり、四五歌中に三雪落阿騎乃大野尓《みゆきふるあきのおおのに》とあるので、この五首は持統六年冬の作とみなされている。日雙斯を山田孝雄（万葉集講義、三冊、一九二八〜三七年）がヒナミシノと訓み、踏襲されてきたが、ノに疑いをいれうる。伊藤博（万葉集全注巻第一、一九八三年）は、「斯は音仮名故、この下にノを訓み添えることは、代匠記（精撰本）がすでに（ヒナメシト四文字ニ読ベシ、と）指摘するように疑問が残る」（一九一頁）という。日雙斯《ひなみし》皇子命乃《みこのみことの》と訓むのが妥当であろう。このヒナミシは皇子を飾る特別の形容詞だが、文武即位前紀の日並知皇子尊のもとになり、後者ではすでに草壁固有の名となっている。

紀はその冒頭、巻第一の巻頭部分でさいしょの分注を入れている、—至《リテ》貴《キヲ》曰《イ》レ尊《ト》、自余《ヲ》曰《ウ》レ命《ト》、並《ビニ》訓《ム》二美挙等《みこと》一也《ト》。下皆效《エ》レ此《ニ》。この下には紀全体はむろん続紀もまた、ふくまれているといっていい。人麻呂が皇子命としているのに、続紀・文武即位前紀が皇子尊としたのは、その中間に尊、命の別を示した紀の分注が存在するからである。（紀巻第三十・持統紀は、草壁を特別扱いに皇子尊とする。続紀の方は子の文武が即位して、父の草壁も天皇並に遇せられたから尊でいいが、持統紀では母持統の思惑・偏愛が、紀さいしょの分注に反する皇子尊の称を生んだのである。）

日並知の知に注意

続紀の表記、日並知で注意すべきは知である。知は治、修、理と同じシラス（シリの尊敬語）で、天下をオサメルの意である。物事をオサメル（処理する、修理する、統治する）には、その物事を知っていなくてはならず、（今に都道府県知事と残るように）知がオサム、シラスにあてられた。左氏、襄公二十六年条に、子産其レ將レ知《ラント》レ政《ヲ》矣、とある。子産（公孫僑）が過分の功賞を辞したので、公孫揮（子羽）が、子産はきっと国政をつかさどるようになるだろう、謙譲で礼から外れない、と言った。治レ政とは知二国政一のことと注がついているが、ずっと後代、清の翟灝《てきこう》は通俗篇、政治、知で、右言についてさらにこう言っている。魏了翁（南宋の経学者、一一七八〜一二三七）《ノ》読書雑鈔《ニ》、後世《ノ》官制上《ノ》知《ノ》字、如《キハ》二知府知県《ノ》一始《マル》レ此《ニ》。シが過去の助動詞だった日雙斯から、シラスの日並知へ。この変化は、特別の形容詞から固有の名称ないし称号への移行と重なっている。日と並んで天下を知らす皇子、日並知皇子の名は、日神アマテラスが誕生した持統三年八月（一つ章参照）以後に成立した。逆にいうなら、日並知皇子の名がアマテラス生誕の時を傍証している。

某宮御宇天皇

分注に岡宮御宇天皇という表記がある。万葉集巻第一、第二にふつうの某宮御宇天皇という表記である。御宇の御は、理《ムル》也（広韻）、治《ムル》也（玉篇）。他方、御《ハ》使《ウ》レ馬《ヲ》也、…馭《ハ》、古文《ノ》御（説文）ともあり、御宇を馭宇とも書く。馬を馭するように、天下、人民をオサメルの意となった。宇は、天地四方《ヲ》曰《イ》レ宇《ト》、往古来今《ヲ》曰《ウ》レ宙《ト》（釈文）。天下を統治した宮の名で、どの天皇かを示すことにしたのは、なかなかの工夫だが、日並知がなぜ岡宮御宇という名を贈られたのか。まだしも嶋の宮御宇の方が納得できる。

続紀、天平宝字二年（七五八）八月九日、先帝の聖武に勝宝感神聖武皇帝の称号と、天爾国押開豊桜彦尊の諡号とを上ったのにつづいて、聖武の祖父、日並知皇子命、天下未レ称サ二天皇一ト、追二崇スルハ尊号一ヲ、古今ノ恒典ナリ、自レ今以後、宜シレ奉ルレ称シ二岡宮ニ御宇天皇一ト、との記事があり、草壁が天皇並となった。つぎに神護景雲三年（七六九）一〇月一日の宣命に、新城乃大宮尓天《にいきのおおみやにあめ》の下治《したおさ》め給《たま》い之中豆天皇《しなかつすめらみこと》とある。新城大宮は平城宮、中つ天皇は諸家に諸論があり、いまは元正とする考えが有力である。某宮御宇天皇の表記を紀中にさがすと、次のようである。

1（仲哀八年正月）天皇ハ如ク二八尺瓊之勾レル一、以テ曲妙ニ御宇セ（伊都の五十手の言葉の中）

2、3（仁徳即位前紀）纏向玉城宮御宇天皇之世……御宇帝皇之屯田也

4（舒明即位前紀）磯城嶋宮御宇天皇之世

5、6（同二年正月分注）近江大津宮御宇天皇、浄御原宮御宇天皇

7、8、9（孝徳・大化元年八月）磯城嶋宮御宇天皇、…訳語田宮御宇天皇、…小墾田宮御宇天皇之世

10（同・同二年二月）明神御宇日本倭根子天皇

御宇天皇の紀中の分布

この一〇例の分布状況は興ぶかい。1は仲哀八年正月条にあるが、この条はすでに述べた（1日本書紀の地名二つ、一九八七年。2古代史と日本書紀、一九九九年）ように、もと北部九州の倭国の歴史それも倭国創世史の部を、大和は天皇王朝の日本国史（日本書紀）に書き替えた一部である。書き替えたのは、持統五年（六九一）正月丙戌（一四日）に、二九年にわたる精勤に対して褒賞された筑紫史益である（六つ章参照）。したがって、巻の順序では早い巻第八にあるけれども、文章は天武一〇年三月（帝紀及上古諸事を記し定めよの詔）以後から持統五年正月以前の間に書かれたものと思われる。御宇がアメノシタシロシメセと動詞に使われたのは、中国での原義に

沿っている。ついでに御宇は、万葉集では安米能之多之良志売之《アメノシタシラシメシ》などと記す九例があり、日本霊異記序の、軽嶋豊明宮御宇誉田天皇代の訓注、御乎左女多比之宇阿米乃之多、アメノシタオサメタマイシよりも、訓みがひろがった。

2、3は巻第一一、仁徳紀である。私のいう紀の作られた順序では、いちばん後に作られたⅢ部の筆頭の巻である。その仁徳紀に、纏向玉城宮御宇〔垂仁〕天皇という後代的な天皇称号が出てくるのは、そのせいである。

4、5、6は巻第二三（舒明紀）にある。4は、蘇我大臣蝦夷の山背大兄への啓言の中に出ている。自二磯城嶋宮御宇〔欽明〕天皇之世一、及二近世一、群卿皆賢哲也。欽明の名を、紀は、天国排開広庭天皇としている。その名を出さずに、後代的な某宮御宇天皇の形で示したのは、欽明即位前紀がおそく作られたことを推測させる。周知のように古事記は推古までを古事として叙述しているが、紀が欽明の時代（八つ章で述べたようにソガ王朝初代イナメの時代）を近世としてとらえているのが、おもしろい。5、6は舒明二年正月戊寅（一二日）条、立后記事につづく、長男葛城皇子、次男大海皇子につけた分注である。ここでも天命開別、天渟中原瀛真人をとらず、某宮御宇天皇と表記し、即位前紀では本文、二年紀では分注で記した。これも即位前紀の新しさを示していると思える。

7〜10は巻第二五・孝徳紀のものである。孝徳詔が大化改新詔をふくめて、大宝令文にもとづいていることが、井上光貞らによって明らかにされた以上、孝徳紀の成立は大宝令以後とみなすべきである。7、8、9の某宮御宇天皇の表記は、これと見合っている。おもしろいのが10で、明神御宇日本倭根子天皇《あきつみかみとあめのしたしらすやまとねこのすめらみこと》Ⓑ。大系本補注（二五—五、井上光貞カ）が指摘するように、大化元年七月戊辰（二日）の百済使への詔は、明神御宇日本天皇詔旨Ⓐ、とはじまる。また大化二年二月の鐘匱の制をたてる詔中にあるのが、この10Ⓑで、さらに、同年三月壬午（二〇日）条の皇太子、名代・子代奉献の奏中に、現為明神御八嶋国天皇《あきつみかみとやしまくにしらすすめらみこと》Ⓒ。Ⓐは、養老公式令（1、詔書式）にある、

明神御宇日本天皇詔旨云云、咸聞

明神御宇天皇詔旨云云、咸聞

明神御宇大八州天皇詔旨云云、咸聞

天皇詔旨云云、咸聞

詔旨云云、咸聞

の一行目、(C)は三行目、(B)は二行目に持統~元正の謚号についた大倭根子（持統）、日本根子（元明・元正）を加えたもので、いずれも大宝令以後でないとできない表現である。上掲の補注は、御宇の用語を検討し、「御宇は大宝に次ぐ慶雲四年の威奈真人大村墓誌（桧前五百野宮御宇天皇）以前にはなく、ただ、薬師寺東塔擦名に（清原宮）馭宇があるだけである」（下、五六八頁上段）から、「御宇は大宝令によってはじめて定まったという市川寛の説」のとおり、「御宇はやはり令によって定ま」ったとした。補注からおよそ一〇年の後に刊行された、思想大系本の律令（一九七六年）の公式令頭注（早川庄八、柳雄太郎）は、「御宇の確実な史料上の初見は大宝令（古記に御宇日本天皇詔旨）」、と記し、さらに補注（21—1b）で、上の(A)(B)(C)いずれも「令の知識によって修飾された文言と看做すべきで、この種の表現で確実とみられる例は、続紀、文武元年八月の文武天皇即位の宣命にみえる現御神止大八嶋国所知天皇大命である」（六三八頁上段）、とした。

続紀での御宇分布

俊秀の古代史家たちの手で御宇という用語の史的性格は明らかになった。私が興を寄せるのは10(B)である。ヤマトネコを日本倭根子と書く。持統が大倭根子、元明・元正が日本根子だから、両者を重ねた日本倭根子は、持統と元明・元正の間、つまりは紀と続紀との間をあらわすものかなどと、興じている。まじめにもどって、続紀の馭宇、御宇記事もみておこう（熊谷幸次郎、新訂続日本紀索引、一九六七年による。年月日の上のアラビア数字は続紀巻数を示す）。

馭宇	8養老5十丁亥	諡号称其国其郡朝廷馭宇天皇云々。
	27神護2六壬子	高市岡本宮馭宇天皇御世云々。
	32宝亀3四庚午	軽嶋豊明宮馭宇天皇御世云々。
御宇	1文武即位前紀	平城宮御宇日本根子天津御代豊国成姫天皇、岡宮御宇天皇（分註）。
	3慶雲4四壬午	又難波大宮御宇掛母畏支（宣命）。
	4〃4七壬子	詔曰、現神八州御宇倭根子天皇詔旨勅命云々、藤原宮御宇云々、今御宇豆留天皇爾云々、近江大津宮御宇大倭根子天皇云々（宣命）。
	4和銅1正乙巳	詔曰、現神御宇倭根子天皇（宣命）。
	4〃2二戊子	淡海大津宮御宇天皇、後岡本宮御宇天皇。
	9養老6十二庚戌	浄御原宮御宇天皇、藤原宮御宇太上天皇。
	9神亀1二甲午	淡海大津宮御宇倭根子天皇（宣命）。
	10天平1八癸亥	詔曰、現神御宇倭根子天皇（宣命）。
	10〃1八壬午	難波高津宮御宇大鷦鷯天皇（宣命）。
	12〃8十一丙戌	軽堺原大宮御宇天皇。
	17勝宝1四甲午	現神御宇倭根子天皇詔旨宣（宣命）。
	17〃1七甲午	現神止御宇倭根子天皇可御命云々、平城乃宮爾御宇之天皇乃詔之久掛畏近江大津乃宮爾御宇之天皇（宣命）。
	18〃3二己卯	磐余玉穂宮、勾金椅宮御宇天皇。
	20宝字1七戊午	挂畏開闢已来御宇天皇（宣命）。
	20〃1八甲午	標陛下之御宇、授百年之遠期云々。
	20宝字1閏八壬戌	緬尋古記、淡海大津宮御宇皇帝云々。
	20〃2六乙丑	難波高津宮御宇天皇。
	21〃2八庚子	詔曰、現神御宇天皇詔旨（宣命）。平城宮御宇高紹天皇（分註）。
	21〃2八戊申	岡宮御宇天皇。

21〃2八戊申	岡宮御宇天皇。
22〃3六庚戌	今波君坐氏御宇事日月重（宣命）。
23〃4七庚戌	平城宮御宇後太上天皇。
24〃6六庚戌	岡宮御宇天皇（宣命）。
28景雲1十一癸亥	池辺雙槻宮御宇橘豊日天皇皇子云々。
29〃3五丙申	挂畏開闢已来御宇天皇御霊（宣命）。
31光仁即位前紀	近江大津宮御宇天命開別天皇之孫。
31宝亀1十己丑	奈良宮御宇倭根子天皇（宣命）。
31〃2二己酉	挂母畏近江大津宮御宇天皇御世云々、藤原宮御宇天皇御世（宣命）。
36天応1四癸卯	近江大津乃宮爾御宇之天皇（宣命）。
36〃1六壬子	昔者纏向珠城宮御宇垂仁天皇世云々。
40延暦9七辛巳	其後軽嶋豊明朝御宇応神天皇云々、難波高津朝御宇仁徳天皇云々、逮于他田朝御宇敏達天皇云々。
40〃10十二丙申	難波高津宮御宇天皇御世云々。

みるように、御宇の続紀初見はすでに述べてきた、文武即位前紀に分注で入っていた岡宮御宇天皇である。しかし、御宇は大宝令で定められたのだから、この分注は後代（続紀編集時）の挿入である。これに対し、次の慶雲四（七〇七）年四月壬午の（藤原史に食封五千戸を賜う）宣命の中の、難波大宮御宇掛母畏支（孝徳）天皇命は、まさしく当代の宣命文だから、これが紀、続紀を通じてさいしょの御宇なのである。

続紀の御宇記事で分注に出るもう一つは、天平宝字二年八月庚子（一日）、孝謙が淳仁に禪位した宣命の次に、これを祝って諸臣の位をあげた記事の中に、授二…正四位下諱平城宮御宇高紹天皇正四位上一、とある。のちに光仁天皇になったので諱とされたが、天智の孫、志貴の六子の白壁王である。先にみたように、文武、光仁ともに諡に天宗をもつが、そこに某宮御宇天皇が分注で記されているのは、まったくの偶然だがまた興ぶかい。そして文武の当時に某〔岡〕宮御宇天皇は、日並知皇子の称号にしかなかったのである。

天命開別

4天命開別。アマミコトヒラカスワケ。「天命を受けて皇運を開いたの意か」（古典大系本紀頭註）、「皇運を開いたの意か」（新古典大系本続紀脚注）。後者が天命を無視しているのが気になる。

天命開別の名は、舒明一三年一〇月丙午（一八日）、九日前に死んだ舒明の殯で、東宮開別皇子が年一六で誄したとある、その皇子名からきている。（ついでだがすでにのべた天武の謚号の中の瀛をオオシアマとその皇子名で訓む先例でもある。）だから天命を無視すると皇子名の解になっても、天皇名の解にはなるまい。また開別のほかに、二年正月戊寅（二二日）条では葛城皇子と記され、すでにみたように近江大津宮御宇天皇の分注がついている。この人物は多くの名称をもっている。もっとも知られているのが中大兄である。そこで中大兄を主語とする記事を、記事というより物語的なので、要約して示そう。

1皇極三年正月条。中臣鎌子連が中大兄と結び、蘇我本宗家を倒す布石をした話である。いわゆる乙巳の変の序に当る。

2同四年六月条。乙巳の変じたいの記述である。中大兄自ら長槍をとり、入鹿を殺す実行グループに入っている。

3孝徳即位前紀。皇極が中大兄への譲位を詔したが、鎌子の建議で軽皇子にゆずり、天皇は孝徳、中大兄が皇太子となった。

4大化元年九月条。中大兄が異母兄の古人大兄を討った記事。

乙巳の変というより、入鹿暗殺にかかわるときにだけ中大兄の名が使われ、3で皇太子となってからは、ずっと皇太子が主語となる。史実としての皇太子は、続紀冒頭の文武（高天原広野姫天皇十一年立為二皇太子一）がさいしょである。旧説では大化改新、新説で乙巳の変と言われている歴史的な変化を、私はソガ王朝から天皇王朝への王朝交替とみている。鎌子と中大兄との入鹿暗殺話は、この王朝交替を隠蔽するために紀が作為した偽話にすぎない。この偽話の中で、中大兄が、鞍作尽二滅天宗一、将レ傾二日位一、豈以二天孫一代二鞍作一耶、と言ったことになっている。「家伝には天宗を王宗に、日位を天位に、天孫を帝子に作る。天宗は集解に按謂二天子宗室一也、指二山背王等一、とある」（大系本頭注、坂本太郎カ）。天宗、天位、天孫、偽話の作者（おそらくは藤原史が大本で、その意を受けた）は天好きであった。その延長上に、天命開別がある。偽話の主語、中大兄の天好きは、このときからおよそ四半世紀後にようやく即位した天智が、あの偽話をまともにうけた天命開別の諡号をもつのと符合する。「天命を受けて皇運を開いた」意と解するのもまた、真とすればするほど偽りの話の上のこととなる。ウソかマコトか、夢、幻か。私は紀の中の天智像が評価不定なのは、片や中大兄からのびてくる天命開別の評価、片や壬申の乱から負荷されるマイナスの評価、にひきさかれてのこととみている。

すでにはやく坂本太郎がのべたように、「斉明紀は天智紀とその同事重出や未定稿的な形において酷似」し、「両紀は同じ方法によっており、編者にも共通の所が多」（天智紀の史料批判、日本学士院紀要、一九五五年、全集2、一九八八年、三三六頁）い、と思われる。斉明、天智両紀は、中大兄と天命開別との間を述べているはずだが、坂本のいうように未定稿的、すなわち未完であって、中大兄の権力掌握の過程が十分に記されてはいない。

平城宮御宇日本根子… 5平城宮御宇日本根子天津御代豊国成姫。ナラノミヤニアメノシタシラシシヤマトネコアマツミヨトヨクニナラシヒメ。なんとも長い名だ。いわゆる元明である。この諡号について、養老五年一〇月丁亥（一三日）条に次の記事がある。

太上天皇召《シ》二入《レテ》右大臣従二位長屋王、参議従三位藤原朝臣房前《ヲ》一、詔《シテ》曰《ツタ》、朕《ハ》聞《ク》万物之生《ハ》、靡《なイ》レ不《トイ》レ有《ウコトガ》レ死《ラ》、此《レガ》則《チ》天地之理《デアル》、奚《どうシテ》可《できヨウカ》二哀悲《かなしムコトナド》一、厚《クシ》レ葬《ヲ》破《リ》レ業《なりわいヲ》、重《ネテ》レ服〔喪〕《ヲ》傷《そこナウナド》レ生〔者〕《ヲ》、朕《ハ》甚《とても》不《なイ》レ取《レ》焉、朕崩《ガしンダ》之後《ハ》、宜《イ》下於二大和《ノ》国《ノ》添《ノ》上《ノ》郡蔵宝山《さほノ》雍良岑《まらのみねニ》一造《リ》レ竃《ヲ》火葬上、莫《スルガな》レ改《メル》二他処《ニ》一、諡号《おくりなハ》称《シテ》二其国其郡朝庭馭宇天皇一流《トつ》二伝《たエヨ》後世《ニ》一。

其国其郡朝庭馭宇の其字を、類聚国史は某とする。が、其でも意は通じる。国郡名朝庭馭宇が、平城宮御宇となって元明の諡号が作られた。続紀はこの五文字をのぞいて、元明の名を、日本根子天津御代豊国成姫としている。文武が母のばあいがそうなら、子の文武のばあいもそうで、先にみたように天之真宗豊祖父と続紀はしていたが、文武が死んだ慶雲四（七〇七）年、一一月丙午（一二日）に諡曰二倭根子豊祖父天皇一、とある。元明の娘、元正は日本根子高瑞浄足姫（その死は天平二〇年四月二一日だが、諡号記事はない）。さかのぼって祖母持統のばあい、大宝三年一二月己巳（一二日）、太上天皇、諡曰二大倭根子天之広野日女尊一、である。即位順で並べると、持統が大倭、文武が倭、元明、元正が日本である。アマノ一系の中で、この四人の名が天之よりも根子を重視しているようにみえる（元正は天之をもたず、日本根子だけである）。

元明の名で残るのは、天津御代豊国成姫である。御代をミシロと訓み慣らわしてきたが、これはミヨでいいのではないか。万葉集巻第一、二九歌に、天皇乃《すめろきの》　等保伎美与爾毛《とほきみよにも》　玉手次《たまたすき》　畝火之山乃《うねびのやまの》　橿原乃《かしはらの》　日知之御世従《ひしりのみよゆ》…とあり、すでに人麻呂のときに御世の語はあった。豊は美称の接頭語で、豊国（豊かな土地）とは、和銅三（七一〇）年三月辛酉（一〇日）条に、始遷二都于平城一とある平城の宮都をさしている。成字もナルと訓み慣わしてきたが、ナラシと敬語訓みする方が天皇名にふさわしい。咲く花の匂うがごとき平城京、豊国に天上の御世を成らしたことが、まさしくアマノ一系の御代の元明の治績であったと、その名が表現している。

高天原廣野姫

6高天原廣野姫。タカマノハラヒロノヒメ。持統は、大宝二年（七〇二）一二月甲寅（二二日）に死んだ。一周忌をひかえた三年一二月癸酉（一七日）、続紀は、謚曰二大倭根子天之廣野日女尊一、と記す。この謚号と紀の高天原廣野姫と、意味上のちがいはない（続紀、文武即位前紀も、高天原廣野姫十一年、立為二皇太子一と記している）。時の前後でいうと、七〇三年の天之廣野姫が先で、紀は天之をわざわざ高天原と書き替えたのである。紀作者は、意識して高天原廣野姫の名を作った、と思われる。高天原と持統とがきりはなせない関係をもつ。これが持統の謚が発するメッセージだ。ヒロノヒメの方は、持統の「諱の鸕野や讃良と関係あるか」（新古典大系本、二頁脚注一二）との解では、視野がせまくかつ焦点がぼけている。

ヒロノは藤原宮と新益京との建設にかかわっている。関連する記事を巻第二九、第三十から抄出する。

1（天武元＝六七二年九月一二日）倭京に行き嶋宮に入った。（一五日）嶋宮から岡本宮に移った。

2（同五年是年）新城に都をつくろうとし、範囲内の田園は公私を問わずみな耕さず、荒廃した。だが結局都はつくらなかった。

3（同八年一一月是月）関を龍田山、大坂山につくりはじめ、難波に羅城を築いた。

4（同一一年三月一日）三野王、宮内官の大夫らに命じて、新城に遣わし地形を見させ、都をつくろうとした。（一六日）新城に幸《でか》けた。

5（同一二年一二月一三日）詔して、都城、宮室は一ヵ所ではなく二、三ヵ所造るものだ。それでまず難波に都を造りたい。百寮は各自行って家地を申請せよ、と曰った。

6（同一三年二月二八日）広瀬王、大伴連安麻呂、判官、録事、陰陽師、工匠らを畿内に遣わし、都を造るべき地を視、占わせた。

7（同年、三月九日）天皇京師を巡行し宮室の地を定めた。

8（朱鳥元＝六八六年三月一四日）難波の大蔵省が失火、宮室悉く焚けた。

9（同年七月二〇日）朱鳥元年と改元。宮を飛鳥浄御原宮と名づけた。

10（持統四＝六九〇年正月一日）皇后が天皇位に即いた。

11（同年一〇月二九日）太政大臣高市皇子が藤原宮の地を観た。公卿百寮が従った。

12（同年一二月一九日）天皇が藤原に幸《でか》け宮の地を観た。公卿百寮がみな従った。

13（同五年一〇月二七日）使者を遣し新益京《あらましのみやこ》を鎮祭した。

14（同年一二月八日）詔して、右大臣に賜う宅地は四町、直広貳（従四位下）以上は二町、直大参（正五位上）以下は一町、勤（正六位上）以下無位まではその戸口に随い、上戸一町、中戸半町、下戸四分の一町。王たちも此に准じる。

15（同六年正月一二日）天皇が新益京の路を観た。

16（同年五月二三日）難波王らを遣わし、藤原宮の地を鎮祭した。（二六日）使者を遣わし四所、伊勢、大倭、住吉、紀伊の大神に奉幣し、新宮のことを告げた。

17（同年六月三〇日）天皇が藤原宮の地を観た。

18（同七年二月一〇日）造京司衣縫王らに、掘りだされた尸を収めさせた。

19（同年八月一日）藤原宮の地に幸けた。

20（同八年正月二一日）藤原宮に幸けた。

21（同年一二月六日）藤原宮に遷り住んだ。（九日）百官が拝朝した。（一二日）公卿大夫に宴した。

天武が九項、持統一二項。天武の浄御原宮は祓除とかかわって清浄であった（十二つ章）が、飛鳥の盆地は手狭である。中部地方（旧唐書の大山）まで領土の日本国が、さらに東日本の統一に進もうとするのに、その宮都はもはや飛鳥の盆地では不足である。天武のとき新城（のちの平城宮都）、難波などを物色したが、持統になって藤原の地に限定し、新益京すなわち元の飛鳥盆地に新しく藤原の広野を増益して、飛鳥・藤原の宮都が造営された。持統の名の広野は、天皇王朝でさいしょの瓦葺きの宮に、朝庭を南にひろげたさいしょの大極殿をととのえた藤原宮、これを中心に条坊相整った広大な新益京（その規模は岸俊男の考えをはるかにこえ、南北の京極は未定だが、東の京極は桜井市上の庄、西は橿原市土橋にわたっている）の規模に見合っている。天上の高天原と、天下の広野とをあわせた持統の名は、天武・持統夫妻を中心としたアマノ一系を象徴する名というべきであろう。

さて、天皇王朝の始祖、孝徳にはじまるアマノ一系の、天とはいったい何であろうか。かえりみれば、作品としての日本紀を叙述の順でみても、巻第一の高天原から巻第三十の高天原廣野姫まで、高天原にはじまり高天原にいたる筋書きになっている。形からみてアマノの天は、日本紀の具体でいえば、高天原である。巻第二でその高天原から天孫ニニギが降臨し、天皇家の始祖となる。その天皇家が史実としては孝徳を以て始まり、日本紀もまた孝徳を以てアマノ一系の初代としているのだから、先の筋書きは、高天原（アマテラス）―天孫ニニギ―アマノ一系（初代孝徳）―高天原廣野姫、となる。しかし、アマノ一系は続日本紀にひきつがれたが、高天原はひきつがれなかった。逆に紀の高天原廣野姫は、続紀での諡、天之廣野姫から作られた名であった。

十二つ章《とおとふた》　蕩滌之政

――宮名・浄御原と素戔嗚の明浄心とを論じて、天武紀と「神代」紀との制作上の同時性を証する

蕩滌之政とは政治の浄化

天平勝宝元年（七四九）閏五月一〇日、聖武は、体調が悪いのを案じ、一代さいごの大赦を行なった。その詔中に次文がある。――今欲ス下克ク順ヒテ二天ノ心一ニ消中除セント灾〔災〕気上ヲ、乃チ求メテ二改ムルレ往ヲ之術一ヲ、深ク謝スル二在ルレ予ニ之僁《ケン》〔愆《ケン》の俗字、あやまち〕一ヲ、則チ宜シ下流《くだ》シ二渙汗之恩一ヲ施ス中蕩滌之政上ヲ。すなわち、体の不調を天譴とみなし、これに応えて蕩滌之政を施し、大赦を行なう、というのである。滌の音は慣用ではデキだが、漢音はテキ、よって蕩滌すなわちトウテキである。

大赦の二ヵ月後、聖武は娘に譲位した。聖武さいごの大赦の詔と、娘孝謙が母光明子の不調を案じて行なった、天平勝宝五年（七五三）四月一五日の大赦の詔とは、似ている。赦の除外に殺シ二其ノ父母一ヲ、及ビ毀ッ二仏ノ尊像一ヲ者をあげた大赦令は、この二つしかない。そしてまた孝謙の詔には、庶ハクハ悉ク洗滌《せんでき》シテ、欲スレ救ハント二憂苦一ヲの一句がある。洗滌の滌は、上にn音があるので濁音化してデキと訓むが、これが聖武詔の蕩滌之政を受けているのは、いうまでもない。

蕩滌の語は、礼記、昏義の鄭玄注に用例がある。日食スレバ則チ天子ハ素服シテ而修シ二六官之職一ヲ、蕩ス二天下之陽事一ヲ。これに注して鄭玄は、蕩トハ、蕩滌シテ去ル二穢悪一ヲ也、という。六官は周代の政府を構成した天官、地官、春官、夏官、秋官、冬官のことである。不吉な日蝕がおきると、天子は、白服で六官を任命し直し、政治という天下の陽事を洗

い直す。洗も、蕩も、滌も、みな同義で濯ぎ清めるの意。蕩滌之政すなわち政治の浄化である。

この原義と、しかしながら、聖武・孝謙の蕩滌之政ないし洗滌とには、ちがいがある。後者はもっぱら罪人を洗滌し、大赦することで、自分（天皇）もしくは母（皇太后）の病を治癒したいというのである。政治の浄化ではなく、ふつうの言葉として蕩滌を使っている。これは、たとえば史記、楽書の万民咸蕩滌《シテ》邪穢《ヲ》、斟酌《ス》飽満《ヲ》と一般で、いっさいの邪悪汚穢を蕩滌、祓除するの意である。蕩滌之政が邪穢の蕩滌、祓除にあるというのが、日本古代の律令王制における政治思想の一つなのであった。

（'02・10・25）

蕩滌思想は、日本紀の中に、どのようにあらわれていたのか。蕩、滌、祓、除、穢といった文字を追ってみよう。

まず蕩。紀はこの文字をタダヨウの意に使っている。初出は巻第一、第一段第二の一書、譬《ヘバ》猶《ごとクシテ》浮《ク》膏《ノ》漂蕩《ス》、である。この部分、同段本文は、洲壌浮標、譬《ヘバ》猶《キ》游魚之浮《クガ》水上《ニ》也、と記している。以下この文字は紀中一二度使われているが、船が漂蕩したり、河水、海水が漂（あるいは飄）蕩する例が多く、巻第三で大伴氏の祖道臣が掃蕩《ス》妖気《ヲ》と記したのがめずらしい（掃滌なら洗い清める意だが、掃蕩は取り除く、敵を平定する）。

つぎに滌。用例が二度しかない。一つは当《シ》滌去《ス》吾《ガ》身之濁穢《ヲ》、二つは遂《ニ》将《ト》盪滌《セン》身之所《ル》汚《レルヲ》。ともに巻第一、イザナキのみそぎの段にある。除かれるものとして濁、穢、汚があるのが注意される。盪滌の盪もアラウ、アライキヨメルで、説文に盪《ハ》、滌《ウ》器《ヲ》也とある。蕩滌も盪滌も意味にかわりはない。

祓除と誓約の場で濯除

つぎに濯。紀中に一〇度、そのすべては巻第一にある。場面でいうと、イザナキの祓除《みそぎ》の場と、高天原での誓いの場とである。

1（第四段第六の一書*）便《チ》濯《ウ》之《ヲ》於中《ノ》瀬《ニ》也。

2（同　右）又沈《ミ》濯《ウ》於海《ノ》底《ニ》。

3（〃）又潜リ二濯ウ於潮ノ中一ニ。
4（〃）又浮キ二濯ウ於潮ノ上一ニ。
5（同段第十*の一書）欲スレ濯イ二除《はら》ワント其ノ穢悪一ヲ。
6（同　右）還リ二向イテ於橘之小門一ニ而払イ濯ウ也。
7（第五*段本文）濯ウ二於天ノ真名井一ニ。
8（同　右）濯ウ二於天ノ真名井一ニ。
9（同段第一の一書）濯ウ二于天ノ渟名井、亦ノ名去来《いざ》之真名井一ニ。
10（第六*段第三の一書）濯イ二浮カス於天ノ渟名井一ニ。

1〜6がイザナキ祓除《みそぎ》の場面、7〜10が高天原の誓約《うけい》である。5の濯除、6の払濯が祓除にみあった用字で、濯除するのは穢悪である。高天原での誓約が濯の字を用いたのも、濯除、祓除に通じるからであったろう。

誓い物語は奇妙な話である。男子を生んでスサノオの清（赤）心は証されたが、このままでは天皇家の祖神はスサノオになる。そこで物実でいえば、私が身につけた玉から生まれたのだから私の子だと、アマテラスが男子をひきとってしまう。こんな無理をしてまで誓い物語を作ったのはなぜか。

7〜10すべてに天真（渟）名井が出る。マは接頭語で、ナは助詞ノの古態、井は水を汲むところ。マナイに語幹がない。10に渟名井があるからもともとはマヌナイで、manunai → mannai → manai と転じた。この大野晋説にしたがえば、語幹は瓊《ぬ》（玉）である。マナイすなわち玉の井は、もともと玉を濯ぐ専用の井だった。スサノオが正当に玉をマナイで濯ったとき、誓約どおり男子の誕生が保証された。反対に、剣をマナイで濯いだアマテラスが生んだのは当然に女子で、高天原を奪いにきたとのスサノオへの疑いになんの根拠もないことが、明らかになった。玉

—渟名井—濯の連鎖である。スサノオの清心は、第一の一書で、汝ノ心明浄と表現されていた。そこで淨もみておく。広韻に淨ハ、無垢也。垢はアカ、ヨゴレ。垢汚、垢穢みな同義である。後代の六書故には、淨、塵垢尽クル也。イザナキの祓除《みそぎ》の場面で、濯イ二除ウ其ノ穢悪ヲ一とあった。濯除して淨となる。巻第十六に、淨ス二除凶党ヲ一とあり、淨除をハラヒノゾクと訓んでいるのは、濯除して淨となる意にみあっているのである。

濯除、祓除、解除

濯除されるのは穢悪であった。穢は紀中に一二度使われている。しかしその中心的な用例は、やはりイザナキの祓除の場面にみられる。

1 (第四段*第六の一書) 吾前ニ到ル二不レ須也凶目汚穢之処ニ一。
2 (1にすぐつづき) 故ニ当シレ滌二去ス吾ガ身之濁穢ヲ一。
3 (同段第十の一書) 故ニ欲スレ濯二除セント其ノ穢悪ヲ一。

1、2にひきつづいて、即チ往キテ至リテ二筑紫ノ日向ノ小戸ノ橘之檍原ニ一而祓除ス焉、遂ニ将レ盪二滌セント身ノ所汚ヲ一、とあり、穢悪を盪滌するのが祓除であることが、明らかに記されている。また2の濁穢と3の穢悪とも同義である。高天原の誓約話で、疑われたのはスサノオの黒心、濁心であり、証されたのはその赤心、清心であった(第五段*本文)。濁心はまた悪心とも書かれ、対する語は汝ノ心明浄であった(同段第一の一書、天武の位階制で明浄は諸王の位)。

祓除、これも中国での成語である。周礼、春官、女巫に、掌ル二歳時ノ祓除釁《きん》浴ヲ一とあり、鄭玄は、歳時ノ祓除トハ、如シ下今ノ三月上巳ニ如ク二水上ニ一之類ノ上、と注している。川辺に行き髪や身の穢を洗い清めるのが祓除(沐)で、釁浴は香草の湯に沐浴して身を清めるのをいう(謂下以二香薫草薬一沐浴上と鄭玄)。すでにみてきているのだが、祓除の語、紀中にただ一度、イザナキのみそぎのところに出る。祓除、濯除で淨がえられるのであった。

いま一つ解除《はらへ》。除の字は紀中五七度も使われているが、その1が上来の祓除、2は濯除である。そして以下、

3（第六段第二の一書*）亦以レテ唾ヲ為二シ白和幣一ト、以レテ洟ヲ為二シ青和幣一ト、用レイテ此ヲ解除《はらえ》竟ル。

4（同段第三の一書）科二ス素戔嗚尊ニ千座置戸之解除一ヲ。

5（同　右）使下ム天児屋命ヲシテ掌二リテ其ノ解除ノ太諄辞《ふとのりと》一ヲ而宣《の》上ラ之。

6（〃）有レラバ犯レスコト此ヲ者、必ラズ債《か》二ス解除一ヲ。

とつづく。右の3～6は、誓いに勝っておごったスサノオに、高天原の諸神が課した罰金としての「解除」である。解除もまた中国の成語である。二つの意味があり、一はとりのぞく、はらいさる、やめる。後漢書、蔡邕伝の、雖レモ有二ルト解除一、猶為二ス疏廃一ヲに、解除ハ謂レウ謝レスルヲ過ヲ也との注がついている。疏廃はうとんじすてるの意。もう一つは災を除く、魔よけをする。論衡、解除に、世信二ジ祭祀一ヲ、謂二ウ祭祀ハ必ズ有一レリト福、又然二リトシ解除一ヲ謂二ウ解除ハ必ズ去一レルト凶ヲ、とみえる。中国の成語にくらべると、紀での解除の使い方には、先の3～6のように、すこしずれているところがある。〈解除をハラへと訓んでいる。祓へは下二段活用の動詞で「自己の犯した罪過や、受けた穢（けがれ）・災（わざわい）を無くすために、事の度合に応じて、相手や神に物を差し出して、罪過穢災をすっかり捨て去る意」（大野晋）で、文例としては、万葉集巻第十七、四〇三一歌、中臣の太祝詞言ひ祓へあかふ（安賀布）命も誰《た》がために汝《なれ》、があげられる。あかふ（贖ふ）は四段活用の動詞で、「罪や苦しみを逃がれるために、物品を差し出す」（築島裕他、古語大鑑・第一巻）意だから、ハラへとアカフとはほとんど等義といっていいのだろう。よって解除をハラへと訓じたとき、スサノオの追放に、4千座置戸もの物品のシハラヒ（支払）が科され、5解除の太諄辞《ふとのりと》が宣され、6以後、みだりに他人の家に入ると必ズ債《か》二ス解除一ヲことになった。〉スサノオ追放の場面でのこの解除の用

法は巻第二五・大化二年三月二二日詔の中の祓除にひきつがれている。本詔は四部構成だが、三、四部はごく短かく、分量的に前半が一部、後半が二部といったところだ。二部は旧い悪習を廃する内容で、一二段ある。祓除は、そのうち五、八、九、一〇、一一、一二段にでる。一例だけ挙げると、徴集された役民が帰郷の途次、路頭に死ぬと、路頭の家がなぜ俺の家の前で死なせたと、死者の友伴《とも》に祓除を強要した（八段）、というものだ。巻第二五・孝徳紀の祓除は、除字の使用例31～35、37にあたる。

（右節中の〈　〉の部分は'13・3・2に補った）

天武紀の解除　つぎに巻第二九・天武紀の解除をみることにしよう。

46（天武五年八月二六日）詔シテ曰ク、四方ニ為ヨ二大解除《おおはらえ》一。
53（同一〇年七月一〇日）令シテ二天下ニ一、悉ク大解除ス。
54（同　右）当リ二此ノ時ニ一、国造等各出シテ二祓ノ柱奴婢一口ヲ一而解除ス焉。
56（朱島元年七月三日）詔シテ二諸国ニ一大解除ス。

解除をハラへと訓んでいるのは、孝徳紀と同じである。しかし語義では、孝徳紀の解除がスサノオ追放の場合と同じく、罪や穢を帳消しにするため相応、相等の金品を課すことであるのに対し、天武期の解除は、もともとの祓除、すなわち穢悪を蕩滌する意で使われている。天武期四度の解除記事は、六月と一二月との晦日の大祓が制定される以前のものである。

令制の大祓は二様　令制大祓記事の初出は、大宝二年一二月三〇日の記事——廃ス二大祓ヲ一、但シ東西ノ文部ノ解除ハ、如シレ常ノ、である。このとき大祓行事を中止したのは、二二日に、持統が死んだからである。

養老神祇令18条は、凡ソ六月十二月ノ晦日ノ大祓ハ者、中臣上《たてまつ》レ二御祓麻《おおぬさ》ヲ一、東西ノ文部上リ二祓《はらえ》ノ刀《たち》ヲ一、読メ二祓ノ詞ヲ一、訖百官男女聚リテ二集祓所一ニ、中臣宣ベ二祓ノ詞一ヲ、卜部為ヨ二解除一ヲ、と規定している。「大祓は、朝廷や国衙で、恒例又は臨時に、人々の犯した罪や災気をはらう公的な行事」である（思想大系本・律令、補注6—18ａ）。（'02・10・29）

〈令制の大祓は二様である。一つは上引の神祇令18条で、毎年六・一二月晦日に朝廷（中央政府）で罪穢を祓う、いわゆる二季大祓である。二つに、諸国の国衙（地方政府）で不定期に行われる諸国大祓である。では、右引の46天武五年八月条の四方大解除が諸国大祓の、53、54天武一〇年七月条の天下大解除が二季大祓の嚆矢といえるのであろうか。神野清一（日本古代奴婢の研究、一九九三年、名古屋大学出版会）は、46が「諸国大祓の先駆的行事」であり、かつはまた53、54の特異な祓柱とは異なる「浄御原令の祓柱規定となるもの」とした（二五頁）。そしてもう一つの天武一〇年条の祓柱奴婢一口の方を、「奴婢を特別に祓柱に設定した」（同）「前後に例のない」「極めて特殊な意義を有する大解除」（二六頁）とみた。これに賛成である。

注　神野は、「天武十年は閏年であったから、大解除の実施された七月丁酉は平年の六月晦日にあたるとして、これを中央における恒例六月の大祓と見」（神野前掲書の要約、二五頁）た、横田健一（中臣氏と卜部、日本書紀研究、第五冊、一九七一年、塙書房）説に批判的である。

天武紀の祓柱奴婢は極めて古いか　しかしながら神野の次の見解には賛成しかねる。養老神祇令18にみえる「御祓麻《おおぬさ》は、祓柱としてはもっとも抽象化された形態であり、これに対して、〔天武一〇年条の〕天下大解除の祓柱奴婢は極めて古い形態を示すものである」（二六頁、傍点山田）。極めて古いとする根拠の一つが、仲哀記の次の記事である。

更ニ取リテ二国之大奴佐ヲ一而奴佐二字以レ音、種二種一求ギ生剥、逆剥、阿離、溝埋、屎戸、上通下通婚、馬婚、牛婚、鶏婚之罪類ヲ一、為二国之大祓一而…

「これらの罪は大祓詞では天津罪・国津罪に区分されており、……スサノヲ神話等にも反映されているように、この罪の根本は宗教的なものであり、神聖と共同体の秩序に反する罪悪・疾病等を総括するものと思われる」（二七頁）。参考に祝詞の六月晦大祓十二月准レ此から当該箇所を抄引しておく。

天之益人等我、過犯家牟雑々罪事波、天津罪止、畔放、溝埋、樋放、頻蒔、串刺、生剥、逆剥、屎戸、許許太久乃罪乎、天津罪止法別気弖、国津罪止、生膚断、死膚断、白人、胡久美、己母犯罪、己子犯罪、母与レ子犯罪、子与レ母犯罪、畜犯罪、昆虫乃災、高津神乃災、高津鳥災、畜仆志、蠱物為罪、許々太久乃罪出武

右の史料及び神野の見解について検討しよう。まず仲哀記の記事である。この記事は紀にはまったくない。いくつかの事をとりあげなくてはならぬが、まずもって記の成立年代がからむ。古代史家は意外と記の成立を紀の八年前としてあやしむところがない。記の序文が和銅五年正月廿八日の年月日をもつのは、たんに資料事実にすぎず、他の資料で証明できる史実ではない。他資料での史実検証に執する古代史家が、記序文の年月日の検証を除外しているのは、古代史七不思議の一つである。私は記の成立を平安初期と仮定している（仮定とするのは記を紀ほどに検討していないからである。十三つ章で記のいわゆる武内宿禰系譜が紀とはまったく異なり、平安初期の新撰姓氏録に近似しているのをみたが、これも記成立についての仮定の根拠の一つである）。

ついで仲哀記のあげた罪類が、大祓詞で天津罪、国津罪に区分されている、という論点。これには大祓詞をふく

む祝詞の成立がからむ。

武田祐吉（古典大系本、祝詞、解説、一九五八年）は、「大祓の詞、大殿祭の祝詞などは、古いのだろうとされている。しかし製作時代が古くても、伝来のあいだに変化の起ることもあり得べきであるから、もとのままで残っているともきまらない。中臣の寿詞も、成立は古いのであろうが、延喜式の祝詞とくらべて見ても、更に後世の変化が加えられているように考えられる」、と冷静である。古いとされるのは、神野も踏襲している、仲哀記からスサノオ「神話」にさかのぼる天津罪・国津罪を古態とみての推測であろうが、武田は、延喜式祝詞に後世の変化が加えられているのを、見落さぬようにと注意しているのである。仲哀記の記事と延喜式祝詞の六月晦大祓の詞とが相似しているのは、むしろ平安時代初期の時代色に調整された相においてのこととも見うるのである。

仲哀記、大祓詞をさらにいわゆる神代紀上でのスサノオ「神話」に延長しても、事態に変りはないように思える。スサノオが犯した填渠（仲哀記の溝埋）、毀畔（阿離）、生剥などが、極めて古い天津罪・国津罪ではなく、農耕社会に一般的な春耕秋穫への罪であることは、七つ章で述べた。スサノオ「神話」にさかのぼっても、仲哀記の罪類が宗教的なものとは言えまい。

神野はまた、巻第十四、雄略一三年三月条の、歯田根命が馬八匹・太刀八口で、采女を犯した罪を祓除したことをとりあげ、「ハラヘツモノとしての馬と太刀は、……宗教儀礼化される以前の、共同体レベルの祓神事のありかたを窺う」（二七頁）に足るものとした。しかしながら、紀を各部の作られた順序（Ⅰ、Ⅱ、Ⅲa、Ⅲb、五つ章参照）で読むなら、雄略四年以後（武烈紀まで）はⅢb、つまり作られた順では紀のもっとも新しい部なのである。（紀の記定、制作を命じた天武一〇年二月に先立つ）天武五年八月条の四方大解除にいう、国造の祓（原秡）柱にある馬一匹、郡司担当の刀《たち》一口と、（天武一〇年以後養老四年まで四〇年に及ぶ紀の制作過程で最終段階の）雄略一三年条の馬と太刀とでは、雄略記事の方が後代的なのである。とても「宗教儀礼化される以前の、共同体レベルの祓神事」をうかがわせるものとは、言えないのである。

浄の意識と祓柱の奴婢

神野説で出色なのは、大祓御贖儀礼と官奴婢の役割についての考察である。官私の「奴婢の賎身分は罪やケガレ祓い一般から生じたものではなく、律令身分制としての五賎の規定から出発した」との門脇禎二説をうけつぎ、神野は「律令賎身分としての奴婢身分は、結論的には天武朝を起点とし、持統三年（六八九）の浄御原令で法的成立をみたものである」（三一頁）、とする。この観点から、「改めて天下大解除の行われた天武十年に着目すると、この年二月より浄御原令の編纂が始められている」。同年三月より帝紀及上古諸事すなわち日本紀の記定、編纂が始められていることにも留意すべきだと私は思うが、つづいて神野がつぎのように記しているのが、重要である。「国家的儀式としての大祓の目的は、王権の及ぶ領域内における一切の罪悪と汚穢を祓除し、〈清潔なる神聖国家〉をうち立てることにあったという（青木紀元の説）。そして、…ハラヘツモノとされた奴婢は天皇の命の贖いとされたのであれば、清浄きわまりない大王（天武）を一方に創り出すと同時に、その対極に罪穢を一身に負う奴婢＝賎という虚偽意識もまた生み出されることになる。天武朝後期は、その十四年制定の爵位に明位、浄位がおかれ、翌年には浄御原宮の命名と浄行者七〇人の出家および彼らによる宮中御窟院《みむろのまち》での設斎等々、ケガレに対する浄の意識が急速に高められた時期であった」（三二頁）。

天武期は浄の時代

この天武朝後期に特定の状況認識は、上来、蕩滌之政として述べてきた私見と合致する。本章は、蕩滌の政（洗滌）からさかのぼり、紀中に使われた関連する文字を検討し、穢悪を祓除して明浄に至るという蕩滌思想が天武期後半に成立し、この思想にたつ清（浄）濁濯除の物語が、いわゆる神代とくにイザナキのみそぎ、高天原の誓いの場面に、くりかえし展開されているのを、見てきた。天武期は建前上、浄の時代といえるであろう〉。（三六九頁三行からここまで〈　〉は'10・8・30。次行から'02・10・29）

天武七年是春条に、将テレ祠ラント二天神地祇ヲ一而天下悉ク祓禊スレ之、とある。祓禊。この禊《けい》は紀に二度しか使われていない。もう一つは、巻第十二に、皇妃の死に関連して、車持君に解除を負わせ、長渚崎で祓禊させた、とみえる。禊は身滌《みそ》ぎである。先に引いたように、周礼、春官、女巫の歳時祓除に、鄭玄が注して今ノ三月上巳如ク二水上ニ一としていた。陰暦三月上巳（のち三日に固定）の春禊と、七月一四日の秋禊とがあった。

少しずれる。史記、外戚世家、衛皇后に、武帝祓シテ二覇上ニ一還ル、とある。覇上は地名。長安の東を流れる覇水のほとりにある。史記、項羽本紀に、沛公ノ兵十万、在リ二覇上ニ一、とみえるように、軍事上の要地でもあった。禊には、長安なら長安の東流の川をえらぶ。それで武帝は覇上に出かけたのだが、帰途、姉の平陽公主のもとに立ち寄り、微賤の歌姫、衛子夫を見そめ、軒中に寵愛した。年がたち、陳皇后が媚道を行なって廃后され、かわって衛子夫が后となった。

上引、七年是春条を全文記すと、将祠二天神地祇一而天下悉祓禊之、竪二斎宮於倉梯河上一、である。この斎宮はのちの伊勢斎宮ではない。天武は飛鳥の東流、倉梯川に天神地祇を祭る宮を竪て祓禊《みそぎ》しようとしたのである。*巻第二八、壬申紀に、天武は、村国連男依以下の数万の衆が、近江軍と戦闘のさい区別がつかないのを恐れ、赤色の印をつけさせた、とある。これがもとで大系本補注（28―二八、大海人皇子と赤色）が記すように、万葉一九九（柿本人麻呂歌）、古事記序（絳旗耀レ兵）、井上通泰説（天武が漢の高祖をまねた）と増幅してきた。目印の赤が、赤帝の子を称して赤旗を掲げた高祖に自分を擬したとまで拡大しても、さしたる根拠は見出せない。それに比すると、七年是春条の方が後漢の武帝の祓覇上に近いだろう。天武が武帝と似ているというのではなく、七年是春条の作文者が、史記を知っていて、こう書いたということだ。

注　天武七年正月、是春、四月条については、どれが史実かのテキスト・クリティークが必要である。正月条は甲戌と己卯と二日の記事からなる。射二于南門一と、耽羅人向レ京とで、簡要の記事だ。これに較べると、是春、四月両条は長い記事で、正月条とは性質のちがう文にみえる。右文節の末に、是春条の作者が史記を知っていて作文したのではないか、と書いた。是春というおおざっぱな時期の表示もいかにも書き入れ挿入の文を思わせる。四月条は丁亥、癸巳、己亥、庚子と四日の記事からなり、とくに癸巳の記事が長い。丁亥、東流の倉梯河上の斎宮に出かける日を卜したというのがおかしい。祓除ないし禊は三月上巳である。癸巳が食卜とあるのはいいが、四月は不可だ。すなわち祓禊の話が是春（一〜三月）から四月にかけて記されているのは不審というほかはない。よってここは祓禊、斎宮の話を作文とみなして削らないまでも括弧にくくる。正月条につづくのはただ、夏四月癸巳、十市皇女、卒然病発、薨二於宮中一、だけである。あと四月条で残るのは、己亥、庚子である。こうみると、せっかくの天武七年条の禊だが、これは作文の内のことになる。

（'02・10・29）

さて、祓二覇上一の祓について、裴駰（史記集解）は、除広日、三月上巳、臨レ水祓除、謂二之禊一、と注した。祓除と（祓）禊とは同じである。七年是春条がのちの挿入文だとしても、それに先立つ五年八月、既に見たように、四方に大解除せよとの詔を、天武は発していた。

天武一四年正月戊申（二一日）、爵位の制が新しくなった。その頂点には、諸王已上之位として明、浄の位がある。このときの位階制は、各位階を徳目で表現した。明浄についで諸臣之位が上位から正（のちの三位以上）、直（のちの五位以上）、勤（六位）、務（七位）とつづく。スサノオの誓い「神話」で、心明浄は、濁心、悪心、邪心と対極におかれていた。正反対の穢悪が祓除されたなら、明浄が発揚される。翌年九月九日に天武は死ぬが、そのわずか前、七月二〇日に飛鳥の宮居を浄御原宮と名づけた旨が、記されている。この改名には、病という穢悪を祓除して、明浄の生にもどしたいとの願いがこめられている。天武の政は浄をもって終った。

天武の名は、紀に天渟中原瀛真人と記されている。和風謚号とみて不都合はない。天（アマノ）は、天武の母方（天皇王朝の始祖孝徳・斉明姉弟）にはじまり、以下元正をのぞいて聖武までの八天皇にわたるアマノ一系をあらわす。

渟中原を沼の中と解する見方はとらず、瓊《ぬ》ナ原（玉ノ原）と解する。高天原の誓い「神話」は、スサノオが玉を天ノ真瓊名井（天の玉の井）で濯ぎ、その浄心を証した、とする。玉と天原との関係は密接であり、天《あま》ノ玉原《ぬなはら》という天武の名は、天武の時代といわゆる神代の話とをつなぐキイ・ワードでもある。瀛《エイ》は一般に大海を意味し、これまでの訓オキに相等する意味はない。前十一つ章でのべたように天武の皇子名大海《おおしあま》に通じるのだから、オオシアマと訓んでもいいのではないか。真人は天武が好んだ道教で、道教方術の修業で真義を悟った者の呼称で、天武が八色の姓の筆頭に真人を置いた所以である。こうして、天渟中原瀛真人、アマノヌナハラオオシアマノマヒトの名が、浄御原宮の主にふさわしいことが理解されよう。

「…神代」紀の成立と天武時代

以上、紀中の蕩滌に類する諸字の用例を検しつつ、蕩滌の政と思想とが天武一代に形成され、その結果として、天武の宮居が浄御原宮と名づけられ、かつその名に天渟中原がふくまれることになった過程を、みてきた。誓い「神話」の中で、玉を天真渟名井に濯いで、その明浄心を証したスサノオの物語は、天武一代の政治思想と、同じである。広畑輔雄（日本神話体系の成立時代、古代文化二八巻六号）は、「紀の中で、神代の部分は最もおくれて成立したものと考えられ、その高天原や天つ神の観念が形成され、皇室神話体系が形成されたのは、天武朝のころと思われる」とのべていた（広畑じしんが「日本古典における神仙説および中国天文説の影響」一九七七年、の冒頭で『古代文化』での前論を要約したもの）。いわゆる神代紀の成立と天武期とが同時代のことという指摘は、重要である。神代紀の構想が、天武期に成立したものと、持統期に補修されたものとのあいだに、微妙なちがいが存し、その関係を考究することで、日本紀の成立過程に迫りうることは、本書の各章でふれてきた。本章では、スサノオ誓い物語の基本構想と、天武の蕩滌之政とが、同時代史的所産であることを確認して、章を閉じることにしたい。

（’02・11・2、’13・3・5清書・改稿）

十三《とおとみつ》つ章　武内宿禰後裔系譜を疑う
——古代氏族についての論考

天平勝宝三年の記事

続紀、天平勝宝三年（七五一）二月己卯（二六日）条に、次の記事がある（原文とその現代語読み下し文）。

己卯、典膳正六位下雀部朝臣真人等言、磐余玉穂宮・勾金椅宮御宇天皇御世、雀部朝臣男人為二大臣一供奉。而誤記二巨勢男人大臣一。真人等先祖巨勢男柄宿禰之男有二三人一。星川建日子者、雀部朝臣等祖也。伊刀宿禰者、軽部朝臣等祖也。乎利宿禰者、巨勢朝臣等祖也。浄御原朝庭定二八姓一之時、被レ賜二雀部朝臣姓一。然則、巨勢・雀部、雖二元同祖一、而別レ姓之後、被レ任二大臣一。当二今聖運一、不レ得二改正一、遂絶二骨名之緒一、永為二無レ源之氏一。望請、改二巨勢大臣一、為二雀部大臣一、流二名長代一、示二栄後胤一。大納言従二位巨勢朝臣奈弖麿、亦証二明其事一。於レ是、下二知治部一、依レ請改正之。

〔内膳司の〕典膳、正六位下、雀部《さざきべ》朝臣真人等が言うには、「磐余《いわれ》の玉穂宮・勾《まがり》の金椅《かなはし》宮で宇《てんか》を御《おさ》めた天皇〔継体・安閑〕の御世に、雀部朝臣男人が、大臣と為って供奉《つかえ》た。而《しか》し誤って巨勢男人大臣と記した。真人等の先祖、巨勢男柄《おから》宿禰の男《むすこ》は三人有《い》た。星川建日子は雀部朝臣等の祖である。伊刀宿禰は軽部朝臣等の祖である。乎利《おり》宿禰は巨勢朝臣等の祖である。浄御原朝庭が八姓を定めた時、雀部朝臣の姓を賜った。然《そ》うだ則《から》、巨勢・

雀部は元《もと》もと同祖と雖《いう》が、姓が別れた後、大臣に任ぜられたのである。今の聖運に当り、改正得《でき》なければ、遂に骨名《かばね》の緒《お》も絶え、永《とこしえ》に源の無い氏と為《な》るだろう。望み請うのは、巨勢大臣を改め雀部大臣と為《し》、名を長〔氷〕代に流《つた》え、栄を後胤《しそん》に示したい」と。大納言、従二位、巨勢朝臣奈弖麿《なで》も亦、其の事を証明した。是は、治部（省）に下知し、請に依って改正した。

右の記事でさしあたり注意されるのは、雀部が軽部および巨勢と同祖とされていることである。みなカバネ朝臣をもつが、これは、紀の天武一三年一一月一日条の朝臣賜姓五二氏の中に、巨勢臣、雀部臣、軽部臣の三氏がみえるのに、対応している。しかし紀には、この三氏が同祖であることを示す記事はなにひとつ、ない。また三氏の記事分布をみると、軽部氏は天武一三（六八四）年（朝臣賜姓）、一四年（信濃行宮の造築）にしか記事がなく、雀部氏もまた天武一三年と持統五年（墓記上進）だけである。これに対し、巨勢氏だけがややひろい記事分布を示すが、それでも継体以後に限られている。

許勢と巨勢

すこし丁寧に分布をみる（巨勢臣、許勢臣男人など氏、個人の別は捨象し、許勢と巨勢という表記別でみる）と、つぎのように許勢、巨勢は分かりやすい分布をしていて、

許勢——継体(1)、安閑(2)、欽明(4)、舒明(9)
巨勢——崇峻(7)、皇極(10)、孝徳(11)、斉明(12)、天智(13)、天武(14)、持統(15)

となる。（番号はII部の天皇順を示す）。この分布について、直木孝次郎は、「書紀では、おおむね、欽明紀まで許勢、崇峻紀以後は巨勢を用いる。ただし、例外（許勢）もある」（巨勢氏祖先伝承の成立過程、注(2)、一九六三年、のち日本古代の氏族と天皇、I古代の氏族四、一九六四年に収録）、という。先引の続紀、天平勝宝三年二月条記事の巨勢男人大臣は、紀では許勢男人大臣で、継体紀（つまり許勢、巨勢関係のさいしょの記事）に出ている。この人物についても、直木は、

日野昭（武内宿禰とその後裔、一九五九年）の「許勢氏系統の伝承」ないし「書紀の編者の潤色」という主張を一歩進め、「男人の実在性は疑わしく、彼が大臣になったというのは、巨勢氏が祖先系譜を飾るために造作した伝承にすぎない」（同前、一九六四年、八六～七頁）し、「男人および大臣就任記事が後代の造作とすれば、男人の（二）娘が安閑天皇の妃となったということも、当然疑われてくる」（同、八八頁）、とした。巨勢氏そのものについても、継体・安閑の「両条を除き、欽明紀以降の信頼しうる記事によって考えれば、巨勢氏は六世紀以降、朝鮮問題に関与することによって勢力をえて来た新興氏族である」（同、八八頁）と結論づけている。

実在せぬ許勢
実在した巨勢

冒頭の続紀記事で、巨勢男人大臣がその実雀部朝臣男人だということを、時の大納言、巨勢朝臣奈弖麻呂が証明した、とあった。まことに「驚くべきこと」で、「これは、継体紀にみえる許勢男人に関する伝承を、巨勢氏自身があまり信用していないことを語る」（同、八八頁）。その通りだが、男人だけではあるまい。奈弖麻呂が雀部真人の主張を証明したのは、紀中に許勢と表記された記事が巨勢氏とは無関係と知っていたからであろう。直木がいうように、許勢と巨勢とを通用した例はある。一つは紀の許勢男人と続紀の巨勢男人だが、これは異なるテキストでの表記のちがいだから、万全の例とはいえまい。もう一つは、欽明紀三一年（五七〇）七月条の許勢臣猿と、崇峻紀四年（五九一）一一月条での巨勢臣猿と、である。しかしこの例は、欽明紀までの許勢と、崇峻紀以後の巨勢とをつなぐための工作とみた方が、適当と考える。この一例から許勢と巨勢との通用をいうよりは、紀作者が意識して許勢と巨勢とを書き別けた可能性を考えるべきだろう。表記の別は記事の性格ちがいを示しており、許勢と巨勢とはかかわりのない氏、許勢氏は紀の作為で実在せず、実在した巨勢氏を、欽明紀の許勢から推測して、六世紀以降、朝鮮問題にかかわって勢力をえてきた新興氏族としてはならないのである。

ところで、直木の論文はこう書きおこされていた。「巨勢氏の祖先系譜といえば、だれでもまず古事記の孝元天皇条にみえる建内宿禰の子孫系譜を思いおこすであろう」（同、七五頁）。冒頭だけではなく、以下の行論でもしばしば建内宿禰後裔系譜に言及し、この系譜の成立を考究することで巨勢氏の成立を論じている。

本居宣長以来、国学の伝統を象徴しているのが、古事記の尊重である。まず古事記ありき。日本紀の訓読も記のそれを踏襲し、巨勢氏の成立も記の建内宿禰系譜から考える。これに私は従わない。記で紀を読まない。紀は紀で読む。

紀の武内系図A

武内宿禰は、孝元七年二月条（文庫版(一)―二六八頁）に初出し、以下、景行、成務、仲哀、神功、応神、仁徳まで、「世の遠人、国の長人」として登場している。その三百歳におよぶ長寿が、紀の構造上、I部（応神まで）とIII部（仁徳から）とをつなぐ働きをしているのは、すでにのべたことがある（古代史と日本書紀、一九九九年、一八一頁以後、後篇、五つ章、六九〇頁）。孝元七年二月の帝紀的記述を、景行三年二月条（文庫版(二)―六〇頁）の系譜記事で補うと、つぎの系図Aができあがる。

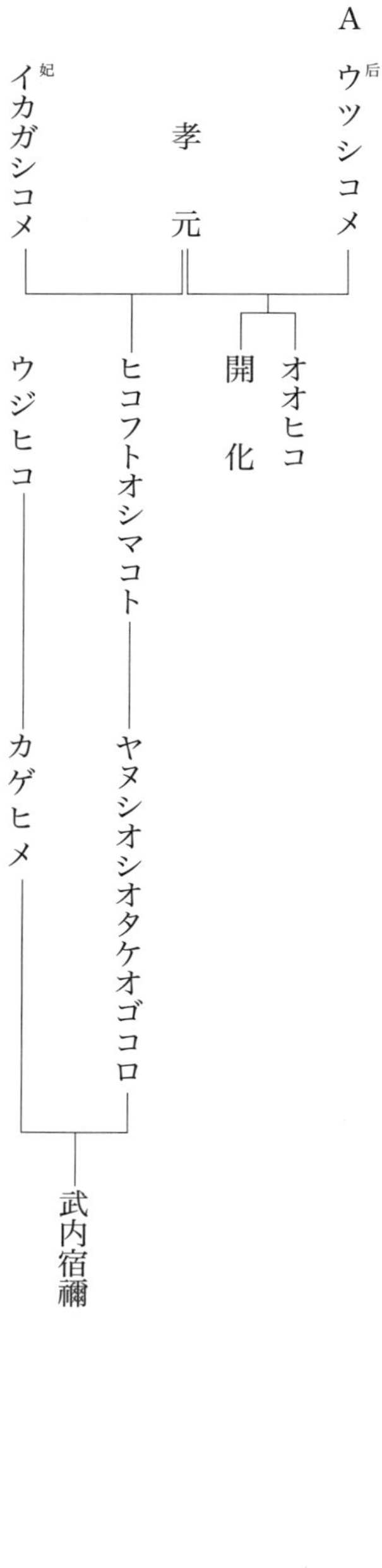

応神紀九年四月条（文庫版㈡―一九六頁）で武内宿禰に甘美内宿禰という弟がいたことがわかるが、紀に武内宿禰の下位（子孫）系譜はない。なお祖父の彦太忍信を記の比古布都押之信によってヒコフツオシノマコトと訓むのには従えない。

紀の巨勢系三氏系図B

つぎに、記の建内宿禰の子孫系譜で補ったりせずに、紀に従って、巨勢、雀部、軽部三氏の関係を系図Bとして示す。

B

……巨勢朝臣
……雀部朝臣
……軽部朝臣

すなわちこの三氏は同祖ではない。系図Aで武内宿禰に下位系譜がなく、系図Bで三氏は同祖ではない。それなのに巨勢氏の成立に、記の建内宿禰系譜をもちこんで説明する仕方を、私は採らない。

巨勢系三氏の続紀系図C

つぎは、順番でいうと、冒頭に引いた続紀、天平勝宝三（七五一）年二月二六日条である。そこでは雀部朝臣真人の言として、次の系譜Cが語られていた。

C

巨勢男柄宿禰┬星川建日子……雀部朝臣
　　　　　　├伊刀宿禰……軽部朝臣
　　　　　　└乎利宿禰……巨勢朝臣

一見して系図BとCとは対照的というか、相容れないのが明らかである。Bでは三氏は無関係、Cでは三氏は同祖。そして継体紀の許勢大臣男人（それを続紀では巨勢大臣男人と書く）が、じつは雀部大臣男人だったし、それを当の大納言巨勢朝臣奈弖麻呂も証した、という。BからCへ、一つの虚構が生じているのがうかがえる。

百済系帰化三氏の系図D

続紀には、八世紀末、系図Cと同型の系図があった。延暦九年（七九〇）七月一七日条の、船連真道の上表文の中で語られている。系図Dである（上位部分は省略した）。

D　午定君─┬─味　沙……葛井史
　　　　　├─辰　尓……船　史
　　　　　└─麻　呂……津　史

省略した上位部分は、ていねいに作られていて、百済太祖・都慕大王にはじまり、百済王系譜から近肖古王、貴須王をえらびとり、貴須王の孫・辰孫王─太阿郎王─亥陽君─午定君とつないできている。葛井、船、津の百済系帰化三氏が同祖というのは作為である。この三氏とも、とくにのち中納言にまで上昇する津連真道が、帰化人の血脈が自分の中に流れていると意識していた桓武の下で、上昇の機会がきたととらえ、入念に系譜を練り上げて、上表したのである。ねらいは当り菅野朝臣が賜姓された。

菅野朝臣真道は、いうまでもなく、続日本紀の巻第一～第二十の中心的編者である。延暦九年七月の上表文で系図Dを記した真道の編集した巻第十八（勝宝三年二月をふくむ）の中に、系図Cがあるのは、偶然の一致かもしれないが、系図一般の作為性を示すものとして記憶しておきたい。

系図Cは、巨勢、雀部、軽部三氏が、完全に同祖であるとの形をとっていた。この形は、古事記の建内宿禰系図

E（三八六頁）の中にもある。

姓氏録の武内宿禰関係氏族　系図Cは、三兄弟をのぞくと、記の建内系図Eの中の許勢小柄系図に合致するのだが、建内宿禰系図E全般のひろがりは、姓氏録における武内宿禰関係氏族のひろがりを連想させる。そこで姓氏録から関連氏族を列挙してみよう（姓氏録の記載順に記す。使用した記号の意味は初出のさいに〔…〕で説明しておく）。

1　石川朝臣《〔左京〕》（孝元天皇皇子彦太忍信命〔氏姓のあとにその先祖名をいれる〕）—〔石川朝臣同祖とあるのを意味する。複数の氏族があるときは、——□□・△△・○○のように記し、とぎれたときは、をいれ、重ねて同祖関係が出たら、そのつど▽▽——×をいれる〕田口朝臣（武内宿禰大臣）・桜井朝臣（蘇我石川宿禰四世孫稲目宿禰大臣）・紀朝臣《〔2〕》〔肩の〔2〕は次の2紀の朝臣の肩の1の（2）に対応する〕（建内宿禰男紀角宿禰）・林朝臣（武内宿禰）・生江臣《〔5〕》（武内宿禰）・八《〔3〕》多朝臣《〔右京〕》（武内宿禰）・巨勢朝臣《〔4〕》（巨勢雄柄宿禰）・平群朝臣《〔6〕》（武内宿禰男平群都久宿禰）・高向朝臣（武内宿禰六世孫猪子臣）・的臣《〔山城〕》（彦太忍信命三世孫葛城襲津彦命）・星川朝臣《〔大和〕》（武内宿禰）・江沼臣（武内宿禰男若子宿禰）

補〔石川同祖の記載がないもの〕箭口朝臣《〔左京〕》（宗我石川宿禰四世孫稲目宿禰）、田中朝臣《〔右京〕》（武内宿禰五世孫稲目宿禰）、小治田宿禰（同上〔田中朝臣〕）、川辺朝臣（武内宿禰四世孫宗我宿禰）、岸田朝臣（武内宿禰五世孫稲目宿禰）、久米宿禰（武内宿禰五世孫稲目宿禰）、御炊朝臣（武内宿禰六世孫宗我馬背宿禰）、蘇何《〔河内〕》（彦太忍信命）

2　紀朝臣《1の〔2〕、〔左京〕》（建内宿禰男紀角宿禰）—角宿禰（紀角宿禰）・坂本朝臣《〔左京〕》（紀角宿禰男白城宿禰）・日佐《〔山城〕》（武内宿禰）・坂本臣《〔摂津〕》（彦太忍信命孫武内宿禰）・坂本朝臣《〔和泉〕》（建内宿禰男紀角宿禰、男白城宿禰）、—的臣《〔和泉〕》・布師臣（建内宿禰男葛城襲津彦命）（同）

補　掃守田首《〔右京〕》（武内宿禰男紀都奴宿禰）、紀祝（建内宿禰男紀角宿禰）、紀部（建内宿禰男都野宿禰）、紀辛梶臣（建内宿禰男紀角宿禰）、大家臣（建内宿禰男紀角宿禰）、掃守田首《〔和泉〕》（武内宿禰男紀角宿禰）、丈部首（同上）

3　八多朝臣1の〔3〕〔右京〕（武内宿禰）—道守朝臣〔左京〕（波多矢代宿禰）、—道守臣〔右京〕（豊葉頬別命）、—道守臣〔山城〕（武波都良和気命）、—今木（建豊羽頬別命）、道守朝臣〔河内〕（武内宿禰男八多八代宿禰）、—山口朝臣（武内宿禰）・林朝臣（同上）・道守臣（武内宿禰男波多八代宿禰）・的臣（武内宿禰男葛木曽都比古命）・塩屋連（同上）、—小家連（武内宿禰男葛木襲津彦命）・原井連（同上）、—道守朝臣〔和泉〕（八多八代宿禰）

補　道守朝臣〔左京〕（開化天皇皇子武豊葉頬別命）

4　巨勢朝臣1の〔4〕、〔右京〕（巨勢雄柄宿禰）—雀部朝臣〔左京〕（建内宿禰）・雀部朝臣〔摂津〕（建内宿禰）

補　巨勢楲田朝臣〔右京〕（雄柄宿禰四世孫稲茂臣）—巨勢斐太臣（巨勢雄柄四世孫稲茂男荒人）・巨勢楲田臣〔大和〕（武内宿禰命）、鵜甘部首〔未定雑姓・和泉〕（武内宿禰男己西男柄宿禰）

5　生江臣1の〔5〕、〔左京〕（武内宿禰）—布師首（武内宿禰）

6　平群朝臣1の〔6〕、〔右京〕（武内宿禰男平群都久宿禰）—都保朝臣（都久足尼）・馬工連〔大和〕（平群木兎宿禰）・早良臣〔河内〕（武内宿禰男平群都久宿禰）、—額田首（平群木兎宿禰）

補　平群文室朝臣〔右京〕（同都久宿禰）、韓海部首〔未定雑姓、摂津〕（武内宿禰男平群木菟宿禰）

7　葛城朝臣〔左京〕（葛城襲津彦命）、玉手朝臣〔右京〕（同〔武内〕宿禰男葛木曽頭日古命）—阿祇奈君（彦太忍信命孫武内宿禰）・阿支奈臣〔摂津〕（武内宿禰男葛城曽豆比古命）、的臣〔山城〕（石川朝臣同祖、彦太忍信命三世孫葛城襲津彦命）—布忍首〔河内〕（武内宿禰）

補　下神〔未定雑姓、摂津〕（葛木襲津彦命男腰裙宿禰）

8　池後臣〔大和〕（武内宿禰）

右は系図Fをつくるための手控えのようなものだが、最低限の解釈をいれると、武内宿禰関連氏族を8項に分けたうち、2〜6の5項までが、1石川朝臣と同祖であり、残りの7項の中の的臣も石川同祖である。九世紀初めに姓氏録がつくられる以前、八世紀後半に、右の諸氏の中でもっとも勢威があったのが石川氏である。石川朝臣年足が正三位御史大夫、弟の豊成が正三位中納言に昇り、「同市黄金時代の幕をあけた」（日本古代氏族・人名辞典、石川氏の項）。これが諸氏の石川同祖に傾いた理由であろう。ややおくれて、八世紀末〜九世紀初頭に、光仁外戚として紀氏が進出するが、姓氏録の系譜を変動させるには、ややおそかったと思われる。

姓氏録の武内関連氏族の系図F

さて、姓氏録にあらわれた武内宿禰関連氏族1〜8項を、系図E（記の建内宿禰後裔氏族系図）と比較できる形に合せて、系図Fをつくった（便宜上、E、Fを並べておく、ゴシックはEFともにでる氏族）。

梅沢伊勢三の記・録近似説

EF両系図はきわめて似ている。古事記「の氏族記事が、後代平安朝の聖書たる新撰姓氏録に意外に近似している」としたのは、梅沢伊勢三（記紀批判、一九六二年、二二四頁）である。記の建内宿禰後裔氏族系譜についても、当然に、同じことが言えるのである。坂本太郎が評した紀前記後説に生涯をかけた梅沢だったが、それでいて記序の年月日（和銅五年正月二八日）の呪縛から終生脱けだせなかった。それで「意外に」といったのだが、史料事実の示すところ、記の系図Eと姓氏録の系図Fとは、その後代性で一致している。

（'03・7・16）

「意外に近似」したE、Fだが、もとより違いもある。違いは、すでにみたように、F系図で、紀朝臣、巨勢朝臣、生江臣、八多朝臣、平群朝臣、江沼臣の六氏が、ことごとく石川同祖となっていることである。それでいて1～8にみるとおり、六氏はそれぞれ先祖を記、E系図と同じく、武内宿禰の子の某宿禰と記している。Fで、的臣は八多八代宿禰、蘇我石川宿禰、葛城襲津彦をそれぞれ祖とする三系に、分れている。1〔和泉〕では彦太忍信三世孫葛城襲津彦命、3〔河内〕では武内宿禰男葛木曽都比古命、7〔山城〕では石川朝臣同祖、彦太忍信命三世孫葛城曽都比古命で、どの系にあろうが、祖は葛城襲津彦なのである。（ついでにE・Fとも、他はすべて宿禰がつくのに、葛城だけは長江曽都毘古、襲津彦である。記も録もともに紀の葛城襲津彦を踏襲したものである）。そして、これらに応じるように、1〔左京〕石川氏の祖は、蘇我石川宿禰ではなく、たんに彦太忍信命となっている。Eは建内宿禰系譜だが、Fの

E 建内宿禰
- 波多八代宿禰——波多臣・林臣・波美臣・星川臣・淡海臣・長谷部君
- 許勢小柄宿禰——許勢臣・雀部臣・軽部臣
- 蘇賀石河宿禰——蘇我臣・川辺臣・田中臣・高向臣・小治田臣・桜井臣・岸田臣等
- 平群都久宿禰——平群臣・佐和良臣・馬御織連等
- 木角宿禰——木臣・都奴臣・坂本臣
- 久米能摩伊刀比売
- 怒能伊呂比売
- 葛城長江曽都毘古——葛城臣・玉手臣・的臣・生江臣・阿芸那臣等
- 若子宿禰——江野財臣

F

武内宿禰
- 八多八代宿禰 ― 八多朝臣・林臣・道守朝臣・山口朝臣・的臣
- 巨勢雄柄宿禰 ― 巨勢臣・雀部臣・巨勢椒田朝臣
- 蘇我石川宿禰 ― 石川朝臣・川辺臣・田中臣・高向臣・小治田臣・桜井臣・岸田臣・紀朝臣・林朝臣・巨勢朝臣・生江臣・八多朝臣・平群朝臣・的臣・星川朝臣・江沼臣・御炊朝臣・箭口朝臣・久米朝臣
- 平群都久宿禰 ― 平群臣・早良臣・馬工連
- 紀角宿禰 ― 紀臣・角臣・坂本臣・的臣
- 葛城襲津彦 ― 葛城臣・玉手臣・的臣・生江臣・阿祇奈臣
- 若子宿禰 ― 江沼臣（↓石川朝臣）
- ― 生江臣（↓石川朝臣）
- ― 池後臣

方は、その実、彦太忍信命系譜なのである。孝元紀はこう書いていた、妃伊香色謎命ハ彦太忍信命ヲ生ンダ…彦太忍信命、是ハ武内宿禰ノ祖父デアル、と。記は孫の方をとって建内宿禰系譜を作り、録は祖父、彦太忍信命をとっている。紀先記・録後である。

軽部朝臣は姓氏録になく、よって系図Eにはあるが、系図Fにはない。軽部臣は、天武紀一三年一一月の朝臣賜姓に初出し、同一四年一〇月には、軽部朝臣足瀬が他二人と信濃に行宮を造るため派遣された、とある。この足瀬が軽部氏の中で伝えられた唯一の個人名である。続紀では、冒頭所引の雀部真人の請文の中に軽部朝臣が出る以外、地の文にいっさい出ない。また雀部朝臣真人は正六位下であった。大臣の男人が先祖だったと請文で主張した甲斐があって、五位に昇進したかは不明である。続紀に出る雀部朝臣は、東女、道奥、広持、虫麻呂の四人だが、みな従五位下である。男人大臣の蔭効果はなかったというほかはない。真人の請文の中の系図Cは、つまりは形骸にすぎなかったのである。その系図Cを記の建内系図Eは採りいれたが、八一五年成立の姓氏録は採らなかった。記は、はるか上古（孝元）に渕源する古系譜（推古以前）として採ったが、姓氏録は九世紀初めの現実を採って、既にない軽部朝臣は記載していないのである。

（'03・7・19）

梅沢の紀記氏族論

記の氏族記事が姓氏録に近似している、との梅沢の指摘は、古代氏族論への出色の提言であった。梅沢は、紀記それぞれに祖先や出自の記事をもつ氏族すべてを数えあげ、「たかだか三巻の古事記」が三〇巻の「日本書紀の約二倍ほどの…氏族」（前掲書、二一九頁）を記載している（紀、一〇八、記二〇二）という。この点でも記は姓氏録的な性格をもつといえよう。梅沢は紀一〇八、記二〇一の中から、さらに紀二一、記五七、紀記共通一五の臣姓氏族（むろん祖先、出自記事をもつ）を抜き出す。臣姓氏族は他のカバネ氏族よりも、史上、比較的に活動歴が目立つから、この選択は妥当であろう。紀記それぞれが単独に記す氏名数は、共通の氏数一五をひいた紀六、記四二となる。各氏族名は次のようである。

⑴日本書紀だけが載録して、古事記にはみえぬもの（六氏）
出雲臣。阿閇臣。伊賀臣。香屋臣。三野臣。苑臣。

⑵紀記両書に載録されているもの（一五氏）
穂積臣。多臣。吉備臣。阿倍臣。膳臣。下道臣。上道臣。平群臣。坂本臣。大宅臣。的臣。国前臣。角臣。笠臣。和珥臣。

⑶古事記だけが載録して、日本書紀にはみえぬもの（四二氏）
婇臣。丹羽臣。嶋田臣。雀部臣。大坂臣。阿那臣。多紀臣。羽栗臣。知多臣。牟邪臣。都怒山臣。春日臣。粟

田臣。小野臣。柿本臣。壱比韋臣。針間牛鹿臣。利波臣。内臣。林臣。波美臣。波多臣。星川臣。淡海臣。木臣。玉手臣。生江臣。阿芸那臣。財臣。小治田臣。桜井臣。岸田臣。佐和良臣。許勢臣。軽部臣。蘇我臣。川辺臣。田中臣。高向臣。道守臣。能登臣。雀部臣。（雀部臣に二氏ある）

⑴では「阿閉臣以外に殆どみるべき活動」がないので割愛し、⑵では活動歴のない国前臣、多臣、吉備臣に含まれる上道、下道、笠臣の五氏をのぞいた一〇氏、⑶では四二氏のうち、紀に活動歴がある二三氏（この二三氏は紀中に祖先・出自記事をもたないが、活動歴はもっている、なお後述）が、どの天皇代に活動しているのかを、表A、Bに示す。

梅沢は推古以後の氏族を新（興氏族）、欽明以前の氏族を旧（家）とする（表A、Bの中の横の二線）。紀記「両書がその出自を語っている氏族」（表A）は「新旧両時代に亙った旧家」が多いこと、また記だけが出自を語る氏族については、「いかに…新興氏族が多いかは一目瞭然」（二三八頁）である。「その結果を要約すると……古事記だけに載せられている氏は、總じて推古朝以後天武朝前期頃までに新しく史上に現れた有力氏の大部分を含むものであり、書紀だけが載せているものは旧家ではあるが一般に推古以前に活動したに過ぎぬものか、或は地方所在の氏族であり、最後に両書が共に収録しているものは、その殆ど大部分が欽明以前から推古を経て天武に至るまでの長期に亙って活動を続けている家柄だという事実である」（二三九頁、引用の大部分につけられた原傍点はすべてとった。ついている傍点は山田がつけたもの）。

梅沢氏族論を批判する

右の結果ははたして「事実」か。梅沢の立論の仕方から導かれたある種の資料事実ではあっても、史実とは言えないのではないか。梅沢氏族論に私は根本的な疑義をもつ。一つは系図主義。もう一つは新旧氏族の認定の仕方についてである。

⑴系図主義

系図主義から始めよう。梅沢の立論は、祖先記事ないし出自記事をもつ氏族を出発点とした。たとえば系図Aで、武内宿禰が孝元の曾孫とある。これは事実か。また彼は孝元から仁徳まで、いや活動歴では景行から仁徳まで三〇〇年余を過している。推古元（五九三）年から朱鳥元（六八六）年までを長期といえば、超長期が内氏である。しかし梅沢は、応神以前は荒唐無稽との山片・津田説になんの疑いもいれなかったから、武内宿禰では反論の例にはならない。武内宿禰は紀に下位系譜がないから、内氏なぞ応神以後史に記録をもたず、したがって実在の証もない。はなから梅沢氏族論への登場資格がない。その伝でいえば、記には推古朝までしかないから、記に出自記事をもつ四二氏では、紀に推古朝以後、天武までの間に活動歴のある二三氏をえらんで、表Bが作られた。二三氏は祖先・出自記事でいえば記のものだが、活動歴でいえば紀のものとなる。紀がなければ、記の二三氏はみな武内宿禰と同じになり、梅沢氏族論への登場資格を失なうのである。このように先祖・出自記事の有無で氏族を抽出し、区分する方法を、私は系図主義というのである。なにごとかを語っているようで有効な確実さに欠けること、系図に似ている。

表A

	膳臣	坂本臣	和珥臣	角臣	的臣	平群臣	穂積臣	阿倍臣	*吉備臣	大宅臣
履中	○									
反正										
允恭										
安康		○								
雄略			○	○					○	
清寧			○						○	
顕宗										
仁賢			○		○	○				
武烈										
継体			○				○			
安閑	○									
宣化								○		
欽明	○	○			○		○	○	○	
敏達								○		
用明										
崇峻	○	○			○	○		○		
推古	○	○				○	○	○		○
舒明								○		
皇極										
孝徳	○					○	○	○	○	
斉明	○							○		
天智								○		○
弘文		○	○				○		○	
天武	○	○		○		○	○	○	○	○

＊吉備臣は、上道臣・下道臣・笠臣を含む。

表B

	粟田臣	婇臣	小野臣	小治田臣	川辺臣	柿本臣	軽部臣	春日臣	岸田臣	木臣	巨勢臣	雀部臣	桜井臣	蘇我臣	田中臣	高向臣	玉手臣	道守臣	波多臣	林臣	波美臣	山代内臣	若桜部臣
履中																							
反正																							
允恭																							
安康																							
雄略																							
清寧																							
顕宗																							
仁賢																							
武烈																							
継体											○												
安閑											○												
宣化														○									
欽明				○	○			○			○			○									
敏達								○						○									
用明														○									
崇峻							○				○			○									
推古	○		○		○									○	○	○			○				
舒明		○		○	○						○			○		○							
皇極	○										○		○	○		○			○				
孝徳		○			○					○	○			○		○			○				
斉明					○						○			○					○				
天智					○				○	○	○			○									
弘文										○	○			○					○			○	○
天武	○	○	○	○	○	○	○		○	○	○	○	○			○	○	○	○	○	○	○	

⑵新旧氏族認定の仕方

つぎに新旧氏族の区分の仕方である。新は推古以後、旧は欽明以前。この区分は妥当か。先にふれたが、梅沢は、叙述（天皇）の順序を点（ある天皇）で区切り、応神以後はほぼ確実という津田左右吉流の紀の読解方法をうたがわなかった。応神に打点した理由の一つは、応神一五年に能《ク》読《ンダ》二経典《ヲ》一阿直伎、一六年に王仁が来て、文字が伝わったことがあった。表A、Bで欽明の上と推古の上とに二本の横線が引かれている。梅沢はこの理由として、欽明二年三月の帝紀系譜記事の注で、帝王本紀の名をあげて校訂のことをのべていること、推古二八年に天皇記、国記などを録したとあること、をあげている。それやこれやで、欽明以前が旧い氏、推古以後が新しい氏、となった。ふりかえってみると、紀の叙述の順序ラインのどこに打点するか、その理由に、応神、欽明、推古と、文字ないし文字記録の伝来、修史などがあげられているのに気づく。これも津田が応神で区切った理由と同じである。

叙述（巻数、天皇代、頁数）の順序の内に、なにがしかの理由をあげてある天皇に打点して、紀の叙述の真偽を区分けし、史実への画期を求める。江戸期の山片蟠桃、二〇世紀前半の津田左右吉（以上、打点は応神）同後半の井上光貞、岸俊男（以上、画期は雄略）とみな叙述の順で紀を読んできた。これに対し、紀を各級パートごとに作られた順序で紀を読むことを、私は提唱してきた（古代史と日本書紀—津田史学をこえて、一九九八年、＝本書後篇、および本書前篇四つ章）。紀のいちばん大きなパートは、作られた順でⅠⅡⅢ部となる。いちばん新しく作られたⅢ部は巻第十一（仁徳紀）から巻第十六（武烈紀）までである。梅沢の表A、Bで、旧（家）の活動歴は、履中（巻第十二）から欽明（巻第十九）にわたっているが、その大部分はⅢ部である。すなわち、梅沢が旧（家）とした氏族は、作られた順序ではいちばん新しいⅢ部で活躍し、新興氏族としたものはⅡ部（巻第十七～第三十）で活躍しているのだから、旧（家）よりは旧い氏族なのである。叙述の順序でなら梅沢氏族論は成り立つが、作られた順序でみれば、崩壊する。「事実」でなくなる。

古代氏族論は天武二巻から

表Bを見直すと、記にだけ出自録をもつ二三氏が、最下部の天武の代でじつに一九氏も記録されているのに気づく。これは、天武一三年一一月条の、前月に制定された八色の姓制の中で、実権を伴なう朝臣を賜姓された五二氏に含まれる一九氏である。出自記事でみる系図主義から自由になると、表Bは記よりも紀のもの（なにせ推古以後の活動歴は紀のものなのだから）にかわる。そして私は、古代氏族論は、天武二巻（巻第二八、第二九）から出発すべきだと考えている。

天武二巻の氏族記事の中で、もっとも注目すべきは賜姓記事である。周知の八色の姓制定に前後して、天武九年から一四年まで、まず⑴連の賜姓が、九年正月から一二年一〇月まで、六九氏にも達している。一年後の一三年一〇月に八色の姓の制度が公表され、同月に真人賜姓が一三氏、一一月に朝臣賜姓は五二氏、一二月には宿禰賜姓が五〇氏、少し間があって一四年六月に忌寸賜姓が一一氏。以上の總計はじつに一九五氏である。紀中、一つの巻に確実な記録史料としてこれだけの氏族数を揃えたのは、天武紀をのぞいて見当らない。

その中で実権をともなうカバネ朝臣を賜姓された五二氏から、若干の氏について検証してみよう。この五二氏の書き順が、完成した律令制下での身分序列に一致するほどではないにせよ、やはりなんらかの序列順を示していると思われる。五二氏の中の一位は大三輪氏である。

朝臣賜姓大三輪氏の大

大三輪はもと三輪である。巻第二八（壬申紀）の天武元年六月己丑（二九日）是日条に三輪君高市麻呂、同七月辛卯（三日）条に三輪君子首が記され、天武一三（六八四）年一一月戊辰（一日）条での朝臣賜姓記事では、三輪君が大三輪朝臣となり、持統六年三月戊辰（三日）条に中納言大三輪朝臣高市麻呂とみえる。六七二年の壬申の乱では三輪だったのが、六八四年では大三輪になっている。壬申の功賞で大三輪を許されたと推考する。五二氏中第二位の大春日氏も、この氏の壬申の乱での動向は不記だが、三輪とともに大を冠するのを許されたと思える。

このケースについて、一九九〇年刊、日本古代氏族人名辞典（坂本太郎、平野邦雄監修）の大神氏《おおみわうじ》の項は、たんに「氏名は三輪氏または大三輪とも書き」と素気ない。一九九四年刊、日本古代氏族人名辞典（佐伯有清編）の大春日の項（加藤謙吉）は、「氏名は初め春日であったが、朝臣賜姓以前に、その本宗の一族が大春日の氏名に改めた」とし、大神の項（高嶋弘志）も、「姓は君で三輪君と称していたが、天武朝に大三輪君と改称し」とし、さらに大中臣の項（高嶋）では、「大の字は大膳や大炊などと同様、天皇への奉仕を明示する冠辞とみるべきであろう」、と記している。

大中臣のケースは、続紀、神護景雲三（七六九）年六月乙卯（一九日）に、詔《シテ》曰《ク》、神語《かんごと》《ニ》有《リ》レ言《ウ》二大中臣《ト》一、而《シテ》中臣朝臣清麿《ハ》、両度任《ゼラレ》二神祇官《ニ》一、供奉《ニ》无《シ》レ失、是《ヲ》以《テ》賜二姓《ス》大中臣朝臣《ト》一、とあるものである。文からして賜姓されたのは大である。この大を大膳や大炊の大に充てることは無理であろう。大膳〔職〕は「朝廷の膳部」を掌り、内膳（司）は「天皇の膳部」を掌る（律令、日本思想大系3、職員令、補注39）。大膳の大は大極殿の大、内膳の内は内裏の内、すなわち大は表（朝廷）に出御した公的天皇とかかわり、内は（内）裏ないしは宮内に住まう私的天皇とかかわる用語である。その大と氏名の冠辞としての大とは別である。

一世紀ほど後代の大中臣と、いくらかの事情のちがいがあるかも知れないが、ヤマト盆地の東南の三輪と東北の春日とがそろって大を「賜姓」されたのは、やはり壬申の乱での功によるとしか考えられない。一つ章でのべたように中納言大三輪朝臣高市麻呂は、第一次伊勢神宮（多気大神宮）落成への持続の行幸に反対して、中納言を失脚した。続紀で復活するが、大神（続紀の書法）朝臣はひきつがれた。中納言（令外官・正四位上、成立は、慶雲二・七〇五年）は個人のものだが、氏名（姓）の大、氏のカバネ（姓）は氏への賜姓で世襲された。高市麻呂も氏に属していたから、たとえ官職が長門守、左京大夫であっても、大神朝臣高市麻呂として復活した。大神、大春日両氏は、続紀にも存続している。

松倉文比古説・大三輪は天武期

松倉文比古・御諸山と三輪山（日本書紀研究、第十三冊、一九八五年、所収）は、表題のように山名の異称について考察するのを主眼としているが、当然に三輪氏と大三輪氏と氏名のちがいについても考察している。三輪君から大三輪君に氏名が変化したのは天武朝以降で、「その際には壬申の乱における三輪高市麻呂をはじめとする、三輪氏の活動がなんらかの影響を与えた」とみ、そうであれば神功摂政前紀の大三輪社や釈紀所引の筑前国風土記逸文の大三輪神の「所伝の成立も、天武朝を中心とする時期である可能性（三二七頁）」がある、という。三輪君は人だから、神よりも人でみていく方がいい。人でみれば大三輪君は、⑴巻第一、第七段*（旧名宝剣出現章）第六の一書（文庫版㈠—一〇六頁）、⑵巻第八（仲哀紀）九年二月丁未（五日）（文庫版㈡—一三四頁）に出る。⑴は巻第一のほとんど末尾だが、オオナムチの幸魂奇魂が、吾欲㆑住㆓日本国之御諸山㆒、と言ったので、営㆓宮彼処㆒、使㆓就而居㆒、此大三輪之神也としたのち、此ノ神ノ子ガ則チ甘茂君等、大三輪君等、又姫蹈鞴五十鈴姫デアル、と書く。⑵は、巻末、仲哀の死を神功及大臣武内宿禰がかくし、中臣連、大三輪君、物部連、大伴連（以上、名を略）の四大夫に命じて宮中（橿日宮）を守らせた、という記述である。

⑴には日本という国号や、大三輪の姓、また神武后の名などがちりばめられている。巻第三以外でカンヤマトイワレヒコの名が登場するのは、巻第二八、壬申紀（文庫版㈤—一〇二頁）であり、それやこれやで⑴が天武期の一次本に属することは、うたがいがない。⑵では、叙述の順序でごく旧い「神代」や神武の巻の常連、中臣、物部、大伴とならんで、ごく新しい天武期の大三輪が、物部や大伴より先（つまり朝臣賜姓五二氏の筆頭で、物部より先なのと同じ）になっている。したがって松倉が、大三輪神の所伝の成立を天武期とみたのは、可能性をこえて、確実だったのである。つけくわえて、天武期の大三輪につづいて挙げられた物部、大伴もまた新興氏族だった可能性が高い。

紀Ⅰ部中の三輪君

大三輪はけりがついたから、三輪に移る。三輪君の初出は巻第五、崇神八年一二月条（文庫版㈠—二八四頁）、ついで巻第六、垂仁三年三月一云条（文庫版㈡—二二頁）である。崇神紀の冒頭

(四～八年) が一次本、二次本から成ることは、二つ章でみておいた (オオモノヌシをめぐって、一次本が四、七年、八年二月条と安天下を主題としていたのに、二次本は五、六、七年八月・一一月条で疫病話にふりかえていた)。八年条は、四月、一二月に (安天下が成って) 大神を祭ることが述べられている。この大神に四月条はオホミワ、一二月条ではオホミワノカミと傍訓し、前者に「これをオホミワと訓むのは、大三輪の神の意」(文庫版㈠―二八五頁、注二) と注している。神、人ともに大神、大三輪で、天武期一次本らしい。一二月条の末尾は、所謂大田々根子、今*三輪君等之始祖也である。

注 紀中の今については、梅沢伊勢三に一論がある (紀記批判、一九六二年、第四・五章、紀記の文章における「今」の分析 (一)(二))。この今は当該箇所の「筆録された時代を反映」(一九三頁) している。紀の巻第一、二 (いわゆる「神代」) だけでも一三箇所 (巻第一に七、第二に六)、また今の字を使わなくとも「それと全く性質を同じうする文章」(二〇〇頁) が、四二箇所 (巻第一に二四、第二に一八) ある。これらの文章は「その内容からみて」およそ三種に区分される。一は「氏族関係の記事」、二に「現存する氏族の出自や由来などを語っている文」、三諸現象の「縁起由来を述べている文」(二〇七頁) である。そこで紀中の今の分析とかかわらせて、梅沢は先述のような氏族論を展開している。右の一、氏族関係の記事で氏のカバネが天武一三年の八色の姓以前のものであるところから、これらの「文章の成立が天武一三年以前にあった」とし、さらに連賜姓が天武八年にさかのぼることから、今の時制もまた天武八年以前のことと、梅沢は考え、「驚くべき遡及といわねばならない」(二一〇～一一頁) という。しかしながら天武期の賜姓記事一九五のすべてにおいて、新カバネをうけた氏族 (連69、真人11、朝臣52、宿禰50、忌寸13) 名はすべて旧カバネで記録されている。朝臣を賜姓された筆頭は大三輪君で、二に大春日臣と列記されている。つまり紀作者は、天武八～一三 (六七九～六八四) 年以前の諸氏族の旧カバネを、ほかならぬ新カバネ賜姓記録で知ることができる。したがって「驚くべき遡及」などしなくとも、天武八～一三年以前の諸氏記事なら旧カバネ、以後なら新カバネと書き分けるのはたやすいことであった。

崇神八年一二月条は、神が大神《おほみわ》だから人も大三輪君と照応すべきところだが、大神の子オオタタネコは今の三輪君の始祖だと書かれている。これは前注末に述べたように、天武賜姓の時期（八〜一三年）以後は八色の姓にのっとり、それ以前は旧氏姓で記すというマニュアルに従って、（大三輪朝臣ではなく）三輪君と記されたのである。

ついで垂仁三年三月一云条。新羅王の子アマノヒボコが来帰したというので、天皇遣下三輪君祖大友主、与二倭直祖長尾市一於播磨上、とある。前代に始祖オオタタネコ、当代に祖オオトモヌシなら、オオタタネコ—オオトモヌシの系譜ができそうである。本一云は末尾に天日槍—但馬モロスク—但馬ヒナラキ—（但馬）清彦—田道間（但馬）守という但馬の縦系譜を記している。しかし三輪について縦系譜を記すのは思案の外、無記である。この一云は、文中に日本国有二聖皇一の句があり、また全文が新羅との交渉の親密さを示すなど、天武期の時代色を示している。それ故、初出のさい同様、三輪君よりも大三輪君の方が相応と思われるが、マニュアルどおりに三輪君と記された。以上二つが、Ⅰ部巻第五崇神・巻第六垂仁条での三輪氏関係記事である。

Ⅲ部の三輪氏関係記事　つぎにⅢ部での三輪氏関係記事をさがすと、巻第十四・雄略条、即位前記（安康三年一〇月是月、文庫版㈢—二二頁）に三輪君身狭が名だけで出る。また同一四年三月（文庫版㈢—七四頁）に大三輪神が名だけで出ている。人が三輪君と表記されているのは、Ⅰ部と同じ事情だが、神名が大三輪なのは、Ⅲ部がやはりⅡ部よりも後に作られたことを示していよう。大三輪（之）神の表記は二度で、一度はⅠ部巻第一*・第七段第六の一書（文庫版、㈠—一〇六頁）で、二度がここ（文庫版、㈢—七頁）である。Ⅲ部はこれだけだ。

Ⅱ部ではソガ王朝期（欽明〜皇極）に、敏達の死後、后推古を奸そうとする穴穂部皇子を拒ごうとしたが、殺されてしまう三輪君逆（敏達一四年八月、㈣—四八頁・用明即位前紀、㈣—五四〜八頁）、逆の所在を密告した同白堤・横山（㈣

—五六頁）、采女を奸した罪の推鞠《すいきく》を苦に自死した同小鵜鶏（舒明八年三月、㈣—一七六頁）、山背大兄に従った同文屋の名（皇極二年一一月、㈣—二〇八〜一一頁）がある。これらお話しと別に、さしあたり二つ、気になる件がある。一つは、三輪君逆の名が初出する八月条の直前、敏達一四年六月条末尾の注、或本云である。或本云、物部弓削守屋大連・大三輪逆君・中臣磐余連、倶謀レ滅二仏法一、とある。敏達紀後半（一〇〜一四年）は、次のような構成をもつ。

1（一〇年二月）蝦夷数千が辺境を寇《おか》したので、魁帥綾糟らを召し「景行の世に殺すべきは殺し原《ゆる》すべきは赦した、その前例に遵い元悪を殺す」と詔した。恐懼した綾糟らは泊瀬川の中に下り、三諸岳に面し、子子孫孫まで清明の心で天闕に奉事《（仕）》する」と盟った。

2（一一年一〇月）九年六月条と重出記事。

3（一二年七月）詔して「亡父欽明の新羅が滅した任那を復興しようとの志を助けたい。ついては、朕は百済にいる日羅と相計りたい。」（出した使者が一〇月に還って、百済王が日羅を惜しみ来日をゆるさない、といった。）

4（是歳）長い長い日羅の物語り。省略。

5（一三年九月）名なしの鹿深臣・佐伯連が弥勒石像をもち来《かえ》った。

6（一三年是歳）蘇我馬子宿禰の仏法之初、自レ兹而作の記事。

7（一四年二・三・六月）いわゆる崇仏排仏の争い。

8（同八月）敏達が死に、馬子宿禰大臣と物部弓削守屋大臣の二臣、微生二怨恨一。敏達の寵臣（用明元年五月末の注）三輪君逆が殯庭を隼人に相距《ふせ》（防）がせた。穴穂部皇子が天下を取ろうとした。

右の7崇仏排仏の争いの条で、本文は蘇我大臣馬子宿禰対物部弓削守屋大連・中臣勝海大夫（氏姓、官職の記し方が不揃い）としているのに、或本云は排仏派を三人にふやし、物部弓削守屋大連・大三輪逆君・中臣磐余連としている。大三輪逆君はなぜ排仏派に入れられたのであろうか。

先掲の1〜8をみていくと、1で三諸岳が記されている。大系本頭注はこれを三輪山とするが、綾糟らは三諸岳＝オオモノヌシ神に向って盟ったのに、もし盟を違えたなら「天地諸神及天皇霊」が蝦夷族を断絶するだろう、とオオモノヌシではなく筋違いからの処罰を語るおかしな文に堕している。これをまじめに取って三輪山を天皇霊の宿る山などとするのは、これまたおかしな読みというほかはない。（天武以後の）大三輪が敏達末年（一四年六月）の注に入りこみ、これを梃子に同年八月、（大抜きの）三輪君逆が本文に登場し、用明元年五月には皇后炊屋姫を守って皇子穴穂部に追われ、三諸岳に隠れたが、なんと排仏三人衆だった大連物部守屋に、二人の子ども斬殺されてしまう。すなわち敏達紀の三輪記事は錯雑している。このあとの三輪君は、舒明、皇極、孝徳、天智四代に六人の個人の名が出るが、そのすべてに大系本は「他に見えず」と注している。

いくらかの徒労感で結論づけると、Ⅰ部、Ⅲ部、Ⅱ部の天智紀まで、三輪氏関係の記事にはなんの史実性も見出せない。紀の記述の様態からすれば、三輪君が確実に歴史に登場したのは、天武元年六月是日（二九日、文庫版(五)—九〇頁）、三輪君高市麻呂が、鴨君蝦夷らと大伴連吹負の麾下に会したときである。このときの壬申の功で三輪君は大三輪君となり、朝臣賜姓の第一等に位した。もとより紀の記述以前から三輪君は実在し、大和の古代豪族の中では世家として存続してきたであろうことは、うたがえない。しかし紀のⅠⅡⅢ部が記している三輪君の動勢は、文献批判にたえない虚事でしかない。これを要するに、世家三輪君が天皇王朝の政権中枢に坐したのは、壬申の功者、三輪君高市麻呂以後であり、その意味で三輪氏は新興氏族というべき存在であった。

飛鳥時代、新興氏族が多い

天武一三年一一月に、朝臣を賜姓された五二の氏で、Ⅰ部に記事をもつのは一七氏、Ⅲ部にもつのが一五氏、内、ⅠⅢの両部に記事をもつ氏は七氏（大三輪、膳、物部、中臣、上毛野、下毛野、笠）

である。逆にII部にしか記事をもたない氏は二七もあり、内、II部でも天武、天武・持統にしか記事がない氏は、それぞれ一六、六氏もある。（老来、この種の単純作業が不得手になり数えちがいなどが多くなっている乞再検。）氏族の飛鳥時代の傾向として、新興氏族が多いことはたしかである。この傾向は天皇王朝（始祖孝徳以後）の新しさ、加えて壬申の乱の帰趨と見合っての事と判断される。

中臣・大伴・物部も新興氏族か

そこで大三輪の他、中臣、大伴、物部氏をみておこう。神武以来の世家と評判の三氏を、歴史の相の下に検証することは、古代氏族論に役立つと思われる。前から気にしているのだが、中臣、大伴、物部三氏は、神武紀中、ともに中臣氏、大伴氏、物部氏と書かれている。

1 （巻第三、神武即位前紀甲寅年一〇月）天種子命、是中臣氏之遠祖也

2 （同巻、戊午年六月）是時、大伴氏之遠祖日臣命、帥二大来目一

3 （同巻、同年一二月）此物部氏之遠祖也

4 （同巻、辛酉年正月庚申朔）大伴氏之遠祖道臣命、帥二大来目部一

注 巻第三でいちばん先に始祖とされたのはシイネツヒコで、倭直部の始祖とされている。部が等の意（文庫版、㈠―二〇三頁、頭注四）とすれば、倭直等の始祖である。シイネツヒコにつぐのが1の天種子命（アマノタネ）だが、これが中臣氏の遠祖とされている。（文庫版㈠―二〇二頁）。巻第三以外で某氏と書かれたのは次の一〇氏である。括弧内は巻数。物部氏（5）、三尾氏、阿倍氏、穂積氏、尾張氏（以上7）山部連氏、狭岐山君氏（15）、東漢氏（19）、蘇我氏（23）、阿倍氏（24）、藤原氏（27）。

氏姓《うじかばね》の語の初出（叙述の順）は巻第十三・允恭紀（四年九月己丑、文庫版㈡―三二四頁）で、「盟神探湯によって、氏姓

の秩序を正した話」（大系本注）の中である。作られた順序では巻第十三はⅢ部で、いちばん後に作られた部だから、氏姓の乱れを正す話は、紀制作の後半の段階（おそらくは平城遷都以降）にふさわしいことであったろう。「氏姓の秩序」、天皇による氏姓の格付けは、天智三年（六六四）二月丁亥（九日）の大氏、小氏、伴造の氏上（ここが初出）を定めたことから、天武一三年（六八四）一〇月己卯（一日）の八色の姓制定にかけて、整備された。本章冒頭にみた許勢男人がじつは雀部男人だったとは、上述のとおり、まさしく紀の氏姓秩序を乱したものであった。氏ないし氏姓が意識されだしたのは、天智～天武以後のこととみなされる。紀区分論で、巻第三（神武）と第七（景行）と第二九（天武）とは、「互いに似た傾向をもつグループの組み合わせ」（大系本解説、文庫版㈤—五二三頁）の一つである。その巻の第三に中臣、大伴、物部「氏の遠祖」が、そして巻第七に物部、三尾、阿倍、穂積、尾張と五氏もが出てくるのは、興味ぶかい史料事実といわねばならない。

気付いてみると、大伴、物部、中臣と三氏をそろえ、それに、場合によっては、（大）三輪氏を加える書き方があちこちに見受けられる。その第一が上引の巻第三での中臣、大伴、物部氏之遠祖という形であり、第二は先に大三輪君を検出したさいにふれた、巻第八の巻末（文庫版㈡—一三四頁）で、四大夫として中臣、大三輪、物部、大伴があげられ、第三に巻第二十の敏達一四年六月条或本（文庫版㈣—四八頁）で、物部、大三輪、中臣が倶謀レ滅二仏法一とある。従来観で古さも古い大伴、物部、中臣の三氏が、これまた古く装われはしたがその実まったくの新興氏族（とここまでの論述で判明した）大三輪氏とともにある。大三輪が新興氏族であるなら、あるいは中臣、大伴、物部の三氏もまた新興氏族ではなかったのか。そういう含みもこめて、以下、この三氏を大三輪同様に解析し、天武期の朝臣賜姓五二氏の性格を判断したい。

大三輪をいれた四氏分布表

まず大三輪をいれて中臣・大伴・物部の四氏が紀の中にどのように分布しているのかを四〇三頁に表で示すことにする。作られた順序でのⅠⅡⅢ部を、習慣的に分り易いようにⅠⅢⅡの叙述順に直し、各部を構成的にａｂ…ｅに分割して、それぞれに各氏の氏名、個人名があるばあい、〇印をいれている。Ｉ部でａは巻第一・二（いわゆる「神代」）、ｂが巻第三（神武紀）、ｃ巻第四（欠史八代）、ｄ巻第五・六（崇神・垂仁）、ｅ巻第七・八・九・十（景行・仲哀・神功・応神）。Ⅲ部ではａが巻第十一・十二・十三（仁徳・履中・反正・允恭）、ｂが巻第十四（雄略）、ｃは巻第十五・十六（清寧・顕宗・仁賢・武烈）。Ⅱ部でａは巻第十七・十八（継体・安閑・宣化）、ｂが巻第十九・二十・二一・二二・二三・二四（欽明・敏達・用明・崇峻・推古・舒明・皇極）、ｃが巻第二五・二六・二七（孝徳・斉明・天智）、ｄ巻第二八・二九・三十（天武・持統）。

これをやや内容的にいうなら、私の見るところ次のようになる。

Ｉ

ａ。いわゆる「神代」だが、巻第一は高天原「神話」、第二が天孫降臨「神話」を軸とする日本流の政治「哲学」。日本版の三皇五帝紀。タカミムスヒを主とする天武期の一次本と、アマテラスを主とする持統紀の二次本などから成り立っている。

ｂ。巻第三（神武）。いわゆる「皇代」のはじまり（敗戦で昭和天皇が人間宣言をしたから人代というべきだろうが、じっさいのところ「神代」と「皇代」とのしきりはない）。ｃを合せて日本版「夏」王朝の如きもの。

ｃ。巻第四。いわゆる「欠史八代」

ｄ。巻第五・六（崇神、垂仁）。合せてアマテラスを祀る伊勢神宮の創始を述べている。（その実、持統三年八月のアマテラスの誕生と同六年三月の第一次伊勢神宮・多気大神宮の創立を証している―二つ章。）

ｅ。巻第七・八・九・一〇（景行・成務・仲哀・神功・応神）合せてニニギ、カシツヒメ、ヒコホホデミによる倭国創世史を、日本国史（すなわち日本紀）に書き替え、熊襲（筑紫）から蝦夷（陸奥）までが天皇王朝に服従しただ

	I　部					III　部			II　部			
	a	b	c	d	e	a	b	c	a	b	c	d
物　部		○		○	○	○	○	○	○	○	○	○
大　伴	○	○		○	○	○	○	○	○	○	○	○
中　臣	○	○		○	○	○				○	○	○
大三輪	○			○	○		○			○	○	○

けでなく、百済記（神功・応神紀）を利用して海外の官家まで服従した、との虚構が作られた。

III

a。巻第十一・二・三（仁徳、履中・反正、允恭・安康）。聖帝仁徳とその三子、一孫（次の雄略をいれて二孫）。

b。巻第十四（雄略）。この巻は、(イ)二年七月、十月（文庫版(三)―二八～三二頁）の大悪天皇と(ロ)四年二月（同三四頁）の有徳天皇以後とがある。前者は聖帝に始まり暴虐の天子で終る中国史書に倣い、III部をここで終える予定だったが、Ic同様に天皇の淵源をはるかに遡らせるため、IIIにもcの各天皇を架上した。それで二年に大悪の天皇を記すと、四年に有徳天皇を出して二年までを否定し、以下かなり長い雄略紀が作られたようにみえる。（有徳の四年二月条は、天皇射二猟於葛城山一とはじまる。一年後の五年二月条もまた、天皇狡二猟于葛城山一とはじまる。おそらく五年二月条は二年七・十月の大悪天皇の条に次比していたが、いそぎ大悪を否定して有徳天皇にかえるため、四年二月条を次比させた。このため四年二月、五年三月とがほとんど同じ文の書き出しになった。もともとの(イ)がどこまでで、(ロ)はどこからなのか、いまの私には復元できていない。ほんらいならIIIのa、b、cは、大悪天皇までをa、有徳天皇以下をbとすべきだが、右の理由で、目下は雄略紀をそのままbとし、a、b、cの三区分にしてある。）

c。巻第十五、六（清寧・顕宗・仁賢、武烈）。Ｉｃと同じ架上部分。

II

a。巻第十七、八（継体、安閑・宣化）。継体はＩｅの巻第十（応神）につなげて記されたが、安閑、宣化はＩｃ、IIIｃと同様、歴代の架上でつくられた。

b。巻第十九、二十、二一、二二、二三、二四（欽明、敏達、用明・崇峻、推古、舒明、皇極）。ここはソガ王朝四代の巻々で、第一代の稲目が巻第十九、二代馬子は巻第二十〜巻第二一、三代蝦夷が巻第二三、四代入鹿が巻第二四に、だいたい照応している。

c。巻第二五、六、七（孝徳、斉明、天智）。天皇王朝への王朝交替と、権力内抗争。孝徳が敗れて斉明・天智の母子政権が勝つ。

d。巻第二八、九、三十（壬申の内乱、天武、持統）。壬申の内乱の勝者と、それによる律令制、日本紀修史の歩み。

右のＩIIIIIは作られた順序を示すが、ａｂ…は叙述の順序で並べている。ａｂ…の順が作られた順でどう並べかえられるか。またたとえばＩｅ、IIｄ、IIIａの作られた順はどうか。これらを解くのに私の生涯で残す時間は不足である。したがって先表には心許ないところがあるけれども、しかし氏族論を叙述の順でみている慣性を改めるのに、若干の効用はあるだろう。

ざっと見てわかること　先表をざっと見ても、いくつかのことがおおざっぱにわかってくる。㈠、大伴、物部はＩａからIIｄまですべてに書きこまれている。（Ｉｃには四氏すべてがない。Ｉｃの欠史八代は氏族論とはかかわりがない巻だが、武内宿禰はこの中にある）。㈡、物部がＩａに出ずＩｂから出ることは、氏族論からみて「神代」「皇代」の区切りがないことを、示している。（「神代」は神代ではなく、「皇代」は皇代ではない）。㈢、Ｉd（崇神・垂仁）Ｉe（景行～応神）、Ⅱb（欽明～皇極）、Ⅱc（孝徳～天智）、Ⅱd（天武・持統）の五か所に、物部、大伴、中臣、大三輪が四氏そろって出ているのは、この五か所がいずれも天武・持統期圏内にあり、四氏とも新興氏族（世家ではない）であることを、示している。㈣、紀そのものが上古いらいの世家としている大伴、物部はべつとして、中臣、大三輪がⅢ部に薄くしか出ないのに注意したい。次に一つ一つを見ていこう。

Ｉ部での四氏の姿

Ｉa。物部は出ない。第八段*（天孫降臨）第一の一書に中臣〔カバネなし〕上祖天児屋命。第四の一書に大伴連遠祖天忍日命。（第七段*第六の一書に大三輪君等が大三輪の神の子）。

Ｉb。（先述のように）巻第三・神武即位前紀で甲寅年一〇月条に中臣氏之遠祖（天種子命）。戊午年六月条に大伴氏之遠祖（日臣命、辛酉年正月条で道臣命）。戊午年一二月条に物部氏之遠祖（饒速日命）。

なおＩaで大伴連遠祖天忍日命、帥二来目部遠祖天槵津大来目一、Ｉbで大伴氏之遠祖日臣命、帥二大来目一、とほとんど同文で書かれている。いわゆる重出記事に近い。

Ｉd。巻第六。垂仁二五年二月条（文庫版㈡—三八頁）に五大夫として、阿倍臣遠祖武渟川別、和珥臣遠祖彦国葺（巻第四・開化六年正月条に和珥臣遠祖姥津命）、中臣連遠祖大鹿嶋、物部連遠祖十千根（二六年八月条に物部十千根大連とあり、大連の初見、また巻第五・崇神即位前紀に物部氏遠祖大綜麻杵、同七年八月条に物部連祖伊香色雄）、大伴連遠祖武日。なお巻第五・崇神八年一二月条に、大田田根子、今三輪君等之始祖也。巻第六・垂仁三年三月一云（文庫版㈡—二二頁）に、三輪君祖大友主（次Ｉeに掲げるが、巻第八・仲哀九年二月条に大三輪大友主君）とみえる。

Ｉe。巻第八・仲哀九年二月条（文庫版㈡—一三四頁）。四大夫として中臣烏賊津連、大三輪大友主君、物部胆咋連、大伴武以連。ｄでみたように大友主が三輪君祖とされていたのだから、他も祖的な存在とみなしてもいいだろう。

Ⅰ部の中臣

右のようなⅠ部での四氏の記述をみると、すべて遠祖ないし祖とされているものばかりである。中臣〔無姓〕上祖天児屋命（Ⅰa）は、アマテラスの命でニニギ五部神の一として、筑紫の日向（現、福岡市西区吉武）に到った。つぎに中臣氏之遠祖天種子命（Ⅰb）は、侍臣としてカンヤマトイワレヒコ東征の伴をし、筑紫国菟狭で土地神ウサツヒメを賜妻された。中臣の始祖は筑紫の出である。ところが、中臣連遠祖大鹿嶋（Ⅰd）は、その名からして「常陸の鹿島に関係ある名か」と大系本頭注がいうように、一転して東国は常陸の出。

Ⅰ部の物部は石上系祖

同じように物部をみよう。物部がⅠaに祖先記事をもたないのは、一にⅠb（巻第三）で、物部氏之遠祖ニギハヤヒ自身が（天皇家先祖同様に）自レ天降者だと、神武自身もみとめていた（文庫版㈠―二三四、四八八頁）ことにしたからである。（巻第一、第二は天皇氏之遠祖ニニギが天降る筋をたどっているから、巻第三に別立てとしたのである。）Ⅰdに記しておいたように、⑴物部の始祖はニギハヤヒとして、他に遠祖が複数記されている。⑵崇神即位前紀には物部氏遠祖オオヘソキ、⑶同七年八月条には物部連祖イカガシコオ、⑷垂仁二五年二月条には物部連遠祖十千根。これもⅠdに記したように、⑷の翌年に、十千根は物部十千根大連として神宝を校定し、八七年二月には、（垂仁の女）大中姫から天神庫《あまのほくら》の管理を譲られ、故物部連等、至二于今一治二石上神宝一、是其縁也とあり、十千根が石上系の物部の遠祖であることがわかる。十千根のばあいも、天皇氏の大中姫から、石上物部氏系に神宝庫（兵庫）の管理が譲られ、⑴と似た、別氏だが同じ天降りをしたという構想をひきついでいる。このことから、Ⅰ部の物部氏遠祖たちはみな石上系物部氏の遠祖と判断できよう。

Ⅲ部の大連系物部氏

これに対し、Ⅲ部の物部は大連系の物部氏である。Ⅲ部物部の⑴は、巻第十二・履中二年一〇月条（文庫版㈡―二九二頁）、当二是時一、平群木菟宿禰、蘇賀満智宿禰、物部伊莒弗大連、圓大使主、共執二国事一、と出るイコフツで、初めから大連である。（つづいて三年一一月条に物部長真胆連が出るが、すぐさま稚桜部造に本姓を改めたとあるので除外する。）ついで⑵巻第十四・雄略即位前紀末の（安康三年一一月条、文庫版㈢―三四頁）物部連目である。天皇命二有司一、設二壇於泊瀬朝倉一、即二天皇位一。遂定レ宮焉。以二平群臣真鳥一為二大臣一、以二大伴連室屋、物部連目一為二大連一。すぐに元年三月条の立后記事に続いている。以下の行論に必要な一覧を表示しておく。

すでに四つ章で述べたことだが、雄略から崇峻までをかつて大臣・大連の共治制があったかのように説かれたことがある。これについては食本一宏が、つづいて遠山美都男が批判し、とくに大連に否定的であり、大臣についても蘇我氏だけが大臣で、平群臣真鳥、許勢男人大臣は実在しなかった、と結論した。これに賛成だが、私は、大

職事／天皇	大　　連	大　　臣
雄略	大伴連室屋 物部連目	平群臣真鳥
清寧	大伴室屋大連	平群真鳥大臣
顕宗	大　連	大　臣
仁賢	大伴室屋大連 大伴金村大連	
武烈	物部麁鹿火大連	大臣平群真鳥臣
継体	大伴金村大連 物部麁鹿火大連	許勢男人大臣
安閑	大伴大連 物部麁鹿火大連	許勢男人大臣
宣化	大伴金村大連 物部麁鹿火大連	蘇我稲目宿禰
欽明	大伴金村大連 物部尾輿大連	蘇我稲目宿禰大臣
敏達	物部弓削守屋大連	蘇我大臣馬子宿禰
用明	物部弓削守屋大連	蘇我馬子宿禰大臣
崇峻	物部守屋大連	蘇我馬子宿禰
推古		大臣馬子宿禰
舒明		蘇我蝦夷大臣
皇極		蘇我大臣蝦夷
孝徳	右大臣　蘇我倉山田石川麻呂臣	左大臣 阿倍内麻呂臣

臣・大連という官職がなぜ成立（現実にではなく、紀の叙述の中で）したのかを考えた。結果は、紀の中の即位記事について二つのパターンがあり、一つは後漢書・明帝紀型（イ即位記事、ロ先帝の后を皇太后にする記事）、もう一つが史記・漢書型で、イ即位、ロ職位、ハ立后の三記事からなるが、この後者が雄略から崇峻まで踏襲されていて、大臣・大連の任命はロの職事記事に相当のものとして作られた、というところへ帰着した。つけ加えると、史記・漢書型の即位記事をもつ巻第十四（雄略紀）から巻第二一（用明・崇峻紀）までは、森博達のいうα群に属している。

神武以来の大氏物部像

Ⅲ部の大連系物部氏は、大臣・大連制のない履中紀（文庫版(二)―二九二頁）から物部伊莒弗大連と書かれ、崇峻紀の物部弓削守屋大連が、蘇我馬子宿禰に攻め滅ぼされて消滅した。Ⅰ部の遠祖系物部氏が。物部十千根大連によって一方では石上物部氏系につながり、他方Ⅲ部の大連系物部氏ともつながり、こうしてめでたくⅠⅢⅡ部の物部氏がすべてつながり、神武以来の大氏伝説ができあがる。じっさいは、(1)Ⅰ部の遠祖系物部氏、(2)Ⅲ部の大連系物部氏、(3)Ⅱ部の石上系物部氏は、それぞれ別で、実在したのは(3)だけの新興氏族で、物部連麻呂は左大臣石上朝臣麻呂として、右大臣藤原（中臣）朝臣史とともに、律令・日本紀作成の政権中枢に坐し、紀全体を通じて神武以来の大氏物語像を作りあげた。通説はその跡をたどり神武以来、万世一系の物部氏像を描くに止まっている。

注　佐伯有清編『日本古代氏族事典』（一九九四年）の物部の項（高嶋弘志）は「氏族の定義的説明」（佐伯・はしがき）として、こう書く。「饒速日命を祖とする氏族で、大伴氏とともに大和朝廷の軍事権を管掌し、各地に設定された物部を率い、内外の征討に将軍として功業を示した」。なぜこう定義できるのか。先行する坂本太郎・平野邦雄監修『日本古代氏族人名辞典』（一九九〇年）の物部氏の項に、「大化前代においても日本書紀雄略七年条などに、軍事・刑罰に当たったことがみえる。物部氏は伴造として物部を率い、大伴氏と並んで大和政権の軍事を担当した」とある。雄略七年（八月）条には、吉備下道臣前津屋が天皇に无礼な事を行ったので、天皇が遣二物部兵士卅人一、誅二殺前津屋幷族七十人一とあるだけで、そこから「政権の軍事を担当」したとか「大和朝廷の軍事権を管掌」したとはとても言えない。事典・物部は、崇峻即位前紀の物部弓削大連守屋の渋河家から、通史的物部の「本拠は河内国渋川郡（大阪府八尾市付近）を中心とする地域であろう」とし、すぐつづけて朝臣を賜姓された後、物部「本宗家は石上朝臣を称した。大和国山辺郡（奈良県天理市）の石上神社は物部氏の氏社」だという。本拠が渋河で氏社が石上というのも妙だが、辞典・物部氏も「本拠は河内国渋川郡（大阪府八尾市・東大阪市・大阪市の各一部）の付近」としていた。

先の一覧表で、欽明～皇極の間は、ソガ氏が大臣である。大連は虚構で、大臣も実在したのはソガ氏だけとなれば、八つ章で述べたように、この間はソガ王朝である。欽明～皇極の天皇、雄略～崇峻の間の大連、大伴・物部両氏は、いわばソガ王朝の実在を覆蔽するはたらきをしたともいえよう（他方、大伴室屋や物部麁鹿火は、挿入されたⅢ部の末、武烈とⅡ部の初め継体とを結ぶ役割も果たしている）。

Ⅱ部の石上系物部

ともあれⅡ部の石上系物部が、紀中では唯一の実在した物部氏である。物部連麻呂は、しかしながら近江朝廷側の、それも大友側近の人物であった。㈠天武元年七月辛亥（二二日）、瀬田大橋の合戦で近江朝廷軍は敗走し、大友皇子《ヤ》、左右《ノ》大臣等《ハ》、僅《カニ》身《ヲ》免《はなッテ》以逃《ゲタ》之…大友皇子《ハ》、走《にゲテ》無《カッ》レ所《タ》レ入《ガル》、乃《チ》隠《レテ》二山前《ニ》一、以自《カラ》縊《レタ》焉、左右《ノ》大臣《ト》及群臣《ハ》皆散亡《シ》、唯《ダ》物部《ノ》連麻呂、且《ハ》一二《ノ》舎人《ガ》従《ッテイタ》之。麻呂はここが初出である。次に㈡同月乙卯（二六日）、天武側の将軍等《ガ》向《ッタ》二於不破《ノ》宮《ニ》（内乱中、天武はここにいた）一、因《ッテ》以捧《ゲ》二大友《ノ》皇子《ノ》頭《ヲ》一、而献《ジタ》二于宮前《ニ》一。㈠と㈡の間はわずかに四日である。大友は一旦西へ逃れたがもどって山背の山前（崎）に隠れた。伴するのは、名ある者としては物部連麻呂一人、他に大友の舎人か麻呂の舎人かが一、二人。三、四人の少人数で唯一人、大友が自縊した。或は麻呂が殺したか（始祖ニギハヤヒは妻の兄ナガスネヒコを裏切って殺し神武に服している）。その首が四日の短時日で、天武側将軍の手に渡り、不破の軍営で首実検された。この功なしに、近江朝廷側の麻呂が天武期に法官の長、持統・文武政権で右大臣（和銅元年三月に左大臣）にまでなることはできなかったろう。

もう一つの「大氏」、大伴氏へ移ろう。Ｉａに大伴連遠祖天忍日命、Ｉｂに大伴氏之遠祖日臣命（辛酉年正月条で道臣命と名が変る）、Ｉｄでは大伴連遠祖武日、Ｉｅで大伴連武以と、Ｉ部では、大伴氏のばあいも、物部氏と同じように、遠祖系大伴氏の色が濃い。

Ｉ部の大伴は遠祖系

Ⅲ部大伴は大連系

Ⅲ部ではどうか。この部での大伴を代表するのは、室屋と金村の二人である。室屋は允恭一一年に初出するが、衣通郎女の話の中でのこと故、史実を問う気もおこらぬ。先の一覧表の最上段で大臣に平群臣真鳥、大連に大伴室屋・物部連目とあるのが、まじめな初出。雄略即位前紀の末尾だが、この前後はまた上述の史記・漢書型の即位記事（即位、職位、立后）の初出でもある。つまりは典型的な造作記事である。このあと室屋は清寧・顕宗・武烈（以上Ⅲ部末尾）・継体（Ⅱ部初頭）と続き、物部連麁鹿火（武烈〜宣化）とともに、挿入されたⅢ部の末尾からⅡ部冒頭にわたって活躍した形をととのえ、叙述の順に直して狂いがないというか、不自然でない様態をつくったのである。室屋一人ではやや不安、あるいはⅡ部での時が短すぎるので、孫の大伴金村大連（武烈即位前紀から欽明まで）と抱き合せにしている。Ⅲ部大伴氏もまた物部同様、大連系大伴氏として、誇大な氏族像を描いている。

ところが前掲の事典で、大伴の項（平野友彦）をみると、史実として「大伴氏の台頭は五世紀後半と考えられている」とし、「この時期に当たる雄略朝に、大伴氏のうち実在した最初の人物とされる室屋が大連となっていることを関連づけて推定されている」「その孫の金村（談の子）は専権を振るった大臣平群氏を滅したのち、武烈から欽明まで五代の大連を務め、その間、越前から継体天皇を迎えたほか、役丁の徴発、屯倉の設置にも係わるなどして勢力を伸ばし、朝廷内に確固たる地位を築いた」と記す。先行する辞典もほぼ同じで、「大伴連室屋が雄略朝に初めて大連に任命され、その孫金村が武烈・継体・安閑・宣化朝の大連を歴任した頃、すなわち五世紀末から六世紀前半の頃までが大伴氏の全盛時代であった」。さらに先行の国史大辞典2（一九八〇年）の大伴氏の項（直木孝次郎）も、「允恭朝以降にみえる室屋からが実在の人物であろう。……大伴氏は金村のときもっとも栄えた」と書いている。

大伴連咋

Ⅲ部の大連系大伴氏と、Ⅱ部の壬申乱後の大伴氏とを、紀は、大伴連咋（紀ははじめ囓、のち咋と書く）と同長徳（あるいは馬飼）との二人でつないでいる。そこでこの二人を検討してみよう。咋は金村の子とされている。巻第二一・崇峻即位前紀（用明二年七月）では、蘇我馬子が物部守屋を討つ軍勢に加わっている。⑴四年一一月壬午（四日）条、差《つかわ》シ二紀ノ男麻呂ノ宿禰、巨勢ノ猿ノ臣、大伴ノ囓ノ連、葛城ノ烏奈良ノ臣一ヲ、為タ二大将軍一ト、率《ひき》イ二氏々ノ臣連一ヲ、為二裨将ノ部隊一、領《ひき》イ二二万余ノ軍一ヲ、出テ二居タ筑紫一ニ、遣シ二吉士ノ金ヲ於新羅一ニ、遣シ二吉士ノ木蓮子ヲ於任那一ニ、問ウタ二任那ノ事一ヲ。巻第二二・推古九年三月、咋は高麗に使し、急二救任那一との勅を伝えた。⑵同一六年八月朔癸卯、唐客の裴世清がもたらした皇帝の書を受け、大門の前の机上に置いて、この旨を奏した。同一八年一〇月丙申（八日）、新羅・任那の使者が上京し、南門から庭中に入ったのを、大伴咋連、蘇我豊浦蝦夷臣らが先導した。

咋については論点が⑴⑵二つある。⑴は任那問題。六世紀末から七世紀初にかけて、ヤマト王権が任那（つまりは伽耶）に支配権をもち、日本府なる出先機関を置き、新羅、百済、ひいては高麗（神功以来の内官家）に天皇の命令を与えたというのは、紀の作った大きな虚構の一つである。咋の時代でいえば、欽明が皇太子（敏達）の手を執って、汝ハ須シ下打チ二新羅一ヲ、封中建ス任那上ヲ、と遺言した。このためその子供たち（敏達、用明、崇峻、推古）は、思い出したように任那復興と、その前提になる新羅征討を意図する。思い立ちはするが、元来が虚構なので、実現したためしがない。ここ⑴でも二万余の大軍で出かけたが、それだけのことでどうなったのかはナシノツブテである。

⑵は隋使（紀流では唐客）裴世清にかかわる。隋書に、大業四年（六〇八）、煬帝が文林郎裴世清を倭国に遣使した、とあるから、裴世清のことは史実である。また紀の作者は、推古一六年八月癸酉朔条（文庫版四―一三〇頁）に、高麗使が、隋ノ煬帝ガ、興二シ卅万ノ衆一ヲ、攻レメタ我ヲ、と言ったことを記しているから、紀作者（巻第二二はβ群）は隋を知っていた。それなのに隋使、遣隋使を唐客、遣唐使としたのは、この辺のことを記したのが、圧倒的な唐の制度文物の影響下にあった時代で、わずか三七年の存亡しかない隋など、大唐に呑みこまれたせいだろう。史実にもどれば、しかしながら、列島上、隋と交流したのは倭国である。大系本頭注はここで隋書、倭国伝をひき、大業三（六〇七）年、其王多利思比孤、遣レシ使ヲ朝貢シタ、をひき、さも一五年七月条が史実であるかのようにしている。隋書の記事と紀の記事とは合うのか。否である。引用より前、開皇二十年（六〇〇）条に、隋書倭国伝は、倭王、姓は阿毎、字は多利思比孤……王妻は雞弥と号し、太子は名づけて利歌弥多弗利とする、と書く。このとき倭王は男性で妻と子がいた。同じ六〇七年、推古は女性である。そして隋書は書く。明年（大業四年、六〇八年、推古一六年）、上（煬帝）、文林郎裴清を倭国に遣使す、と。紀は書く。推古一六年（六〇八）八月、唐客、使主裴世清、京に入る、と。年は合っている。合わないのは男女のちがいと倭国の二点である。

中国史書は、旧唐書だけが日本列島上に倭国、日本国の二国を記している。旧唐書倭国まで漢書以来、列島上はつねに倭国。旧唐書の前の隋書では、倭国に阿蘇山ありと明記している。そして旧唐書日本国以降は、すべて日本国（ただし日本国の東界、北界は大山（中部地方）有りて限りを為し、山外は則ち毛人国なり、とあるから、げんみつに列島上、西から倭国、日本国、毛人国と三つあったことになる。）すなわち倭国は九州に所在したし、「日本国は旧《もと》小国、倭国の地を併せたり」と旧唐書が書くのは、天智二年の白村江での唐軍との戦いで倭国が敗れ、ひいて国勢衰亡、日本国が併合したからである。

さて、大伴連咋にもどる。⑴の任那問題、⑵の隋使の倭国派遣問題、ともに日本国とは無縁ということになれば、紀の中の咋の存在理由はなくなる。「金村の子、磐、咋、狭手彦らは大将軍や議政官たる大夫などに任ぜられ」（事典）たなどと無批判に記すことはできない。

大伴連長徳

長徳はどうか。長徳は舒明、皇極、孝徳の三代に記事がある。Ⅱ部で、欽明とその四子たち（おわりが推古）というセットのあとである。はじめ馬養で、しだいに長徳となる。記事のはじまりは巻第二三・舒明四年（六三二）一〇月甲寅（四日、文庫版㈣―一七四頁）、唐国使人高表仁らが難波津に停泊したが、大伴連馬養を派遣して江口に迎えた。つぎは巻第二四・皇極元年（六四二）一二月甲午（一三日、文庫版㈣―一九八頁）、舒明の葬式が行われ、小徳・大伴連馬飼が大臣（蝦夷）に代って誄した。そして巻第二五・孝徳即位前紀の皇極四年（六四五）六月庚戌（一四日、文庫版㈣―二三八頁）、孝徳の即位に際して、大伴長徳連字、馬飼が金靫を帯び、壇の右に立った。大化五年（六四九）四月甲午（二〇日、文庫版㈣―三〇八頁）、大紫巨勢徳陀古臣を左大臣、大紫大伴長徳連字、馬飼を右大臣とした。（白雉元年（六五〇）二月戊寅（九日）条に左右大臣と氏姓なしに出る。）

長徳の実在・非実在の判断にかかわるのが、さいしょの高表仁である。いうまでもなく旧唐書・倭国伝に、貞観五年（六三一）、新州（広東省新興県）刺使、高表仁を持節使として派遣したが、表仁に綏遠の才がなく、王子と礼を争い、太宗の国書を宣せずに帰国した、とある。当然に倭国へ向かったのである。紀作者は旧唐書で高表仁のことを知っていて、これを利用し、日本国の出来事としての体裁をととのえるのに、大伴馬養その他を登場させ、歓迎の場面を「整飾」している。これについて大系本はやや奇妙な頭注をつけた。「高表仁が天皇と会見した記事がないことから、旧唐書の与二王子一争レ礼、不レ宣二朝命一而還という記事は確かなことと思われる。通典には由レ是遂絶といい、事実、白雉四年まで二十年間遣使のことがなかった」、と。私見は異なる。紀作者は旧唐書・倭国伝の高表仁記事を知っていたし、綏遠の才に欠け王子と争ったことも承知していた。その上で唐使高表仁の来日記事を作った。名だけを借り争礼不宣のことには頬被りし、まことしやかな整飾をした。舒明四年一〇月条、（文庫版㈣—一七四頁）をみてみよう。大伴連馬養が唐使高表仁の乗船を江口に迎えた情景を、紀はこう書く、飾り「船三十二艘及び鼓、吹《ふえ》、旗幟《はた》、皆具に整飾《よそ》おっていた。」そして高表仁に告げて、「天子所命之使が天皇の朝に到いたと聞き迎えにきました。」高表仁が対えて、「風の寒《すさま》じい日に、船艘《ふね》を修整《よそ》おい、迎えて賜《いただ》いたのは、歓ばしくも愧《はじい》ります」、と。この受け答えができる高表仁に、どうして綏遠の才がないなどと言えようか。この高表仁は旧唐書の高表仁ではない。

長徳は舒明・皇極期から孝徳期にかけて、王朝交替をこえて活躍している。しかし、皇極元年（六四二）一二月甲午（一三日）、舒明の喪で大臣蝦夷にかわって誄した大伴連長徳が、ソガ王朝を倒した孝徳の大化五年（六四九）四月、右大臣ソガ倉麻呂が誅殺された後、四月甲午（一〇日）に右大臣になったとは、解せない話である。孝徳の時に、左右大臣の官職・それに伴なう官職体系があったかどうかはうたがわしい。（難波宮の発掘で膨大な官衙遺構が判明しつつある。したがって天皇王朝が最初から整った官僚機構をもっていたとみなされるが、その機構や官職名といった具体的な資料はもちろんない）。

壬申の乱での大伴吹負

大伴連咋・長徳（ついでだが別名が馬養というのも時期尚早。他氏の馬養同様、天武期の馬養勧奨政策による名とみられる）が、右のようであれば、これらから、世家大伴氏の像を描くのは、紀の作為に乗せられたことになる。実在が確認できるのは、巻第二八の壬申の乱でいち早く大海側についた大伴連馬来田・吹負兄弟である。兄の方は吉野を出立した大海一行を追い、菟田の吾城で追いついたが、弟の方について紀・天武元年六月二六日是時はこう書いている。唯《ダ》吹負《ハ》留《ッテ》謂《ッタ》、立《テ》二名《ヲ》于一時一《ニ》、欲《たイト》レ寧《メ》二艱難一《ヲ》、即《チ》招《キ》二一二《ノ》族及《ビ》諸豪傑一《ヲ》僅《カニ》得《タ》二數十人一《ヲ》、と。大勢が近江朝廷側にあるとき、にわかに大海側につく困難さを慮っても、上古以来の名門、大族の大伴氏がよびかけたのなら、数十人ということはないだろう。数十人（紀も僅と記す）しか集めえないのが、壬申期の大伴氏の実態だったのではないか。数十という数は、六月二九日是日条でも二度繰り返されている（もっとも二六日条は数十人、二九日条は数十騎とちがいがある）から、たとえば七月二日条で、大海が紀臣阿閉麻呂らに数万の軍兵を率いさせたのに対し、近江側も山部王らに数万の軍兵を率い不破（大海所在地）を襲おうとした、とある。この数万よりは数値に信憑性がある。*

注　巻第二八・壬申紀も、どこまでが本当でどこが虚偽ないしは朦朧なのかを、つねに考えなくてはならない。たとえば数十騎での吹負の活躍について、留守司の坂上直熊毛とその内応を議っておいて、飛鳥寺の西の槻の下で屯営している近江軍を数十騎で襲撃する。このとき「高市皇子が不破からやってくる、大軍だぞ」と唱《よば》わせた、と書く。これなぞ朦朧というほかはない。二七日条で、大海がこぼして、「近江側は左右大臣以下、智謀の群臣がいて事を議っているのに、朕には共に事を計る者がない。いるのは幼少の孺子だけだ、どうしよう」という。これに対し高市が、「臣高市が、神祇の霊に頼り、天皇の命を請い、諸将を率いて征討すれば、どうして近江側がふせげるでしょうか」といった。この時の高市を諸家は一五才とみているようだ。大海がよろこび鞍馬を賜い、悉く軍事を授けた、と書く。しかし以降、軍事はすべて不破の大海が決定、指揮していて、高市の出番はない。ただ二七日のあと二九日に「高市が来た」と叫ぶ声で、宮中の兵が皆逃げた、とある。これが例外で、それ以外高市の出る幕はなかったのだが、このとき高市の名が近江側の軍にそれほどの恐怖、衝撃になったか、まったく疑わしい。大海じしんが孺子《おさなご》といった高市である。これ以後、巻第二八に高市の夕の字も出ないのが本当のところである。壬申紀の高市像は、思うに持統期、高市が太政大臣として後皇子尊（巻第三十・持統一〇年七月一〇日条）と称されたのと見合っている。つまりは後からの作りごと。

壬申紀には、吹負が飛鳥寺西の槻の下の軍営を占領し、留守司高坂王を従わせ、その旨を不破宮へ派遣した大伴連安麻呂（吹負の甥、長徳の子）らから奏し、吹負は倭京将軍（七月九日条）に任命される。それにより三輪君高市麻呂ら諸豪傑が響の如く麾下に集った。それでも兵力は足らず、吹負は、進軍してきた近江の将、大野君果安と、乃楽山に戦い身をもって脱れるほどに打ち敗られた。その後も連敗、一、二騎とだけ墨坂まで逃げ、置始連菟の率いる千余騎と逢い、息を吹きかえし、戦功褒むべき活躍をした。天武一二年（六八三）八月条は記す。大伴連男吹負が卆《し》んだ、壬申年の功で大錦中（従四位上）を贈った、と。その二月前の六月条は、兄大伴連望多が薨《し》んだ、大紫（正三位）が贈られている。この間、この兄弟の動向はなに一つ記されていない。

天武期の御行・安麻呂　天武四年（六七五）三月庚申（一六日）、小錦上（正五位下）大伴連御行を兵政官大輔（次官）とした。もう一つ、同一三年二月庚辰（二八日）、小錦中（従五位上）大伴連安麻呂らが畿内に都の地を視察した。すなわち馬来田・吹負兄弟の功で浮上した大伴氏は、以降、兄弟の甥、御行・安麻呂兄弟を主役とする。天武一三年一二月己卯（二日）、大伴氏は八色の姓、宿禰の筆頭に位置している。御行・安麻呂の記事を、紀から列挙する。

1御行（天武一四年九月辛酉・一八日）（三人の王と）三国真人友足、県犬養宿禰大侶、大伴宿禰御行、境部宿禰石積、多朝臣品治、采女朝臣竹羅、藤原朝臣大嶋、凡十人に御衣袴を賜った。

2安麻呂（朱鳥元年正月是月）直広参（正五位下）大伴宿禰安麻呂、直大肆（従五位上）藤原朝臣大嶋ら五人を、新羅使金智祥の饗のため筑紫に派遣した。

3安麻呂（朱鳥元年九月乙丑・二八日）誄（大蔵事）。

直大参（正五位上）布勢朝臣御主人（大政官事）

直広参（正五位下）石上朝臣麻呂（法官事）

直大肆（従五位上）大三輪朝臣高市麻呂（理官事）

直広参（正五位下）大伴宿禰安麻呂（大蔵事）

直大肆（従五位上）藤原朝臣大嶋（兵政官事）

4安麻呂（持統二年八月丙申・一〇日）大伴宿禰安麻呂、誄。

5御行（持統二年一一月乙丑・一一日）布勢朝臣御主人、大伴宿禰御行、誄。

6御行（持統五年正月乙酉・一三日）直大壱（正四位上）布勢御主人、大伴御行宿禰に八十戸を増封。

7御行（持統八年正月丙戌・二日）直大壱布勢朝臣御主人、大伴宿禰御行に正広肆（従三位）を授位。二百戸を増封、通算五百戸。並に氏上とした。

8御行（持統一〇年一〇月庚寅・二二日）大納言阿倍朝臣御主人・大伴宿禰御行に資人八十人、直広壱（正四位下）石上朝臣麻呂、直広貳（従四位下）藤原朝臣不比等には並に五十人。

おきざりの大伴安麻呂

以後、続日本紀に移って、御行は文武四年八月二二日に正広参（従二位）、大宝元年正月一五日に薨《し》んだ。安麻呂は大宝元年三月二一日に従三位。このときの太政官の変動は次のよう（官職のみ記す）。

左大臣　多治比真人嶋
大納言　阿倍朝臣御主人　→　右大臣
中納言　石上朝臣麻呂　→　大納言
　　　　藤原朝臣不比等　→　大納言
　　　　大伴宿禰安麻呂
　　　　紀朝臣麻呂　→　大納言

同日、中納言を廃止した。大系本・続日本紀一の脚注がいうとおり、「浄御原令制の中納言を廃止」した。補注（2—四三）がいうように、「第一義的に国政参議官であるべき大納言」と「侍奉官であるべき少納言」とにわけて「職掌を明確」にし、中間のあいまいな中納言を廃したのだが、「旧制中納言四人のうち、安麻呂のみ大宝令制の大納言に任ぜられなかった」。同僚だった藤原史は昇進し、御行・安麻呂の兄弟交替が令の交替と重なって、大伴氏の未来を暗示するように、安麻呂がおきざりにされたのである。

旧制中納言に新制中納言はなく、無官の安麻呂は、大宝二年五月、粟田真人ら四人とともに朝政に参議することとなり、同六月兵部卿となった。安麻呂が大納言になったのは、おきざりにされた大宝元年三月から七年後、和銅元年（七〇八）三月、慶雲二年（七〇五）六月に浄御原令中納言では安麻呂より次席でありながら大宝令大納言となった紀麻呂が薨《し》んだ後を襲った恰好である。ときの太政官構成は次のようである。

左大臣　石上朝臣麻呂
右大臣　藤原朝臣不比等
大納言　大伴宿禰安麻呂
中納言　小野朝臣毛野、阿倍朝臣宿奈麻呂、中臣朝臣意美麻呂

消失した中納言が大宝令制で復活したのは、皮肉なことに紀麻呂の死の二ヵ月前、慶雲二年（七〇五）四月のことであった。安麻呂の死は、和銅七年（七一四）五月一日である。

I部中臣も遠祖系中臣

さいごに中臣氏をみていこう。I部の中臣も、大伴、物部同様、遠祖系中臣である。Iaに第八段*（天孫降臨）第一の一書に中臣上祖天児屋命。上祖はこの一書で五部神についてだけ使われた特殊用語である。筆頭の中臣のほか、順に、忌部上祖太玉命、猿女上祖天鈿女命、鏡作上祖石凝姥命、玉作上祖玉屋命。上祖はトオツオヤ（遠祖）と訓じてきた。Ibはその遠祖。神武即位前紀、甲寅年一〇月条（文庫版㈠—二〇二頁）に、中臣氏之遠祖、天種子命。Id、垂仁二五年二月条に中臣連遠祖大鹿嶋。Ie、仲哀九年二月条に、中臣烏賊津連。すなわち物部、大伴とまったく同じに、I部の中臣は遠祖系中臣で、作為以外のものではない。

中臣はⅢ部に無縁

Ⅲ部になると、中臣と物部・大伴とにちがいがでる。中臣はⅢａ（允恭）にだけ出るのに、物部・大伴はａｂｃみなに出る。

允恭七年条はひたすらに衣通郎女物語で、そこに舎人中臣烏賊津使主が出る。遠祖系中臣とカバネ連を使主にかえただけで、中臣はⅢ部に無縁、無関心である。いやⅢ部の作者（直接の史とそれに力づくないしコネでたのみこむものを含めて）が中臣に無縁あるいは無関心なのである。

紀の氏族記事の様態からいえば、先に巨勢、雀部、軽部の三氏でみたように、この三氏がどのような関係にあるのかは記されないのが普通である。ある神またはある皇子が複数の氏族の祖という形の記事は、少数だが存在し、このばあい複数の氏族は同祖ということになるが、その後の紀の記事から同祖とは考えられない例も存在する。また同じ中臣なら中臣という氏に、Ｉ部で複数の遠祖が記されていても、その遠祖同士がどのような関係にあるのかは、不記であるのが通常である。ましてⅡ部Ⅲ部でかなりの人数の氏人の名が記されていても、相互の関係は、少数の例外を除いて、記されないのが普通である。記の建内宿禰後裔氏族や姓氏録や伝えられた各氏系図で互いを関係づけ、系譜づけるほかはないが、その系譜、系図は当然に紀の記述をもとに、あれこれ細工、架上して、作られているのだから、つまりは堂々めぐりの氏族論というほかはない。

Ⅱ部の中臣を枚挙する

つぎにⅡ部の中臣をみていくことにしよう。
いつものように枚挙する。

1中臣連鎌子（欽明一三年一〇月）。物部大連尾輿、中臣連鎌子が、天地社稷百八十神を祭るから国家《みかど》なので、蕃神（仏）を拝せば国神《とちがみ》の怒をまねく、と奏上した。

2中臣勝海大夫（敏達一四年三月条）。物部弓削守屋大連とともに、蘇我大臣馬子宿禰の仏法興行によって疫病が流行したと奏した。

3中臣磐余連（敏達一四年六月注、或本云）、物部弓削守屋大連、大三輪逆君、中臣磐余連が倶に仏法を滅せんと謀った。

4中臣勝海連（用明二年四月条）。用明が三宝に帰そうと言ったのに、物部守屋大連、中臣勝海連が、詔に違い仏法を排した。

5中臣連国（推古三一年七月是歳）。推古が新羅を討つ件で、大臣（馬子）に謀り群卿の意見を求めると、中臣連国が、任那は元来わが内官家だったが、新羅が奪った、取りもどして百済に附けよう、とのべた。

6中臣連弥気（舒明即位前紀）。山背大兄王が言うには、推古が病臥したと聞き、閤門下に馳けつけると、中臣連弥気が宮中から出てきて、天皇がお召しです、と言った、と。

7中臣連正月（大化二年三月辛巳、東国朝集使等への詔の中）。忌部木菓、中臣連正月、二人亦有レ過。

8中臣連押熊（大化三年是歳）。新羅遣二上臣大阿飡金春秋等一、送二博士小徳高向黒麻呂、小山中中臣連押熊一、来献二孔雀一隻・鸚鵡一隻一、仍以二春秋一為レ質、春秋美二姿顔一善談咲。

9中臣渠毎連（白雉四年五月注）。遣唐使一二一人中に、安達（安達は中臣渠、毎運が子なり）とある。

以上八人・九記事。(一)1～6の五人はソガ王朝の時代、(二)7～9の三人が天皇王朝の始祖、孝徳期の人である。(一)の(イ)記事1～4はいわゆる崇仏排仏の争いで、さいきんの古代史では作為とみる傾向が強まっている。鎌子、勝海、磐余の三人はこの作為中の人物である。(ロ)記事5は紀の構想の中で、欽明が任那の封建を遺言し、このため子の敏達～推古が、ときに思い出したように、任那を併合した憎っくき新羅を討とうとする。一つとして実行した例はない。（派遣された大軍をみて新羅がおそれいったとあっても、文だけのこと）。ついでに、この新羅征討計画で将軍、大将軍に任命されると、大伴なら大伴が軍事的な大氏族だったとされるのだが、まったくの絵空事にすぎない。(ハ)記事6は、推古死後、その遺言をめぐって政権内、蘇我氏内にはげしい対立が生じたとき、真相はこうだ式に。山背の大兄が語った中の一部で、中臣連弥気が推古の舎人だったとある。将軍になっていたというよりはましかもしれない話だ。

ソガ王朝の所在をかくすことは、神武以来の皇統を信ぜさすのに、不可欠の作業であった。主な作為は。まず第一に百済本紀をもとに、ほんらいは伽耶（任那）をめぐる新羅と百済の争いだったのに、神功以来の内官家（新羅、百済、高麗）への支配権から日本国天皇が介入した（その最たるものが任那日本府）お話。第二が仏教受容をめぐる蘇我氏対物部、中臣（ときに大三輪）氏の崇仏排仏の争い話。第三が聖徳太子から山背大兄にかけての作為。第四に臣下蘇我大臣の専横と、中大兄・中臣連鎌子の入鹿暗殺話。そのいずれにも、かかわり方の深さ薄さはあるが、中臣がかかわっている。しかし鎌子、勝海、磐余、国、弥気、正月、（天皇王朝に替っての正月、押熊、渠毎）が、相互にどういうかかわりにあるのかを、紀は語っていない。（9で渠毎—安達の関係が分る。）

ところが中臣氏系図が引く延喜本系帳では、㈠弥気が御食子大連系、㈡国子系、㈢糠手子大連系の三系に組まれている。

孝徳期の中臣

記事7、8、9。天皇王朝始祖孝徳期の中臣をみよう。7は東国朝集使らへの詔の中で、天皇の誨を守らぬ国司として中臣連正月の名が出ている。巻第二五・孝徳紀は、孝徳を律令制を始めた始祖として、およそ半世紀ほど早い記事を積み重ねている。伊勢神宮が巻第三十・持統六年（六九二）三月に落成したのを、巻第五・六（崇神・垂仁期）まで七世紀さかのぼらせた紀作者にとっては、半世紀早く記すことは、さして面倒なことではなかった。そういう事情の中での朝集使による国司監察が、史実なのか作為なのかは、いうまでもない事柄だ。正月の実在は考えにくい。

8はきわめて興味ぶかい記事である（原文で示した所以）。新羅を悪者扱いする紀の中で、例外的な記事の第一で、とくに金春秋についてわずかに六字だが、姿顔《かお》（容姿）美しく善く談咲（談笑）する、と好意的である。この記事に目を留め、孝徳に、高向黒麻呂（玄理）を使って、ソガ以来の親百済路線を転換し、金春秋を仲介に、日本・新羅・唐の同盟関係をさぐる試みがあった、と読解したのは、石母田正・日本の古代国家（一九七一年）である。孝徳政権と斉明・中大兄の母子政権とは、内政だけではなく外交政策でも、改革派・守旧派として対立していた、と考える。しかし玄理とともにおそらくは唐から帰国した中臣連押熊が、どういう活動をしたのかは不明である。

9は、中臣連渠毎―安達の系譜が分るめずらしい例だが、不明なのは押熊に同じである。ここまでのII部の中臣は、不在か不明かで、中臣氏を考える有力な手掛かりにはならない。残る中臣の氏人は、金、鎌子、大嶋、臣（意美）麻呂の四人である。強いてあげるともう一人、史がいる。

中臣金

金はいきなり出る。巻第二七・天智九年三月壬午（九日、文庫版(五)―五二頁）、山御井に諸神の座を敷き、中臣金連が祝詞を宣した。同一〇年正月庚子（二日、同五四頁）、大錦上蘇我赤兄臣、大錦下巨勢人臣が賀正ノ事を奏し、癸卯（五日）、大錦上中臣金連が命ニテ宣ニ神事ヲ一たが、是日、金は右大臣となった。そして壬申の乱。巻第二八・天武元年八月甲申（二五日）、右大臣中臣連金を浅井の田根で斬った。祝詞と中臣とが結びついて出た最初が金だが、同日に右大臣とは似合わない。

鎌足の名は、紀に一度だけ

鎌子（先の1の鎌子とは別）は紀に一三度の記事をもつが、その七度目に一度だけ鎌足の名で出る。記事としては未完で、こうである。（白雉四年是歳条の後の）五年正月壬子（五日、文庫版(四)―三二四頁）、以テ二紫冠ヲ一、授ケタ二中臣ノ鎌足ノ連ニ一、増スコトレ封ヲ若干戸。白雉四年是歳条は、皇太子（天智）が実力行使に出て、母斉明、妹間人（孝徳后）、弟大海をひきつれ飛鳥にもどり、公卿大夫・百官人これに従ったから孝徳は孤立した。その直後の記事だから、誰が鎌足に紫冠を授けたのかうたがわしい。しかも増封若干戸はあとで数値を入れるはずだったがそのままになった未完の形だが、封戸の制などあるはずもない。内容からして天智八年一〇月乙卯（一〇日、文庫版

㈤―五〇頁）の授大織冠・大臣位、賜姓藤原氏記事の原型と考えられる（だから鎌足の名になった）。

中臣氏は六世紀以降（関晃）　二〇世紀後半の日本史研究を総括した国史大辞典（日本史大辞典とすべきでこの書名に賛成できない）で、中臣氏の項は私の好きな古代史家の一人、関晃が書いている。中臣というと、「古来朝廷の祭祀を掌った家柄とみられているが、五世紀以前のことは明らかでない」とまずは記す。五世紀以前とは要するに「武烈」以前（私のいうⅢ部）である。

注　古典文学大系本の日本書紀が公刊されたのは、下巻が一九六五年、上巻が二年後の一九六七年であった。この画期的なテキストの出現は、私の趣味としての日本書紀の読解に、さながら開眼会のような華麗な衝撃を与えた。当時の私は日本「神話」に関心があったから、上巻が出るまでの二年がまことに待ち遠しかった。その間、下巻をのぞいては、歴史家の紀を読む眼に感じいった。私は短い編集者だった時期、歴史学研究会と日本史研究会との編集で、全書版の日本史講座を出したことがあり、二次大戦後の日本史研究の進展に関心をもちつづけたが、それが日本書紀とどうかかわるのかを、大系本の下巻でおどろきをもって知ったことになる。上巻が出て巻第一、第二を読めるようになるまで、日本古代史の研究に改めて目配りしておこうと思った。ちょうどそのころ、岩波書店から歴史学研究会編『日本史年表』（一九六六年）が出た。いま奥付をたしかめると七月一九日に第一刷が出、八月三〇日に第二刷が出ている。私がもとめたのはこの二刷である。

関晃が中臣の五世紀以前は明らかでないというのは、なにも中臣だけのことではなく、日本列島のことも、天皇のことも、各氏族のことも五世紀以前は明らかではない。『日本史年表』は、⒜五〇四年まで西暦年数を再左端に記し、ついで中国年号の欄を設けて、中国史書に記された倭国記事が、どの王朝のどの年号の何年かを書き、その記事の要約を年表風に記録している。そして中国史書の記事要約の間に武烈以前の紀の記事の要約が入れられている。この形式は14頁（四七八～五〇四年）までで、⒝16頁（五〇七～五二六年）からは西暦の次に天皇年紀がきて、年表記事には紀からの記事が主に変る。天皇年紀に出る最初の天皇名は継体である。この年表方式は、『国史大辞典』別巻の『日本史總合年表』（二〇〇一年）―国史總合年表でなくてよかった―でも踏襲されている。頁の編制の都合で16頁（五〇〇〜五一一年）から西暦に合せて天皇、大臣、大連の名を記入するが、五〇七年以降は順に継体、巨勢男人、大伴金村、物部麁鹿火とあるが、五〇〇〜五〇六年には（武烈）（大伴金村）と括弧つきで入っている。五世紀以前は古代史学にとっては不明圏だが、その理由はいうまでもなく五世紀「以前」ではなく、紀Ⅲ部の作為だからである。

五世紀以前は分からぬが、後代の「律令制度下の神祇官の上級官人が多くその氏人で占められ」るなどのことから「大化前代かなり早くから祭祀関係の最も重要な専門職の氏だったことは疑いない」、と関はいう。つまりは後代からの類推である。既にみたように、祭祀で祝詞を宣べたのは、紀では、中臣連金だけで、神事を宣したその日に右大臣になっている。すなわち神事よりは政治に向いていたのである。紀からみれば中臣が「祭祀の専門職」だったとは言えない。

「中臣氏の活躍が確かに知られるのは六世紀半ば以降」と関は判断し、仏教に反対した鎌子、勝海をあげた。ところが二人とも「中臣氏の系図で最も信頼できる」大中臣本系帳にみえない。これについて関は、「勝海の滅亡の結果、本流の家に交替があったのかもしれない」という。大中臣本系帳にない勝海の死によって、御食子（弥気）系が本流となり、その長子鎌足の活躍で「中臣氏は大臣を出しうる家柄になった」、との考えのようである。

参考のため大中臣本系帳の系図をいれておく。（…は下位系譜を省略したことを示す。）

関とちがい、私は、ソガ王朝時代（欽明〜舒明、上引1〜6）の中臣の氏人は、鎌子、勝海、磐余が崇仏排仏、国は任那封建、弥気が山背大兄の談に出ていて、いずれも実在しなかったと見る。このうち前三者は大中臣本系帳には出ず、後二者の国が国子、弥気が御食子と本系帳の二系統の祖という形で採られている。本系帳から御食子、国子、

黒田─┬─常磐─可多能古─┬─御食子─┬─鎌足（藤原）
　　　│　　　　　　　　│　　　　├─久多…
　　　│　　　　　　　　│　　　　└─垂目…
　　　│　　　　　　　　├─国子─国足─意美麻呂─清麻呂…
　　　│　　　　　　　　└─糠手子─┬─金
　　　│　　　　　　　　　　　　　└─許米─大島…
　　　└─伊礼波

糠手子という可多能古の三子を消すと、(イ)鎌足─史、(ロ)国足─意美麻呂─清麻呂、(ハ)許米─大島の三中臣は、本章の冒頭でとりあげた、雀部、軽部、巨勢三氏が紀では無縁、無関係だったのと、同様になる。相互に無関係で複数あった地域の中臣が、しだいに一つの中臣本系帳に作り上げられて行ったのである。

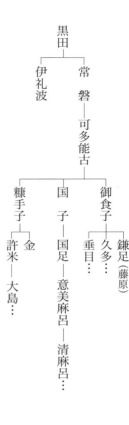

やや後廻しになったが、Ⅱ部の中臣の残り鎌子をみよう（一度だけ鎌足の名で出た箇所が未完の文だったことはすでにみておいた）。列挙する。

中臣鎌子は12記事

1（皇極三年正月乙亥朔）中臣鎌子連を神祇伯に任じたが再三固辞し、病を称して三嶋に退去した。（このあと、鎌子がはじめ軽皇子＝孝徳に接近したが、のち中大兄をみこんだ長い長い話がつづくが省略、後述。）

2（同四年六月戊申＝一二日）中臣鎌子連が俳優をして蘇我入鹿臣の剣を解かせた。（以下、入鹿を殺す長い長い話がつづくが省略、後述。）

3（同年同月己酉＝一三日）（或人が三年六月是月条の謡歌三首を解説しその第一首は）中大兄、中臣鎌子連が入鹿殺しを謀った兆だ、と曰った。

4（孝徳即位前紀）中大兄が退出して中臣鎌子連に（皇極が中大兄に天皇位を伝えたがっていると）語った。中臣鎌子連は叔父の軽皇子を立てるようすすめた。
5 (白雉四年五月壬戌＝一五日) 定恵 定恵内大臣之長子也
6 (同五年正月壬子＝五日) 以㆓紫冠㆒、授㆓中臣鎌足連㆒、増㆑封若干戸。
7 (天智三年一〇月乙亥朔、是日) 中臣内臣が沙門智祥を遣し、郭務悰に物を賜った。
8 (天智七年五月五日) 蒲生野の行幸に内臣も従った。
9 (同年九月丁未＝二六日) 中臣内臣が沙門法弁・秦筆を使に、新羅上臣金庾信に船一隻を賜い、使節金東厳に託した。
10 (同八年五月壬午＝五日) 山科野の行幸に藤原内大臣も従った。
11 (同年八月是秋) 藤原内大臣の家に霹靂。
12 (同年一〇月乙卯＝一〇日) 天皇が藤原内大臣の家に行幸し、病を見舞った。(以下、長い長い恩寵記事がつづくが省略、後述。)

大嶋は11記事　つぎに大嶋。

1 (天武一〇年三月丙戌＝一七日) 帝紀及び上古の諸事を記定せよとの詔をうけ、中臣連大嶋と平群臣子首が親から筆を執り以て録した。
2 (同年一二月癸巳＝二九日) 粟田臣真人、物部連麻呂、中臣連大嶋ら十人に小錦下を授位。
3 (同一三年一二月丙寅＝一三日) 伊勢王、羽田公八国、多臣品治、中臣連大嶋に、判官、録史、工匠らをつけ、諸国の境界を分限しようとしたが、是年には分限できなかった。
4 (同一四年九月辛酉＝一八日、是日) 県犬養宿禰大侶、大伴宿禰御行、多朝臣品治、藤原朝臣大嶋ら十人に御衣袴を賜った。

5（朱鳥元年正月是月）新羅使金智祥に饗するのに、川内王、大伴宿禰安麻呂、藤原朝臣大嶋らを筑紫に派遣した。

6（同年九月乙丑＝二八日是日）藤原朝臣大嶋が兵政官の事を誄した。

7（持統元年八月己未＝二八日）藤原朝臣大嶋、黄書連大伴に、飛鳥寺に三百の大徳らを請集し、袈裟を施した。

8（同二年三月己卯＝二一日）藤原朝臣大嶋が誄した。

9（同四年正月戊寅朔）物部麻呂朝臣が大盾を樹て、神祇伯中臣大嶋朝臣が天神寿詞を読み、皇后が天皇位に即いた。

10（同五年一一月戊辰＝一日）大嘗。神祇伯中臣朝臣大嶋が天神寿詞を読んだ。

11（同七年三月庚子＝一一日）直大貳葛原朝臣大嶋に賻物を賜った。

臣麻呂3　そして臣麻呂。

1（持統即位前紀、朱鳥元年一〇月己巳＝二日）皇子大津の謀反発覚。逮捕の一味の中に、大舎人中臣朝臣臣麻呂。

2（持統三年二月己酉＝二六日）藤原朝臣史、中臣朝臣臣麻呂ら九人を判事とした。

3（同七年六月壬戌＝四日）葛原朝臣臣麻呂、紀朝臣麻呂ら七人に直広肆を授位。

〔4、参考〕（続紀、文武二年八月丙午＝一九日）詔曰、藤原朝臣所レ賜之姓、宜レ令二其子不比等承一レ之、但意味麻呂等者、縁レ供二神事一、宜レ復二旧姓一焉。

史は2　ついでに史。

1（右、臣麻呂の2）

2（持統一〇年一〇月庚寅＝二二日）資人を賜う記事。

正広参右大臣丹比真人島、一二〇人。
正広肆大納言阿倍朝臣御主人
大伴宿禰御行 ｝八〇人
直広壱石上朝臣麻呂
直広貳藤原朝臣不比等 ｝五十人

〔3、右臣麻呂の4〕

煩をいとわず、中臣連鎌子、大嶋らの記事を列挙した。私は二十代の終りごろから文筆に携わりこん日まで六十年を過した。文章をみてその文章の語るところ表現するところを理解するのに、それなりの経験を積んだと言っても壮語にはならないであろう。それで読むところ、鎌子についての文章には作為が、大嶋についての文章には記録性が、認められる。ただ一度の名（青木和夫が指摘したように、名の接尾語として、子も足も変りはない）だが、史の父としての鎌足の実在に疑いはないが、紀に書かれた鎌子（足）像には色濃い作為、誇大に飾り立てられた虚偽があり、記されたところはほとんどが事実とは認められない。その様には中臣連鎌子は居なかったのである。

中大兄という名で何をしたのか　中大兄という名を検証すると、葛城ないし開別皇子にはじまり、皇太子をへて、巻二七では即位前から天皇と書かれ、即位後で死ぬ天智という人物については、かつて偉大な天皇と評されたのがふしぎなほど、これというポジティブな像が結べない。多くの呼び名の中で、中大兄の呼称は、とく別の使い方に限定されている。先に紀がソガ王朝の実在を覆蔽する複数の工夫を挙げたが、その最後が中大兄・中臣鎌子による蘇我入鹿の殺害話であった。すなわち中大兄は、紀中、この物語の主語としてだけ使われている。中大兄は紀中に二〇度使われているが、初出は巻第二四・皇極三年正月乙亥朔（先の中臣連鎌子の列挙した記事1で省略した鎌子が中大兄に心を寄せる長話の中）である。そして巻第二五・孝徳即位前紀の終りの方で、以二中大兄一為二皇太子一、と記され、以後、中大兄の名は出ず皇太子という呼称《よびな》に変る。記事1の長話は、紀では、鎌子がはじめ軽皇子（孝徳）に接近、その厚遇に感じ、軽を天下に王たらしめない者などいない、とまで言ったのに、とつぜん心を中大兄に付け、二人で入鹿誅滅の策を練った、というものである。とつぜんに当る語は紀にはないが、読めば誰しもそう思う。そこで藤氏家伝は、（軽）皇子ノ器量ハ不レ足ラ三与ニ謀ルニ二大事ヲ一、更ニ欲《おもイ》レ択《ボウト》レ居ヲ、歴二見シ王宗ヲ一、唯中大兄ノミ雄略英徹、可シ二与ニ撥スレ一乱ヲ、と説明している。

注　紀と家伝とは、しばしば内容はもとより、使った語句が相似している。これについて資料Xを想定し、紀も家伝もこれをもとに文を作ったから相似した、という説が通用している。私はこの見方に賛成しない。家伝は紀の文をもとにいくらか書き替えたのである。紀の文はもとより紀の編纂に多大の関心をもった右大臣藤原朝臣史の下書きないし意向をもとに作られ、その控えは史の手許に残されていた可能性もある。紀の文では軽から中大兄にふりかわるのが唐突の感をまぬがれない。そこで軽は器量不足、中大兄は雄略英傑と家伝は補足したのである。右の家伝で歴二見王宗一とあるのは、紀では歴試接二王宗之中一である。資料Xから紀、家伝がそれぞれ書かれた式の考え方は、たとえば、梅沢伊勢三にもあり、資料Xから紀、記それぞれが作られた、とみる。この種の考えは、記の序文によって紀以前に成書としての帝紀、旧辞が存在したとみたり、それ以外にもあれこれの前提資料（寺の縁起といったもの）を想定することから、生じる。

鎌子2は皇極四年六月甲辰（八日）、まさしく入鹿殺しの長話である。この長話の中に、大極殿、衛門府、十二通門といった後代的な宮殿、宮司、宮城十二門が出る。大極殿は、大系本頭注がいうように飛鳥浄御原宮から存在したのではなく、藤原宮から存在した。衛門府は大宝令以後、宮城十二門にいたっては平城宮以後（大系本補注24—

六を参照）とみなされる。これらの語が使われているのは、入鹿暗殺話がかなり後代—最大で平城京初期—まであれこれと手入れされたことを、告げている。また暗殺の実行人（佐伯連子麻呂、葛城稚犬養連網田）にひそかに運びいれた剣を授け、努力努力、急須応レ斬、と指図している。

努力は紀中四度の稀語　この努力を平安の博士たちは、ユメユメ、アカラサマニキルベシ、と訓んだ。努力の語は、紀中に、四度しか使われていない稀語だ。

1（巻第三、神武即位前紀戊午年九月）努力、慎歟。古訓はユメ、ユメである。

二つ章でみたように、戊午年九月条は、天武期に作られた一次本と、持統期に書き加えた二次本とが複合している。右1は一次本の部である。努力は、たとえば漢書、翟方進伝（列伝、第五四）に出る。翟家は代々微賤だったが、父の代に学を好み郡の文学（官職）となった。方進一二、三歳で父が死に、独学して小吏となったが遅鈍の役立たずとみなされ傷ついた。そこで汝南郡の蔡父《さいほ》のもとに行き、人相を観て自己の能力の適性を問うた。蔡父は方進の形貌を珍奇とし、小吏は封侯となる骨相がある、経術を以て進むがよい、努力して諸生（儒生）となり学問をしなさい、と言った。努力の甲斐あって、方進は漢の丞相となり帝の信任は厚かった。このように努力とはツトメル、ハゲム、カヲツクスの意で、漢から現在まで変らない。しかしこの語が紀編纂のころには珍しく、その受容にやや曲折があったようで、ユメの訓がそれを示している。

2（巻第十四、雄略五年二月）雄略が葛城山で狩をしたとき霊鳥が飛び来って、努力々々《ゆめゆめ》と鳴いた。ユメは禁止の辞と大系本頭注。霊鳥のユメユメは、まもなくあらわれる嗔猪を警告したもの。

3（同巻、同二三年八月一本）汝等民部《いましらかきべ》甚ダ多シ、努力《ゆめ》相イ助ケヨ、勿レレ令メル二侮慢《あなず》ラ一也。ユメ相イ助ケヨ、ナアナズラシメソと訓む。雄略が死に臨み、自分の死後星川皇子が天皇位をうかがうおそれがあるのにそなえよ、と遺言した条の一本（異伝）である。

4（巻第二四、皇極四年六月）努力努力、急須応」斬。先述のようにユメユメ、アカラサマニキルベシ、と訓んでいる。家伝は、努力努力、一箇打殺。「ユメは奈良時代から、相手に注意をうながす辞」（大系本補注24—四）。「ユはユユシ（忌）のユ。メは目で、見ること。清め謹んだ目でよく見よと強く命令し、注意をうながすのが原義。禁止の〃な〃と共に使うことが多い。平安時代以後は〃夢〃と混同することもあったようで、仮にも、よもや、の意」（岩波古語辞典）。

虚飾にみちた鎌子記事　中臣連鎌子の記事4は、皇位継承が、中大兄へという母（皇極）の意に反して、鎌子のすすめで叔父（孝徳）に譲られた、という奇妙な話である。政変の主役が、中大兄・鎌子のコンビではなく、孝徳、阿倍臣倉梯麻呂（孝徳期左大臣）、蘇我倉山田石川麻呂（同右大臣）のコンビだったとは、遠山美都男の好著、大化改新（一九九三年）が指摘したとおりである。

6は、前にもふれたが、功のない鎌子に紫冠を授けた話である。この冠は、大化三年是歳条に、七色、十三階の冠を制した詳細な記事がある。その中の三（位）が紫冠である。大紫・小紫に分れそれぞれ正三位・従三位に相当する。ただし是歳にはじまる長く詳細な制度記事は、後からの挿入の可能性があり、とくに大化の冠位制については、大化三年（六四七）是歳条に続いて、（文庫版の頁数で一頁）同五年二月に冠十九階制が定められている。この間の記事でこの位がついたのは、博士小徳高向黒麻呂、小山中中臣連押熊の二人にすぎない。小徳は推古一一年（六〇三）の冠位十二階制の二位（のちの従四位相当）で、小山中は天智三年（六六四）の冠二十六階制の一七位である。大系本は小徳については不記、小山中について「追記か」とそっけない。うたぐり深い私は、大化の冠位制について詳細な前者を後代に作製して「追記」したもの、とみている。追記を必要とした理由については、いま定見がない。

7、9は史の勇み足だろう。6（六四五年）で誰からかは不明だが紫冠をもらった鎌足（6のみ）が、7（六六四年）でもいつ誰から授かったのか不明の中臣内臣となって、唐の百済鎮将劉仁願の使、郭務悰に賜物し、9（六六八年）では国王然と新羅の大将軍金庾信に船一隻を賜っている。この年、皇太子（中大兄）はようやく天皇になったが、さながら天皇不在の趣きで7、9が挿入されている。あげく12（六六九年）がくる。天智が藤原内大臣の病を見舞い、まるで「往哲の善言」のような問答をかわす。五日後、東宮大皇弟（天武）を遣し、こんどは大織冠、大臣位、藤原氏を賜授した。翌日に死（薨の字を使っている）ぬと、三日後、再度行幸している。文字通り前代未聞の厚遇である。この虚構については、前田晴人の好論・中臣鎌足没伝の検討（日本歴史、六一三号。一九九九年）がある。堅実周到な検討を重ね、「没後の鎌足第への行幸は異例中の異例であって史実ではなく、〝鎌足伝〟作者の机上の創作と断定してよい」と結論づけている。没後だけではない。生前に官位、氏姓を贈るなど「異例中の異例」である。

注 前田晴人は「鎌足伝」編者を不比等とみているが、古代史家たちの通例の考え方として、この「鎌足伝」から書紀や家伝が作られたとしている。私は藤原史の意向、指示で紀の1～12記事が作られ、これをもとに家伝が作られたとみる。

以上、逐一みてきて中臣連鎌子の12記事から史実とみなしうるものは一つもない、と結論するほかはない。中臣連鎌子もまた実在しなかったか、居たとしてもきわめて影の薄い人物だったというほかはない。

大嶋の記事は堅実

虚飾に満ちた鎌子記事にくらべると、大嶋の11記事は堅実である。1は日本紀を作れとの詔を受け、大嶋と平群子首が筆録したと記す。すなわちこの二人は、日本紀の作者群の先頭に位置する。このとき何を記したのかは分らぬが、三つ章などで述べたように、紀Ⅰ部の巻第三などに、天武期に記定された一次本が認定できる。子首はここにだけあらわれて姿を消すから分らぬが、大嶋のその後の歩みからして、紀の作者第二（第一は六つ章で述べた筑紫史益）として誤りはないだろう。2、3、5と着実に実務を勤めあげ位も上り、4で御衣袴を賜っている。それよりも八色の姓制定の翌年の記事4で注意すべきは、藤原朝臣を名乗ったさいしょの人物が大嶋だったことである。以下5〜8（天武〜持統）まで連続して藤原朝臣大嶋と記されている。6の天武葬儀で兵政官（後の兵部省）の事を誄している。8まで大嶋に神祇祭祀との関わりはない。（そういえば、中臣連鎌子もさいしょに神祇伯を固辞した以外、神祇祭祀との関わりがなかった。）その大嶋が、9、持統の即位に際し、神祇伯として天神寿詞を訓んでいる。8と9との間に、持統三年八月条、アマテラスの誕生がある。天神寿詞は、おそらくは、高天原の皇祖神アマテラスを荘重に祝う詞だったと推測する。10翌五年の大嘗祭にも天神寿詞を宣べた大嶋は、11二年後に没し、直大貳（従四位）を追贈されている。1〜3が中臣連大嶋、4〜8が藤原朝臣、9、10は中臣朝臣大嶋、11葛原朝臣大嶋。この氏姓の推移をみると、9・10は天神寿詞を訓んだので、中臣と記された（天神寿詞はのち中臣寿詞とも呼ばれた）と考えられる。11がなぜ葛原と書いたのか、分らない。が、次の臣麻呂（意美麻呂）も、同じ持統七年に葛原朝臣臣麻呂と記されているのを、併せ考えると、はじめは葛原だった可能性がある。

第二の紀作者 中臣連大嶋

中臣連大嶋は紀作者の一人として、天武朝一次本にかかわり、さらに新生アマテラスを中心にすえる持統期二次本にも深くかかわった、とみなされる。4の天武一四年九月に初めて藤原朝臣を名乗っているところをみると、一三年一一月に中臣朝臣になってから、そうへだたらぬ時に藤原の姓に——自らなのか、許されてなのか——改まった、と思える。天武一四年正月丁卯（二一日）に、四十八階の新爵位を制定し、親王・諸王・諸臣に爵位を増し加えた。このあたりかと推量している。

中臣氏の本拠

さいごに中臣氏の本拠にふれなくてはならない。

大中臣本系帳の系図から、

G　可多能古
- 御食子……藤原〔中臣〕朝臣不比等
- 国　子……中臣朝臣臣麻呂
- 糠手子……葛原〔中臣〕朝臣大嶋

という、本章冒頭の

C　巨勢男柄宿禰
- 星川建比古……雀部朝臣
- 伊刀宿禰……軽部朝臣
- 乎利宿禰……巨勢朝臣

D　牛定君
- 味　沙……葛井史
- 辰　尔……船　史
- 麻　呂……津　史

と同じ構造の系図を作製し、C系図が紀では、

B
- ……巨勢朝臣
- ……雀部朝臣
- ……軽部朝臣

であったように、G系譜から上位をとると、

H　……………藤原《〔中臣〕》朝臣
　　……………中臣朝臣
　　……………葛原朝臣

という形になる。三系統の中臣が存在するが、相互の関係は後代の大中臣本系帳を別にするとまったく不分明である。

「中臣氏の本来の居地は不明で」（関、中臣氏）ある。家伝は、内大臣、諱鎌足、字仲郎、大倭国高市郡人也、さらに、豊御炊屋天皇廿二年歳次甲戌、生二於藤原之第一、と記すから、鎌足の出生は高市郡藤原の地とされるが、紀にその記載はない。中臣について出る地名は、鎌子が初出した前掲記事1で、摂津の三嶋である。しかし三嶋が本拠地とは考えにくいし、家伝のいう藤原の地名ものちの氏名藤原と重ねての強調であろう。「中臣氏の本来の居地は不明」なのである。

ただ諸家の中臣氏論をみていると、たいていは後の延喜本系にひきずられて、中臣を単一、単系の氏族とみなしている。延喜本系をはずすと、上述のように、H系図が示すとおり、少くともa藤原朝臣、b中臣朝臣、c葛原朝臣三系がそれぞれ独立に存在していた。単一氏族の本拠地ではなく、少くとも三系それぞれの本拠地を考えるべきであろう。aはいわゆる鎌足系で、ことさらに高市郡藤原を強調するが、本来は鎌足よりも何代か先に、常陸国香嶋（現、鹿島神宮周辺）から上京してきた、と考えられる。青木和夫（藤原鎌足と大化改新、藤原鎌足とその時代、一九九七年・所収）は、鎌足から四代先の〔卜部〕黒田のときまでは鹿島にいて、つぎの常磐のときに上京して、常磐のと

きから中臣の氏を賜わったという伝承がある」(四一頁)、という。

注　つづけて青木は、「中臣は全国各地に住んでいます。複姓といいまして中臣の何の連、中臣鹿島連というふうに地名をウジに加える。この鹿島にいました一族のうちから、中央で中臣が滅ぼされたものですから中央のウジを継いだ、これが鎌足の祖先だろうと考えています」(四一頁)という。「中央で中臣が滅ぼされた」とは、例の崇仏排仏の争いで、物部連守屋が馬子に攻め滅ぼされたとき、同時に中臣連勝海も滅ぼされたと考え、そのあとに鎌足の祖先が入ったというのである。この見方は、青木に限らず、古代史家はおおむねこの考えをとっているようである。先引の関も「勝海の滅亡の結果、本流の家に交替があったのかもしれない」としていた。

bは畿内の本来の中臣連系で、本拠は河内の枚方神社の地(現、東大阪市出雲井町)であったろう。春日神社の祭神が、関東系のタケミカツチとフツヌシ、関西系のアマノコヤネとヒメカミの二つに分れていて、前者がaの祭神、後者がbの祭神である。この様態は、鹿島から上京した卜部を受容したのがbといった過程を推測させる。卜部黒田の次のとき中臣常磐となったという伝承もまた、無関係ではないだろう。この系統が意美(臣)麻呂から清麻呂に至って、大中臣を賜姓され、しばしば中臣系図を作り直しているのも、本来の中臣がb系だったからであろう。

cは、大嶋が没したとき(持統七年三月)に紀が書いていた葛原朝臣大嶋からとって、葛原朝臣とした(もっともbの臣麻呂もまた、同年六月に葛原朝臣臣麻呂と記されている。葛原と書かれたのはこの二人以外にはいない)。一般に中臣氏という と祭祀、祝詞にかかわった専族とみなされている。「宮廷の神事、祭祀を掌る伴造」(辞典、中臣氏の項)「中臣氏が宮廷に進出し、地歩を築くのは六世紀前後で、継体天皇の支持勢力となり、おもに祭祀、儀礼を職掌としたことによる」(事典、中臣の項)。だが、これまで紀に登場する中臣の個人を網羅してみてきたが、明らかかつ確実に宮廷の神事・祭祀にかかわった者は一人もいない。鎌子（足）は「神祇伯」を固辞したし、金は天智一〇年正月癸卯（五日）に、命ぜられて神事を宣したが、同日に右大臣を拝せられ、大嶋は天武葬で兵政官の事を誄し、とても神事・祭祀の専家とは判断できない。

神事を掌ったのは大嶋が最初

紀中、確実に神事を掌ったのは、c系の（持統期の）大嶋をもって最初とする。先掲の紀中の大嶋記事9（持統四年正月）、10（同五年一一月）である。9は持統の即位儀礼、10は大嘗（大宝令以後なら四年一一月のはず）祭で、ともに大嶋が天神寿詞を読んでいる。この天神寿詞が（持統三年八月の）アマテラスの誕生とかかわっていることはすでに述べたが、この寿詞はその後、中臣寿詞としてひきつがれた。現存する中臣寿詞は、台記の別記が載せたもので、天皇近衛の大嘗祭で大中臣清親が読んだものである。すなわち中臣が宮廷の神事・祭祀を掌るようになったのは、大嶋以後のことである。

万世一系的な氏族論

以上、建内宿禰後裔氏族系譜をはじめ、系図化された氏系譜は少くとも、紀にはなかった。物部、大伴二氏は、紀のⅠⅢⅡ部を通して頻出し、さながら万世一系的氏族のように受けとられてきたが、検証したように氏の実態は、大三輪氏と同じく、壬申の乱以後が確実である。中臣氏のばあいは、宮廷の神事・祭祀の専家となるのは、大嶋が持統期のアマテラス生誕とかかわる天神寿詞を読んだのをもって嚆矢とする。万世一系的な氏族論から抜け出すには、紀成立論とかかわらせて、各氏族の記事を慎重に見定めること、その際、後代の系図化された系譜を捨て去ること、各氏族の基準と壬申の乱以後、天武紀の賜姓記事にあらわれる氏族を基準とすること、などが必要である。

覚え書一　飛鳥の宮都

——併せて宮都と対応する七世紀半の東アジア史に及ぶ

営宮室於岡本宮南

壬申の内乱は、天武元年七月乙卯（二六日）をもって終熄した。同日の記事に、将軍等向《ガイ》於不破《ノ》宮《ニ》、因《テ》以《テ》捧《ゲテ》大友皇子《ノ》頭《ヲ》、而献《ジタ》于営《ノ》前《ニ》。六月甲申（二四日）から七月乙卯までの一カ月。この間、大海は不破を一歩も動くことはなかった。九月丙申（八日）、大海は飛鳥に還ることにし不破を出立、これまたそこを一歩も動かなかった妃の菟野が居る伊勢の桑名に一泊。丁酉（九日）に同鈴鹿、戊戌（一〇日）伊賀国阿閉（現、伊賀上野市印代）、己亥（一一日）同名張（現、三重県名張市辺）を経て、庚子（一二日）倭京に帰着、嶋宮に泊った。三日を過し、癸卯（一五日）、嶋宮から移動して岡本宮に入った。

巻第二八・天武元年九月条を、不破行宮から岡本宮までの八日間の経路で埋めたのち、まだ一一、一二月の両月が残っているのに紀がとり急いで入れた是歳条に曰く、営《つくル》宮室《ヲ》於岡本《ノ》宮《ノ》南《ニ》、即《ソノ》冬《ニ》、遷《リ》以《テ》居《ス》焉、是《ヲ》謂《ウ》飛鳥《ノ》浄御原《ノ》宮《ト》。この記事の最後の宮名は、一四年の後（朱鳥元年七月）の命名を遡らせたものである。天武の死（朱鳥元年九月九日）の直前、七月二〇日（戊午）条に、改《メテ》元《ヲ》曰《ウ》朱鳥元年《ト》、仍《テ》名《ヅケテ》宮《ヲ》曰《ウ》飛鳥《ノ》浄御原《ノ》宮《ト》、とあるから、この名が遡ったので、天武初年、宮は名なしのゴンベエだったのである。

宮都論とその発掘調査

岸俊男（古代宮都の探究、一九八四年、日本古代宮都の研究、一九八八年、日本の古代宮都、一九九三年）によって導入された宮都の研究が、古代王権史を解明する重要な柱であることが、学界の共通認識となった。中国では都城というが、平城京になっても羅城が申し訳程度に羅城門の左右にしかない日本では、この語は使えない。そこで岸は、天武一二年一二月庚午（一七日）の詔文、凡《ソ》都城宮室《ハ》、非《ズ》二一処《ニ》一から、宮都の語を造り、これが学術用語として認知され、普及した。宮都の研究の土台となったのは、二次大戦後の諸宮都の発掘調査である。一九五四年、山根徳太郎*を中心に始まった難波宮発掘は、現在も大阪市文化財協会によって継続され、前期・後期二期の宮殿跡が（正南北の中軸線をみごとに一致させながら）重複して存在すること、宮殿の西側北部、東側に官衙区が存在することなどが分かってきた。一九五六年から飛鳥寺、五九年に奈良文化財研究所・六〇年度から橿原考古学研究所が飛鳥京跡。藤原宮と新益京は、六六～八年まで奈良県教育委員会*・六九年度から奈良文化財研究所。平城京は五四年度以降、奈良文化財研究所が発掘調査を行なってきている。

注 山根先生のご子息は学徒出陣で戦死した。戦後わだつみ会の活動の中で、安田武らと謀り、戦歿学徒の父兄と一夜箱根で懇談したことがある。多忙の中、山根先生も出席され、多くを語られず、むしろ私らの話しに耳を傾けていた温顔が印象深く残っている。

新益京の発掘調査の初めは、一九三四～四三年の日本古文化研究所（所長黒板勝美）の足立康、岸熊吉らによるものだった。二三年ぶりの奈良県教委による発掘調査の中心になったのが、奇しくも建築史家岸熊吉の子、岸俊男である。岸さんは私が昭和一八年一〇月に京大文学部に入学したとき三回生だったが、学生時代の岸さんの記憶はない。

難波宮以後の諸宮・京の発掘調査は、相互に関わりながら、古代史の場としての宮都を浮かび上らせた。その関連を見失わぬようにつとめながら、当面、飛鳥の諸宮を考定してみよう。

冒頭にかえる。大海は倭京にもどって、なぜ、嶋宮から岡本宮に移り、とりいそいで岡本宮の南に宮室を営ったのか。巻第二八・九の天武紀に入ってもなお、テキスト・クリティークを欠かせないのが日本紀だが、壬申の乱後の大海の足どりと、そこに出る宮名とに、作為はないだろう。飛鳥宮都史は、冒頭所引の天武元年九月条に出る嶋宮、岡本宮、岡本宮南の新宮室と矛盾なく構築されるべきだと考える。

古代宮都の研究は、多数諸家の参加で多彩、多面的な展開をとげている。その中で、飛鳥を初めとする宮都研究の中軸は、管見の限り、岸俊男・日本古代宮都の研究（一九八八年）に始まり、今泉隆雄・古代宮都の研究（一九九三年）、山中章・日本古代都城の研究（一九九七年）、林部均・古代宮都形成過程の研究（二〇〇一年）、小沢毅・日本古代宮都構造の研究（二〇〇三年）などを経て、林部・飛鳥の宮と藤原京（二〇〇八年）で、一段階を終了したようにみえる。それは、長らく未発掘であった飛鳥宮内郭の中心部が、林部によって、二〇〇三〜五年に、発掘調査されたのと重なっている。

飛鳥諸宮についての「定説」

飛鳥浄御原宮が、というより飛鳥宮跡が三層の遺跡から成りたち、下層からⅠ期、Ⅱ期、Ⅲ期と呼ぶ菅谷文則の案が一般となった。内郭中枢の発掘者、林部は、同僚だった小沢毅の考えを引き継ぎ、Ⅰ期遺構を舒明の飛鳥岡本宮（六三〇〜）、Ⅱ期遺構を皇極の飛鳥板蓋宮（六四三〜）、Ⅲ期遺構はさらに二分して、ⅢA期を斉明・天智の後飛鳥岡本宮、ⅢB期を天武・持統の飛鳥浄御原宮（六七二〜）とした。小沢・林部説は定説になったが、*私には飛鳥諸宮をなにもかも伝承板蓋宮跡に集めてしまった感じがして、なにがなし綺麗ごとに過ぎるように映る。また紀の叙述を、文献批判抜きで、発掘調査とつき合せているようにも思える。そこで以下、岸俊男以降の飛鳥宮都研究と合せて、検討していくことにしよう。

注　管見したかぎりでも、たとえば、黒崎直・飛鳥の宮と寺（二〇〇七年）は、発掘された遺構の項で、「以上をまとめれば、ⅢA期遺構が斉明朝の後飛鳥岡本宮（六五六〈斉明二〉年〜　）、ⅢB遺構が天武・持統朝の飛鳥浄御原宮（六七二〈天武元〉年〜　）、またⅡ期遺構が皇極朝の飛鳥板蓋宮（六四二〈皇極二〉年〜　）に、Ⅰ期遺構が舒明朝飛鳥岡本宮（六三〇〈舒明二〉年〜　）に相当するものと理解できる」（四六頁）としている。また、市大樹・飛鳥藤原木簡の研究（二〇一〇年）も、その第1部、第一章、第二節・飛鳥地域出土の木簡で、「飛鳥岡本宮以下の四宮に関しては、橿考研による長年の飛鳥京跡の発掘調査を通じて、飛鳥寺南方の地（飛鳥板蓋宮伝承地）に大きく三時期分の遺構が重なることが確認されている。小沢毅・林部均氏らによる詳細な検討の結果、下層のⅠ期が飛鳥岡本宮、中層のⅡ期が飛鳥板蓋宮、上層のⅢ—A期が飛鳥岡本宮、Ⅲ—B期が飛鳥浄御原宮に該当することはほぼ断案といってよい」（四八頁）と記す。さらに、大臣・大連の共治制説に鋭い批判を加え、蘇我氏濃度といったユニークな視角で古代史をみた倉本一宏ですら、林部説に拠り、「大極殿というのは…飛鳥浄御原宮（飛鳥宮跡内郭上層の第Ⅲ—B期遺構）のエビノコ郭正殿以降のもの」（『蘇我氏—古代豪族の興亡』二〇一五年、一三四頁）としている。文献史家が考古学者の知見に弱いのは、二一世紀の日本古代史の研究にとって好ましいことではない。

伝承板蓋宮跡の三層の遺構の「断案」を示したのは、小沢の論文・伝承板蓋宮跡の発掘と飛鳥の諸宮（橿原考古学研究所論集第九、一九八八年、のち前掲書第Ⅰ部第一章、二〇〇三年）であるが、これが「断案」となったのには、林部の論文・伝承板蓋宮跡出土土器の再検討（橿考研論集第一三、一九九八年、のち前掲書、第Ⅰ部第一章、二〇〇一年）によるところが大きい。小沢自身、上の論文を自著に収録したとき、補註として、「その後、伝承板蓋宮跡から出土する土器を詳細に再検討した林部均氏は、Ⅱ期遺構とⅢ期遺構の造営にかかわる一群をそれぞれ六四〇年前後と六六〇年前後、Ⅲ期遺構の廃絶にともなう一群を六九四年前後に位置づけている」（七〇頁、傍点山田）と、追記した。日本の考古学は、戦前早くから作製してきた土器の編年を以て、発掘調査した遺構や遺物の年代をはかるさいの基準としてきたから、飛鳥諸宮の認定を飛鳥時代の土器の編年から試みたとされる林部の一論は、小沢以来のⅠ~Ⅲ期の飛鳥諸宮の比定を、定説化する役割をはたした。だがはたして本当に土器の編年で宮都区分を成り立たせることができたのか。

林部は、まず㈠西弘海・七世紀の土器の時期区分と形式変化（一九七八年）による飛鳥時代の土器区分Ⅰ—Ⅴの五期とその年代をうけつぎながら、その後の出土資料を勘案し、「飛鳥時代の土器編年試案」（前掲書三八頁、傍点山田）を示した。借用して次頁に掲げるが、㈡この試案にもとづいて、「伝承飛鳥板蓋宮跡出土の土器に再検討を加え、この宮殿遺跡の年代と宮名を明確に

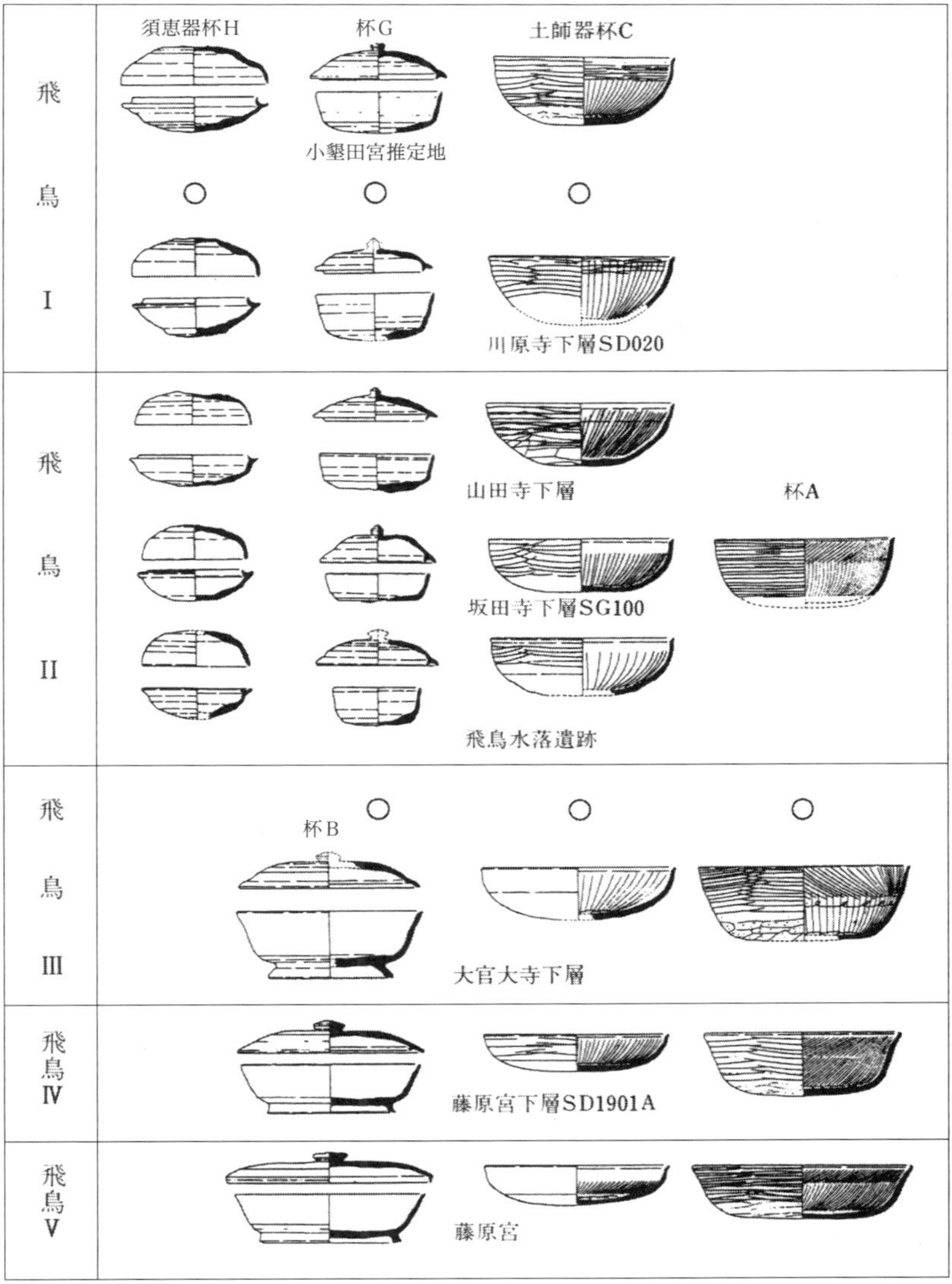

図1　飛鳥時代の土器編年試案（林部均、古代宮都形成過程の研究、2001年、38頁）
飛鳥時代を大まかに5時期に区分した。飛鳥Ⅰは600〜640年、飛鳥Ⅱは640〜660年、飛鳥Ⅲは660〜680年、飛鳥Ⅳは690年前後、飛鳥Ⅴは710年前後。飛鳥Ⅰ・Ⅱ（を三段）Ⅲを（二段と）さらに細分したのは、伝承飛鳥板蓋宮跡で検出される宮殿遺跡の年代を明確にするためである。( ) 内は山田加筆。

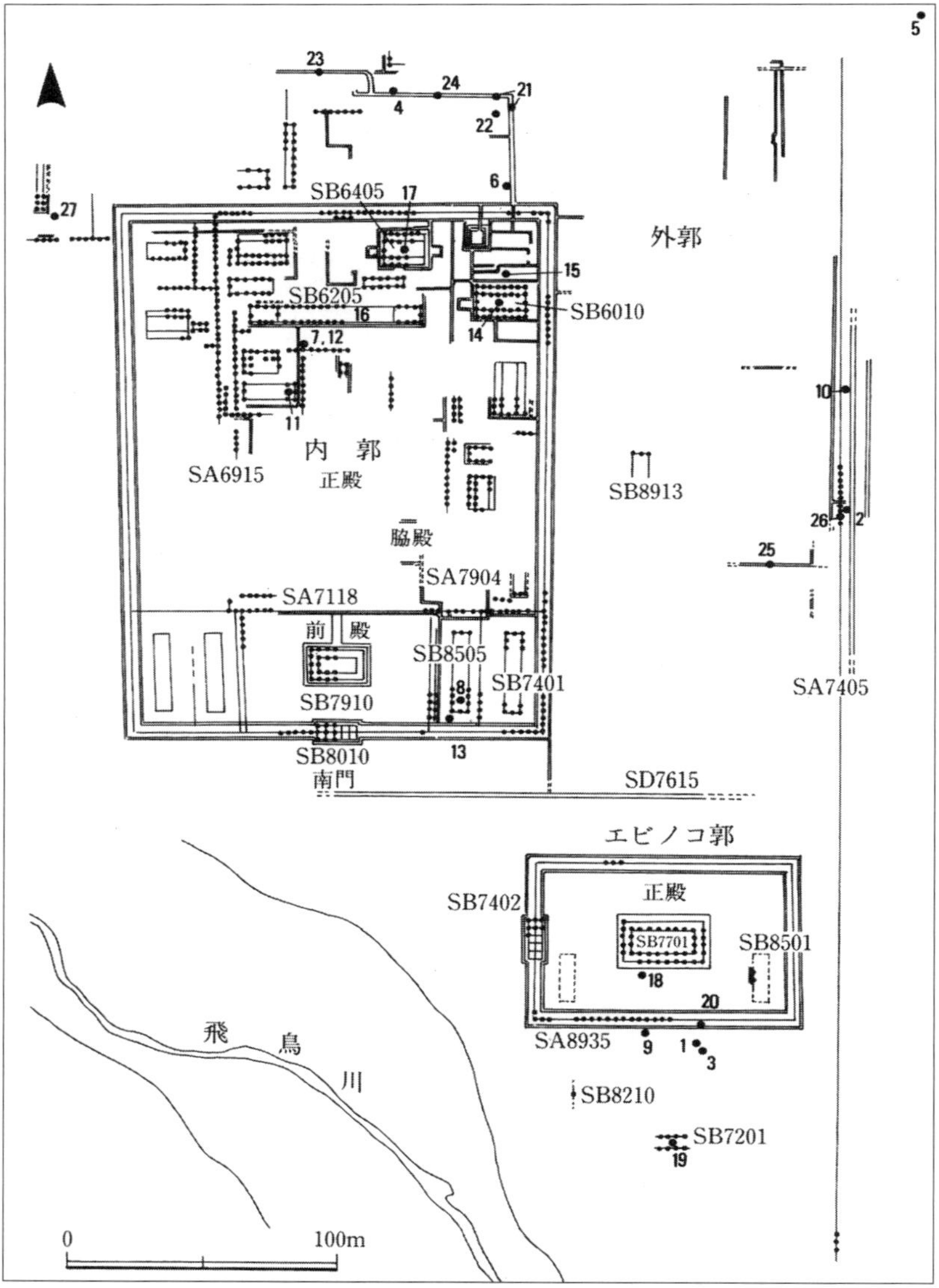

図２　伝承飛鳥板蓋宮跡における土器の出土位置（同前、43頁）
宮殿中枢部での土器の出土は少ない。周辺の溝や谷に土器は廃棄されたのであろうか。出土位置図の番号は、第１表と一致している。なお、28〜30は地図の範囲外。

したい」(前掲書、三七頁)と、伝承飛鳥板蓋宮〔飛鳥浄御原宮、以下同じ〕跡出土の土器を次の(1)〜(4)に整理した。('14・3・1)

(1)〔Ⅰ群土器。〕〔飛鳥浄御原宮跡の、以下同じ〕Ⅰ期遺構の下層の上層から出土する土器群のうち、最も新しい様相をもつ土器群は、Ⅰ期遺構の年代を検討するうえで参考となる。

(2)〔Ⅱ群土器。〕Ⅰ期遺構を埋め立てた整地土層から出土する土器群のうち、最も新しい一群の土器は、Ⅱ期遺構の造営年代にきわめて近い。

(3)〔Ⅲ群土器。〕Ⅱ期遺構が廃絶したのち、それらを整地した土層から出土する土器群のうち、最も新しい一群は、Ⅲ期遺構の造営年代にきわめて近い。

(4)〔Ⅳ群土器。〕Ⅲ期遺構にともなって出土する土器や、その廃絶後の整地土から出土する土器は、Ⅲ期遺構の廃絶年代にきわめて近い。」(四〇頁、以下(　)内頁数は林部著作二〇〇一年のもので、(　)のない・あるいは〔　〕内頁数は本書のもの。)

「(1)〜(4)の土器群は、伝承飛鳥板蓋宮〔飛鳥浄御原宮〕跡における土層の上下関係、あるいは、遺構の切り合いをもとに設定したものであるので、Ⅰ〜Ⅳ土器群は、連続しているかどうかはともかくとして、必然的に年代的な前後関係を示すことになる」(四一頁)。そこで林部は「以下、Ⅰ〜Ⅳ群土器を具体的に紹介し、遺構の年代を考え」(同)ようとした。四四四頁の図(四三頁)が示す飛鳥浄御原宮跡から出土した土器1〜30を「具体的に」検討し、Ⅰ〜Ⅳ群土器の年代と伝承を定める努力をしている。

Ⅰ群土器は、エビノコ郭南の一一七次調査で、Ⅰ期遺構の石敷SX九〇二八〔四四六頁の図の右下〕の基盤となる土層から出土した須恵器杯H〔四四三頁の表の飛鳥Ⅰの一段左、四四四頁の出土位置図1〕が資料で、陶邑編年のTK四三型式に位置づけられる(四四頁)が、この形式にあたる年代は六世紀の後半である(五八頁)。林部はまた、「飛鳥寺の造営にともなう整地土層からも同じ時期の須恵器が出土して」(四四頁)いるとも記し、「飛鳥の中心地域の開発がいつごろからおこなわれたのかを知るうえで貴重な資料である」(同)という。「すなわち、崇峻元年(五八八)の飛鳥寺の造営開始とともに、ほどなく、この地域でも、なんらかの土地造成がはじまったと考えてよい」（六〇頁）。

しかし同処でこうも書く。「この資料〔須恵器杯H〕でⅠ期遺構の年代、性格を考えるには無理がある。ましてや、宮名を考えることは困難である」[47]（同頁、傍点山田）。ところが林部は、ここにつけた注(47)でこう書く。「土器からの年代の確定が困難なだけであって、Ⅲ期遺構が後飛鳥岡本宮であるから、飛鳥岡本宮も同じ場所に存在したと考えるのが自然である。そうすると、Ⅰ

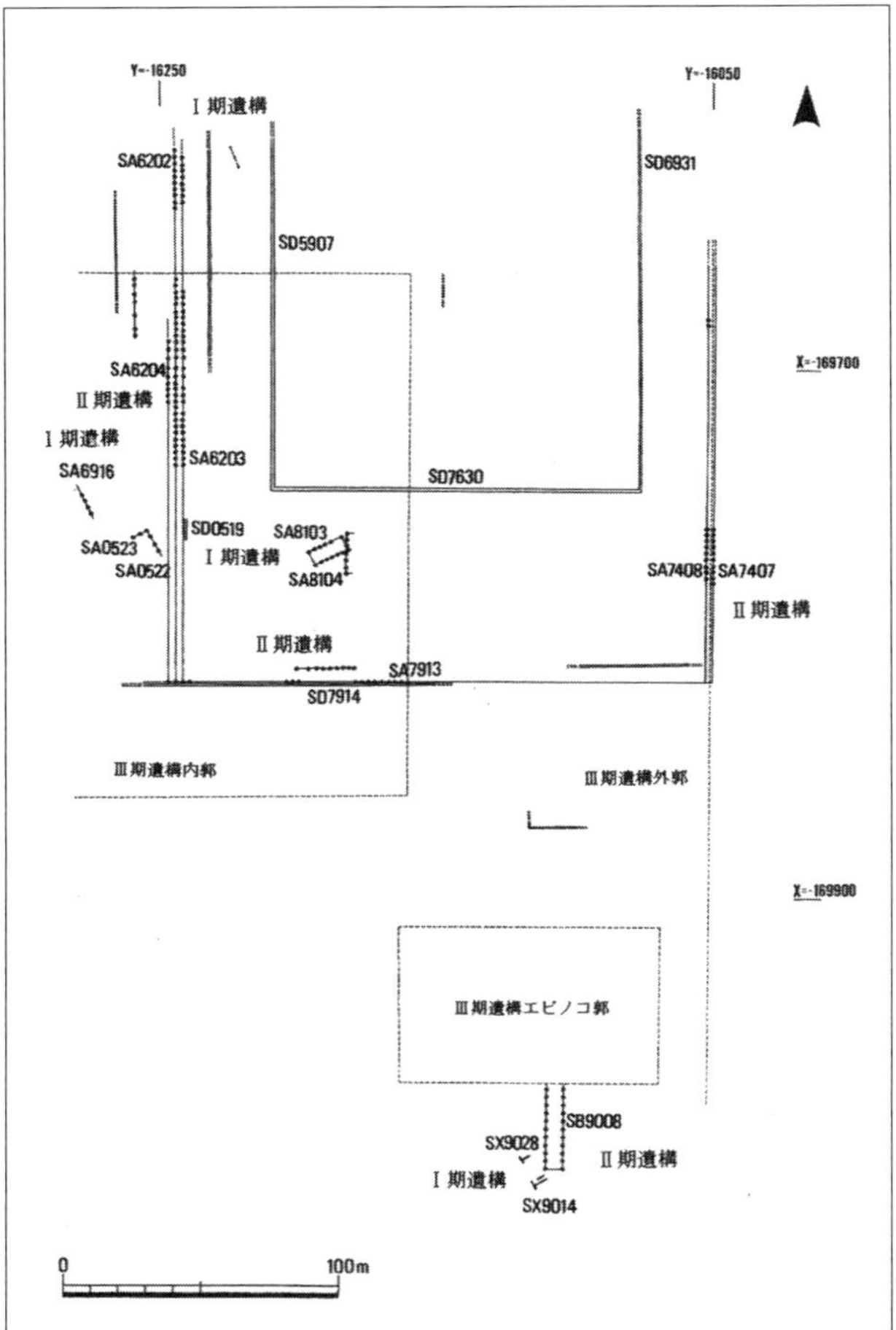

図３　飛鳥宮Ⅰ期遺構・Ⅱ期遺構（林部均、2008年、50頁・原図）

期遺構が飛鳥岡本宮である蓋然性が高い」（六八頁、傍点山田）、と。だが先にはこうも書いていた、―「Ｉ期遺構は、柱穴も小さく、方位も大きく西に振れていることから、宮殿遺跡であるかどうかは定かではない」（四〇頁）。

彼此読み較べると、Ｉ期遺構が飛鳥岡本宮という比定は、土器による考古学的な判断ではなく、したがって小沢のいう「土器を詳細に再検討した」結果ではなく、文献―それも史料批判もしない紀の表面的な読みによる憶測なのだと分る。また彼此読み較べると、Ｉ期土器の須恵器と飛鳥寺創建のさいの整地土層から出土した須恵器とが同じ時期のものであるのかどうか、Ｉ期遺構の柱穴や方位からこれが宮殿であるかどうかは定かでないとすれば、Ｉ期遺構は、舒明の岡本宮であるよりは、ソガ王朝時代のなんらかの建物（だから方位が大きく西にぶれている）とみる方が「蓋然性が高い」のではないか。

（'14・3・2）

II群土器の資料は、四四四頁に先掲の出土位置図の2～5、四資料である。この「資料が、II期遺構造営のための整地土からの出土と考えてよいのかは、なかなか判断がつかない」（五八頁、傍点山田）が、「ただ、少なくとも、資料2は整地土〔からの出土〕と考えてもよい」（同）。物は須恵器杯Ｇ〔四四三頁表・飛鳥Iの一段中央〕で、「II期遺構の東側区画塀ＳＡ七四〇六（四四六頁の図、右寄り中程）の基盤となる土層」（五五頁）から出土した。「山田寺下層の土器群と共通した特徴をもっている」（五八頁）から、「飛鳥II古段階に位置づけることができ、」「六四〇年前後の土器」（同）である。（資料）3、4はそれぞれ「エビノコ郭南側、ＳＢ九〇〇八のベースとなる土層」「内郭北方のIII期遺構ＳＤ六六〇五の下層」から出土し、5は「酒船石西麓出土の土器群」（五五頁、第一表中）である。林部は5を「II期遺構に直接ともなう可能性がつよい」（五八頁）というが、II期遺構がどの程度に完成していたのか発掘調査がほとんどなされていない現情では、「判断がつかない」（傍点山田）というほかはない。II期遺構が整然とした正南北の線で計画されていることは、現在までの制約された発掘調査でも明らかである。「飛鳥II期遺構は、…大規模な土地造成をしたうえで、地形条件とはかかわりなく、南北軸を重視した正方位にあらためてい」る（林部、二〇〇八年、五一頁）。

この正方位は難波宮に始まる。ソガ王朝では、七世紀初頭に完成した飛鳥寺で、一塔三金堂の配置はみごとに正南北位をとりながら、これをとりかこむ回廊になるとすでに振れだしている。百済直伝の正方位を宮ないし官衙の設計にとりいれることはなかった。Ⅱ期遺構は、ソガ王朝のものではなく、孝徳以後、斉明・天智朝のものとみるべきではないか。

Ⅱ、Ⅲ期遺構については、なお以下の行論によるとして、以上Ⅰ期遺構について、土器からする遺構の年代の判定は、遺構そのものからの出土土器が少なく、むつかしい点があり、林部じしん「土器からの年代の確定が困難」という。またⅡ期遺構とかかわるⅡ群土器についても、林部があげた四資料が「Ⅱ期遺構造営のための整地土からの出土と考えてよいのかは、なかなか判断がつかない」としていた。すなわちⅠ、Ⅱ期遺構についての土器からする考古学的な認定は、ほとんど確証がなく、林部じしん「土器からの年代確定が困難なだけ」（傍点山田）だからと、テキスト・クリティーク抜きで紀の記す諸宮を抜き出し、Ⅰ期は岡本宮、Ⅱ期が板蓋宮、ⅢA期が後岡本宮とあてただけである。小沢・林部説は、一案というべきもので、黒崎直や市大樹のように「断案」と「理解」するのは尚早であろう。

（'14・3・21）

岸俊男の小墾田宮復元

飛鳥諸宮の第一号は、いわゆる推古のいわゆる小墾田宮である（いわゆるを二つ重ねた理由は、おいおい後述する）。これについては岸による復元図（日本の古代宮都、一九九三年、一九頁。）があり、以後の研究者も、若干の批判があっても、岸説をひきついでいる。たとえば林部は、岸の復元では「庁がどのように配置されていたのかまではわからない。ましてや左右対称に整然と配置されていたのかは不明である。……少なくとも日本書紀から、従来いわれているような復元は単純にはできないことだけは確認しておきたい」（飛鳥の宮と藤原京、一七頁。以下、飛鳥の宮、と略す）としながらも、「内裏と朝堂が対置される構造は、藤原宮や平城宮でも

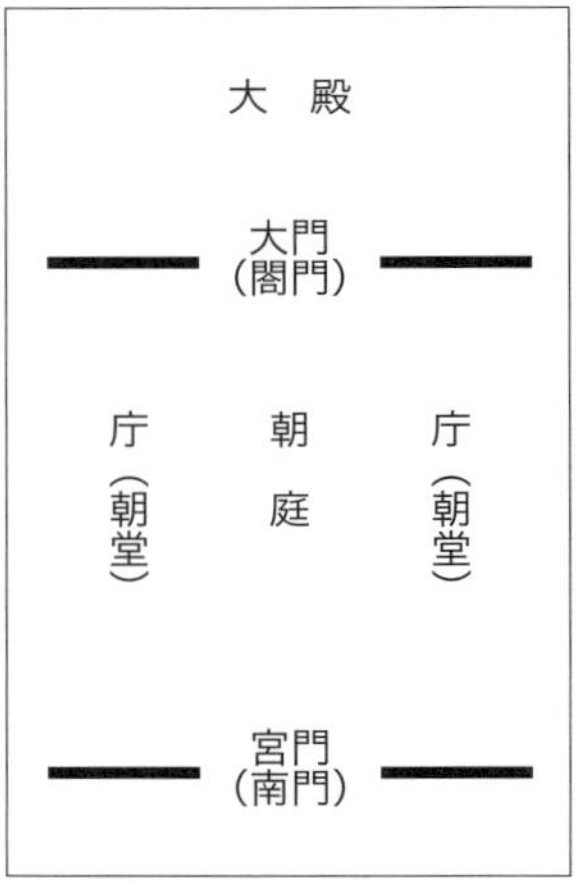

図４　小墾田宮の構造

みられ、そのあとの王宮の中枢形態の原型として評価されている。私も、このような意見を否定するものではない」(同、一六頁)という。

紀は推古がその一一年(六〇三)一〇月壬申(四日)に、豊浦宮から小墾田宮に遷った、と記す。さきほど、いわゆるをつけた二つが、ここにある。推古という天皇は実在したか。いなである。七世紀の前半はソガ王朝、後半が天皇王朝で、皇極紀が述べる中大兄らによる入鹿誅殺が、その実、王朝交替であったことは、八つ章で述べた。ソガ王朝の存在をかくすために紀は、推古期に聖徳太子、皇極期に中大兄を造作した。この間ソガ王は四代にわたっており、推古期とは、その実ソガ王馬子朝に当る。馬子朝は—紀の記述をなぞると—、初代稲目が死んだ五七〇年(いわゆる欽明三一年三月)から、六二六年(いわゆる推古三四年五月)の自己の死までの五六年間である。推古が小墾田宮に移ったとされる六〇三年(推古一一年)には、馬子は本邦初の飛鳥寺を建設中であり、六〇三年はまた豊浦寺創建開始の年ともされてきた。そして推古の小墾田宮は未だにその片鱗すら発掘されていない。

注　かつて聖徳がなぜ天皇になれなかったのかが問われたことがある。一つの答えは叔母の推古が長く(三六年)天皇位にあったからであったが、馬子の在位は、五六年にも及ぶことになる。この長さは、紀年の不確実さを示すものと考えられるが、いまさら実年代をさぐる方法はない。

岸の復元史料の検証(1)　岸は、推古紀から三、舒明即位前紀から一、計四記事を抽き出し、小墾田宮の復元史料とした(古代宮都一八〜二〇頁)。まず(1)推古一六年(六〇八)八月癸卯(三日)、唐客ガ入京シタ、是ノ日、遣ワシテ二飾騎七十五匹ヲ一、而迎エタ二唐客ヲ於海石榴市ノ術《ちまた》ニ一、壬子、召シタ二唐客ヲ於朝庭ニ一、…於レ是、大唐之国ノ信物ヲ置イタ二於庭中ニ一、時ニ使主ノ裴世清ガ、親カラ持チレ書ヲ、…大伴ノ囓ノ連ガ、迎エ出テ承ケレ書ヲ、置イテ二於大門ノ前ノ机上ニ一而奏シタ之、…。「この記事によって、小墾田宮には朝廷と、その奥に大門のあることが知られる」（一八頁）、と岸はいうが、そうであろうか。唐客とあるがむろん隋使裴世清である。隋書、倭国伝は文林郎（唐代、文官の名誉職の一つ）裴清（隋書は唐代に書かれたので、太宗李世民の諱字をはばかり世の字を略した）とする。推古紀は使主裴世清とし、大系本頭注は「顕宗紀（即位前紀、穴穂＝安康天皇三年十月条の人名、日下部連使主）に、使主を於彌《おみ》と訓む旨の注がある」としてオミ裴世清とするが、使主とは唐のとき節度使のことだから、シシュ裴世清である。隋書は、開皇二十年（六〇〇、推古八年）、倭王、姓は阿毎で字は多利思比孤が遣使したと書き、ついで大業三年（六〇七年、推古一五年）にも遣使したので、明年（大業四年）、上（煬帝）は、文林郎裴清を倭国に遣使した、と記す。タリシホコには雞弥という妻があり、利加弥多弗利という太子がいた。裴清は倭国の男王のもとに遣使されたのであり、のちの日本国女王、推古のもとに使したのではない。(1)は、隋書、倭国伝をもとに、日本国史向きに書き替えたものである。つまり、書き替えた文中に、宮の結構らしい朝廷、大門の名が出ても、それは推古期の小墾田の宮の構造を示すのではなく、作文した当時の宮をもとに形容したとみるのが、妥当であろう。当時の宮とは平城宮の可能性が高い。

復元史料の検証(2)

(2)は、推古一八年一〇月丙申（八日）条である。新羅、任那《ノ》使人《ガ》臻《イタツ》二於京《ニ》一、是《ノ》日、命《ジ》二額田部連比羅夫《ニ》一、為《タ》下迎《エル》二新羅《ノ》客《ヲ》一荘馬之長《ト》上、以《テ》二膳《ノ》臣大伴《ヲ》一為《タ》下迎《エル》二任那《ノ》客《ヲ》一荘馬之長《ト》上、

…丁酉（九日）、客等《ガ》拝《シタ》二朝庭《ヲ》一、於レ是、命《ジ》二秦《ノ》造河勝・土部《ノ》連菟《ニ》一、為《タ》二新羅《ノ》導者《ト》一。以《テ》二間人《ノ》連塩蓋・阿閉《ノ》臣大籠《ヲ》一、為《タ》二任那《ノ》導者《ト》一、共《ニ》引《イテ》以自《リ》二南門一入《リ》、立《ツタ》二于庭中《ニ》一、時《ニ》大伴《ノ》咋《ノ》連・蘇我《ノ》豊浦《ノ》蝦夷《ノ》臣・坂本《ノ》糠手《ノ》臣・阿倍《ノ》鳥子《ノ》臣《ガ》、共《ニ》自《リ》レ位起《チ》之、進《ンデ》伏《シタ》二于庭《ニ》一、於レ是、両国《ノ》客等《ガ》各再拝《シテ》、以奏《シタ》二使《ノ》旨《ヲ》一、乃《チ》四大夫《ハ》、起《ツテ》進《ミ》啓《シタ》二於大臣《ニ》一、時《ニ》大臣《ハ》自《リ》レ位起《チ》、立《ツテ》二庁前《ニ》一而聴《イタ》焉。

岸はいう、「この記事は南門を入ると朝廷があり、朝廷には庁、つまり政務を執る朝堂があったことを示している」（一九頁）、と。はたしてそうか。

新羅使、任那使が揃って来朝したのが不審である。推古一八年は六一〇年に当る。新羅が金官（加羅）国に第一

次の侵攻を行ったのは、五二四年、金官（金海）、喙己呑（慶山）への二次侵攻が五二九年、そして五三二年、金官国の仇亥王が新羅に来り降伏した。五三一年には、新羅が卓淳（大邱）を制圧し、百済は安羅（威安）に進出した。以降、田中俊明の好著・大加耶連盟の興亡と任那（一九九二年）のいわゆる「大加耶連盟」をめぐり、新羅・百済の駆け引きが始まる。盟主の大加耶（高霊）が新羅に征討されたのは、真興王二三年（五六二）九月であった（三国史記）。紀はこう記している、欽明二三年（五六二）正月、新羅《ガ》打《チ》二滅《シタ》任那《ノ》官家《ヲ》一、と。それで同三二年（五七一）、欽明は須《シ》下打《チ》二新羅《ヲ》一、封中建《ス》任那《ヲ》上と遺詔（言）して死んだ。欽明の子、敏達、崇峻、推古が、思い出したように征新羅の軍をおこそうとするのはそのせいである。欽明の虚の遺詔からでも四〇年、実の大加耶滅亡からは五〇年、新羅・任那両使がそろって来朝するはずはない。

注　紀は、ソガ王朝の存在を隠蔽するいろいろの工夫をしているが、その一つがミマナである。任那日本府、任那の調といった虚構をちりばめ、ヤマト天皇家が加耶への支配権を確立確保していたかのような記述を、欽明紀を中心に鏤めた。滅亡後も任那と関係していたかのような記事は、任那の調とかかわっていて、これが廃止される孝徳・大化二年九月までこの種の記事は終らない。百済とは任那復興の交渉をたやさない紀の記述は、ソガ王朝の百済寄りの政策を透視させるし、王朝が交替して、新時代の天皇王朝となると、孝徳が任那の調を廃止して、新羅・唐への接近を計る姿勢に転じるのと、対応しているようにみえる。

任那加羅という地名表記は、広開土王碑文にもあり、一九八五年に現地で確かめた思い出がある。これは金官国のことだ。しかし紀には、任那を加耶全体のこととして使っている例があり、このため紀にいう任那日本府が実在していたかのような虚偽が生じた。田中俊明のいうとおり、「朝鮮半島南部を指す地域呼称としては、加耶を用いるべきで」「任那という用語は、使いたくないし、使うべきでもない」（田中前掲書、一二頁）。「任那にミヤケがあったと…主張することを目的とする」日本書紀を「史料根拠にして、その〔任那にミヤケがあった〕ことを実証するなどという方法が正当であるはずがない」（二九頁）。

(2)を思入れなどせず虚心に読めば、本条は(1)と合せて、諸蕃朝聘の事を記したものと解される。中国（隋、唐）ならすべて諸蕃でいいが、日本国が唐並に諸蕃朝聘といえば、中国（唐）は諸蕃なのか否かが問題になる。しかしそれはなお後代のことで、紀記定の時期（天武一〇～養老四年）でいえば、持統三年（六八九）五月甲戌（二二日）条に、新羅の（天武の死への）弔使に対し、太政官の卿等が奉宣した、とある。また続紀、和銅二年五月壬午是日、右大臣藤原《ノ》朝臣不比等《ハ》、引《キ》二新羅《ノ》使《ヲ》於弁官庁内一《ニ》、語《ツテ》…とあり、大宝令制では諸蕃朝聘の事は太政官が管掌していた。したがって(2)で、大臣（馬子）が庁前に立って使の旨を聴いたとあるのは、大宝令制に則っていたと理解される。庁前に立つ前に、大臣自レ位起と書かれていた。位は、爾雅、釈宮に中庭之左右曰レ位とあり、群臣の列する中庭の左右の席をいう。宮都でいえば藤原宮以後、朝廷の列位が整い、文物の儀、是に備わり、と続紀が記すほどの盛儀になった。これらから考えると、(2)は早くて藤原宮・浄御原令、おちついて大宝令・平城宮のころの作文とみていいであろう。

復元史料の検証(3)

(3)は、推古一二年九月条。改《メタ》二朝礼一《ヲ》、因《ツテ》以《ツテ》詔《シテ》レ之曰《ツタ》、凡《ソ》出二入《スルニハ》宮門一《ヲ》、以《テ》二両手一《ヲ》押《シ》レ地《ヲ》、両脚《ハ》跪《ヅキ》レ之、越《エタナラ》レ梱《しきみ》《ヲ》則《チ》立《ツテ》行《ケ》。「この記事にみえる宮門とは、朝堂のある朝廷に出入するための門を意味する」（一九頁）。(3)はただ宮門というだけで、その先に「朝堂のある朝廷」があるとは解せない。(1)での朝廷と大門、(2)での南門と朝廷と庁（朝堂）と重ねてきた推測をここ(3)の宮門に重ねて想像しただけである。

復元史料の検証(4)

(4)は、舒明即位前紀で、推古の病が重篤と聞き、山背大兄が小墾田宮にかけつける条だ。吾聞《イテハ》二天皇《ガ》臥《シタト》一レ病《ニ》、而駆《ケ》上《ツテ》之侍《シタ》二于門下一《ニ》、時《ニ》中臣《ノ》連彌気《ガ》、自《リ》二禁省一出《テキテ》之曰《ツタ》、天皇《ガ》命《ジテ》以喚《ベト》之、即《チ》参進《シテ》向二于閤門一《ニ》、亦栗隈《ノ》采女《ノ》黒女《ガ》、迎《エ》二於庭中一《ニ》、引《キ》二入《レタ》大殿一《ニ》。「この記事は小墾田宮が一つの門を入るとまた閤門があり、それを入った庭の中に大殿があるという構造になっていたことを示している」（二九～二〇頁）、と岸は読み解く。しかし、思い入れなくこの文を読めば、小墾田宮の宮門について、門下、閤門と二つの語が使われていて、閤門を入ると禁省がある、と分る。閤門を一つの門全体の名称とすれば、宮中のある小門をさしている。爾雅、釈宮に、宮中之門ハ謂イ二之闈一ト、其ノ小者ナノヲ謂イ二之閣《かく》一ト、小闈《けい》ハ謂ウ二之閤《こう》一ト、とある。闈の注が謂ウ二相通ジル小門ヲ一也とするから、宮中の通路に設けた小門が闈で、さらに闈の小さいのが閤だというのである。さいごの閤にはもう一義があり、説文に、閤ハ、門ノ旁ノ戸デアル也という。くぐり戸である。以上が中国。日本では「宮中の奥まった小門。宮衛令義解に、兵衛ガ所ハレ守ル、謂ウ二之閤門一ト也とあり、集解古記に内門、謂ウ二兵衛ノ主当ノ門ヲ一之也とあり、養老令の閤門は大宝令では内門と言われたことが知られる」と大系本頭注。閤門の訓ウチツミカドは内門に該当する。⑷の文から、門下の門と閤門とが同じものなのか異なるのか、判断しにくい。宮中の閤門の下（門下）に侍っていると、閤門のくぐり戸をあけて中臣連彌気が出てきて、天皇が喚べとおっしゃっています、と告げたので、門下から閤門に向い宮中（禁省）へ入ろうとした―と解するなら門は一つである。この方が「一つの門を入るとまた閤門があり、これを入った庭の中に大殿がある」と解するよりも素直に思えるが、いずれにしても、門が一つなのか、二重なのかは、⑷から判断できない。

以上、⑴～⑷からは小墾田宮を復元できないことを、みてきた。これらを作文した者たちは、作文当時の宮―おそらくは平城宮―を念頭に描写している。だから⑴～⑷から復元できるのは、小墾田宮ではなく、漠然とした平城宮なのである。後代人（⑴～⑷の作者）が空想の（実在しなかった）小墾田宮を描くとすれば、細部はあいまいで、しかしおおざっぱな全体は、作文当時の宮風に叙述されていることとなる。岸の復元で「内裏と朝堂が対置される構造は、藤原宮や平城宮でもみられ、その後の王宮の中枢形態の原型として評価されている」（林部、前掲書、一六頁）というのは、逆なのであって、後代の王宮の中枢形態を原型として、⑴⑵⑷の小墾田宮が叙述されているのである。

注　批判とは、まことに身も蓋もないものだ。こう書いて、人並みに広辞苑（私が愛用しているのは昭和三十年版である）にひくと、身も蓋もないとは「露骨すぎて、情味も含蓄もない」ことと、みごとである。情味も含蓄もあるのが、ほんらいの理性の使用だと思うのだが、他説への批判となると理性の使用にしなやかさが失われ、棒のように硬直しがちだ。岸さんが「朝堂の初歩的考察」（日本古代宮都の研究、一九八八年）から、「小墾田宮の朝政」（日本の古代宮都、一九九三年）まで想いを掛けた、日本古代史の場所としての宮都の研究そのものを批判しようとは、まったく考えていない。学生のころ、歴史には、出来事としての歴史と叙述としての歴史と二つの相があると教えられた。史的な出来事すなわち史実だけでは歴史は活きない。活かすのが歴史叙述である。やや哲学風にいえば—そういえば、学生のころのぞいたB・クローチェは、哲学を歴史の方法論だとしていた—客観（史実）だけでは活きた歴史にならない。主観（叙述）が客観に息を吹き込み、活かす。かりに私の批判に分があるとしても、岸さんが思い描いた宮都論は古代史の主要なテーマとして確立しているし、これからも研究が深められていくだろう。私が本書に飛鳥の宮都という覚え書をいれたのも、岸さんの歴史の構想力に心ひかれてのことである。

小墾田宮は小墾田の家

では、小墾田宮とはなにか。実在しなかった推古の宮でないとなれば、当時のソガ王朝の宮なのではないか。紀は天皇家の住居には宮や殿を使い、臣下のそれには宅、家を使う。しかし皇極三年一一月条の文章から、蘇我氏の家を宮門《みかど》とも称したのを、九つ章で見た。蘇我氏の家については、初代稲目のとき、小墾田の家、向原の家、軽の曲殿があった。舒明一三年一〇月の著名な仏教公伝の記事（実は道慈の書き入れ）には、百済聖明王から贈られた釈迦仏金銅像を、稲目が小墾田の家に安置し、向原の家を浄捨して寺とした、とみえる。この小墾田の家こそが小墾田宮、向（椋）原の家こそが豊浦宮の実態である。

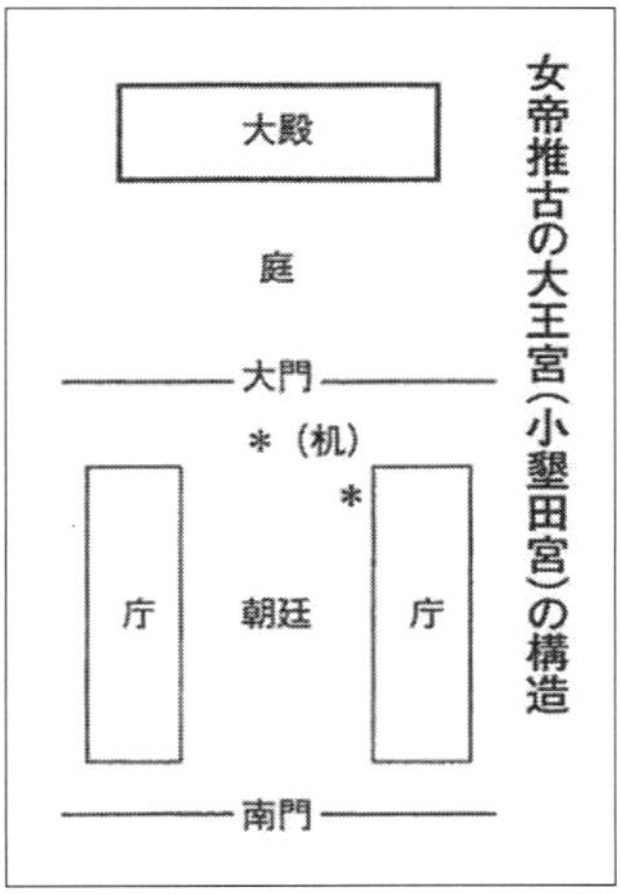

図５　小墾田宮『日本書紀』の記述から宮を復元できる珍しい例。（荒木敏夫）

注　(1)の推古一六年八月条で、隋使裴世清が入京したさい、遣《ワシ》二飾騎七十五匹《ヲ》一、而迎《エタ》二唐客《ヲ》於海石榴市《ノ》術《ニ》一とあり、(2)でも新羅・任那使の入京のさい、命《ジテ》二額田部《ノ》連比羅夫《ニ》一、為《タ》下迎《エル》二新羅《ノ》客《ヲ》一荘馬之長《ト》上、以《テ》二膳《ノ》臣大伴《ヲ》一、為《タ》下迎《エル》二任那《ノ》客《ヲ》一荘馬之長《ト》上、と記している。(1)の飾騎、(2)の荘馬に照応するように、欽明元年九月条に、乃《チ》以《テ》二鞍馬《ヲ》一贈《リ》レ使《ニ》、厚《ク》相資敬《ス》、とみえる。この鞍馬に大系本頭注は「唐鞍をはじめ、もろもろの馬具をつけて飾り装った馬」と付けている。飾騎、荘馬、鞍馬みな同じである。飾騎は紀中(1)だけ、荘馬も(2)だけの稀語。鞍馬も欽明元年九月条に初出、壬申紀（天武元年六月二四日、二七日）に二度、持統七年一〇月二日に一度、計四度と少ない。なお(1)の飾騎七十五匹にも関わって、大系本頭注が「この前後のことは隋書、倭国伝に、後十日、又遣大礼哥多毗、従二百余騎郊労とある」と指摘している。飾騎七十五匹と数が多いのは、そのせいであろう。

もう一つ、岸の小墾田宮の復元に外交儀礼の復元を重複させた人がいる。荒木敏夫・日本古代の王権（二〇一三年）は、その第七章・王の引見・謁見、の中に右掲のような説明文をつけた小墾田宮復元図を作り、推古一六年（六〇八）八月条（岸資料(1)と同十八年一〇月条（岸資料(2)）とから、「小墾田宮における〈賓礼《ひんれい》〉（外交使節への迎接の儀礼）」を復元している（同書二七二～三頁）。屋上、屋を重ねた復元に関心のある人は参照されたい。学説も増殖すれば、復元も増殖する。

岡本宮を巡る錯雑　つぎに岡本宮を検討しよう。まず紀の記述を列挙する。

(1)巻第二三・舒明二年（六三〇）一〇月癸卯（一二日）、天皇《ガ》遷《ツタ》二於飛鳥《ノ》岡《ノ》傍《ニ》一、是《ヲ》謂《ウ》二岡本《ノ》宮《ト》一。

⑵同八年（六三六）六月、災《ひがつイタ》㆓岡本宮《ニ》㆒、天皇《ハ》遷㆓居《シタ》田中《ノ》宮《ニ》㆒。
⑶巻第二六・斉明二年（六五六）是《ノ》歳、於㆓飛鳥《ノ》岡本《ニ》㆒、更《ニ》定《メタ》㆓宮《ノ》地《ヲ》㆒、時《ニ》高麗・百済・新羅《ガ》、並《ビニ》遣《シ》㆑使《ヲ》進《メタ》㆑調《ヲ》、為《ニ》張《ツテ》㆓紺《ノ》幕《ヲ》於此《ノ》宮《ノ》地《ニ》㆒、而饗《シタ》焉、遂《ニ》起《テタ》㆓宮室《ヲ》㆒、天皇《ハ》乃《すぐニ》遷《リ》、号《ケテ》曰㆓《ツタ》後《ノ》飛鳥《ノ》岡本宮《ト》㆒、〔中略〕災《ひがつイタ》㆓岡本宮《ニ》㆒。
⑷巻第二八・天武元年（六七二年）九月条庚子（一二日）、詣《いたツテ》㆓于倭京《ニ》㆒、而御《おわシタ》㆓嶋《ノ》宮《ニ》㆒、癸卯（一五日）、自《リ》㆓嶋《ノ》宮㆒移《ツタ》㆓岡本《ノ》宮《ニ》㆒、是《ノ》歳、営《リ》㆓宮室《ヲ》於岡本《ノ》宮《ノ》南《ニ》㆒、即《その》冬《ニ》、遷《ツテ》以居《おわシタ》焉、是《ヲ》謂《ウ》㆓飛鳥《ノ》浄御原《ノ》宮《ト》㆒。

右の四条をみると、岡本宮をめぐる記事が混乱しているのがわかる。一つは、⑵と⑶とで巻を異にし、二〇年をへだてながら災㆓岡本宮㆒が重出している。二つにそれと重なって、⑶の中でも岡本宮と後飛鳥岡本宮とが混在している。三つに、⑷で大海（天武）が焼失したはずの岡本宮に移住している。すなわち紀は岡本宮、後岡本宮を整理しない（あるいはできない）ままでいる。

岡本宮はどこにあったのか　では、岡本宮はどこにあったのか。巻第二三（舒明紀）は、飛鳥岡傍にあったと書く（文庫版㈣―一七二頁）。大系本頭注（㈣―一七三頁、注一三）はこう記す、「岡本宮を岡寺所在の地（奈良県高市郡明日香村岡）とする玉林抄・帝王編年紀等の旧説は、岡本宮と岡宮とを混同したものであり、飛鳥岡は雷岡又はその東北の小丘と解すべきであるから、岡本宮はそのあたり（明日香村雷・奥山）にあったとみるべきである。↓斉明二年是歳条」と。この大系本頭注（黛弘道カ）は、岡本宮の所在を特定していないが、飛鳥の主だった諸宮（板蓋宮、後岡本宮、浄御原宮）を岡の伝承板蓋宮跡にもっていく小沢・林部説とは逆位にある。

万葉集歌2に、高市岡本宮御宇天皇代という標題がついている。また続日本紀には小治田岡本宮の名が出る。これについて岸は、「この小墾田の地には、のちに斉明天皇がはじめて瓦葺の宮室を建てようと試みており、また壬中の乱当時には兵庫があった。さらに平城遷都後、淳仁天皇は天平宝字四年（七六〇）八月から翌年正月にかけて陰陽寮の勧めによってしばらく小墾田岡本宮に遷居しており、諸国のその年の調・庸などもそこに収納させている」（古代宮都、一九九三年、21～22頁）と記した。

続日本紀の巻第二三、天平宝字四年八月乙亥（一八日）条に、幸《キ》二小治田宮一《ニ》、天下諸国《ノ》当年《ノ》調庸《ヲ》、便即収納《シタ》、とある（行幸直前の辛未＝一四日条にも、糒《ほしいひ》を播磨国から一千斛、備前国五百斛、備中国五百斛、讃岐国一千斛を小治田宮に貯えた、との記事がある）。小治田宮と書いた平安時代の墨書土器が、一九八七年の第三次発掘調査で、雷丘東方遺跡の井戸から出土して話題になったけれども、続紀・天平宝字四年（七六〇）八月条の小治田宮について、新大系本・続紀脚注は「翌〔天平宝字五〕年正月癸巳条にみえる小治田岡本宮か」とし、なお補注23―四を付け加えている。天平宝字五年正月癸巳（七日）条とは、詔《シテ》曰《ウ》、依《リ》レ有《ルニ》二大史局《ノ》〔天平宝字二年八月甲子＝二五日に官号の改易があり、陰陽寮は大史局と改号〕奏《スル》一レ事《ヲ》、暫《ク》移《ツテ》而御《いタ》二小治田《ノ》岡本宮《ニ》一。補注23―四は、「推古期の小墾田宮との関係をあとづけるだけの文献資料は存在しないので、両者の継承関係には不明な点が残る」というが、すでに述べたように、推古の小墾田宮はなかったから継承関係など存在しなかった。万葉の高市岡本宮、続紀の小治田岡本宮、さらには天平神護元年一〇月辛未条の、到二大和国高市郡小治田宮一などから、岡本宮が、飛鳥というよりもやや北の高市郡の小治田ないし雷近くに所在した可能性が大きい。これら後代資料の呼び名からする所在は、岡本宮の南に宮室を営ったという天武元年九月・是歳条の記事と合うのである。

最盛期の石神遺跡

石神遺跡は、奈良文化財研究所により、一九八一年以降、継続して丹念な発掘調査がつづけられ、その結果A期（7C前半～中頃、斉明期）、B期（7C後半、天武期）、C期（7C末、藤原宮期）に大別された。A期はさらにA1、A2、A3の三期に区分され、A1期とされたSD４３４５から出土した瓦は六二〇～三〇年代に位置づけられ、複数棟の瓦葺建物を含む仏教関連施設が営まれていたのがA1期である。年代から言

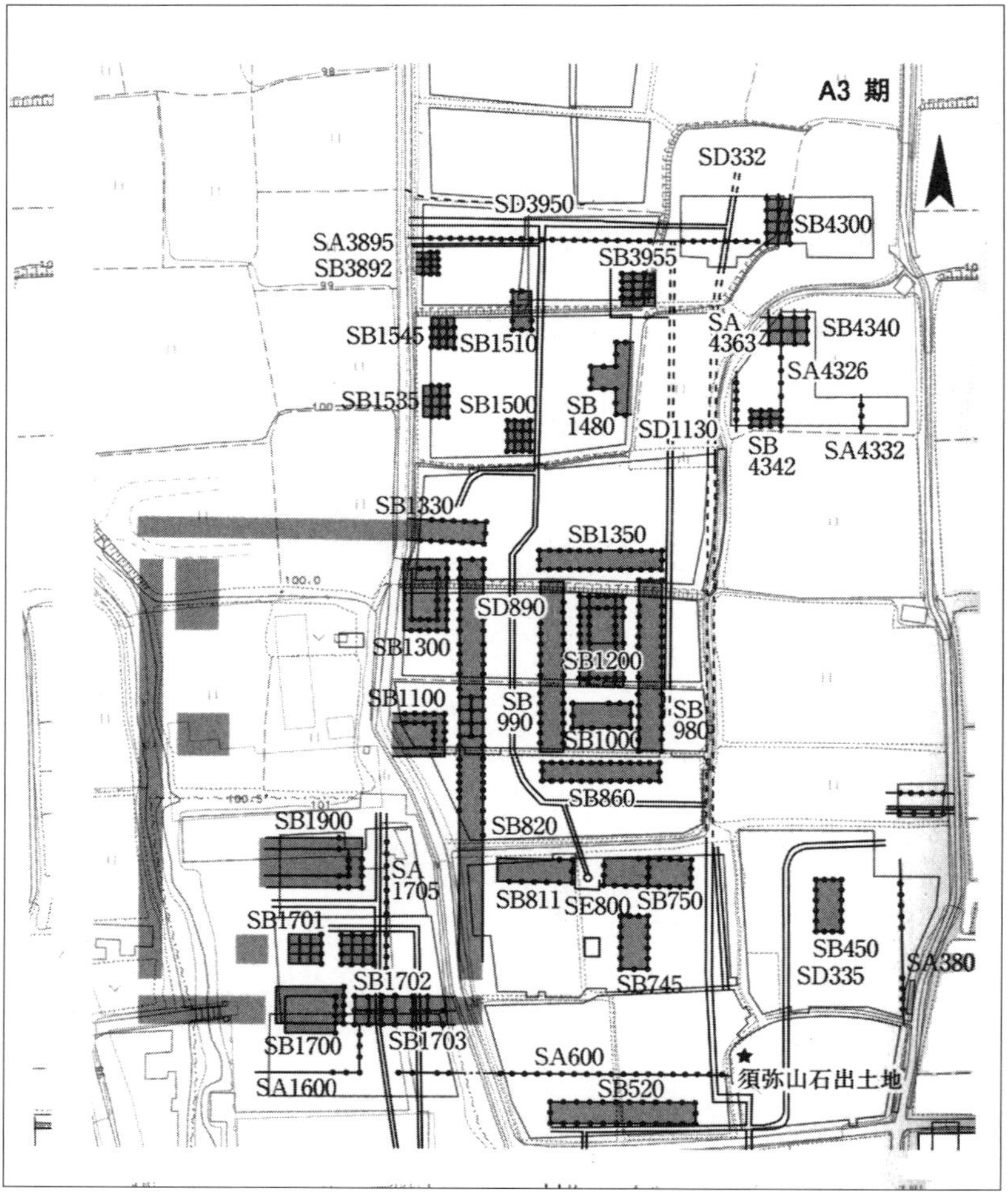

図６　石神遺跡Ａ３期図（奈文研紀要2009）

ってソガ王朝期である。A2、A3期は斉明期の饗宴施設とされているが、石神遺跡の最盛期である。この時期の遺跡の規模は南北約一八〇m、東西約一三〇mほどかという。浄御原宮内郭の南北一九七m、東西一五二〜八mとさほど違わない。この区域の西に、四五八頁の図（石神遺跡の調査—第一五六次、奈良文化財研究所紀要二〇〇九、八四頁、図九〇石神遺跡遺構変遷図A3期）が示すように、長廊風の南北の建造物で東（SB八二〇）、南（SB一七〇三、SB一七〇〇）、北（SB一三三〇）を区画した大きな一画がみえる。以下、素人の私が記すより、専家の筆（安田龍太郎、石神遺跡、続明日香村史上、二〇〇六年、考古編、一六七頁）によるのが最善と判断し、四六〇頁の図・七世紀中頃の石神遺跡・水落遺跡主要遺構配置図（同村史上、一六六頁）と共に、やや長く借用する。

中心区画だった西区画

「西区画は長大な廊状建物で囲まれた空間で、外周の規模は南北一〇六メートル、東西七〇・八メートルと推定される。区画の中央で、南から南北距離三分の一の位置に桁行七間、梁行三間の東西棟建物〔SB一九〇〇〕があり、のちに四面に廂がめぐらされる。西区画の中心建物（正殿）と考えられる。区画の南辺中央は桁行五間、梁行三間の身舎に四面廂がつく建物〔SB一七〇〇〕で、正殿と中軸線を揃える。正殿との間には総柱東西棟建物二棟が東〔SB一七〇二〕西〔SB一七〇一〕に並ぶ。南辺中央建物の東は梁行二間の長大な総柱南北棟建物〔SB八二〇〕が延びる。東辺・北辺〔SB一三三〇〕は梁行二間の長廊状建物であり、南辺とは異なる。東北部には四面廂を持つ東西棟建物〔SB一〇〇〇〕や、南北棟建物〔SB一二〇〇〕がある。また、水落遺跡から延びた二本の木樋暗渠が、区画内で縦横に走る。区画の大きさ、建物の規模や、建物周辺の石敷舗装などの状態からみて、この時期の石神遺跡の中心区画であったことが想定される。なお、水落遺跡では、水時計台の施設より古い時期に、西区画に類似した遺構が検出されており注目される」（前掲村史上、一六七頁）。

そこで水落遺跡（同、安田龍太郎）の該当部分もひいておく。「近年の調査では、礎石建物〔SB二〇〇〇〕南東で、これより古い時期の大規模な四面廂付東西棟建物〔SB三七〇〇〕とその東側に長廊状建物とみられる南北棟建物

〔SB三八一〇〕、その東に雨落溝と考えられる石組溝〔SD三八〇〇〕を検出した。大規模建物と長廊状建物の位置関係などからみると、石神遺跡の七世紀中ごろの西区画の遺構と類似している。水落遺跡の礎石建物から延びる木樋暗渠との関係からみて、石神遺跡の西区画は礎石建物と同時に造営・廃絶したと考えられる。このことから、礎石建物に先行する建物群が、礎石建物の建設に伴い、北へ移されたことも想定される」（同村史上、一六四頁）。すなわち石神西区画は、水落礎石建物に先行する建物群から連続した存在だった可能性をもつ。

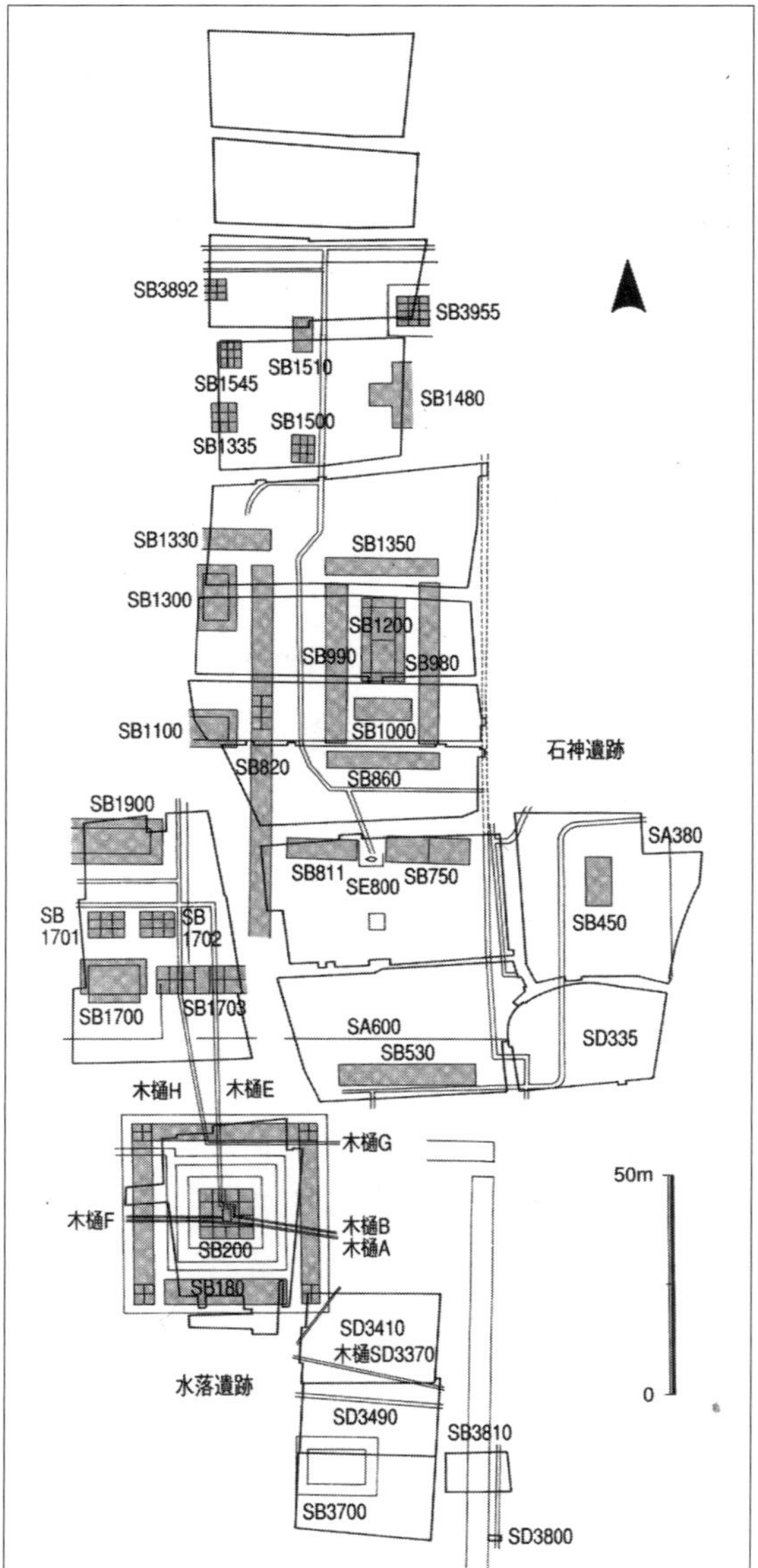

図7　7世紀中頃の石神遺跡・水落遺跡主要遺構配置図（続明日香村史、上、2006年、166頁、原図）

石神遺跡は早くから斉明の迎賓館と位置づけられてきた。域内から石人像や須弥山石（斉明三年七月一五日、作二須弥山像於飛鳥寺西一、など）が出土し、南に接して漏刻（斉明六年五月是月条）と水利用施設の水落遺跡、さらには飛鳥寺の西の槻の下の宴会場もあり、これらが複合して斉明の迎賓館という観念が定着した。発掘調査の結果、石神遺跡がA（七世紀前半～中ごろ）、B（七世紀後半）、C（七世紀末～八世紀初）と、飛鳥時代（七世紀）史全体にわたる遺跡であり、さらにA、B、Cが細分化されて、AがA1、A2、A3と分れ、各期各段を通じてじつに多様な改造、新設が繰り返されたことが、明らかになってきた。石神遺跡の七世紀史的な意義を認識するに当って、迎賓館イメージを一度とりはらって考えてもいいのではないか。

西区画こそが斉明の岡本宮　そう考える根拠は、先に岡本宮の記事を四つあげたが、その(3)斉明二年是歳条である。先には抄記したが、全文を掲げる。

於二飛鳥《ノ》岡本一《ニ》、更《ニ》定二《メタ》宮《ノ》地一《ヲ》、時《ニ》高麗百済新羅《ガ》、並《ビニ》遣《シ》レ使《ヲ》進《ツタ》レ調《ヲ》、為《ニ》張二《ツテ》紺《ノ》幕《ヲ》於此《ノ》宮《ノ》地一《ニ》、而饗《シタ》焉、遂《ニ》起二《テタ》宮室一《ヲ》、天皇《ガ》乃《ニ》遷《リ》、号《ケテ》曰二《ツタ》後《ノ》飛鳥岡本宮一《ト》、〔以下、田身嶺に両槻宮を起てたり、石上山から二百隻の舟で石を運び於二宮東山一、累レ石為レ垣とし時人に狂心渠と謗られた記事があるが、省略する〕、又作二《ツタ》吉野宮一《ヲ》、…災《ケタ》二岡本《ノ》宮一《ガ》

後岡本宮と岡本宮とが混在している。巻第十六・武烈紀で、孫の大伴金村の代に祖父の室屋が錯雑して登場していたように、ここでは後岡本宮と岡本宮とが混在すべくもない（二〇年前の舒明八年六月に岡本宮は焼けている）のに、混在し（そして更に焼け）ている。実在しない（岡本宮の）舒明と実在した斉明とを夫婦としたために、斉明の宮の方を後飛鳥岡本宮として弥縫しようとしたが、しきれずに右のように混在してしまったのであろうか。実在したのは

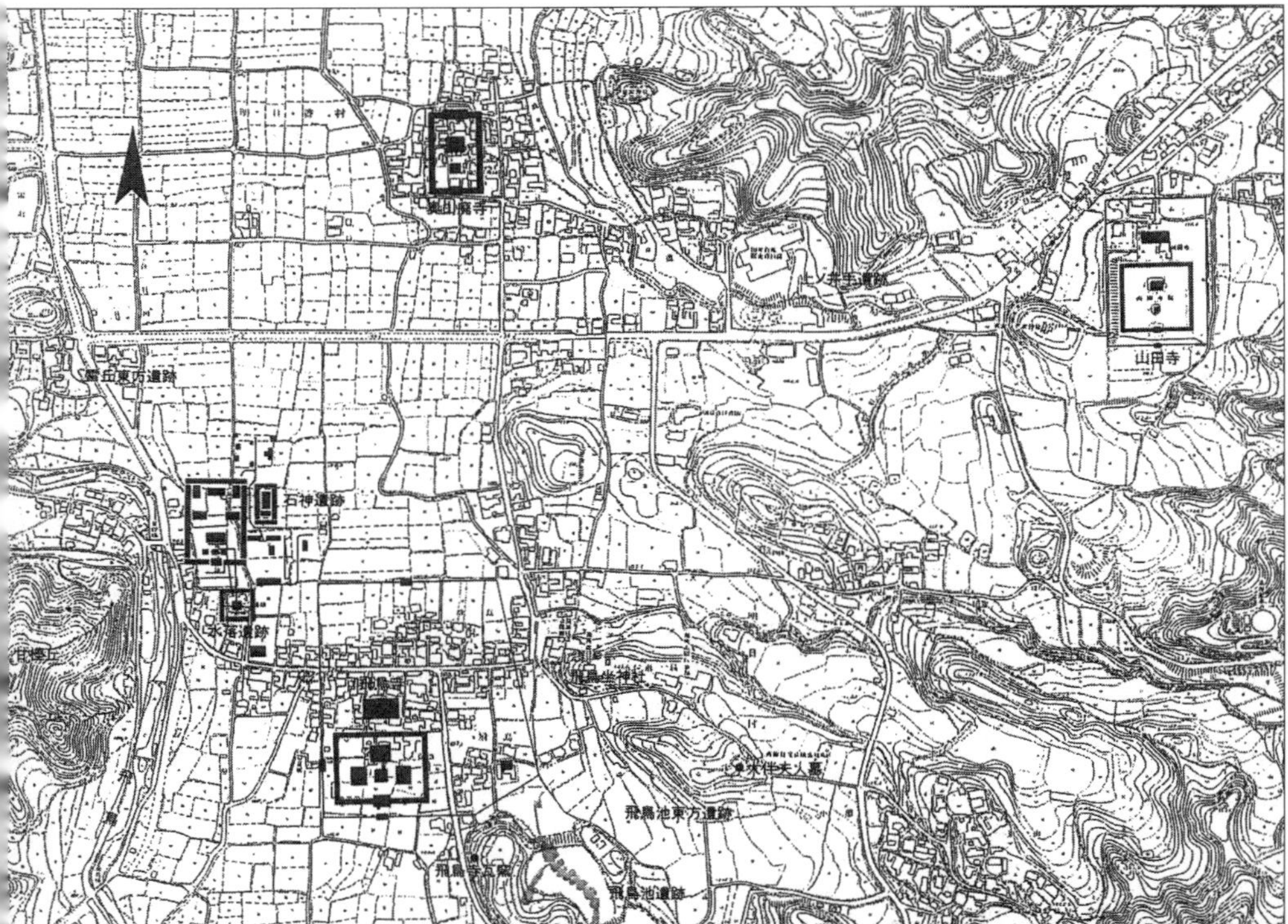

図18　飛鳥地域の詳細図（奈良文化財研究所創立50周年記念、飛鳥・藤原京展図録、2002年）

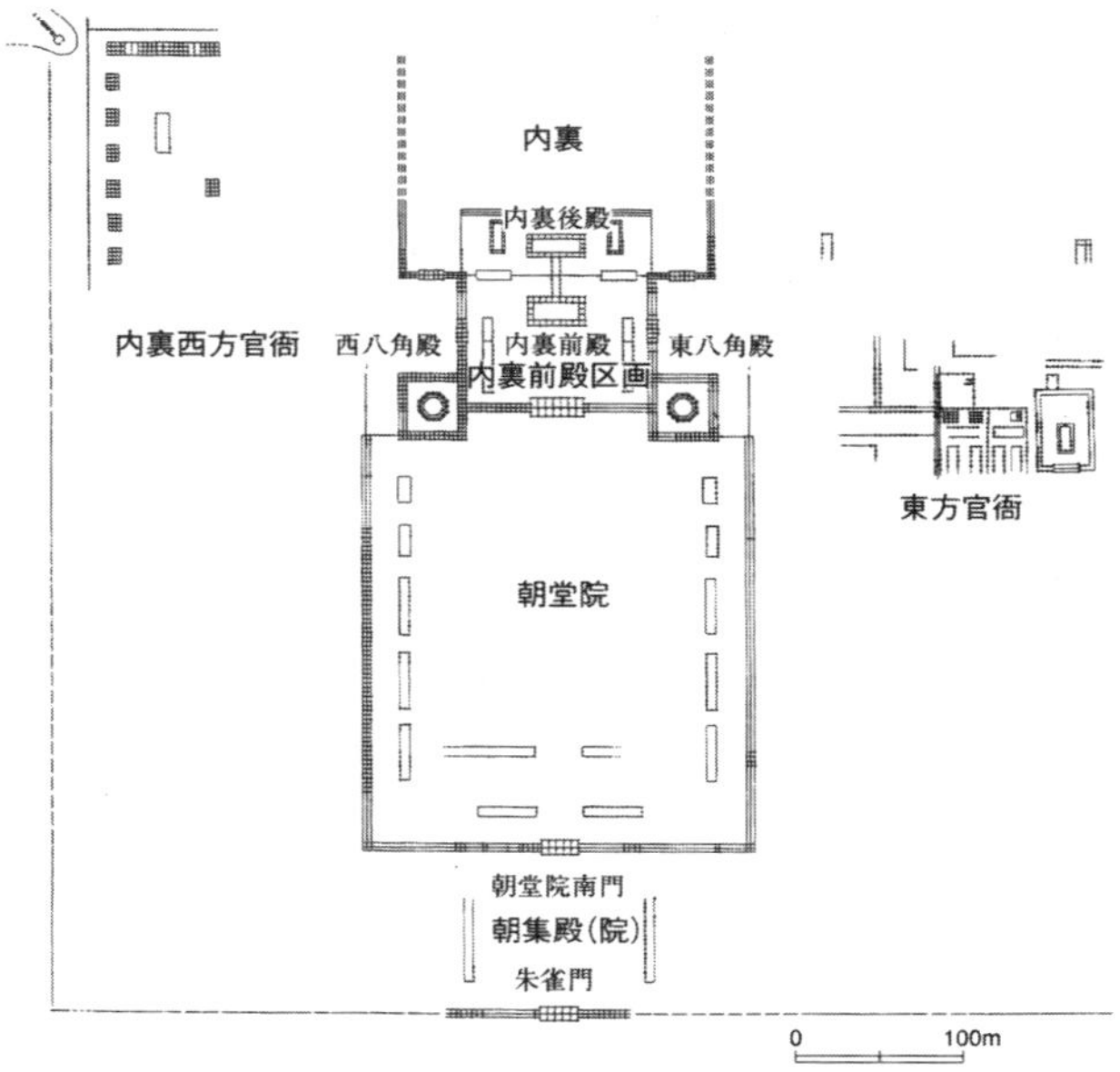

図９　前期難波宮殿舎配置図（原図は、植木久、難波宮跡、2009年、37頁の図10.）

斉明の岡本宮であり、A3期石神遺跡の西区画こそが、その岡本宮である。私のイメージは、前頁の奈文研「飛鳥・藤原京展図録」の飛鳥地域の詳細図が示している。

難波宮東方官衙区の楼閣風建物

そう考えたきっかけは、天皇王朝初代、孝徳の難波宮の東方官衙区の発掘調査である。二〇〇六年度の発掘で、楼閣風の建物が発見され、一一月一八日に現地説明会があった。五間門の両側から南北に長い回廊をめぐらした空間の中に、南北棟建物がある。五間門は前期難波宮の朱雀門と同じ規模で、この楼閣風建物の格の高さを示している、などと聞き、強い関心を持った。

　発掘の現場で説明会資料と付き合せてみると、「楼閣風の建物であった可能性」があるこの掘立柱建物2は、「南北三間、東西二間（6m）以上の南北方向に長い側柱建物」である。「南・西面に縁束柱ないし庇の支柱とみられる柱穴があることから、格式の高い建物」と考えられる。付図で計ると、回廊は南北四〇m、東西三〇mほどで、建物２の西と南で三〜五cmの小石敷が発見され、建物２を取り囲んで敷設されたとみられる。「前期難波宮跡で敷石を施した例は内裏中心部の一部でみつかっているだけ」である。これらの遺構は「七世紀中頃、前期難波宮の時期のものとみられ」る。説明会資料は、堀立柱建物２を、のちの大津宮の浜楼（藤氏家伝）に類似しているとし、「このような施設であるとした場合、建物２を南北棟にすることによって、東方〔河内湖ごしに生駒山系を見る〕への視界がより開けることから、南北棟の説明がつ」く、という。「ただし、この場合、建物２がさほど広い面積をもたないことから、外国の使節を饗応するほどの大規模な宴席用としてではなく、少人数が集うためのもの」ではなかったのか、ともいっている。

難波の楼閣は石神の東区画

西に大きな前期難波宮があり、較べるとまことに小さいが東に浜楼（饗応館）風の施設がある。この難波宮の構造は、初代孝徳のものだから、二代斉明の岡本宮にもひきつがれたのではないか。

そういう目で石神遺跡を見ていくと、A3期区画の西半に、正殿（ＳＢ一九〇〇）を囲む宮風の構成があり、その北にあたかも難波宮の饗宴館（堀立柱建物２）を移設したかのように、回廊風の東にＳＢ九八〇、西にＳＢ九九〇、北にＳＢ一三五〇、南にＳＢ八六〇が配され、この空間の南に東西棟建物ＳＢ一〇〇〇、北に南北棟建物ＳＢ一二〇〇がある。この区画は南北が五〇m弱、東西が二五mほどである。東側の南は石敷の広場で、広場の北（先の饗宴館風の一画との間）に、二つの東西棟建物にはさまれて井戸（ＳＥ八〇〇）があり、広場は東西五〇m以上、南北四〇mあり、須弥山石が出土したのは、この広場の東南の端である。

すなわち、斉明の岡本宮は、石神遺跡の最盛期、A3期区画の西半、ＳＢ一九〇〇を囲む一画であり、斉明の迎賓施設は、区画の東半、北にＳＥ一〇〇〇とＳＥ一二〇〇をもつ一画であり、南に石敷の広場を併設していた。

これまでの宮都論

これまでの宮都論は、紀の宮都記事のすべてを史実とみてきたし、また推古以後の天皇を全て実在したとみなして、各「天皇」ごとに宮都の変遷あるいは持続を考えてきた。それをよ

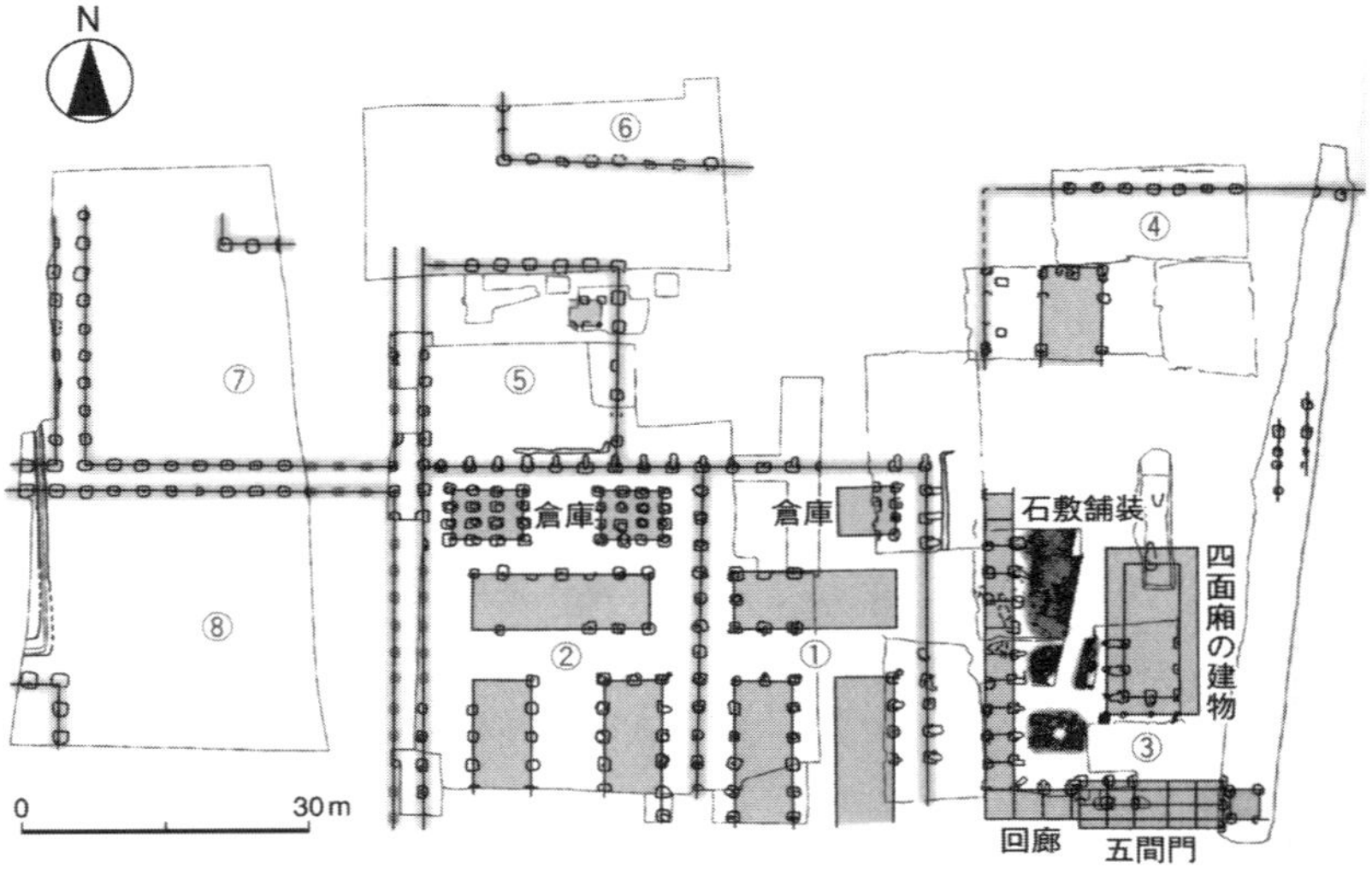

図10　東方官衙遺構配置図（原図は、積山洋、東アジアに開かれた古代王宮、2014年、45頁）図中の右下の四面廂の建物が説明会資料の堀立柱建物2に相当する。

く表しているのが、小沢毅「飛鳥諸宮の変遷」表（日本古代宮都構造の研究、二〇〇三年、三二七頁）および林部均「飛鳥の諸宮の移り変り」表（飛鳥の宮と藤原京―よみがえる古代王宮、二〇〇八年、三五頁）である。ならべて書いたが、両表はまったく同じもの、というより、林部の表は、小沢の原表に、伝承板蓋宮跡のⅠ、Ⅱ、ⅢA、ⅢB遺構を示す矢印を付け足しただけのものだし、且、この当て嵌めは、これまた小沢の論文・伝承板蓋宮跡の発掘と飛鳥の諸宮（橿原考古学研究所論集第九、一九八八年、のち二〇〇三年の前掲書、第一部第一章に収録、その三八頁⑶）でなされたものを踏襲したのだから、両表はまったく同じと言える。そこで矢印を入れた林部の表の方を借りて次頁に掲げておく。

表の中心は、天皇正宮と飛鳥諸宮との欄が重なる、岡本宮*、飛鳥板蓋宮、後飛鳥岡本宮、飛鳥浄御原宮の四つである。移り変わり表（林部）では、この四宮を上から順に、Ⅰ期、Ⅱ期、ⅢA期、ⅢB期の遺構に該当するとしている。私見は異なる。Ⅰ期遺構はソガ王朝時代の建物であり、現状では建物の性格を決定できない、と考えている。また、岡本宮と後岡本宮については、後者が架空で、斉明の岡本宮だけが実在し、石神遺跡A3期の西区画が該当すると上述した。飛鳥板蓋宮、飛鳥浄御原宮について、また宮跡のⅡ、ⅢA、ⅢB期を、どの宮に当てるのかは、順を追って考え定めていきたい。

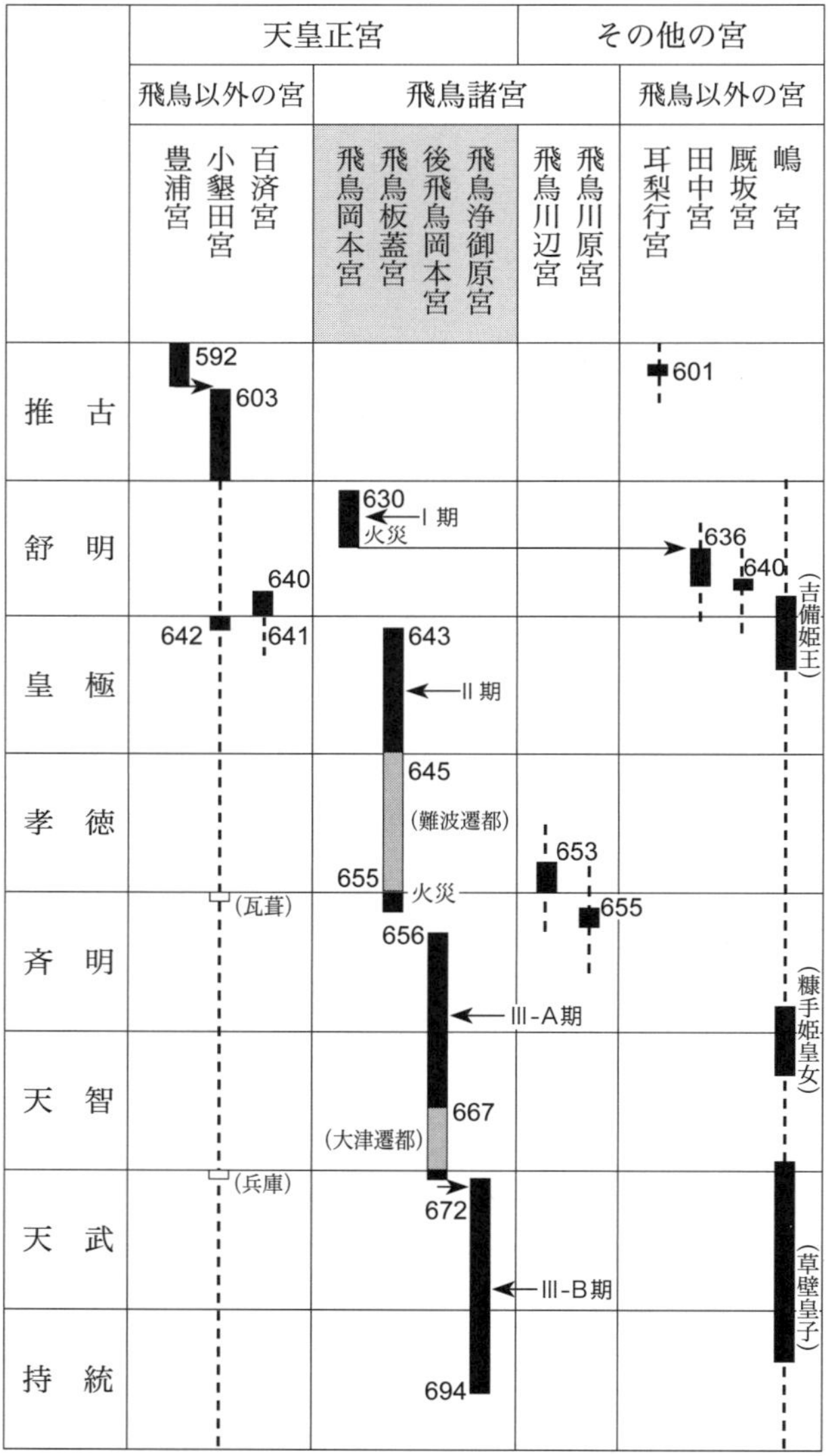

図11　飛鳥の諸宮の移り変わり（林部・飛鳥の宮と藤原宮、2008年、35頁、図6）

注　両表は、飛鳥岡本宮とするが、紀はすべてたんに岡本宮である。後岡本宮はなく、斉明二年条に一度だけ後飛鳥岡本宮とある。飛鳥という地名が、実在した岡本宮にはつかず、架空の後岡本宮の方につく。何事かを訴えている資料事実である。

まず表の正宮で飛鳥以外の宮について整理しておこう。㈠飛鳥以外の正宮は、豊浦宮、小墾田宮、百済宮の三宮である。前の二宮はいわゆる推古の、後の一宮がいわゆる舒明の宮である。前の二宮は、岸の小墾田宮復元の検証とかかわっていて、すでに述べた。実在しなかった推古の正宮ではなく、ソガ王一代の稲目の向原（豊浦）家、小墾田家のことであった。同様に実在しなかった舒明の正宮、百済宮もまた虚宮と考える。巻第二三・舒明紀の宮（家）記事をみると、次の八項である。

1　（即位前紀、先是）山背大兄ハ、居タ二於斑鳩ノ宮一ニ。

2　（同、於是）吾ハ聞イテ二天皇〔推古〕ガ臥スト一レ病ニ、而馳上《かけ》テ之侍ツタ二于門ノ下一デ、時ニ中臣ノ連弥気ガ、自リ二禁省一出テキテ之曰ツタ、天皇ガ命ジテ以喚ベト之、則チ参《む》二向《か》ツタ于閤門一ニ、亦栗隈ノ采女ノ黒女ガ、迎エ二於庭中一ニ、引キ二入レタ大殿一ニ。

3　（同、同）吾ハ曽テ将テレ訊ネヨウト二叔父〔蝦夷〕之病一ヲ、向イレ京ニ而居タ二豊浦寺一ニ。

4　（二年一〇月）天皇〔舒明〕ガ遷ツタ二於飛鳥ノ岡ノ傍一ニ、是ヲ謂ウ二岡本宮一ト。

5　（八年六月）災《ひがつ》イタ二岡本宮一ニ、天皇ハ遷二居シタ田中ノ宮一ニ。

6　（一一年七月）詔シテ曰ツタ、今年、造《つ》二作《く》ロウ大宮及ビ大寺一ヲ、則チ以テ二百済川ノ側一ヲ為シ二宮処一ト、是ヲ以テ、西ノ民ハ造リレ宮ヲ、東ノ民ハ作レレ寺ヲ、便チ以テ二書ノ県一ヲ為タ二大匠一ト。

7　（一二年一〇月是月）徙ツタ二於百済ノ宮一ニ。

8（一三年一〇月九日）天皇崩《ガレンダ》于百済《ノ》宮《デ》。丙午（一八日）殯《シタ》於宮《ノ》北《デ》、是《ヲ》謂《ウ》百済《ノ》大殯《ト》。

この内、2は岸が小墾田宮の復元に際し、依拠した四記事中の(4)に当る。また4、5は、先に岡本宮と後岡本宮とを紀が整理できないでいたことをみる際に参照した記事であり、5の災岡本宮が、巻第二六・斉明紀（二年是歳条）と重出記事であることも、その際みておいた。さらに6もまた巻第二四・皇極紀（元年九月条）との重出記事であった。このように舒明紀の宮記事には、未整理、重出、未完の傾向がつよく、たとえば6をそのまま史実と解して、百済大寺、百済宮を舒明の発願、発意によるものとするのは、安易にすぎる。5で田中宮なるものが出ている。岡本宮が焼けたので田中宮に遷居したというのである。通説で、舒明は血統から言っても、宮居から言っても、蘇我氏とは無縁であり、それで百済に大寺、大宮を造作した、とされている。田中宮について大系本頭注は、「大和志に高市郡田中宮、古蹟在田中村とある。今の豊浦の西北に存し、同じく飛鳥京の内。今、橿原市田中町。十二年十月百済宮に遷るまでの臨時の皇居」、としている。しかし当該地に発掘調査されたのは、なお不確定ではあるが、ソガ一族である田中氏の田中廃寺（橿原市田中町）であって、田中宮は小墾田宮と同じく未だ発掘されてはいない。以上、飛鳥以外の正宮三つの記事については、いずれも実在しなかったとみる方が、誤りが少ないと思われる。

残る六宮　先表で残るのは二つ。一つは飛鳥の正宮ではない諸宮（飛鳥河辺行宮と飛鳥川原宮の二宮）で、もう一つは飛鳥以外の諸宮（耳梨行宮、田中宮、廐坂宮、嶋の宮の四宮）である。まず前者からみていこう。

1（飛鳥河辺行宮、孝徳・白雉四年是歳）太子（中大兄）奏《ガ》請《シテ》曰《ツタ》、欲《ウト》冀《クハ》遷《ロウト》于倭京《ニ》、天皇《ハ》不《ない》許《サ》焉、皇太子乃《チ》奉《ジ》皇祖母《ノ》尊〔斉明〕・間人《ノ》皇后《ヲ》、并《ビニ》率《イ》皇弟〔天武〕等《ヲ》、往《キテ》居《タ》于倭《ノ》飛鳥《ノ》河辺《ノ》行宮《ニ》、于時、

公卿大夫・百官人等ハ、皆随ッテ而遷ッタ。

2（飛鳥川原宮、斉明元年一〇月是冬）災《ひっ》ク二飛鳥ノ板蓋ノ宮一ニ、故ニ遷二居シタ飛鳥ノ川原ノ宮一ニ。

1は、宮のことより先に、その史的意味を汲みとらねばならない。中大兄の奏請は、難波宮をやめて倭京に遷ろうというものである。孝徳が難波宮を造ったのには、東アジア国際情勢の中でとるべき外交路線がかかわっている。ソガ王朝が唐の膨張主義にどう対処しようとしたのかは、紀に叙述がない。しかしソガ王朝は百済ときわめて親密であった。飛鳥寺の創建に百済王が、仏舎利、聆照律師以下六人の僧、二人の寺工、鑪盤博士一人、瓦博士四人、画工一人を派遣した記事（崇峻元年是歳条、なお三二六頁注参照）は、ソガ王朝と百済王朝との親密さを示している。

唐太宗の膨張主義

その三〇年後（六一八年）、李渕（高祖）が唐を建てた。六二六年（ソガ馬子が死んだ年）、李世民（太宗）が兄（皇太子）と弟（斉王）を殺して二代目の天子となった。太宗の内治は後に貞観の治と称されたが、それは西戎、東夷の征服、版図の膨張と相俟っていた。唐の膨張主義は、はじめ北、西を向いていた。北方の伝統的な強敵である東突厥が、まず貞観四年（六三〇、舒明二）に、ついで吐谷渾は同九年（六三五、舒明七）、さいごに同一四年（六四〇、舒明一二）九月高昌国が討滅された。遊牧・騎馬民で残ったのは東の高（句）麗だけである。以後、太宗の顔は東を向く。これが六四〇年代の東アジアに激動をひきおこした。高（句）麗・百済・新羅の朝鮮半島三国と、倭・日本の日本列島二国とは、軒並み政変に見舞われる。その諸政変を、紀は、明確、不明確のちがいはあっても、比較的よく伝えている。

紀が伝える百済の情勢

皇極元年（六四二）二月戊子（二日）、百済の弔使に、百済の情勢を問うたところ、義慈王が「塞上ハ恆ニ作レ悪ヲ之、請ウテモレ付スノヲ二還ル使ニ一、天朝（皇）ハ不レ許《ま》イス」と言ったと答えた。また弔使の傔人（従者）は、

「去年（六四一年）《ノ》十一月《ニ》、大佐平《ノ》智積卒《ガしンダ》……、今年（六四二年）《ノ》正月《ニ》、国主（義慈王）《ノ》母薨《ガしンダ》、又弟王子《デ》児《ノ》翹岐《ト》及其《ノ》（同）母妹《ノ》女子四人、内佐平《ノ》岐味、有《ツ》㆓高名㆒《ヲ》之人卌余《ガ》、被《れ》㆑放《タ》㆓於嶋㆒《ニ》」と言った、と。文意が明確ではないが、下文四月八日に大使翹岐が拝朝し、一〇日には蘇我大臣（蝦夷）が畝傍の家で親しく談話し、良馬一匹と鉄二十鋌を賜っている（こういうことはふつう国王のすることで、この条もまた私がソガ王朝の存在を考える一つの根拠となった）。また七月二二日に百済使人大佐平智積に朝で饗したともある。大系本補注（四―24―1）は、上引の「傔人の言は、下級官吏の間に流布された風説を伝えたもの」で、「翹岐・智積らは、いわば日本派で、去年十一月から今年正月にかけての内乱で、日本派の大敗北が推定される」とした。井上秀雄・実証古代朝鮮（一九九二年）は、六四二年百済に政変があり、王弟の翹岐らが敗れ、義慈王が「唐の東方政策に対応した戦時体制〔を〕確立」（一〇二頁）した、とみている。内乱で日本派が大敗北したとの推定よりも、政変で反対派を除き戦時体制を確立したとする説の方がいい。盧泰敦・三国統一戦争史*（二〇〇九年）は、「百済朝廷で大きな政変のあったことは事実とみられる。…この時の政変は、義慈王が即位した後、王室と朝廷で自らに負担となる勢力を大挙して粛清した事件であり、粛清された者には王族も含まれていた。事件が義慈王母后の死の直後におこった点からみて武王代に、成長した外戚を中心とした貴族勢力を義慈王が除去したものと推測される。一種の親衛クーデターということができ、これを契機に王権と中央集権力が一層強化されたとみられる」（橋本繁訳、二〇一二年、五三～四頁）という。政変があったとしているが、その政変がなにを争点としていたのかについてはふれていない。貴族層を排除して王権が強化されたのはたしかだが、権力争いには必らず争点があるのだから、それが何であったのかが問題である。

注　この覚え書を書き上げ、机周辺に乱雑に積み重ねた本や雑誌、紙片の類を整理したところ、下の方から盧泰敦・三国統一戦争史（二〇〇九年・橋本繁訳・古代朝鮮・三国統一戦争史、二〇一二年）が出てきた。老来、書物の購入に物忘れが加わり、買うべき本を忘れたり、同じ本を二冊、三冊求めたりする。盧泰敦の定評あるこの本も、購入したなり忘れてしまい、死蔵状態になっていた。盧は「七世紀東北アジア史を変化させたもっとも強力な推進力は、唐帝国の力であった。しかし、唐帝国の力が、媒介なしに直接、三国統一戦争に作用した訳ではなく、統一中国帝国の力は、三国と倭国朝廷の政策決定を媒介として三国統一戦争に作用した。…当時の国際情勢において、東北アジア諸国が、自国のとらねばならない方向についてそれなりの主体的判断と選択過程をへた後、東北アジア諸国間の同盟と対決の戦列が形成された」（第1部第二章、四二頁）。「三国統一戦争史の場合、これが三国間の戦争であると同時に国際戦であったという点と、先に述べた実際の歴史の展開過程に依拠すると、六四一年を三国統一戦争の始点とするのが妥当と思われる」（四五頁）と述べている。おちついた大局観に賛成である。

（この注'14・2・21）

宿敵高麗との歴史的な和解

政変について史料はない。しかし皇極元年（六四二）二月の記事以後を見ていこう。同年七・八月の出来事を、旧唐書、百済伝、はこう書く。「〔貞観〕十六年（六四二）〔七月〕、義慈が兵を興し、新羅の四十余城を伐った。又、兵を発して之を守った。〔八月〕高句麗と和親して好を通じ、謀って党項城を取り、以て新羅の〔唐への〕入朝の路を絶ちたいと欲《おも》った」（傍点山田）。同じことを三国史記、新羅本紀は「八月、〔百済は〕又高句麗と謀り、党項城を取って、以て帰唐の路を絶ちたいと欲った。〔善徳〕王は使いを遣わし急を太宗に告げさせた」（傍点山田）、と記している。

傍点を付しておいたように、百済の新羅侵攻は、高麗と謀議した上での事だった。* 高麗・百済関係史は、高麗の強圧とこれへの百済の抗争の歴史であった。四七五年、強大な高麗の南下の圧力で漢城（現、ソウル）は陥落、百済王は殺された。同年、熊津城（現、公州）で文周王が立ち、五三八年、さらに南の泗沘城（扶余）へと百済は押し詰められた。和親通好すべくもない宿敵が高麗であった。その宿敵と歴史的な和解をするについては、百済支配層の内部に賛否両論の分裂が、当然にあったであろう。皇極元年（六四二）二月条の必ずしも明確でない記述は、この歴史的和解をめぐる政争を示している、と私は考えている。

注　三国史記、百済本紀、義慈王にも、三年（六四三）冬十一月、王ハ与二高句麗一和親シ、謀ツテ欲《おもイ》下取ツテ二新羅ノ党項城一ヲ、以塞ギロウト中入朝之路上ヲ、遂ニ発レシテ兵ヲ攻メタ之、とある。以後、両国は、同十一年（六五一）条が、高句麗・百濟ハ脣歯ト相依リ、と記すように、密接な関係を保持している。

三国では、みな貴族層の連合権力が王権を制約していた。百済の義慈王は、高麗と和親した上で、新羅から旧加耶をとりかえすことに国運を懸けた。その前提が高麗との歴史的和解である。大佐平智積*を先導とする貴族層は、弟王子翹岐以下をも引き入れ、内佐平岐味以下四十余人が、和解に反対したと思われる。「去年（六四二）十一月」から「今年（六四二）の正月」にかけ、義慈王と貴族層との政争が表面化し、義慈王が押し切った。四月に大使翹岐、七月に使人大佐平智積と、反対派は日本の「質」となった。「質」とは実体は外交官だが、王子以下を任命して有事のさいの保証ともする。この後の方を強調して百済（だけではない）が人質を送ってきたと表現するのが、紀の書きぶりである。

注　智積は「一九四八年に扶余邑宮北里で碑が発見された砂宅智積と同一人物である。六五四年に書かれた碑文によると、彼はその時まで生きており、百済で晩年を過ごした」（盧泰敦、前掲書、五三頁。洪思俊・百済砂宅智積碑について、歴史学報六、一九五四年、参照）。）

その上で、同七月、義慈王は新羅に侵攻して旧加耶在の四十余城を陥し、八月、高麗と共謀して大同江下流域の党項城を攻め取り、新羅と唐との連絡路を絶とうとした。政争に勝ち王権の専制化を達成した義慈王は、このあと唐に面従腹背しつつ、新羅を攻略することに国運を懸け、朝鮮三国の統一戦争で優位に立とうとした。（しかしこの時、義慈王は新羅という虎＝唐の尾を踏んだのに気づかなかった。およそ二〇年の後、侵攻してきた唐軍によって百済王朝は滅亡し、義慈王以下五〇余人は唐に連れ去られ、二度と故国にもどりえなかった。）

つぎに高麗の泉蓋蘇文の変

ついで六四二年九月、こんどは高麗で泉蓋蘇文のクーデターが生じた。紀はこれをも記録している。皇極元年（六四二）二月壬辰（六日）、高麗使人が難波津に停泊した。丁未（二一日）、諸大夫を難波郡に派遣したところ、高麗使人がこう話した。「去年（六四一）六月、弟王子薨《ガレンダ》。秋九月、大臣伊梨柯須彌《いりかすみ》ガ殺《シ》二大王一《ヲ》、并《セテ》殺《シタ》二伊梨渠世斯《いりこせし》等百八十余人一《ヲ》、仍《ソシテ》以《テ》二弟王子《ノ》児一《ヲ》為《シ》レ王《ト》、以《テ》二己《ガ》同姓《ノ》都須流金流《つするきんる》一《ヲ》為《タ》二大臣一《ト》」と。イリカスミは泉蓋蘇文（もと渕蓋蘇文《いりかすみ》だが唐の高祖の諱渕をさけ泉とされた）。大臣ではなく東部大人であった。大王は栄留王。王と諸大臣らに誅されようとした渕蓋蘇文が、クーデターで逆に栄留王と諸大臣以下の貴族代表百余人を尽く殺した。盧泰敦は「六四二年一〇月、平壌で大規模な流血政変が発生した」（五六頁）と、まず皇極元年二月条をひき、つぎにより具体的な新唐書、高麗伝をひいている。この政変で、高麗では渕蓋蘇文の軍事的独裁体制が実現した。

「渕蓋蘇文は再三の隋の攻撃を退けた武将である。対唐主戦論の最強硬派であった。高句麗貴族の中でも権威において首位にあり、中央軍区最高司令の職にあった。おそらく彼が領導する百済と結んで唐に対決する路線に不安を抱く一派がいたのであろう（隋代・唐初における高句麗の百済不信は根強かった）。排除の企てに先制を加え、凄惨な流血でこの一派を粛清した」。この山尾幸久（古代の日朝関係、一九八九年、三八九〜九〇頁）の〝おそらく〟以後の推断に賛同する。唐の膨張主義への対抗として、高麗、百済双方に、歴史的和解と根強い不信感との角逐・政争がおき、これがきっかけで高麗では軍事独裁、百済では王権専制下での戦時体制が実現した。

注　なお皇極紀は、イリカスミのクーデターを皇極元年（六四二）からみて去年（六四一）の出来事としている。鈴木靖民「皇極紀朝鮮関係記事の基礎的研究」（国史学、八二・八三号）などが指摘したように、皇極紀の三国関連記事には錯簡が認められる。イリカスミのクーデターは、皇極紀流にいえば、皇極元年（去年ではなく）今年（六四二）九月の出来事で、大系本補注が「去年九月としているのは、海外資料のいうところと一年相前後する」（文庫版(四)―24―一、三九九頁）としたとおりである。したがって高麗がクーデターのことを伝えたのは、皇極元年二月壬辰条ではなく、皇極三年（六四三）六月辛卯条であった。

親唐新羅にも政変

高麗、百済の反唐路線と反対に、親唐路線をとった新羅でも、内治において政変をまぬがれえなかった。対唐（外治）と内治とは別物ではなく、新羅のばあいも太宗の強圧とからんで、内部の葛藤が生じた。堀敏一のいうように「強力な中国国家（隋唐帝国）の出現が、朝鮮三国間の対立・抗争を激化することになった（中国と古代東アジア世界―中華的世界と諸民族、一九九三年、一九四頁）し、三国とも「唐の興起と三国対立の激化に対応して、君権の強化をはかっていることが共通である」（二三一頁）。

新羅の善徳（女）王一二年（六四三）九月、新羅使が太宗のもとに来た。高句麗《ト》百済《ガ》侵二凌《シ》臣《ノ》国一《ヲ》、累《かさネ》レ遭〔度〕《ヲ》攻二襲《シタ》数十城一《ヲ》、両国《ハ》連兵《シ》、期《ス》二之必《ズ》取一《ルコトヲ》、将《ニ》以《テ》二今茲《ノ》九月一《ヲ》大挙《シテ》、下国《ノ》社稷《ハ》、必《ズヤ》不レ獲《え》レ全《キヲ》、謹《ンデ》遣《ワシ》二陪臣一《ヲ》、帰二命《ス》大国一《ニ》、願《ワクハ》乞《イ》二偏師一《ヲ》、以《テ》存《ランコトヲ》二救援一《ノ》、とひたすら下手に出て援軍の救援を乞うた。窮状につけ込み、太宗は提案した。爾《ノ》国《ハ》以《テ》二婦人一《ヲ》為《しテ》レ主《ト》、為《なシ》二隣国《ノ》軽侮一《ヲ》、失《イ》レ主《ヲ》延《バシ》レ寇《ヲ》、靡《なイ》二歳《ゴト》休《や》寧一《すムコトガ》、我《ハ》遣《ワシ》二一宗支一《ヲ》、与《ニ》為《しヨウ》二爾《ノ》国主一《ト》、而《シテ》自《リ》レ不《ルニ》レ可《カラ》二独王一《トス》、当《シ》二遣《ワシ》レ兵《ヲ》営護一《ス》、待《チ》二爾《ノ》国《ノ》安一《マルノヲ》、任《セヨウ》二爾自《ラガ》守一《ルニ》（三国志記、新羅本紀）。太宗の下心が表立ってあらわれた。

翌一三年（六四四）正月、新羅使は次の情報を得た。太宗《ハ》遣《ワシ》二司農丞相《ノ》里玄奨一《ヲ》齎《もたラシ》二璽書一《ヲ》、賜《イテ》二高句麗一《ニ》曰《ク》、

新羅ハ委ネ二命ヲ国家一ニ、朝貢ヲ不レ闕サ、爾ト与二百済一ハ、宜シク二即《すぐ》ニ戢《ひ》ク一レ兵ヲ、若シ更ニ攻メタラ之、明年当シ三出師シテ撃ツ二爾ノ国一ヲ矣（三国史記新羅本紀、旧唐書新羅伝も同じ）。しかし渕蓋蘇文は意に従わなかった。太宗じしんが高麗征討に出かけるのは、翌六四五年一月である。四月、新羅・善徳王は兵三万を発して太宗の征討を助けた。

新羅政変毗曇の乱

ここから二年がとぶ。六四七年一月、新羅に政変が生じる。毗曇の乱である。太宗が迫った、善徳女王を廃位し太宗一族の男子を王と推戴せぬか。これを受け容れるか、否か。新羅の政権内部も二分した。兵三万を発して援助したのに、唐軍は撤退してしまった。高麗が滅亡して百済の勢いが止まると期待したのが、完全に外れた。反抗して奪い返した七城も、ふたたび百済に取り返された。新羅存立の危機は去らず、太宗の強迫を受容してでも存立を計る方が良くはないか。善徳一四年（六四五）一一月、容認派の毗曇が上大等となった。二年後、毗曇らが叛乱した。三国史記新羅本紀の該当部分は簡略かつ不明である。十六年（六四七）正月、毗曇・廉宗等ガ、謂イ二女主デハ不一レイト能《な》ラ二レ善ク理《おさ》メ一、因ツテ謀叛シ挙兵シタ、不レ克タ、八日、王薨《し》ンダ、諡シテ曰ウ二善徳一ト、葬ツ二于狼山一ニ。しかし次の王の真徳元年（六四七）にこうある、正月十七日、誅シタ二毗曇一ヲ、坐レ死スニ者ガ三十人。さらに列伝の金庾信伝に、攻守十日、…毗曇等敗走、追而斬之。すなわち、六四七年一月八日に善徳王が死に、八日から一七日まで攻守十日、一七日に毗曇を誅した。こうみて、蹶起した一月八日に毗曇が、善徳女王を殺した、としていいであろう（山尾前掲書、三九二頁）。この乱で、善徳の甥の金春秋（乱の時不在、毗曇はその不在を機に蹶起した）と、加耶出身で毗曇を誅した将軍の金庾信とが、政権の中枢にすわり、太宗の提案は容れないが親唐路線をとりつづけ、統一新羅の実現をめざす体制ができたのである。

以上、六四〇年代に顔を東に向けた唐・太宗の軍事的な膨張主義という外圧に、朝鮮三国が相互に絡み合いながら、それぞれに対唐方策を決定し進む強権を確立し、朝鮮統一に向けた覇権を争う展開をみてきた。歴史の相では、外圧に対処・受容するのは、つねに内治を通してである。

さて、いま六四五から六四七年まで二年をとばした。新羅での毗曇の乱は、この間に生じた金春秋の不在（唐や日本への外交活動）をねらって起こされたものだった。この二年の間にソガ王朝から天皇王朝へと王朝が交替した（八つ章参照）。この交替と唐太宗の膨張主義と関係があるのかどうかは史料不足からにわかには断じがたい。しかし親百済のソガ王朝と交替した新生の天皇王朝もまた、唐に対する態度を選択しようと模索していた。

唐の圧力は日本列島にも及んだ

彼此勘案すると、七世紀の四〇年代に朝鮮三国でおこった政変の波動は、海をこえて日本列島にも及んだ。この当時の日本列島には、旧唐書が記すように、西から倭国、日本国、毛人国が存在していた。そして二代の太宗は知らなかったが、三代の高宗はエミシの存在を知った（斉明五年七月条、文庫版㈣―二三〇頁）。唐の圧力にかかわったのは西の倭国と、東の日本国の二つである。紀は、神武の昔から、日本列島全体が、天皇権力の支配下にあったものとして、述作されている。だから七世紀の日本列島の西部に倭国があったことなど、記すはずもない。日本書紀史観の呪縛は、津田左右吉流の書記批判程度では解けなかった。このため、古代史家や考古学者の中に、得てして、邪馬台国とは纒向遺跡を中心とした初期ヤマト王権のことだとか、この王権を構成した有力豪族（たとえば椿井大塚山古墳の主）が、ヒミコに代って三角縁神獣鏡を、地方の有力豪族に配布したとか、古墳時代に入っても、同様に、前方後円墳の築造を許可して設計図等を配布したとか、はては古墳時代すでに前方後円墳体制が全国的に実現していた、等々の思考が、後を絶たずに出てくる。F.ベーコン流にいうなら、日本紀イドーラに縛られた思考が、意識的、無意識的に再生産されている。

倭国は北九州

倭国については、本書後篇（古代史と日本書紀）で、ニニギ（巻第二、第七）、ヒコホホデミ（巻第八、第七）、カシツヒメ（巻第二、第九）による倭国創世史が、日本国史（日本紀）に書き替えられたこと、したがって日本紀から倭国創世史を復元すれば、倭国は当然に北九州に実在したこと、を述べた。紀のⅠ部、巻第二、七、八、九だけではなく、他の箇所でも同じような書き換えが指摘できる。この覚え書きでも、（推古一六年四～九月の）隋使裴世清、（舒明四年八月の）唐使高表仁の倭国への遣使を、遣日本国使であるかのように利用しているのを、みておいた。また別に聖徳のいわゆる冠位十二階の制も、隋書倭国伝の内官十二等を、姑息にも、徳目、仁義礼智信の順序を徳仁礼信義智に替えての作為であることも、みておいた。すなわち、倭国のことを日本国の事であるかのように記す作風は、紀の七世紀史の叙述の中にも、みてとれるのである。

紀に唐が出るのは推古三一年

唐王朝が成立したのは、推古二六年（六一八）に当る。以下、紀の記述を六四五年の王朝交替まで継続して検討するが、一つはそれまではソガ王朝の時代であること、二つにそれまで地理的には北九州に倭国、ヤマトにプレ日本国と二国が併立していたことをつねに意識しておかなくてはならない。推古二六年、紀は、高麗使の言として、隋の煬帝が三十万の軍勢で攻撃したが、返《ツテ》之為レ《ニ》我《ガれ》所レ《タ》破《ラ》、と記す。遠征の失敗と大運河建設への不満が重なり、隋は亡ぶ。唐の名が出るのは、推古三一年（六二三）七月の記事（新羅使智洗爾が仏像一具、金塔・舎利などを貢じた記事で、前者を葛野の秦寺、後者を四天王寺に納めた）につけ加えた是時記事である。

……是《ノ》時、大唐《ニ》学《ビ》問《ウタ》者、僧《ノ》恵斉、恵光及《ビ》医《ノ》恵日、福因等《ガ》、並《ビニ》従二《ツテ》智洗爾等一《ニ》来《タ》之、於レ是、恵日等《ガ》共《ニ》奏聞《シ》曰《ウニハ》、留二《マリ》于唐国一《ニ》学《ブ》者《ハ》、皆学《ンデ》以成レ《シテイル》業《ヲ》、応レ喚《キダブ》、且《また》其《ノ》大唐《ノ》国《ハ》者、法式《ヲ》備《エ》定《メタ》之珍《シイ》国《デアル》也、常《ニ》須レ達《キダかよウ》。

この文はできすぎである。唐の高祖、李渕は、六一七年一一月長安を占領し、長安に居た一三歳の煬帝の孫を隋の恭帝としてかつぎ、六一八年五月、この恭帝からの禅譲という形で帝位につき、唐王朝を創始した。しかしその武徳元年（六一八）から同七年（六二四）まで、王世充以下の群雄との戦いにあけくれ、七年に武徳律令を公布したとはいえ、とても法式備定之珍国ではなかった。暫定的な武徳律令も束の間、九年には次子李世民が、兄の皇太子、弟の斉王を殺し、高祖は退位、李世民（太宗）が即位した。唐の本格的な律令は、貞観一一年（六三七）に太宗の出した貞観律令格式である。大唐は法式備定の珍国だから恒常的に通交すべきだとする是時記事も、在唐一八年の学僧で、かつ唐仏教の政治関与をつぶさにみてきた道慈の筆になるものと、みなされる。

推古紀の外交記事　推古紀の外交ないし対三国記事には、㈠欽明の遺詔・封建任那の文脈での作文、*㈡隋書の倭国記事の日本国（この時代、国号としての日本はなかったが、便宜上使用する）記事への書き替え、㈢道慈による書き加え、㈣何よりもソガ王朝をかくす推古・聖徳像、などが重なっていて、つとめて批判的に検討しなくてはならない。

注　山尾幸久・古代の日朝関係（一九八九年）後篇、二章、2節に遣隋使とその背景という項がある（三五三〜七頁）。山尾はここで⑴推古紀七年（五九九）九月条—百済〔王〕が駱駝一匹などを貢じた。⑵同八年（六〇〇）二月条—新羅と任那が相攻め、推古は任那を救おうとした、⑶隋書倭国伝の開皇二〇（六〇〇）年条—倭王、阿毎多利思比孤が隋の高祖のもとへ遣使した、⑷推古九年（六〇一）三月条—高麗・百済に急救二任那一と詔した、一一月条—新羅を攻めることを議した、⑸同一〇年（六〇二）二月条—来目皇子を征新羅将軍とした、四月条—来目が筑紫に到着した、六月条—⑷の高麗・百済への使が共に百済から帰ってきた、〔すぐつづけて、来目が病臥して新羅征討を果さなかった、とあるが、これは省略されている〕、⑹三国史記新羅・百済本紀、列伝貴山伝—六〇二年八月、百済武王が出兵して新羅の阿莫山城を囲み、新羅も出兵、四城を築き百済国境に攻めて来た、百済は四万の兵で四城を攻めた、⑺同新羅・高句麗本紀—高句麗の嬰陽王が出兵して新羅の北漢山城を攻めさせ、新羅の真平王は親ら一万の兵を率い漢江を渡った、高句麗が退いた、と史料七項をあげ（三五三〜五頁）、そこから二つの事実を確認したいと論じたのち、こう要約した。「以上に述べたのは、隋による中国の統一という新しい時代が始まり、百済（およびそれに媒介されて高句麗）のヤマトに対する働きかけが強まったこと、ヤマトは隋に使者を出すと共に、高句麗・百済にも告げて新羅に対する戦争準備を進めたことである。」（三五七頁）

これまで述べてきたように、⑵は金官加羅はもとより大伽耶連盟もまた新羅に併合されてから六〇年ほど後の文で、⑸と合せて、封建任那という父の遺詔に応えようと、敏達から推古までが、思い出したように征新羅の言動をするが、結果として何もしないという繰り返しの推古版である。また(3)は隋書の倭国記事を日本国のことと誤解ないし強弁したものである。これらをもとに、史料批判なしに新羅への戦争準備をいいたてるのは不用意であり、要約につづけて、隋の出現という「海外の状況へのヤマトの外交・軍事両面での対応」がもつ「ヤマト国家にとっての意味」を、「結論的に言えば、支配集団を厩戸王（聖徳太子）のもとに結集させたと思われる」（同頁）と逸脱していったのも、当然というほかはない。

新羅、討つべきか否か

三一年（六二三）七月是時について、推古紀で目立つ東アジア諸国との関連記事は、同年是歳条である。この条は、まだ一一月条があるのに、七月是時条のあとに入れられている。主題は任那を伐ち付（属）させた新羅を討つべきかどうか。記事は長い。想起されるのは、仏教を受容すべきかどうかを主題に、ソガ等の崇仏派と物部・中臣等の廃仏派とが争った、同工異曲の巻第二十・敏達一四年（五八五）条である。慎重派の田中臣（名を欠くが、馬子の兄弟）が不レ可《カラ》二急《ギ》討《ツ》一、先《ズ》察《みテ》レ状《ヲ》、以知《ツタ》レ逆《ヲ》後《ニ》撃《ツテモ》之不《なイ》レ晩《ク》也としたのに、強硬派の中臣連国は征二伐《シ》新羅《ヲ》一、以《テ》取《リ》二任那《ヲ》一、附《ケヨウ》二百済《ニ》一と主張した。田中臣の再論が面白い、不レ然《ラ》、百済《ハ》是多《イ》二反覆《ガ》一之国《ダ》、道路之間《モ》尚詐《ル》、…故不《なイ》レ可《キデ》レ附《ケル》二百済《ニ》一。それで不二果《シテ》征《タ》一焉（結果として征たずじまい）と例によって尻すぼまりだが、ソガ王権の中枢に近い田中臣に六二三年当時百済が多反覆之国との発言があったとは思えない。「蘇我氏の本家が主導する政治は、対外関係において著しく百済寄りである」（山尾前掲書、三七〇頁）からだ。推古三一年（六二四）是歳条は、史実ではなく後代からの作文とみるべきだろう。

山尾幸久の誤解

ソガ王朝は親百済（著しく百済より）であった。「蘇我氏の権力基盤は六世紀代の百済・ヤマトの国交に負うところが大きいから、それは当然といえよう」（山尾、前掲書、三七〇頁）。ところが、山尾はつづいて、「それと共に見過ごしてはならないのは、六三〇年代から、ヤマトの支配集団の中に、唐―新羅ラインを尊重する政見が現れる、客観的根拠があったことである」（同上）という。六三〇年代とは、紀では、舒明三年（六三一）から一二年（六四〇）までである。

山尾があげる根拠は二つある。一つは高表仁で、一つは続日本後紀である。前者は、貞観五年（六三一）に、唐が倭に遣使した新州刺史高仁表（通典、辺防、倭による）の「使命が、ヤマトを唐―新羅ラインに加わらせることであった」（前掲書、三七〇頁）と山尾が解して、根拠としただけである。高表仁は「ヤマト」とはかかわりのない倭への遣使だったと正当に理解すれば、根拠とはなしえない。後者、続日本後紀は、その承和三年（八三六）十二月条で、これまた高表仁がらみである。同条には、日本国太政官への新羅国執事省牒が全文記録されている。その中に、方今時《いま》ハ、属二シ大和一ニ、海不レ揚レ波ヲ、若《すなわ》チ求二尋スルノニ旧好一ヲ、彼此ニ何ノ妨ゲガアロウ、況《ま》シテ貞観中、高表仁ガ到レ彼ニ之後ハ、惟《こ》レ我是《こ》レ頼ミ、唇歯ガ相須《もと》メルコト、其ノ来ルハ久シイ矣、とある。この況以下を、山尾は「新羅の歴史認識では、この時（貞観五年）初めて、唐を介してはっきりとヤマトに親新羅の国家的路線を働きかけた」と解し、この文を以て前者（高表仁の使命は、山尾の思いこみでは、ヤマトを唐―新羅ラインに加わらせることであった）を「証明する史料」（七〇頁）と判断したのである。はたしてそうであろうか。

承和三年（八三六）前後は、事実上さいごの遣唐使大使藤原常嗣・副使小野篁*（寛平六＝八九四年、さいごに遣唐使に任命された菅原道真の奏上で、遣唐使を廃止）の難船が相継ぎ、恐三レ遣唐使船ノ風濤或ハ変ジテ漂二着スルノヲ新羅ノ境一ニ、所以ニ太政官ガ准二ジ旧例一ニ、牒二シタ彼ノ国ノ執事省一ニ、これが承和三年閏五月辛巳（一三日）で、同日、武蔵権大掾の紀三津を、新羅執事省に太政官牒を持参させるべく発遣することとした。同年一〇月戊午（二二日）、遣新羅使紀ノ三津ガ還二リ到イタ大宰府一ニ、同一二月丁酉（二日）、遣新羅使紀三津復命、とある。

注「遣唐使の歴史は、承和五年（八三八）派遣の使節を以って実質的には閉じられる」（東野治之・総持寺鐘銘にみえる入唐使、『遣唐使と正倉院』、一九九二年、九〇頁)。

この遣新羅使には、もう一つ、「新羅との公的外交が宝亀十年(七七九)に終」っていた(鈴木靖民・遣唐使、国史大辞典5、一九八五年、二〇四〜七頁)ことがからんでくる。使の紀三津がおよそ外交官らしからぬ武蔵国権大掾で、位の記載もないが養老官位令から推して正七位以下とみられる。これが事の乱れをまねいた。三津ハ到レリ彼ニ〔新羅〕失シ二本朝ノ旨ヲ一、称エタ二専ラ来ッテ通ゼント一レ好ヲ。朝旨すなわちわが遣唐使船が難破し新羅領に漂着した折には善処を願う太政官牒と、三津の称する専来通好すなわち修聘大唐との相違を疑った執事省は、三津に再三詰問したが、三津は逾増ス二迷惑ヲ一ばかりで、是レ則チ三津ガ不文デ、而其ノ口ガ亦訥之所ダレ致ス也。とどのつまりこんどは、日本国太政官に新羅国執事省牒が発せられ、その全文が、丁酉条末尾に附載されている。山尾が引いたのは、新羅側からの事の経過とそれに対する新羅側の寛弘之理とを述べたあと、文を仕舞いかけた条りである。「今は時は最良、海は平穏、もし旧好をもとめるとすれば、彼此両国に何の妨げがあろうか。まして貞観五年(六三一)に高表(仁)が彼(日本国)に到来した後は、我(新羅国)は頼って、唇歯があい求めるように彼此(日本・新羅)通好したが、その由来には久しいものがある」。高表仁の来倭(日本ではない)六三一年からすでに二世紀、新羅執事省には、引合にだした高表仁に綏遠の才がなく、倭の王子と争って太宗の書すら上表せずに帰国したことなど記憶になかったのである。

六三〇年代(舒明紀)の外交記事

山尾のいわゆる「客観的根拠」はなかったことになった。六三〇年代はソガ王朝のときで、この王朝には唐・新羅へ寄っていく動きなどまるで無く、ひたすら親百済路線を保持したことが明白になったのだが、なお念を入れて六三〇年代(舒明二〜一二年)を確かめることにしよう。('14・3・21〜22)

A1(舒明二年三月)高麗大使(氏名略、以下同じ)・小使、百済大使・小使、共に朝貢。

②（同年八月）丁酉（五日）、大仁犬上君三田耜・大仁薬師恵日を大唐に遣した。庚子（八日）、高麗・百済の客に朝で饗した。

3（同年九月）高麗・百済の客が帰国した。（この年一〇月一二日、飛鳥岡の傍の岡本宮に遷った。是歳、改めて難波大郡、三韓館を修理《つく》った。）

4（三年三月）百済王義慈が皇子豊章を質とした。（義慈王の即位は六四一年だから、この記事は一〇年以上も後のもの。）

⑤（四年八月）大唐が高表仁を遣し、三田耜を送らせた。共に対馬に泊った。是時、学問僧霊雲・僧旻と勝鳥養、新羅の送使らが従った。

⑥（同年一〇月）甲寅（四日）唐国使人高表仁らが難波津に泊った。大伴連馬養を遣し江口で迎えさせた。船三十二艘を皆、鼓、吹、旗織で飾り整えた。（下略、後述）

⑦（五年正月）大唐の客高表仁らが帰国した。送使吉士雄摩呂、黒麻呂らは対馬に到って還ってきた。

8（七年六月）百済が達率柔らを遣し朝貢。

9（同年七月）百済の客に朝で饗した。

10（一〇年是歳）百済、新羅、任那が朝貢。

⑪（一一年九月）大唐の学問僧恵隠、恵雲が、新羅の送使に従って京に入った。

12（同年一一月）新羅の客に朝で饗した。冠位一級を給わった。

⑬（一二年一〇月）大唐の学問僧清安、学生高向漢人玄理が、新羅を伝わって至《き》た。また百済、新羅の朝貢使も共に従って来た。各々爵〔位〕一級を賜った。

注 紀の記載に従って舒明二年などとするが、舒明は実在せず、この頃はソガ王朝三代目蝦夷の代である。念のため記しておく。

右13項の中に「唐―新羅ラインを尊重する政見が現れる客観的根拠があ」るのかどうか。あるとすれば②⑤⑥⑦⑪⑬の六項である。②は遣唐使の初出とされてきた。疑いは肩書の位にある。1の遣高麗使に氏名はあっても官職、爵位がない。外交記事として不備である。それに比すれば、②には大仁の位が肩書についている。この位はいわゆる冠位十二階として、推古一一年（六〇三）一二月に定められたとされている。しかしこれは、隋書倭国伝にある内官十二等をもとにした作為の産物にすぎない。その大仁をもつ犬上君三田耜が、最初の遣唐使というのもまた、史実とはいえまい。私は、孝徳の白雉五年（六五四）二月の高向史玄理が押使として高宗に謁見したのが、最初の遣唐使と考えている。

次に⑤は、旧唐書倭国伝の記事で、貞観五年（六三一）、倭王の遣使を太宗が矜れみ、また新州刺史の高表仁を〔倭国に、山田補〕遣わしたが、表仁に綏還の才がなく、王子と礼を争い、朝命を宣せずに還った、とある。例によってこの倭国関連記事を、紀は、⑤に書き替え、*高表仁を三田耜に結びつけ、「最初の遣唐使」らしくした。注目すべきは対馬の名が出ていることだ。また5の是時条に僧旻らの名が連記され、さいごに新羅送使が出ている。山尾のいわゆる「唐―新羅ライン」を想起させるが、新羅送使が何の送使で、なぜ高表仁と対馬で従うようになったのか、この文では分らない。

注　新唐書になると、旧唐書とちがい、日本国一本槍になってしまうので、この倭国への高表仁派遣も、日本国伝の中にくりこまれて叙述されている。旧唐書どおりに倭国での出来事とみなくてはならない。紀のように倭国を日本国の前身の名とはとらない。

つぎに⑥で高表仁が難波津に来たので、歓迎のために大伴連馬養を遣している。この名にひっかかる。馬養の名*

は、天武が文官も武官も馬と兵（器）を備えよと命じて以後、この名が出、やがては牛養、鳥飼などとつづく。大伴連馬養の名がここに出るのは、⑥の文が六三〇年代のものではなく、早くて半世紀以後のものだからである。先の⑥で後半を略した。馬養が、聞《キ》三天子《ニ》所《レタ》レ命《ジ》之使《ガ》到《ルト》二于天皇《ノ》朝《ニ》一迎《エマス》レ之《ヲ》、と言うと、高表仁が、風寒之《かぜさむき》日《ひに》、飾整船艘《おおぶねをかざり》、以賜迎之《おむかえくださり》、歓愧也《よろこびつつもはじいります》、と答えている。この綏遠の才ある高表仁と、旧唐書にいう高表仁とは、別人というほかはない。⑦はその高表仁の送使の記事だが、対馬まで送ってそこから引き帰した、とある。⑤の対馬と相俟って、ふしぎな記事だ。なぜ対馬なのか（後述）。⑬で高向漢人玄理らが新羅経由で帰国したのとも合わず、⑬ではまた新羅経由で百済使までが来たとある。こうみてきて、六三〇年代の紀の記事に、史実を示す信憑性はうすく、唐―新羅ラインを尊重する政見が現れる客観的根拠など見出せないのである。

（'14・1・2、0時07分）

注 紀では、馬飼が早く馬養がおそい。筑紫馬飼臣がいちばん早く、巻第十四・雄略二三年是歳条（ただし作られた順ではⅢ部だから早くはない）。次が河内馬飼首荒籠で、巻第十七・継体元年正月に出て、継体に天皇位をうけても安全と伝えた。以下、18、19、23、24、25、28、29の各巻に、河内、倭の馬飼、県、海、稚の犬養といった諸氏の名が出る。諸氏の名で養を使うのは犬養だけである。氏の名ではなく、個人の名になると紀の中に五人しかいない。1勝鳥養、巻23舒明四年八月、2大伴連馬養（亦の名が長徳）、巻23舒明四・一〇・四、3都努朝臣牛飼、巻29天武一四年五月、4直広肆巨勢朝臣馬飼、巻29天武一四年一〇月一二日、5勤広肆伊余部連馬飼（撰善言司）、巻30持統三年六月。個人名で牛飼、馬飼、馬飼が天武・持統紀、舒明紀では鳥養、馬養。これから言えるのは、ひょっとして舒明紀の方が天武・持統紀よりも作られたのが新しいのかもしれないということである。

（この注'14・8・23）

六四〇年代（皇極紀）の外交記事

六三〇年代（舒明三〜一二年）の記事に、唐―新羅ラインを尊重する政見などなかったが、念を押して皇極期（六四二〜五）をもみておこう。

B1（皇極元年（六四二）正月二九日）百済使人大仁阿曇連比羅夫が筑紫から駅馬で来て、百済国が舒明の死を聞き弔使を遣したが、百済は今大いに乱れている、と言った。

2（同年二月二日）この条は前（四六九～七〇頁）に記した。

3（同年同月二一日）諸大夫を難波郡に遣し、高麗国が貢じた金銀等を検したが、高麗の使人はイリカスミ（渕蓋蘇文）のクーデターを告げた。（四七三頁をみよ）

4（同年同月二二日）津守連大海を高麗、国勝吉士水雞《くいな》を百済、草壁吉士真跡《まと》を新羅、坂本吉士長兄を任那、に使わせと大臣に詔した。（大臣は蝦夷だが、大臣児入鹿更名鞍作が国政を執り、勢は父より勝ると、元年正月条にある。）

5（同年三月）辛酉（六日）新羅が賀騰極使、弔喪使を遣した。庚午（一五日）新羅使人が帰国。

6（同年四月）癸巳（六日）百済の翹岐が拝朝。乙未（一〇日）蘇我大臣が畝傍の家に翹岐らを喚び親しく語話《はな》し、良馬一匹、鉄二〇鋌を賜ったが、塞上だけは喚ばなかった。

7（同年五月）己未（五日）、河内国依網屯倉の前に翹岐らを召し、射猟を観させた。丙子（二二日）、翹岐の児が死去、戊寅（二四日）翹岐が妻子と百済大井の家に移った。

8（同年七月）乙亥（二二日）、百済使人の大佐平知積らに朝で饗した。翹岐の前で健児に相撲させた。宴が畢り、知積らは退席して翹岐の門を拝した。

9（同年八月）己丑（六日）、百済使の参官らが帰国するので、大船、同船《もろき》三艘を賜った。是日夜半、雷、風、雨。参官らの乗船が岸に触れ、破船した。丙申（一三日）、百済の質、達率長福に小徳を授けた。戊戌（一五日）、百済の参官に船を賜い出発させた。

己亥（一六日）、高麗使人が帰国。己酉（二六日）、百済、新羅の使人が帰国。

10（同年一〇月）、丁酉（一五日）是日、新羅弔使の船と賀騰極使の船が、壱岐島に泊った。

11（二年（六四三）四月）庚子（二一日）、筑紫大宰が馳駅で、百済国主の児、翹岐弟王子が、調使と共に来たと、奏言した。

12（同年六月）辛卯（一三日）、筑紫大宰が馳駅で、高麗使が来朝、と奏言した。辛丑（二三日）百済の進調船が難波津に泊った。

13（同年七月）辛亥（三日）、数大夫を難波郡に遣し、百済国の調、献物を検査させた。前例と違うので問うと、大使達率自斯《じし》、副使恩率軍善が「即今に整備する」と言った。自斯は質達率武子《むし》の子である。


以上の13項目を検しよう。皇極四年間の、前半二年（四六二、三）に外交・通好記事があるけれども、後半（四六四、五）（中臣鎌子と中大兄が連携して蘇我入鹿を殺す段）に全くない。唐の強圧が始まる六四〇年代の前半なのだから、朝鮮三国と倭・日本間の動きが錯綜しているはず。それが有る二年と無い二年と違うのが不審なのである。これが第一。第二に、13項の中で日本側から任那をいれて四国に遣使した4項をのぞいて、三国側からの通交の回数をみると、百済8、高麗3、新羅2となり、また回数だけでなく、翹岐を頂点にして日本での腰のすわったあり方が6、7、8、9、とうかがわれ、百済との交流の密度の高さが分る。とても唐―新羅ラインを尊重する政見が現れる客観的根拠には、遠い。皇極まではソガ王朝が、親百済路線を変更する兆しはない。

筑紫大宰府と馳駅

第三は、11、12項にみえる、筑紫大宰が馳駅で奏言した（筑紫大宰、馳駅奏曰）である。筑紫大宰の語は、天武以前に三回出る。初出は推古一七年（六〇九）四月である。筑紫大宰奏上言として、百済の僧一〇人俗七五人が、肥後国葦北津に泊った、と記す。あとの二回がこの11、12項である。初出はたんに奏上とあったのが、ここでは馳駅奏とある。筑紫大宰は官職名で、当然なんらかの役所名があったと思うがその名は不明である。筑紫大宰府の名が出るのはおそく、天智六年（六六七）一一月に筑紫都督府の名があり、同一〇年（六七一）一一月が筑紫大宰府の初出、天武六年（六七七）一一月に大宰府、持統五年（六九一）正月に筑紫大宰府と、これがすべてである。

筑紫大宰府の名が出るさいごは筑紫史益（六つ章をみよ）が、二九年前に筑紫大宰府ノ典に任ぜられたというものである。持統五年から二九年前というと、満でいえば天智元年（六六二年）だが、古代は数えだから、天智二年（六六三）である。いうまでもなく白村江敗戦の年であり、この敗戦で倭国が滅亡した。旧唐書日本国伝にいう、日本はもと小国、倭国を併せたり、はこの時のことで、筑紫史益は倭国の官人から、日本国の官人に採用され直したとみなされる。したがって筑紫大宰府とは、日本国の官庁名と考えていいであろう。筑紫大宰府の名が、二九年前からあったのか、二九年前よりも後についた名をさかのぼらせて使ったのかは、史料がない。天智六年（六六七）の筑紫都督府の名は、すぐ前に唐が百済においた熊津都督府の名が出るから、それに擬えてのものであろう。（大系本頭注は「原史料にあった修飾がそのまま残ったもの」とする）。

筑紫大宰府が馳駅《ちえき》しての馳レ駅は、駅《つぎうま》を馳《は》せての意だが、つぎうま（駅）とは、はやうまと同義で、「公文書の伝送のため一定距離ごとに置かれる」（廣漢和辞典）。馳駅は、いわゆる駅伝制が前提である。「大化時代の記紀に散見する駅使・駅馬・馳駅・乗馬馳奏などの語は、ハユマ（早馬）、すなわち馬による臨時の急使ということで、制度的なものではない」（田名網宏・駅制、国史大辞典2、一九八〇年）という理解は、駅伝制は律令時代に実現するもので、たとえばここ皇極二年段階での馳駅にそのような制度はない、という漠然とした思考に立っている。しかしいまの馳駅のばあいでも、筑紫大宰の居地から飛鳥までハユマ一匹で馳けとおしたわけではあるまい。当然にツギウマで一定の距離ごとにウマヤ（駅）がおかれていないと、「臨時の急使」といえども馳け通せない。また馬を馳けさせるには、それなりの道路が整備されていないと不可能である。駅と道路が整ってはじめて馳駅は可能になる。しかし七世紀半ごろ、ソガ王朝のもとでは、ハユマもツギウマも無理である。（こういうばあい、津田左右吉流の紀読解では、馳駅は駅制ができてからの後代語をさかのぼらせて使用、潤色したもので、じっさいには乗馬の使で奏言したという程度の事実だったのだと納めてしまう。こういう潤色・文飾論では紀の読解をいちじるしくゆるめてしまう。じっさいに筑紫から飛鳥まで乗馬の使を出すには、駅と道路、すなわち駅制が欠かせないのである。）

百済弟王子翹岐の来日

11、12項の筑紫大宰、馳駅奏曰は、皇極二年（六四三）ではありえない作文、である。そう作文してまで伝えられたのが、百済王（国主）の児（王子）で弟の翹岐が調使と共に来た、というものだった。しかし翹岐はすでに前年（皇極元年）の6、7、8項にみるとおり、四月に大使翹岐が従者をひきつれ拝朝した等々と記されている。皇極紀の朝鮮関係記事に錯簡があるのは、鈴木靖民・皇極紀朝鮮関係記事の基礎的研究（国史学八二・八三）が指摘したとおりである。錯簡を修正すると、

㈠（皇極元年二月二日）百済弔使の言、「百済国主（義慈王）が塞上を呼び戻したいが天朝が許すまい」と。また弔使の傔人らの噂で、「義慈王の児で弟の方の翹岐王子らが嶋に流された」。

㈡（皇極二年四月二一日）百済国主の児、翹岐王子が、調使と共に来た。

㈢（皇極元年四月八日）大使翹岐が従者〔使節団〕をひきい拝朝した。（先掲6）

㈣（同年同月一〇日）蘇我大臣（蝦夷）が畝傍の家に翹岐らを喚び語話《はな》した。良馬一匹鉄二十鋌を賜った。塞上だけ喚ばなかった。（同6）

㈤（同年同月二四日）翹岐を召し、阿曇山背連の家に安置した。

㈥（同年五月五日）翹岐らを召し、河内国の依網屯倉の前で射猟を観させた。（同7）

㈦（同年同月二一日）翹岐の従者一人が死んだ。

(八)（同年同月二二日）翹岐の児が死んだ。（同7）
(九)（同年同月二四日）翹岐がその妻子をひきい百済の大井の家に移った。（同7）死児は石川に葬った。
(十)（同年七月二二日）百済使人、大佐平智積ら或本が云うには、百済使人大佐平智積及び児の達率、名を闕く、恩率軍善。を朝で饗した。そして健児に命じ翹岐の前で相撲させた。智積らは宴がおわって退出し、翹岐の門を拝した。（同8）

このばあいの錯簡は一つで、皇極二年（六四三）四月二一日条を、(一)元年（六四二）二月二日と(三)同年四月八日との間に入れて(二)とすると落ち着く。(一)が噂、(二)が王子の来日、(三)でその王子が大使だったと分る。(四)はソガ王が一行を歓待し、(五)以下、翹岐*への扱いがさながら起居注のように克明に記され、たんなる一時的な使節団の長ではなく、長期的な外交大使であることが、分ってくる。ソガ王朝の親百済の情景がうかぶような記録である。

注　盧泰敦は「翹岐が扶余豊と同一人物であるかを巡っては議論がある」（五三頁）とし、同一人物とみる西本昌弘の論文、これを否定する金鉉球（金ほか『日本書紀韓国関連記事研究』三、一志社、二〇〇四年、一一九～一二一頁）と、双方を注記している。それなのに訳者の橋本が、上引の翹岐のところに「後に百済復興軍の要請により帰国して王となった」との訳者注をつけたのは、扶余豊と同一人物とみなすものであり、訳者としての一線をこえたというべきである。

この六四二年（皇極元年）二、四、五月の記録に、既述の朝鮮三国の対唐の動きを重ねると、同年七月に百済義慈王が新羅に侵攻、八月新羅善徳王が唐の太宗に急を告げた。九月高麗で渕蓋蘇文のクーデター。それが省略した2（前引四三三頁）に記されているのだが、この2項で高麗使が去年六月、九月と言っているのは六四二年のことである。２項は皇極元年（六四二）二月の記事だから、この２項は例の皇極紀外交記事の錯簡の一つで、一年繰り下げるのが正しい。六四二年はまさに唐の圧力に朝鮮三国が対応して激動しはじめたことが分る。その中で百済によるソガ王朝への外交攻勢がはじまった。

（'14・1・4）

先に皇極紀が、東アジアの朝鮮三国の動きについて、前半の二年には記事があるのに、後半の二年では記事が空白になっているのをみた。後半二年には、中臣鎌子がはじめ軽皇子（のちの孝徳）に接近しながら、急に中大兄にふりかえ、中（大兄）中（臣鎌子）組でソガ入鹿を殺す筋書だけが書かれ、史書の体を成していない。後半の皇極三年（六四四）、四年（六四五）は、それぞれ、唐が高麗を攻撃した一次、二次遠征の年であり、東北アジア各国が緊張、激動した年次に当るが、紀は沈黙している。

注　盧泰敦は、「六四五年の戦争は、倭の政局にも大きな影響を与えた。戦争の真っ最中であった六四五年六月、倭の朝廷で政変が起こった」（一〇二頁）とするが、倭をヤマトとしているように、これ以後の叙述は、日本での通説にそっている。しかしその中に、「この大化改新の背景になった要因は、蘇我氏の専横という国内問題だけではなかった。唐帝国の膨張によって緊迫する国際情勢と、渡唐留学生が伝える新たな文物に対する知識は、倭朝廷の上下に新たな改革の必要性を拡散した」（同頁）という指摘がある。

孝徳紀の外交記事　六四五年六月一四日、孝徳が即位した。孝徳紀の記録もみておこう。

Ｃ１（大化元年七月）高麗、百済、新羅が、並びに使を遣し調を進った。百済調使は任那使を兼ね任那の調を進った。ただ百済大使佐平縁福が病気で（難波）津の館に留り、入京しなかった。（下略、高麗使、百済使に詔）

2（大化二年〔六四六〕二月）高麗、百済、任那、新羅が並びに遣使して調賦を貢献した。

3（同年九月）小徳高向博士黒麻呂（更名玄理）を新羅に遣し、質を貢らせた。遂に任那の調を罷めた。

4（同三年〔六四七〕七月）新羅が上臣大阿飡金春秋らを遣し、博士小徳高向黒麻呂、小山中中臣連押熊を送って来て、孔雀一隻、鸚鵡一隻を献じた。春秋を質とした。春秋は姿顔が美しく談咲を善くした。

5（同四年〔六四八〕正月）賀正。是夕、天皇が難波（豊）碕宮に行幸した。

6（同年二月）三韓（三韓、謂二高麗百済・新羅一）に学問僧を遣した。

＊（三国史記新羅本紀、真徳王二年〔六四八〕三月）遣《シ》二伊飡金春秋、及《ビ》其子文王《ヲ》一朝《シタ》レ唐《ニ》、太宗《ハ》光禄卿《ノ》柳亨《ヲ》郊労《シタ》、既《ニ》至《ルト》、見《テ》二春秋《ノ》儀表《ノ》英偉《ナノヲ》一厚《ク》待《シタ》レ之《ヲ》（下略）（この時、春秋が改《メテ》二其《ノ》章服《ヲ》一以従《ウ》二中華《ノ》制《ニ》一というと、太宗は内出《シ》二珍服《ヲ》一。春秋以下に賜った。翌三年〔六四九〕正月、新羅は始《メテ》服《きタ》二中朝《ノ》衣冠《ヲ》一。）

7（白雉元年〔六五〇〕是歳）新羅の貢調使知万沙飡らが、唐国の服を着て、筑紫に泊った。朝廷は恣に俗を移したのを悪み、呵嘖して追い還した。（以下、巨勢大臣が新羅伐つべしと奏請した。）

8（同年一二月）天皇が大郡から新宮に遷居《うつりす》んだ。号けて難波長柄豊碕宮と曰った。（白雉三年〔六五二〕九月、造《ルコトハ》レ宮《ヲ》已《ニ》訖《ッタ》、其《ノ》宮殿之状《ハ》、不レ可《なイせ》レ殫《つく》レ論《かたリ》）

9（同四年〔六五三〕五月）遣大唐大使、小山上吉士長丹、副使小乙上吉士駒、以下学問僧、学生など一二一人が一船。この送使、室原首御田。又の大使大山下高田首根麻呂、副使大乙上掃守連小麻呂、以下学問僧など一二〇人が一船。この送使、土師連八手。

10（同年六月）百済、新羅が遣使して貢調。

11（同年七月）遣大唐使人、高田根麻呂らの一船が沈没した（下略）。

12（同年是歳）太子（中大兄）が倭京（飛鳥）に遷ることを奏請したが、天皇は許さなかった。

13（同五年二月）遣唐押使大錦高向使玄理、大使小錦下河辺臣麻呂、副使大山下薬師恵日、判官大乙上書直麻呂〔一人名を略す。二人〕小乙上〔名略二人〕、小乙下〔名略二人〕らが、二船に分乗した。留連数ヵ月。新羅道を取り〔山東半島の〕萊州に泊った。遂に京〔長安〕に到り、天子〔高宗〕に覲《まみ》え奉った。是に東宮監門郭丈挙が、日本国の地里及び国初の神名を悉く問うた。皆問に随って答えた。押使高向玄理は大唐で没した。（以下伊吉博徳の言葉を略す。）

＊（三国史記新羅本紀、真徳八年〔六五四〕）新羅真徳王が死に、金春秋が即位、武烈王という。

14（白雉五年七月）西海使吉士長丹ら、百済、新羅の送使と共に筑紫に泊った。〔つづく是月以下略〕

15（同年是歳）高麗、百済、新羅が並びに遣使して弔い奉った。

高向玄理

1〜3は三国との通交で紀通例の記述だが、3で高向玄理の名が出たのと、任那の調を罷めたとあるのが、注目される。任那の調とは、山尾のいうとおり、「七世紀末に成立した観念の所産」で、この「語によって国家間の支配・従属関係の客観的実在を推測するわけにはいかない」「財物の授受を伴った国家間の政治的交通の一形態とでもいうほかはない」（山尾、前掲書、三三七頁）。高向玄理は、推古一六年（六〇六）九月条に、遣唐（隋）学生として、学問僧の新漢人日文（僧旻）、南淵漢人請安とともに初出した。次が舒明一二年（六四〇）一〇月条で、大唐の学問僧清安（請安）・学生高向漢人玄理が新羅を経由して帰国した、である。七世紀初の隋唐の王朝交替をはさみ三四年間も中国に滞在したとは考えられない。孝徳の即位前紀（皇極四年（六四五）六月）に僧旻と二人国博士に任ぜられた、とある。大系本頭注はこの国博士について「国政上の顧問」で「令の国博士（職員令、国博士医師条）とは異なる」とするが、実体は分らない。その次が3（六四六年九月）である。およそ一〇か月新羅に滞在し、4（六四七年七月）金春秋と共に帰来した。

注　六四七年は正月に前述の毗曇の乱があり、善徳女王が殺され、真徳女王が後をついだ。二月唐の太宗が使持節を派遣し、真徳女王を冊命して柱国とし、楽浪郡に封じた。七月、使者を唐に遣わし謝恩した。六四六、七の二年、百済は新羅を激しく攻撃している。以上、三国史記を抄引したが、玄理の新羅入、玄理、金春秋の来日について、三国史記は沈黙している。真徳王二年（六四八）金春秋は唐に遣され、太宗は百済への出兵を約している。6と7の間の＊項参照。

7は＊項で新羅が唐の服制を採ると約したことの結果として生じたことである。8は難波宮の完成記事で、以下、10と合せ、また遣唐使の事（9、11、12、13、14）とからめて、考えてみよう。

難波宮と遣唐使

遣唐使は、一つが9、11、14で、二つが13である。私は前者を疑い、後者を最初の遣唐使と判断している。

9で、大使が小山上（大化五年の冠位制で、大宝元年のそれと対応させると正七位）、副使が小乙上（従八位上）の一組と、大使が大山下（従六位）、副使が大乙上（正八位）の二組。これに対し13では、押使は大錦上（大化三年の冠位で大宝元年のそれに対応させると正四位）、大使が小錦下（従五位）、副使大山下（従六位）、判官が大乙上（正八位）と小乙下（従八位）。すなわち、ちがいが二つある。9（白雉四年・六五三）は大化五年（六四九）の冠位十九階制によっていて、等級は低い。13（白雉五年・六五四）がよっているのは大化三年（六四七）の冠位七色十三階制だが、等級は高い。いや13の位は、押使が大錦上とある。大化三年の冠位ではたんに大錦で、大錦が上中下と分けられたのは天智三年（六六四）二月の冠位制でのことだ。大化三年の大錦は、大化五年では大花上・下となっている。したがって白雉五年（六五四）の記事大錦上（つづいて大使の小錦下も）は、一〇年後の天智三年の位ということになる。（副使の大山下、判官の大乙上・小乙下は、大化五年の冠位にも、天智三年の冠位にもあるが、押使・大使が天智三年の位だから、副使・判官のもまた天智三年の位ととるのが穏当であろう。）よって言いかえる。9の遣唐使の位は大化五年の冠位によっているが、等級は低い。13の遣唐使は天智三年の冠位によっているが、等級は高い。

遣唐使は、舒明二年（六三〇）八月条に、以《テ》二大仁犬上三田耜・大仁薬師恵日《ヲ》一、遣《ス》二於大唐《ニ》一とあるのを初出としてきた。史実とは認められない。冠位十二階（ここでは大仁）が隋書倭国伝から改変しての盗用であること。三田耜が大使かなにか上級で恵日が下級なのに同位（大仁）であること。舒明の天皇としての実在は考えられないこと。医師恵日は、既述のように、推古三一年七月是時に、大唐から帰国して、其《レ》大唐《ノ》国《ハ》者、法式《ガ》備定之珍国也、常《ニ》須《レ》達《シウ》、と言ったとあるが、この条は道慈書き入れの可能性が高いこと。以上が認めがたい理由である。

右につぐのが、9と13である。両者の間はわずか九か月である。（断っておくが、もちろん信用しがたい紀の年月日をそのままとっての事である。中国史書など他史料によって訂正できるばあいを除くと、紀のそれにかわる別の年月日を提出するのはほとんど不可能である。）九か月の間隔で初次つづけて遣使するのは尋常でない。初の遣唐使は9か、13か。位でいうなら、9は六年前の大化三年の位を肩書とし、13は一〇年後の天智三年の位を肩書にしている。しかし勢威の上っている大唐への使としては、9の大使ですら正七位上というのは、あまりに格下すぎる。13の押使が正四位、大使が従五位という方が、適当だろう。位の件では一長一短、判定できない。

9は記事として形が整っている。大使以下（位もきちんとつく）一二一人、乗一船、送使某。もう一人の大使以下一二〇人、乗一船、送使某。加えて11で後の一船が沈没。14で前の一船が帰国。さらに、先引14で略した14是月条に、小山上大使吉士長丹に小花下の位と封二百戸、姓は呉氏を授け、小乙上副使吉士駒には小山上。外交記事あるいは遣唐使記事の形からいえば、この方が整っている。大使の肩書小山上（正七位相当）が小花下（従五位）へと大化五年の冠位制内での昇進、同様に副使も小乙上（従八位）から小山上（正七位）へ。これも整合的である。疑点は封二百戸。大宝・養老令の食封制度への「改革の時点は明らかでないが、大化改新の当時に一挙に行われたのではなく、壬申の乱以後の天武五年四月、同八年四月、同九年四月、同十一年三月などの各条にみえる諸詔や浄御原令の施行にともなう改制などが、これに関係があるとみられている」（大系本紀補注・巻第三十の一一、文庫版㈤—三七二～三頁）。形が整っているのも、大宝二年（七〇二）粟田朝臣真人がおよそ三〇余年ぶりの遣唐使となって以降の、再々の遣唐使で決った形にそってのことに思えてくる。

最初の遣唐使　それよりも何よりも、既述したように、14の押使高向史玄理らに、東宮監門郭丈挙が、日本国の地里及び国初の神名（すなわち歴史）を悉く問うたのを、私は重視する。初の遣使だからその地理と歴史を問うたのである。14を遣唐使の初めとするのに、これ以上の根拠はあるまい。ただ、位が天智三年（六六三）のものであることは、この文がそれ以後、天武一三年（六八四年）末まで（同一四年正月に新爵位を定めている）に書かれた可能性、を保留しておく必要がある。

舒明、皇極、孝徳紀記事からの結論　さて、舒明、皇極、孝徳紀から、東アジア関連記事を取り出して分析した結果、こう要約してもいいのではないか。すなわち、第一、舒明（六二九～六四二）紀のA13項を検しても、「最初の遣唐使の派遣は舒明によってなされ」（後掲書、東アジアの中の舒明朝、四三頁）「倭国が舒明のもと、東アジア世界のなかに大きく飛躍をはじめた時代であった」（同、新しい支配体制の模索、四五頁）という、林部均（飛鳥の京と藤原京、二〇〇八年）、またもっぱら高表仁の誤解をもとに、「六三〇年代から、ヤマトの支配集団の中に、唐—新羅ラインを尊重する政見が現れる、客観的根拠があった」（山尾、前掲書、二章十二節隋書の中国統一と東アジア、二七〇頁）との山尾幸久、これらの主張を支える記事は、舒明紀にはない。第二に、皇極（六四二～六四五）紀のB13項を検しても、翹岐を大使とした百済の外交が浮かびあがり、ソガ王朝（舒明・皇極期はその三代エミシの時代に当る）の親百済路線が偲ばれる。第三に、孝徳（六四五～六五四）紀のC15項を検すると、様相は一変している。大唐留学生高向玄理を派遣して、新羅の実権者金春秋と交渉、協議し、来日した金春秋を介して、初めて唐と直接に交流する遣唐使（押使高向玄理）を送った。

すなわち第一、第二はソガ王朝の親百済路線を示すが、第三の天皇王朝からは親唐・新羅路線と変り、対照的である。第二と第三との間にあるのは、（紀が皇極紀三、四年で記述する中臣鎌子・中大兄の入鹿誅殺ではなく、）外交路線の画期的な変化である。第二の後半（三、四年）は、先に見たように入鹿誅殺の話しかなく、東アジアの動向、各国の政争や戦闘に関してはなんの記事もない。この間の推移については、舒明・皇極（ソガ王朝）期の記事（第一、第二）と、孝徳（天皇王朝）期の記事（第三）とを、中国史書、朝鮮史書などと照合して、推考*するほかはない。

注 推考の一つとして、行きがかり上、山尾幸久のばあいを、検してみよう。六四三年九月に、「百済に行っていた使者が復命するが、このことからヤマトの政局は混迷をきわめる。権力中枢は分裂し麻痺状態となる。六四五年六月のヤマトのクーデター〔乙巳の変〕に直結する情勢は六四三年に始まった」（三八五頁）。山尾は、

(1)「蘇我氏の本家が主導する政治は、対外関係において著しく百済寄りである」（三七〇頁）

(2)六四五年六月の「クーデターに先立つ二年ばかり、ヤマト国家の権力中枢は分裂し麻痺していた。外なる状況〔唐の強圧で生じた朝鮮三国の軋轢とヤマト国家への働きかけ〕への国家的対応の必要が、国家機構の制度化の立ち遅れをきわだたせた」（三九三頁、右引の三八五頁と同趣旨）。

(3)a「それが、遂に、古人（舒明と蘇我馬子の娘との間の所生）を大王に据え、蘇我入鹿が存分にリーダーシップをふるえる態勢によって、克服されることになった」（三九三頁、(2)にすぐつづいて）。b「入鹿の国際認識は、唐の国家的力量を正当に評価し、唐が要請する新羅との友誼を進めようとするものだったのではなかろうか」（三九五頁）。

(4)「古人―入鹿体制が出現したならば、クーデター直後から現れる孝徳の百済寄りの積極策とは異なるものであった可能性がある」（三九五～六頁）。〔(3)aにつづけて〕「その最終的な決定の場に、ひそかに孝徳の意を受けた内裏警護を職務とする人物が乱入し、

入鹿はあっけなく殺されてしまった」（三九三頁）

⑸「クーデターが、唐太宗の高句麗親征が始まったのを知った時点での、百済による旧伽耶諸国占領という新しい状況への、国家の方針決定の場であったことは確実である。「質」の扶余豊ら百済の大規模な外交使節団を孝徳即位の背後勢力とする見解〔八木充「七世紀中期の政権とその政策」「難波遷都と海外情勢」、『日本古代政治組織の研究』所収、一九八六年〕は傾聴すべきであろう」（三九六頁）

⑹「孝徳の時代にはこれに反するような対外政策」（三九六頁）が見られる。新羅に対し「任那の調」を罷め（大化二年九月）、来日した金春秋に託して〔石母田正『日本の古代国家』一九七一年、五九頁〕、太宗に書簡を送り、高向玄理以下の遣唐使を送った。「これらの政策は、使者が高向玄理・薬師恵日ら中国に留学した経験をもつ中大兄側近の人であることから推測すれば、主として中大兄を核とする勢力が進めたものといえよう。……やがて孝徳と中大兄との亀裂は表面化する」（三九七頁、傍点山田）。

右をごく簡略にいえば、次の四項にまとまる。(ア)ソガ本家は親百済、(イ)四代イルカが親唐・新羅に切り替えようとし、(ウ)これを阻止しようと百済寄りの積極派、孝徳がクーデターをおこしたが、(エ)親唐派の中大兄との間つまり権力内部に亀裂ができる。

山尾の推考で、⑴については上来ふれてきたように賛成である。⑵については、上に皇極四年間のうち、国際関係記事の無い後の二年（三、四年紀）としてきた時期のとらえ方にかかわり、山尾はクーデター説、私は王朝交替説だから、当然に見解が異なる。彼は権力中枢の分裂、麻痺とみているが、私はソガ権力に時代の変化に対応できない硬直さが露呈してきたとみる。このちがいから、⑶ａでの山尾のイルカへの過大評価には賛成できない。あげく⑶ｂおよび⑷のように、四代王イルカが、ソガ王朝の伝統的な親百済路線を親唐・新羅路線に切り替えようとした、とは考えない。ソガはソガである。先引B6、7、8が示す「百済外交の大攻勢」は、四代王イルカへの圧力であったろう。それを推考⑸のように、「孝徳即位の背後勢力」と解する八木・山尾説には従えない。⑸のボタンの掛け違いは、つぎつぎにずれを引きおこす。⑷の「クーデター直後から現れる孝徳の百済寄りの積極策」という山尾の推考が、その一である。孝徳は新羅寄り、というより新羅寄りを介して唐と国交をひらくことを志向した、とみる方が妥当である。ところが山尾は(6)で。新羅・唐への接近は、高向玄理らを側近とする中大兄の政策と誤認した。こうして積極的な百済寄り（本当はこれがソガ王朝の政策）の孝徳と、新羅・唐寄り（本当はこれが孝徳）の中大兄との亀裂が表面化する、と推考した。斉明・中大兄の母子権力が積極的な百済支援策をとり、あげく白村江の敗戦に直面するにいたったのは、いまさら言うまでもない。

孝徳が難波宮に宮造りしたことを、山尾は「朝鮮の状況の推移に迅速に対応しようとする積極的姿勢である」（三九六頁）という。私は朝鮮半島だけではなく、その先の唐まで見通しての造宮とみているが、山尾は、白雉「改元」の際、孝徳から祥瑞の所以を最初に問われたのが扶余豊であることなどに、「百済の外交使節団と孝徳との近しい関係を垣間見」ているから、難波宮造営を主に百済情勢に迅速に対応できるという観点で見ているようである。

宮の移動は外交の選択

白雉四年（六五三）是歳、太子《ガ》奏請《シテ》曰《ウニハ》、欲《たイト》三冀《ワクハ》遷《リ》二于倭京（飛鳥）一《ニ》天皇《ハ》不《なカッタ》レ許《サ》焉、皇太子乃《チ》奉《ジ》二皇祖母《ノ》尊、間人皇后一《ヲ》、并《ビニ》率《イ》二皇弟等一《ヲ》、住二居《シタ》于倭《ノ》飛鳥《ノ》河辺《ノ》行宮一《ニ》、于時《ニ》、公卿大夫百官人等《ハ》、皆随《ッテ》而遷《ッタ》。これがたんに宮の移動という問題ではないことに注意したい。ナニワの宮都は親唐・新羅路線を展開する場であり、倭京はかつてソガ王朝が親百済路線を展開した場であった。宮の移動は、王朝の交替までひきおこした、ヤマト王権の外交方針の撰択と等義である。天皇王朝は成立早々、権力内部に孝徳と斉明・中大兄との分裂をかかえこんでいた。

白雉四年条は後代の加筆か

右の白雉四年の文で、見過ごせないのは、公卿・大夫・百官人等が皆、母子権力側についたことである。孝徳は完全に孤立した。天皇《ハ》恨《ンデ》欲《おもッタ》レ捨《テヨウト》二於国位一《ヲ》。孝徳の孤立もさることながら、孤立させた公卿・大夫・百官人という用語にひっかかる。公卿の起源は、周の三公九卿だが、この語、紀に五〇度も出る。巻数では、巻第十五（顕宗）に二、第二五（孝徳）に八、第二九（天武）に二、第三十（持統）に三八と、わずかに四巻である。持統紀に三八（七五％）と集中している。これと百僚・百官とが一つになると、群卿百僚（天武）→公卿百僚人（持統）→公卿百官（続紀）と推移する。公卿（三位以上）大夫（四位、五位）百官人（六位以下）の語は、少くとも持統以後ないし大宝令以後という時代色をもつ。白雉四年是歳という年月日表現の大雑把さと相俟って、この記事には後代の加筆の疑いがこい。移転先の宮名、倭飛鳥河辺行宮も、いい加減に思える。宮名に飛鳥を冠するものはいくつかあるが、その上にさらに倭を冠するものはない。しかも行宮である。たかが（というのは語弊があるが）行宮に倭、飛鳥、河辺と三つも地名が重って付いている。これをたとえば稲渕宮殿跡に当てるのは、当てのないものを当てるようなことに思える。孝徳期の前後は、ともに事が晦暗の中にある。前に王朝交替、後に母子政権。孝徳に勝った（六五三）中大兄が即位する（六六八）のは、じつに一五年後のことである。

唐の圧力が、朝鮮三国内の激動とともに日本列島に波及してきたとき、同様に、列島でも国政と外交にわたる強権の確立にむけて、激動した。その軌跡を求めて、巻第二三（舒明紀）、第二四（皇極紀）、第二五（孝徳紀）の外交記事を見てきたのだが、そこに一つ、これまで括弧にいれてきた問題がある。倭国問題である。

（'14・1・11）

倭国問題

私は、倭国をヤマト王権の初期段階のこととはまったく考えていない。本書後篇で述べたことだが、紀の巻第二、七、八、九に、倭国創世史が切断されて利用されているのを見出し、倭国がいまの九州北部、背振山地を囲むように存在していた、との結論に到達した。どのような学説、学派の主張によったのではなく、自身の紀解読が根拠である。倭国が滅んだのは、天智二年（六六三）の白村江の敗戦によってである。そう考えた根拠も、持統五年（六九一）正月の筑紫史益の記事を解読してのことである（六つ章）。傍証として、旧唐書・倭国伝の記事「貞観二十二年（六四八）に至り、又新羅に附して表を奉り、以て起居を通ず」。以後、倭国記事が中国史書に出てこなくなることを、あげうる。

したがって倭国は、のちの日本国（ソガ王朝から天皇王朝にかけて）と併存していて、唐帝国の膨張主義とからんで生じた朝鮮三国の激動——盧泰敦の適切な命名では三国統一戦争——を、日本国よりも直接に受けたとみなされる。しかしながらその記録はない。ないがニニギ、カシツヒメ、ヒコホホデミの倭国創世史や筑紫史益の例からして、あるいは紀の中にあれこれと吸収、利用されていないとは、限らない。改めて舒明紀、皇極紀（ソガ王朝）と孝徳紀（天皇王朝）とを、見直してみよう。

A〔舒明紀〕1。全文を掲げ直す。高麗ノ大使ノ宴子抜《あんしばい》・小使ノ若徳《にゃくとく》ト、百済ノ大使ノ恩率素子《すし》・小使ノ徳率武徳《むとく》トガ、共ニ朝貢シタ。この二人の高麗人、二人の百済人は、紀のここにだけ出て「他に見えず」と大系本頭注。それよりも、高麗大・小使に身分を示す官位の類がなく、百済大・小使には恩率（百済官位一六階の第三位）・徳率（同第四位）がついている。このことわざわざ記した共朝貢とは合わない。来たのは百済使だけと思えるが、大・小使の官位が高い。試みに前後をみると、推古三一年（六二三）七月条で、並びに来朝した新羅大使が奈末（十七階中の十一位）なのに対し、任那使は達率（百済の十六階中の二位）とある。後の方では、舒明七年（六三五）六月条（A8）に、百済使が達率とある。皇極二年（六四三）七月条（B13）でも百済大使は達率、副使が恩率で、百済使の位階が高いのは、百済王の外交攻勢の強さを示しているのだろう。A1の使節は、A2に朝で饗、A3で帰国、とある。A4に百済王を義慈としているが、括弧で注したように、これは一〇年以上も後のことである。宿敵高麗と歴史的和解をして新羅に攻め込んだ義慈王の即位が、一〇年後のことであれば、A1で高麗、百済使が共に来日、帰国しているのは、不審である。つまり、A1〜4はたんに百済使が来たこと以外は、信憑性がうすいことになる。

この百済使は、倭国へ来たのか、ソガ王朝へ来たのか。判定する記事上の根拠はない。であれば状況証拠はどうか。A2の大仁犬上君三田耜らの遣唐使記事が信じがたいことは、先に述べた。するとA5で、唐使高表仁に犬上三田耜らを送らせ、共に（原文にある）対馬に泊ったが、この時、新羅送使が（唐がえりの僧旻らとも）従っていた、とあるのを検しなくてはならない。高表仁の遺使は旧唐書倭国伝にあるから、当然にヤマト王権（この時はソガ王朝、後に日本国）ではなく、倭国への遺使であることも、先述した。六三一（舒明四）年新羅は、真智王（五七六〜六三二）の時代で、唐太宗に朝貢してはいるが、まだ同盟関係には至っていない。高表仁を新羅送使が送ってくることはまずない。したがって共泊于対馬*も可能性が少ない。

注　泊某地（ないし津）は紀に三七度出る。初出は巻第六（垂仁紀）二年是歳条一云。大伽耶国（三国遺事、紀は意富加羅国）王子ツヌガアラシトが泊《ル》二于越《ノ》国《ノ》笥《け》飯《ひ》《ノ》浦《ニ》一。この巻第六に初出をいれて四度、巻第七に一度、巻第八に三度、巻第九、巻第十に各一度、巻第十一に一度、そして巻第十三に泊二対馬一、（到二筑紫一）、泊二于難波津一とある（以上、一三度）。他に、巻第二十に三度、第二二に三度、第二三に一度、第二四に四度、第二五に四度、第二六に六度、第二七に二度、第二九に一度と、以上二四度で計三七度となる。泊二対馬一は巻第十三が初出で、次に巻第二十に漂二泊津嶋一、そして巻第二三に泊二于対馬一。

泊二対馬一は初出の文が一番参考になる。允恭四二年正月に天皇が死ぬ。於レ是《ニ》、新羅王《ガ》聞《イテ》二天皇《ハ》既《ニ》崩《ジタト》一、而驚《キ》愁《ンダ》之、貢二上《シタ》調船八十艘《ト》、及種々《ノ》楽人八十一《ヲ》、是《ハ》泊《ッテ》二対馬《ニ》一而大《イニ》哭《シ》、到《ッテ》二筑紫《ニ》一〔儺大津〕亦大《イニ》哭《シタ》、泊《リ》二于難波津《ニ》一、則《チ》皆素服《シ》之、悉《ク》捧《ゲ》二御調《ヲ》一、且《ハ》張《リ》二種々《ノ》楽器《ヲ》一、自《リ》二難波一至《ッタ》二于京《ニ》一、或《ハ》哭泣《シ》、或《ハ》儛歌《シ》、遂《ニ》参二会《シタ》於殯宮《ニ》一也。すなわち新羅の弔使団は、新羅─対馬─筑紫（博多）─難波津─京という経路をたどっている。巻第十三（允恭紀）は作られた順序ではⅢａ（四つ章参照）の中の一巻である。この経路は五世紀の允恭の時ではなく、紀作製時のものとみていいであろう。もう一つ、対馬は魏志倭人伝にいう対海国である。紀が海北道と書いているのが、金官加羅（狗邪韓国）─対海国─一支国─儺津という経路をさしていた。すなわち泊対馬とは、倭国に入って最初の寄港地の意である。右後半の難波津をのぞくと、泊対馬は海北道の倭国寄さいしょの入泊地であった。白村江の敗戦で亡んだ倭国を併合したプレ日本国になると、出入国記事は、対馬から筑紫大宰府ないし儺津に移る。

A5（倭国入国）、A7（帰国）の中間のA6は、旧唐書倭国伝の末、貞観五年（六三一、舒明三年）条の高表仁の来倭記事をもとに作られたものだから、（遣唐使犬上三田耜ともども）史実ではない。復旧して遣倭使のこととすれば、A5（舒明三年）の泊対馬、A7（同五年）の到二対馬一は、唐の遣倭使の入倭国、離倭国を指していることになる。

A8、A9が百済使、A10が百済、新羅、任那の朝貢と、ごく簡単で紋切り型の記事だから、真偽の判定の仕様がない。A11（六三九年）、13（六四〇年）の、唐への留学僧、留学生が新羅使ないし新羅の送使（A12の送使をヤマトの京で饗したなど出鱈目話）に送られてきた記事も、皇極、孝徳両紀で活躍する恵雲（大化元年八月八日、十師に任じられた）、南淵請安、高向漢人玄理（共に推古一六＝六〇八年入隋）らを登場させただけの記事にすぎない。

結論。Aで倭国の記事と認めうるのは5、6、7のもとなった高表仁の記事（旧唐書、倭国伝）だけである。

（'13・1・13）

次に皇極紀。まず次の二条が気になる。

B11、筑紫ノ大宰ガ、馳駅シテ奏シテ曰ッタ、百済ノ国主ノ児ノ翹岐弟王子ガ、共ニ二調使ト一来タト、

B12、筑紫ノ大宰ガ、馳駅シテ奏シテ曰ッタ、高麗ガ遣レ使ヲ来朝シタト、

弟王子と兄王子と

気になる一つは、筑紫大宰と馳駅で、これは前に述べた。もう一つが、百済国主児翹岐弟王子である。これについても先に錯簡を正して翹岐関係十記事をまとめておいた。いま改めて注視するのは、弟王子である。翹岐が国王の児（王子）であるのは明らかだが、さらに名の下に弟王子とわざわざ

付け足している。弟王子を切り離して義慈王の弟王子と解し、扶余忠勝とする説もあるようだが、もしそうでも、ここでの書き振りからすれば、児翹岐、弟忠勝とするのが自然で、児翹岐、弟王子とは書かないだろう。よって弟王子は翹岐についた通称とみる。兄王子は余豊である。

紀から兄弟記事を抽出し、年表風に対比してみよう。

年	兄王子余豊	弟王子翹岐
舒明3（六三一）	百済王義慈、王子豊章を入質（三月）	
皇極元（六四二）		弟王子児翹岐らが嶋に放たれた（二日）
二（六四三）	百済太子余豊、蜜蜂房を三輪山に放つ（是歳）	百済国主の児翹岐弟王子、来日（四月）
元　二月		翹岐を阿曇連山背の家へ安置（二四日）
〃　四月		翹岐が拝朝（六日）
〃　〃		ソガ大臣が畝傍の家で翹岐と対談（一〇日）
〃　五月		河内国依網屯倉の前で射猟（五日）
〃　〃		翹岐の従者一人が死んだ（二一日）
〃　〃		翹岐の児が死んだ（二二日）
〃　〃		翹岐と妻子、百済大井の家に移る（二二日）
〃　七月		大佐平智積らを朝で饗した。智積ら退出し翹岐の門を拝した。（二二日）

白雉元（六五〇）	穴戸国が白雉を献じた。百済君に問うた
〃　二月	白雉の輿に豊璋らも従い中庭に至る
斉明六（六六〇）	鬼室福信ら援軍と豊璋を乞う
天智元（六六二）	豊璋らを百済に送った（五月）
〃　〃	豊璋ら朴市田来津の諫を聴かず
〃二（六六三）	豊璋、福信を殺す（六月）
〃　八月	白村江の敗戦、豊璋、高麗に逃げる

ただちに明らかだが、兄王子と弟王子の記事は重複せず、弟王子記事は皇極（実在せず、ソガ王朝）、兄王子は孝徳以後（天皇王朝）と分れている。余豊の来日は前に述べたが、義慈王即位が六四一年だから、繰り下げて皇極初年の頃となるが、そこにあるのは蜜蜂房の話（ただし元年是歳条）である。余豊の記事がしゃんとするのは、斉明・天智の時で、孝徳のところでは白雉をめぐる蜜蜂並の話でしかない。割り切って言えば、弟王子は皇極、兄王子は斉明・天智と、二分している。

倭国に余豊
大和に翹岐

翹岐と余豊を同一人とする説もあるが、名は歴史を表わし、名が異なれば背後の実体も異なるとの（紀を読むさいの私の）心構えでは、よほどの史料根拠がなければ採用するわけにはいかない。義慈王はなぜ兄弟二人をも送りこんできたのか。内乱説があった。兄弟二王子が父に反対した。それで使節団の傔人の噂で、弟王子が嶋に放たれた。しかしではなぜ二王子の記事は交錯しないのか。同一人だったと、どど廻りのような推論をしないとなれば、仮説は一つしか立てられない。日本列島上に、西に倭国、東に（後の）日本国が存在した（これは仮説ではない）。兄弟はそれぞれ別のところへ派遣された。百済が早くから交渉をもっていたのは、倭国である。倭国へ兄王子、後発の東国ソガ王朝に弟王子。義慈王の外交布石は周到であった。

さて、呑気な蜜蜂記事には太子余豊とあった。諸文献で余豊を太子としたのは、この蜜蜂記事だけである。（なおこの人物を豊章、豊璋と書くのも紀だけで、思うに義慈王の前の武王名、扶余璋と、この人物の名扶余豊とを混合したものか。）蜜蜂記事が余豊と書くのは、先の質記事が王子豊章としたのより良いが、太子としたのは誤りで王子が良い。

義慈王の太子は扶余隆

三国史記（巻第二八、百済本紀第六、義慈王）によると、義慈王の子で太子とあるのは（扶余）隆である。義慈王四年（六四四）正月、立《テテ》二王子隆《ヲ》一為《タ》二太子《ト》一。少し先（六六〇）へいって、蘇定方率いる唐軍によって百済王朝が滅亡するとき、三国史記（百済本紀）の文はほとんど新唐書百済伝によっているが、ちがう一つが太子の名である。史記は、義慈王二〇年（六六〇）条に、義慈王が、遂《ニ》与《ニ》二太子孝《ト》一走《ル》二北鄙《ニ》一、と記す（これは義慈王四年条と矛盾する）が、新唐書は、遂《ニ》挟《ひきつレ》二太子隆《ヲ》一走《ル》二北鄙《ニ》一、である。史記は、王・太子が逃げたあと、つづいて、次子《ノ》泰《ガ》自《カラ》立《ッテ》為《ッタ》レ王《ト》、と書くが、これは新唐書と同文である。太子《ノ》子《ノ》文思《ガ》謂《ウ》二王子隆《ニ》一と史記は、太子隆ではなく王子隆と書くが、新唐書は、義慈《ノ》孫《ノ》文思《ガ》曰《ウ》、と簡単である。百済王家が降伏した文章を、史記は、定方《ハ》以《テ》二王及《ビ》太子《ノ》孝・王子《ノ》泰・隆・演及《ビ》大臣将士八十八人、百姓一万二千八百七人《ヲ》一送《ッタ》二京師《ニ》一（長安）、とするが、新唐書の方は、定方《ハ》執《とらエテ》二義慈王・隆及《ビ》小王《ノ》孝・演、酋長五十八人《ヲ》一送《ッタ》二京師《ニ》一、である。系図化すれば上が三国史記、下が新唐書、

義慈王
- 孝（太子）
- 泰（次子）
- 隆（王子）
- 演（王子）

義慈王
- 隆（太子）
- 泰（次子）
- 孝（小王）
- 演（小王）

となる。史記・義慈王四年条の太子隆に照らすと、新唐書の系譜の方が妥当と解される。紀の斉明六年（六六〇）七月条の注に引く、伊吉連博徳書にも、十一月一日、為《ニ》二将軍蘇定方等《ノ》一所《ラレタ》レ捉《エ》百済王以下、太子《ノ》隆等、諸王子十三人、大佐平沙宅千福・国弁成以下卅七人、并《ビニ》五十許《ノ》人《ヲ》、奉《シタ》二進朝堂《ニ》一、とみえる。

扶余豊は古王子

右の四人の王子と、紀の扶余豊（璋）、翹岐とがどのような関係になるのかは分らない。余豊は、百済王家滅亡後も、抵抗戦をつづけた鬼室福信が、在倭国の余豊を乞うて百済王家なき後の百済王としたことが、史記、新唐書に記されている。紀と三様の文をつぎに掲げると、

1 a（三国史記巻第二八、百済本紀第六、三一義慈王二〇年）武王《ノ》従子《ノ》福信《ハ》…迎《エ》二古王子《ノ》扶余豊、嘗《テ》質《トシタ》二於倭国《ニ》一者《ヲ》一、立《テテ》之為《タ》レ王《ト》

b（同巻第六、新羅本紀、三〇文武王三年（六六三））百済《ノ》故将《ノ》福信及《ビ》浮国《ノ》道琛《ハ》、迎《エ》二故王子《ノ》扶余豊《ヲ》一立《テタ》レ之《ヲ》

2（新唐書、百済王伝、顕慶五年（六六〇）九月）璋（武王）《ノ》従子《ノ》福信《ハ》、嘗《テ》将《イタガ》レ兵《ヲ》、乃《チ》与《ニ》二浮屠《ノ》道琛《ト》一…迎《エ》二故王子《ノ》扶余豊《ヲ》自《リ》一レ倭、立《テテ》之為《タ》レ王《ト》

3（紀巻第二十六、斉明六年（六六〇）十月）百済《ノ》佐平鬼室福信《ガ》、遣《ワシ》二佐平貴智等《ヲ》一、…又乞《イ》レ師《ヲ》請《もとメタ》レ救《ヲ》、并《ビニ》乞《ウタ》二王子余豊璋《ヲ》一

紀だけが余豊璋としているのが目立つが、紀以外が扶余豊に古王子、故王子を冠しているのは、1a、2に嘗て質としたとか、嘗て将軍だったとか記す嘗と同義である。故《こ》王子は旧《もと》王子と同じで、倭国に二〇年もいた扶余豊は、隆、泰、孝、演ら在百済の王子に比べると、いかにも旧王子といった存在であったろう。

糺解は余豊、翹岐の行方は

翹岐は、その名からして、これまでの一字名の王子たち、隆、泰、孝、演とは似《そぐ》わない。また先に五〇三～四頁の表でみたように、皇極元年（六四二）二、四、五、七月条に集中して登場した以

外にはどこにも出ない。ただ余豊、翹岐のほかに、斉明七年四月条と天智二年五月条（関連して次の六月条）に糺解《くげ》という人物が出る。

1（斉明七年〔六六一〕四月）百済ノ福信ガ、遣シレ使ヲ上リレ表ヲ、乞ウタレ迎エヨウト二其ノ王子ノ糺解一ヲ。（釈道顕ノ日本世記ガ曰ウ、百済ノ福信ガ献ジレ書ヲ、祈《もと》メタ二其ノ君ノ糺解ヲ於東朝一ニ、或本ガ云ウ、四月、天皇ガ遷二居シタ于朝倉宮一ニ。）

2（天智二年〔六六三〕五月）犬上君ガ（闕クレ名ヲ）馳ケテ、告ゲテ二兵事ヲ於高麗一ニ而還リ、見《あ》ッタ二糺解ニ於石城一デ、糺解ハ語《はな》シタ二福信之罪一ヲ。

3（同年六月）前ノ将軍ノ上毛野ノ君稚子等ガ、取ッタ二新羅ノ…二城一ヲ、百済王ノ豊璋ハ、嫌《にく》ンダ三福信ニ有ルノヲ二謀反ノ心一ガ。

1の糺解に大系本頭注は「豊璋のこと」と素っ気ない。文意の脈絡でいえばそのとおりだし、注についた日本世記が糺解の名のもとと推察される。糺解が余豊であれば翹岐は皇極元年以外には出ないことが分る。（'14・1）

先表下段の翹岐記事九項をみていくと、四番目のソガ蝦夷が畝傍の家に翹岐らをよび語話をしたというのが、いちばん気になる。畝傍の家はどこか。八つ章でのべたように、皇極三年（六四四）一一月条で、更ニ起《た》テタ二家ヲ於畝傍山ノ東一ニ、と記され、ソガ王朝が臨戦態勢を敷いた一環とみた。四はその二年半前の記事だが、両方に畝傍の家が出てくる。ソガ王朝の宮室は、一代イナメ王が豊浦（向原）・小墾田から西の軽に（墓は軽の南の五条野丸山古墳）、二代ウマコ王は飛鳥川上流の嶋と石川（現橿原市石川町、軽に近い）に（墓はすぐ上の石舞台古墳）、三代エミシ王は、四代イルカ王とともに、甘樫丘から畝傍に（墓は不詳）、それぞれ置いた。翹岐がよばれたのは畝傍宮だった。

翹岐記事九項は、二番目の皇極二年四月記事を、同元年の一、三〜九に合せたものだが、逆に元年諸条（一、三〜九）を（二の）二年条に合せても構わない。いずれにしろ翹岐の活動は短期間で、王朝交替によって終止符をうたれたことになる。この人物がどうなったのか、その名とともに史上行方不明である。

ソガ王朝は「対外関係において著しく百済寄り」（山尾、前掲書三七〇頁）であった。ところが山尾は、「孝徳の百済寄りの積極策」が、乙巳の「クーデター直後から現れる」（三九六頁）という。山尾流にいえば、なんのためのクーデターか。私流にはなんのための王朝交替か。先にC孝徳紀の外交記事15項を検して、次のように要約した、孝徳は「大唐留学生高向玄理を派遣して、新羅の実権者金春秋と交渉、協議し、来日した金春秋を介して、初めて唐と直接に交渉する遣唐使（押使高向玄理）を送った」、と。親百済のソガ政権を倒して親唐・新羅の孝徳政権へ。この激変に翹岐がそのまま対応できたとは思えない。紀にしか名のない翹岐は、歴史の外に消えている。

注 百済義慈王の系脈は日本国に残った。事は続紀巻第二七・天平神護二年（七六六）六月壬子（二八日）の、刑部卿従三位百済王《こにきし》敬福《きょうふく》の薨伝に詳しい。それによると、まず、高市岡本宮馭宇天皇〔舒明〕御世、義慈王遣㆓其子豊璋王及禪広王㆒入侍、とある。しかしすでに検したように、義慈王の即位は舒明三年（六三一）より十年後の同一三年（六四一）である。紀の造作がそのまま続紀にも引き継がれている。右の続紀記事について、新日本古典文学大系本の脚注は、「禪広が豊璋とともに来日したこと、舒明紀には見えない」。これに関しても、上来、倭国に兄王子余豊、日本国に弟王子翹岐が派遣されたと検考した。百済王家が唐軍によって洛陽に拉致されたのち、余豊は百済へ帰り、あげく高麗に逃げたが、翹岐は行方不明。ここまでは断片的な史料をつないだ事実である。

以下、憶測を述べる。仮説は、禪広が翹岐と同一人物であった、である。先表（四六六〜七頁）の翹岐の条項をみていくと、子が死に伝染をさけるため百済大井の家に移った（戊寅二四日、翹岐将《つレ》㆓其《ノ》妻子《ヲ》㆒、移《ツタ》㆓於百済《ノ》大井《ノ》家《ニ》㆒）、とみえる。紀は記す、後者―天智三年三月、百済王善光王らを難波に住居させた（以《テ》㆓百済王善光王等《ヲ》㆒、居《ス》㆓于難波《ニ》㆒）。この二人ともに義慈王の息で、後者は余善光とも書かれるが、後者は余翹岐には似《そぐ》わない。翹岐の語義はヌキンデテカシコイだから、たぶんペンネーム（号）である。

百済大井は、紀に二度出る。㈠は敏達の宮、㈡がここの家。ソガ王朝でみたように紀は臣下のには家、王族のには宮と書くが、両者はほぼ等義だから、百済大井はソガ氏の宮の一つで、そこに（ソガ王朝がほろんだのち）翹岐家が入り、さらに難波へ転じた。百済大井については、大系本頭注（四―一七頁、注九）が「河内志・通証等は和名抄の河内国錦部郡百済郷で今の大阪府河内長野市大井の地とする（下略）」のがいい。思うに、天皇王朝はソガ王朝を倒した後、百済義慈王の派遣した百済大使翹岐を引き継いで重視した。親百済路線を捨て親唐・新羅路線の孝徳期はやや放っておかれたが、旧路線にもどした中大兄によって難波に居住させられ、親唐路線の天武も余善光を厚遇したのは、その死後に、父善光に代って息の良虞が誄したことで、証される。持統が百済王《くだらのこにきし》の称号を余善光系に氏姓のように与えたのは、よく知られている。

翹岐については、余豊と同一人とする説があったが、白村江の敗戦まで倭と日本とが併存し、前者に余豊、後者に翹岐が派遣されたと考証した私としては、翹岐・善光同一人説を憶測している。憶測故に、注記にとどめて、本文では翹岐を史上、行方知れずとするほかはなかったのである。

（この注'16・1・13）

前期難波宮は難波津と一体

親唐・新羅の孝徳路線の政治的象徴が（前期）難波宮である。この宮の最大の特徴は、宮と難波津とが一体だというところにある。図12・13六〜七世紀頃の難波とその周辺（日下雅義、古代景観の復元、一九九一年、のち講談社学術文庫・地形からみた歴史、二〇一二年、による）にみるように、天満砂洲にできた南北に細長い潟が難波津の前提となった自然条件とすれば、人為的条件としては難波堀江と難波宮とをあげることができる。難波津の所在について諸説があったが、天満砂洲に残った細長い天満潟が、難波堀江で分断された南側、現高麗橋辺が難波津の中心だった、との日下雅義説がいちばん説得性がある。難波宮跡の南地区と、阪神高速道と上野筋との交差点をへだてて西北の角に、一六棟もの高床式倉庫群（法円坂遺跡）がみつかったのは、一九八七・八年とそれ以後の発掘調査によってである。時代は五世紀後半とされている。「高台にあるこの倉庫群は〔難波の〕堀江の存在があってはじめて意味をもつことから、堀江の開削もそれ以前か少なくとも同時期と考えるべきことが確実されるようになった」（二〇頁）と、植木久（難波宮跡、二〇〇九年）はいう。

私が法円坂遺跡に注目するのは、難波宮の西方官衙がほぼ同位置に造作されているからである。法円坂遺跡の倉庫群が東西に並んでいるのに対し、西方官衙のそれは、北の並び倉以外の六棟が南北に並んでいる。「これらの建物群は大規模な倉庫が計画的に配置されていることから、朱鳥元年の火災記事に記された大蔵省〔原、括弧つき〕にあたると思われる」（植木、六七〜八頁）。法円坂倉庫群が難波堀江と一体なら、内裏西方官衙の「大蔵省」ひいては難波宮は難波津と一体である。

むろん一国の都が海外交流・外交のための港とつながりをもつことは、当然である。飛鳥・藤原宮は、大坂越に難波津と結びついていた。しかし宮の設定そのものが港と一体のものだったのは、古代の宮都の中では、難波宮だけである。先行する倭国のばあいも、後の大宰府と那の津とは、難波宮の一・五㎞といった至近性をもっていなかった。宮津一体性は、孝徳が新羅を介して大唐との関係を目ざした政策、ソガ王朝と交替して外交路線の転換を計った政略を表現している。この点で難波宮とともに難波津の発掘調査は、これまた一体のものとみなされる。

真東西線の法円坂遺跡

難波宮でもう一つ私が注目するのは、正南北線である。難波宮に前期、後期と二層の遺構があるのは、よく知られている。この二つの難波宮がそれぞれの中軸をみごとに一つの正南北線に重ねていることを知ったときの感動を、私は記憶している。植木久によると、五世紀後半の法円坂遺跡の倉庫群（図14）は「寺院・都城に先立って真東西（南北）の方向性が採用されるなど、それまでのわが国の建築（群）にみられない新しい技術および設計理念が用いられている」（前掲書一九頁、傍点山田）が、それには「当時の最先端技術をもった（おそらくは中国、朝鮮半島の）技術者集団がかかわっていたことは確実であ」る（同頁）。傍点をうった寺院とは飛鳥寺（五八八〜）、都城とは難波宮（〜六五二）ということになるが、この先進性はやはり港がもつ機能にもとづくと考えられ、その難波津と一体の難波宮が、正南北線をみごとに採っているのは、当然のことといえよう。

このような孝徳・難波宮に対し、白雉四年是歳条は、太子《ガ》奏請《シテ》曰《ッタ》、欲《たイ》三冀《ハクハ》遷《リ》二于倭京《ニ》一、と記す。倭京すなわち飛鳥だが、これはたんに宮都の移転という問題ではない。飛鳥は親百済路線をとってきたソガ王朝の宮都

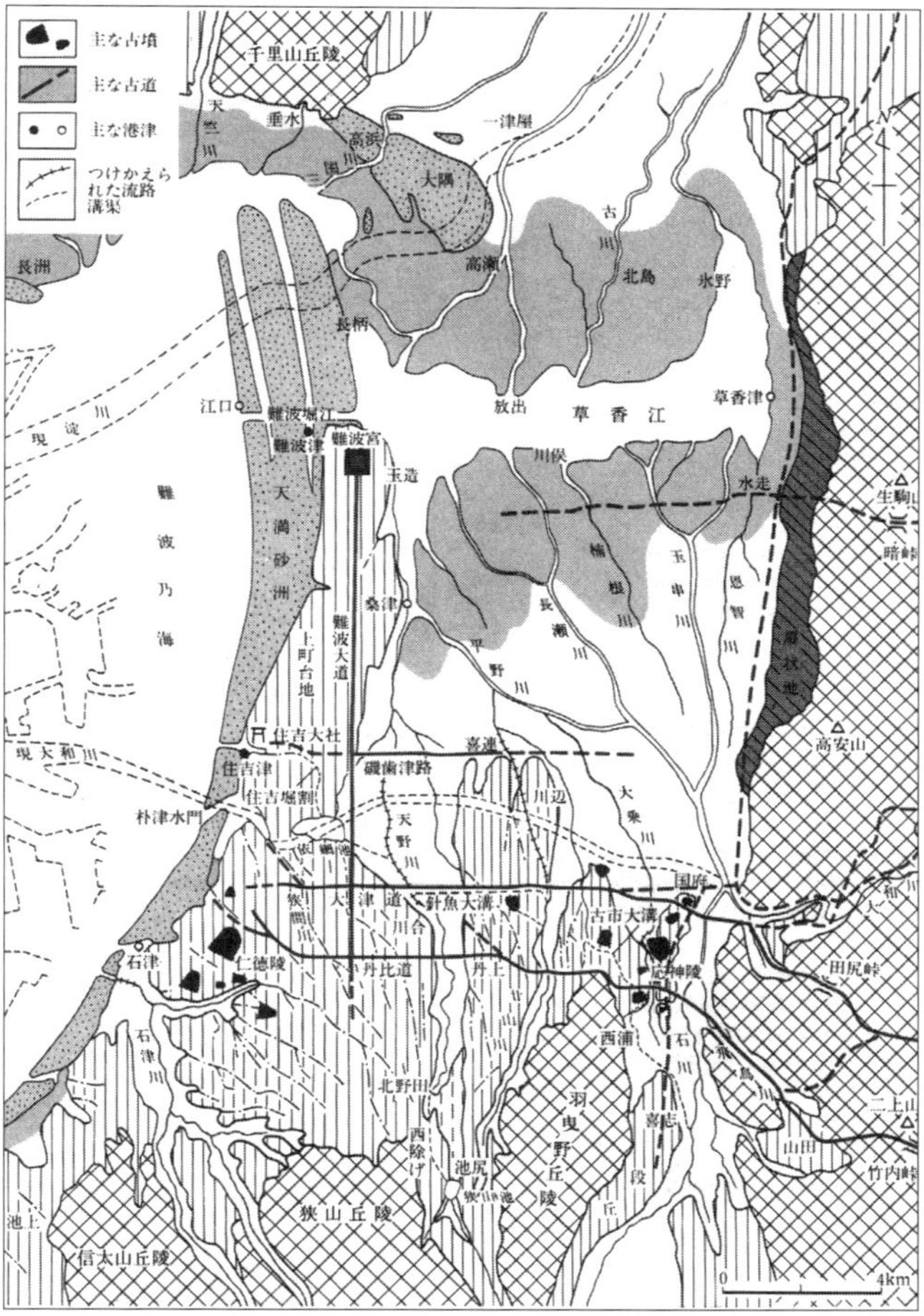

図12　6〜7世紀ころの摂津・河内・和泉の景観（日下雅義・古代景観の復元、巻頭のカラー図）

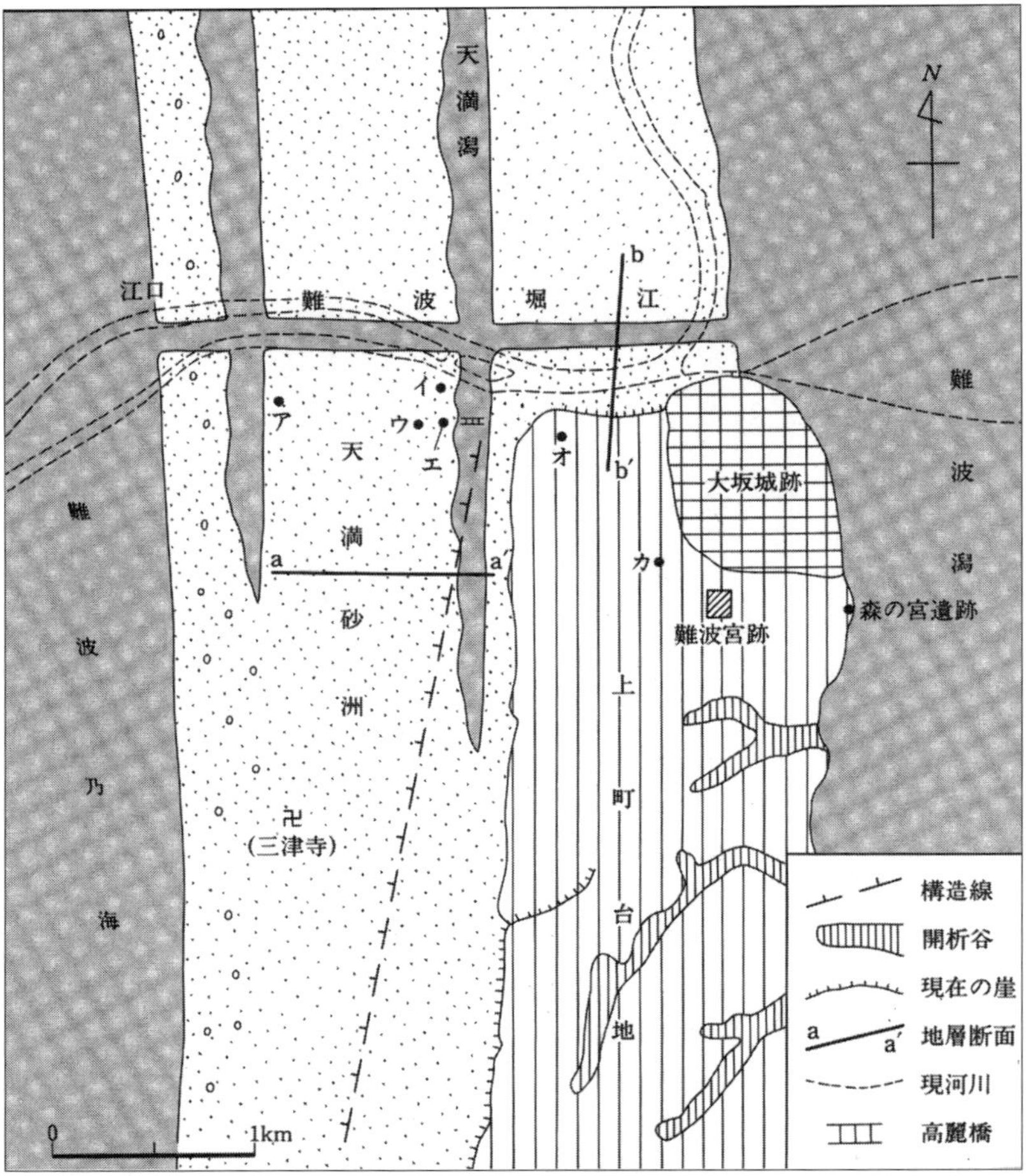

図13　上町台地北端付近の地形環境（日下雅義・古代景観の復元、1991、223頁）海岸線は6世紀初頭。砂洲は3本に分岐し、その間に幅の狭いラグーンを容していた。天満潟の部分は、近世初頭のころ〝道修谷〟と呼ばれており、その後改修されて東横堀川となる。開削ころの「難波堀江」は、直線状をなしていたと考えてよい。難波津の中心は高麗橋付近にあり、西方の汀線ぞいに外港「江口」が存在していた。図中のアは現東本願寺別院、イは船場、ウ三越呉服店。

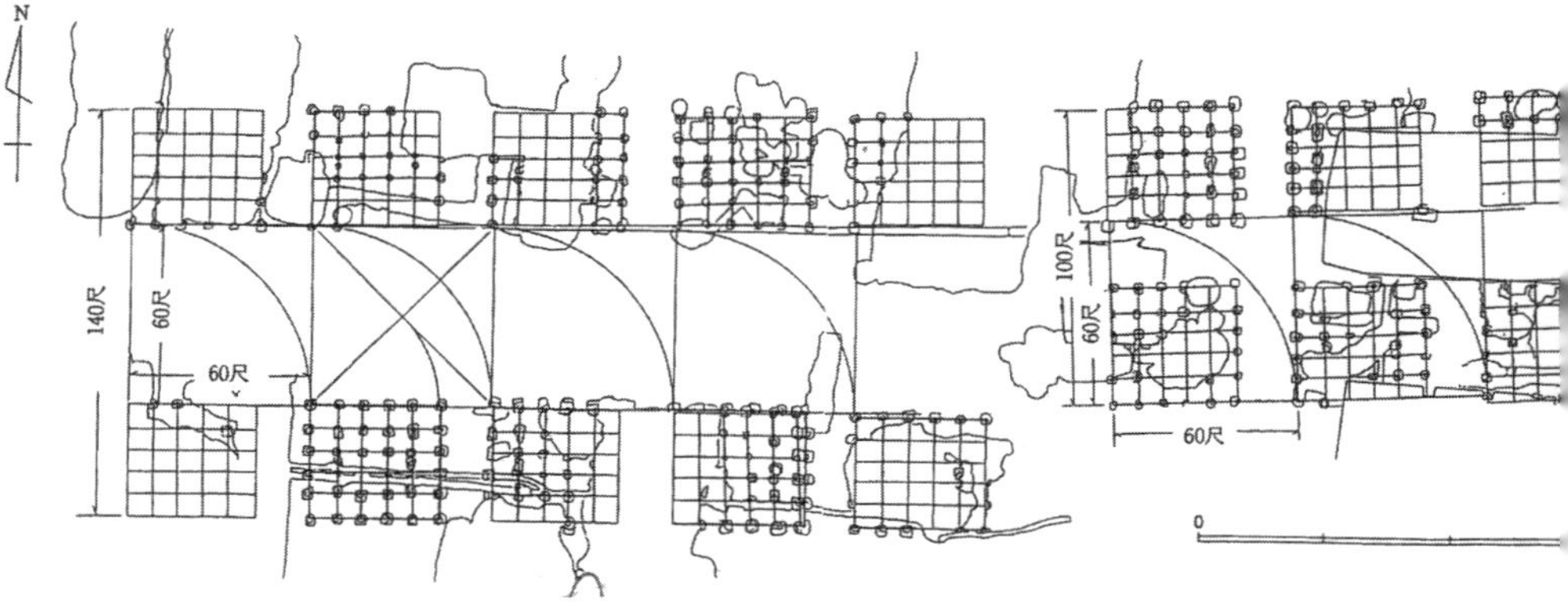

図14　法円坂遺跡五世紀 建物群全体配置計画図

であった。親唐・新羅路線をとる孝徳・難波宮から、倭京に遷ろうとは、もとの親百済路線へもどろうとの提案である。つづく天皇《ハ》不《なカッタ》レ許《サ》焉は当然だが、この時、公卿大夫百官人等《ハ》、皆随《ッテ》而遷《ッタ》。政争で孝徳は、斉明・中大兄の母子権力に敗れたのである。以降、この母子権力は、親百済路線の倭国を後背から支援する振りをしながら、白村江の敗戦で倭国が滅ぶとこれを吸収する。旧唐書・日本国伝（私は旧唐書・倭国日本伝などというあいまいな表現を助ける）のいわゆる、日本ハモト小国、倭ヲ併セタ、である。

難波宮からの移転先を、紀は飛鳥河辺行宮（白雉四年是歳）、倭河辺行宮（白雉五年一二月）と記す。倭京すなわち飛鳥京だから、行宮の上が飛鳥・倭と書かれても意味は同じである。残るのは河辺。これをカハラと訓んできたが、河辺は一般名詞で飛鳥川の辺、傍ならどこでも河辺である。カハラが固有名詞の川原なら、川原寺のあるところが、飛鳥の川原である。この寺は天智が筑後・朝倉宮で死んだ母斉明のために勅願し、天武の時に娘の持統の力で完成したと言われている。斉明・天智の母子にとって因縁の地といっていい。川原寺の遺構の下層に、なお建造物の遺構がある。豊浦寺の下層に豊浦宮（椋原の家）があるように、あるいは河辺行宮の跡かと想像しているが、なお後の発掘調査をまちたい。

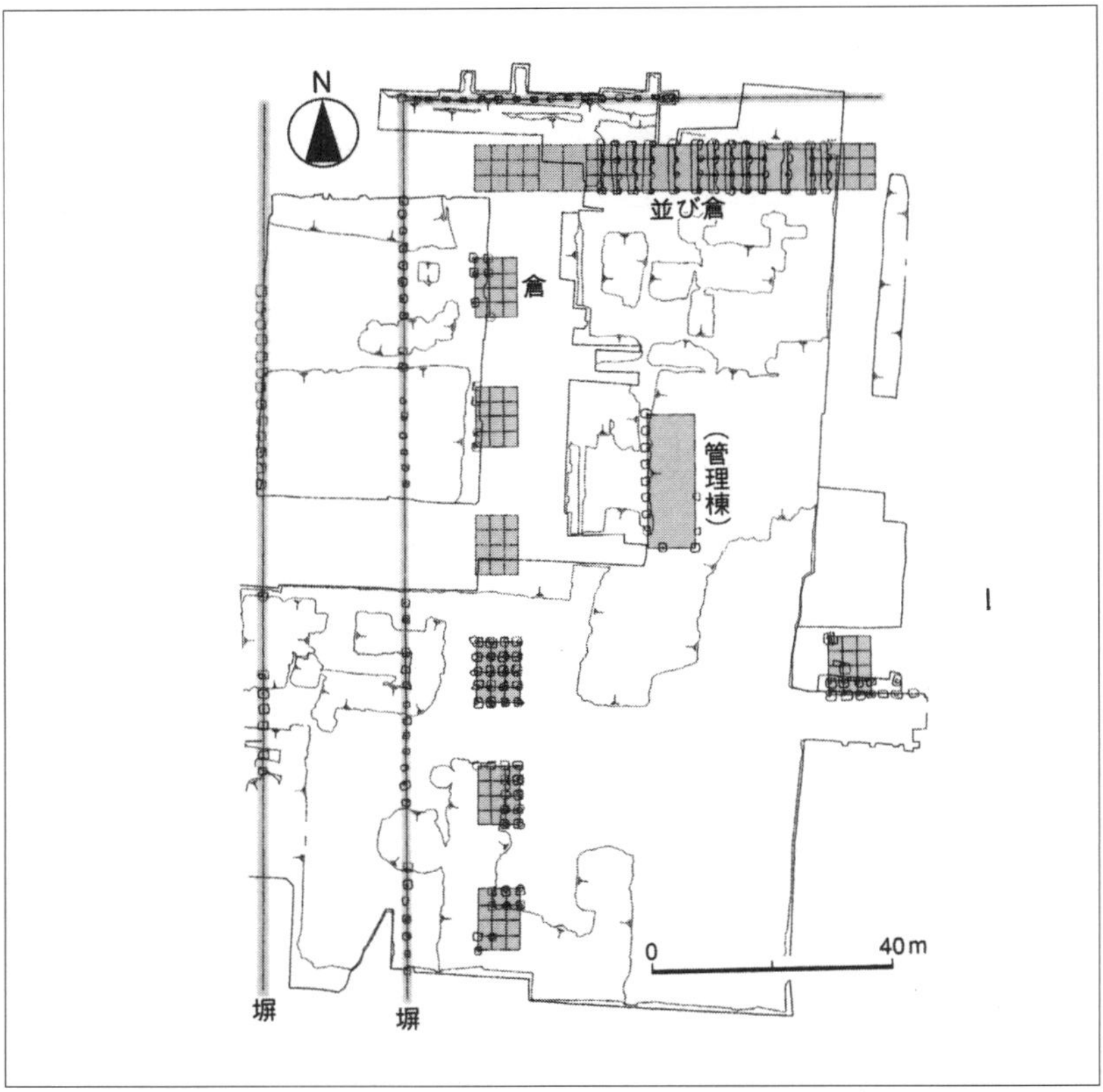

図15　内裏西方感が遺構配置図（上）並び倉のＣＧ復元図、（東アジアに開かれた古代王宮　難波宮、積山洋）

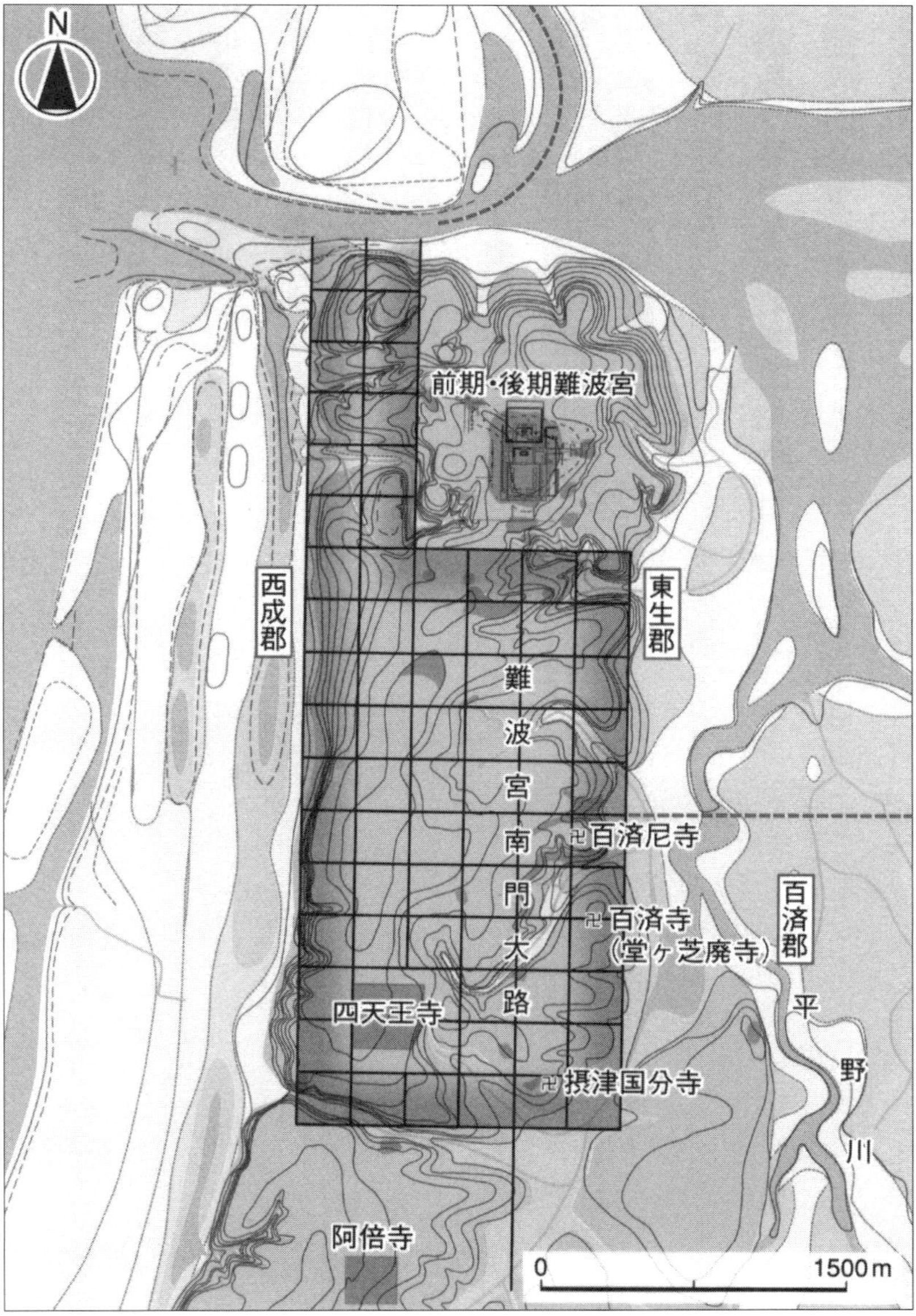

図16　後期難波京の頃の上町台地復元図（東アジアに開かれた古代王宮　難波宮、積山洋）

飛鳥板蓋宮は

斉明が即位したのは飛鳥板蓋宮とされている。（巻第二六、斉明元年正月三日）。では、その板蓋宮について考えてみよう。

D1（皇極元年一二月二一日）息長足日広額天皇〔舒明〕を滑谷岡《なめはさまのおか》に葬った。是の日、天皇が小墾田宮に遷移《うつ》った。或本ニ、云ウ遷ニル於東宮ノ南ノ庭之権宮一ニ。

2（同年四月一八日）権宮より移って飛鳥板蓋新宮に幸した。

3（同年九月六日）息長足日広額天皇を押坂陵に葬った。或本ニ云ウ、呼ニンデ広額天皇一ヲ、為ニタ高市ノ天皇一ト也。

4（同四年六月一二日）天皇が大極殿に出御した。…是に中大兄が衛門府を戒《いまし》め、一時に倶十二の通門を鏁《き》して往来させなかった。

5（孝徳・大化元年一二月九日）天皇が都を難波長柄豊碕に遷した。

6（同白雉二年一二月晦）天皇が大郡より遷って新宮に住居した。号けて難波長柄豊碕宮と曰った。

7（同四年是歳）太子が奏請して、冀わくは倭京に遷り欲《た》い、と曰った。天皇は許さなかった。皇太子はそこで皇祖母尊・間人皇后を奉じ、并《また》皇弟等を率い、往って倭飛鳥河辺行宮に住居した。時に公卿大夫百官人等、皆随って遷った。

8（斉明元年正月三日）皇祖母尊が飛鳥板蓋宮で天皇位に即いた。

9（同年一〇月一三日）小墾田に宮闕を造り起して、瓦覆にしようとした。

10（同年是冬）飛鳥板蓋宮が災けた。故に飛鳥川原宮に遷り居《す》んだ。

11（同二年是歳）飛鳥岡本に更に宮地を定めた。時に高麗・百済・新羅が並びに遣使して調を進った。この為、紺の幕を此の宮地に張って饗した。遂に宮室を起した。天皇は乃に遷った。号けて後飛鳥岡本宮と曰った。…

岡本宮が災けた。

Ｄ1～4が皇極紀、Ｄ5～7が孝徳紀、Ｄ8～11が斉明紀である。

まず皇極。舒明の百済宮で即位したと解するのがふつうだが記述はない。（ない天皇が多いことはすでにみておいた）。舒明の埋葬場所が二つある。Ｄ1が滑谷岡（明日香村冬野にあてる）で、Ｄ3が押坂陵（桜井市大字忍坂字段ノ塚）。1の大系本頭注は「二年九月ここより改葬して押坂陵に葬る」とするが、原文に改葬を意味する文字はない。また3で舒明を息長足日広額の他に高市天皇と呼んだとのワリ注がついている。天皇の呼び名、埋葬地が定まらないでいる。宮もまた揺らいでいないか。

宮もまた揺れている

Ｄ1は、舒明を葬ったその日に、皇極が小墾田宮に遷った、としている。しかしワリ注をつけて、小墾田宮ではなく、東宮の南庭の権宮に遷ったのだ、と或本の言い伝えを記録した。そこでＤ2では、権宮から飛鳥板蓋宮に移った、と変っている。宮もまた揺れているのである。推古の小墾田宮（紀の表現）はなく、実体はイナメ以来の小墾田の家（紀の表現）だったことは、先に述べた。移った飛鳥板蓋宮についても、その実在を私はうたがっている。根拠の一つは宮の名にある。宮でも寺でも在地の地名でよばれていた。飛鳥寺、豊浦寺、川原寺、橘寺、あるいは小墾田宮、百済宮、難波宮、岡本宮。ところが板蓋宮に限って、地名ではなく、板蓋の屋根という建て方の特徴をとって名づけられている。上に飛鳥を冠する諸宮のなかで、飛鳥板蓋宮だけが異質である。名は体を現す。この宮の存在は名とともに不審である。

津田流文飾説は採らぬ

さらに、それよりも重い文献的根拠が、Ｄ4である。そこには、この宮に、大極殿、衛門府、十二門があったと記されている。4の年月日、四年六月一二日は、まさにイルカ殺しの当日である。皇極が「大極殿」に出御した。救援が来ないよう中大兄が「衛門府」を戒め、「十二通門」をとざした。それぞれについて、大系本頭注は記す。「大極殿の名の初出。…ただし後世の大極殿にあたるものが板蓋宮にあったかどうかは疑わしい」。「衛門府の初出。…令制そのままの職がこの時にあったとは思われない。ただその前身にあたるものはあり、諸門の警護をしたことは認められる。家伝にも於是中大兄命二衛門府一」。「宮城十二門のこと、家伝に一時倶閉二十二通門一」。大系本はさらに大極殿と十二通門について詳細な補注(24―五、大極殿・大安殿と24―六、十二通門)をつけたが、その中に「むしろ、この前後は大極殿・衛門府など後世の称呼を用いている例が多いから、これ〔十二通門〕も慣用語を用いただけと解するのが穏当であろう」(文庫版、㈣―四〇二頁上段)とある。これらの注釈をみると、古代史家の思考が、津田左右吉流の紀の読解ないし史料批判に束縛されていると思う。津田は「造作」の他に「文飾」「潤色」という逃げ道を残した。大極殿とは後世用語による潤色で、大極殿はなかったが天皇出御のなんらかの建物はあった。まさか衛門府という官衙はなかったが、宮門を守る備えをそう文飾しただけだ。十二通門など備わってはいなかったが、複数の門があったのを後代の十二門を借りて潤色したのだ。こうして4は飛鳥板蓋宮について否定的な文章ではなくなり、板蓋宮は実在したことになる。先に日本紀イドーラと言った。もう一つ津田左右吉イドーラもある。

名は体を現わす。歴史では名はその時代を表わす。大極殿という名は大極殿が出現した以降の時を表わす。大極殿、衛門府、十二通門はそれぞれが実在した時代の名であって、これを遡らせて過去の時代に使えば、それは造作というより偽作である。4すなわち皇極四年六月一二日条に、大極殿、衛門府、十二通門の名が出ているのは、この条がこれら三つが実在していた時の作文であり、したがってこれら三つが出る場で起きたとされる事柄(専横なイルカの殺害)を、史実と認めることはできない。衛門府、十二通門の二つについての大系本頭注が、藤原家伝の文との一致を示しているが、家伝はいうまでもないが、天平宝字四年(七六〇)ごろに成立した。だから家伝の衛門府、十二通門の名は体を表わしているが、皇極紀のそれは、この文が平城宮成立(七一〇年)以後の作文であることを示している。つなげて言うと、王朝交替をかくす中大兄・中臣鎌子によるイルカ殺害の構想が作られたのも、和銅三年（七一〇）以後である。

つぎが孝徳。D5～7は、難波（長柄豊碕）宮にかかわっている。この宮とその背景の東アジア史の激動については、上に、やや立ち入って述べた。とくにD7の記事は、難波宮と飛鳥諸宮という宮都のちがいが、対唐とそれにかかわる朝鮮三国のいずれと組むべきかの政争と関連していた。孝徳が敗れ、斉明・中大兄の母子権力が百官をひきつれて、飛鳥へもどった。

思いやり予言というべき注

そして斉明。中大兄にかつがれて飛鳥にもどった斉明が、板蓋宮で即位した、との元年正月の記事（D8）は史実ではない。D9では、小墾田にあらためて新宮を起工し、板蓋から瓦葺きにしようとした、という。これについての大系本頭注、「下文の是冬条に見える板蓋宮の火災にかんがみて、延焼防止に有効な瓦葺を採用しようとし、屋根の重さに耐える用材を深山広谷に求めたとも解される」（青木和夫カ）は奇妙な注だ。9につづく、又於二深山広谷一、擬レ造二宮殿一之材、朽爛者多、遂止弗レ作、にひっぱられ、さらにその後の10の災二飛鳥板蓋宮一までを予見したかのような、思いやり予言とでもいうべき注だ。そしてD10、皇極紀の虚構、イルカ殺しの場として造作され、用済みになった飛鳥板蓋宮を処分した。D11是歳条は、先にみた岡本宮と後岡本宮との不整理、不安定な記事の一つである。まず、於二飛鳥ノ岡本一ニ、更ニ定メタ二宮ノ地一ヲとはじまる。この箇所への大系本頭注「前年造営しかけた小墾田を放棄して、ここ（飛鳥岡本）に新に造営したが、この年に焼けた。舒明天皇の故宮岡本宮の跡を宮地に選んだもの」（傍点、山田）、は意味がとりにくい。D11と照合すれば、「新に造営した」のは後岡本宮で、「この年に焼けた」のは岡本宮ということになる。しかし岡本宮は舒明八年六月に災けている。それでD11のさいごの災岡本宮は、岡本宮ではなく後岡本宮のことと解するのがふつうだ。一種の辻褄合せで、大系本頭注もそうだ。私はそういう読み方をしない。岡本宮を勝手に後岡本宮に変えたりはしない。岡本宮と後岡本宮が混在している史料事実を重視する。なぜ混在したのか。紀は、実在しない舒明と実在しない皇極を夫婦にして、前者に岡本宮、後者に後岡本宮を割当てた。そして実在しなかった皇極が重祚して斉明になる。作為の積み重ねがあれこれ錯雑・混在を生んだ。作為をとりのぞくと、斉明の岡本宮だけが残る。そして、すでに上述したように、岡本宮は、A3期の石神遺跡の西半分の区画に該当する、と私は見ている。

('14・1・22〜25)

板蓋宮、後岡本宮は無かった　小沢・林部の飛鳥諸宮表で「天皇正宮」とされたのは、「飛鳥」岡本宮(「舒明」)、飛鳥板蓋宮(「皇極」)、後飛鳥岡本宮(斉明)、飛鳥浄御原宮(天武・持統)の四つであった。このうち、浄御原宮を除いて、板蓋宮、後岡本宮は実在せず、実在したのは斉明の岡本宮だけだというのが、上来の結論である。飛鳥浄御原宮跡(伝承板蓋宮跡、飛鳥京跡などの呼び方はやめて、飛鳥浄御原宮跡とすべきである)には、周知のように、三層の遺構がある。最上層の遺構を飛鳥浄御原宮跡とするのに異論はないが、では板蓋宮、後岡本宮がなかったとすると、Ⅰ、Ⅱ層の遺構はなにか、またⅢ層をなんによってⅢA、ⅢBに分つのか、という問題が残る。以下、順に考えていこう。

ではⅠ期遺構はなにか　Ⅰ期遺構。これについては、一九八〇年代前半で、亀田博(飛鳥京跡、季刊明日香風、第三号、一九八二年)が宮殿遺構とは認めがたいとしていた。またその「飛鳥京跡小考」(橿原考古学研究所論集、第六、一九八四年)で、こう書いている。「飛鳥の狭隘な盆地に最初に作られた本格的な建造物が飛鳥寺であることは文献・遺跡から明らかである。飛鳥寺の伽藍中軸線は、昭和三十四・三十五年の奈良国立文化財研究所の調査により中金堂・塔・中門・南門の中心を通る線に求められている。飛鳥京跡内郭の中軸線と飛鳥寺伽藍中軸線との振れは同じではないが、飛鳥寺伽藍中軸線の南への延長線は内郭の南門(SB八〇一〇)の位置で、内郭中軸線の西九メートルの所にある。これは飛鳥寺南門から飛鳥寺内郭の南門の間の距離、約六八七メートルを考慮すれば偶然とは言えない」(同書、四三二頁)。

いまの私は、七世紀の前半がソガ王朝で、当時の国際基準の一つであった仏教を受容し、その史的な象徴が飛鳥寺とみている。七世紀の後半は天皇王朝で、もう一つの国際基準である律令制と都城制を受容した、と見る。だから飛鳥寺と浄御原宮とが、計画的にほぼ同じ中軸線の上に設計、構築されたとは思わないが、亀田の右文から、中軸線すなわち真南北線について意識するようになった。

注　亀田の一論が載った橿考研論集の裏表紙の裏に、関東学院大学経済学部、'85—1—18、の押印がある。この年私は還暦を迎え、考えるところがあって、日本書紀の注釈、解読だけを残し、評論家その他の活動をすべてやめることにした。そういう状況の中で、亀田の一論から、中軸線、正南北線を意識するようになったのは、今からふりかえると、私の紀の解読に幸いしたと思う。この年の九月には、つづいて飛鳥寺を発掘調査した坪井清足の「飛鳥の寺と国分寺」が刊行され、一塔三金堂の伽藍配置が正確に南北線をとっているのに、これを囲む回廊になると、北辺でおよそ三〇分、南門では一度ちかく振れていることを知った。

I期遺構は北で20度西偏

ソガ王朝の建築遺構で、正南北の中軸線をもつのは、飛鳥寺の一塔三金堂だけである。この伽藍設計は、百済僧聆照律師以下の寺院建設の専門家によってなされたので、正確に南北線を保っているが、回廊以下になると、百済の師匠に学んだ日本側の弟子たちの技術では、それぞれの振り幅をもつほかはなかったのである。ソガ王朝は正南北に軸をとる設計を受容できなかった。

I期遺構は、上層の浄御原宮跡の保存のため、ごくわずかしか発掘調査がなされず、「宮殿遺構としての確証を欠く」（小沢、前掲書、第一章、(3)1期遺構と岡本宮、五五頁）。「I期遺構は…北で二〇度前後西偏する方位を示す。そのため、宮殿とみるのに異論もあるが、南接する島庄において検出されている方形池ほかの遺構群や東橘遺跡の建物跡などは、ほぼこの方位をとっており、七世紀前半から後半にかけてのこの地の遺構が、真北を指していない点が注意される。こうした方位は、飛鳥川の流路の方向に沿うもので、かつその右岸（島庄）および左岸（東橘）に広がる低位段丘面が比較的狭小であるという地形的な制約のなかで、平地空間を最大に利用しようとした結果と考えられる」（同頁）。

林部・正方位による空間整備（飛鳥の宮と藤原京、二〇〇八年）もいう。「飛鳥・藤原地域は、大まかにみて南東から北西に傾斜した地形をなす。このような地形に対して、地形改変を最小にして、最大限有効に土地利用を意図するならば、等高線に平行、あるいは直交して建物などを造営することがもっともよい。…推古の時代の飛鳥・藤原地域の遺跡で検出される建物が、まさにこの方向をとる。いいかえるならば、推古の時代の建物などは、それほど地形を大きく改変することなく造営されていたということになる」（二六〜七頁）。（'14・2・8、3・30改筆）

小沢・林部説を採らぬ

「七世紀前半から後半にかけて」（小沢）あるいは「推古の時代」（林部）とは、ソガ王朝の二代馬子王の時代である。嶋の庄はソガ氏の本拠、東橘遺跡はあるいは未発見の嶋の宮跡かとも言われている。Ⅰ期遺構は、方位でみるなら、真南北軸以前のものであり、北で二〇度前後西偏する飛鳥川流域の地形に沿っている。宮殿遺構とは認めがたい（亀田）、「宮殿遺構としての確証を欠く」（小沢）Ⅰ期遺構を、まるで既定路線を行くように、「舒明」岡本宮に当てる小沢・林部説だが、念のため二人の言を見ておこう。

「Ⅰ期遺構を宮殿遺跡と認める立場と認めない立場がある。発掘調査があまり進んでおらず、なんとも言いがたいが、…Ⅲ期遺構の内郭は後飛鳥岡本宮であった。そこで、舒明天皇の飛鳥岡本宮も、ほぼ同じ場所であったと考えるのが自然な解釈であろう。また、飛鳥と呼ばれる地域で、伝承飛鳥板蓋宮跡以外に宮殿遺構はみつかっていないし、今後、まったく別の宮殿遺構がみつかる可能性は、まったく否定はできないが、飛鳥の盆地の狭さから考えて、その可能性は乏しい。飛鳥岡本宮も伝承飛鳥板蓋宮跡に存在したと考えざるをえない。考古学からは、積極的な根拠は、何ら存在しないが、Ⅰ期遺構を飛鳥岡本宮という立場〔小沢説、すぐ次に引く〕を…支持したい」（林部、伝承飛鳥板蓋宮跡出土土器の再検討、橿考研論集第一三、一九九八年、のち古代宮都形成過程の研究、第1部、第一章、註36、六七頁、傍点山田)。「Ⅲ期遺構=後岡本宮・浄御原宮、Ⅱ期遺構=板蓋宮と想定すると、必然的に、それに先行するⅠ期遺構が岡本宮に比定されることになる。この期の遺構はごく断片的にしか把握されていないため、宮殿遺構としての確証を欠くが、以後の諸宮と同地で七世紀の第2四半期と考えられる大型の柱列などが検出されていること、火災痕跡を有することからみれば、岡本宮と考えるのが妥当であろう」(小沢、伝承板蓋宮跡の発掘と飛鳥の諸宮、橿考研論集第九、一九八八年、のち日本古代宮都構造の研究、二〇〇三年、第1部、第1章、五五頁、傍点山田)。

岡本宮は焼けなかった

火災痕について、Ⅰ期遺構の柱列では「柱はすべて抜き取られていて、その埋め土には大量の焼土や炭が混ざっていた。つまり、この建物は焼失していることが明らかとなった」と林部(飛鳥の宮、二〇〇八年、三六頁)はいい、舒明八年(六三六)六月の岡本宮焼失記事とⅠ期遺構の焼土とは「うまく合致する」とみているが、私見は異なる。紀がイルカ殺しの年とした六四五年は、その実、王朝交替の軍事決戦の年で、この時ソガ時代とみられるⅠ期遺構もまた兵火に焼亡したと考えている。岡本宮記事が、紀中、不整理状態であることはすでに見ておいたし、巻第二八・壬申紀末で、飛鳥に帰来した大海が、岡本宮に入居したとの信憑性のある記事からすれば、岡本宮は焼失しはしなかったのである。

Ⅱ期遺構は、板蓋宮でない

Ⅱ期遺構。板蓋宮と比定されてきた。検証のため紀の中の板蓋宮記事を見ておくことにする。記事は四度ある。

1 (皇極二年〈六四三〉四月丁未〈二八日〉)自《リ》二権《ノ》宮一移《リ》、幸《シタ》二飛鳥《ノ》板蓋《ノ》新宮一《ニ》

2 (同四年〈六四五〉正月ワリ注)旧本《ニ》云《ウ》、是歳、移《シテ》二京《ヲ》於難波一《ニ》、而板蓋宮《ガ》為《ル》レ墟《ト》之兆《ダ》也

3 (斉明元年〈六五五〉正月甲戌〈三日〉)皇祖母《ノ》尊《ガ》、即《イタ》二天皇《ノ》位《ニ》於飛鳥《ノ》板蓋《ノ》宮一《デ》

4 （同是冬）災二飛鳥ノ板蓋宮一、故遷二居シタ飛鳥ノ川原ノ宮一

これによると板蓋宮の年代は、六四三年から六五五年までとなる。もう一つ、飛鳥京跡第五一次調査で出土した、大花下木簡がある。この位は大化五年（六四九）二月に制定し、天智三年（六六四）二月の改訂で大錦下と変る。六四九年から六六四年までである。それで小沢は「第五一次調査出土の木簡は、（Ⅱ期の）飛鳥板蓋宮か（ⅢA期）後飛鳥岡本宮のいずれかにともなうもの」（前掲書、四一頁）と考えた。しかし「単純にⅡ期の木簡と断定することはできない」との市大樹の指摘*がある。私見は、板蓋宮とは、イルカ殺しの場として勘案された架空の宮で、用（話し）がすめば、4が示すように焼（消）去された。

注 「第五一次調査では、Ⅲ期外郭の東限をなす南北石組溝SD五九〇五にともなう整地土よりも約四〇㎝下層で、約六・〇m×約三・五mの長楕円形を呈する土坑状の窪地SX七五〇一が検出され、大量の木片などとともに木簡二七点が出土した。（№3）そのひとつに「大花下」と記された付札状の木簡があり、この冠位の使用時期から、大化五年（六四九）～天智三年（六六四）と推定されている。共伴土器は飛鳥Ⅱ新段階（水落遺跡出土の土器群に代表される。六六〇年前後）で、木簡の年代観とも特に齟齬しない。従来、Ⅱ期遺構にともなう木簡とされてきたが、最新の報告書によれば、SX七五〇一はⅢ期遺構の造成過程にできた落ち込みであり、Ⅱ期の東辺の区画塀に近接することから、Ⅱ期遺構の廃絶、Ⅲ期遺構の造営にともなって廃棄された木簡とされている〔林部均「飛鳥宮跡の年代と宮名」、『飛鳥京跡Ⅲ』橿考研調査報告書第一〇二冊、二〇〇八年〕。よって単純にⅡ期の木簡と断定することはできない」（市大樹『飛鳥藤原木簡の研究』第Ⅰ部第一章、二〇一〇年、五四～五頁）。

Ⅱ期遺構は真南北の方位を定めている。難波宮を受け継いだ斉明期（六五五～六六一年）の宮とみる根拠の一つで

ある。しかしⅠ期遺構と同じく、Ⅱ期遺構は、文字通りⅢ期遺構の合間を縫うようにしか発掘されず、その大部分が未調査である。文献上でも発掘調査上でも、現在のところⅡ期遺構は未詳というほかはない。斉明元年一〇月条には、於小墾田《ニ》、造《リ》起《テ》宮闕《ヲ》、擬《はかッタし》将《ヨウト》瓦覆《かわらぶきニ》、…遂《ニ》止《メテ》弗作《ラ》、という記事があり、普請好き、土木好きの斉明が、未完の宮造りをした可能性はある。先の第五一次発掘の大花下木簡の年代が、もっとも符合するのは、斉明期（六五五～六六一）である。（大花下木簡が「Ⅱ期遺構の廃絶、Ⅲ期遺構の造営にともなって廃棄された」もので、「単純にⅡ期の木簡と断定」できないにしても、同様にⅢ期の木簡ともなしえないのである。）

天武期に大極殿は無かった　Ⅲ期遺構。小沢・林部説はⅢ期をA・B二期に分け、Aを後飛鳥岡本宮、Bを天武・持統の飛鳥浄御原宮に割り当てる。割り当にかかわるのが大極殿問題である。Ⅲ期遺構の東南郭（いわゆるエビノコ郭）を大極殿とみて、それのないのがⅢA、あるのがⅢBとするのが小沢・林部説である。私はこの説に従えない。東南郭は大極殿ではない。たしかに大極殿の語は巻第二九天武紀に四度出る。その記事を列挙しよう。

1（天武一〇年二月）天皇々后《ガ》、共《ニ》居《テ》于大極殿《ニ》、以喚《ビ》親王諸王及諸臣《ヲ》、詔《シテ》之曰《ツタ》、朕《ハ》今更《ニ》欲《たイト》定《メ》律令《ヲ》改《メ》法式《ヲ》

2（同年三月）天皇《ガ》御《シテ》于大極殿《ニ》、以詔《シ》川嶋《ノ》皇子（以下略）《ニ》、令《せタ》記定《サ》帝紀及《ビ》上古《ノ》諸事《ヲ》、大嶋・子首《ガ》、親《カラ》執《ッテ》筆《ヲ》以録《シタ》焉

3（同一二年正月）親王以下及《まデヲ》群卿、喚《ンデ》于大極殿《ノ》前《ニ》、而宴《シタ》之。仍《ッテ》以《テ》〔瑞兆〕三足《ノ》雀《ヲ》、示《シタ》于群臣《ニ》

4（朱鳥元年正月）御《シテ》大極殿《ニ》、而賜《ッタ》宴於諸王卿《ニ》

右四条から天武・浄御原宮に大極殿があったと帰結できるか。否である。1と2とは同年二月、三月条で、連続

するだけでなく、1が律令、2が日本書紀の作製を命じる同様の文からなる。この点では相似た文である。しかし注意深く見ていくと、似合わぬことに気づく。一つは、1が親王諸王及諸臣を喚ぶとするのに、2では、（以下略）としたが、そこに皇子二、王四、臣六がみな個人名（臣六では天智三年制定の冠位が肩書きされている）で記されている。親王の語は紀に二六度でるが、巻第二九に二〇度、巻第三十に六度と、限定されている。制定はおそらく大宝令で、養老継嗣令1に凡皇兄弟皇子、皆為二親王一とある。思想大系本補注（13―1a）は「浄御原令での類似の条文の存否は不明であるが、同令施行期、皇族に対して、皇子―諸王の称号が使われている」とする。だから1の親王、諸王、諸臣に対し、2は二人の皇子、四人の王の個人名を記している。大宝令は藤原宮で作られたが、藤原宮には史上最初の大極殿があった。1が親王の呼称と共に大極殿の名を記しているのは整合的といえる。つまり、1の文は大宝令以後に書かれた作文である。大宝令は「上皇」持統のもとで作られたから、1では持統が天武と共に出御している。2には出ない。また親王・諸王・諸臣という一般名詞だけが使われ、固有名詞がない。

これに対し、2は、皇子に川嶋、忍壁、王に広瀬、竹田、桑田、三野、臣に大錦下上毛野君三千、小錦中忌部連首、小錦下阿曇連稲敷、難波連大形、大山上中臣連大嶋、大山下平群臣子首、と個別具体的である。そして後二者が筆をとって録したと、詔が宣べる内容に即応した儀事がなされている。大嶋、小首の二人は初期の紀作者である。とくに大嶋は、天武期の一次本（代表例は巻第一のタカミムスヒ）、持統期の二次本（代表例は巻第一、二のアマテラス）の双方にかかわって、現在みるような高天原「神話」、また巻第五、六にわたる伊勢神宮「創建」記を作った、と思われる。個人名が記されて具体的な2に、大極殿が出るのは、先行の1で、律令（持統三年六月まで八年で成立）を定めよとの詔が、大極殿で宣されたと書かれているのに合せたからである。

大極殿は、紀中、五度しか出ない。初出はすでに見たところだが皇極四年六月、イルカ殺しの場として（実在しなかった）板蓋宮に大極殿が設定され、他に衛門府、十二通門と揃えられた箇所であった。あとは天武期に四度。

ふしぎなことに、八年一二月に遷った藤原宮に本邦初の大極殿があったにもかかわらず、持統紀に大極殿の語が出ない。以後、名実ともに最初の大極殿の名が出るのは、続紀、文武二年正月、天皇御二大極殿一受レ朝、である。この大極殿、むろん藤原宮のものである。

注　天武紀の四つの大極殿記事をみると、1は共居二于大極殿一、2は御二于大極殿一、3が喚二于大極殿前一、4が御二大極殿一、とある。2、4の（出）御がいわば定番の書き方である。3の喚は親王以下群卿を大極殿の外（前）に呼んだというもので、合点できる。いささか不審なのが1の居である。この覚え書は壬申の乱がおわって大海が飛鳥京にもどった記事から書き始めた。そこには岡本宮の南に宮室を営《つく》り、遷以居焉、とあった。この居は住居《すまい》したの意で、紀の居ふつうの使い方なのである。したがって1の共居は共に住んだと解するのがふつうである。しかし1の文脈では住居とは解せない。2、4と同じく御するのが妥当なのに、なぜ居を使ったのか。気になるが分らない。

東南郭は殯宮

天武朝に出る大極殿は実在したものではなく、後代の名称を遡及させたにすぎない。そう判明すれば、Ⅲ期遺構をA・Bと区分するのに、大極殿の有無を当てることはできなくなる。では東南郭の大型建物、SB七二〇一は、大極殿でなければ何なのか。SB七二〇一に、大極殿以外の代案を出したのが、河上邦彦・飛鳥発掘物語（二〇〇四年）である。「この〔大型〕建物〔SB七二〇一〕の性格は何か。発見された当時はそれほど重視されなかったためか、十分に議論されなかった。ただ〔発掘した〕菅谷〔文則〕氏は常々、これは平安京〔大内裏〕にみられる豊楽殿《ぶらくでん》のような性格ではないかと言っていた。豊楽殿とは天皇が政治を行う大極殿とほぼ同じような規模で、儀式殿である。…つまりエビノコ大殿は豊楽殿で、この北にある飛鳥浄御原宮の内郭の大型建物を後の大極殿に相当するという考え方であった」。この発掘調査者の考え方に、河上は異論を呈した。「私はこの

〔菅谷〕説に賛成ではなかった。〔大極殿院では〕南門が当たり前なのに〔エビノコ郭では〕西門という形も通常ではない。〔この郭南辺の塀は〕大溝を潰《つぶ》して急ごしらえのような感じがある。そして飛鳥の浄御原宮の時期でも最も新しい建物のようである。そういう点から見れば、「殯宮《もがりのみや》」ではないかと考えた。日本書紀巻二十九・朱鳥元年九月の条に〔天武の〕殯宮を南庭に起《た》つ、とある。…天武天皇は六八六年に亡くなり、持統二年十一月に大内陵に葬られるまでの二年三カ月にわたって殯宮で安置されていたのである」（前掲書、71エビノコ大殿は殯宮、二三四～五頁）。別にこうも書く、「このエビノコ郭は建物規模から正殿的な性格を持った建物と考える人が多いが、極めて不可解な建物であり、特異な用途で考えるべきである」（続明日香村史、上巻、二〇〇六年、考古編第三章第二節、一四九頁）。「このような特異な建物がどのような性格を持っているのか、私は天武天皇末年の朱鳥元年にある〝殯宮を南庭に起つ〟という記録に一致するものと考えている。つまり、天武天皇の殯宮ではないかと考える」（水の都―飛鳥京跡、飛鳥保存財団設立30年記念『飛鳥に学ぶ』二〇〇一年、所載）。

そして、殯宮が残った

河上説に賛成である。天武の死（六八六年九月九日）後、持統はわが子草壁の即位に執念する。一〇月二日、姉の子大津の謀反が発覚。翌三日に賜死。つづけて薨伝がある。容止墻岸、音辞俊朗、為天命開別天皇所愛、及長辨有才学、尤愛文筆、詩賦之興、自大津始也。三年後（六八九年四月一三日）皇太子草壁皇子尊薨。記事だけで薨伝はない。大津に衆望が集っていたのに、草壁は凡庸だったと判る。その草壁を天皇にすべく、持統は天武の殯を利用する。河上がふれていたように、まず、二年三カ月の長期にわたる葬儀を行う。紀は、持統元年元旦から二年一一月（大内陵への埋葬）まで、皇太子が率イ二公卿百寮人等一ヲ、適ッテ二殯宮一ニ而慟哭シタ焉、という判を押したような記事を六度繰り返している。この間に草壁への求心力がいくらかでもつくと期してのことである。そういう意図が背景にあれば、殯宮も早急に大規模かつ荘厳に造られる必要があった。この殯宮をＳＢ七二〇一にあてる河上説は動くまい。しかし皮肉にも、その甲斐なく、草壁は早死した。

そして、殯宮が残った。

アマテラスの奉宣も殯宮か

ここから前篇・一つ章アマテラスの生誕にもどる。持統三年（六八九）一月一八日、持統ははじめて吉野宮に出かけた。在位中に三一度もの吉野宮行を重ねた持統だが、初回は他の三〇度に比べ緊迫した吉野行だった、と思われる。持統の出した結論は、自分が即位し、草壁の子、軽が成人したら譲位しよう、というものだったろう。持統一一年八月乙丑朔、天皇定メ㆓策ヲ禁中㆒ニ、禅ル㆓天皇位ヲ於皇太子㆒ニ、と日本紀は巻を閉じる。しかし定策はこの時点で草壁の死はまぬがれえないとわかっていた（事実、三か月後に草壁は死ぬ）。持統の出した結論は、自分が即位し、草壁の子、軽が成人したら譲位しよう、というものだったろう。持統一一年八月乙丑朔、天皇定㆓策ヲ禁中㆒ニ、禅㆓ル天皇位ヲ於皇太子㆒ニ、と日本紀は巻を閉じる。しかし定策はこの時の禁中ではなく、八年半前の吉野宮だった、と私は見る。

持統即位への途は、急速に整備される。他の天武皇子をかついでの不測の障害が出ぬよう、同三年八月辛巳朔壬午（二日）、百官ヲ会《あ》㆓集《つ》メテ於神祇官㆒ニ、而奉㆓宣シタ天神地祇之事㆒ヲ。これがアマテラスの公的な宣布であったことは、くりかえさない（一つ章）。いまわが紀伝の巻末で補いたいのは、百官を会集《あつ》めた神祇官はⅢB期の浄御原宮のどこにあったのか、である。むろん文献資料、考古学的出土資料のどれをとっても、判断材料はない。J・P・サルトルが言ったように、対象が無《ネ・アン》であれば想像力がはたらく。神祇官だけではなく百官をも集めたところだから、その場としてはあの殯宮以外に相当するところはないのではないか。アマテラスの宣布は、新築の、夫天武・子草壁にまつわる殯宮でなされた。

さてやや冗長なこの覚え書も、そろそろ閉じるとしよう。東南郭の建物は大極殿ではなく、殯宮であった。そうであればすなわち、ⅢAが天武期の、ⅢBは持統期の浄御原宮であったと結論づけられる。

付記　この覚え書を一応書き上げたのは、二〇一四年二月二一日だった。一年前のこの日、私は八八歳になり、板付遺跡を訪ね、由布院の玉の湯で本書の与太噺《あとがき》を書いたが、そのあともこの覚え書きをはじめ、いくつかの余論、補論を書き、徒に日にちを重ねた。

覚え書きは、三月二三日、四月一日と手を加え、清書したのが六月六日だった。自費出版を依頼した風人社に一応の原稿を渡したのは、一五年一月末だったが、その後も覚え書と「あとがき」にあれこれと手を入れた。それでも依然覚え書で、とても一章として本書に入れられない。筆力のおとろえを自認している今、せめて覚え書としてでもまとめえたことに、安堵している。

（'16・1・17）

覚え書二　天武の殯

――是歳、蛇犬相交、俄而倶死

天武が死んだ　朱鳥元年（六八六）九月九日に天武が死んだ。天武紀の九月記事すべてを要約して次に示す。

九月　九　日　天武が、正宮で死んだ。
　　　一一日　発哭が始まる、南庭に殯宮を起て始めた。
　　　二四日　南庭で殯、発哭。
　　　　是時　大津謀反。
　　　二七日　諸僧尼が殯庭で発哭。
　　　是日　肇めて奠を進め、誄。
　　　二八日　諸僧尼が亦殯庭で哭。
　　　是日　誄。
　　　二九日　僧尼が亦発哭。
　　　是日　誄。
　　　三〇日　僧尼が発哭。
　　　是日　誄。種々の歌儛を奏した。

天武は正宮で死んだ。オオミヤと訓んでいるが、正宮、正殿、正寝、みな同じである。この正宮とは、浄御原宮の中のどこか。幸い浄御原宮内郭の発掘調査はほぼ終了したようである。その成果でいくらかは推定できるのではないか。

南院は公的天皇の空間　浄御原宮で区画しやすいのは、いわゆる南院（いわゆる内裏前殿SB七九一〇を中心とした内郭の四分の一ほど）である。小沢毅・日本古代宮都構造の研究（二〇〇五年）は、内郭南の東西の一本柱列（SA七九〇四、～SA七一一八）で、内郭を北院と南院に二分した（一一八頁）。このとき内郭中枢部は発掘調査（二〇〇三～五年）中であった。中枢の発掘を担当した林部均・飛鳥の宮と藤原京（二〇〇八年）は、SB七九一〇を大安殿（天武一四年九月一八日条）に当てた（二四七頁）。これに賛成する（ただし外安殿を大安殿と同一視するのには賛成しかねる）。いわゆる南院は公的天皇の空間である。

北四分の一は内裏的な空間　いわゆる南院は、内郭の南四分の一ほどを占める。逆に北から内郭の四分の一ほどのところに、長い東西棟（SB六二〇五）がある。天武紀に宮人の語が二度（一〇年五月一一日是日、朱鳥元年五月一七日条）出るが、後宮の女官たちをいう。SB六二〇五はその宮人用の建物とみなされる。私は、この長い東西棟の建物から北を、後の内裏*に相当する空間とみている。私的天皇の内裏的な空間である。

注　天武紀に内裏という言葉は使われていない。内裏は紀に一七度（雄略一、用明一、崇峻一、孝徳三、天智四、持統七）出る。持統紀では、藤原宮への遷居（持統八年一二月）以前に六度、以後（九年正月）に一度出る。その七度の内裏記事を枚挙しよう。

1（持統四年正月三日）宴《シタ》二公卿《ヲ》於内裏《デ》一、仍《ッテ》賜《ッタ》二衣裳《ヲ》一

2（同二月一九日）設《ケタ》二斎《ヲ》於内裏《ニ》一

3（同五月一五日）於二内裏《デ》一始《メテ》安居講説《シタ》

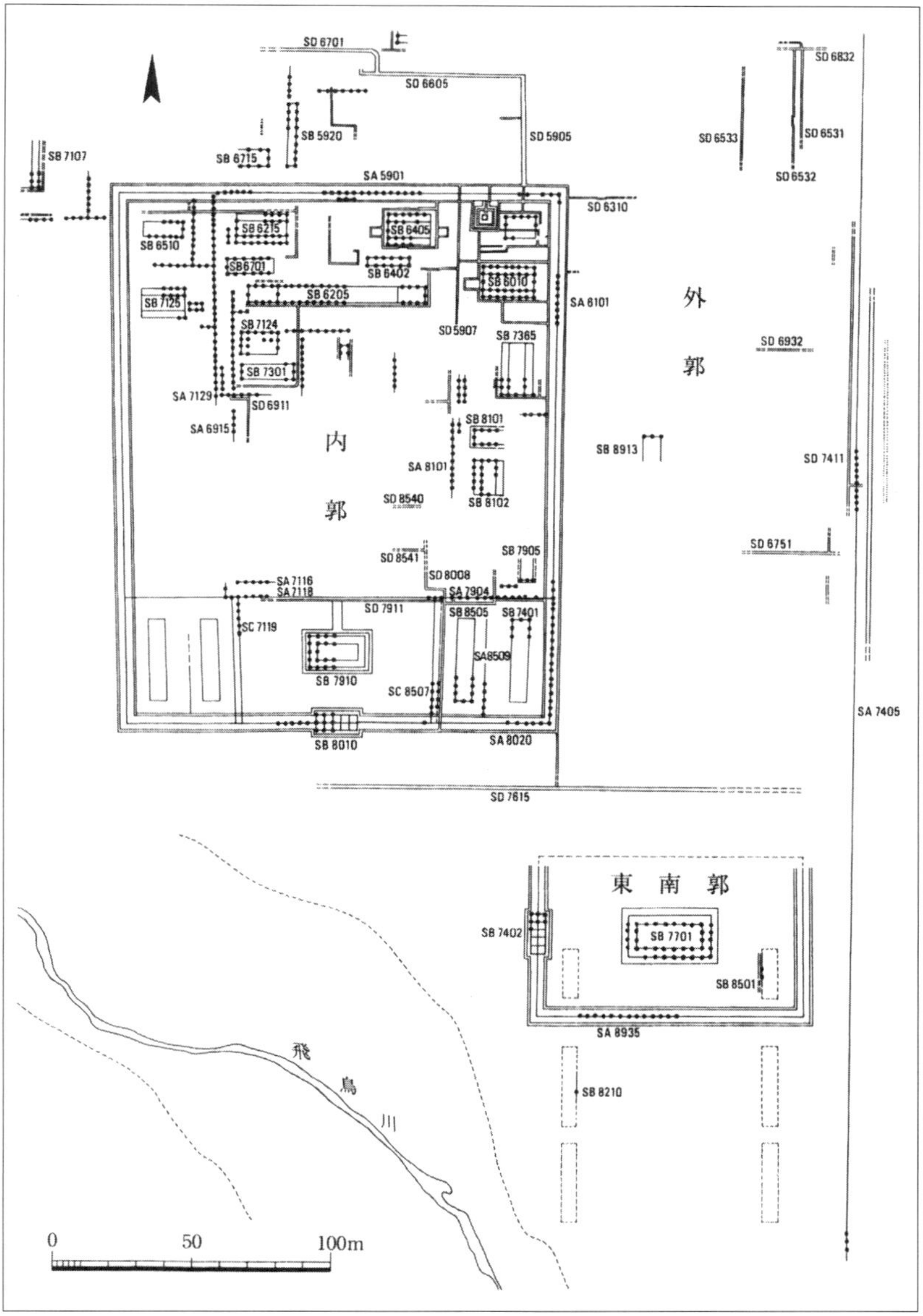

図１　飛鳥浄御原宮（中央部未発掘、原図小沢毅・構造、第11図）

4（同七年五月一五日）設ケタ㆓無遮大会ヲ於内裏ニ㆒
5（同九月一〇日）為ニ㆓浄御原天皇ノ㆒、設ケタ㆓無遮大会ヲ於内裏ニ㆒
6（同八年五月六日）饗シタ㆓公卿大夫ヲ於内裏デ㆒
7（同九年正月七日）同　右

6と7の間に藤原宮への遷宮（八年一二月六日）がある（それなのに6、7同文なのが気になる）。「藤原宮の内裏は、後世の醍醐《だいご》池《いけ》の掘削のため破壊され、その内部のようすはよくわからない」（林部、二〇〇八、一九六頁）。持統内裏記事は、1と6、7の三記事が内裏を饗宴に使い、他の四記事は仏教行事（2が斎、3が安居、4、5が無遮大会）に内裏を使っている。天武紀に内裏の語はないが、かわって宮中が使われている（紀中二二度のうち一二度が天武紀）。

1（天武七年四月一日）十市皇女ガ、卒然病ヲ発シ、薨レンダ㆓於宮中デ㆒
2（同九年五月一日是日）始メテ説イタ㆓金光明経ヲ于宮中及ビ諸寺デ㆒
3（同一一年正月一八日）氷上夫人ガ、薨ンダ㆓于宮中デ㆒
4（同一二年七月四日是夏）始メテ請ジ㆓僧尼ヲ㆒、安㆓居シタ于宮中デ㆒
5（同一三年閏四月一六日）設ケタ㆓斎ヲ于宮中ニ㆒
6（同一四年四月一五日）始メテ請ジ㆓僧尼ヲ㆒、安㆓居シタ于宮中デ㆒
7（同年一〇月一七日是日）説イタ㆓金剛般若経ヲ於宮中デ㆒
8（朱鳥元年五月二四日）天皇ガ始メテ体不㆑安カラ、因ッテ以、於㆓川原寺デ㆒、説キ㆓薬師経ヲ㆒、安㆓居シタ于宮中デ㆒
9（同年七月二日是日）僧正僧都等ガ、参㆓赴シ宮中ニ㆒、而悔過シタ矣
10（同年同月八日）請ジ㆓一百ノ僧ヲ㆒、読ンダ㆓金光明経ヲ於宮中デ㆒
11（同年同月二八日）設ケタ㆓斎ヲ於宮中ノ御窟院ニ㆒

12（同年八月二日）度《シ》二僧尼百《ヲ》一、因《ッテ》以、坐《すエ》二百《ノ》菩薩《ヲ》於宮中《ニ》一、読《ンダ》二観世音経二百巻《ヲ》一

1、3以外は宮中での仏教行事だから、天武紀の宮中と持統紀の内裏とは等義で使われているとしてもいいだろう。

内郭の中枢部は内安殿と外安殿

浄御原宮内郭を、南に大安殿の公的空間、北に内裏の私的空間ととると、この二つにはさまれて内郭の半分を占める空間がある。この空間は二〇〇三〜五年の発掘調査まで、その様態、つまりは空間の性格が判明しなかった。調査を担当した林部原図（二〇〇八、図15）を借用し、図2として掲げておく。見るとおり、空白だった内郭中央部は、同じ設計の二つの大きな東西棟（SB〇五〇一、SB〇三〇一）で、きれいに埋っている。私は、二つのうち北の東西棟（SB〇五〇一）を天武一〇年正月七日条の内安殿、南の東西塔（SB〇三〇一）を同条の外安殿とみなしている。同条は、天皇が向小殿に出御して宴した、と記したのにつづけて、是《ノ》日、親王諸王《ハ》、引《キ》二入《レ》内《ノ》安殿《ニ》一、諸臣《ハ》皆侍《シタ》二于外《ノ》安殿《ニ》一、共《ニ》置酒《シテ》以賜《ッタ》レ楽《ヲ》、則《チ》大山《ノ》上草香部《ノ》吉士大形《ニ》、授《ケ》二小錦《ノ》下《ノ》位《ヲ》一、仍《チ》賜《イ》レ姓《ヲ》曰《ッタ》二難波《ノ》連《ト》一、とある。親王諸王といえども臣下だが、いわば親戚一同。それで内裏に近い内安殿で（後に白馬節会となった）一月七日の宴。これに対し純然たる臣下の諸臣は、内裏に遠い（大安殿に近い）外安殿で置酒賜楽、その上、草香部吉士大形に（大山上＝正六位上から小錦下＝従五位下への）叙位と難波連の賜姓がなされた。内安殿が賜宴だけなのに、外安殿では賜宴プラス叙位・賜姓と、半公的である。宮の中枢部（内郭の半分）を半私半公の空間とみる所以である。

内・外安殿は、発掘された順ではさいごになったが、建造《つく》られた順でも、さいごとは言わぬが、天武一〇年（六八二）をあまりさかのぼらない頃に出来たのであろう。

浄御原宮の内郭は、天武一代かけて完成

浄御原宮は、壬申の乱が終った直後、天武元年（六七二）九月以降に、営《リ》二宮室《ヲ》一於岡本《ノ》宮《ノ》南《ニ》はじめ、同年冬に遷居したとあるから、ごく小規模（内郭東北隅の井の周辺）に宮居しは

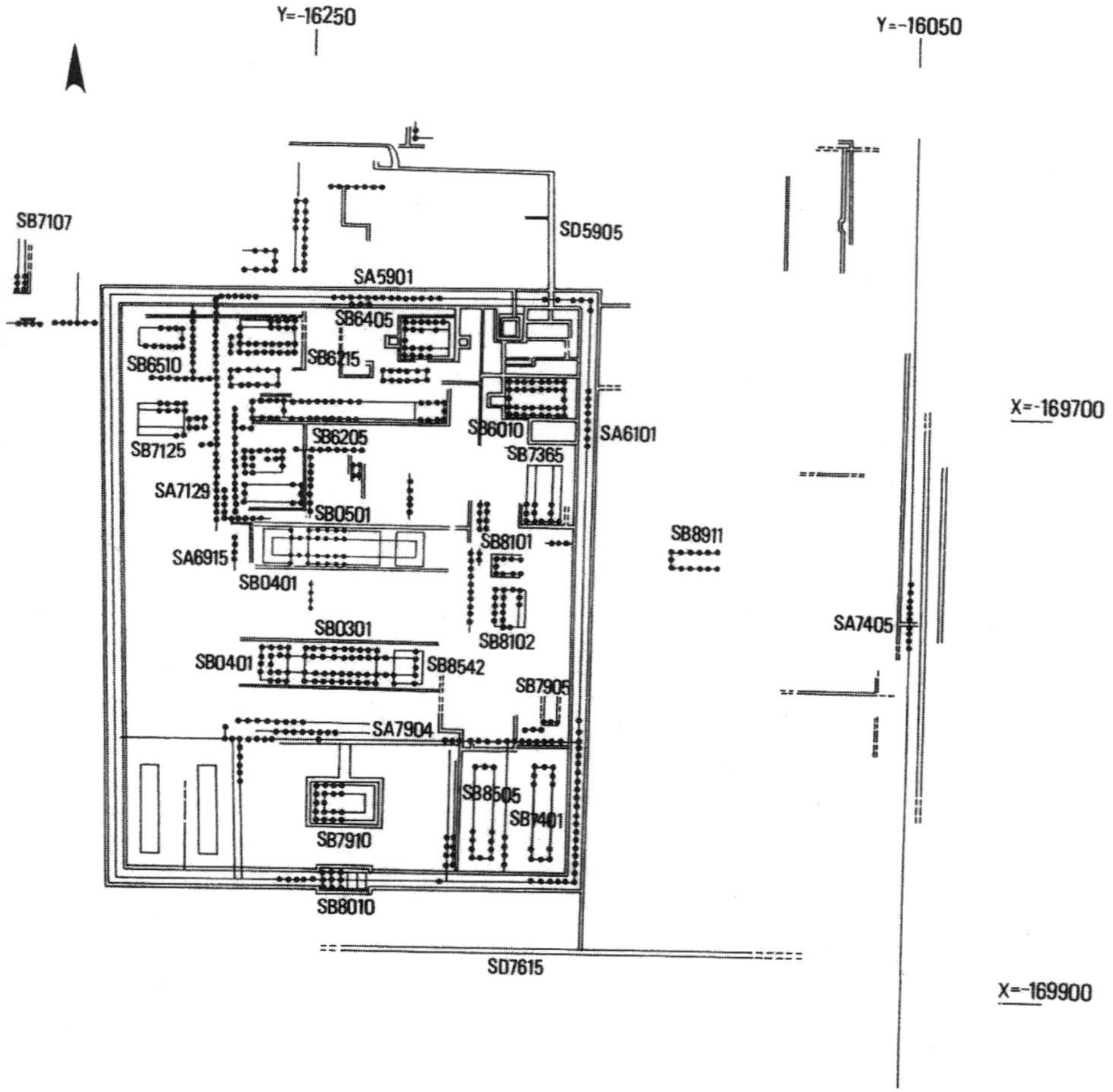

図２　飛鳥宮IIIA期遺構（林部均・飛鳥の宮と藤原京、図15）私はIIIA期遺構を天武期浄御原宮とみている。

じめ、天武一代をかけてようやく内郭が完成した、と考えられる。十年ほどして内・外安殿が造営され、あるいはさいごに南院（大安殿）が築造されて、浄御原宮は完成した、という推移だったのかと推考する。北から南へ、およそ十数年かけて、内郭が完成された（図B）。大安殿は、天武一四年九月一八日条に初出、翌朱鳥元年正月一六日、二月四日と、天武晩年に三回しか出ない。

東南郭（エビノコ郭）が大極殿ではなく殯宮であることは覚え書一で述べたし、後にも述べるが、天武、持統両紀によると、この建造は朱鳥元年九月一一日からこの年一杯をかけてのことだった。内郭南端の大安殿が天武末年の造営で、もはや内郭空間に余地はなく、殯宮は内郭の外に出て東南郭に造るほかはなかった、と考えられる。

松田敏行による建物の復元考察

さて、天武がその覇者としての生涯を閉じた正宮は、それでは内郭のどこだったのであろうか。一つ注目している報告がある。二つの東西棟（SB〇三〇一、〇五〇一）の発掘調査が完了した翌二〇〇六年一一月に、第24回橿原考古学研究所公開講演会「飛鳥宮を考える」がもたれた。その資料に特別寄稿として、松田敏行・飛鳥京跡で検出された掘立柱建物の復元考察がある。その図1（原図）を借りて次に図3として掲げる。これについて、松田は、「まとめとして、南殿SB0301から北方約27m離れて北殿SB0501が建ち、建物周囲には防御の柵塀を設ける等は、非常に重要な建物と考えられる。そして南殿SB0301は、公的な場所のようで、後に西方の張り出し部（SB0401）を廃し、園池にするなどの改変がみられた。北殿SB0501は私的な居住建物と推定出来る」（二七頁、傍点山田）と結論している。これは、SB〇五〇一を私的な内安殿、SB〇三〇一を公的な外安殿とみ、北院と南院との間のこの中枢部を半公半私の空間とみなした、先の私見と合致し、証拠づけてくれるものである。

内安殿が正宮

図3で（松田のいう）北殿（私のいう内安殿）と、南殿（外安殿）とを検校すれば、出入口が違う。松田は「（仮称）北殿…も、規模は（南殿と）全く同形であるが、建物の出入口を示す遺構が見当らな

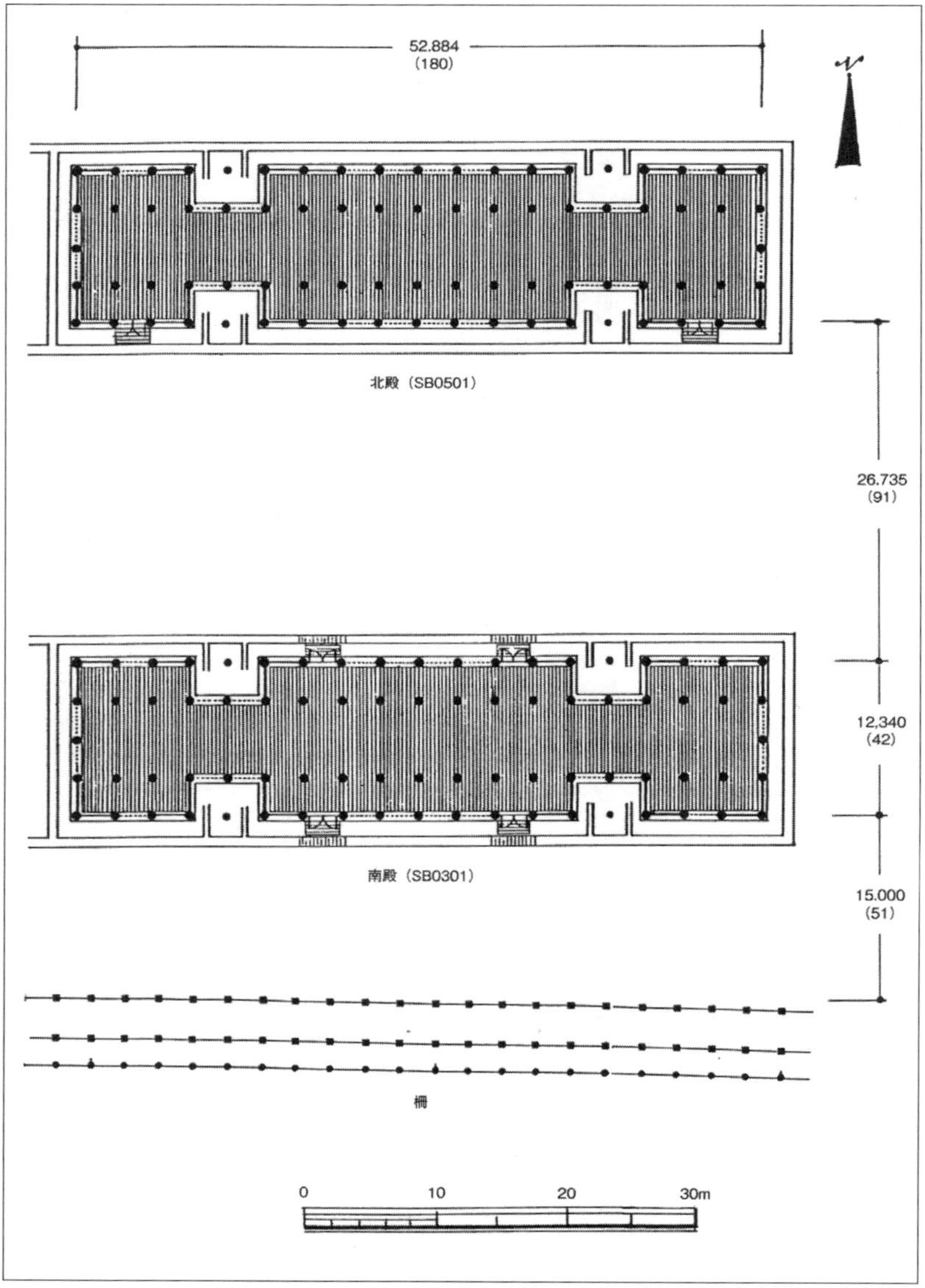

図３　内郭中枢建物の平面復原図（松田敏行原図）

い。即ち南殿…の雨落溝蓋工法がない事から、出入口がなかったと判断した」、という。これは松田寄稿で初めて得た知見であった。先のまとめと合せると、内安殿は「出入口のない」（ただしSB〇五〇一の東西二つの張り出し建物に出入口がある）「非常に重要な」「私的な居住建物」ということになる。すなわち内安殿こそが天武の正宮だったのである。教示してくれた松田に感謝する。天武は正宮すなわち内安殿でその波瀾に満ちた政治改革の生涯を閉じた、と結論してもいいのではないか。

注　天武一〇年（六八一）正月七日条文は、丁丑（七日）、天皇《ガ》御《シテ》二向小殿《ニ》一而宴《シタ》之、是《ノ》日、親王諸王《ヲ》、引《キ》二入《レ》内安殿《ニ》一、諸臣《ハ》皆侍《シタ》二于外安殿《ニ》一、共《ニ》置《イテ》レ酒《ヲ》以賜《ツタ》レ楽《ヲ》、である。向小殿を内外安殿になぞらえてムカヒノコアンドノと訓んでいるが、これはとらない。ムカイノコトノ。松田のいう「その建物〔SB0301＝外安殿〕の両端、東西に桁行三間、梁間四間の張り出し建物（SB8542・0401）」がある。内安殿（SB〇五〇一）もまったく同じ造りだから、両端に張り出し建物をもつが、その東のものを正月七日条は向小殿と言ったと、解している。天武は通常SB〇五〇一＝内安殿に居住しているが、この日は、親王・諸王を引入れるために明け渡し、本人天武は向小殿に出御したのである。

北院、東北隅の井戸の南にSB六〇一〇、西にSB六四〇五がある。共に東西棟だが、前者の出入口（階段）は建物の西側に一つなのに、後者は東西両側に出入口（階段）がある。例外もあろうが、内郭の建物で東西棟の方が格が高く、南北棟はおおむね天皇家の家政機関としての官衙の建物だったと、考えている。はじめはSB六〇一〇を主宮かともみていたが、これはおそらく后ウノノサララ（持統）の住居で、SB六四〇五の方は、他の妃らの住居であろう。

なお後にみるとおり、天武の殯（朱鳥元年九月二七～三〇日）の第一日目は、壬生の事、諸王の事についで宮内、左右大舎人、左右兵衛、内命婦、膳職の事が誄された。すべて天皇家の家政機関である。そのさいごの膳職が気になる。大宝律令以後には宮内省で大膳職（朝廷、公的天皇の饗宴）、内膳司（内裏での私的天皇の食事）と整理されるが、天武の時は両者未分で、内安殿の宴、外安殿の宴、大安殿の宴と宴会好きの天武のもと、膳職は家政機関の中で重要な官衙だった。図1で、内安殿（SB〇五〇一）と後宮（SB六二〇五）との間に、西寄りで二つの東西棟の建物（SB七一二四、SB七三〇一）がある（この他には東端の南北棟SB七三六五しか分っていない）。内、外、大の安殿、とくに内安殿を主宮とみたとき、この二つの東西棟（とくに南のSB七三〇一）を膳職とみてもいいのではないか。膳職そのものが内・大未分、すなわち半私半公だったのである。

大津謀反記事は不審な点が多い

さて、本余論の冒頭に記した九月条の要約を通覧してすぐ気付くのは、九月条全体は天武の殯《もがり》記事なのに、二四日当是時（二七～三〇日の是日とは違う）の大津皇子謀二反於皇太子一記事だけが例外である。巻第二九（天武紀）はこの九月条で閉じられ、一〇月条は巻第三十（持統紀）にひきとられる。その一〇月条は、大津謀反（巻二九の九月二四日の日付とちがい、一〇月二日のこと）、賜死と薨伝（三日）、一味とその処置（二九日）という風に、大津謀反一色になり、天武の殯は一二月一九日の無遮大会だけという状《かたち》におしやられている。たしかに天皇が死んだのだから、後継の座に誰をおくかとの政局が、殯とともに動きだすのはごく当然のことだが、大津謀反記事には不審な点が多い。

謀反は律用語だから、この語は大宝律令以後のものとみていい。養老名例律の八虐条に、一《ニ》曰《ク》謀反とあり、謂《ウ》レ謀《ルヲ》レ危《ウクスルノヲ》二国家《みかどヲ》一と解説している。国家とは宗廟で家の祖霊を祀り社稷で中原の国魂（土地神）を祭る者、すなわち天子（ひいては天皇）である。天武紀の謀反於皇太子（この時代皇太子の制度はない）は、そもそも不成立である。字面通りには受けとれない。「律令時代盛期に成立した書紀、続紀に謀反または反と書かれた実例を調べると、天皇個人の殺害や急死を目的としたと確認しうる場合は少ない」（思想大系本、律令、名例律補注6C、青木和夫）。

天武紀の九月九日条は天武の死だけを記しているのに対し、持統紀の同条は天武の死に皇后臨朝称制の六字を追加している。称制の語は史記（呂后紀、今太后称制）にも出る。制は天子之言（正字通）だが、命《ヲ》為《し》レ制《ト》令《ヲ》為《す》レ詔《ト》

（史記、秦始皇紀）ともいう。制も詔も天子のミコトノリだが、称制すなわち摂政である。だから称制持統への謀反はなりたつ。だが持統紀作者は、謀反於称制皇后はむろんのこと謀反於皇太子とも記さず、皇子大津謀反発覚とだけ述べている。彼比みてとるなら、大津謀反記事があいまいなのは明白である。それでいて「謀反」は天武紀から周到に準備されている。その最たるものが天武八年五月の六皇子盟約で、これが吉野宮で持統も立ち会い草壁だけが皇子尊と、天武紀ならぬ持統紀仕様である。盟約が史実ではなく大津「謀反」への伏線記事にすぎないことを示している。

大津謀反は泰山鳴動《シテ》鼠一匹、三十余人を一味として捕えたが、二人をのぞいて皆赦した。「処罰された者が少ないので、この謀反を大津皇子を除くために持統女帝が仕組んだものとみる説がある」（大系本頭注）。私は女帝の仕組んだものと推考する。持統紀は一〇月での謀反記事に熱心なのと対照的に、殯の方は一二月条に、天武の為に無遮大会を五寺、大官・飛鳥・川原・小墾田豊浦・坂田に設けただけで、持統元年以降にひきのばした（ひきのばされた天武の殯の変質は、後述する）。大津排除の政局が優先して天武の殯をおしやってしまったのである。

天武期の殯の純粋な形

持統紀の天武の殯の変質をみる前に、天武期の純粋な殯の状をきちんとみておこう。天武は正宮《せいきゅう》で死んだ。正宮、正寝《せいしん》、正殿《せいでん》みな同じだが、これが内安殿（SB〇五〇一）のことと、先に述べておいた。ついで殯《ひん》。偏《へん》の歹《ガツ》（歺）は骨の意で、ガツ偏の漢字には死とかかわるものが多い。死字がすでにそうで殀、殉、殯、殲など。後漢の説文は、殯《トハ》、死《ガ》在《リ》レ棺《ニ》、將《テ》レ遷《ソウト》二葬柩《ニ》一、賓《スル》二遇之《ヲ》一（死体を棺に入れ、埋葬するまで賓客として安置する―広漢和）としている。前漢の礼記、檀弓上は次のように言う（説文はこれと類似の文を上引につづけている）。夏后氏《ハ》殯《シタ》二於東階之上《ニ》一、則《チ》猶在《ル》レ阼《そニ》也。殷人《ハ》殯《シタ》二於両楹《えい》之間《ニ》一、則《チ》与《ニ》二賓主《ト》一夾《ム》レ之《ヲ》也。周人《ハ》殯《シタ》二於西階之上《ニ》一、則《チ》猶賓《トシタ》レ之《ヲ》也（夏后氏の世には、堂の東の階の上に柩《ひつぎ》を安置した。死後もなお胙〔東〕階を上る主として扱ったのである。殷の世は、堂の中央二つの柱の間に安置した。すなわち死者を主客の中間の位置に安置したのである。周の世では、西階の上に安置した。すなわち死者を客として扱ったのである―竹内照夫訳、少しかえたところがある）。践祚した天子は主殿の東側の阼（阼・祚に同じ）階を上り、賓は西側の賓階を上った。この主殿に、死んだ天子の柩を置くのに、夏、殷、周の三王朝は、それぞれ、東階を上った所（すなわち死んだ天子を生前と同じに遇した）、中央の柱の間（生死・主客の中間）、西階を上った所（死んだ天子を死の国からの賓客と遇した）を選んだ。それぞれだが、文字の造りからして、殯とは、周代の死者を死の国からの賓客と遇する葬礼とみていいであろう。その殯《もがり》の礼は、天武の場合、（九月二七～三〇日の四日つづけて）哭《こく》と誄《るい》から成り立っていた。

発哭記事は二七日がしっかり書いていて、以下三〇日までつづく反覆記事ゆえ、だんだん省筆が進む。

甲子平旦（二七日午前四時）諸僧尼《ガ》、発二哭《シタ》於殯庭一《デ》、乃《そしテ》退《イタ》之。

乙丑（二八日、平旦略）諸僧尼《ガ》亦哭二《シタ》於殯庭一《デ》。

丙寅（二九日、〃）僧尼《ガ》亦発哀《シタ》。

丁卯（三〇日、〃）僧尼《ガ》発哀《シタ》之。

すなわち、二七～三〇日すべて二七日（甲子）に同じで、午前四時、多数の僧尼が殯庭で発哭し、終ると退参した。天武の殯の特徴の一つは、（哭婢や哭人ではなく）僧尼が発哭していることにある。まだ暗いなか浄御原宮の南庭で発哭、すぐに退場。誄の開始時刻は記されていないが、午前早くに開始、午前中に終了したであろう。

さてその哭《こく》。哀声也と説文。しかし哭と哀とはちがう。礼記、檀弓上に、孔子が衛に行き旧宿主の喪に遇った記事がある。入《リテ》而哭レ之《シヲ》哀《シンダ》。終って出てくると伴していた子貢に、四頭だての外側、副馬の一頭を解いて旧宿主に贈らせようとした。子貢が、弟子が死んでもそこまでしなかったが、といぶかると、孔子は、先程、入《リテ》而哭《シタ》之が、遇《イ》二於哀一《ニ》而出《タ》レ涕《ガ》、予《ハ》悪《ム》二夫《ノ》涕之無一レ従《キタ》也《ウ》（思いもよらず哀しさがこみあげ涕した。予はその涕だけですませ、哀しみに従って死者に贈り物しないのはいやだ）と言ったというのである。哭は形の上での死者追悼の儀礼で、声はあげるが必ずしも哀しみと同じではない。哀は死者への「感情のニュアンスがより重い」（漢辞海）のである。

誄で天武一代の治績が見渡せる

さいごに誄《るい》。死者生前の事績や為人を述べ、哀悼と惜別を表す弔辞である。しかしこれも礼記、曽子問に、賤不誄貴、幼不誄長、とあり、「上位者から下位者に対する場合に限る」（漢辞海）のが中国で、天武紀では、堂々と臣下が、次から次と天皇に誄《しのびごと》している。

天武紀末の誄記事を箇条に書く（上段が誄の内容で、下段が誄した人物）。

二七日是日	
壬生の事	大海宿祢荁蒲《あらかま》
諸王の事	浄大肆伊勢王
宮内の事	直大参県犬養宿祢大伴
左右大舎人の事	浄広肆河内王
左右兵衛の事	直大参当麻真人国見
内命婦の事	直大肆采女朝臣竺羅《ちくら》
膳職の事	直広肆紀朝臣真人
二八日是日	
大政官の事	直大参布勢朝臣御主人
法官の事	直広参石上朝臣麻呂
理官の事	直大肆大三輪朝臣高市麻呂
大蔵の事	直広参大伴宿祢安麻呂

兵政官の事　　　　　直大肆藤原朝臣大嶋
二九日是日
刑官の事　　　　　直広肆阿倍久努朝臣麻呂
民官の事　　　　　直広肆紀朝臣弓張
諸国司の事　　　　直広肆穂積朝臣虫麻呂
　　　　　　　　　大隅・阿多隼人
　　　　　　　　　倭・河内の馬飼部造
三〇日是日
　　　　　　　　　百済王良虞
　　　　　　　　　〔諸〕国の国造等
　　　　　　　　　（そして種々歌儛を奏した、で終了）

右で見ると、二七日は、天武の養育のことから始まり、王族のこと、浄御原宮内のこと、左右大舎人・左右兵衛のこと、内命婦のこと、膳職のことと、「家政的な色彩の強い形」（大系本頭注）の誄である。中心は二八日、「国家行政の諸機関を代表して」（同注）、大（太ではない）政官のことを布勢御主人、以下、六官のことを石上麻呂（法官）、大三輪高市麻呂（理官）、大伴安麻呂（大蔵）、藤原大嶋（兵政官）、二九日にもちこして刑官、民官（この二官の長の名がない）。二七日と二八・九日の誄の形から、「のちの中務・宮内両省に相当する天皇家の家政機関が、当時まだ太政官機構に吸収されていなかったことがわかる」（同注）。
二九、三〇日の他の誄をみると、天武一代の治績が見渡せ、紀作者が誄（九月）で天武紀に幕を引いた手際の程に感心する。

殯宮について検証する

さて、これが天武の殯記事をとりあげる眼目の一つなのだが、殯宮について検証することにしよう。

殯の場についてもう一度、朱鳥元年九月、持統元年元旦条を抄記しよう。

九月一一日　殯宮を南庭に起て始めた。
　二四日　南庭で殯。
　二七日　殯庭で発哭。
　二八日　殯庭で哭。
　二九日　〔殯庭で〕亦哭。
　三〇日　〔　仝　〕発哭。
持統元年元旦　皇太子…殯宮に適《ゆ》き慟哭。

朱鳥元年九月一一日から起工し、同年閏一二月三〇日まで（の何日か）に、殯宮は完成した。だから持統元年元旦に殯宮を使うことができたのである。日数を計算してみよう。内田正男・日本暦日原典（一九七五年）によれば、朱鳥元年は、九・一一・閏一二月が大の月、一〇・一二月が小の月である。よって九月一一日から閏一二月三〇日まで、目一杯で一三八日。大晦日まで働かないとすれば、一三〇日余か。

参考になるのが、天武元年の九月、是歳両条である。九月一五日に岡本宮に移り、是歳条で、宮室（後の飛鳥浄御原宮）を岡本宮の南に営《つく》り、即冬《そのふゆ》に遷《うつ》って〔住《すま》〕居《い》した、とある。宮室の室は宮の意。同義の漢字を二つ重ねた熟語は多い。新しく宮室を営り始めたのは、九月一五日からそう下らない、九月中のことだったろう。即冬に遷居し

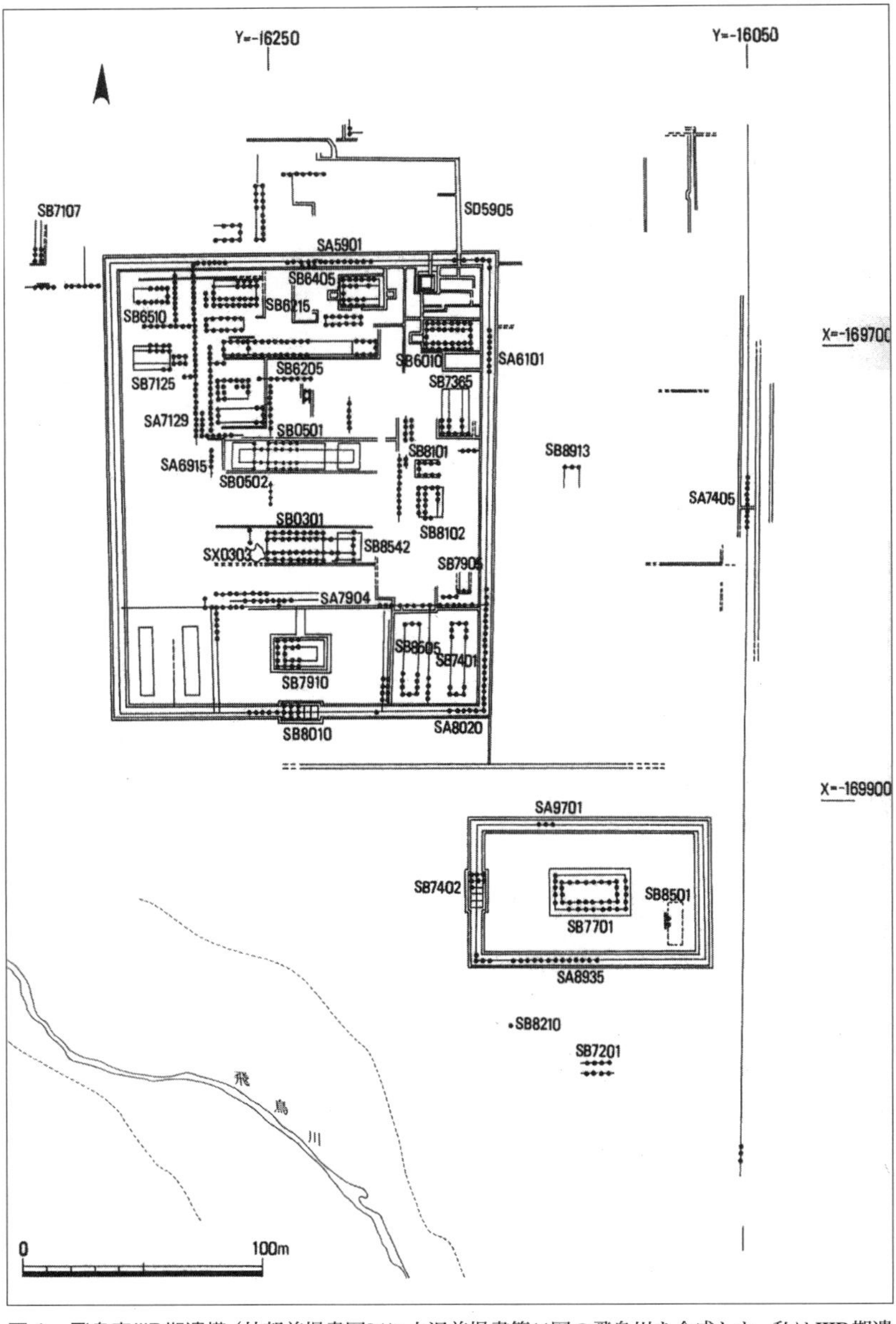

図４　飛鳥宮IIIB期遺構（林部前掲書図34に小沢前掲書第11図の飛鳥川を合成した。私はIIIB期遺構を持続期飛鳥宮とする。）

たとあるが、冬とはむろん一〇、一一、一二の三ヵ月である。遷居は一〇月中は無理、一一月中でもせわしなく、一二月中とするのが穏当であろう。ここで宮室と言っているのは、発掘調査がほぼ完了した浄御原宮の全体ではなく、さしあたりの（内裏）正宮とそこでの天皇の生活に奉仕する若干の建物と、それらを囲みあるいは区分する塀など、ごく部分的な規模であったろう。天武在位中、浄御原宮の建設は継続した。内田前掲書により、九、一一月が大、一〇、一二月が小だから、目一杯とって一〇三日である。

これを参考にみて、一三〇日余あれば、充分に荘厳な殯宮を建てえたであろう。

その場所は、九月一一日の記事により、南庭である。これまでの発掘調査で、南庭にあるのはエビノコ郭だけである。エビノコ郭が天武の殯宮である可能性は、高い。殯宮とする河上邦彦・私説と、大極殿とする小沢毅・林部均説とは、対立する。そこですでに覚え書で述べたのと重複するが、天武紀の大極殿記事の検証から始めよう。

大極殿の語は、紀中、五度しか使われていない稀語である。初出は巻第二四・皇極紀で、四度が天武紀である。もう一つ大安殿がある。これも三度の稀語ですべて天武紀にある。次頁に一覧表で示そう。

皇極四年六月一二日条は、中臣鎌子・中大兄らによるソガ入鹿殺しである。入鹿殺しが、ソガ王朝から天皇王朝への王朝交替をおおいかくすための代案であることは、八つ章にみておいた。その証の一つが皇極紀の大極殿で、同所に出てくる衛門府、十二通門と共に、平城宮時代から遡及しての使用である。すなわち、入鹿殺しの話は、平城遷都（七一〇年）以後に作られたのである。

右以外の大極殿四条はみな天武紀で、持統紀になると、発掘調査で藤原宮に大極殿の存在が明らかなのに、大極殿記事は一つもない。天武一〇年に大極殿記事が二つある。二月が律令、三月が帝紀及上古諸事（後の日本書紀）を作れと宣した場所として出ている。両記事を比較すると、三月条の方が、二皇子・四王・六臣にみな個人名を記し、臣下には肩書に位階名をつけて、記事が具体的であるのに、二月条は、たんに親王・諸王・諸臣と一般名詞で表記

年月日	大極殿	大安殿
皇極4年6月12日	天皇御二大極殿一	
天武10年2月25日	天皇皇后、共居二于大極殿一	
〃　3月17日	天皇御二于大極殿一	
〃12年正月7日	親王以下及群卿、喚二于大極殿前一、而宴レ之	
〃14年9月18日		天皇御二大安殿一、喚二王卿等於殿前一以令二博戯一
朱鳥元年正月2日	御二大極殿一、而賜二宴於諸王卿一	
〃　正月16日		天皇御二於大安殿一、喚二諸王卿一、賜レ宴
〃　2月4日		御二大安殿一、侍臣六人授二勤位一

したそっけない文になっている。さらに、三月条では、天皇だけが大極殿に「御」したとするのに、二月条は天皇・皇后が共に大極殿に「居」したと書く。大極殿に出御した天皇は公的天皇で、内裏に皇后と共に住居する天皇は私的な天皇である。二月条の天皇皇后共居于大極殿という書き方は、内裏の皇后が天皇と共に大極殿に居たというありえない記述というほかはない（居をオハスとしたのはつじつま合せの訓みである）。そうまでして持統をもちあげようとする意図（持統即位前紀に、皇后《ハ》従《リ》レ始迄《まで》レ今、佐《ケテ》二天皇（天武）一定《メタ》二天下《ヲ》一、毎《ニ》二於侍執之際一、輒《チ》言《ガ》及《ビ》二政治《ニ》一、多《カッタ》レ所《ガ》二毘補《スル》一としたのに合せて、作った）が見え見えである。これを要するに、日本紀の記定を詔した三月条が史実を述べているのに乗じて、二月条に律令の制定を書き加えたということだろう。孝徳紀の大極殿のばあいと同じく、書き加えた時代の通念で大極殿と書き、こんどはこれに合せて、三月条の方も大極殿と書き揃えた、と考えている。

天武一二年正月条、朱鳥元年正月条の大極殿記事は、ともに王卿への賜宴である。賜宴は、大安殿での行事と同じである。大極殿は即位、拝朝（正月行事）、外国使節への謁見といった国家行事を行う公的天皇の場であって、大極殿（朱鳥元年正月二日）、大極殿前（一二年正月）で宴会をもつことなどありえない。朱鳥元年正月一六日、大安殿で王卿に賜宴したとあるのが正当である。大安殿記事はさらに二つある。天武一四年九月に大安殿前で博戯し、朱鳥元年二月に侍臣に下位の勤位（六位）を授けている。天武紀の大極殿記事で後の方二つは、大安殿での行事とみてさしつかえないだろう。

注　天武紀の大極殿で、王卿に賜宴していることについて、小沢（日本古代宮都構造の研究、第三章、二〇〇三年）は「大極殿と大安殿」という節を設け、次のように述べている。⑴福山敏男（一九五七年）から八木充（一九六六年）、岸俊男（一九七七年）と、浄御原宮で大極殿が成立していたとみなし、これが「通説」だった。次に⑵狩野久・律令国家と都市（一九七五年）が、文武以後（藤原宮）の大極殿が天皇の独占的空間となっているのに、天武の大極殿では殿前に親王以下群卿をよび賜宴しているから、天武紀の大極殿は書紀編纂時の文飾とした。これが「現在では定説化している観がある」。⑶小沢はこの新「定説」に疑問を呈し、旧「通説」にもどろうとする。狩野は「大極殿の用例」について「浄御原宮と藤原宮以降」とで相違があるというが、それは「あくまで機能・使用法としての問題であって、呼称の問題は別と考える」（前掲書、一三九頁）。この小沢の論法はおかしい。入浴の使用法がある建物ないしはその一部だから浴室、湯殿と呼称するのであって、入浴施設のない建物を湯殿とは呼ばない。使用法と呼称が別というのは、違う使用法（宴会）をしている建物でも呼名（大極殿）は同じとする詭弁である。詭弁を弄してまで言いたかったのは、「機能や形態の面において、藤原宮大極殿の成立が重要な画期となった」のはいうまでもないが、「大極殿という呼称までが、藤原宮を嚆矢とするという明証はない」、つまり浄御原宮に大極殿という呼称の宮が、藤原宮以後の大極殿の使用法や形態とはちがうが、あった、としたかったのである。ところが、すぐつづけてこう書いている、「むしろ、天武紀の記事によるかぎり、少なくとも編纂時に「大極殿」と記された殿舎が存在したこと自体は、認めなければならない」（一三九～四〇頁、傍点山田）。おかしな文だ。天武期と紀編纂時とは別の時期である。天武紀の編纂時とは、いついつとする史料はないが、大極殿が実在した藤原宮以後で、だから編纂時に存在した大極殿を天武期にさかのぼらせて記したのであって、天武期に大極殿の呼称があったことにはならないのである。

小沢毅・林部均説への疑問　小沢・林部は、エビノコ郭正殿（SB七七〇一）には、（これまで内裏前殿とよんできた）「内郭南区画正殿（SB七九一〇）」と同じく、周囲にバラス（砂利）を敷きつける「舗装方法」がとられていると指摘し、「そこでエビノコ郭も内郭南区画と同じように天皇が出御して儀式などをおこなった公的な性格を帯びた空間とみなすことが「できる」（林部、一三八頁）、とした。（以上の林部の記述は、先行する小沢の見解、前掲書、第三章の2建築遺構の概要〔一一七頁～一三四頁、とくに一二五頁と一三〇頁〕の要約である）。礫敷（砂利敷）の有無を以て、天皇の公的空間と私的空間を分けたのは、いかにも考古学者の着眼で、指摘されて納得するが、大極殿も先天皇の殯宮も公的天皇にかかわる重要儀式の場であり、礫敷を以て大極殿と殯宮を区別することはできない。

次に、エビノコ郭の回廊には西門しかない。南門があり、その南に南庭をもつのが大極殿の基本構造である。「エビノコ郭は、正殿そのものは南面しているが、空間全体としては、西面するという変則的な形態をしていた」（林部、二〇〇八年、三四頁、傍点山田）、と林部はいう。そして次のような解釈を試みる。まず(1)、天武紀から射礼を行った場として、南門（天武六年正月〔一七日〕、七年正月〔一七日〕、九年正月〔一七日〕、一四年五月〔五日〕）、西門あるいは西門の庭（天武四年正月〔一七日〕、五年正月〔一六日〕、八年正月〔一八日〕）を挙げる（同頁）。つぎに(2)、南門・西門は、「同じ射礼という儀式をする場として登場してくるので、同一の空間を指すと見てよい」（同頁）。さらに(3)、「内郭の南門とエビノコ郭の西門が、それぞれの空間に開く正門」（同頁）だから、天武紀にいう「南門は内郭の南門を指し、西門はエビノコ郭の西門にあたるとみるのが、ごく自然な解釈である」（一三五頁）、と導く。そうであろうか。

「庭」「朝庭」「東庭」の使用形態

	主体	場所	使用目的
天武４年正月		朝庭	賜宴
		西門の庭	大射
５年正月		朝庭	賜宴
		西門の庭	大射
６年正月		南門	大射
７年正月		南門	大射
８年正月		西門	大射
９年正月	天皇	大殿の庭	宴
		南門	大射
10年正月		朝庭	大射
11年７月		朝庭	相撲
12年正月		庭	楽
13年正月	天皇	東庭	大射
14年５月		南門	大射
９月	天皇	旧宮安殿の庭	宴
朱雀元年正月		朝庭	賜宴
９月		南庭	殯

(1)射礼は、天武紀によると、林部（二〇〇八年）が挙げた右の他に、朝庭（天武一〇年正月一七日）、東庭（天武一三年正月二三日）の二つがある（林部二〇〇一年、一一一頁は、上表のように、朝庭、東庭を大射の場として挙げている）。たいていは正月一七日前後だが（射礼の初出は、天智九年正月七日、大二射《ス》宮門内《ニ》一——傍点山田）、一四年だけが五月五日、射《ス》二於南門《ニ》一である。

養老雑令に、凡大射者、正月中旬（傍点山田）、親王以下、初位以上、皆射之、とあるが、のち正月一七日に固定された。天武一〇年正月一七日条、親王以下、小建〔初位〕以上、射于朝庭は、右雑令に合いすぎているし、朝庭とはもとより朝堂院の庭で、浄御原宮に該当するものがない。ひところエビノコ郭の南にあったかのような図や模型が作られた（小沢、二〇〇三年が原図で本補論に借用した図1もその一つ）が、かつては朝堂、朝庭があったとした林部（古代宮都形成過程の研究、二〇〇一年、一〇九頁、15図説明文）が、先に引いた「変則的な形態」の文につづけて言うように、「また、その南にも建物は存在したが、とうてい朝堂と呼びうるようなものではなかったとするのが妥当である」（林部、二〇〇八年、一五四頁）。すなわちエビノコ郭には、南門もなければ、その南にあるはずの朝堂もない。大極殿の主要な結構がない。そこで先注にみたように、大極殿の機能はなかったが、呼名だけはあったとの詭弁が工夫された。

浄御原宮の門（1西門）　浄御原宮（内郭）の門で、判明しているのは南門だけである。西門はどうか。図5にみるとおり、内郭の西辺は、飛鳥川の氾濫で削落し発掘調査の仕様もない。宮の西について、持統元年八月六

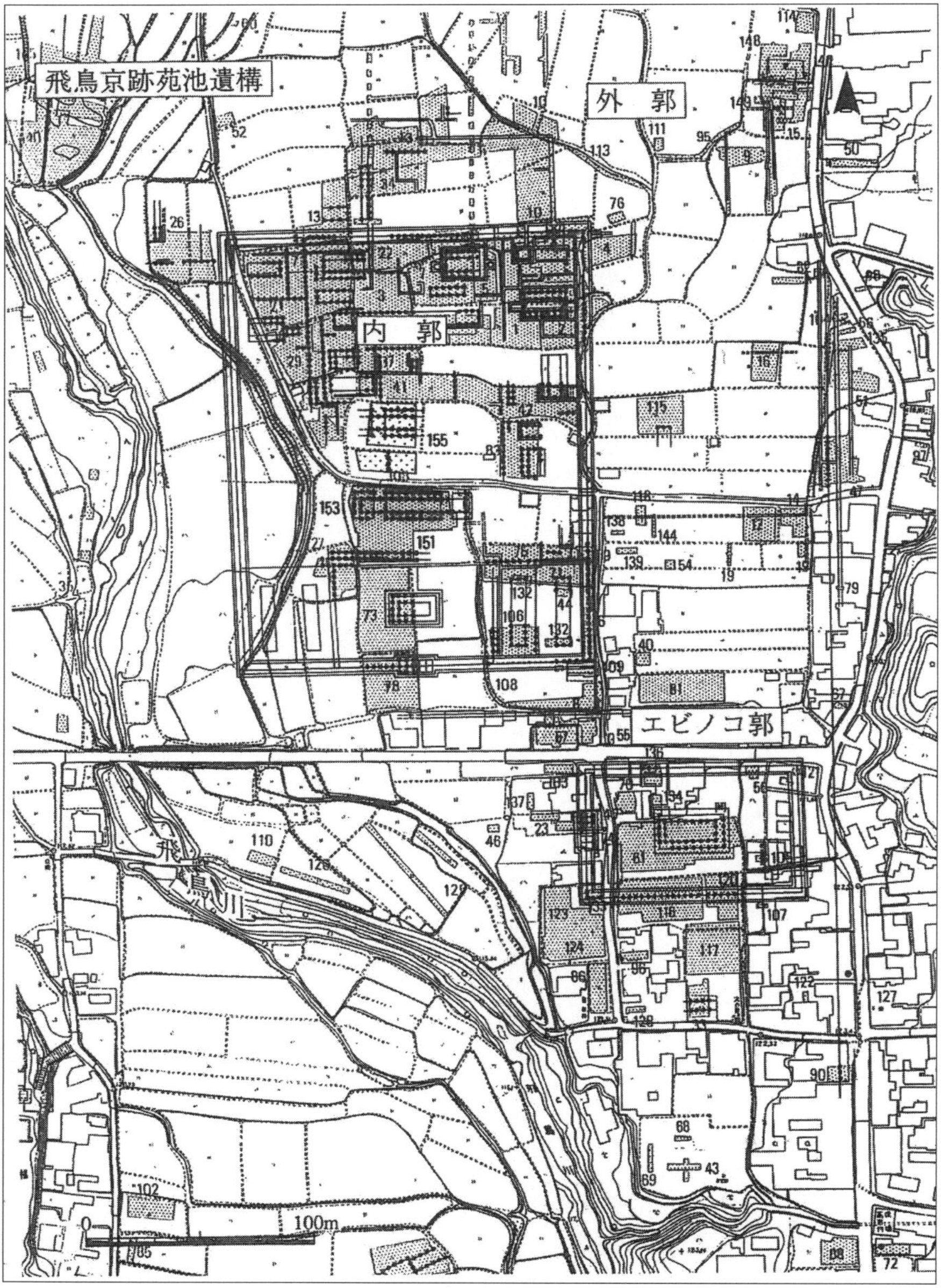

図５　飛鳥宮の発掘調査（原図は林部、2008 、66頁、図14）

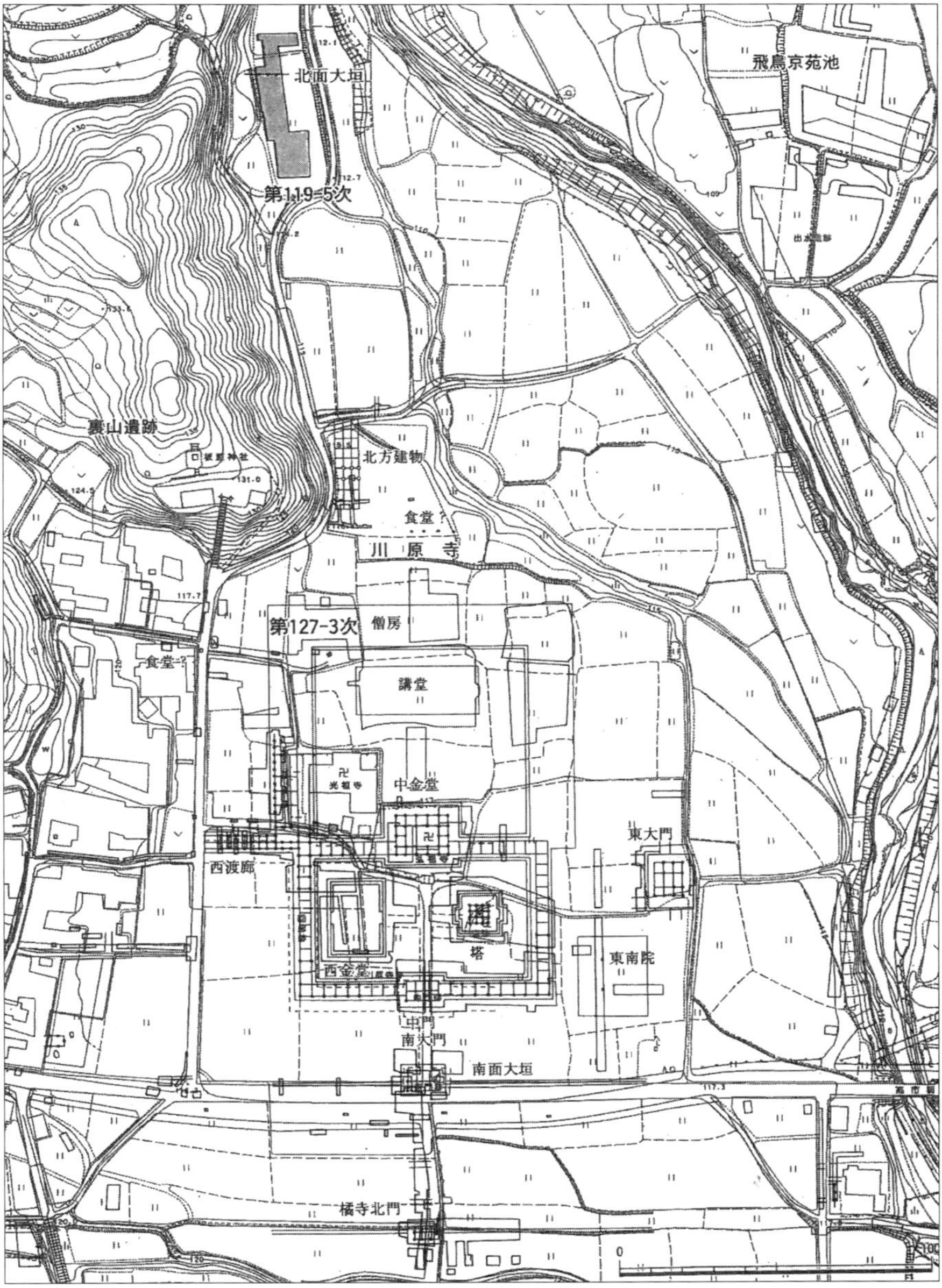

図６　川原寺遺構図（原図は奈文研紀要、2004 、19頁、図123）

日条（五—二四〇頁）が、わずかにふれている。京城《ノ》耆老《ノ》男女《ガ》、皆臨《ンデ》慟二哭《シタ》於橋《ノ》西《デ》一。川原寺、橘寺間を東西に通る直線道路（発掘調査ずみ）の延長上に、飛鳥川を渡る橋（現、高市橋）があった。渡ると南庭だが、公民の通交は禁止されていたから、京の民たちは橋の西で慟哭した。そこからエビノコ郭（殯宮）の西門は、ほぼ正面に見えている（図5、原図は林部、二〇〇八年、六六頁、図14）。

川原寺には東大門があった。図6（原図、川原寺寺域北限の調査、奈良文化財研究所紀要、二〇〇四年、図一二三、一九頁）に見るように、南大門よりも立派な規模をもつ。西金堂は東に向いている。川原寺は全体として、飛鳥川をはさんで、浄御原宮と正対していた。東大門の立派さは相対して浄御原宮の西門の存在をしのばせる。図6をみると、東大門から東へのびる畔道があり、その対岸に内郭西門を想定できる。

西門（庭）は天武紀に三度出る。a天武四年（六七四）正月一七日、公卿大夫及百寮諸人《ト》、初位以上《ガ》、射《シタ》二于西門《ノ》庭《デ》一。b同五年正月一六日、置《キ》レ禄《ヲ》射《シタ》二于西門《ノ》庭《デ》一、中《レバ》レ的《ニ》則給《ツタガ》レ禄《ヲ》有《ツタ》レ差《ガ》。c同八年正月一八日、射《シタ》二于西門《デ》一。これら西門は、エビノコ郭の西門ではない。内郭西門である。aは先の天武一〇年正月条の大射と同じく養老雑令と同じで記事に疑をもちうるが、西門を出ると西門庭であり、b賭けごと好きの天武が禄物を置いて射を楽しんだ西門とその庭は確かに存在したとみなしうる。

浄御原宮の門（2東門）

次に東庭。天武一三年正月二三日、天皇《ガ》御《シタ》二于東庭《ニ》一、群卿《ガ》侍《シタ》之、時《ニ》召《シテ》二能《ク》射《ル》人及《ビ》侏儒・左右《ノ》舎人等《ヲ》一射《タ》之。西門の庭は西門を出たところ。当然に東庭は東門を出たところと解される。浄御原宮の東は東郭という呼称で、南北の長い一本柱列の塀（SA七四〇五）で、宮の外域と区切られていた（図4参照）。東郭の発掘調査は、内郭にくらべおくれていて、解明に遠いが、東庭もまた射礼の場であった。西門の庭が天武四、五、八年の記事に出るのに対し、一三年と遅いのは、いわゆる東郭の整備が内郭の完成以後だったことを示しているのかもしれない。いわゆる東南郭（エビノコ郭）も、大きくいえば東郭の南の部分である。

小沢・林部説への反論　さて先に、小沢・林部説への疑問という小見出で、もっとも新しい林部（二〇〇八年）の説を⑴⑵⑶の三つに分けて示しておいた。⑴で林部が、射礼の場を（内郭の）南門と（東南郭の）西門の庭に限って、朝庭はともかく東庭を挙げなかったのは、公正ではない。また⑵で、（内郭の）南門を出たところと、（東南郭の）西門を出たところは同一の空間（南庭）としたのも、予め南庭を限っての論の運びのように映る。東門を出ると東庭、南門を出ると南庭、西門を出ると西庭（西門庭）とするのが、方形の浄御原宮（内郭）に相応しい理解ではないか。したがって⑶南門は内郭の、西門は東南郭の門と分けるのは、ひたすら南庭をめざした恣意的な割当てではなかろうか。

注　林部は朝庭、東庭にふれていないが、かわって小沢毅・日本古代宮都構造の研究（二〇〇三年）が、その第Ⅰ部第3章の3の⑴南門と西門（一三六頁）で論じている。⑴「射礼の場が基本的に南門と西門であったことは間違いない」と断定し、⑵そうでないのは朝庭（天武一〇年正月一七日条）と東庭（天武一三年正月二三日条）の二例にすぎない、という。「奈良時代の例では、天皇が門（大極殿門）に出御し、射礼はその前庭でおこなわれている。天武紀の射礼記事にみえる「南門」と「西門」も、天皇の出御の場であったと考えてよいだろう。とすれば、遺構のうえでそれにあてることができるのは、内郭の南門ＳＢ八〇一〇と東南郭の西門ＳＢ七四〇二に限られる。これらは、それぞれの郭の正門でもあり、天皇が出御・通行する門にふさわしい規模と格式を備えていた」。そして出御場所が内郭南門、東南郭西門とちがっても、射礼の場としては、基本的に同一（内郭の南、東南郭の西には、飛鳥川との間に三角形の空間がある）であった、とも書いている。小沢の原論文は一九九七年、林部が同じ考えをのべた原論文は一九九八年、両者相補って通説を作っていく。小沢はさいごに、南門・西門以外に射礼の場となった朝庭と東庭とは、「同じ空間を示すもの」で、「東南郭《エビノコ》の南方の空間を比定しておきたい」と、もっていく。理由として「庁（朝堂）とのかかわり」をあげているが、この論文を書いたとき、エビノコ郭の南には、朝堂を備えた朝庭があったと小沢は考えていた。当時、同じ考えをとっていた林部が、二〇〇八年の著書で、エビノコ郭の「南にも建物は存在したが、とうてい朝堂と呼びうるようなものではなかった」と説を改めたことは、先にみたとおりである。

なお庁（朝堂）についてふれておく。庁は役所である。集韻に聴《ハ》、古《ハ》者治官《ノ》処、謂二之《ウ》《ヲ》聴事一《ト》、後語《ニ》、省直《ヲ》曰レ聴《ウ》《ト》、故《ニ》加《ウ》レ广《ヲ》とある。聴はヨク聞ク。それで「政務をきく家屋の意から」（広漢和）役所の意になり、家を表す广（まだれ）が付いた。天武七年四月一三日条に霹二靂《シタ》新宮《ノ》西廰《ノ》柱一《ニ》とある。この西庁に大系本頭注がまず「未詳」としたのがいい。じっさい西庁がなんの役所で、浄御原宮の中でどこにあったのか不明である。西とあるのは宮の飛鳥川の側（西方）にあったからだろう。かりに現在までに発掘調査された浄御原宮遺構図でいえば、例えばSB六五一〇とかSB七一二五その他といった西側の建物（飛鳥川の侵食で消滅したものも入れて）が候補になる。大系本はつづいて「飛鳥岡本宮に対して浄御原宮の新築の殿舎をいうものか」と注したが、全集本頭注は「新宮は浄御原宮の東南郭か。その西庁」とする。大系本の紀下巻は一九六五年七月の刊行だから、古代史の宮都論以前での注である。全集本の紀3は一九九八年六月刊だから、宮都論での小沢・林部の早い論稿を参照できての注とみなされる。はからずも大系本の説と、全集本の説とが、宮都論を境にして対照的になっている。

小沢毅・飛鳥浄御原宮の構造（一九九七年、のち前掲書Ⅰ部3章）は、天武七年四月、持統五年三月両条の西庁から、「浄御原宮に庁（朝堂）が存在した」（一三七頁）とし、西庁という書き方からすれば「東にも対応する庁が存在したと考えるのが自然」だから、この東庁は浄御原宮（内郭）の南院東区のSB七四〇一、SB八五〇五が相当するとし、西庁はこれと左右対称に配置されていた（図A・B・C参照）とした。これに対し林部均・飛鳥浄御原宮の庭と朝庭・朝堂（副題略、大阪歴史学会『ヒストリア』一六二号、一九九八年、のち前掲書Ⅰ部3章）は、「西庁そのものは、エビノコ郭の南の平坦地に存在したと考えるほかない」（二一五頁）とした。全集本頭注は林部説によっているが、既述のように、林部はのちこのエビノコ郭の南の平坦地に、朝堂（東庁、西庁）があったとの考えを撤廃し、無かったと改めている。

小沢・林部が使う「庁（朝堂）」という用語は、岸俊男の小墾田宮復元図の中に書き込まれていたのが、源である。この庁（朝堂）が、天武七年四月条の西庁の庁と接続して、浄御原宮に庁、朝堂が存在したかのような想像が生じた。想像はやがて通説化する。国史大辞典の朝堂院の項（今泉隆雄）すら、朝堂院の「前身は推古朝小墾田の宮…にあった」としているぐらいなのだから。しかし庁に朝堂の意はない。役人の執務する役所が庁であって、今でも官庁（霞ガ関）とよんでいる。朝庭での儀（朝儀）に参加する臣下が着座する朝堂と庁とは、礼服と朝服がちがうようにちがうのである。七年四月条の西庁から、岸の「庁（朝堂）」を経て、朝堂があったとなれば、つづいて朝庭、大極殿と藤原宮以後（とくに平城宮）の宮の構造が、あたかも藤原宮以前の浄御原宮にもあったかのように想像がふくらんでいく。エビノコ郭の正殿（SB七七〇一）を大極殿とみる見方は、庁（朝堂）に発している。

西門、大極殿にこだわって強弁

林部がエビノコ郭の西門にこだわるのは、エビノコ郭を大極殿とみ、大極殿の有無を指標に、飛鳥京跡遺構のⅢ期を、Ⅲ-A斉明期の後岡本宮と、Ⅲ―B天武・持統期の飛鳥浄御原宮とに、区分するからである。

上述のように、紀の史料批判から、天武期に大極殿が存在したとは証明できない。また覚え書・宮都論では、後岡本宮は存在せず、実在したのは斉明の岡本宮だけであること、そしてまた天武元年七月、是歳両条（五―一〇六頁）の岡本宮の記事からすれば、これと浄御原宮とは、ちがう場所にあった。すなわち営ニ宮屋ツタヲ於岡本ノ宮ノ南ニ一、即冬《そのふゆ》、遷ツテ以居《すまい》シタ焉、是謂ヲ二飛鳥ウノ浄御原ノ宮一ト、である。ところが、この「宮室は、新たな王宮の造営を意味するのではなく、エビノコ郭の造営を意味していた」*と林部は強弁する。さらに「その場合、その後に続く〝即冬に、遷りて居します〟という記事が気になる」といい、「エビノコ郭は、最初、天武の居所として造営された可能性は否定できない。しかし、その構造などから、結果としては居所として利用されることはなく、内郭が天武の居所となった」（一二四頁）と、強弁を重ねた。

注　この強弁が、文献史家にひきつがれる。たとえば、義江明子・天武天皇と持統天皇（二〇一四年）はいう、「ⅢB期には、それまでの宮の内郭南東に東南郭（通称エビノコ郭）が設けられた。『日本書紀』天武元（六七二）年条に、是歳、宮室《おおみや》を岡本宮の南に営《つく》る、とあるのが、この東南郭にあたるのだろう」（五〇〜五一頁）。

天武紀・朱鳥元年九月条から、持統紀・元年元日条にかけての解読から、エビノコ郭は天武期には存在せず、その死（九月九日）以後、朱鳥元年末までに完工し、持統元年元旦に始めて殯宮として登場したことを、上に記した。したがって当然に、エビノコ郭のないのがⅢ－A期・天武の浄御原宮で、あるのがⅢ－B期・持統の浄御原宮になる。最終的にエビノコ郭に西門しかなかったことは誰もが知っている。その理由は、林部のいう「変則的な形」だからではなく、正常な形だからである。理由は二つあって、一つはむろん南庭の、それも東寄りに造られたことからくる自然な配置で、もう一つは殯宮であることからくる当然の設計である。先に漢字の殯の意味をみようと、礼記の文をあげたが、それを採った説文は、夏后ハ殯シ二於胙階ニ一、殷人ハ殯シ二於両楹之間ニ一、周人ハ殯ス二於賓階ニ一、と書いている。棺に納められて埋葬をまつ死者とは、礼が完成した周代、死界からの賓客とみなされた。客は西の階を上ると、歴史的に定まっていた。殯宮院の主殿が南向き、門が西向きなのは、殯の礼に則っている。

七世紀史の入口と中程と出口と

思えば、巻第二八・壬申紀の終り（天武元年九月条）で、不破からもどった大海皇子が岡本宮（旧宮）に入り、（元年是歳）岡本宮の南に宮室（新宮）を造り、即冬遷居した。のち朱鳥元年七月に飛鳥浄御原宮と名づけたが、この宮にエビノコ郭（殯宮）がなかったことは、巻第二九・天武紀の末尾、朱鳥元年九月条の記事の検証で明らかになった。七世紀の飛鳥の諸宮の中で、場所、造営の時、命名の時、殯宮建設が分明なのは、ただ一つ、Ⅲ－A天武期浄御原宮、Ⅲ－B持統期浄御原宮の二期にわたる、飛鳥浄御原宮だけである。日本紀の記述、文献史料によって明らかとなり、それがまた考古学的な発掘調査の結果と矛盾しない点で、浄御原宮は飛鳥寺と並ぶ稀有の例となっている。飛鳥七世紀史で、入口のソガ王朝の飛鳥寺と出口の天皇王朝の飛鳥浄御原

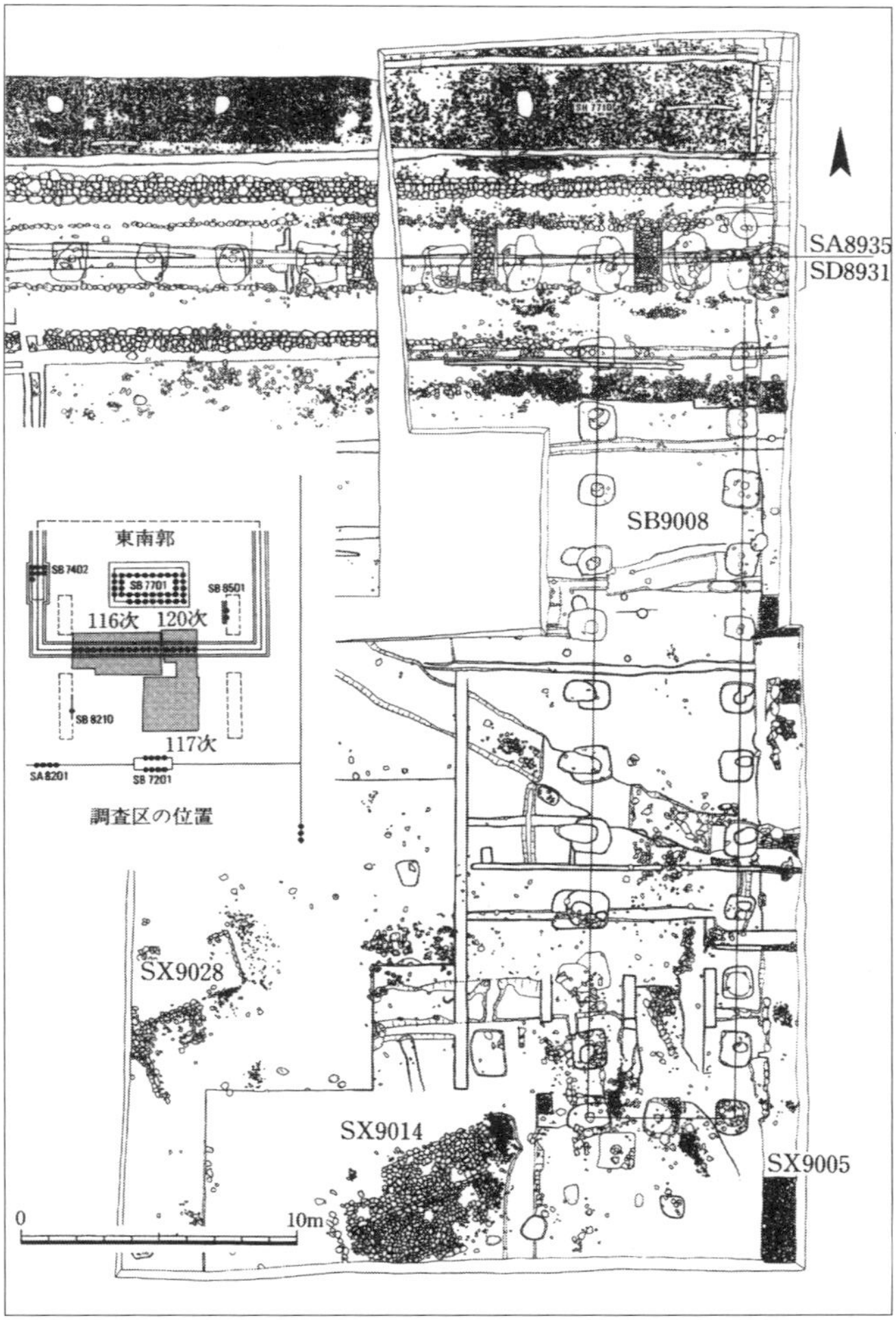

図7　大溝ＳＤ8931と一本柱ＳＡ8935（原図、小沢2003年、第10図）

宮と、それに中程の天皇王朝の始祖孝徳の難波宮との三つが、成立年代を明らかにしている。歴史の配剤というべきであろうか。

注　エビノコ郭の発掘調査の中で分ったことの中で、私が注目しているのは、この郭の南の一本柱列（SA八九三五）が、大溝（SD八九三一）と重っていることである（図7、小沢毅、二〇〇三年、第一〇図、参照）。これに関して、私の残生では望むべくもないが、飛鳥京の水路施設の全況が明らかになるのが待たれる。大溝（SD八九三一）は、南東から北西に傾斜し、そのやや西寄りに流れる飛鳥川に向けて、とくに大雨で（網干善教が飛鳥の大雨のすさまじさを書いていた）奔流する雨水を排出し、内郭を保護する役割をもった、主要排水路（小沢毅も「基幹排水路」と言う）の一つだった。このSD八九三一にかわる大溝が作られた痕跡は、目下のところないようである。もし恒久的な大極殿であれば、替りの大溝と共に、或は作った上で造作されるのではないか。SD八九三一を埋め立てた上にSA八九三五が建てられているのは、エビノコ郭が急拠造られる必要があったからで、この点からも、エビノコ郭が大極殿であるよりは殯宮だったと言えるのではなかろうか。小沢毅はこれについて、「東南郭〔エビノコ郭〕の南面の一本柱列（SA八九三五）は、先行する東西大溝（SD八九三一）を埋立てて造営されている。両者の心は正しく一致しており、地割の基準線として踏襲されたことは疑いない。したがって東西大溝（SD八九三一）は、東南郭を付設する直前の段階すなわちIII-A期の遺構である可能性が高い」（小墾田宮・飛鳥宮・嶋宮、一九九五年、後に日本古代宮都構造の研究I部2章に収録、九〇頁。傍点山田）という。小沢・林部説では、東南郭（大極殿）の有無で、III-A期を斉明の後飛鳥岡本宮、III-B期を天武・持統の飛鳥浄御原宮に分けるが、私はエビノコ郭（殯宮）の有無で、III-A期を天武の、III-B期を持統の浄御原宮に区分する。

持統期での天武殯記事

持統紀における天武殯記事にうつる。まず天武紀から持統紀にかけての天武殯関係を一覧できるよう表示した。

天武紀	天武の死	朱鳥元年九月九日
	殯宮着工	〃〃九月一一日
	大津謀反	〃〃九月二四日
	発哭・誄	〃〃九月二七日～〃〃九月三〇日
	（天武期の殯記事）	
持統記	大津謀反	〃〃一〇月二日
	大津賜死	〃〃一〇月三日
	殯宮竣工	〃〃閏一二月
	（大津「謀反」）	
	〃使用	持統元年正月一日
	国忌の斎	〃〃九月九日
	大内陵着工	〃〃一〇月二三日
	大内陵埋葬	〃二年一一月一一日
	草壁の死	〃三年四月一三日
	（持統期の殯記事）	

持統記←　→天武紀

1・正月一日
2・正月五日
3・五月二二日
4・一〇月二三日
5・正月一日
6・正月一日

草壁、殯宮で慟哭

天武と持統は叔父と姪の夫婦である。

天智[27]（兄）―持統[30]
天武[28・29]（弟）

肩付の数字は紀の巻数である。この三人は、きわめて親密な肉親関係にあるが、書紀区分論からすれば、巻第二七、巻第二八・二九、巻第三十の三巻は、それぞれ無関係の巻である。そのせいか持統の皇女時代の名をみると、

1（巻第二七、天智七年二月条）（本文）鸕《本文》野皇女（娑《或本》羅々）

2（巻第二九、天武二年二月条）記載なし（立《テ》正妃《ヲ》為《タ》皇后《ト》）

3（巻第三十、持統称制前紀）少名鸕野讃良皇女

のように、みな異なる。その巻の差異を念頭に持統紀の天武の殯記事をみていこう。

1（称制前紀・朱鳥元年九月九日）天《ノ》渟中原瀛《ノ》真人《ノ》天皇《ガ》崩《レンダ》、皇后《ガ》臨《ミ》朝《ニ》称《エタ》制《ヲ》。（傍点山田、既述）

2（同・一〇月二日）皇子大津《ノ》、謀反《ガ》発覚《シタ》。（以下かなりの長文で、一味の名が位・身分を記して列挙、大津への賜死、大津薨伝、一味の処置などが記されているが、省略。）

3（同・一二月一九日）天武の為に、大宮・飛鳥・川原・小墾田豊浦・坂田の五寺で無遮大会を設けた。

4（元年正月一日）[1]皇太子《ガ》率《イ》公卿百寮《ノ》人等《ヲ》、適《キ》殯《ノ》宮《ニ》而慟哭《シタ》焉。納言布勢《ノ》朝臣御主人《ガ》誄《シタ》之。礼《デアル》也。誄《ガ》畢《リ》衆庶《ガ》発哀《シタ》。次《ニ》梵衆《ガ》発哀。於是、奉膳紀《ノ》朝臣真人等《ガ》奉《ッタ》奠《ヲ》、々《ガ》畢《リ》、膳部《ヤ》采女《ガ》発哀《シタ》。楽官《ガ》奏《シタ》楽《ヲ》。

5（同五日）[2]皇太子《ガ》率《イ》公卿百寮《ノ》人等《ヲ》、適《キ》殯宮《ニ》而慟哭《シタ》焉。梵衆《ガ》随《ッテ》而発哀《シタ》。

6（同一九日）使《セタ》直広肆田中《ノ》朝臣法麻呂《ト》与《ヲ》追大貳守《ノ》君苅田等、使《シ》於新羅《ニ》、赴《ラ》天皇《ノ》喪《ヲ》。

7（同三月二〇日）以《テ》花縵《ヲ》進《ッタ》于殯宮《ニ》、此《ヲ》曰《ウ》御蔭《ト》。是《ノ》日、丹比《ノ》真人麻呂《ガ》誄《シタ》之。礼《デアル》也。

8（同五月二二日）[3]皇太子《ガ》率《イ》公卿百寮《ノ》人等《ヲ》、適《ッテ》殯宮《ニ》而慟哭《シタ》焉。於是、隼人《ノ》大隅・阿多《ノ》魁帥《ガ》、各領《イ》己《ノ》衆《ヲ》、互《ニ》進《ッタ》誄《ヲ》焉。

9 (同八月五日) 嘗ス二于殯宮一ニ、此ヲ曰ウ二御青飯一ト也。

10 (同　六日) 京城ノ耆老男女ガ、皆臨ンデ慟二哭シタ於橋ノ西一ニ。

11 (同　二八日) 天皇ガ使二直大肆藤原ノ朝臣大嶋・直大肆黄書ノ連大伴一ヲ、請二集シ三百ノ龍象ノ大徳等ヲ於飛鳥寺一ニ、奉レ施ツタ二袈裟一ヲ、人別ニ一領、曰、此ハ以テ二天渟中原瀛ノ真人天皇ノ御服一ヲ所二縫イ作ル一也、詔ノ詞ハ酸《つら》ク割《とぎれ》タ、不《な》レ可イ《ら》レ二具ニ陳一《べ》。

12 (同九月九日) 設ケタ二国忌ノ斎ヲ於京師ノ諸寺一ニ。

13 (同　一〇日) 設ケタ二斎ヲ於殯ノ宮一ニ

14 (同　二三日) 筑紫大宰が、新羅使霜林らに天武の崩を告げたので、皆、喪服を着て東に向き三拝、三たび発哭した。(二年正月二三日に重複記事)

15 (同一〇月二二日) [4]皇太子ガ率イ二公卿百寮ノ人等ト并セテ諸国司・国造及百姓ノ男女一ヲ、始メテ築イタ二大内陵一ヲ。

16 (二年　正月一日) [5]皇太子ガ率イ二公卿百寮ノ人等一ヲ、適キ二殯宮一ニ而慟哭シタ焉。

17 (同　二日) 梵衆ガ発二哀シタ於殯宮一ニ

18 (同　八日) 設ケタ二無遮大会ヲ於薬師寺一ニ

19 (同　三月二一日) 以テ二花縵一ヲ進ッタ二于殯宮一ニ。藤原ノ朝臣大嶋ガ誄シタ焉。

20 (同　八月一〇日) 嘗二于殯宮一ニ、而慟哭シタ焉。於レ是、大伴ノ宿禰安麻呂ガ誄シタ焉。

21 (同　一一日) 命ジ二浄大肆伊勢ノ王一ニ、奉二宣シタ葬儀一ヲ。

22 (同　一一月四日) [6]皇太子ガ率イ三公卿百寮ノ人等ト与ヲ二諸蕃ノ賓客一、適キ二殯宮一ニ而慟哭シタ焉。於レ是、奉リレ奠ヲ、奏シタ二楯節儛一ヲ、諸臣ガ各挙ゲ二己ノ先祖等ノ所レ仕エタ状一ヲ、遞ニ進ンデ誄シタ焉。

23 (同　五日) 蝦夷百九十余人ガ、負二荷シテ調賦一ヲ而誄シタ焉。

24（同　一一日）布勢《ノ》朝臣御主人・大伴《ノ》宿禰御行《ガ》、遞《ニ》進《ンデ》誄《シタ》。直広肆当摩《ノ》真人智徳《ガ》、奉《ッタ》レ誄《シ》二皇祖等之騰極《ノ》次第《ヲ》一。礼《デアル》也。古《ハ》云《ッタ》二日嗣《ト》一也。畢《ッテ》葬《ッタ》二于大内陵《ニ》一。

天武紀の殯記事が、朱鳥元年九月の中の七ヵ日だけの記事なのに、持統紀のそれは、二年二ヵ月にわたって二四もの記事から成り立っている。そのうち持統元年元旦が使い初めだった殯宮の名は一一度（4、5、7、8、9、13、16、17、19、20、22）、ほかに23・24も名は出ないが殯宮でのこととしてよく、記事の過半数をしめている。

皇太子率公卿百寮人等

二四記事の中で目立つのは、その四分の一に当るのが、皇太子率公卿百寮人等、適殯宮而慟哭焉とまったく同文なのが四度（4元年正月元旦、5同正月五日、8同五月二四日、16二年正月元旦）に、同文だが、行先が大内陵（15二年一〇月二二日）になっているのが一度、率いた者たちに諸蕃賓客（外国使節）が加ったのが一度（22二年一一月四日）、計六度の決り文句の記事（傍線）である。これについては前篇一つ章でもみておいたように、天武の殯を利用して、衆望のないわが子草壁に、公卿百寮人への求心力をつけさせようとした政略であった。持統紀の天武の殯は、この政略で足かけ三年（実質二年二ヵ月）にわたり続けられたし、一三〇日ほどをかけて完成が急がれた殯宮は、天武期の飛鳥浄御原宮（Ⅲ—A）にはなかった規模で造られたのである。

持統紀の誄は太政官高官たち

それと表裏して、かつまたそれ故に、天武の殯は盛大に続けられているかにみえる。たとえば24記事から誄の記事を列挙してみよう。（　）内は持統紀記事、〔　〕内は天武紀記事による。

4（元年正月一日）納言・布勢朝臣御主人（於殯宮）
7（同三月二〇日）丹比真人麻呂（〃）
19（二年三月二一日）藤原朝臣大嶋（〃）〔兵政官の事〕

20（同八月一〇日）　大伴宿禰安麻呂（〃）〔大蔵の事〕
22（同一一月四日）　諸臣（先祖等所仕状）（〃）
24（同　　一一日）　布施朝臣御主人〔大政官の事〕
　　　　　　　　　大伴宿禰御行〔天武四年三月、兵政官大輔〕
　　　　　　　　　当麻真人智徳（皇祖等騰極次第）（〃）

誄した臣下で官職名がついているのは、布勢御主人の納言だけである。よって、紀で補ったのが大伴御行で、天武六年（六七五）に栗隈王が兵政官の長官だったとき、次官に任命されている。24は二年一一ヵ月にわたって殯宮におかれた天武の棺を、完成した大内陵（現、明日香村の野口王墓）に移して埋葬した記事である。送葬にさいし、（朱鳥元年九月に大政官の事を誄した）布勢御主人と、遞進して誄した大伴御行と、二人は、天武末・持統始の時点で、臣下を代表する地位に居たと考えられる。御行の弟（伴氏系図）の安麻呂が、朱鳥元年九月の誄で大蔵の事をのべ、また20で再度、誄している。同様なのが19藤原朝臣大嶋（兵政官の事）。朱鳥元年九月の太政官制を代表しての誄が、二八日を中心に一挙になされたのに比すると、持統紀では、元年正月から二年一一月まで、二年九ヵ月にわたってぼつぼつとなされている。

そうなった第一の理由は、天武の殯を利用して、上述した「皇太子」草壁を天皇にしたいという政略である。この政略は足かけ三年にわたってつづき、それとともに天武の殯もひきのばされた。政略的な殯は盛大だが、死者を哀悼する殯はその分薄められた。

誄の終了と天武埋葬の奉宣　19大嶋の誄記事（持統二年三月）のあと、六月に大赦が行われた。前後にその理由を示す出来事はないが、草壁の発病のせいと思われる。一〇ヵ月後（三年四月一三日）草壁は死ぬ。政略は変更を

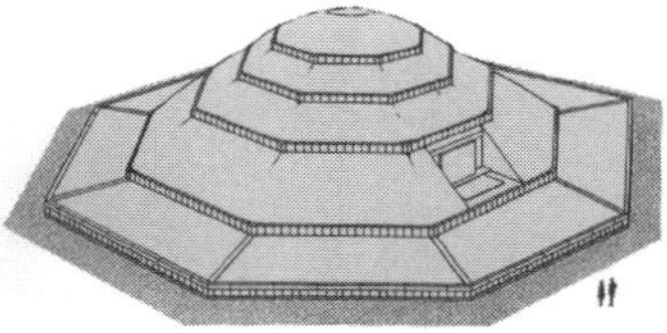

墳丘復元図

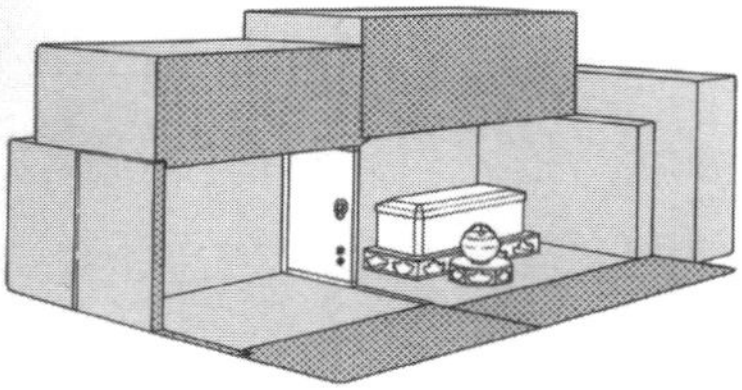

『阿不機乃山稜記』をもとに復元された石槨

復元された野口王墓の内陣

図８　大内陵（飛鳥の古墳、明日香の考古学図録２、2004、による）。石槨内の左、朱漆塗の木棺が天武、右の金銅製骨壺が持統のもの。

迫られ、アマテラスの誕生と伊勢神宮の創始に向うことは、前篇でのべた。

21（持統二年八月一一日）伊勢王が葬儀のことを奉宣した、とある。奉宣については、三年八月二日条の百官《ガ》会二集《シテ》於神祇宮一《ニ》、而奉二宣《ス》天神地祇之事一《ヲ》、について考察した（前篇、一つ章）さいにふれたように、本来なら持統が宣すべきところを、伊勢王が代理になって宣したので、奉《ル》レ宣《シ》と言ったのである。発病した草壁は、もはや率《イ》二公卿百寮人等一《ヲ》、適《ク》二殯宮一《ニ》ことができないようにみえたのであろう。殯を終了して（埋）葬へ移すことを告げたのがこの奉宣である。一一月四日、小康を得た草壁は六度目、さいごの殯宮行をし、翌五日、天武は大内陵に埋葬された。

大内陵のこと

大内陵は15（持統元年一〇月二二日）で、草壁が、公卿百寮人、諸国の国司・国造、百姓男女をひきつれて造成に着手した。24埋葬が二年一一月一一日。最長で三八五日、およそ一年かかっている。アスカの野口王墓は八角形墳で、南北径がおよそ五〇m、東西径は約四五m、高さは九mである。文暦二年（一二三五）三月に盗掘があり、そのさいの阿不幾《あおき》乃山陵記で、横口式石室（長七・五m、幅・高約3m）は奥室と前室に分れ、境に金銅製の扉がある。天武の棺が赤い漆塗の木棺であるのに対し、持統の方は金銅製の骨蔵器である。飛鳥池遺跡の古代国宮工房の発掘調査の結果にふさわしい石室の構成である。天武が古墳時代からの伝統的な木棺なのに、持統は八世紀に始まる「現代」的な火葬からくる骨蔵器なのが、眼をひく。草壁の墓が通説どおり、高取町佐田、春日神社境内の束《つか》明神古墳だとすると、およそ五〇〇ほどの直方体に切りそろえた石材を組み立てたみごとな石槨の「現代」性も、七世紀最終末期の工芸水準の高さを示している。

持統期の殯の多彩化（1無遮大会）

さて、先引の1〜24をみていくと、天武期の殯にはなかったことが、記されているのに気づく。3と18に無遮大会、7と一年後の19とに花縵、9に嘗（御青飯）、12 13に斎、22に奠、楯節儛、24に騰極次第（日嗣）である。

無遮大会《むしゃだいえ》は仏教行事である。大系本頭注が「国王が施主となり、僧俗上下の区別なく供養布施する法会、この日がいわゆる百ヵ日にあたる」としたのが、簡要である。数えだから、朱鳥元年九月（大）が22日、一〇月（小）が29日、一一月（大）が30日、一二月（小）が19日で、計百ヵ日となる。無遮大会はまた無碍《むがい》大会ともいう。碍は礙の俗字。広雅、釈言に礙ハ、距《へだテル》也とあり、碍、遮、遏みなヘダテル、サエギル。したがって無碍、無遮ともに僧俗上下男女のヘダタリ無く平等にの意である。インドのアショーカ（阿育）王に始まるとされているが、確実には中国・南北朝時代に、北涼の武帝（在位五〇二〜五四九年）が行なった。すなわち武帝は、天監三年（五〇四）に捨道〔教〕帰仏〔教〕文（太田悌蔵・梁武帝捨道奉仏について疑う、一九六四年、などこの文についての疑いは強い）を書き、同年八月二七日に阿育王寺に行幸して無碍大会を設けた。さらに九月五日にも、翌年九月一五日にも、無碍大会が設けられ、前者で金銀珍宝、銭一千万が寺に供養・布施され、後者では二つの仏塔が建てられた（以上、鎌田茂雄・中国仏教史、第二巻、第三章、第一、二節による）。

百ヵ日法会としての無遮大会は、大官大寺、飛鳥寺、川原寺、小墾田豊浦寺、坂田寺の五寺で設けられた。ここの「五寺…のように数字を上げて、次にその内訳を書くのは、持統紀の特徴」（大系本）という指摘は記憶されてよい。なお無遮大会が飛鳥寺創建のさい行われたともいわれるが、疑わしい。天武の百ヵ日での無遮大会が始まりである。

多彩化の2花縵

次に花縵。以二花縵一進二于殯宮一。此曰二御蔭一。4と24をみると、4に布勢御主人の誄のあとに礼也とあり、ついで7の丹比麻呂の誄のあとに礼也、さいごの24でも、当麻智徳の誄のあとに礼也、つづいて古云日嗣也と付く。「礼に合うという意。筆者の付加した説明。左伝などに例がある。この礼也や下文三月二十日条〔7〕の此曰二御蔭一のような説明付加も持統紀筆者の特徴」（大系本）。花縵はこれも仏教用語。「古代インドでは、生花をそのまま紐に通して花輪の形にし、頭に巻いたり頸にかけたりして装身具とした。これを[サ]マーラー mālā と称した。花の意の[サ]クスマ kusuma と合成して、[サ]クスマ＝マーラー kusuma-mālā ともいう」（岩本裕、日本仏教語辞典、一九八八年）。日本では「仏堂の荘厳として牛皮《ごひ》や銅・木・ガラス玉などが生花の代わりに用いられ…主に柱間に懸け吊られた。唐招提寺金堂所用といわれる牛皮製のものが最も古い8世紀の例で、中尊寺金色堂所用の金銅透彫のものは12世紀の優品として著名である。花の文様を主とし、中央に總角《あげまき》、左右に迦陵頻《かりょうびん》伽《が》〔美貌で妙音の人頭鳥身の姿〕を配した意匠が一般的であった」（岩波仏教辞典、一九八九年）。いかんながら日本最古の天武殯宮に献ぜられた花縵は出土していない。持統紀作者がつけた説明は、花縵を御蔭のこととした。御蔭は頭にかざす蘰《かづら》の意。後代になるが、平安の下鴨、上賀茂神社の四月の賀茂祭りを葵祭りとよぶのは、フタバアオイ（賀茂葵）の葉の蘰をかざしたことからきている。持統紀の花縵も三月二〇日（7）、二一日（19）の記事に出ている。

多彩化の3嘗

嘗《ショウ》。爾雅、釈天に、秋祭曰ハレ嘗《しょう》ウト（春祭曰レ祠）。秋に収穫した新穀を神に供える祭である。動詞としてはナメル・味ワウ（嘗味）。それで新嘗《にいなめ》、大嘗《おおなめ》、神嘗《かんなめ》、という。9では嘗ス二于殯宮一ニとあり、一周忌近くの仲秋の八月五日、殯宮で天武霊前に新米が供された。此ハ曰ウ二御青飯ト一は、例の礼也と同じ筆者の注である。飯とあるから炊いた米飯を供したのだが、青飯が何かは不明である。新米の飯の意か。

12は一周忌。京師（飛鳥）の諸寺に斎を設けた。これを国忌《こき》としている。唐六典、尚書〔省〕礼部、祠部郎中に、祠部郎中の員外郎が管理するなかに国忌があった。尚書省は、唐代三省の一で現在の内閣に相当し、中央行政官庁である六部《りく》（吏・戸・礼・兵・刑・工部）を統轄した。六部の長は例えば礼部尚書（尚書は正三品）、兵部尚書と呼んだ。六部はさらに二十四司に分れ、それぞれの長官を、例えば祠部郎中（郎中は従五品上、下）と称した。次官が員外郎（従六品上）である。斉明・天智の外交路線を革めて、親唐路線をとった天武は、六官の制をはじめ唐六典をもとに浄御原令の制定につとめた。その一周忌を国忌としてもふしぎではない。

多彩化の4斎

次に斎。もともと斎は日本でいう物忌みである。祖霊や「神霊を迎えるに際して、穢れを遠ざけ、静かに慎んでいること。中国古典語の斎もしくは斎戒に相当」する（仏教、物忌みの項）。例えば、史記、廉頗・藺相如伝に、高名な楚の和氏の璧をめぐって、強大な秦王と弱小の趙王とがかけひきしたとき、陪臣の藺相如が見込まれて、趙の使者に任ぜられたが、まんまと秦王を言いくるめて璧を守った、という。このときの藺相如のあれこれの言葉の綾の一つに、天下に高名の璧ゆえわが趙王は斎を五日した、欲する秦王もまた斎五日すべしと迫り、秦王が斎を行っている五日間中にまんまと璧を趙にもちかえらせた、話である。紀中、斎戒の語は四つの巻（巻3、5、13、14）に四度しか出ない。㈠巻第三・神武即位前紀己未年二月条に初出。斎戒をモノイミと訓んでいる。㈡巻第五・崇神七年二月一五日、㈢巻第十三・允恭四年五月二八日に、それぞれ沐浴斎戒《ゆかはあみものいみ》。㈣巻第十四・雄略七年七月三日に斎戒《ものいみ》。

天武一周忌の設斎は紀中五巻一五度

A「中国古典語」の斎（物忌み）と、B天武一周忌の斎（トキ）とは、別事である。後者は斎を設ける（設斎）と熟語になっていて、此方は紀中、五つの巻（巻20、22、25、29、30）に一五度の記事がある。㈠は巻第二十・敏達一三年是歳条（前篇九つ章付章でみた例の仏法之初、自茲而作の長文）の中に、屈二請《シ》三尼《ヲ》一、大会《ノ》設《ケタ》レ斎《ヲ》、とある。㈡と㈢は、巻第二二・推古一四年（六〇六）四月八日条。この日丈六銅像を元興寺金堂に鎮座したが、即日設斎。そしてこの条末尾に、自《リ》二是《ノ》年一初《メテ》毎《ニ》レ寺、四月八日七月十五日設《ケル》レ斎《ヲ》、とある。四月八日は釈迦生誕を祝う灌仏会、七月一五日は盂蘭盆会の始まりと、この条やや出来過ぎの嫌いがある。それこそ文飾。㈣は同二九年二月五日。厩戸の死を悲しみ、高麗僧慧慈が、為《ニ》二皇太子《ノ》一、請《ジテ》レ僧《ヲ》而設《ケタ》レ斎《ヲ》。僧が僧を請じはおかしい（後に法皇帝説はこれを略し、厩戸の死を二月五日から二月二二日に改め、慧慈が、この命日に死ぬと誓いをたてそのとおりに死んだことだけを記している）。㈤は巻第二三・舒明十二年五月五日、大いに設斎したが、僧恵隠を請じ無量寿経を説いた（孝徳・白雉三年四月条に、設斎はないが、恵隠を内裏に請じ無量寿経を講じたと類似）。㈥は巻第二五・孝徳紀白雉二年（六五二）三月一五日、前日に丈六（釈迦）の繍像等が完成したのを受け、皇祖母尊（斉明）が十師等を請じ設斎。

㈦同・白雉三年一二月晦、請《ジ》二天下《ノ》僧尼《ヲ》於内裏《ニ》一、設斎・大捨・燃燈《ス》。設斎と連記された大捨は、紀中ここだけの稀語。大系本頭注は、集解から次を引くが、集解も引用で、伝統録《ニ》曰《ウ》、内外身心、一時《ニ》倶《ニ》捨《テ》、随《イ》レ方《ニ》応《ジ》レ物《ニ》、能《ク》所二皆忘《レル》一、是《ヲ》謂《ウ》二大捨《ト》一、とある。捨、upekṣā は、釈迦入滅（前三八三頃、一説前四八六頃）後三〇〇年の初め、前一世紀半ごろ、分裂を繰返してきた部派仏教で説一切有部《せついっさいうぶ》が分派したが、捨を大善地法（善心に付随して起る心作用——仏教、捨の項）の一としていた。西暦紀元前後に成立した大乗仏教は、有部を批判したが、その唯識学も捨を善心所（善の心作用——同前）とした。* 捨すなわち平静・平等な心の作用である。そこで捨は修行すべき重要な心作用として、七覚支や、三受や、四無量心（慈、悲、喜、捨）などに入っている。四無量心の捨について言えば、他人に対し愛憎とか親怨の心がなく、平等である心の状態である（仏教語、四無量の項）。こうと見てきて、しかし、白雉三年の大晦《おおつごもり》になぜ大捨が出てきたのか。

注　唯識学を完成した世親はパキスタンの古都ペシャワールの人だ。行きたいと思って行けなかった一つがペシャワールで、その情が世親にも及んでいる。初め小乗の説一切有部を学び、倶舎論を著した。その倶舎論に、心平等性、無警覚性、説名為捨、とある。兄の無着の感化で大乗に転じた。主著の「唯識三十頌」への注釈を玄奘がまとめて一書に漢訳したのが「成唯識論」、中国で法相宗が成立する基となった。法相宗は日本に入り、南寺（元興寺＝旧飛鳥寺）、北寺（興福寺）を中心に、南都六宗中に声望が高かった。また世親の「十地経論」に学んだ地論宗の南道派から隋代（五八一～六一九）に浄影寺の慧恩が出、中国仏教の集大成をめざし、仏教語辞典「大乗義章」二六巻がつくられた。義章二に、内心平等、名ヅケテレ之ヲ為スレ捨ト。同十二に、亡イノヲレ懐ガ称スレ捨ト。

㈦で設斎・大捨・燃燈と連記された燃燈。大宝積経《だいほうしゃく》一二〇巻は、菩提流支《ぼだいるし》（Bodhiruci　北インド出身）が北魏の都洛陽で漢訳した。この訳業は、大乗・唯識学を中国に伝えた。前注でふれた世親の十地経論もボーディルチの訳だし、同訳の無量寿経論は中国浄土教の祖曇鸞の往生論註につながる。燃燈は、この大宝積経の中の菩薩蔵会に基づき、懺悔滅罪のため燈明を点して仏・菩薩に供養する法会である。日本での燃燈は、紀に三度の記事がある。㈠第二五・孝徳紀、白雉二年一二月晦。於二味経宮一、請ジ二二千一百余ノ僧尼一ヲ、使《せ》タレ読マ二一切経一ヲ。是ノ夕、燃《とも》シ二二千七百余燈ヲ於朝庭ノ内一ニ、使タレ読マ二安宅・土側等ノ経一ヲ。㈡同三年一二月晦、請ジ二天下ノ僧尼ヲ於内裏一ニ、設斎・大捨・燃燈ス。㈢巻第二九・天武紀、朱鳥元年六月一九日、勅之、遣シ二百官人等ヲ於川原寺一ニ、為ス二燃燈供養一ヲ、仍テ大斎之悔過デアル也。

そのまま受け取ると、燃燈は白雉二年（六五二）に始ったとなるが、どうであろうか。

設斎は天武紀に4持統紀に4度

少し逸れたが、設斎㈧は天武四年四月五日、請ジテ二僧尼二千四百余一ヲ、而大イニ設斎シタ焉。㈨が同六年八月一五日、大イニ設二斎シテ飛鳥寺一ニ、以読ム二一切経一ヲ。便チ天皇御シテ二寺ノ南門一ニ、而礼シタ二三宝一ニ。㈩同一三年閏四月一六日、設二斎シタ于宮中一ニ。㈩一朱鳥元年七月二八日、選ンデ二浄行者七十人一ヲ、以出家サセタ。乃チ設二斎シタ於宮中ノ御窟殿一ニ。(十二)持統元年九月九日、設二ケタ国忌ノ斎ヲ於京師諸寺一ニ。(十三)同年九月一〇日、設二斎シタ於殯宮一ニ。(十四)同二年二月一六日、詔シテ曰ク、自レリ今以後、毎レニ取二ル国忌ノ日一ヲ、要《かなら》ズ須レシ斎ス也。(十五)同四年二月一九日、設二斎シタ於内裏一デ。

斎と設斎

さて、斎（四度）および設斎（一五度）の記事を見てきたが、通覧して次のような特徴に気がつく。まず、斎は、巻第三、第五、第十三、第十四と、巻数の順序で紀前半に分布するのに対し、設斎の方は、巻第二十、第二二、第二五、第二九、第三十と、後半のそれも後の方の十巻ほどに分布していて、両者が別々であることを示している。A斎は中国古典語、B設斎は大乗仏教的用語とみなされる。

設斎の斎《とき》

ここで設斎の斎（トキ）を見ておこう。サンスクリット語 **posadha** を、音写して布薩、訳したのが斎である。婆羅門教の儀式を仏教に取り入れ、月に六回（六斎日《ろくさいにち》）、寺に信者が集って八斎戒を守り、説法した僧を供養する行事が始った。この八斎戒から、先の斎《さい》、斎戒《さいかい》（物忌み）が、僧への供養から設斎《とき》が生じた。インドの仏教徒は午後に食せずとの戒律を守った。早朝に乞食修行をし寺に帰ると午前中に食する。食すべき時に食するから、午前に食する戒を斎とし、日本語の時《トキ》を訓みにあてた。設レケル斎《とき》ヲ。そして、やがて、仏事・法会に供される食事をすべて斎《とき》というようになった。

紀中の斎《とき》

紀中の斎《とき》の分布は、更に二分されるように見うけられる。斎《とき》は一五度。区切りは㈧（天武四年四月）と㈨（天武六年八月）との間にある。C㈠から㈧まで（㈡㈢を除いて）は、〈請二僧尼一設斎〉という形をとる。すなわち設斎の古形に近い。これに対しD㈨から(十五)まで（(十一)を除いて）は、〈於二場所一設斎〉である。㈨が飛鳥寺、㈩は宮中、(十二)京師諸寺、(十三)殯宮、(十五)内裏、(十四)は場所を記さぬが国忌のこと故、宮中としてよい。むろんそれぞれの場所に僧尼を請じているのだが、叙述の形からいうとC、D二形がある。

紀中の斎は、三つに分れる。

1　巻第三（神武）、第五（崇神）、第十（允恭）、第十四（雄略）が、A中国古典語の斎戒。

2　巻第二十（敏達）、第二二（推古）、第二五（孝徳）が、C請二僧尼一設斎

3　巻第二九（天武）、第三十（持統）が、D於二場所一設斎

多彩化の5奠

斎に少し長く留ったが、次に奠。ごく一般的には、酒食を供えて祭るのが奠である。説文によれば、奠は酒、丌は酒食を供する台（つくえ）である。だが礼記は中国古代の奠について興味ぶかい説明をしてくれる。例えば、礼記、檀弓下に、奠ニ以二テスルノハ素器一ヲ、以《から》ダ三生者ニ有二ル哀素之心一也ガ（葬儀に質素な器をつかうのは、遺族につつましやかな心遣いがあるからだ）、とある。これに孔穎達の疏は、奠トハ、謂二ウ始メテ死シテ至レル葬ニ之時ノ祭名一ヲ、以《ので》三其ノ時無レク戸奠ガ二置スル於地一ニ、故《だか》ラ謂二ウノダ之ヲ奠一ト也、と注釈した。すなわち死から埋葬までの祭りを奠という。今日の葬式である。広漢和辞典が奠を「喪葬の時に物を供える祭り」としたのも、右の疏による。その一方、奠を「定時でない祭り」としたのも、礼記、祭統のある文への鄭玄の注に、非《な》レイノニ時デ而祭ルノヲ曰レウ奠ト、とあるのによっているし、漢辞海は、類義語の奠・祭について、「ともに祭る意であるが、時期を定めずに神を祭るのを〝奠〟、時期を定めて祭るのを〝祭〟という」とした。喪祭《(式)》というか人の死は不時だから、釈名、釈喪制に、喪祭ヲ曰レウ奠ト、とした。しかし22の奠は、ごく縮小して、死者の天武に供え物（奠）を奠置《お》（奠、置也――広雅、釈詁四）いた（供えた）ぐらいの意味に使っている。

多彩化の6楯節儛

楯節儛について、大系本はまったくふれていないが、全集本が簡要である。「養老職員令、雅楽寮の条の集解に、〈楯臥儛《たたふしのまひ》十人。五人土師宿禰等、五人文忌寸等。右著甲幷持刀楯〉。よろいを着て、刀を持って舞う。続紀、天平勝宝四年四月条に、有王臣諸氏五節・久米儛・楯伏《たたふし》・踏歌・袍袴等可儛。楯臥。楯伏の表記からみると、楯を立てたり伏せたりして舞うか。節《ふし》は伏《ふし》の当字か」（3分冊、四八七頁）。天平勝宝

四年四月条は、大仏開眼会で、新大系本・続日本紀、三、補注の、「楯を伏せて服属を誓う舞と推定されている」の方が、「立てたり伏せたりして舞う」よりはいい。

多彩化の7 騰極・日嗣

さいごに騰極次第・日嗣。騰極は登極。わざわざ画数も多くむつかしい騰を選んだのは、例によって紀作者の漢字通のひけらかしか。中国では登極。唐の呉兢が編んだ貞観政要に、自リ二登極一シテ以来《このかた》、大事件三数件の注に、北極ハ為《すル》二天極一ト、居二其ノ位一ニ、而衆星ガ拱《めぐル》レ之ヲ、人君之象デアル、故ニ人君ガ即レ位ニ、為レタ二登極一ト、とある。ここでの騰極次第とは、壬申の乱のことをふくんでいたであろうか。これを以て多くの誄をしめくくり、大内陵に埋葬された。大系本頭注は次第を誄した当麻真人智徳について、「のち持統・文武両天皇の葬にも誄を奉っていることから考えて、帝皇日嗣を暗んじていた人と思われる」とした。日嗣は、24の筆者が、騰極次第の誄を、例の礼也との感想を付し、さらに古ハ云ッタ二日嗣一ト也と解説している。そこで、本文の騰極と、解説の日嗣の紀中分布を確かめておこう。まず騰極だが、皇極、天武、持統に各二回ずつある。(1)（巻第二四・皇極元年三月六日）新羅の賀騰極使。(2)（同一〇月一六日）新羅の賀騰極使船が壱岐嶋に停泊。(3)（巻第二九・天武二年閏六月一五日）新羅、賀騰極。(4)（同二年八月二五日）賀騰極使を京に喚んだ。(5)（巻第三十・持統二年一一月一一日）皇祖等の騰極次第を誄。(6)（同四年正月二日）公卿百寮が賀騰極を奏した。次に日嗣。(1)（巻第二四・皇極元年一二月一四日）奉レ誄二日嗣一。(2)（巻第三十・持統二年一一月一一日）古云日嗣也。以上を通覧すると、騰極、日嗣ともに、そろって皇極に始り持統に終る分布を示す。

巻第二四・皇極元年一二月一三・一四日条を要約する。

A　一三日、初めて舒明の喪を発した。

是日、巨勢臣徳太が（大派皇子の代りに）誄

粟田臣細目が（軽皇子の代りに）誄

大伴連馬飼が（大臣の代りに）誄

一四日、息長君山田が、日嗣を誄。

舒明はその一三年一〇月九日に死に、巻第二三の巻末に

B　一八日、宮の北で殯（百済大殯）。

是時、東宮開別皇子、年十六で誄。

とあった。A、Bをくらべると明らかに異なる。書紀区分論で言えば、Aは7グループでBは8グループ。両者が異なるのは当然かもしれない。それはまた覚え書でもふれた、舒明、皇極（じつは斉明）という、ほんらいありもしない、というか別の系統に属する者を夫婦とした結果、でもある。日嗣の語が、問題の残る（つまり作為の明らかな）皇極紀末の舒明の喪（舒明紀で殯）記事に初出し、同じ皇極紀に騰極の語が初出するのは、偶然ではなく、同時に作文された可能性が高い。いうまでもなく皇極紀の眼目は、王朝交替をかくすための入鹿殺し話を造作することにあったし、これを創作したのは藤原史、したがって話の主役は中臣鎌子である。日嗣、騰極の二語が、皇極、持統にそろって出てくるとの紀成立論の問題も、そこにかかわっている。

登極（騰極）の分布は、この語が主として騰極使、つまりは外交上の用語として使われているのを示し、日嗣の方が日本語として使われているのと対照的である。持統紀作者は、今は騰極だが古は日嗣だったと、紀に書き入れたが、古今の表記のちがいではなく、内外の表記のちがいとすべきだったのである。

蛇犬相交俄而倶死

舒明紀の殯記事と皇極紀の喪記事とはちがっていた。同様に天武紀の殯記事と持統紀の殯記事ともちがっている。上来みてきたことを要約すると、持統紀の天武の殯記事には、次のような特徴がある。なんと言っても第一は、政局的な殯利用である。殯が、朱鳥元年九月から持統二年一一月まで二年二ヵ月の長期にわたったのも、殯宮を浄御原宮最大の建物として南庭に作ったのも、そして殯に入るや否や大津

皇子をとりのぞいたことも、草壁に公卿百寮人を率い殯宮に適き慟哭させた（記事六度）ことも、みなこの政局的な殯にかかわっていた。持統紀の朱鳥元年九月条で天武が死んだ記事に、皇后臨朝称制の一句を書き足し、また一〇月条に大津「謀反」の長い記事を記し、そののちに持統流の殯に移っている形が、政局的殯を象徴している。

持統紀は、冒頭（朱鳥元年一〇月条）から皇子大津、その妃、皇女山辺と書く。謀反者だからではなく、後漢書風な客観的書き方を心がけたのであろう（持統称制前紀には、又、後漢書の伏、郭、馬、何皇后紀によった文が目につく）。対して草壁の方は、（称制前紀の）天智元年（七年）に持統が草壁皇子尊を生んだと、格別の書き方をしている。それでいて、謀反者大津には過分の薨伝を書き込んだのに、草壁の方は、持統三年四月一三日、薨《しンダ》二皇太子草壁皇子尊《ガ》一と仰々しいが、一字の薨伝もない。母持統の願いからきた政局的な天武殯も空しく、あっさり当の草壁が死んだ。持統としてはもはや必要のない天武殯に終止符をうち、別の政局的な手（アマテラスの公表、一つ章）を打たねばならない。

持統二年八月一一日、浄大肆伊勢王に命じ葬儀（ミハブリノヨソホヒ、埋葬である）を奉宣。一一月四日、小康をえた草壁がさいごの慟哭、一一日、天武を大内陵に葬った。そして三年四月、草壁が死んだ。持統称制前紀は、天武死後を、朱鳥元年九、一〇、一一、一二、閏一二月条と記事を重ね、その上さらに是歳条を置いた。是歳条はわずかに八字である。

蛇犬相交、俄而倶死

紀の是歳条の記事の中で、唐突でふしぎな短文である。この条にふれた先例を知らない。ただ持統紀作者の作風からすれば、天武後の天皇位をめぐって、大津か草壁か、にわかな政局だったけれども、二人とも相前後して倶に死んでしまったではないか、なぁ、と紀読者（元明・元正から今のわれわれまで）に語りかけたもの、と私は解している。母なる持統は凡庸なわが子を即位させようと、衆望の大津を殺し、宏壮な殯宮を造成して、時あるごと公卿百寮人を率いては殯宮に慟哭をくりかえし、草壁への求心力をつけるのに腐心した。殯の礼もそれぞれに応じてあれこれ多彩で華麗を極めた。まことに母心故の闇である。さりながら因果応報、当の草壁もまた俄かに死んだ。それを一言に、蛇犬相交、俄而倶死。巧みというべきであろう。

第二は、上に縷縷のべてきた、無遮大会、花縵、嘗、斎、奠、楯節儛、騰極次第といった多様な行事が、持統流に天武殯を彩っている。天武紀の天武殯が、発哭と誄だけだったのとは、すこぶる趣を異にしている。政局的な殯が必要とした二年二ヵ月の長期を保持するのに、各種各様のパフォーマンスが企画されたのである。しかし持統期の天武殯は、政局的な負の面だけではない。

文物之儀於是備矣

第三に、二年二ヵ月に及ぶ長期の殯は政局的な思惑とからみながら、大内陵（野口王墓）の築造とかかわっていた。天武の死の直後から朱鳥元年いっぱいをかけての殯宮の建造と、持統期に入っての大内陵の築造と、二つの国家的な建築、土木事業が実施された。支えたのが飛鳥池遺跡の発掘で明らかになった飛鳥国営工房の技術水準である。

十余年後の大宝元年正月一日、藤原宮大極殿に出御した文武の、元旦朝賀の盛事は、続日本紀により、文物之儀、於是備矣、と表現された。八世紀初頭の元旦に文物の儀を備えたのは、天武の殯での殯宮、大内陵に現れた文物の水準だった。そうであれば、天武の殯そのものが、飛鳥の世紀・七世紀史の終幕を象徴するかのように、映る。蛇犬相交、俄而倶死の八字と、文物之儀於是備矣の八字と、相表裏して天武の殯の史的性格を示しているのである。

後篇　日本書紀と古代史

一《ひと》つ章　古代史の枠組み

日本書紀《にほんしょき》は、七二〇年に完成した。都が平城《なら》にうつってから、十年目のことである。この本によると、初代天皇の名は、カンヤマトイワレヒコという。死後の贈り名（諡号《しごう》）である。めずらしく生前の本名（諱《いみな》）が、書かれている。ヒコホホデミである。

名は歴史を表す

名前は、人間についての記録（歴史もその一つ）では、とてもおもしろく、だいじなものだ。名前のない人物の物語はないし、名前は歴史的なもの、歴史のある側面をあらわしているもの、である。太平洋戦争のころ生まれた世代のなかに、まま勝利《かつとし》という名の人がいる。無謀な戦争だったが、勝利《しょうり》を願った思いが、この名の背後にある。日本書紀のつぎの国史《こくし》（国が作った歴史）を続日本紀《しょくにほんぎ》という。この本を読んでいると、馬養《うまかい》という名前が、藤原宇合《うまかい》（六九四〜七三七）をはじめ、いろんな氏《うじ》に見つかる。これは、七世紀末に、政〔治ノ〕要ハ軍事ダと言い、文官にも乗馬を習い、ついで馬を飼うことをもとめた天武《てんむ》以来の新しい政策が、名前にまであらわれてきたのである（牛養、鳥養などとつづいた）。

名は歴史を表す。それなら初代天皇の名も、検討してみていいのではないか。もう一度、こんどは漢字で書くと、神日本磐余彦《かんやまといわれひこ》である。名のはじめにつく神は、神《かみ》のことではなく、神聖さを示す接頭語である。さいごの彦は、男性の名につく通称めいた接尾語である。これをのぞくと、日本《やまと》と磐余《いわれ》との二つがのこる。ヤマト王権が、自分の支配する領土を日本と称したのは、七世紀も末のことである。

日本列島は、発明した漢字を駆使して、自国のこと他国のことを記録してきた、先進文明国（中国）の東辺に、位置した。このため日本列島の出来事は、日本人じしんが記録するようになる以前はむろん、以後もまた、中国人の手で記録された部分がある。中国史書で、さいしょに日本国の名を記録したのは、一〇世紀に成った旧唐書《くとうじょ》である。その長安二年《〈702〉》一〇月の条に、日本国が遣使して方物を貢じた、とある。これは、続日本紀が、文武[42]（肩の数字は文武が四二代目の天皇とされていることを示す。以下同じ）の大宝二年《〈702〉》六月の条に、遣唐使の筑紫《ちくし》出発を記録しているのと、正確に照応する。この旧唐書の記事以前に、日本という国名は、どこにも記されたことがない。旧唐書については、後にまたとりあげる。いまは日本の名が、七世紀末～八世紀初のものと知ったことで、十分である。

初代天皇の名は、七世紀末以後にできた日本という称号をふくむから、同じように七世紀末以後に作られたものだ。当然のことである。

少しやっかいなのは、この日本をヤマトと訓《よ》んだことである。いまふつうに書く大和をなぜヤマトと訓むのか、説明はできない。その前の書き方と思われる大倭（あるいは倭）も同じだ。（前篇六つ章補論を参照）また、地名は成長する、と言われる。ヤマトは、ムラの名から、クニの名（大和国）をへて、統一国家の名（日本国）に、成長した。初代天皇の名の中のヤマト（日本）は、もちろんさいごの段階のヤマトだ。

つぎがイワレ。これを磐余と書き表した。日本語のもつ意味と、同じ意味をもつ漢字をかりて、その日本語を表したもので、こういう表し方を、表意《い》文字という（漢字の音をかりる表音文字と対になっている）。イワ《(ハ)》をこれと同じ意味の磐《バン》という漢字で、またアレをこれと同じ意味の余《ヨ》という漢字で、表した。イワ《(ハ)》・アレである。奈良時代の日本語は、iwaare のように母音が二つ重なると、一つを落として iware となる。ところが磐余と書く地名がある。そこで、ヤマト・イワ《(ハ)》レを、大和の磐余という二段地名に解するのが、通説になっている。通説はしばしば正しくない。あるいは通説は破られるためにある。ヤマトは統一国家の称（日本）で、大和国ではなかった。また磐余の地と初代天皇との結びつきは、日本書紀を読むかぎり、ほとんどない。磐余邑は敵地だった（巻第三、戊午年九月五日条）。

この二つの理由で、大和の磐余の男《ヒコ》という二段地名の解釈は、採用できない。

ではイワレ(八)とはなにか。国文学者の西郷信綱《のぶつな》は、はやく一九六六年に、神武天皇論という論文で、このイワレ(八)は、ヤマト王権が天下を支配するに至った謂《いわ》れのことだ、と書いていた。これに賛成である。日本《やまと》という国名が七世紀末にできたのは、七世紀の後半に、ヤマトの王権が、関東から西の日本を統一したあげくのことである。全国統一の政治制度は律令制、精神的な支柱は仏教、全体として唐の文化と文物を受容すること（唐化政策）。この成果にたって、中国を中心とした東アジア世界に向かって、自己主張をしたい。その歴史的な政治宣言を、日本国は、最初の国史である日本書紀に、まとめたのである。その日本書紀が、初代天皇の名を、日本国の謂《いわ》れを負う男《ひこ》という名にしたのは、そうあるべきところと理解できる。政治上の日本国の統一、その宣言としての日本書紀、初代天皇の名の意味は、三位一体となって整合していたのである。

ここまで見てきたことを、はっきりさせるために、べつの問いかけをしてみよう。初代天皇は実在したか。その名カンヤマトイワレヒコは、七世紀末〜八世紀初のつくりもので、つくった時代の歴史をあらわす名であった。名は体を表す。七世紀末の名をもつ人が、紀元前七世紀（単純に算《かぞ》えると初代の即位は紀元前六六〇年）に居たはずはない。これが結論である。

実在した初代天皇は誰

名の解釈などにふみこんで、少しめんどうなところもあったが、先へすすむことにしよう。日本書紀には四一代、四〇人の天皇のことが記されているが、初代天皇は実在しなかった。では、どの天皇から実在したのか。

ふつう、初代天皇は神武《じんむ》の名で呼ばれている。これは漢風《(中国)》諡号《しごう》である。証拠はないのだが、奈良時代の終わりごろに、淡海三船《おうみのみふね》が作ったとされている。カンヤマトイワレヒコという和風諡号は、長すぎて不便だから、短い漢風諡号で神武と呼ぶ方が、流行した。これからは、この流行にしたがうことにする。

初代天皇には、大きな意味がある。日本からの遣唐使が、唐の天子に拝謁《はいえつ》した記録が、日本書紀に二度ある。(36)孝徳《こうとく》の白雉《はくち》五年〈654〉二月の条と、(37)斉明《さいめい》五年〈659〉七月条（に引用の伊吉連博徳《いきのむらじはかとこ》の書）とである。いまは孝徳の記事をみる。細かなことをのぞくと、このときの遣唐使は、山東半島北岸の萊州《らいしゅう》に上陸し、陸路長安《ちょうあん》の都に行き、天子に觀《み》え奉った、と敬語で記されている。このとき天子にかわって、東宮《とうきゅう》の監門《かんもん》という職にあった郭丈挙《かくじょうきょ》が、悉《ことごと》く日本国の地里〔理〕と国初の神名を問い、皆問に随《したが》って答えた、と記録されている。

日本国の地里——まず、日本国の名は、孝徳・白雉四年〈654〉のときにまだないから、この紀の書き方は、後年の呼称をさかのぼらせて使ったことになる。お前たちの国はどこにあるのか、どうやって萊州まで来たのか、何日かかったのか、といったことを総称して、地里〔理〕といったのである。つぎに国初の神名。これは歴史である。いちばん初の神はなんという、二代目は、三代目は、いまの王は何代目か、といった問答だったろう。

地理と歴史を聞いたのは、これが天子に見《まみ》えた最初の遣唐使だったからだ。国初の神、国初の王の名は、隣国との交流に必要な、基本的な認識だった。そして国初の神名とは、じっさいには後代に作られて最初におかれたものである。国初の王名カンヤマトイワレヒコの名も、このときまだ作られてはいなかった。作られた国初の王名ではなく、じっさいに存在した最初の天皇は、誰なのか。この時の押使《すべつかい》、高向史玄理《たかむくのふひとげんり》は、国初の神名、国初の王名を誰と名をあげて答えたのであろうか。記録は唐側にもない。白雉のときも、平成のいまも、実在した最初の天皇の名は、日本の古代史を知るのに必要な、基本的な認識になる。こういう重要な問題だから、まず古代史家たちが、どう考えてきたのかを、みておくことにしよう。

井上光貞『神話から歴史へ』 第一に、一九六五年の井上光貞《みつさだ》『神話から歴史へ』。この本は、第二次世界大戦での日本の敗戦ののちの、古代史の叙述の形を、典型的に示し、またつくりだした。戦前には、日本書紀（ときに紀という）や古事記（ときに記という）に書かれたことは、そのまま日本の歴史だ、という強制があった。学問の外からも、学界の中からも、この強制ははたらいた。国初の天皇神武はもちろん、国初の神（紀ではクニノトコタチ、記ではアマノミナカヌシ）すらも実在した、というのが戦前であった。自由な戦後になって、国初の天皇は、いったい誰からなのかを、古代史家たちは解かなければならなかった。『神話から歴史へ』は、その課題への模範答案であった。

この本の構成をみてみよう。いちばんはじめに、㈠「日本の神話」があり、ついで㈡「石器時代の日本」、㈢「歴史のはじまり」、㈣「謎の世紀」、㈤「最初の統一王朝」、㈥「古代国家への歩み」、という章立てになっている。㈠では、文化人類学者大林太良《たりょう》によって、日本神話の神話学的な考察がなされた。国初の神たちは、天皇家の祖神アマテラスもふくめて、みな神話の世界へ封じこめられ、神話がそのまま歴史だという、戦争中の悪夢がふきはらわれた。神話は神話、歴史は歴史。歴史学は、神話（が歴史という悪夢）を去って、神話の強制のない歴史へ歩み出す。そういう戦後の自由な歴史のとらえ方への、高らかな宣言が、この本の書名、神話から歴史へ、にあらわれている。

神々のいなくなった、うんと古い時代はどうするか。答えは㈡である。石器時代の日本と題されているが、考古学者森浩一《こういち》によって、縄文時代、弥生時代までが簡要に叙述されている。文献のないところは、考古学が補う、という形である。日本書紀の神代（巻第一、巻第二）が語っているところは、神話に封じこめたのだから、いわば神々の抜けたあとは、考古学で埋め、弥生の農業のはじまりまで、書いたのである。

㈢「歴史のはじまり」は、中国史書の一つ、三国志《さんごくし》の中の、いわゆる魏志倭人伝《ぎしわじんでん》をめぐって、三世紀の邪馬台《やまたい》国の歴史にふれている。文献によって書くことができる三世紀へきて、歴史がはじまったという表題をつけたのは、文献史家の正直な感想というべきだろう。神話、考古学、そして中国史書。しかし率直にいって、㈡は、文献がなくても、考古学の知見で、歴史を描けることを、示していたのではないか。㈣をとばして、㈤「最初の統一王朝」は、応神[15]《おうじん》王朝の章である。これも、日本書紀に記す応神以下の天皇が、中国史書の一つ宋書倭国伝《そうじょわこくでん》に記す、いわゆる倭の五王だというお墨付きをえて、書かれている。日本書紀だけでは信用できないから、中国史書による保証、裏付けを求める。その手法の上に、戦後の古代史は成立したのである。また考古学から、古墳中期の、とくに応神[15]、仁徳[16]《にんとく》の陵にあてられている巨大古墳のことなどが、補記されている。

㈣は「謎の世紀」と名づけられた。なぜ謎か。㈢の三世紀は魏志倭人伝、㈤の五世紀は宋書倭国伝によって、歴史が保証された。しかし㈣の四世紀には、中国史書の保証がない。だから謎の世紀といった。そして謎の世紀というベールをかかげて、そのかげで、神武[1]《じんむ》、崇神[10]《すじん》、ヤマトタケル、神功《じんぐう》皇后（応神[15]の母）といった伝説的な人物をとりあつかい、先の㈤応神[15]王朝につなげている。巧妙な手法で、大胆な秀才、井上の面目がよくあらわれている。考古学の方から、古墳の発生と古墳時代前期の様相も、補記されている。

そして㈥「古代国家への歩み――専制国家への道」は、継体[26]《けいたい》以後六世紀の歴史を、描いている。井上は、この本のはしがきで、「推古[33]《すいこ》朝以前は歴史学の対象ではない」ということばをひいていたが、この本は、その推古朝の直前で、筆をおいている。

さて、こういう構造の中で、井上はそれぞれの章で、その章が扱う世紀に該当する天皇をとりあげ、実在したのかどうかを、検討している。

㈣「謎の世紀」では、神武[1]～崇神[10]～神功（仲哀后[14]）をとりあげたが、井上は津田左右吉《そうきち》（『日本古典の研究』一九四八年）の説をついで、崇神[10]、垂仁[11]《すいにん》、景行[12]《けいこう》の三代を、「実在の可能性のある天皇」とした。ただ津田は、前の本（『古事記及び日本書紀の新研究』一九一九年）では、第一四代までの天皇はすべて実在しなかった、としていた。だから「実在の可能性のある」という表現になったのであろう。これに対し㈤「最初の統一王朝」の初代である応神[15]については、井上は「実在の確実な応神」と言い切った。

すなわち井上光貞は、初代天皇を応神[15]とみたのである。

なおつけたす。『神話から歴史へ』は、二つの新学説を、部分的には批判しつつ、肯定的にうけつごうとしている。一つは東アジア考古学の江上波夫が提示した、騎馬民族征服説で、二つは、これをついだ水野祐《ゆう》の三王朝交替説である。そして初代天皇応神は「新しい王朝の創始者」だ、といっている。

和田萃『古墳の時代』

井上の本から、およそ四半世紀ののち、和田萃《あつむ》『古墳の時代』（一九八八年）が、刊行された。著者もまた井上と年齢で一世代のちがいがある。第二に、この本をとりあげ、その構造をみてみよう。

はじめの四章は、すべて古墳にかかわっている（石器、縄文、弥生の各時代は、考古学のめざましい発展によって、和田の本の前に、第一巻として考古学者佐原真の『日本人の誕生』が扱っている）。「巨大古墳の出現」（箸墓古墳）「ヤマトの王墓」（オオヤマト古墳群）「大和・河内連合王権」（佐紀盾列古墳群、馬見古墳群）「河内の二大古墳群」（古市古墳群、モズ古墳群）。

この四章をみていると、和田の明確な主張が読みとれる。一つは、巨大古墳が、三輪山の麓の纒向《まきむく》遺跡の頂点である箸墓《はしはか》にはじまり、奈良盆地東のオオヤマト古墳群から、盆地北の佐紀盾列《さきたてなみ》古墳群、西の馬見《うまみ》古墳群、そして生《い》駒《こま》山系をこえて、河内《かわち》の古市《ふるいち》、百舌鳥《もず》古墳群へと、順を追って移動した。これはなにを意味するのか。どう解釈したらいいのか。いろいろな意見があるが、和田は、考古学者の白石太一郎などと共通した考えをもっている。それが、三章の「大和・河内連合王権」の名にあらわれている。

先に、井上の本が、水野祐の三王朝交替説に関心をもち、応神王朝論に賛成したことをみておいた。つけ加えると、井上の㈣「謎の世紀」は、のちの完成した三王朝交替説での崇神王朝、㈥「古代国家への歩み」が、継体王朝に相当する構成になっていたことも、みのがせない。三王朝交替説は、一九六〇年代後半に完成し、通説となった。その骨子の一つが、大和の崇神王朝を河内に成立した応神王朝が倒し、とってかわったという見方である。和田や白石は、この二王朝交替を否定する。和田の本の六章にあたる部分の表題は、「存在しなかった河内王朝」である。大和と河内とは、はじめから、大和川水系によって緊密に結びついていて、大和・河内連合王権を構成していた、と見る。ときは古墳時代のまっただ中。和田は、水をたたえた周濠《しゅうごう》をもつ古墳が、奈良盆地と大阪平野に限られ、その他はわずか一〇例をかぞえるだけ、という白石の指摘をふまえ、「巨大古墳や灌漑《かんがい》施設をつくる技術が、大和・河内連合王権を支える基礎にあった」、という。

日本書紀に、つぎつぎと書かれている歴代天皇の記事は、まったくあてにならないから、考古学の知見で、古墳時代までを書き、その後、実在したと考えられる天皇名を出す。これが、井上光貞によって形づくられた、古代史叙述のフォーマットである。井上は、考古学者森浩一の援《たす》けをかりたが、四半世紀のち、和田は自力で古墳時代を叙述している。古代史家が考古学的知見の吸収につとめ、逆に、考古学が歴史の補助学を脱し、遺跡・遺物によって、歴史の相を描写するようになった。文献史学に対して独立した考古史学が成立してきた。日本書紀によらなくとも、文献がなくても、歴史を描ける地平が、すでにひらけている。これはきわめてだいじなことである。

古墳についての四つの章につづく第五章を、和田は、「ワカタケル〔雄略〕とその時代」と名づけている。そして章末でこう書く――「読者はすでにお気づきであろう。本書ではこれまで、雄略《ゆうりやく》以前の記紀の記述を意識して採用していない。むしろ古代史の立場から、考古学の成果を積極的に取りこんで記述してきた」、と。すなわち和田は、歴代天皇名をあらわすのを禁欲しつづけ、満を持して雄略[21]で、その名をいっきょに顕現させたのである。この章は三つの節からできているが、三節の表題が「画期としての雄略朝」。これは、和田の先生であった岸俊男の論文の名を、そのままもってきたのである。

雄略[21]の名がクローズアップされたのは、埼玉《さきたま》古墳群の稲荷《いなり》山古墳から出土した鉄剣に、銘文がみつかり（一九七八年）、その中にワカタケル大王の名があって、これと雄略（和風諡号ハツセノワカタケル）とが等置されたからである。

つづいて熊本県の江《え》田《た》船《ふな》山《やま》古墳出土の鉄剣銘文の名を、これまで反正《はんぜい》[18]（ミズハワケ）として訓《よ》んできた（福山敏男説）のを、同じくワカタケルと訓み、雄略のときに、関東から九州までの統一王朝が実現した、ということになった。銘文の解読を報じた全国紙が、ことを拡大して大げさ化する通弊から、この関東〜九州の統一を強調したのは、ご愛敬ではすまされないことであった。稲荷山の鉄剣銘文を解読した中心の一人が、岸俊男である。これまでもっと後の時代を研究していたが、これを機に雄略をとりあげ、前記の論文をまとめた。

さすがに和田は、師の画期としての雄略朝説をうけつぎながら、この画期を、一つは、万葉巻頭歌が雄略の作とされていたり、日本霊異記《にほんりょういき》の上巻第一話が、雄略朝の小子部栖軽《ちいさこべのすがる》の説話など、八世紀に「雄略朝を古代の画期とする認識」があったこと、二つに、とくに日本書紀の年月日の計算で、雄略期から元嘉《げんか》暦が使用されていること（これは岸がとくに力をいれて解明した）など、いわば文化的・時代意識的な画期として、叙述している。考古学につよい和田としては、江田船山の銘文冒頭の名については、亀井正道からワカタケルと読むのは無理という強い反論がでているのをおしきって、関東〜九州の統一をいうことは、できなかったのであろう。

井上以来の古代史叙述の定型でいえば、考古学による石器、縄文、弥生、古墳時代の叙述のあとにでてくる天皇名こそ、実在した初代天皇である。和田は雄略をもって、実在した初代天皇とするのかどうか。明言はない。古墳についての四章で、たとえば誉田御廟山《こんだごびょうやま》古墳（いわゆる応神陵）で、被葬者にふれ、日本書紀の雄略九年七月条に「蓬蔂丘《いちびこのおか》の誉田《ほむたの》陵」がでてくるから、書紀を編纂したとき、誉田御廟山古墳を応神陵と認識していたのは確実だ、という。しかし雄略以前の天皇名、天皇記事を禁欲した和田は、応神を実在した初代天皇などという議論はしていないし、名を出した最初の雄略が、実在した初代天皇だとも言わない。そのへんを巧みにさけた感じもないわけではない。

高校の日本史教科書　そこで第三に、いまの高校の日本史教科書を見ることにする。とりあげる二冊は、偶然手許にあったというだけで、ことさら選んだわけではない。一冊は『詳説日本史』（一九九八年、山川出版社、以下詳説という）で、もう一冊は『詳解日本史B』（一九九五年、三省堂、以下詳解という）である。

詳説は、「第一章、日本文化のあけぼの」を、石器、縄文時代をあつかった「1．文化のはじまり」、弥生時代をあつかった「2．農耕社会の成立」、古墳時代をあつかった「3．古墳と大和政権」の、三節で構成している。そして2で邪馬台国連合、3で大和中心の政治連合＝大和政権にふれた。その大和政権の政治組織を、大王と豪族という見出しで説明しているが、ここで「刀剣の銘文」にふれ、こういう注をつけた、――「東国の埼玉県稲荷山《いなりやま》古墳の鉄剣と九州の熊本県江田船山《えたふなやま》古墳出土の鉄刀には、ともに記紀にワカタケルの名で書かれている雄略天皇をさす獲加多支鹵大王の名がみられる。5世紀後半には近畿の大王の支配権が九州から東国におよんでいたことを示すものである」（三二頁注1）、と。江田船山の鉄刀では、獲□□□鹵と真中の三文字は、誰の目にも読めない空白だから、なぜこんな注がついたのか、解せない。教科書の著者に、和田萃ほどの自制がなかったのは、いかんである。

注に雄略の名がでていたが、教科書第一章の本文では、天皇の名は一つも記されていなかった。第二章「律令国家の形成」の冒頭、「1．推古朝と飛鳥文化」の本文に、継体《けいたい》[26]、欽明《きんめい》[29]という天皇の名が初出する。表題では推《すい》[33]古《こ》、本文叙述では継体、欽明が記されている――これが詳説の特徴である。

詳解も大同小異である（検定が教科書の近似性・画一性をうむのであって、複数の教科書から選ぶということがほとんど空文化しているのが、わかる）。古代史の組み立て、章節の構成は、まったく同じといってよい。詳解も、「推古朝と飛鳥文化」で、天皇の名を初めて出したが、おもしろいことに、磐井《いわい》の乱のことは書いていても、継体の名は出さなかった。蘇我馬子《そがのうまこ》が崇峻《すしゅん》[32]（明朝）を暗殺したと書き、そのつぎ推古（太字）が即位した、としている。

和田の本には、天皇名を巧みにさけた感がある、と書いた。同様に現行の高校教科書も、継体もしくは推古以前の天皇名は、なるべくさけたがっているように、みえる。神話は神話、歴史は歴史と区分けし、神話を歴史の外に凍結した結果、神話から尾をひく天皇の問題、実在した初代天皇の問題もまた凍結した、ということかもしれない。

以上、古代史の二冊の啓蒙書《けいもう》（専門家が一般読者向きに書いた本）と、二冊の教科書（専門家が次の世代のために書いた本）とを、みてきた。国初の天皇の名というアクセントをおきながら、いま古代史を叙述するさいの定型がどのようなものなのか、確かめようとした。

画期としての雄略朝

つぎに、啓蒙書のなかで、もう少し程度の高い本をえらんで、古代史を把握する上で、どういうちがいが生じているのかを、さぐりたい。とりあげるのは、古代の日本国家の成立をあつかった二冊の本である。一冊は、これも井上光貞の『日本国家の起源』（岩波新書の青版三八〇、一九六〇年）で、もう一冊は、山尾幸久《ゆきひさ》『日本国家の形成』（岩波新書の黄版一三、一九七七年）である。それぞれ論点は多岐にわたっているから、ある一点にしぼって、それぞれがどう見ているのかを、確認したいと思う。その一点とは、関東から九州まで統一した時代を、いつと見ているか、である。これについては、すでに、雄略期とした岸俊男、和田萃の説をみておいた。

井上説は、この岸・和田説と一致する。いや、井上の本は一九六〇年に出ていたのだから、岸・和田説が井上説と一致した、とするのが正確である。井上は、「倭五王の時代、すなわち五世紀には、日本の国家の境域は、西は九州から朝鮮の南部にわたり、東は関東に及んでいた。三世紀中葉の卑弥呼《ひみこ》の時代には、九州北部に連合が形成されていた程度だった。その勢力が東遷したのか、大和に自生したのか、はっきりわからないにしても、五世紀中葉には、大和朝廷が、日本の中心地帯を一つの統治組織のもとにまとめあげていたのである。この国家統一の記念碑は、応神・仁徳（＝讃？）・履中《りちゅう》（＝讃？）の三天皇の巨大な前方後円墳である」（一三〇～一頁）、とのべた。この本は、「国土統一の過程」という前篇と、「二つの国家起源論」という後篇から、成りたっているが、右に引いた文は、前篇の末尾に、その結論として書かれたものである。

ここには、後で集中してとりあげる問題がある。仁徳[16]、履中[17]〜雄略[21]、これらの天皇はなぜ五世紀の天皇なのか。理由はただ一つ、これらの天皇が、宋書倭国伝《そうじょわこくでん》に記録されている倭《わ》の五王に当たる、という仮説である。古代史の年代、古墳時代の年代は、すべてこの仮説が基になって、たてられている。仮説が崩れるなら、古代史の年代は崩壊する。

「五王は日本の天皇である」（一一三頁）という井上の考えは、江戸期一七世紀の松下見林《けんりん》よりこのかた、長い時間をかけてできあがった、年期のある仮説である。倭の五王問題は、後にたちいって検討することにしよう。この仮説によって井上は、仁徳〜雄略を五世紀に実在した天皇とし、宋書倭国伝にある倭王武《ぶ》の上表文、「東は毛人を征すること五十五国、西は衆夷を服すること六十六国、渡りて海北を平ぐること九十五国」から、五世紀、日本国家の領域は、西は九州から朝鮮の南部にわたり、東は関東に及んでいた、としたのである。「第五の倭王の武すなわち雄略」（一二八頁）のとき関東から九州までを服属させていたとするのだから、岸俊男の画期としての雄略朝説の先駆をなしていたことになる。それでいて井上は、五王末尾の雄略[21]よりも、始祖の応神[15]に強い関心を寄せていた。

画期としての応神朝

後篇の「二つの国家起源論」は、石母田正《いしもだしょう》の日本英雄時代論と、江上波夫の騎馬民族征服説との二つをとりあげ、その検討にからめて、自説を開陳した。その終わりは、節としては「応神朝という時代」と名づけられ、そのさいごの「国家の起源」の項で、井上は、こう書いている、――「応神朝は日本の歴史の上の、エポック・メイキングな時代である。応神・仁徳・履中の三陵は確かに、古代天皇制国家の確立の記念碑である。私は皇室系図をいろいろに分析しながら、応神こそ、その実在の確実な最古の天皇であることを証明し、進んではまた新王朝の始祖ではあるまいかとも述べたのであるが、それはこの天皇の時に、古代天皇制国家の確立を象徴する記念碑〔応神陵〕が作られたことと無関係ではないのであろう」、と。すなわち井上は、画期としての応神朝を称え、国初の天皇は応神[15]とみなしたのである。仁徳、履中、雄略ら倭の五王の王朝の始祖、応神が、クローズアップされたのである。応神始祖説は、もちろん、帝紀の記事は応神以後が確実だ、とする津田左右吉の見解を、うけついでいる。

大山《だいせん》古墳や誉田山《こんだやま》古墳を前にすると、その巨大さに圧倒されながら、誰もが、これだけの巨大な墓が実在するのだから、この墓の主もまた実在したにちがいない、と確信めいた考えをもつ。考古学者の梅原末治《すえじ》が、そしていま古代史家の井上光貞が、応神、仁徳の実在とその陵墓の正当さとを、信じて疑わなかったのは、まことに当然であったろう。

山尾幸久『日本国家の形成』

井上・起源と、いろいろの意味で対比的なのが、山尾幸久『日本国家の形成』である。この本のはしがきですでに、こう言う、――「応神・仁徳期における〝国土統一〟や、諸制度を備えた〝専制国家〟の成立は、事実でない」、と。井上本と対比的という所以である。この本では、「五世紀半ばから七世紀の終わりまでの、日本国家の形成史」が、述べられる。「日本という称号をもった、わが国最初の統一国家は、八世紀初頭に完成した。それは律令によって組織され運営される、天皇を主権者とする国家である」。したがって日本国家の形成とは「律令国家の形成といっても同じである」。

井上が、国土の統一を五世紀中葉とみたのに、山尾は、最初の統一国家は八世紀初頭に完成したという。井上の前篇「国土統一の過程」の第二章は、「記紀の伝承は信じられるか」であり、記紀の伝承と史実との関係をさぐろうとした。検討されたのは、1神武東征、2神功の新羅《しら》征討、3皇室系図であった。これに対し、山尾は、自分の「作業仮説」が「成功するか否かの鍵は、史料、特に日本書紀の批判にかかっている」（はじめに）という。紀記と併記するのと、日本書紀だけを明記するのとのちがいは、これも後に、問題としたい。

山尾は、統一国家の完成を八世紀初とし、そこにいたる長い過程を、六・七世紀にわたって、多面的に考察している。六世紀初頭では、筑紫君《ちくしのきみ》「磐井《いわい》の決起と、そのさなかの〔継体への〕畿内の政権移動および北九州〔の磐井〕への勝利の意味は、古代国家と倭民族との形成の契機となった統一戦争なのであって、国家形成史上の一大画期といえるであろう。ここから、日本国家の形成は始まる」（七一頁）、と書く。「筑紫君〔磐井〕の指向をひとことでいえば、北部九州に国家を形成することであった」（六九頁）から、「大和王権による、実力をもっての西日本の統一」戦争は、この磐井戦争「一回だけ」（五六頁）ともいう。画期としての磐井戦争、である。

画期として の磐井戦争

当然に、継体[26]の子「欽明[29]朝四十余年間の歴史的意味は、〝国土統一〟をなしとげたこの大王にふさわしい、世襲王権の形成である」（七二頁）、ということになる。国初の天皇は継体で、その子欽明以後、万世一系の世襲王権が成立した。

律令国家をもって日本国家とする山尾は、「磐井の反乱〈528年〉から壬申の乱〈天武〉〈672年〉までを〔その形成の〕一つの時代」（七四頁）としてみているわけだが、同時に、「七世紀末以後に完成した記紀を材料に、五世紀以前をひたすら〝世襲王権〟〝専制国家〟への諸階梯《かいてい》として描き出す、現在の有力な一見解に、私は疑いを抱く」（七四頁、傍点山田）とも書く。始祖応神を画期とみ、仁徳〜雄略を国土統一、統一国家の形成とみた井上と、古代史のとらえ方において、対立しているのは、明白である。そしてここでも、紀記を材料に描き出すことが、一つの問題となっていることにも、留意しておきたい。（以上「一〔章〕磐井の反乱の意義」）

ベ・ウジ・カバネ

つぎに「二〔章〕推古朝の国家の段階」で、山尾は「七世紀前半期（推古[33]・舒明[34]・皇極[35]期）の国家権力の実態を検討する」（八六頁）、という。律令国家がなりたつには、制度的に、「国家権力にのみ依存し、〔かつ〕これをささえるような、直接生産者の画一的なありかたを、つくりだす必要があ」（同前）る。この画一的なありかたをした直接生産者が〝公民〟だが、「大化改新によって部民は公民となった」とするのが、「今日最も一般的な説明」だ、と山尾は述べ、しかし「実は、〝大化〟前の人民がほとんどすべて部民であつたと実証した研究はな」（同前）い、*と言い切る。

注　少しややこしい議論にふみこむので、参考のため、先にみた高校日本史教科書（の一冊・詳解）が記す通説を、ここに挿入しておく。

「5世紀後半になると、大和王権は大王を中心に大和の豪族らによって、地方の豪族を統治するための政治組織をととのえていった。

大和王権は、大和とその周辺の豪族を氏《うじ》とよばれる血縁による同族集団に組織し、氏の実力に応じて、臣《おみ》や連《むらじ》などの姓《かばね》をあたえ、とくに有力な豪族を大臣《おおおみ》、大連《おおむらじ》として政治に参加させた（氏姓《しせい》制度）。また、大和王権に服属した地方の豪族に対しては、直《あたい》や君《きみ》などの姓をあたえて、国造《くにのみやつこ》や県主《あがたぬし》に任命し、これまでのかれらの領有地の支配をまかせた。そして大和王権は、大王やその一族への奉仕や貢物をおさめさせる者を名代《なしろ》・子代《こしろ》として、各地に設けた直轄地である屯倉《みやけ》に配置して、地方の豪族への支配を強めた。

氏ごとに組織されることになった豪族は、氏神《うじがみ》を祭る儀式をひきつづきつかさどるとともに、氏上《うじのかみ》として氏の構成員である氏人《うじびと》を統率して、大和王権に仕えた。氏上は、氏人の他に、中臣部《なかとみべ》や葛城部《かづらきべ》などのように所属する豪族の名をつけられた部曲《かきべ》という私有民をもち、豪族の私有地である田荘《たどころ》を耕作させ、家族ごとの単位で貢納や労役を提供させた。また王権に直接所属した者を品部《しなべ》（ともべ）といい、鳥取《とっとり》部や土師《はじ》部のように仕える職務の名でよばれた。こうした部曲や品部を部民《べのたみ》（べみん）ともよんでいる。

氏には、平群《へぐり》・巨勢《こせ》・葛城《かづらき》・蘇我《そが》など居住地にちなんだ名の他に、世襲の特定の職務から名づけられた物部《もののべ》・中臣・忌部《いんべ》・土師《はじ》・大伴《おおとも》などがいた。こうした特定の職務で王権に仕える豪族の首長を伴造《とものみやつこ》とよんでいる。」

五世紀後半というと、前にのべた画期としての雄略朝にあたることを、つけ加えておきたい。教科書にも書かれているのだから、これが古代史の真実だ、というふうにうけとめず、いまの古代史学界が次の世代にむけてこういう説明をすることにしているのだ、と思っていただきたい。

教科書や一般的な古代史で、くりかえし説かれてきたことだが、大化改新以前の部民が、律令制の下では公民にかわった。しかし山尾は、その証明はない、という。部民が公民にかわったというのを、すこし言いかえると、律令制以前の政治制度は部民制であった、となるが、これも証明されていないことになる。

大化前の部民は、王権または豪族に隷属した下層民とみなされてきたが、山尾は、「部民を下層民とする先入観念は疑ってみる必要がある」（九九頁）ともいう。部は「国家権力の統治組織」（九八頁）として構成されたもの、と考え直したのである。

律令制は、支配階級に上昇した畿内豪族の構成する中央政権が、下降した「地方土豪を支配する政治制度であり」、部はその一環として、「わが国最初の地方制度」（九九頁）だ、とまでいう。

いままでの通説で、部民制と氏姓制とは、表裏一体、大化前代の政治制度であった。この通説には反対だが、山尾もまたべとウジとを表裏一体のものとみなしている。べと同じく、ウジもまた「一つの政治上の制度、権力上の装置」（九九頁）である。制度だから、どの時点かで制定されたことになるが、「このような装置が国家の公式の制度になるのは六六四年」（九九頁）だと山尾はいう。すなわち天智三年で、日本書紀は、大氏《おおうじ》の氏上《うじのかみ》に大刀《たち》、小氏《こうじ》の氏上に小刀《かたな》、伴造《とものみやつこ》の氏上に干楯《たて》・弓矢を授け、其《そ》の民部《かきべ》・家部《やかべ》を定めた、と記している。氏の序列づけは、六八四年〈天武一三〉の八色《やくさ》の姓《かばね》の制定に通じる。ウジ・カバネは、まさに国家権力内での支配的な位置を序列づける「権力上の装置」であった。

山尾の言葉づかいとは別に、私のやや学問的でない表現をいれこむと、日本列島中の豪族たちは、もともと、五十歩百歩の大小の差しかない小独立国（国邑）の長として、横一線に並んでいた。いつのことと聞かれるなら五世紀ごろというほかはない。五世紀の列島各地の古墳が、にわかに多くの武器を副葬品としているのは、小国同士の合従連衡《がっしょうれんこう》から、征服・支配・併合に及ぶ、地域国家への統合の道程を、示していよう。したがって、井上や岸をふくめて、戦後の古代史の枠組みをつくった史家たちが、紀記の記述をもとに、氏姓制度を五世紀ごろのこととして説明しているのは、「妥当でなく、正式には七世紀末、実際の上でも七世紀初めからのことである」（九九頁）。

横一線の豪族山脈から、畿内豪族だけが隆起して中央（律令）貴族となり、もとの位置に留まった地方豪族への支配がはじまった。これは、古代史のまったく新しい段階で、当然これにともなって新しい政治制度がつくられた。それがウジとベの新制度である。ウジは、例外もあるが「主として畿内を本拠地として、上級・中級の官人を出す血縁的集団、つまり国家権力を構成している畿内豪族」（九九頁）のことである。ウジは「地方土豪に対する政治的支配階級として〔国家に〕結集し、〔その〕国家の制度を通じ、各地〔方〕に、貢納賦役《ふえき》の民を領有する〔ようになった〕排他的な特権集団」（一〇一頁）である。上級・中級の官人を、それぞれ、（紀の記すところで）諸臣・連《むらじ》、伴造等とすれば、下級の官人のなかの「職能別の奉仕集団」が、百八十部《ももやそべ》である。（よく知られたように、推古紀に出る国記の内容は、「臣連、伴造国造、百八十部并せて公民等の本記」であった）。この百八十部を、山尾は「社会階級的には共同体首長層である」（九九頁）と、とらえている。先引の「部民を下層民とする〔旧説の〕先入観は疑ってみる必要がある」（九九頁）というのと、うらはらになっている。

こうして、ウジ・カバネとベの制度は、「畿内政権の〔全国統一にあたっての〕中央政権化」（一〇八頁）を押し進めたところに、その史的な意義をもっていた、のだ。

以下、山尾の本は、「三、大化改新の実態」、「四、天皇制国家の特質」とつづく。この後半の二章については、二〇年後の『カバネの成立と天皇』（一九九八年）のまえがきが、「大化改新 は孝徳紀《こうとく》の中だけの史料的事実であって、歴史的事実は六七〇年〜六七五、六年こそが律令体制への転機なのではな」いか、と一言で言いきっているとおりだ。*六七〇〈天智九〉年は、最初の戸籍、庚午年籍《こうごねんじゃく》が作られた年、六七五〈天武四〉年は部曲《かきべ》を廃止し、六七六年は官位相当制と畿外豪族の任官の手続きとを決めた年である。

注 部民制、氏姓制を、令制前の政治制度とする旧通説は、同時に国土の統一、古代国家の起源を五世紀においていた。山尾の本が新説の一つの典型であるが、古代国家の形成は七世紀（推古から天武まで）のこととする。この旧・新説の中間に、いわゆる大化改新否定論が介在する。そのさいしょは、一九六四年四月に、原秀三郎が、日本史研究会の古代史部会で報告した、「公民の成立—民部・家部を中心に」である。念のため記しておく。

二つの啓蒙書、二つの教科書、二つの新書を眺めて、二次大戦後の古代史の枠組みとその変化、井上・岸らの旧説から山尾らの新説への動向を、見てきた。旧説の前提は、こと日本書紀の史料批判に関しては、応神以後の帝紀はほぼ確実とする津田左右吉説にあった。ここ五十年の古代史は、信用できない日本書紀を相手に悪戦苦闘をつづけ、その断簡から、部民制、氏姓制、屯倉制、国造制などなどを、構築してきたが、山尾本でその一斑をみておいたように、それらはみな虚構の公算が大きくなっている。加えて津田説にとってかわる日本書紀の史料批判は、できていないように思える。そこでつぎに、日本書紀そのものの史料批判にとりくみ、戦前の津田説にかわる展開があるのかどうかを、確かめたい。古代史の旧説から新説への変化と、日本書紀の史料批判の津田説からの変化とは、どういうつながりをもつのであろうか。

二《ふた》つ章　書紀のヘンなところ

後・大宝令が日本書紀

つぎの国史を、続日本紀《しょくにほんぎ》というのだから、日本書紀はもと日本紀《にほんぎ》といったにちがいない。げんに、その続日本紀の、養老四年〈720〉五月二一日条に、「是《これ》より先、一品舎人親王《いっぽんとねりしんのう》が勅を奉じて、日本紀を修〔編集〕した。是《ここ》に至って功《こう》〔事業〕成《な》り奏上した、紀三十巻系図一巻」と記されている。*

注　これに対し、古事記がいつできたのかは、確証がない。記の序文の終わりに、和銅五年〈712〉正月二八日という日付が入っているだけだ。続日本紀の同年月にはなんの記事もない。学者たちが、紀記の記述について、額面どおり受けとらぬよう気をつけているのに、記序の年月日だけは額面どおりに受けとっているのが、不審である。記序の主張として、紀よりも八年早く記ができたといっているのは、一箇の史料〔上の〕事実にすぎず、史実かどうかは証しようがない。なお古事記の成立をめぐる諸問題については、大和《おおわ》岩雄『古事記成立考』（旧版一九七五年、増補改訂版一九九七年）、『古事記と天武天皇の謎』（一九九七年）がある。

紀はいつから作られだしたのか。諸説があるが、天武一〇年〈681〉三月一七日条に、川嶋皇子以下一二人に詔し、「帝紀《ていき》及び上古の諸事を記し定めさせた」とある記事が、発端である。この年は二月二五日条に、「朕《ちん》は、今より更に律令を定め、法式を改めたいと欲《おも》う」とあり、律令、国史の撰修がそろって始められた点が、だいじである。〔この時はこう書いたが、二月条が作文であることは、前篇で述べた。〕

紀は、六八一年に着手し、四〇年をかけて、七二〇年に完成した。その中間の七〇一《〈大宝元〉》年に、大宝令が完成、施行されている。日本書紀という書物が、大宝令という書物を、二〇年先行させているという史実（史料事実にとどまらぬ）は、日本書紀を読むさい、つねに意識しておくべき前提である。紀の記していること（そのさいごは持統一一＝六九七年である）の後に大宝令の制定（七〇一年）があるのではない。大宝令の後《メタ・タイホウリョウ》が日本紀なのである。飛鳥浄御原令《あすかきよみはらりょう》と同時に出発し、大宝令の後二〇年に完成した日本紀は、徹頭徹尾、令制下の著作である。たとえ神代の物語であれ、人代の物語であれ、ことごとくが令制下に記述されたものである。この事実を、これまでの日本書紀研究が、意識的に前提としてきたとは言えない。

この問題に、ただちにからむのは、書紀の資料である。もし資料があったとして、その資料がかりに六世紀半ばもしくは七世紀初めに出来ていたとする。日本書紀の中には、六世紀半ばもしくは七世紀初めに出来ていた部分と、八世紀初めに書かれた部分との、少なくとも二つの部分があることになる。記の序文は、「諸家の賷《もたら》した帝紀及び本辞」があった、と書いていて、ここから紀や記の資料に、帝紀や本辞（もしくは旧辞とも）があった、とされてきた。ただし記序の信憑性がどれほどなのか不明なので、これだけをもとに、帝紀、旧辞があったとはいえないだろう。これは先へいってから検討することにしよう。

作られた順序で読む

日本書紀を読むとき、二つの読み方があると思う。一つは、書紀が書いているとおりに、叙述の順序で読む、という読み方だ。もう一つは、書紀の各部分の作られた順序で読む、という読み方である。

すでに第一章で、1 神武の和風諡号カンヤマトイワレヒコについて、考えてみた。この名は日本国の謂《いわ》れを負う男の意で、まさしく日本国史《しょき》そのものを象徴する名である。日本という国号は、七世紀末には成立したから、カンヤマトイワレヒコは、(1)紀の叙述の順序でいえば、人皇第一代（「神代」を扱った巻第一・二のあと、巻第三）でうんと古いが、⑵作られた順序でいえば、ごく新しいことになる。ごくごく単純化した言い方をすると、⑴を信じれば神武は実在したかもしれないが、⑵をとると神武は実在しなかった。

そんなわけで、作られた順序を確定するのが、日本書紀の史料批判の根本となる。しかし、これはけっして簡単な作業ではない。いまの私に見えているかぎりを、述べてみよう。

書紀のなかにへんな箇所が

書紀のなかに一つ、へんな箇所がある。これに気づいたことが、私の書紀解読のきっかけになった。巻第九（仲哀紀）の次の文Ａである。原文の現代語訓み（現代語訳ではない）を引用するが、日本書紀になれてもらうため、まず㈠原文（漢文体）をかかげる。つぎに㈡その現代語訓み下し文の全文をのせる。どこがへんなのか、熟読し考えてほしいが、めんどうくさがりと自認する人は、とばして、㈢の抄文について、どこがへんなのか考えてほしい。

Ａ

㈠原文

八年春正月己卯朔壬午、幸二筑紫一。時岡県主祖熊鰐、聞二天皇之車駕一、豫抜二取五百枝賢木一、以立二九尋船之舳一、而上枝掛二白銅鏡一、中枝掛二十握剣一、下枝掛二八尺瓊一、参二迎于周芳沙麼之浦一、而献二魚塩地一。因以奏言、自二穴門一至二向津野大済一為二東門一、以二名籠屋大済一為二西門一。限二没利嶋・阿閉嶋一為二御筥一、割二柴嶋一為二御甂一。（御甂、此云二彌那陪一。）以二逆見海一為二塩地一。既而導二海路一、自二山鹿岬一廻之入二岡浦一。至二水門一、御船不レ得レ進。則問二熊鰐一曰、朕聞、汝熊鰐者、有二明心一以参来。何船不レ進。熊鰐奏之曰、御船所二以不一レ得レ進者、非二臣罪一。是浦口有二男女二神一。男神曰二大倉主一。女神曰二菟夫羅媛一。必是神之心歟。天皇則禱祈之、

以二挟杪者倭国菟田人伊賀彦一為レ祝令レ祭、則船得レ進。

皇后別船、自二洞海一洞《とう》、此云二久岐一。入之。潮涸不レ得レ進。時熊鰐更還之、自レ洞奉レ迎二皇后一。則見二御船不一レ進、惶懼之、忽作二魚沼・鳥池一、悉聚二魚鳥一。皇后看二是魚鳥之遊一、而忿心稍解。及二満潮一即泊二于岡津一。

又筑紫伊覩県主祖五十迹手、聞二天皇之行一、抜二取五百枝賢木一、立二于船之舳艫一、上枝掛二八尺瓊一、中枝掛二白銅鏡一、下枝掛二十握剣一、参二迎于穴門引嶋一而献之。因以奏言、臣敢所三以献二是物一者、天皇如二八尺瓊之勾一、以曲妙御宇、且如二白銅鏡一、以分明看二行山川海原一、乃提二是十握剣一、平二天下一矣。天皇即美二五十迹手一、曰二伊蘇志一。故時人号二五十迹手之本土一、曰二伊蘇国一。今謂二伊覩一者訛也。

己亥、到二儺県一、因以居二橿日宮一。

(二)現代語訓み下し文（全文）

〔仲哀《ちゅうあい》二年六月、熊襲が叛《そむ》いたので、仲哀が征討しに来て、六月一〇日、穴門《あなと》（山口県西部）の豊浦津《とゆらつ》（下関市）に停泊し、九月、穴門豊浦宮《あなとのとゆらみや》を興してそこに居た。〕

八年、春正月、己卯《つちのとう》が朔《ついたち》の壬午《みずのえうま》〔四日〕、筑紫《ちくし》に幸《でか》けた。この時、岡の県主《あがたぬし》の祖である熊鰐《くまわに》は、天皇の車駕《きょが》を聞き、予《あらかじ》め五百枝《いおえ》の賢木《さかき》を抜き取って、九尋《きゅうひろ》船《ぶね》の舳《へさき》に立て、上の枝に白銅鏡《はくどうきょう》を掛け、中の枝に十握《とつか》の剣を掛け、下の枝に八尺《やさか》の瓊《たま》を掛け、周芳《すわ》の沙麼浦《さばのうら》に参《まい》り迎えて、魚塩《なしお》の地を献じた。因《よ》って奏して、「穴門《あなと》より向津野《むかつの》に至る大済《おおわたり》を東の門とし、名籠屋《なごや》の大済を西の門と為《し》ます。没利嶋《もとりしま》、阿閉嶋《あえしま》を限って御筥《みはこ》と為《し》、柴嶋《しばしま》を割《さ》いて御甂《みなえ》御甂《ぎょへん》、此は彌《み》那陪《なへ》と云う。と為《し》ます。逆見《さかみ》の海を塩の地と為ます」、と言った。既にして海路を導き、山鹿岬《やまが》より廻って岡の浦に入った。水門《みなと》に到《つ》こうとしたが、御船は進み得《え》なかった。熊鰐《くまわに》に問い、「朕が聞くに、汝熊鰐は明《きよ》い心を有《も》って参《まい》り来《き》たという。何《ど》うして船が進まないのか」、と曰《い》った。熊鰐が奏して、「御船が進み得ない所以《わけ》は、臣の罪ではありません。是の浦の口に男女二神が有《い》ます。男神を大倉主《おおくらぬし》と曰い、女神を菟夫羅媛《つぶらめ》と曰います。必《き》っと是の神の心でしょう」、と曰った。天皇が、禱祈《いの》って、挟杪者《かじとり》の、倭国《やまと》の菟田《うだ》の人、伊賀彦を祝《はふり》と為《し》て祭ると、則《たちま》ち船は進むことが得《でき》た。

皇后は別の船で、洞《くき》の海（洞《とう》、此は久《ク》岐《キ》と云う。）より入った。潮が涸《ひ》いて進み得なかった。この時熊鰐は、更に還《もど》って、洞より皇后を迎え奉った。御船が進まないのを見て、惶《かしこ》み懼《おそ》れ、忽《たちま》ち魚沼《うおいけ》、鳥池を作って、悉《ことごと》く魚、鳥を聚《あつ》めた。皇后は、是の魚、鳥が遊ぶのを看《み》て、忿《いかり》の心が稍《ようやく》に解けた。潮が満ちるに及んで、岡津に泊まった。

又筑紫《ちくし》の伊覩《いと》の県主《あがたぬし》の祖、五十迹手《いとて》は、天皇が行《でかける》と聞き、五百枝《いおえ》の賢木《さかき》を抜き取り、船の舳《へさき》と艫《とも》に立て、上の枝に八尺《やさか》の瓊《たま》を掛け、中の枝に白銅鏡《はくどうきょう》を掛け、下の枝に十握《とつか》の剣《けん》を掛け、穴門《あなと》の引嶋《ひこしま》に参り迎えて献じた。因《よ》って以て奏して、「臣が、敢えて是の物を献じる所以《わけ》は、天皇が、八尺《やさか》の瓊《たま》の勾《まがり》の如《よう》に、曲妙《きょくみょう》に宇《てんか》を御《おさ》め、且《ま》た白銅鏡の如《よう》に、分明《あきらか》に山川海原を看《み》て行き、乃《そし》て是の十握《とつか》の剣を提《ひっさ》げて、天下を平らげるように、ということです」、と曰った。天皇は五十迹手《いとて》を美《ほ》めて、「伊蘇志《いそし》」と曰った。それ故《で》、時の人は、五十迹手の本土を号《なづ》けて、伊蘇《いそ》の国と云った。今、伊覩《いと》と謂《い》うのは訛《なま》ったのである。

己亥《つちのとい》〔二一日〕、儺《な》の県《あがた》に到《つ》き、因《よ》って橿日《かしひ》の宮に居た。

いろいろのことが書いてあるから、どこがへんなのかは、なかなか分からない。一九四一年に黒板勝美編・訓読日本書紀（一九三二年、岩波文庫）を読んでのち、断続して書紀を読みながら、この箇所をいつも素通りしていた。いや、魚塩《なしお》の地とか、洞海《くきのうみ》の古地図とか、瓊《たま》・鏡・剣を賢木《さかき》にかけての儀式とか、関心をひかれる事柄がいくつもあり、注意がそちらへそらされて、へんなところは、なかなか注意《いしき》の野に入ってこなかった。関心をもった事柄を調べたり

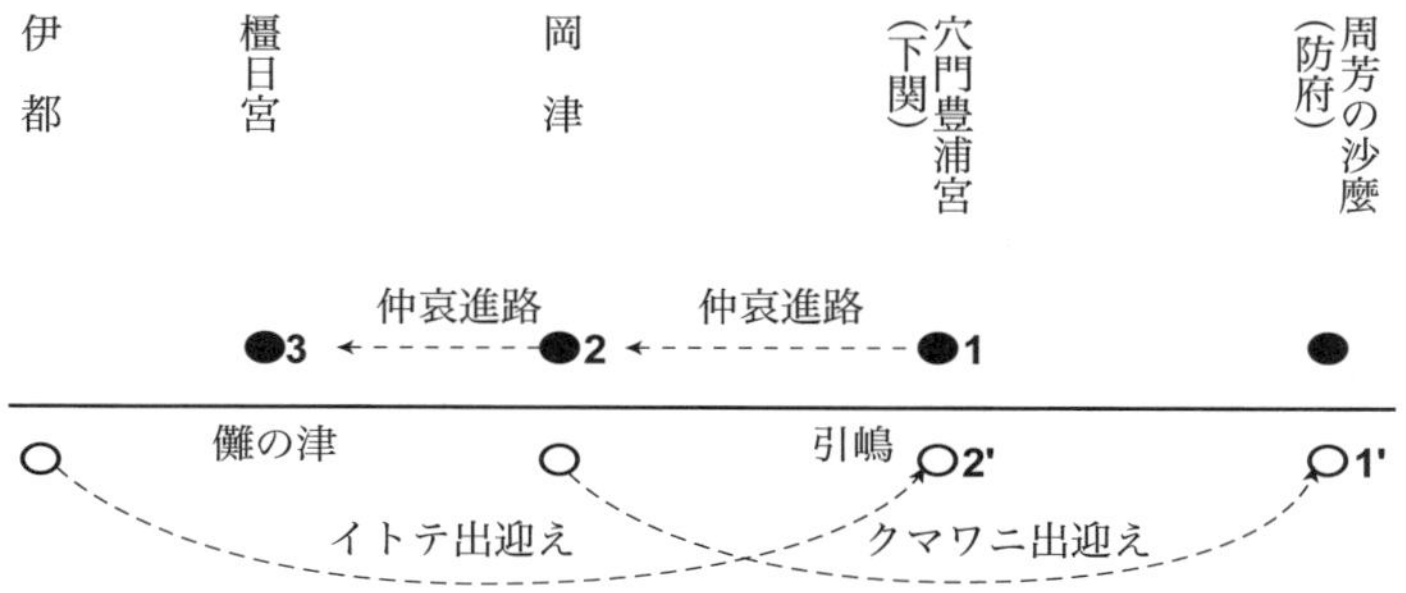

考えたりして、ある程度決着がつくと、もうそれらは注意をひかなくなる。そしてある日、ふっと、あれへんだぞ、と気がついた。余の事を省いた抄文《ダイジェスト》を掲げよう。

㈢抄文

八年正月〔四日〕筑紫《ちくし》（福岡県）に幸《でか》けた。この時、岡《おか》（福岡県遠賀《おか》川口）の県主《あがたぬし》の祖・熊鰐《くまわに》が、天皇の車駕《きょが》を聞き、予《あらかじ》め五百枝《いおえ》の賢木《さかき》を抜き取って、九尋船《きゅうひろぶね》の舳《へさき》に立て、……周芳《すわ》（後の周防国、山口県東半）の沙麼浦《さばうら》（防府市）に参《まい》り迎えた。（中略）又筑紫（福岡県）の伊覩《いと》（糸島市）の県主の祖・五十《い》迹手《とて》は、天皇の行を聞き、五百枝《いおえ》の賢木を抜き取り、船の艫《とも》に立て、……穴門の引嶋《ひこしま》（下関市彦島）に参り迎え…た。（中略）〔二一日〕儺《な》の県《あがた》に到《つ》き、因《よ》って橿日《かしひ》の宮に居た。

地名に相当する現代地名を括弧でいれておいたから、右の抄文を地図（じっさいの地図であれ、脳内の地図であれ）で確かめながら、読むと、熊鰐も五十迹手もまことにおかしな奴らだ、ということが分かる。たとえていうと、大阪の人間（クマワニ、イトテ）が、名古屋から発って来る人間（仲哀）を迎えるのに、名古屋を通りこして東京まで行った、というのである。上図をみてほしい。クマワニは岡津の人である。穴門豊浦《とゆら》宮から天皇が来るというので、豊浦のずっと東・

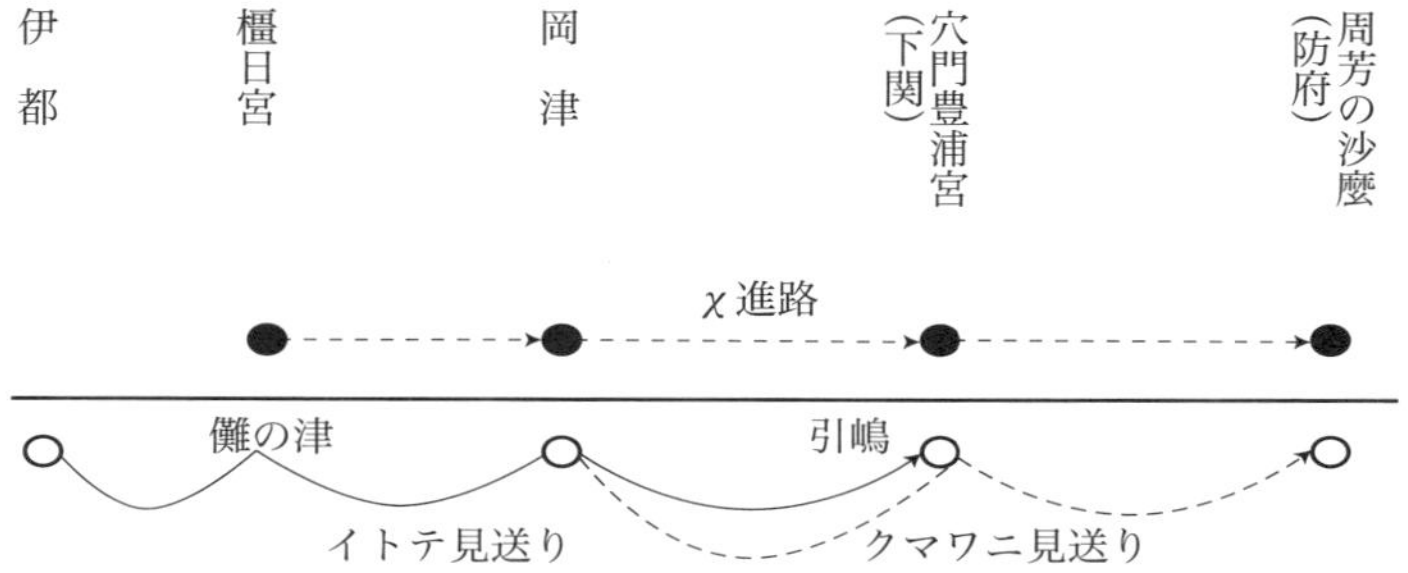

周防《すわ》の沙麼《さば》に参迎した、と書紀は書いている。この人物だけではない。第二のイトテは伊都の人である。岡津から天皇が来るというので、岡津を通り越し、ずっと東の穴門の引嶋《ひこしま》に参迎した、と書紀は書く。二人とも、日常の地理感覚とはちがう奇行の持主である。なんともへんな話だ。

しかし、へんだとは気がついても、(イ)どうしたらへんでなくなるのか、(ロ)どうしてへんになったのかを、考えあぐねた。不眠症にはならなかったが、頭の中にこのへんな奴が棲みついてしまい、気になってしょうがなかった。数年が経ってあるとき、ふっと思った、これは逆なのかもしれない、と。上図をみてほしい。主人公は、じつはもはや天皇(仲哀)ではないからxとする。彼は橿日《かしひ》宮を出て、儺津《なのつ》(那珂港)で乗船し、周防の沙麼をめざした。このxの船出を、西隣の伊都の県主であるイトテが送ってきて、岡津(岡水門)、さらには穴門の引嶋まで見送り、そこから引きかえした。また岡津からは、岡の県主・クマワニも見送りに加わり、イトテが引きかえした引嶋から、さらに周防の沙麼まで見送った。このように、仲哀紀八年条の文を逆にすると、へんなところは一つもなくなる。(「日本書紀の地名、二つ」、学士会報七七六号、一九八七年、後『まち・みち・ひと・とき』一九九六年、所収)

以上で、(イ)どうしたらへんでなくなるのか、は解決した、と思う。しかし(ロ)どうしてへんになったのか、はなにひとつ解決していない。これをとく手がかりは、到達したのが周防の沙麼だった、という一点である。

周芳の沙麼

周芳《すわ》の沙麼《さば》とは、山口県東部、防府市の佐波である。いまは陸続きに埋まってしまったが、上古は、防府市南部の大半は海で、さらに南には田島、向島の二島があって、沙麼浦は、天然の良港であった。

この沙麼が、紀に五度出てくる。紀の叙述の順序であげてみると、

(1) 景行[12]一二年九月条――周芳《すわ》の沙麼《さば》に到《つ》いた。
(2) 仲哀[14]八年正月条――岡県主の祖・熊鰐が天皇を周芳《すわ》の沙麼浦《さばのうら》に参迎した。
(3) 神功（仲哀の皇后）摂政前紀・仲哀九年一云――沙麼県主《さばのあがたぬし》の祖・ウツヒコクニヒコマツヤタネに神がかりした。
(4) 雄略[21]二三年八月条――吉備臣尾代《きびのおみおしろ》が、率いた蝦夷《えみし》が暴動をおこしたのを、沙麼水門《さばのみなと》で、合戦して射殺した。
(5) 推古[33]一一年二月――征新羅大将軍《せいしらたいしょうぐん》の来目《くめ》皇子が死んだので、周芳《すわ》の沙麼《さば》で殯《もがり》（葬式）をした。

右のうち、(5)は新羅《しら》を征《う》つのに海軍で瀬戸内海をゆくのだが、天然の良港・周芳の娑麼に寄港した、というのである。(4)は備後国沼隈《びんごのくにぬまくま》郡佐波《さわ》村（いまの尾道水道の東辺）のこととされている。(1)(2)(3)については、すべて周芳の沙麼であるが、これは

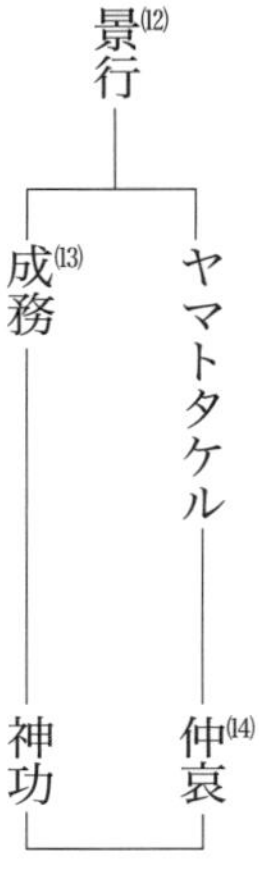

という系図を背景にしていて、連関している。これがなにを意味するかは、先へ行ってから明らかになるが、さっき文を逆にしたとき、仲哀[14]をxと言いかえたことも、同時に記憶しておいてほしい。いまの系図も、その背後に別の系図をひめているのである。

さて、(a)さきのへんな文章A（六〇一頁）は、逆にして読むと、周芳の沙麼についた、でおしまいになった。(b)書

紀の中の沙麼の記事を五つあげたが、その(1)は、周芳の沙麼に到《っ》いた、であった。(a)は仲哀紀[14]（日本書紀の中の仲哀の巻を意味する、以下同）で、(b)の(1)は景行紀[12]である。(a)の方はすでに見たから、こんどは(b)の(1)＝Bを、見てみよう。ただしこんどは、原文を省き、現代語訓み下し文だけを掲げることにする。

B

現代語訓み下し文（全文）

十二年、秋七月、熊襲《くまそ》が反して朝貢《ちょうこう》しなかった。

八月、乙未《きのとひつじ》が朔《ついたち》の己酉《つちのととり》（一五日）、筑紫《ちくし》に幸《でか》けた。

九月、甲子《きのえね》が朔の戊辰《つちのえたつ》（五日）、周芳《すわ》の沙麼《さば》に到《つ》いた。この時天皇は南を望《のぞ》んで、群卿《ぐんけい》に詔し、「南方に烟気《けむり》が多く起こっている。必ず賊《ぞく》が在《い》る」、と曰《い》った。〔天皇は沙麼《さば》に〕留《とど》まって、多臣《おおのおみ》の祖の武諸木《たけもろき》、国前《くにさき》臣の祖の菟名手《うなて》、物部君《もののべのきみ》の祖の夏花《なつはな》を先遣して、其《そ》の状《ようす》を察《しら》べさせた。爰《ここ》に女人が有《い》て、神夏磯媛《かんなつそひめ》と曰った。其の徒衆《としゅう》は甚《はなは》だ多く、一国の魁帥《きみ》である。天皇の使者が至ると聆《き》き、磯津《しつ》の山の賢木《さかき》を抜いて、上の枝に八《や》握《つか》の剣を掛《か》け、中の枝に八咫《やた》の鏡を掛け、下の枝には八尺《やさか》の瓊《たま》を掛け、さらに亦素幡《またしろはた》を船の舳《へさき》に樹《た》てて、参向《でむか》え（下略）

紀に不馴れな人がいるだろうから、念のためつけたすと、景行紀《けいこう》は巻第七で、仲哀紀《ちゅうあい》が巻第八、紀の叙述の順序でいうと、景行紀は一巻分仲哀紀よりも先である。だが、先にみた仲哀紀のへんな文章Aを逆に読むと、周芳の沙麼についた、で終わり、いま引いたB景行紀一二年九月条は、その周芳の沙麼に到《っ》いたで、始まっているのだから、仲哀紀のあの文章Aは、景行紀のこの文章Bに、一つづきにつながっていた、と私は考える。叙述の順序で紀を読む人には、とんでもないことと思われようが、紀の作られた順序でいうと、こういうことがありうる。むろん、勝手な思いつきではだめで、ちゃんと論証できなければならない。いそがずに、ゆっくりと論証していこう。

三種の宝物の送迎儀礼

AとBとが一つながりにつながっていた、ということは、二つのことで論証できる。一つは、(1)すでにのべたように、逆にしたAの終わりとBの始まりがともに、周芳の沙麼についた、であること。二つに、(2)ABそれぞれに共通して、抜き取った賢木《さかき》の上中下の枝に、瓊《たま》、鏡《かがみ》、剣《けん》をつりさげて、迎えたという儀礼がみられること。くどいようだが、ひとつひとつ確かめておこう。

(一)

1 筑紫《ちくし》の伊覩《いと》の県主《あがたぬし》の祖、五十迹手《いとて》は、天皇が行《でかける》と聞き、五百枝《いおえ》の賢木《さかき》を抜き取り、船の舳《へさき》と艫《とも》に立て、上の枝に八尺《やさか》の瓊《たま》を掛け、中の枝に白銅鏡《はくどうきよう》を掛け、下の枝に十握《とつか》の剣《けん》を掛け、穴門《あなと》の引嶋《ひこしま》まで参迎し……。

2 岡の県主《あがたぬし》の祖、熊鰐《くまわに》は、天皇の車駕《きよが》を聞き、予《あらかじ》め五百枝《いおえ》の賢木《さかき》を抜き取って、九尋船《きゆうひろぶね》の舳《へさき》に立て、上の枝に白銅鏡を掛け、中の枝に十握《とつか》の剣《けん》を掛け、下の枝に八尺《やさか》の瓊《たま》を掛け、周芳《すわ》の沙麼浦《さばのうら》に参迎し……。

(二)

神夏磯媛《かんなつそひめ》〔は〕…天皇の使者が至ると聆《き》き、磯津《しつ》の山の賢木《さかき》を抜いて、上の枝に八握《やつか》の剣《けん》を掛け、中の枝に八咫《やた》の鏡《かがみ》を掛け、下の枝には八尺《やさか》の瓊《たま》を掛け、さらに亦素幡《しろはた》を船の舳《へさき》に樹《た》てて、参向し……

上中下枝にかける瓊、鏡、剣の順は、三者三様であるが、基本的にxに対して共通の送迎儀礼を行っている。(一)

㈡をつないでも、なんの齟齬《そご》も生じないどころか、むしろつなぐべきことを示している。たくさんのことが連鎖している。一見するとなにがなにやら分からぬが、鎖の輪を一つ一つていねいにたぐっていくと、思いがけないつながりが見えてくる。たぐるべき鎖の輪は、玉、鏡、剣である。いまみた㈠の1・2と㈡と三様の儀礼は、紀の中に、ほかにもあるのか、ないのか。たった一つある。いわゆる「神代」（紀巻第一）にある。いわゆる天《あま》の岩屋戸《いわやと》「神話」に出てくる。次のようだ。

㈢　中臣連《なかとみのむらじ》の遠祖の天児屋命《あまのこやねのみこと》と、忌部《いんべ》の遠祖の太玉命《ふとたまのみこと》が、天《あま》の香山《かぐやま》の五百箇《いおつ》の真坂樹《まさかき》を掘りおこし、上の枝に八尺《やさか》の瓊《たま》の五百箇《いおつ》の御統《みすまる》を懸《か》け、中の枝に八咫《やた》の鏡《かがみ》を懸《か》け、下の枝に青和幣《あおにきて》、白和幣《しろにきて》を懸け、……

天《あま》の岩屋戸《いわやと》「神話」とは、太陽神（日神ともいう）が天の岩屋戸にかくれて、世は真暗闇になったので、諸神が相談して、岩屋戸をあけて日神をふたたび天にあらわす物語だ。日神たち（と複数形にしたのを記憶してほしい）が住むところを、日本書紀は、高天原〔たかまがはら〕とよんでいるから、天の岩屋戸「神話」は、高天原「神話」の一部である。その中に、剣が和幣《にきて》にかわってはいるが、ほとんど同じ儀礼が出てくるのである。

高天原と持統の名

高天原は、タカマガハラと古風に訓《よ》もうが、高イ天ノ原（タカマノハラ）と今風に訓もうが、意味に変わりはない。この呼称が興味ぶかいのは、この呼称が、書紀さいごの天皇[41]持統《じとう》の国風諡号の中に入っていることだ。すなわち巻第三十の見出しは、高天原広野姫天皇《たかまのはらひろのひめ》である。この人物は大宝二年〈702〉一二月二二日に死んだ。続日本紀は、⑴文武元年〈697〉の文武即位前紀（要するに続日本紀の冒頭）で、この天皇が、高天原広野《たかまのはらひろの》姫《ひめ》天皇十一年に皇太子になった、と書く。ところが、⑵大宝三年〈703〉一二月一七日条には、大倭根子天之広野日女尊《おおやまとねこあまのひろのひめのみこと》と諡《おくりな》して、天武の大内山陵に合葬した、と記す。(1)は書紀と同じ呼び方で、(2)は少しちがう。だがこのちがいは、(2)が、(1)の上に、大倭根子という、いわゆる藤原京時代の天皇の称号をのせたことで生じた。高天原は天と同じだから、(1)高天原広野姫と(2)天之広野日女*とは、同じものである。

注　なお、(2)の天之広野日女がおもしろい。女性の称号としてのヒメは、紀では媛、姫、記は毘売と書いてきた。続紀がここ(2)で日女と書いたのは、独特でまたここだけの表記である。続紀を検しても、称号としてのヒメは、ここのほかは比売と書いている。天平元〈729〉年八月の、臣下出の藤原光明子を皇后とする詔の中に、先例として、仁徳の后に葛城伊波乃比売《かづらきのいわのひめ》があったことが、述べられている。紀は磐之媛、記は石之日売と書いていたから、伊波乃比売は独自である。だが日女も、比売も、続紀にただ一度ずつ出るだけである（個人名として安曇宿禰日女虫、三野臣浄日女などがあるが、これは称号としての日女とは別である）。少し考証めいたので、持統の諡号の中に、日女の称号をいれたことに、もどる。神代の本文は、日神を大日孁貴《おおひるめのむち》と号《なづ》けた（文庫版紀㈠—34頁）、と書いていた。美称の接頭・接尾語（大と貴）をのぞくと、残るのは日孁《ひるめ》である。ヒ（太陽）＋ル（の）＋メ（女）の意味で、要するに日女と同じである。日神はまたアマテラス（天照）だから、持統の国風諡号は、高天原広野日女（アマテラス）ということになる。高天原とアマテラスは、高天原「神話」の二大要素で、この二つがワンセットで持統の死後の名に入っている。高天原は持統朝に成立し、アマテラスは持統三年八月に誕生している（本書前篇一つ章）。このことが持統の諡号にあらわれている。おもしろいといった所以である。

天岩屋戸《あまのいわやと》の出迎え儀礼㈢は、あらわれる日神へのものであった。㈠、㈡も天皇を迎える儀礼だから、四例とも尊貴の人を出迎える儀礼であることを示している。そして㈢は、どうやら持統朝以後に作られたとみていい。なぜか。

㈠、㈡は、くりかえすまでもないが、玉・鏡・剣の三つを掛けていた。㈢だけは、玉、鏡、和幣《にきて》の三つである。玉、鏡、剣は、戦前の教育をうけた老人には、いわゆる（つまり真実ではない）三種の神器として、なお記憶されていよう。それは、書紀すらも書いていない、近代の日本国がつくりだしたまったくの虚偽だった。書紀は（巻第一、二では、本文といくつかの一書＝異伝が併記されているが）、ある一書で、三種の宝物という表現はしているが、三種の神器などとは言っていない。神器は、老子に、天下ハ神器ナリ、とあり、無形の神と有形の器とが合した神聖で為《つく》ル可《べ》カラ不《ざ》ルもののことである。また漢書、叙伝上に使われた神器について、景帝の子、劉徳《りゅうとく》は、神器ハ璽《じ》ナリとした。このため帝位の象徴としての宝物のことと解するむきもある。しかし原文は、神器ハ命有リテ、知力ヲ以テ求ム可カラザルヲ知ラズだから、神器というのは天命が有って与えられるので、人知人力をもって求めうるものではない、の意である。すなわち神器とは帝位そのもののことである。それ故三種の神器という言い方は、古代ではありえなかった。漢籍漢語に通じた紀作者は、三種の宝物とはいっても、三種の神器などとはいわなかった。

玉・鏡・剣は、北部九州のもの

次に、玉、鏡、剣が三つそろって出土するのは、考古学上、北九州の弥生甕棺墓《かめかんぼ》からだけで、大和では出ない。また、紀の中で、三種の宝物それぞれがどこにどのくらい書かれているのかを調べてみると、八坂瓊《やさかに》の曲玉《まがたま》が八度、八咫鏡《やたのかがみ》が六度、草薙剣《くさなぎのつるぎ》は一〇度、記事がある（山田、日本書紀史注・巻第二、一七〇頁、参照）。そしてじつに興味ぶかいのは、この三種がそろって出てくるのは、ただの一度、三種の宝物のところだけである。

この知識をもとに考えると、玉、鏡、剣（と一般名詞で表現していて、草薙剣などといった固有名詞はつかっていないが）をそろえて貴人を出迎える儀礼は、紀が記しているとおり、北部九州の伊都《いと》、岡から、穴門《あなと》の引嶋《ひこしま》、周芳《すわ》の沙麼《さば》といった本州西端にかけてのことと、合点がゆくのである。

以上、また考証の煩路《はんろ》をたどったおかげで、次のように言っても、まちがいではないであろう。

第一。玉、鏡、剣そろって出てくる㈠、㈡二つの文は、貴人xを送迎する北部九州の儀礼を記している。

第二。剣のかわりに和幣《にきて》をおきかえた㈢の文は、持統期（在位六九〇―六九七）につくられた高天原の天の岩屋戸「神話」のもので、すなわち大和王権によって作られた文にすぎない。

第三。紀の中には、はやく北部九州に適合する記事（北部九州で記された文）と、おそくヤマト王権が作った文と、二様の種類の文章がみられる。

第四。仲哀紀のひっくりかえした文章（周芳の沙麼についた）は、景行紀の周芳の沙麼に到《つ》いたにはじまる文章へつながる（というよりも、もともと一つづきだった文章を、紀の作者が二つにわけて、一つは景行紀に、二つは逆さにして仲哀紀に利用した、といった方が正確である）。

xの経路(1)

そこで安心して、景行紀の文章の先を読みすすむことにしよう。とはいえ、すでにAで試みたように、いろいろのことがちりばめられている全文には、このさい遠慮してもらい、土蜘蛛・熊襲征討のために、景行が転戦した経路、場所を示す抄文だけにしよう。先に引いた（六〇七頁）Bのつづきである。（なお便宜上、以下順に図1六一五頁、図2六一七頁に使った①〜⑳に合せた番号をうってある。）

I

②③〔Bの十二年九月条に続く神夏磯媛《かんなつそ》の言〕「兵を下さぬようお願いします。我《わたし》の属類《たみ》には、必《けっ》して違《そむ》く者など有《お》りません。…唯《ただ》し残賊《ざんぞく》が有《い》ます。一を鼻垂《はなたれ》と曰《い》い、…菟狭《うさ》川（大分県宇佐市を北流する駅館川か）の上《ほとり》に屯結《たむろ》しています。二を耳垂《みみたれ》と曰い、…是《これ》は御木《みけ》川（上流に耶馬渓をもつ山国川か）の上《ほとり》に居ます。三を麻剥《あさはげ》と曰い、…高羽《たかは》川（英彦山から行橋市に流れる今川か）の上《ほとり》に居ます。四を土折《つちおれ》猪折《いおれ》と曰い、緑野《みどりの》川（北九州市小倉区に北流する紫川か）の上に隠れ住〔んで〕います。…皆、皇命に従うまい、と曰っています。…」、と曰った。是《そこ》で武諸木《たけもろき》等は、…悉《ことごと》く捕らえて誅《ころ》した。〔沙麼《さば》に留まっていた〕天皇は遂に筑紫《ちくし》に幸《むか》い、豊前《ぶぜん》の国の長峡《ながお》（行橋市長尾か）の県《あがた》に到《つ》き、行宮《あんぐう》を興して居た。それ故、其処《そこ》を号《なづ》けて京《みやこ》と曰った。

④⑤冬十月、碩田国《おおきたのくに》（大分県）…速見邑《はやみ》（別府市から杵築市辺）に到《つ》いた。女人が有《い》た。速津媛《はやつひめ》と曰った。一処の長なのだ。…「茲《こ》の山に大きな岩窟《いわや》が有り、鼠《ねずみ》の岩窟と曰います。二つの土蜘蛛《つちぐも》が有《い》て、其の岩窟に住んでいます。一つを青と曰い、二つに白と曰います。又、直入県《なおりのあがた》（大分県直入郡、竹田市から熊本県阿蘇郡の一部）の禰疑野《ねぎの》（竹田市菅生辺）に、三つの土蜘蛛が有《い》ます。一つを打猨《うちさる》と曰い、二つは八田《やた》と曰い、三つに国摩侶《くにまろ》と曰います。…皆、皇命に従わない、と曰っています。…」、と曰った。

⑥（⑤にすぐ続いて）天皇は…来田見邑《くたみむら》（大分県久住町、直入町辺）に留まり、…群臣と議し、…海石榴《つばき》の樹を採ってきて、椎《つち》を作り兵《ぶき》と為《し》た。猛卒《もうそつ》を簡《えら》んで、兵《ぶき》の椎《つち》を授け、…石室の土蜘蛛を襲い、稲葉川（大野川上流、久住山から流れる飛田川）の上《ほとり》で破り、悉《ことごと》く其の党を殺した。血が流れて踝《くるぶし》に至《と》いた。…海石榴《つばき》の椎を作った処を海石榴市《つばきち》、…血の流れた処を血田《ちた》と曰った。

復《また》、打猨を討とうとして、侄《おろか》に禰疑山《ねぎやま》を度《こ》えた。この時、賊虜《てき》の矢が、…雨の如《よう》だった。天皇は更《ふた》たび城原《きはら》（竹田市木原、稲葉川畔）にひき返して、水《かわ》の上《ほとり》でト《うらな》い、兵を勒《ととの》え、先ず八田《やた》を禰疑野《ねぎの》に撃って破った。爰《ここ》に打猨は…自ら澗谷《たに》に投じて死んだ（下略）

⑦十一月、日向国《ひむか》に到《つ》いて、行宮を起《た》てそこに居た。是《これ》を高屋《たかや》の宮と謂《い》う。

⑧十二月、癸巳《みずのとみ》が朔《ついたち》の丁酉《ひのととり》（五日）、熊襲《くまそ》を討つことを議した。（中略）この時一《ひと》りの臣が進みでて、「熊襲の梟帥《きみ》に二《ふた》りの女《むすめ》が有《い》ます。兄《あね》を市乾鹿文《いちふかや》と曰い、弟《いもうと》を市鹿文《いちかや》と曰います。…重い幣《おくりもの》を示して麾下《きか》に搗《まね》き納《い》れたらいいでしょう。因《そ》して其の消息を伺い、不意の処を犯《つ》けば、曽《すこし》も刃に血ぬらさずに、賊は必ず自《みずか》ら敗れるでしょう」、と曰《い》った。…天皇は市乾鹿文《いちふかや》と通じ陽《いつわ》って寵《かわいが》った。時に市乾鹿文は、…家に返って多くの醇酒《こいさけ》を設けて、己《じぶん》の父に飲ませた。乃《すぐ》さま酔って寐《ね》てしまった。…爰《ここ》に従兵の一人が、進んで熊襲の梟帥《きみ》を殺した。天皇は、其の不孝の甚だしいのを悪《にく》んで、市乾鹿文《いちふかや》を誅《ころ》した。仍《そ》して弟《いもうと》の市鹿文《いちかや》をば、火

の国 造《くにのみやつこ》に賜った。
⑨十三年、夏五月、悉《ことごと》く襲《そ》の国《ち》を平らげた。因《それ》で高屋の宮に居ること、已《すで》に六年である。是に、其の国《とち》に佳人が有《い》て、御刀媛《みはかしひめ》と曰った。召して妃とした。豊国別《とよくにわけ》皇子を生んだ。是《これ》は、日向《ひむか》の国造の始祖である。

以上で半分だが、地理不案内の地のことを、文章で読解するのはむつかしいから、以下の半分もいれて、景行のたどった経路を、岩波の日本古典大系本の書紀テキストが比定している、現在地もいれて、地図におとすと、第一図のようになる。これは古代史に、ユニークな三部作（第一作『「邪馬台国」はなかった』一九七一年、第二作『失われた九州王朝』一九七三年、第三作『盗まれた神話』一九七五年）を提起した、古田武彦の第三作での作図だが不正確である。

右に引いた景行紀の抄文Iは、この図でいうと、①から⑨までの経路を記しているのだが、少しげんみつに読むと、古田作図にいくつかの虚偽がある。第一、景行は沙麼に留まり、部下が平定してから京《みやこ》へ行ったのだから、景行は①から③へ、部下は①②③と、二重の進路になる。第二、③から④へ舟行したように表現するが、本文にそのような記述はない。ただ碩田《おおきた》国ニ到《つ》イタと記すだけだ。下文⑫（一八年四月）には、自二海路一泊二……一と書いた例があり、到二…邑一の用字は陸路を示すように思えるのだが、陸行とも舟行とも記述はない。第三、④碩田国と⑤速見邑《はやみのむら》とは別のものではない。碩田国の速見邑に到いたと書くべきところ、碩田の地名起源説話を挿入したため、別のように見えるだけのことだ。

第四、⑥直入《なおり》から⑤速見邑へもどったという記述はない。したがって第五、⑤速見邑から⑦日向《ひむか》へ舟行した、という記述もまたない。要するに⑥直入から⑦日向への経路は、何一つ記されていないのが、史料事実である。第六、⑦日向から⑧襲《そ》の国の熊襲《くまそ》の家に返ったのは、イチフカヤで、景行ではない。よってまた、⑧から⑨日向へもどることも、なかった。これを要するに、第一図は古田の思いこみで作図されていて、正しくない。

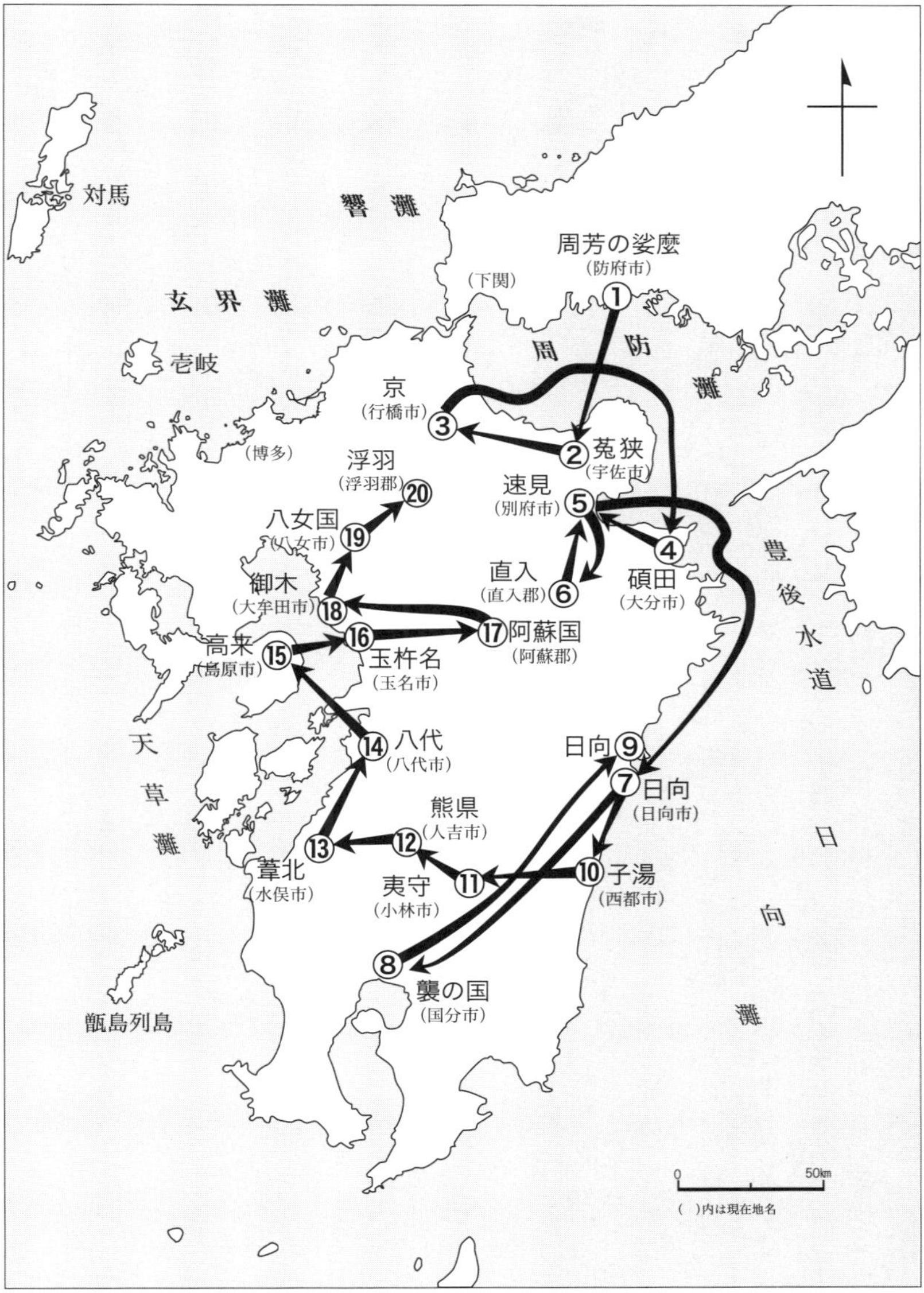

図１　古田武彦による行路図

xの経路(2)

右の検証をいれて、図1から右の第一～第六を削除、訂正すると、図2になる。周芳《すわ》の沙麼《さば》から先のxの経路は、①→③→⑤→⑥までは確認できるが、その先は不明というのが、目下の結論である。⑩以下は、これから、あらためて検証する。

II

⑩十七年、春三月、戊戌《つちのえいぬ》が朔《ついたち》の己酉《つちのととり》〔十二日〕、子湯《こゆ》の県《あがた》（宮崎県西都市辺）に幸《でか》け、丹裳《にも》の小野に遊んだ。この時、東を望んで、左右《とものもの》に謂《はな》して、「是《こ》の国は直《じか》に日の出の方に向いている」、と曰《い》った。それ故《で》、其《そ》の国を号《なづ》けて日向《ひむか》と曰うのだ。

⑪十八年、春三月、天皇は京《みやこ》に向かおうとして、筑紫国《ちくしのくに》を巡狩《じゅんしゅ》し、始めて夷守《ひなもり》に到《い》った。是の時、石瀬《いわせ》河の辺《あたり》に、人衆《ひとびと》が聚集《あつま》っていた。（下略）

⑫夏四月、壬戌《みずのえいぬ》が朔の甲子《きのえね》〔三日〕、熊の県《あがた》に到《つ》いた。其処《そこ》に熊津彦《くまつひこ》という兄弟二人が有《い》た。天皇が、先ず兄熊《えくま》を徴《め》させると、使に従って詣《き》た。因《よ》って弟熊《おとくま》を徴したが、来なかった。それ故、兵を遣わし誅《ころ》した。

⑬壬申《みずのえさる》〔十一日〕、海路より葦北《あしきた》の小嶋に泊《とま》り、食を進めた。この時、山部阿弭古《やまべのあびこ》の祖小左《おひだり》を召し、冷たい水を進めさせた。適《たまたま》是の時、嶋の中に水が無かった。…仰いで天神地祇《てんしんちぎ》に祈った。忽《たちま》ち寒《つめた》い泉《いずみ》が崖《がけ》の傍《かたわら》より湧き出した。酌《く》んで献った。故《で》、其の嶋を号《なづ》けて水嶋と曰った。其の泉は猶《なお》今も水嶋の崖に在る。

⑭五月、壬辰《みずのえたつ》の朔〔一日〕、葦北《あしきた》より発船して火の国に到《むか》った。是《ここ》に、日が没《お》ちた。夜は冥《くら》く岸に著《つ》くすべを知らなかった。遙かに火の光が視《み》えた。天皇は挟抄者《かじとり》に詔して、「まっ直《すぐ》に火の処をめ指《ざ》せ」、と曰った。因《よ》って火をめ指《ざ》して往くと、岸に著《つ》くことが得《でき》た。天皇は、其の火の光る処を問うて、「何と謂《い》う邑《むら》だ」と曰った。国《とち》の人が対《こた》えて、「是《ここ》は八代県《やつしろあがた》の豊《とよ》村です」と曰った。亦《また》、其の火のことを尋《たず》ねて、「是《これ》は誰人《だれ》の

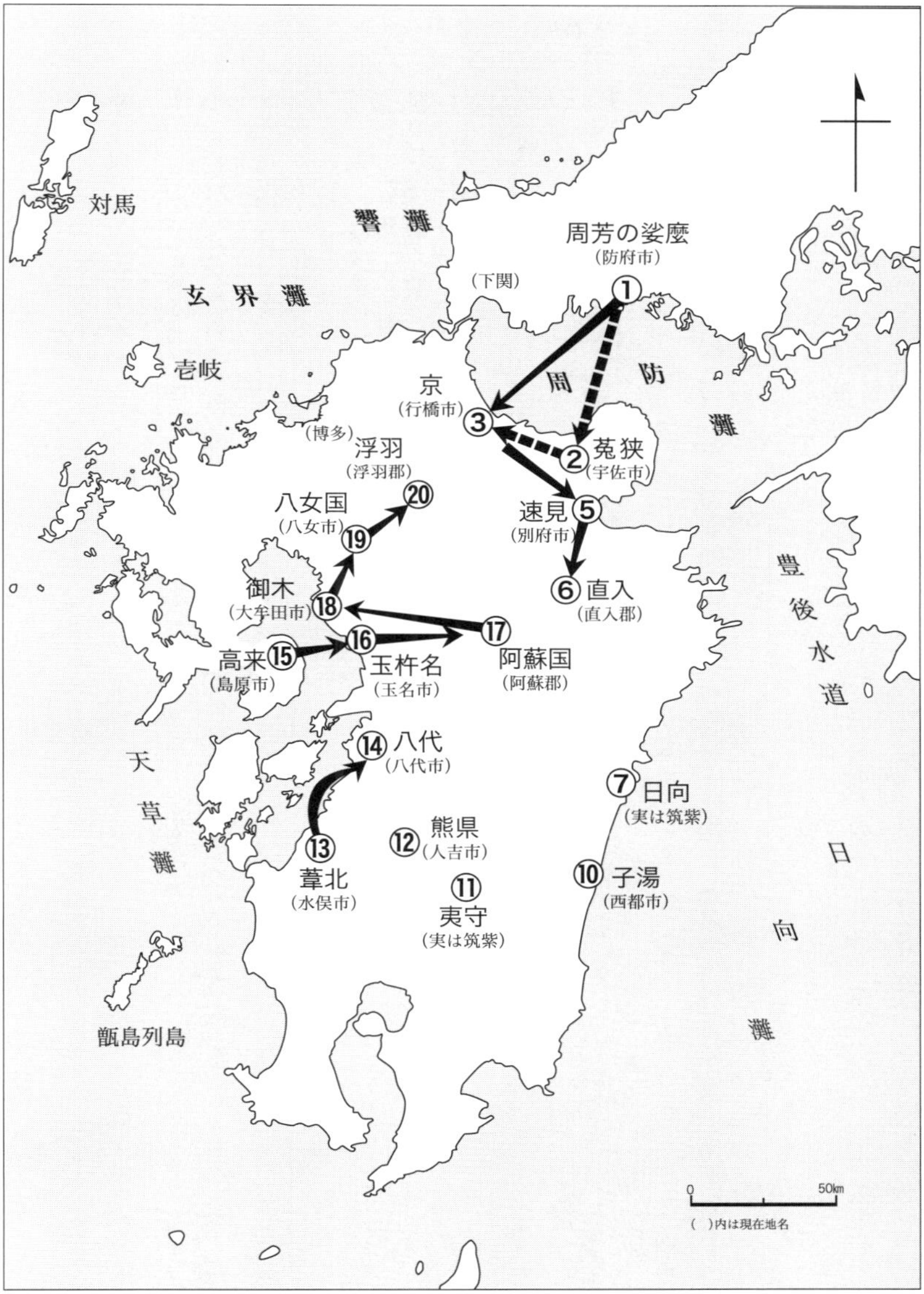

図２　景行征討図の検証結果

火だ」と曰った。然《しか》し主《ぬし》を得なかった。茲《ここ》に知ったのだ、人火ではないと。それ故、其の国を名づけて火の国と曰った。

⑮⑯六月、辛酉《かのととり》が朔の癸《みずのと》亥《い》〔三日〕、高来県《たかくのあがた》より、玉杵名邑《たまきなむら》に度《わた》った。時に其処《そこ》の土蜘蛛津頬《つちぐもつつら》を殺した。

⑰丙子《ひのえね》〔一六日〕、阿蘇国《あそのくに》に到《つ》いた。其の国《ち》は郊原《のはら》が曠遠《こうえん》で、人居《じんか》を見なかった。天皇は、「是の国《とち》の人が有《い》るか」、と曰った。この時、二神が有《い》て、阿蘇都彦《あそつひこ》、阿蘇都媛《あそつひめ》と曰った。忽《たちま》ち人と化して遊詣《やってき》て、「吾《わし》ら二人が在《い》る。何《ど》うして人がいないなぞということがあろうか」、と曰った。それ故、其の国《ち》を号《なづ》けて阿蘇と曰った。

⑱秋七月、辛卯《かのとう》が朔の甲午《きのえうま》〔四日〕、筑紫後国《ちくごのくに》の御木《みけ》に到《つ》き、高田の行宮《あんぐう》に居た。この時僵《たお》れた樹が有った。長さは九百七十丈。百寮《やくにん》は其の樹を踏んで往来した。時の人が歌って、

朝霜《あさしも》の　御木《みけ》のさ小橋《おはし》　群臣《まえつきみ》　い渡らすも　御木《みけ》の小橋《おはし》

爰《ここ》に天皇が問うて、「是《これ》は何の樹だ」と曰った。一《ひと》りの老夫が有《い》て、「是《こ》の樹は歴木《くぬぎ》です。嘗《かつ》て未だ僵《たお》れぬ先には、朝日の暉《ひかり》に当たると、杵嶋《きしま》山を隠しました。夕日の暉《ひかり》に当たると、亦、阿蘇山を覆ったものです」、と曰った。天皇は、「是の樹は神木だ。それ故、是の国《とち》を御木《みけ》の国と号《なづ》けよ」、と曰った。

⑲丁酉《ひのととり》〔七日〕、八女《やめ》県に到《つ》いた。藤山を越え、南、粟《あわ》の岬《さき》を望んだ。詔して、「其の山の峯岫《みねみね》が重畳《かさな》り、且《かつ》美麗であること甚だしい。若《も》しや神が其の山に有《い》るのではないか」、と曰った。この時、水沼《みぬま》の県主《あがたぬし》の猿大海《さるおおみ》が奏して、「女神が有《い》ます。名を八女津媛《やめつひめ》と曰います。常に山の中に居ます」、と曰った。故《だから》、八女の国《とち》の名は、此《これ》に由《よ》って起こったのだ。

⑳八月、的邑《いくは》に至って進食した。是の日、膳夫《かしわで》等が、盞《うき》を遺《のこ》した。それ故、時の人が、其の盞《うき》を忘れた処を号《なづ》けて浮羽《うきは》と曰った。今的《いくは》と謂うのは訛ったのである。昔、筑紫《ちくし》の俗《ひと》は盞《うき》を号《なづ》けて浮羽《うきは》と曰った。

十九年、秋九月、甲申《きのえさる》が朔の癸卯《みずのとう》〔二〇日〕、天皇が日向《ひむか》よりかえって至《き》た。

南九州の疑似経路

右文IIは省略した文が少ない。結論を先にいうと、日向《ひむか》を宮崎県のこととして（私見はこれに否定的なのだが）、日向から、いまの鹿児島県の北辺を横断して、火の国へ抜ける記述は、橿日《かしひ》から周芳《すわ》の沙麼《さば》をへて、九州東北の直入《なおり》辺まで征討したxの経路とは、無関係の作文である。そのことをみるため、なるべく全文に近いものを供したのである。上掲の景行紀の文I IIを年月で示すと、

I ②③　一二年九月、周芳の沙麼から豊前へわたり、残賊征討。
④⑤⑥　〃　一〇月、直入での土蜘蛛征討。
⑦　〃　一一月、日向の高屋宮。
⑧　〃　一二月、熊襲、イチフカヤ哀話。
⑨　一三年五月、襲国平定、高屋宮に六年、ミハカシヒメとの間にトヨクニワケを生む。
〔以上が、六一二頁以下Iの抄文。以下が、六一六頁以下のIIの抄文〕
II ⑩　一七年三月、子湯県に遊ぶ。日向地名起源。
⑪　一八年三月、筑紫国巡狩、夷守《ひなもり》に到る。
⑫⑬　〃　四月、熊県から葦北《あしきた》の小嶋へ。泉の話。
⑭　〃　五月、火国名起源。
⑮⑯⑰　〃　六月、高来《たかく》県から玉杵名《たまきな》邑へ。ついで阿蘇国へ。阿蘇国名起源。
⑱⑲　〃　七月、筑紫後国の御木《みけ》、高田行宮、巨樹の話。八女《やめ》県へ。
⑲⑳　〃　八月、的邑《いくは》、浮羽《うきは》地名起源。

○　一九年九月、日向から至。

という順で物語（叙述）は進んでいる。いまは、x（紀では景行）の進軍経路に限って、検討し、残った問題は、そのあとにまわすことにする。くりかえすが、xは直入県まではまちがいなく進んできた。その後の足跡が不明である。

経路つながらず

⑩一七年三月条の子湯は、宮崎県西都市辺とされる。平安時代の延喜式《えんぎしき》で、民部省上に諸国郡名が記されている。その日向国の五つの郡の中に児湯がある。これが根拠だ。（じつは、まもなくふれるように、このあたり日向はどこかという問題がからんでいる。いまはたちいらずに、この一七年三月条をかりに、のちの律令時代の日向国のこととしておく。）この紀にいう子湯を、日向国の児湯のこととして、さて、ここの記述が、日向の起源説話と、思邦歌《くにしのびうた》三首と、文芸篇のおもむきなのが、気になる。

思えば、直入までは（一二年一〇月条）土蜘蛛の征討に、その拠点である小さな地名ごとの戦闘が、記されていた。日向からは全く趣がかわる。反いて朝貢しない熊襲（一二年七月条）をうつのが目的だったのに、熊襲征伐は、軍による討伐ではなく、娘をたぶらかしての謀殺という物語（一二年一二月条⑧）になった。物語であれ、目的を達したのだから、日向の子湯（一七年三月条）以降が、物見遊山の文芸になるのも、もっともなのであろうか。

つぎは⑪。⑩から一年後、京《みやこ》に向かおうとして筑紫国を巡狩した、そして夷守《ひなもり》に到った、とある。この夷守は、こんどは延喜式の兵部省の条にある駅《うまや》とかかわる。夷守駅は二つある。

(イ)日向国（宮崎県）の駅に、児湯とともに夷守

(ロ)筑前国（福岡県）の駅に、夷守

筑紫国（のち筑前、筑後に分かれた）の夷守と書いているのだから、もちろん(ロ)の方だ。ところが、(ロ)の夷守とすると、⑩の子湯とは、つながらない。そこで、これまでは、児湯とつながる(イ)の夷守としてきた。すると筑紫国（福岡県）とあわなくなる。そこでこの筑紫は、九州の総称だと解釈してきた。筑紫問題は、あとで解決するとして、こうい

うつじつま合わせはよくない。紀の読み方として、つじつまを合わすことはやめ、合わないことは合わないとすべきだ。すなわち、⑩と⑪とはつながらない。また、いうまでもないが、⑪の筑紫と⑫の熊県とも切れている。

つぎに⑫。熊県（熊本県人吉市）へ到った。これが三日のこと。そして一一日、海路ヨリ葦北ノ小嶋ニ泊マッタ。人吉《ひとよし》盆地は球磨《くま》川の上流。そこから海路葦北へは行けない。⑫の文の中で、熊県、葦北の二地点は、つながらない。

⑫の後半⑬は水嶋の話で、これは万葉集の歌にも出、また肥後国《ひごのくに》風土記《ふどき》逸文《いつぶん》にも出る。紀を作ったときに、すでに水嶋の話は、都（平城京）でも有名だった。これは⑩の文芸篇をうけついだものだが、紀作者は地理にうとい（これは同じ景行の後半、ヤマトタケルの東征でもみてとれる）。葦北はあの公害事件のあった水俣市から葦北町へかけての地で、水嶋は八代市の球磨川河口で、両者は別である。このように、⑫⑬の中の地名三つは、みなべつべつなのである。

⑭へすすもう（一八年五月）。ここは肥前国《ひぜんのくに》風土記とも通う、火の国の地名起源。葦北ヨリ発船とあるのも、肥前国風土記と同じ。⑫⑬の三地点がばらばらだったのだから、葦北から発船したのは、xでもなければ、景行でもないことになる。

⑮⑯⑰は一八年六月。冒頭（三日）が、高来県《たかくのあがた》（長崎県諫早市、島原市辺）カラ玉杵名《たまきな》邑（玉名市、和名抄に多万伊奈《タマイナ》）ニ度《わた》ッタ、である。⑭の終わりと高来県をつなぐ文はない。⑰一六日に阿蘇国に到った。

⑱以下をしばらくおいて、いままでをまとめてみよう。⑩の子湯から、⑪の夷守、⑫の熊県、⑬葦北、⑭の火の国、⑮の高来県まで、日向、筑紫問題をも背景に、みなばらばらで、あった。文は、一見つながっているようで、つながらない。図1で、⑩→⑪→⑫→⑬→⑭→⑮→⑯と、矢印でつないだのは、古田が安易につないだにすぎない。検討の結果、文章でも図2でも、⑩〜⑮は、xの進路とはつながらず、無関係の文芸的、風土記的作文とみなされる。そこで、これらをみな消去する。図2上、残っているのは、先の①〜⑥までのxの進路（それは⑥直入で終わっていた）と、いまのⅡの検証で（⑩〜⑮を消去して）残った⑯〜⑳と、この二つである。地図上、⑥直入と⑰阿蘇とは、近接し

て東西にならんでいる。xが土蜘蛛を討った禰疑野《ねぎの》、すなわち竹田市菅生《すがお》と、阿蘇神社とは、東西二〇㎞弱をへだてているにすぎない。ここから、xは⑥直入から⑰阿蘇へ進んだのではないか、との推論が生じる。推論は証明されなくてはならない。そしてその証明には、熊襲《くまそ》、土蜘蛛《つちぐも》、隼人《はやと》といった九州の住民のことがからむので、その問題に立ち入ることにする。

熊襲、土蜘蛛、隼人

こころみに、先の教科書をみると、詳解は、隼人《はやと》についてだけふれている、「七一三（和銅6）年には、九州南部に大隅《おおすみ》を設け、朝廷に抵抗していた隼人《はやと》に対する支配も進み…」（三五頁）。詳説は、「8世紀にはいると、（蝦夷の記事につづいて）隼人《はやと》の住む九州南部にはあらたに大隅国《おおすみ》がおかれ」（五〇頁）と、似た記述をしたほか、ある注で、八世紀に成立した記紀にも、「大和政権が九州の熊襲《くまそ》や東国の国ぐに、さらに東北の蝦夷《えみし》などをしだいに征服・同化していったという伝承がある」（二三頁）と書いている。隼人が「九州南部」の住民の呼称というのは、分かるが、「九州の熊襲」とは、九州のどこにいたのか。また景行紀の文ⅠⅡに散見した土蜘蛛とは、なにか。

紀（の叙述の順序）でさいしょに土蜘蛛が出るのは、神武紀である。大和の葛城《かづらぎ》などに土蜘蛛がいた、と書いてある。九州にも大和にもいたことになるから、土蜘蛛は、土民への一般的な蔑称と解され、九州住民の固有名詞とは、みなされなかった。論証をはぶき（わたしの日本書紀史注、巻第三、一九九八年を参照）、結論だけをいうと、神武紀は景行紀を参考に作られたため、土蜘蛛も、ほんらいの九州の地から、擬似的に大和へ移されただけで、ほんらい土蜘蛛はヤマトとは無縁の存在なのである。

九州の土蜘蛛は、景行紀と神功紀にだけ記され、これ以外にはない。まず景行紀。前引の文ⅠⅡをみなおすことにしよう。

(1)　一二年九月、豊前国《ぶぜんのくに》、残賊（鼻垂、耳垂、麻剥、土折猪折）。

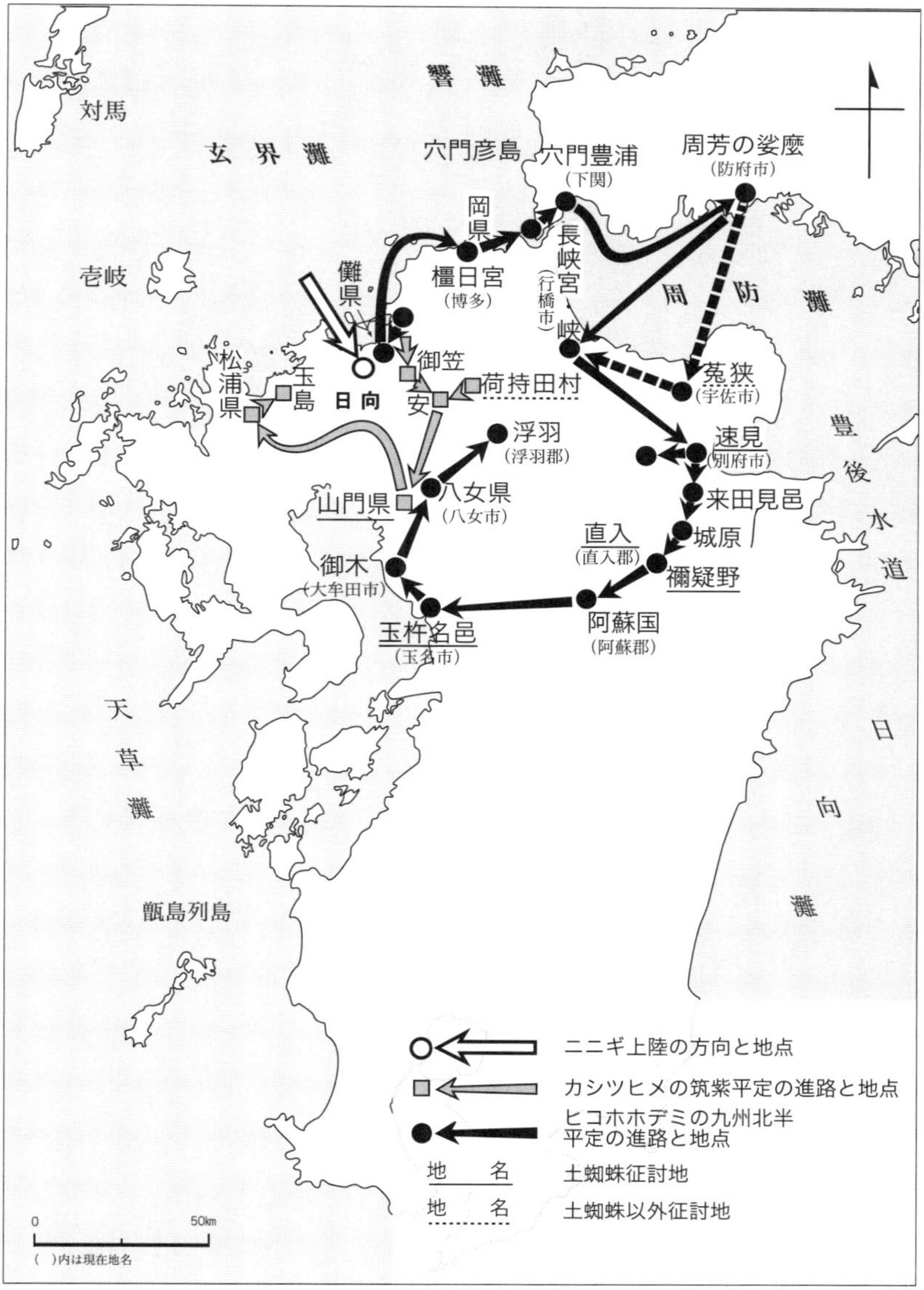

図３　ｘなどの征討図（ｘはヒコホホデミ）

(2)〃一〇月、碩田国《おおきたのくに》、土蜘蛛（速見邑に青、白、直入県禰疑野に打猨、八田、国摩侶）。
(3)〃一一月、日向国《ひむかのくに》高屋宮、なし。
(4)〃一二月、熊襲《くまそ》、（襲国に厚鹿文、迮鹿文）。
(5)一三年五月、日向高屋宮、襲国《そのくに》平定。
(6)一七年三月、子湯県《こゆのあがた》、なし。
(7)一八年三月、筑紫国夷守《ちくしのくにひなもり》、なし。
(8)〃四月、熊県《くまのあがた》、弟熊《おとくま》を誅《ころ》す。
(9)〃五月、火国《ひのくに》、なし。
(10)〃六月、玉杵名邑《たまきなむら》、土蜘蛛（津頬）。

つぎに神功《じんぐう》紀の仲哀《ちゅうあい》九年三月の条。
(イ)荷持田村《のとりたのふれ》の羽白熊鷲を、層増岐野《そそきの》で撃滅。
(ロ)山門県《やまとのあがた》、土蜘蛛（田油津媛《たぶらつひめ》）。

これによると、(1)土蜘蛛は、豊前国（大分県北部）にはいないが、(2)碩田国（大分県南部）では、速見邑、直入県などにいる。筑紫国ではいちばん南、(ロ)肥後国（熊本県）に近い山門県にいる。肥後国では、その北部、(10)山門県《やまとのあがた》に近い玉杵名邑にいる。これらの範囲は、阿蘇山以北、九州中部の北半である。xの平定は、九州中部北半の土蜘蛛が対象であった。この範囲は先の図3のxの進路、すなわち⑥の直入から、⑰の阿蘇、⑯の玉杵名を結ぶ線の北に当たる。逆にいえば、xの進路は、⑥の直入から⑰の阿蘇へ抜けたのであって、⑥〜⑰の線の南、隼人の領域へは、一足も踏みこまなかったのである。

このことと関連するもう二枚の地図を掲げる。

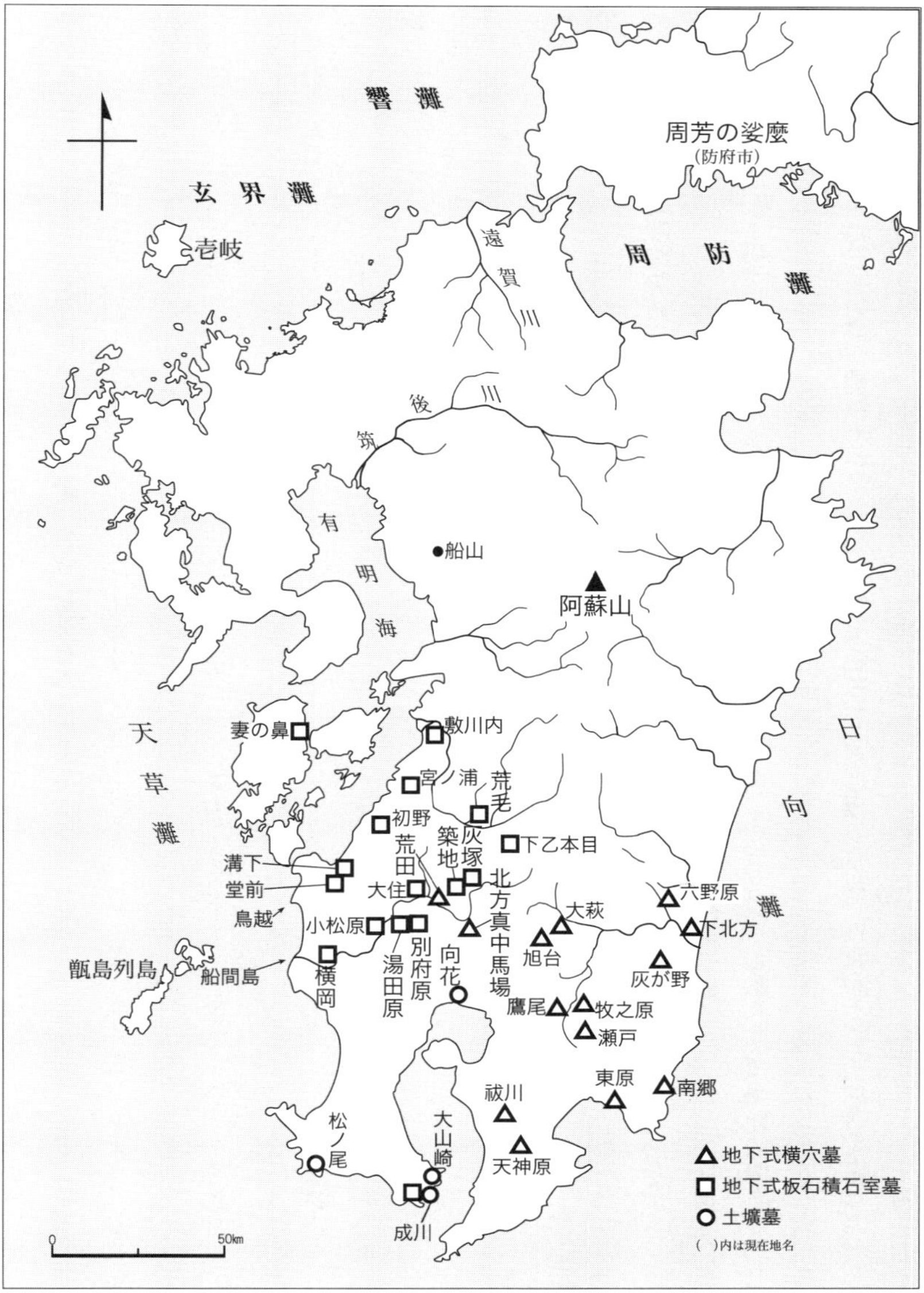
響灘
玄界灘
壱岐
周芳の娑麼
(防府市)
遠賀川
周防灘
筑後川
有明海
船山
阿蘇山
天草灘
日向灘
妻の鼻
敷川内
宮ノ浦
荒毛
初野
下乙本目
築地
灰塚
荒田
溝下
堂前
大住
北方真中馬場
鳥越
小松原
湯田原
別府原
大萩
六野原
下北方
甑島列島
船間島
横岡
向花
旭台
灰が野
鷹尾
牧之原
瀬戸
東原
南郷
祓川
天神原
松ノ尾
大山崎
成川
地下式横穴墓
地下式板石積石室墓
土壙墓
( )内は現在地名
0
50km

図４　隼人の墓制

隼人の墓と官道

図4は、大隅隼人《おおすみはやと》の墓（△地下式横穴墓）と薩摩隼人《さつまはやと》の墓（□地下式板石積石室墓）との分布を示した図（上村俊雄、隼人の世界、新版古代の日本3　九州・沖縄、一九九一年、一八七頁の図を若干手直しした）である。図2の⑥〜⑰の線は、本図の隼人墓の北限の線よりもなお北だが、⑦・⑩〜⑯の線は、あきらかに隼人墓の分布の中を通ることになる。この事実は、xの進路が、やはり⑥〜⑰の線であったことを、示唆する。それをさらに示すのが、図5（亀井輝一郎、磐井の乱の前後、前掲書、一四一頁の図を若干手直しした）である。図中の官道は、先に夷守の駅のことをみた、延喜式の兵部省条に、記された駅をつないで復元したものである。注目すべきは、九州を横断する道である。北部九州から中部九州へかけて四本、あとは南部九州に二本ある。阿蘇山以南の中部九州は山の深いところで、横断の官道はない。北から四番目の横断官道が、先にxの進路とみた、⑥直入—⑰阿蘇—⑯玉杵名の線に当たる。南の二本の官道は、いずれも図4の隼人圏を横断している。景行紀には隼人との関係はなにひとつ記されていない。この点からも、xの進路は⑥—⑰を結ぶものだった、と結論できる。

なお、日向《ひむか》（とはどこか）問題、熊襲（とはなにか）問題がのこっており、xの進路も、最終的には、それらとの関連で解決される。ここでは、土蜘蛛、隼人にふれて、xの進路をみてきた。土蜘蛛は中部九州の住民、隼人は南部九州の住民、というのが、明らかになっている。土蜘蛛は敵故の蔑称だが、隼人はハヤヒトが約《つづ》まったもので、動作の敏捷さを表した呼称である。

xの進路・結論

xの進路を片づけよう。検証の結果、碩田国の直入から阿蘇へ抜けたことが、推定された。景行紀が、⑯玉杵名邑から⑰阿蘇国へと書いたのは、逆で、⑰から⑯へ出て来たのである。Ⅱ⑱⑲の文で、筑紫後国《ちくごのくに》の御木《みけ》（三池、大牟田市）が出てくる。過渡期的な書き方だが、筑後国の御木の意だ。以後、八世紀の呼称で筑後国の中を、八女県（福岡県八女市周辺）から、的邑《いくは》（福岡県浮羽町辺）にまわって、征討記事はおわりになる。的邑から、xが出発した橿日宮（筑前）までは、同じ筑紫の国の中である。⑮（肥後国・玉杵名邑）で土蜘蛛の津頰《つら》を殺

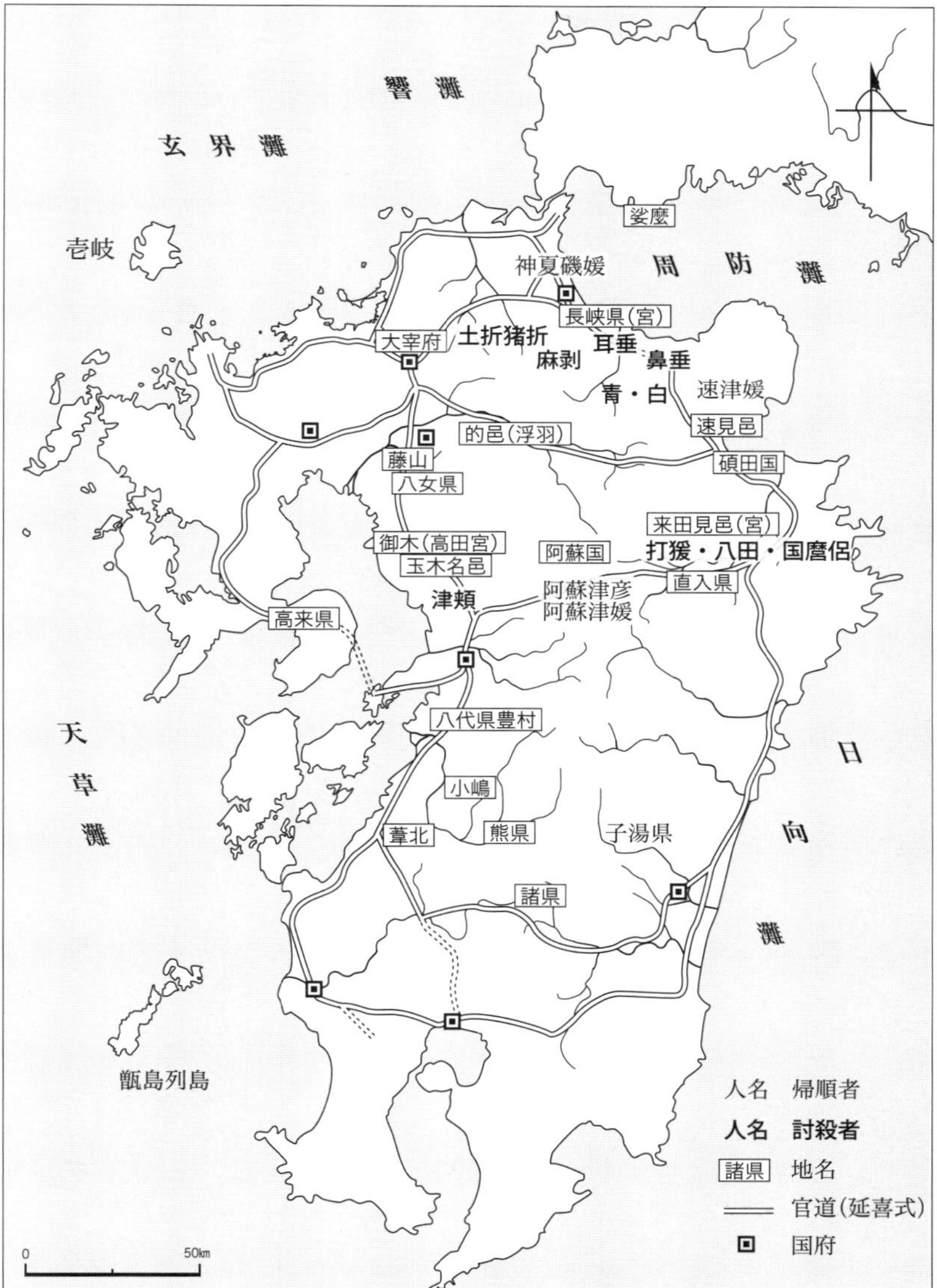

図5　官道からみたxの進路

したのがさいごで、筑紫に入ってからは、なんの征討、なんの戦闘もない。xは無事に、的邑から橿日宮へもどったであろう。このことは、記憶すべきことの一つである。

日本書紀の中のへんな文（仲哀紀）を逆に読んで、それがどこへつながっていくのかを、念入りに見てきた。その結果、xが北部九州の橿日宮を出発し、中部九州の土蜘蛛を平定して、また橿日宮にもどったであろうことが、分かった。

これはふつうの書紀の読み方ではない。書紀が叙述している順序をそのまま読んでいくのではなく、へんな文を逆に読むことから出発して、巻第八の仲哀紀から巻第七の景行紀（の一二年から一八年まで）へさかのぼり（つまり逆に読み）、さらに景行一二年から一八年までの記述文を、いちいち検討して、とるべきはとり、とってはならないことはすてさり、書紀の叙述文の中から、xの進路という、まったく別の文脈をひきだした。xの土蜘蛛征討の進路は、いちおうの成果だが、まだまだ発端である。そもそもxとは誰か。xの事業、x史は、どこへつながり、全体として何を物語っているのか。これらを、なお、書紀の中からとりださなくてはならない。

三《みっ》つ章　倭国創世史

高天原《たかまがはら》が主宰神アマテラスと一括して持統《じとう》期に作られたことは、前篇一つ章で述べ後篇でも二つ章でふれておいた。高天原すなわち天である。津田左右吉《そうきち》が指摘したように、日本人に天の哲学はなかった。天帝が天命をくだして、天子に天下を統治させる。七世紀後半になってから日本に入ってきたこの哲学を、日本書紀は「神代」の物語に翻案した。高天原の皇祖（タカミムスヒとする本と、アマテラスとする本と、二つある）が、皇孫ニニギを葦原中国《あしはらのなかつくに》の王として降臨させた。これが書紀のいわゆる「神代」（巻第一、第二）の骨格である。だから、この骨格は日本国製《メイド・イン・ジャパン》だが、中国仕様なのである。そしてまた神代は決して古くなく七世紀末以後の造作である。

天孫降臨のナゾ

しかしその神代の中枢、ニニギ降臨（天孫降臨といってきた）の文章のなかに、やはりへいへんなところがある。慎重を期して原文また現代語訓みと訳をも掲げておく。

A

〔原文〕于レ時、高皇産霊尊、以二真床追衾一、覆二於皇孫天津彦彦火瓊瓊杵尊一使レ降之。皇孫乃離二天磐座一、天磐座、此云二阿麻能以簸矩羅一。且排二分天八重雲一、稜威之道別道別、而天二降於日向襲之高千穂峯一矣。既而皇孫遊行之状也者、則自二槵日二上天浮橋一、立二於浮渚在平処一、立於浮渚在平処、此云二羽企爾磨梨陀毗邏而陀陀志一。而膂宍之空国、自二頓丘一覓レ国行去、頓丘、此云二毗陀烏㆒。覓国、此云㆓矩貳磨儀㆒。行去、此云㆓騰褒屢㆒。到㆓於吾田長屋笠狭之碕㆒矣。

〔現代語訓み下し文〕 時に、高皇産霊尊《たかみむすひ》は、真床追衾《まとこおうふすま》で、皇孫天津彦彦火瓊瓊杵尊《あまつひこひこほのににぎ》を覆い、降《くだ》らせた。皇孫は、乃《そこ》で天磐座《あまのいわくら》天磐座《てんばんざ》、此は阿《ア》麻《マ》能《ノ》以《イ》簸《ハ》矩《ク》羅《ラ》と云う。を離れ、且《また》天の八重雲《やえぐも》を排《お》し分けて、稜威《いつ》の道別《べつ》に道を別《わ》けて、日向《ひむか》の襲《そ》の高千穂峯《たかちほのたけ》に天降《あまくだ》った。既にして皇孫が遊行する状《かたち》はといえば、槵日《くしひ》の二上《ふたかみ》の天の浮橋《うきはし》より、浮渚《うきしま》の平《たいら》な処に立って、立於浮渚在平処《りつおふしょざいへいしょ》、此は羽《ウ》企《キ》爾《ジ》磨《マ》梨《リ》陀《タ》毗《ヒ》邏《ラ》而《ニ》陀《タ》陀《タ》志《シ》と云う。膂宍《そしし》の空国《むなくに》を、頓丘《ひたお》より国を覓《もと》めて行き去り、頓丘《とんきゅう》、此は毗《ヒ》陀《タ》烏《オ》と云う。覓国《べきこく》、此は矩《ク》貳《ニ》磨《マ》儀《ギ》と云う。行去《こうきょ》、此は騰《ト》褒《ホ》屢《ル》と云う。吾田《あた》の長屋の笠狭《かささ》の碕《みさき》に到《いた》った。

〔現代語訳〕 さて、タカミムスヒ尊は、真床追衾《まとこおうふすま》〔かけぶとん〕で、皇孫アマツヒコヒコホノニニギ尊をつつんで降らせた。皇孫は天《あま》の磐座《いわくら》を離れ、天の八重の雲をおしわけて、神聖な道を見分け見分けして、日向《ひむか》の襲《そ》の高千穂峯《たかちほのたけ》に天降った。そして皇孫が遊《ある》いて行《ゆ》く状況といえば、神秘的な二上〔山麓で並べた船に板を渡した〕天の浮桟橋《うきさんばし》から浮洲《す》の平らな処におり立って、膂宍《そしし》〔背骨の周囲の肉〕の空国《むなくに》を、お椀を伏せたような丘から国〔土〕を求めて行き、〔博多の〕湾《あた》の長屋の笠狭《かささ》の崎〔御笠川口〕に、着いた。

この文章Aは、大きく二つの部分に分かれる。吉井巌《よしいいわお》がいったところでは、前半が天孫降臨の文で、後半が水辺来臨の文だ。読み下し文（わたしの日本書紀史注、巻第三）も、訳（わたしの現代語訳・日本書紀、上）も、私のものだが、じつは右文は、たんに現代語におきかえたのでは分からないところがある。文章としていえば、後半の文で、膂《そ》宍《しし》の空国《むなくに》が浮いている感じがある。というより、「浮洲《うきす》の平らな処に立ち」と、「膂宍の空国」とのあいだが、とうとつな感じがする。

右文にはまた、多くの訓注《くんちゅう》がついている。前半はアマノイワクラだけだが、後半には四つ、とくにウキジマリタヒラニタタシというのが目立つ。古い伝承の中の特別の慣用句といった感じがする。

日向は吉武高木遺跡の地

前半は、天から降る新しい形をのべた文だから、古めかしく荘重めいて作文されているが、むつかしくはない。前半の問題は、ニニギが天降った、日向《ひむか》の襲《そ》の高千穂峯《たかちほのたけ》とはどこか、である。これをめぐって多くの学者に諸説があるが、上田正昭《まさあき》が、ここの日向は「のちの日向国とは断定し難い」としたのがいい。古事記は筑紫の日向の高千穂と書いていて、後代、この日向をのちの日向国《ひむかのくに》（宮崎県）にあてたものだから、筑紫を九州の総称とせざるをえなくなった。日向を宮崎県から離すと、筑紫を九州とする謬説《びゅうせつ》もなくなる。日向の高千穂を、「博多湾岸と糸島郡との間、高祖山を中心とする連山」としたのは、古田武彦である。福岡市の西は西区だが、東隣の早良《さわら》区との境は、室見《むろみ》川だ。西隣の糸島市との境は、高祖山を中心とする連山だが、その南の鞍部《あんぶ》に日向《ひなた》峠がある。峠の東を源として、室見川支流になるのが日向《ひなた》川。古田は日向という峠と川の名にややひきつけられて、日向の襲の高千穂峯を襲抜きの日向の高千穂としたために「高祖山を中心とする連山」と局所化したが、襲の高千穂は今の背振山地全体をさすと見るのが正当である。考古学者の森浩一は、重要な弥生遺跡が二つの川の間にあることを指摘したが、西区の南端、室見川と日向川との河内《かわち》の地を吉武《よしたけ》という。一九八一～五年の発掘調査で、ここ吉武に、大石、樋渡《ひわたし》、高木の三弥生遺跡が確認された。とくに吉武高木《よしたけたかぎ》遺跡の、弥生中期初頭の3号木棺墓からは、多紐細文鏡《たちゅうさいもんきょう》、ヒスイ製勾玉《まがたま》、細形銅剣などが出土し、王墓とみなされた。さらに巨大な柱穴の列も発見され、日本最初の宮殿といわれた。遺跡群の示すものは、魏志倭人伝《ぎしわじんでん》に記されたクニの名に該当しないので、早良《さわら》王国などとよばれたが、これこそが紀にのこる日向《ひむか》の中心地である。紀は、死んだニニギを筑紫の日向の可愛《え》の山陵に葬った、と記している。また二つ章でみた景行紀（六一四頁のIの⑨の文）には、日向の高屋宮に六年いた、とも記されていた。吉武高木の王宮、王墓は、ニニギの日向の宮、山陵なのである。

日向《ひむか》はのちの日向国《ひむかのくに》（宮崎県）ではない。まさしく筑紫（福岡県）の日向《ひむか》である。そして筑紫は、九州の一部の名で、九州全体の名ではない。これが紀を読むときの原則である。

その眼で、二つ章で引いた景行紀の文（六一三頁以後）を、あらためて読み直すことにしよう。

Ｉ

⑦十一月、日向国に到《つ》いて、行宮を起《た》てそこに居た。是を高屋の宮と謂う。

⑨十三年、夏五月、悉《ことごと》く襲《そ》の国を平らげた。因《それ》で高屋宮に居ること、已《すで》に六年である。是に、其の国《とち》に佳人が有《い》て、御刀媛《みはかし》と曰った。召して妃とした。豊国別《とよくにわけ》皇子を生んだ。是は、日向の国造の始祖である。

二つ章でみたように、この部分はｘの進路とかかわりはなく、地図からは消去された。いま日向が筑紫の室見川・日向川の流域の地だとすると、この⑦⑨の両文もまた、筑紫の日向にかかわっている。ここまでみて、天孫降臨の文にもどろう。

二つ章では、周芳《すわ》の沙麼《さば》という地名が、導きの糸の一つだった。いまは筑紫《ちくし》の日向《ひむか》である。書紀のなかから、筑紫の日向とかかわる地名を、もう一つ取り出してみよう。小戸《おど》である。

筑紫の日向の小戸

実質的に、国初の神は、イザナキ・イザナミの二神である。大八洲（大きな八つの国土）などの国土を生み、日・月・海の三貴神を生んだ。この兄妹神について、伝承は大きく二つに分かれている。一つは、国土や三貴神を二神そろって生んだとするもの（兄妹が結婚して国土と人民を生む、兄妹婚神話は、中国で漢民族にも少数民族にもみられ、日本もまた例外ではない）、もう一つは、イザナキ一神が生んだとするもの。後者では、女神が火神を生んだためやけ死ぬ。死んだ女神を追って、死者の国（黄泉国《よみのくに》）へ行ったイザナキが、死の穢《けが》れをみそぎで祓《はら》うが、左の目を洗うと日神、右目で月神といった具合に、三貴神が生まれる。前者が書紀本文型で、後者は古事記型といっていいだろう。小戸《おど》は後者に出てくる。紀では第四段*第六の一書に出る。筑紫《ちくし》日向《ひむか》ノ小戸《おど》ノ橘之檍原《たちばなのあわきはら》と五段にも重なった地名表記は、他にはないふしぎな表現だが、筑紫の日向は、先に言ったとおり。小戸は、いまも西区に小戸がある。古地図を復元すると、室見川河口は現在よりも二㎞ほど南で、その北に小戸と愛宕《あたご》の二つの小島がよこたわり、二島の間を小門《おど》といったと、考えられる（わたしの日本書紀史注・巻第一、一九九七年、二六五頁を参照）。

文章Aにもどる。天から降ってくる形の文から、後半の文に移る。天の浮橋を、これまで虹や梯子《はしご》の類とみてきたのは、前半の天降り形を、後半にもちこしたからで、字義は浮き桟橋《さんばし》である。二上は、博多（福岡）湾の西を構成する、今津湾の西端、小戸と向きあって、今山がある。縄文のころから、筑紫に石斧の石材を供給してきた。二上とは山頂が二つある山のことだが、今山は小さいが二上山であった。槵日《くしひ》の二上とは、おそらく今山のことかと思われる。現代語訳を出したとき（一九九二年）天の浮橋は、船二隻に板を渡した浮桟橋としておいた。いずれにしろ、船で来て上陸した形が、後半である。

今山の山麓に、いま横浜とよぶ海岸ができかかっていて、浮渚《うきす》があった。浮洲《うきす》とは、満潮時でも水没しない砂《さ》堆《たい》である。おそらくは室見川のはこんだ土砂が堆積していた。そこへ上陸し、立ったのである。

二つ章で、貴人を送迎するとき、賢木《さかき》の枝に玉、鏡、剣をかける儀礼をみておいた。この三つがそろって、吉武高木遺跡の3号木棺墓から出土したことも、さっき見ておいた。かけた鏡は白銅鏡だったが、白銅鏡のさいしょが、3号木棺墓からも出土した多紐細文鏡《たちゆうさいもんきょう》である。弥生前期末に北部九州に入り、本村籠《ほんそんごもり》遺跡（佐賀県大和町）、宇木《うき》汲田《くんでん》遺跡（唐津市）、吉武高木遺跡（福岡市）、若山遺跡（小郡市、二面）からみつかった。白銅鏡の物語る歴史は、まことに、奥深いものがある（わたしの日本書紀史注・巻第一、一七七〜一八六頁参照）。白銅鏡だけではなく、銅矛、銅戈、銅剣と、弥生前期末にそろっていて、このころ朝鮮半島との間に、かっぱつな人と物の交流があり、とくに、後に加耶《かや》とよばれた半島南岸から、北部九州の玄界灘沿岸（山口県の土井ヶ浜遺跡などの玄界灘沿岸もふくむ）へ、弥生人とよばれる人種の渡来が、さかんであった。その何波もの弥生人の渡来の中に、小戸の辺に上陸して日向に定着した集団があった。紀にニニギとよばれるのが、この集団の長すなわち王であった。

熊襲の正体

文章Aで、日向《ひむか》の襲《そ》の高千穂《たかちほ》の峯《たけ》という表記があった。日向は明確になったが、残っているのは襲《そ》である。この襲は、二つ章の文章I⑨で、悉《ことごと》く襲の国を平らげたとある襲と、同じである。日向を日向国（宮崎県）とする通説は、襲をも、大隅国噌於郡《おおすみのくにのそお》（鹿児島県国分市周辺）とする。このことと熊襲《くまそ》とがからむ。熊は肥後国球磨郡《ひごのくにくま》、襲は大隅国噌於郡。この両者を合わせて、熊襲は、鹿児島県東部から熊本県西南部にかけての広域地名だということになる。通説は、あちこちでぼろを出すが、熊襲はけっして地名ではない。紀の中で熊襲は、反いて朝貢しなかったり、征伐されたりしているのだから、地名ではない。熊襲の熊は、二つ章で、岡の熊鰐《くまわに》、荷持田村《のとりのたのふれ》の羽白熊鷲《はしろくまわし》の熊と同じで、勇猛、強大を意味する接頭語である。

襲は、いまAの中に日向の襲として、書かれている。この襲はつまり背《そ》である。二つ章でふれた景行[12]、仲哀[14]のあいだに、成務[13]という天皇がいたことに（紀の叙述の順序では）なっている。その成務五年九月条に、山陽ヲ影面《かげとも》ト曰《い》ヒ、山陰ヲ背面《そとも》ト曰《い》フ、とある。カゲトモはカゲ《（光）》ツオモ、ソトモはソツオモの約で、それぞれ山のこちら側、山のむこう側をいう（のち南北をいった）。日向の襲とは、日向（室見川と日向川との河内）からみて、山の背面の地である。いま福岡市の背後は、背振《せぶり》山地である。この山地の東（三笠川流域）から東南（宝満川流域）をへて南（筑後川北岸）へ、—隈《くま》という地名が散在している。クマソのクマは、熊（勇猛）であるとともに、隈の住民だったのかもしれない。日向に上陸してきた（AおよびI⑦）ニニギは、背振山地の背後の住民勢力＝クマソから、手強い抵抗を受け、これを征討しなくてはならなかった。これが二つ章I⑨である。I⑦⑨は、xの進路とはつながらなかった。クマソの

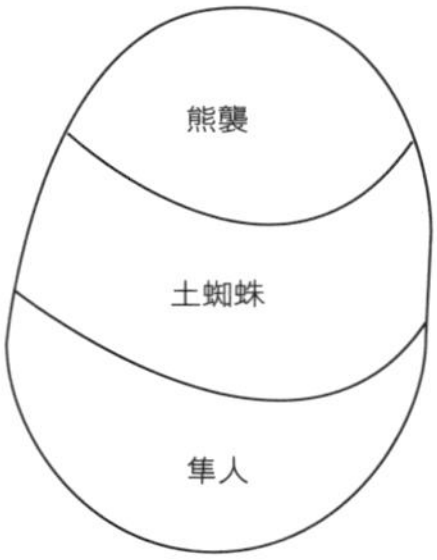

平定は、xとは別人である。このようにみてくると、⑦⑨のあいだに、⑧娘イチフカヤをだまして、襲国《そのくに》の渠帥者《かしら》・熊襲梟帥《くまそたける》を殺した話が、入っているのも、鹿児島県噌於の地の話ではなく、日向の襲、背後の背振山地の話である。

　ここでまた文章Aにもどろう。吉井のいう前半は天孫降臨の文、後半は水辺来臨の文。私は前半を垂直型、後半を水平型とよぶ。この二つのあいだに隙があるだけではなく、後半の上陸と遊行とのあいだにも隙があった。この隙は、いまは明らかにされた。ニニギは、小戸に上陸して、すぐに東へ移動したのではない。日向に定着して、襲国をうち、高屋宮に六年いた。すなわち、文章Aの浮渚在平処に立ったと、膂宍《そしし》の空国《むなくに》とのあいだに、文章I⑦⑧⑨が、入るのである。ニニギは日向の襲でクマソを討ち、さらに高屋の宮に六年もとどまった。このとき生まれた子の名が、豊国別であるのは、襲国の佳人で母の御刀媛《みはかしひめ》が、豊国とかかわりをもっていたのかもしれない。xの征討で、豊前国に、残賊もいたが、神夏磯《かんなつそ》媛のような親x派もいたことが、想起される。

先に、二つ章で、中部九州に土蜘蛛、南部九州に隼人が居住していたことを、みた。いま熊襲が北部九州の背振山地の外（のちの筑後・肥後）の住民であることが、明らかだ。熊襲を南にもっていく通説は、熊襲と隼人との関係という、解くことのできない難問に、ゆきあたる。弥生前期末（紀元前一世紀）のころ、九州は、北から熊襲、土蜘蛛、隼人という異なった呼称の住民が、分布していた、と考えられる。三つの中で、土蜘蛛がきわだって蔑称なのは、xの征討対象だったことによる。

初代ニニギ　書紀が語るニニギの系図は、つぎのようになる。

ホノニニギ ┬ ホノスソリ（隼人等の始祖）
カシツヒメ ┴ ヒコホホデミ ―― ○ ―― 神武(1)
　　　　　　ホノアカリ（尾張連等の始祖）

父と三子の名に、ホ（火）がつくのは、母カシツヒメが、一夜で妊娠したのを疑われ、そうなら母子ともに死ぬと言って、火中で出産したからである（通説はなんでも米に結びつけたがる傾向があり、ホは稲穂だというが、父子四人に稲穂がからむところはない）。

カシツヒメは、鹿葦津姫と書く。大野晋《すすむ》によるとkaasi→kasiとなった。奈良時代以前の上代日本語は、母音が二つ重なると一つが落ちた。私は、kaasihi→kasii→kasiではないか、と考えている。すなわちカシツヒメとは、橿日《かしひ》の姫である。

ニニギは、日向では御刀媛《みはかし》とのあいだに、豊国別《とよくにわけ》をもうけ、移動して笠狭碕《かささのさき》に来て、橿日の姫とあい、結婚してヒコホホデミを生んだ（いまホノスソリ、ホノアカリにふれない。わたしの日本書紀史注、巻第二、一三五・七頁を参照）。先の系図を簡略にして示す。

ホノニニギ ┐
カシツヒメ ┴ ヒコホホデミ

先にもふれたが、ニニギが死ぬと、墓はやはり筑紫の日向の可愛《え》につくられた（吉武高木の3号木棺墓）。ニニギは、上陸して、日向と橿日とを領有し、その間に襲国を平げたが、これで初代の仕事は終わった。

未亡人カシツヒメ

紀の中に、未亡人カシツヒメの仕事の記録が、残っている。神功摂政前紀・仲哀九年三月条である。これも原文、訓み下し文を掲げる。

B

対曰、於二日向国橘小門之水底一所居、而水葉稚之出居神、名表筒男・中筒男・底筒男神之有也。時得二神語一、随レ教而祭。然後、遣二吉備臣祖鴨別一、令レ撃二熊襲国一。未レ経二浹辰一、而自服焉。且荷持田村、（荷持、此云二能登利一。）有二羽白熊鷲者一。其為人強健。亦身有レ翼、能飛以高翔。是以、不レ従二皇命一。毎略二盗人民一。

戊子、皇后欲レ撃二熊鷲一、而自二橿日宮一遷二于松峡宮一。時飄風忽起、御笠堕風。故時人号二其処一曰二御笠一也。

辛卯、至二層増岐野一、即挙レ兵撃二羽白熊鷲一而滅之。謂二左右一曰、取二得熊鷲一、我心則安。故号二其処一曰レ安也。

丙申、転至二山門県一、則誅二土蜘蛛田油津媛一。時田油津媛之兄夏羽、興レ軍而迎来。然聞二其妹被一レ誅而逃之。

対《こた》えがあって、「日向《ひむか》の国の橘《たちばな》の小門《おど》の水底《みなそこ》に居て、水葉《みなは》も稚《わか》く出て居る神、名は表筒男《うわつつのお》、中筒男《なかつつのお》、底筒男《そこつつのお》の神が有《い》るぞ」、と曰った。この時神の語《ことば》を得て、教に随《したが》って祭った。然《そ》の後、吉備《きび》臣の祖、鴨別《かものわけ》を遣わし、熊襲《くまそ》の国を撃《う》たせた。未《ま》だ浹辰《しょうしん》も経《た》たないのに、自《おの》ずと服した。且《また》、荷持田村《のとりたのふれ》（荷《か》持《じ》、此は能登利《ノトリ》と云う。）に、羽《は》白熊鷲《しろくまわし》という者が有《い》た。其の為人《ひととなり》は強健で、亦《また》身に翼が有り、能《よ》く飛んで高く翔《か》けた。是以《こんなわけで》、皇命に従わず、毎《いつ》も人民を略盗《りやくとう》していた。

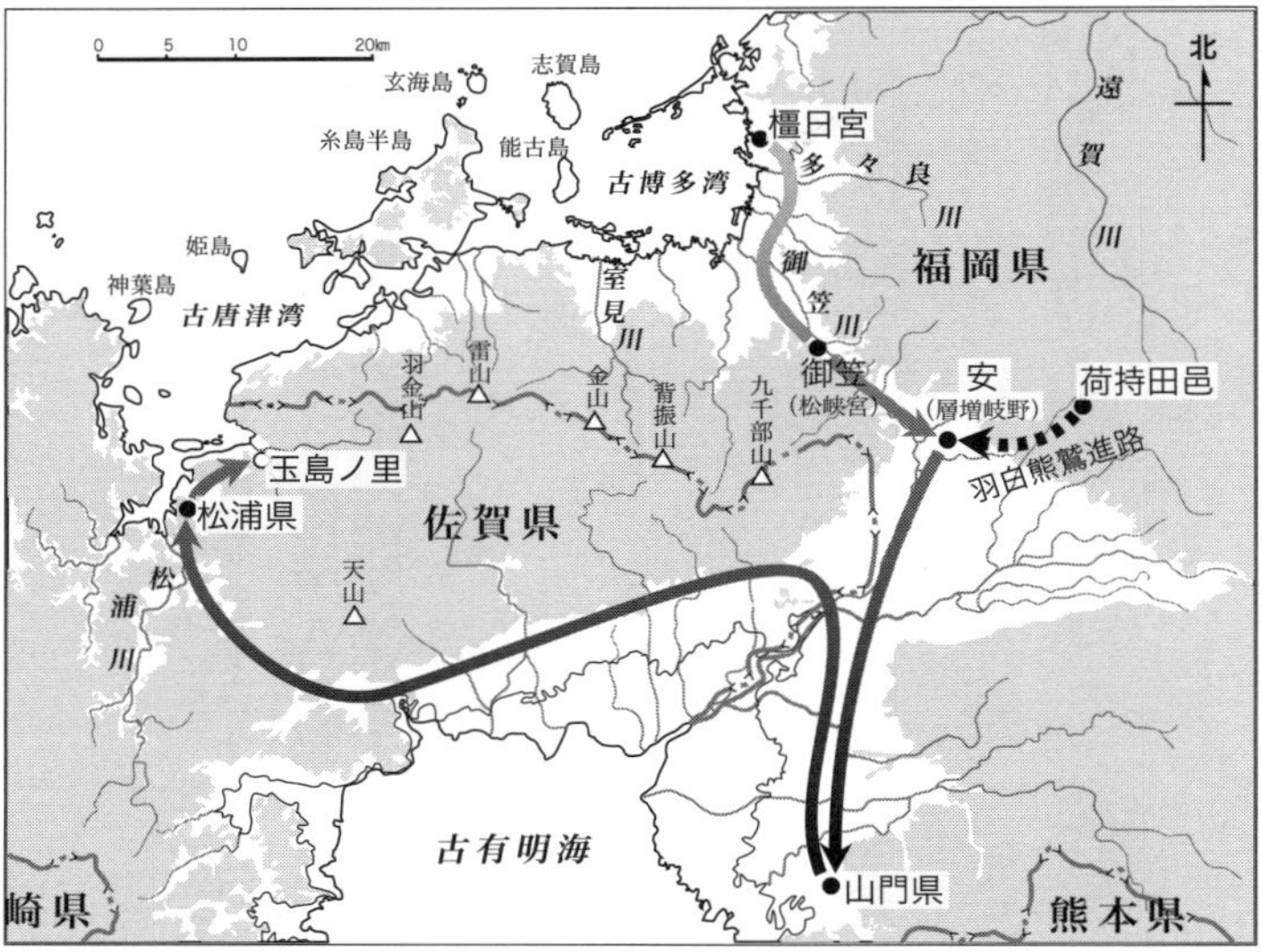

図1　カシツヒメ筑後平定行路図

戊子《つちのえね》〔一七日〕、皇后は、熊鷲を撃とうと欲《おも》い、橿日《かしひ》の宮より松峡《まつお》の宮に遷《うつ》った。この時、飄《つむじ》風が忽《たちま》ち起こって、御笠《みかさ》が風に堕《お》ちた。それ故《で》、時の人は、其処《そこ》を号《なづ》けて御笠と曰った。

辛卯《かのとう》〔二〇日〕、層増岐野《そそきの》に至《いた》り、兵を挙《あ》げて羽白熊鷲《はしろくまわし》を撃って滅《ほろぼ》した。左右に謂《い》うに「熊鷲をうって取ることが得《でき》て、我《わたし》の心は安らかです」、と曰った。故《だから》、其処を号けて安《やす》と曰った。

丙申《ひのえさる》〔二五日〕、転じて山門《やまと》県に至り、土蜘蛛の田油津《たぶらつ》媛を誅《ころ》した。この時、田油津媛の兄の夏羽《なつは》が、軍を興《おこ》して迎えに来た。然《しか》し其の妹が誅《ころ》されたのを聞いて、逃げていった。

文章Bのはじめにみえる、小戸と熊襲国とは、亡夫ニニギに由縁がある。だから神功紀の冒頭にある文章Bは、その実、カシツヒメの記事とみなされる。女同士なので神功紀にはめこんだ、というよりも、神功じしんがカシツヒメの身代わりという方が、当たっていよう。Bに出る地名を地図におとすと、図1のようになる。すなわち、ニニギが日向から橿日にかけての博多湾岸を確保した以上に、カシツヒメは筑紫の全体から肥前（佐賀県）までを平定したのである。肥前で戦闘がないのは、ニニギの襲の平定の影響であろう。

橿日の宮の聖家族――xはヒコホホデミ　二つ章では、周芳《すわ》の沙麼《さば》という地名が、紀の中に分散した原書を復元する導きになった。それに相当するのは、三つ章では、橿日宮である。ニニギは、橿日の姫カシツヒメと結婚して、橿日宮で暮らし、死んだ、と考えられる。カシツヒメは、もとより橿日宮に居た。羽白熊鷲《はしろくまわし》を撃つのに、「橿日宮自《よ》り松峡宮《まつお》に遷《うつ》った」と、神功紀の文章Bにあった。すると二つ章でみたx、あの橿日宮から出発して、中部九州の土蜘蛛を征討したxの正体は、ここであきらかになる。ニニギとカシツヒメとの子、ヒコホホデミである。

(a)父ニニギは、博多湾岸（日向、橿日）、（日向の襲）
(b)母カシツヒメは、筑紫一円、肥前
(c)子ヒコホホデミは、中部九州（阿蘇山以北）

(a)が神代の天孫降臨の条、(b)が神功紀、(c)が仲哀紀、景行紀と、分散しているが、これらは一連の、弥生前期末、紀元前一世紀ごろの、父、母、子による九州北半のある政治圏――それは倭国しかない――創世史である。この父、母、子は、倭国創世の聖家族である。（六二三頁の図3は、この聖家族三人それぞれの軌跡を示している。）

橿日廟は、仲哀の廟所とされてきた。紀の叙述、物語によってである。しかし、そのもとは倭国を創世した聖家族の橿日宮である。とくにカシツヒメ、ヒコホホデミの聖母子は、紀の作為で、神功・応神にふりかえられ、八幡宮の祭神とかわっていったが、八幡信仰のもとは、海の彼方から来たニニギにはじまる聖家族、倭国の始皇の物語にあった、と考えられる。

倭国創世史　仲哀紀のあの――逆に読むことで解決した――へんな文章から始まった、xの進路は、意外な結果に到達した。倭国については、よく知られているように、三世紀の魏志倭人伝《ぎしわじんでん》が、すでに存在していた卑弥呼《ひみこ》時代の倭国《わこく》を、記録している。しかしいま見おわったxの進路は、その倭国創世の歴史を、われわれに開示してくれたのである。

景行紀のxの進路を検証したなかで、直入《なおり》から阿蘇へこえたこと、この線が土蜘蛛の居住区の南限を示しxは隼人の領域には踏み入らなかったこと、の二項が、重要である。

魏志倭人伝に、女王（卑弥呼）の境界の南に、狗奴国《くな》があり、男子を王としている、とある。そして正始八年〈247〉条には、倭ノ女王卑弥呼《ひみこ》ハ、狗奴国ノ男王卑弥弓呼《ひみくこ》ト、素《もと》ヨリ和セズ、とみえる。この狗奴国を、石原道博の注が「熊襲であろう」（岩波文庫、新訂魏志倭人伝他、一九八五年、四四頁）としたのは、旧通説に従ったもので、これは隼人とみる説がいい。九州北半の倭国と、南半の隼人とは、相拮抗《きっこう》していたのである。これに対し熊襲、土蜘蛛は、倭国連合のなかに入ったことになる。入ったことで、逆に、クマソ、ツチグモの名は消えたと思われる。

紀の作者は、魏志倭人伝を知っていた。誰でも知っているように、神功三九、四〇、四三年の三条は、魏志倭人伝からの引用でなりたっている。卑弥呼は神功《じんぐう》皇后だ、と書紀はほのめかしていることになる。他方、右にみてきたように、倭国創世史の発端部は、ひきちぎられ、細工されて、天孫降臨、神功紀、仲哀紀、景行紀などに、はめこまれていた。なかなかの作文巧者というべきである。

二人のヒコホホデミ

さらに、もう一つ片づけておきたいことがある。ヒコホホデミである。一つ章で、初代神武の名をみたとき、その諱《いみな》すなわち本名が、ヒコホホデミであることに、ふれておいた。

書紀の人名、事柄には、その叙述の順序でのかかわりのほかに、作られた順序でのかかわりがかくれているから、いつも注意の網をひろげて読まなくてはならない。神武ヒコホホデミと、xヒコホホデミとは、どういうかかわり方をしていたのであろうか。

この問題は、津田左右吉に一説があり、これが多くの人にひきつがれている。紀の叙述の順序では、⑴高天原からニニギが天降ってきたが、津田によるとひきつづきすぐ、ヒコホホデミによる東征（北九州から大和への政権移動）の話が、予定されていた。ところが、現にみるように、紀は天降りのあとに、山幸《やまさち》神話（山幸＝ヒコホホデミが海神の宮を訪ねて、その娘と結婚するが、山幸が違約したため離婚となり、陸と海との交通が断たれる）を挿入した。このため、東征は神武の代にもちこされてしまったのだが、この経緯が神武の諱《いみな》ヒコホホデミに残っている――これが津田説だ（津田はニニギ以降を人代とみていて、これには異存がない）。

私見は――既にのべてきたように――津田説とはちがう。まず第一に、倭国史の中で、(イ)ニニギが海の向こうから筑紫の日向に上陸し、日向・肥前（日向の襲）を平定した、(ロ)カシツヒメが筑紫一円、とくに後の筑後を平定した、(ハ)ヒコホホデミが阿蘇山以北の中部九州を平定した、という展開があった。第二に、紀をつくるさい、(イ)(ロ)は「神代下」（巻第二）に、(ハ)は仲哀、景行紀に、はめこんだ。第三に、その景行紀（一二年〜一八年）――じっさいの主人公はxヒコホホデミ――をもとに、神武紀が作られた。そこで第四、景行紀ではヒコホホデミの名は伏せられたが、コピーの神武紀では、その冒頭、諱はヒコホホデミと書きおこされた。大要、このように考える。

私は長いこと日本書紀を読みながら、書紀と魏志倭人伝とが、神功紀三九年条などのような形ではなく、もっと内的なつながりをもっているのではないか、と願望のように想ったことがある。そのこととまったく別に、xの進路を追って、予想もしなかった倭国形成史の端緒に抜け出したとき、ほとんど惘然《ぼうぜん》としながら、なんとはなく、この史料事実が、書紀の成立および構成を解く鍵になるのではないか、と思った。そしてこの予想は、かならずしもはずれてはいなかった。

古代史の新しい枠組み

日本書紀という書物を読むと、たいていの人は神功紀までの叙述が、神話、つくりごと、荒唐《こうとう》無稽《むけい》、という読後感をもつ。江戸時代の紀読者で、先駆的な合理主義者・山片蟠桃《やまがたばんとう》（一七四八〜一八二一）は、彼の百科全書『夢《ゆめ》の代《しろ》』のなかで、こう書いている。「日本紀神代巻ハトルベカラズ。願《ねが》クハ神武以後トテモ大抵ニ見テ十四《〔仲哀〕》五《〔応神〕》代ヨリヲ取用《とりもち》ユベシ。シカリトイヘドモ神功皇后《じんぐうこうごう》ノ三韓退治ハ妄説《もうせつ》多シ。応神ヨリハ確実トスベシ」（思想大系本、二七九頁）。この読後感は、近代の紀読者で、先駆的な文献批判家・津田左右吉（一八七三～一九六一）と、ほとんど同じである。書紀の「神代史の主張は《〔原が〕》歴史的事実を殆《ほとん》ど顧慮してゐない」（全集第一巻、六七七頁）。帝紀の天皇の名の書きかたを考えてみると、「仲哀天皇から前の歴代の〈名の形〉がみな同じであることと、それが応神天皇から継体天皇までの〈名の形〉と全く違ってゐること」に気がつく。「さうして、応神天皇から後の歴代が明かに歴史的存在であるとすれば、仲哀天皇から前のは、すべて同じやうに、そうではない」（同、三〇四頁）。

そこで、[15]応神以後は確実とする山片・津田説が、二次大戦後の古代史の出発点となった。一つ章でみたように、井上光貞は、「最初の統一王朝」を「応神王朝」のことと、していた。一九世紀はじめ（山片の『夢の代』は一八〇二～二〇年に書かれた）から、二〇世紀はじめ（津田の『神代史の新しい研究』は一九一三年、『古事記及び日本書紀の研究』は一九一九年）まで一世紀の書紀解釈が、二〇世紀後半の古代史の前提になっている。これによって、戦中の誤った日本古代史は、大いに正されたが、二〇世紀の最晩期になってみると、この前提を正す必要が生じているように思える。仲哀以前は虚妄で、応神以後が確実という命題、すなわち山片・津田説からの解放が、古代史の新しい枠組《パラダイム》みを生むのではないだろうか。

書紀の三部構成　日本書紀三〇巻は、どのような構造をもつのか。私見では三部からなる。

Ⅰ　「神代」《巻第一・二》から応神紀《巻第一〇》まで。
Ⅲ　仁徳紀《巻第一一》から武烈紀《巻第一六》まで。
Ⅱ　継体紀《巻第一七》から持統紀《巻第三〇》まで。

このうちⅠについては、後篇の二つ・三つ章でみてきた。Ⅰ部は二重構造になっていて、一つは倭国史を盗用した部分、もう一つは、盗用部を利用して、（じっさいは新しい）天皇家の起源（高天原）と始祖（アマテラス―ニニギ…神武）、また始祖たち（神武、景行）の全国平定、をのべた部分。前者が倭国製で、後者は日本国製である。

山片・津田流にいえば、Ⅱ部、継体以後はほぼ確実とされてきた。むろん作為は、たとえば継体《巻第一七》紀、欽明《巻第一九》紀、推古《巻第二二》紀、皇極《巻第二四》紀、孝徳《巻第二五》紀、天武《巻第二八》・壬申紀などに明らかに残るから、Ⅱ部といえども、げんみつな史料批判が必要である。そして、Ⅲ部は、このⅡ部とⅠ部とをつなぐものとして、全文作為された部分である。唐から入ってきた、天命、革命といった中国政治哲学によって、構想されていて、聖帝仁徳《にんとく》にはじまり暴君武烈《ぶれつ》に終わる形である。以下、このⅢ部について、検証することにしよう。

紀の各天皇の条は、おおむねなんらかの即位前紀をもっている。即位までの事情、経過が物語られ、それがないばあい、たんに天皇の后子女を中心にした系譜記事だけということもある。仁徳紀には長い即位前紀がある。父の応神《おうじん》が、末子のウジノワカイラツコ可愛さで、皇太子にしたため、その死後、二種の争いがおきる。一つは兄のオオヤマモリが、皇太子を殺して自分が天皇になろうとしたこと。二つは、ウジノワカイラツコとオオサザキ（仁徳）とのあいだに、互いに皇位を譲って、三年もの空位が生じた。この譲り合いの中で、皇太子が「兄王（仁徳）は聖である」と言ったことが、さりげなく記されている。

ついでだが、Ⅲ部の天皇はほとんどすべて即位にさいして、なんらかの争いをもつのが特徴である。これについて坂本太郎は――むろん史実として見ている点で私と正反対なのだが――こうのべた、「皇室の内部で皇位をめぐって肉親の間の争闘がくり返され、しだいに人がなくなって、皇位継承者にさえ事を欠くに至った」（著作集第二巻、三三頁）。簡略に列挙すると、

(1)仁徳《にんとく》。右に記した。
(2)履中《りちゅう》。次男の住吉仲《すみのえのなか》が、兄履中を殺そうとした。
(3)反正《はんぜい》。すんなり即位したが、その前(2)の争いにまきこまれ、兄の住吉仲を殺したことで、皇太子となった。
(4)允恭《いんぎょう》。群臣の推戴《すいたい》を固辞し、一年（実質は三年）の皇位の空白ののち、即位。
(5)安康《あんこう》。兄の皇太子が同母妹と通じ、群臣がはなれて安康についたため、兵力の争いとなり、ここでも臣民に見はなされた兄が、けっきょく自殺する。
(6)雄略《ゆうりゃく》。兄二人のほか、皇位継承権をもつ三人を殺して、即位。
(7)清寧《せいねい》。吉備稚媛《きびのわかひめ》とその子星川皇子との反乱を制して即位。
(8)顕宗《けんぞう》・(9)仁賢《にんけん》。父を雄略に殺され、二人は逃げて播磨《はりま》にゆき、屯倉首《みやけのおびと》に仕えていたが、ある機をとらえて身分をあかした。それを清寧が知り、自分に子がないので、嗣《あとつぎ》とした。清寧の死後、二人は位を譲りあい、けっきょく弟が先に即位した。
(10)武烈《ぶれつ》。大臣《おおおみ》の平群真鳥《へぐりのまとり》が日本に王たらんとしたのを討って、即位。

むろん皇位は至高の権力だから、顕密《けんみつ》二様の争いをはらむ。I部でも、初代神武[1]の後、北九州の母から生まれたタギシミミと、大和の母から生まれた綏靖《すいぜい》[2]兄弟とで、殺し合いの皇位争いがあった。しかし、その後の欠史八代に皇位継承の争いはなく、崇神《すじん》[10]はタケハニヤスヒコ、垂仁《すいにん》[11]はサオヒコに、即位後叛乱されたが、皇位継承は、景行《けいこう》[12]、成務《せいむ》[13]、仲哀《ちゅうあい》[14]とも、無事であった。北九州生まれの応神[15]は先の綏靖[2]型で、それ以前の大和生まれの兄との、戦闘による争いをへて、即位している。

このI部の皇位継承の様態にくらべ、III部の天皇一〇人が、ほとんど争って即位しているのは、異常であり、同時にIII部の一つの特徴といってもいい。

争いの形は、十人十様だが、仁徳のばあい、当の仁徳は皇位争いから一歩横にはずれた形になっている。オオヤマモリが皇太子ウジノワカイラツコ殺害をたくらんだのを、オオサザキ《〔仁徳〕》が知らせ、皇太子がオオヤマモリを討った。争ってまで皇位に執着するような性格ではないのを示す形だ。これも聖王仁徳の演出というべきだろう。

天命、革命思想

Ⅲ部は、仁徳にはじまり、武烈に終わる。仁徳はさながら聖帝の堯舜《ぎょうしゅん》で、武烈は暴虐の桀紂《けっちゅう》である。すなわちⅢ部は、中国政治哲学によってなりたつ。天命はまず禹《う》に下り、夏《か》王朝が始まるが、久しい後、一七代桀《けつ》が出ると、命ガ革《あらた》マッテ、天命は湯《とう》に革まり、殷《いん》（商）王朝にかわる。六世紀ののち紂《ちゅう》が出ると、殷はほろんで周の武王にかわる。易経、革に、天地ガ革《あらた》マッテ四時《〔季〕》ガ成リタツ、湯武《とうぶ》ハ命ヲ革メ、天ニ順ヒテ人ニ応ジタ、革ノ時ハ大ナルカナ、とあるとおりだ。

Ｉ部の天の思想が、中国哲学の移入であり、したがって高天原が構想されたのは、中国哲学が移入された天武以後、とくに持統期とみなされた。同じように中国政治哲学によって構想したⅢ部は、紀の叙述の順序では古くみえても、紀の作られた順序でいえば、高天原構想とそう隔たらない後代に作られた、新しい部分とみなされる。その証明のために、少し仁徳紀にたちいることにしよう。

聖帝仁徳

仁徳《にんとく》天皇は、私たちが子供のころ、国史の教科書ではなく、修身の教科書にあらわれていた。なんでも、自分の住むご殿の屋根がこわれて、隙間から星の光が洩れるようになっても、まだ税金を免除した、という話で、いま思い出すと、あの修身教科書は、いまの首相以下に習わせたらいいものだった（こう書いたら参議院議員選挙があり、この首相はやめさせられてしまった）。書紀でたしかめると、仁徳四年から十年まで、三年ずつ二度にわたって課役《かえき》を免除している。そして、この話の頭で、仁徳が、「朕《ちん》聞ク、古ノ聖王ノ世デハ、人々ガ徳ヲ詠《うた》ウ音《こえ》ヲ誦シタ、ト」（傍点は山田）、と言い、話の終わりは、六年免除されて豊かになった民が、自発的に仁徳の宮室をみごとに落成させたので、「今デモ聖帝ト称《よ》ンデイル」（傍点、山田）、と閉じられている。（ついでだが、朕《ちん》とは、はじめ万人の自称すなわちオレであったが、のち天子だけの自称になった。）この話は、紀の作者が、十分に計算して、聖帝仁徳像を描く発端においたものである。

課役の免除はなぜ三年か

問題はなぜ三年なのか、課役の免除とはどういうことか、である。仁徳が、課役を三年免除するには、いつの時代であれば、可能なのか。

課役《かえき》とは、律令用語である。唐令では、租、調、役（庸）を課役といい、雑徭《ぞうよう》は入っていない。日本でも、大宝令では、雑徭まで免じるばあいと、免じないばあいとがあったようである。（令の税体系で、租は田税のことで稲で納入し、調は繊維製品や海産物、土地の特産品などからなり、庸は年一〇日の労役の代わりにおさめた布。）

ここ仁徳紀で、「今ヨリ以後、三年ニ至ルマデ、悉《ことごと》ク課役ヲ除《や》メヨ」と書いているのを、たとえば天武六年〈677〉一一月条では、「復ヲ郡内ノ百姓ニ給ス」（或は「郡内ノ百姓ニ給復ス」）と書いている。この給復とは、中国の熟語で、一年の課役をすべて免除することである。そして紀につづく続日本紀では、文武三年〈699〉五月条に、「復三年ヲ給ス」とあるのをはじめ、大宝元年〈701〉八月条に、「…百姓ニ三年ヲ復ス」などとつづく。三年が一年となっているばあいもあるが、書紀の成立直前（養老四年三月）までに、一三度の復記事があり、復の年数は、年数のないもの四、一年が三（年数がないものは当年《そのとし》の意味だから、一年が七）、三年が五、一〇年が一、である。すなわち、仁徳紀の三年の除課役は、紀成立時に多い給復三年と、ひとつらなりにつづいている。仁徳が聖帝たる所以《ゆえん》の話は、仁徳のときではなく、紀成立直前の八世紀の制度にもとづいて、作られたことが明らかである。

日本書紀制作四〇年の皇位継承

もう一つ、見ておこう。書紀は、天武の発意で着手され、元正のとき完成した。この間の天皇位の移動をみると、次のようになる。

天武[1]の死後、天武后の持統[2]は、自分の子草壁《くさかべ》を皇位につけようとしたが、草壁は早死した。そこで草壁の子が育つまで自分が即位し、育ってから譲位した。これが文武《もんむ》[3]である。ところが文武も早死したので、その子（即位して

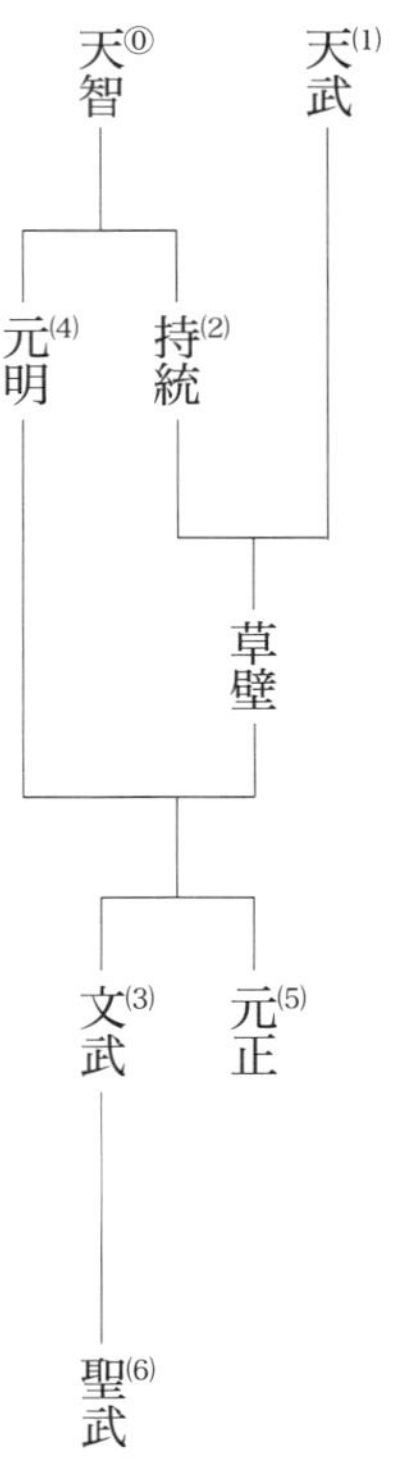

聖武《しょうむ》[6]）が即位するまでを、文武の母 元明《げんめい》[4]、文武の姉 元正《げんしょう》[5]が、中つぎの天皇となった。書紀ができあがる四〇年は、この異例の五代の天皇位の推移と重なっているのである。

Ⅱ部の叙述を見ていくと、継体《けいたい》以後、とくに欽明《きんめい》の子の世代（四人が即位）、孫の世代（一人も即位せず）と、皇位継承のルールが定まっていないような形がつづいている。しかしその後、舒明《じょめい》以後になっても、なお皇位継承の方途は定まらなかったようにみえる。乙巳《いつし》のクーデター、壬申《じんしん》の乱は、皇位継承のルールのなさとも関連しているようにみえる。天武後の皇統を、草壁系に固定しようとするのは、他の天武皇子たちの抵抗、不満をおさえつつ、継承ルールを作るこころみでもあったろう。律令天皇制の成立である。将来の聖武への皇位継承のために、祖母元明が即位するときが、最大の山場であった。

不改常典

このとき、元明は、即位〈707〉の宣命《せんみょう》（和文体の詔）の中で、こう言った、――持統が文武に譲位したさい、「是は、天智《てんじ》天皇が、天地と共に長く日月と共に遠く、改めることのない常典として、立て敷いた法によった」、と。またこの不改常典は、しっかりと不動のものとして代々継承されてゆく、とものべている。この不改常典については、諸説が林立して定説はないのだが、元明即位の宣命では、だいたいは直系の皇位継承法と解していいと思われる。いずれにしろ、日本書紀の完成まぎわ、不改常典は、律令官人たちの問題意識の中にあったものである。

仁徳即位前紀にもどる。その冒頭に、ウジノワカイラツコが仁徳に皇位を譲る言葉が、書かれている。その中に、「兄が上で弟が下、聖者が君で愚者は臣というのが、古今之常典だ」、というのがある。兄弟、聖愚はともかく、古今之常典は、不改常典と、ほとんど同語である。これもまた、復三年と同じく、仁徳紀が、紀完成まぎわの作であることを、示してはいないか。

聖帝―暴君の革命構想が、もう一箇所すけてみえる。雄略《ゆうりやく》紀である。周知のように、この天皇は、はじめ大悪天皇と誹謗《ひぼう》され（二年一〇月是月条）、のち一転して有徳天皇と言われた（四年二月条）。当初の構想では、仁徳にはじまる王朝物語は、雄略で終結する予定だったので、大悪天皇のイメージを作ろうとした。寵愛しようとした百済《くだら》の池津《いけつ》媛が、石川楯と結婚したので、夫婦の四肢を木に張り付けにし、桟敷《さじき》の上に置いて、焼き殺した。この手の話は、のちの武烈の暴虐譚に並べても、ひけをとらないぐらいだ。ところが天皇代数を増やすため武烈までひきのばすことに、紀作製の方針が変更された。その理由は、まだ十分には分からぬが、おそらく、百済三書といわれる百済史を、書紀にとりこむため天皇代数を益す必要があったと推考される。I部には、「百済記」を神功、応神両紀に引いており、II部には「百済本記」を継体、欽明紀に引いて、日本国が早くから一貫して百済に対し、優越した地歩をしめてきたかのような叙述をしている。このI部とII部を結ぶIII部には「百済新撰」が利用され、雄略、武烈両紀に引用されている。このさいご、雄略紀から武烈紀にかけて、武寧《ぶねい》王にいたる百済王統譜が描かれているが、問題が多くそれとからんで、武烈へのひきのばしの理由が解けるのではないだろうか。

暴君武烈

武烈の国風諡号は、小泊瀬稚鷦鷯《おはつせのわかさざき》である。とても暗示的な名だ。

仁徳に始まり雄略で終わる構想がひきのばされた。そこで、新しいラスト・エンペラーの名は、仁徳

大鷦鷯（仁徳）
大泊瀬幼武（雄略）　＞　小泊瀬稚鷦鷯（武烈）

と雄略の名幹（泊瀬と鷦鷯）をはり合わせ、形容の大を小・稚にかえて作った。そういうことをしのばせる名だ。

　武烈紀は、まことにおかしな巻である。大連《おおむらじ》の大伴金村《おおとものかなむら》が、「日本ニハ必ズ主アリ、日本ニ主タル者ハ、陛下ニ非ズシテ誰ゾ」とすすめて即位させた武烈が、暴君だったのである。この話も日本の称が七世紀末にならないと成立しないところからして、ごく新しい。暴君の文字は、直接、武烈については使われていないが、四年是歳条に、「百済ノ末多《まった》王ハ無道デ、百姓ニ暴虐シ、国人ハ遂ニ除イテ、嶋王ヲ立テタ、是を武寧王ト為ス」とあり、暗に暴虐の王は除かれることが、示されている。

　日本書紀を少し読み馴れてくると、文の調子があまりに漢文くさい箇所に、気づくようになる。もともと漢文体の紀の中で、ひときわ流麗あるいは格調高い名文なのである。こういうのは漢籍からの盗用である。武烈紀は、たあいない話の中に、漢籍からの盗用が多い巻である。とくに芸文類聚《げいもんるいじゅう》・帝王部からとっている。ついでにいうと、書紀はじつに多くの漢籍を参考にしていて、紀の作者は座右にこれら多くの書をおいていた、と考えられてきた。いちいち原書からではなく、中国式の百科全書である類書《るいしょ》からの孫引きだと、例証、指摘したのが、小島憲之《のりゆき》である（ただし紀には、芸文類聚からと、それとはちがう類書からの引用とが重なったケースがある。日本書紀史注、巻第一、第一段本文注2、二〇頁参照）。武烈紀はその見本といっていい巻だ。妊婦の腹を刳《さ》く話は、呂《ろ》氏《し》春秋《しゅんじゅう》のある注釈の文が、そっくり下敷きになっているものだし、また八年条のやや卑猥な話も、古列女伝を下敷きとした作文である。芸文類聚は、一〇〇巻、唐の欧陽詢《おうようじゅん》（五五七～六四一）らが勅に応じて作成した類書である。当然に七世紀半以後でないと、日本へは入ってこない。これは、武烈紀の新しさの傍証になる。

造作と文飾の区別はない

津田左右吉は、紀について、造作と文飾とを区別した。造作がまったくの作文であるのに対し、文飾とは、武烈なら武烈の時代にあった事実を核としながら、文章表現は、紀成立時の律令制の用語や観念、また漢籍によって、飾ったものをいう。そこで、「一般的にいへば、書紀のなかに用ゐられてゐる令制と一致する語は、当初のものか撰者の修飾を経たものか不明である」（青木和夫、日本書紀考証三題、一九六二年）というのが、常識となった。しかし一般論をふみこえて、個別に紀の文章を分析し、それにその条の史料批判を重ねると、これまで文飾という保留条項によって、史実でないものを史実化してきた誤りを、正せると思う。

武烈紀の中に、令制用語をさがしてみよう。即位前紀に、即位前の武烈が、大臣親子と争う話がある。武烈が大臣に官馬を求めると、大臣は「官馬はだれのために飼養しているのでしょう、ご随意に」とは言ったが、いつまでたっても都合しなかった、とある。この官馬は、養老厩牧令《きゅうもくりょう》に使われている令制語の一つだ。律令政府は、牧《うまき》で官馬・牛を飼育し、軍団や駅制の駅馬などに配した。駅馬は、身分・位階によって匹数がげんみつに規制されていた。親王・一位が一〇匹、三位以上八匹、四位六匹、五位五匹、八位以上三匹、初位以下二匹。

ところでその厩牧令6条（牧牝馬条）に、凡《およ》ソ牧《うまき》ノ牝馬《めうま》ハ、四歳ニ遊牝《ゆうひん》セヨ、とある。遊牝は游牝である。游牝は、古くは、礼記《らいき》、月令につかわれ、唐律、厩庫、釈文に、游牝ハ、三月春分ノ時、放蓄シテ相配セシメ、以テ駒犢《くとく》ヲ生ムノヲ謂フ、とある。游牝すなわち交尾である。それが日本令では遊牝となって、唐律からとりいれられた。

さて、こんな考証をしたのは、武烈紀の冒頭、大臣の平群《へぐり》親子と太子（武烈）が争ったさい、官馬という律令用語がでてきた。この官馬単独では、「一般的にいへば、…〔武烈期〕当初のものか〔八世紀初の〕撰者の修飾を経たものか不明」である。ところが、武烈紀の終わり（八年三月条）は、女を裸にして、その前で馬に遊牝《つるび》させ、濡れたものは殺し、濡れないものは官婢《つかさやつこ》とした、という話である。始に官馬、末尾に遊牝と、同じ廐牧令の用語を照応させているのは、偶然ではない。加えて、芸文類聚など漢籍の多用もあれば、これは武烈期当初のものでもなければ、撰者の修飾を経たものでもなく、紀作製時の造作とするほかはない。官婢も、令制賤民の最下層をなす官奴〔男〕婢〔女〕の官婢で、当然ながら令制用語である（戸令35条など）。

直系の皇位継承

もう一つ気になるのは、直系の皇位継承である。よく知られたことだが、初代の神武から仁徳までは、一箇所をのぞいて、ずっと直系継承である。一箇所とは、次の系図が示す、

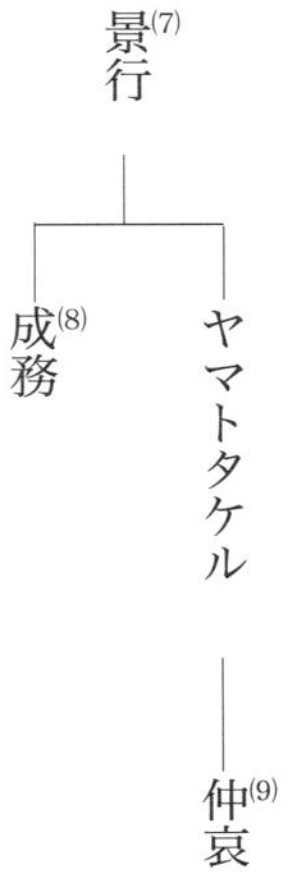

成務から仲哀へ、父子ではなく、叔父—甥の継承である。ところが仁徳の子の世代からは、（このばあいは長男・履中から末子・允恭まで三人の）同世代継承に変わっている。

たしかに見かけ上は、仁徳とその子とのあいだに、継承方法の交替があるようにみえる。そうなった理由は、おそらく、つぎのようである。Ⅰ部は仲哀、神功で終わりだったが、この仲哀・神功を、ニニギとカシツヒメのカーボン・コピーとしたため、ヒコホホデミにあたる応神をもって、Ⅰ部をしめくくることになった。Ⅲ部は仁徳を聖帝として構想したので、このⅢ部とⅠ部とを接続するさい、仁徳を応神の子とするのが、便宜であった。こうして、父子継承は形としては、仁徳までのびた。

元嘉暦、儀鳳暦

このことと重なって、暦の問題がある。紀によると、持統四年一一月、勅によって始めて元嘉《げんか》暦、儀鳳《ぎほう》暦を用いた。元嘉暦は、南宋の何承天《かしょうてん》が、元嘉二〇《443》年につくり、二二年から使用され

た。これに対し儀鳳暦とは、唐の李淳風《りじゅんふう》が、麟徳二年〈665〉につくり、儀鳳中（六七六〜九、天武五〜八）に日本に伝わったもの、とされる。たちいると少し問題が残るが、いまは、元嘉暦が古く、儀鳳暦が新しい、と心得ればそれで十分である。

紀の研究領域の一つに、暦の問題がある。小川清彦「日本書紀の暦日に就《つい》て」は、神武から五世紀までの年月日は、儀鳳暦で計算され、安康元年以後が元嘉暦で計算されている、と指摘した。すなわち、紀の古い部分は新しい暦、新しい部分は古い暦で、年月日が定められているという、おもしろい事実がうかびあがってきたのである。

岸俊男は、この暦の問題を、その画期としての雄略朝に利用した。安康紀《巻第一三》は、短く、そして安康のための記事よりも、雄略のための記事が多い。見方をかえると、雄略のための安康紀である。あるいは安康紀はプレ雄略紀である。だから、安康以後が元嘉暦によっているということは、本質的には雄略紀《巻第一四》以後が元嘉暦ということになる。雄略期にはすでに元嘉暦が伝わっていたのではないか、と岸が考えたのは無理からぬところもある。弟子の和田萃は、ここから、「雄略紀以降にこそ、記録にもとづいた記述が部分的に含まれている。雄略紀以前の部分に比し、より信頼をおきうる」（古墳の時代、二一五頁）、とした。この本で和田が、「雄略以前の記紀の記述を意識して採用していない」（同）のは、そのせいだった。津田左右吉は、帝紀（天皇系譜など）について、応神以後はほぼ確実としたが、和田は、旧辞について、雄略以後は確実な部分がある、としたことになる。

暦の件にもどる。岸の考えは、私からみると、年月日の記述（暦による計算）と暦の伝来の問題とをやや性急に結びつけたようにみえる。すなわち、書紀の記す年月日は、ほとんど信用できない。「暦の輸入使用せられたと認められる以前の時期にあたる部分について、原資料にそのような記載のあった筈がなく、書紀の編者が、中国の史書の体例を模して造作した架空の数字であることは、今日学界の通説となっている。津田左右吉は、欽明朝に暦博士が百済から渡来したのを事実と認め、それ以前の記録が年代記の形をとっていたとは考えられず、したがって、書紀の編者がまず長暦を作り、それに基づいて年代記の形を整えたのであり、欽明朝以前についてはいうまでもなく、それ以後の部分についても、造作された年月日の記載のあることを指摘した」（坂本太郎、古典文学大系・日本書紀、上、一九六七年、補注3―一七）。年月日の記述は、ほとんどが造作である。造作にさいしては、まず長暦がつくられる。長暦とは、ある「暦法によって過去を推算して作った暦」（広漢和辞典）である。すでにみたように、安康紀をさかいに、それ以前の長暦は儀鳳暦の暦法によって作られ、それ以後の長暦は元嘉暦の暦法によって作られた。長暦作製の作業は、いわゆる帝紀、旧辞の部分の作者とは別に、暦法に通じた暦博士によってなされた、と考えられる。

紀の古い部分が新しい暦法（による長暦）、新しい部分が古い暦法（による長暦）にもとづくのなら、古い部分が後に、新しい部分が先に作られた、と考えるのがふつうである。しかし事はそうかんたんではなく、いくつかの可能性がある。⑴各天皇紀が、それぞれ分担した史官の手で完成したのち、⑷二人の暦博士が紀全体を二分して、それぞれ年月日をつけた、二人のうち一人が元嘉暦法、一人が儀鳳暦法の専門家だった、⑽あらかじめ暦博士の作製した二つの長暦をもとに、年月日担当の二人の史官が、紀全体を二分して、それぞれ年月日をつけた、⑵可能性はうすいが、各史官が分担の各紀を書くさい、先にでき配布されていた長暦をもとに、年月日をいれた、などが考えられる。このほかもあろうが、⑵を可能性がうすいといったのは、分担の史官が何人であったかは不明だが、配布された長暦によって書かれた各巻が、紀完成ののち、安康紀を境に、元嘉暦法の長暦によった巻、以前は儀鳳暦法の長暦によった巻と、みごとに二分されるとは、考えにくいからである。

いずれにしろ、安康紀で二分されている暦法のちがいは、紀成立論（紀のつくり方）にかかわる問題で、歴史的事実の問題ではない。暦法のちがいから、元嘉暦が雄略朝に伝来したという史実を推論するのは、筋ちがいであるように思える。

また暦法のちがいは、年月日に限られた事柄で、書紀の全記事が成立するのに（たとえば、先の新しい部分が先につくられ、古い部分が後につくられた、といった）意味をもつとは思えない。

皇位継承の仕方のちがい、暦のちがいから、履中ないし安康または雄略といった、いわゆる五世紀の天皇たちに、画期をみとめるのは、やや考えちがいのように、私にはみえる。

四《よ》つ章　書紀のズイから古代史《テンジョウ》のぞく

日本書紀というレンズから古代史を眺めるには、レンズそのものがどういう構造なのかを知らねばならない。三枚のレンズが組み合わされ、一枚目は、神代から応神までで、倭国史を日本国史に書き替えかたがた、律令天皇家の淵源《えんげん》の古さを示したもの。二枚目は、継体から持統までで、ここはなお造作、文飾を史料批判で除く必要があるが、孝徳以降が実在した天皇王朝史だ。三枚目は、仁徳から武烈までで、一枚目と二枚目をつなぐため、中国の革命史観、聖帝―暴君構想で、つくられたもの。

江戸の山片蟠桃《やまがたばんとう》、大正の津田左右吉説は、仲哀・神功まではつくり話で、応神以後から部分的に史実とみとめてもよい、とするものであった。前章までに、二次大戦後の古代史が、この山片・津田説を前提に組みたてられ、岸・和田にいたって、紀の確実のラインが、応神から雄略に後退させられたことも、みておいた。古代史の画期的な説が、紀の読み方とふかくかかわっているのが、わかる。まさしく、書紀のズイから古代史《テンジョウ》のぞく、である。

井上光貞「帝紀から見た葛城氏」　二次大戦ののち、敗戦とともに日本書紀の叙述にそっていた古代史が崩壊した。たとえ津田が、応神以後はほぼ確実と言っていたにせよ、日本書紀そのものの信憑性がほとんどなくなったのだから、古代史の再構築には、いちじるしい困難が予想された。

井上光貞「帝紀からみた葛城氏」は、敗戦後、一一年（一九五六年）目に書かれた。さらに九年後（戦後二〇年）、『日本古代国家の研究』（一九五六年）に収録したとき、井上じしん、この論文について、次のように解説した。「この論文は、記紀の原史料として六世紀中葉にかかれた皇室系図すなわち帝紀の復元と、その史料的価値の検証、及び中国の宋書、朝鮮の百済記などの海外史料との対照などによって、この葛城氏の興起と繁栄、及び没落の過程をたどったものである」（五頁）。文中、この葛城氏とあるのは、引用文の直前に、「葛城氏は私の考えでは、大和政権を構成する中央諸豪族のうちで確実な史料によってとらえ得る最古の氏族である」（五頁）と書いていたのを、うけている。そしてつけ加えた。「なお皇室では応神、氏族では同じ時期の葛城氏が、記紀に記された最初の確かな実在者であるという考えは、『日本国家の起源』（一九六〇年）という小著の論旨の土台になっている」（六頁）、と。『日本国家の起源』については、一つ章で説明しておいた。

天皇では応神、氏族では葛城襲津彦《かづらきのそつひこ》が、最初の実在者だ、という見解は、みごとに津田説をいかしたもので、いかにも戦後的な感じがする。しかし、いかんながら、応神、ソツヒコともに実在したとはいえない。応神についてはのべたから、ソツヒコにふれよう。(イ)葛城襲津彦は、神功五年三月条に初出するが、その身元が分かるのは、(ロ)同六二年条に、ソツヒコを派遣して新羅《しら》を撃った、とある記事だ。(イ)ではフルネームで書かれているのに、(ロ)では個人名（ソツヒコ）だけが記されている。これはめずらしいことで、葛城のような「政権を構成する中央諸豪族」を、氏名を省いて個人名だけを出す例は、ほかにまずない。なぜか。(ロ)の文をあげてみよう。

〔原文〕六十二年、新羅不レ朝。即年、遣二襲津彦一撃二新羅一。百済記云、壬午年、新羅不レ奉二貴国一、貴国遣二沙至比跪一令レ討之。（下略）

〔現代語訓み下し〕六十二年、新羅《しら》が朝《まみ》えなかった。即年《そのとし》、襲津彦《そつひこ》を遣《つか》わし新羅《しら》を撃った。百済記《くだらき》は云う、壬《じん》午《ご》〔三八二〕の年、新羅が貴国に奉《たてまつ》らなかった、貴国は、沙至比跪《さちひこ》を遣わして討たせた。

長いこと日本書紀を読んできて、しだいにある種の好感をこの書物に見出している。右文はその一例である。

紀によせる好感

ここでなぜ、氏名なしに襲津彦とだけ書いたのか。理由は明白である。史料の百済記に沙至比跪《さちひこ》とあるので、これをもとに襲津彦をつくった。サチヒコとあるのをソツヒコはともかく、カヅラキノソツヒコとまではすることができない。だからソツヒコでとどめた。ところが、井上光貞の論法では、葛城襲津彦は、日本側の文献（紀）にも、外国の文献（百済記）にも出てくるから、実在した人物ということになる。しかし日本側の文献のソツヒコは、外国の文献サチヒコからつくった虚像にすぎない。虚像を証拠に、実在したとは言えないことだ。

もし右文で、本文だけがあって、分注（原文では二行にかき分けているので分注という）がなかったなら、（いちばん困るのは井上さんで、ソツヒコ実在論をたてることができなくなるが）なぜ（葛城襲津彦ではなく）襲津彦なのかは、解けない。ここだけではないが、紀という本は、肝心の箇所では、謎解きの鍵をいつもなんらかの形（ここでは分注という形だが、ほかにもいろいろな形がある、二つ章でのべた原史料の文を逆にしたためにへんな矛盾を残しているのも、その一つの形である）で残している。それが、私の紀によせる好感のもとなのだ。

井上の論文「帝紀からみた葛城氏」の中の、葛城氏についての論は後まわしにしよう。この論文が戦後の古代史に対してもつほんとうの意味は、葛城氏論にあるのではない。この論文をとりあげたのは、以下においおいのべていくように、この論文が、二次大戦後の古代史の方法と枠組みとを、集約して構築しているからである。この論文の目次は次のようである。

一　帝紀の性質
二　帝紀の信憑性
　イ
　ロ
　ハ
三　書紀から見た葛城氏の歴史
　イ
　ロ
　ハ
むすび

紀を読むさいの箴言　まず、この論文のはしがき冒頭のパラグラフを、ひいておく。これは、日本書紀を読むとき、誰でもいつも念頭においておくべき、箴言《しんげん》の一つである。

「古事記は一種の文学作品である。日本書紀にしても、古事記の記載と対応する部分、つまり帝紀・旧辞にもとづいている部分は、だいたいにおいてその性質を同じくしているといってよいであろう。従って、古事記や日本書紀が、過去のある時代について何事かを述べている時、その述べられていることの大半は、その時代の歴史事実と認めるわけにはいかないのである。そこには、帝紀・旧辞の述作当時に全く架空に作られたものもあろう。またその帝紀・旧辞がなにかの所伝にもとづいて書かれたと仮定されても、その所伝が文学的に形象化されているために、元のおもかげをほとんど失ってしまった場合が少なくはなかろう。まして帝紀・旧辞が古事記なり日本書紀なりの形にまとめあげられる過程においては、さらに著しい修飾が加えられたであろうことは容易に推察されるところである。したがって、古事記及びそれと対応する日本書紀の記載、換言すれば六世紀以前についての記紀の記載のなかから、史実を探りだすということは原則として絶望的である。またごく恵まれた場合でも著しく困難である」（二九頁、傍点山田）。

紀に記された事がそのまま史実だった、戦前、戦中の史観とくらべて、ここには、紀記の記事から史実は探れないとの、いかにも戦後的な出発が、明示されている。

帝紀・旧辞はなかった

ただ右文の中に、帝紀・旧辞という言葉がみえる。この用語は、一つは古事記の序（記序）からくる。その中に、(1)諸家ノ賷《も》ツ帝紀ト本辞ガ既ニ正実ト違《タガ》ヒ、多ク虚偽ヲ加エタ、それで(2)帝紀ヲ撰録シ、旧辞ヲ討《たず》ネ覈《きわ》メ、偽ヲ削リ実ヲ定メテ、後葉《のちのよ》ニ伝ヘ欲《た》イ、そこで(3)稗田《ひえだ》の阿礼《あれ》ニ帝皇日継ト先代ノ旧辞ヲ誦《よ》ミ習ハセタ、とある。

紀の方では、欽明《きんめい》二年三月条の分注に、(4)帝王本紀ハ、多ク古字ガアル、とみえ、さらに天武一〇年三月条に、(5)帝紀及ビ上古ノ諸事ヲ記シ定メサセタ、とある。

以上を整理すると、

(1)帝紀　本辞　（記）
(2)帝紀　旧辞　（〃）

(3)帝皇日継　　先代旧辞　（〃）
(4)帝王本紀　　　　　　　（紀）
(5)帝紀　　上古諸事　　　（〃）

となり、概括して帝紀・旧辞と称したなりゆきは、了解できる。そして(4)から、欽明の時に、成書としての帝紀ができていた、という説が、武田祐吉（『古事記研究一―帝紀攷』、一九四六年、九六頁～）や、津田左右吉（『日本古典の研究、上』、一九四八年、全集第一巻、四四～七頁）によって提出された。井上は、これらをついで、「一、帝紀の性質」で、「私は、多くの諸家のように帝紀は成書であったと考えている」、という。しかしその確証はない。まず記序で、(1)は、諸家がもつ多数の資料で、津田や井上のいう成書めいた形を想定させるが、それぞれがみな異なりながら、全体としては正実とちがってしまい、多くの虚偽を加えたものだから、下文(2)にあるように、別に撰録するよりほかはない代物だ。(2)は、(1)を削偽定実して、新しく帝紀、旧辞を撰録したい、との意味だから、いま現在はなんにもないもの。(3)は、(2)の準備として、帝皇日継、先代旧辞を暗誦させたが、それきりになったもの。つぎに紀にうつって、(4)は、その文献的な身元がわからないが、欽明二年三月条分注は、欽明当時のことではなく、紀作製時のことを述べている。そう見るのが穏当である。(5)は、これからつくるもののはしりとして、ごく一部を（こんにちの着工式で、儀礼的に盛砂を木鍬でくずすように）記してみせただけのもの。以上、(4)のように部分的な資料の存在を示す記事はあるが、おちついて見れば、全体的な成書としての帝紀があった証はない。

帝紀問題でつけ足せば、ここでも紀そのものの史料批判によるよりは、一つに津田左右吉や武田祐吉の学説にたよる傾向がみえ、もう一つは、紀そのものの史料批判に、安易に古事記による解釈をもちこみ、紀記混在で物事を解する傾向がある。和銅〈712〉五年に古事記ができたことは、記序が和銅五年正月二八日の日付をもつ以外に、なんの根拠もない。百歩譲ってこの日付をみとめても、帝紀、旧辞への言及は、いま見たようにその実在を示さず、これをもって帝紀、旧辞の存在を証することはできない。この点で井上論文には、出発点からまちがいかねない危うさがあった。かろうじてとどめたのは、「帝紀の記述がどれだけ史実にもとづいていたか」という疑問である。この疑いは、先に引いた冒頭の文にあった、「記紀の記載のなかから、史実を探りだすということは原則として絶望的である」という、戦後的な判断に通じていた。

倭の五王問題

こうして井上は「二、帝紀の信憑性」（三五頁以下）を問うことになる。帝紀は信用できないのだから、「歴代天皇がたしかに実在したという外的証拠」（三五頁）、すなわち紀以外の史料での証明が、必要になる。井上がえらんだのは、イ「倭五王時代の諸天皇」である。「仁徳または履中以後の天皇、厳密にいえば雄略までは、その実在が外的証拠によって確かめられる」（三七頁）、と井上はいう。

倭の五王とは、中国史書の一つ梁の沈約（四四一～五一三）編、宋書倭国伝《そうじょわこくでん》に記された、讃《さん》、珍《ちん》、済《せい》、興《こう》、武《ぶ》のことである。作られた順でいうと、宋書は三国志（魏志倭人伝）のつぎの史書である。倭の五王は、いまは日本史の教科書すべてに、記されている。

この五王を、どの天皇にあてるかという問題は、江戸時代、松下見林《けんりん》が手をつけた。『異称日本伝』はこう記す、「今按、…讃、履中天皇の諱、去来穂別の訓を略す。珍、反正天皇の諱、瑞歯別、瑞、珍の字形似る、故に訛りて珍と曰ふ。済、允恭天皇の諱、雄朝津間稚子、津、済の字形似る、故に訛りて之を称す。…興、安康天皇の諱、穴穂訛りて興と書く。武、雄略天皇の諱《〔いみな〕》、大泊瀬幼武《〔おおはつせのわかたけ〕》、之を略するなり」、と。イサホワケ（履中）の二字目サを讃と書いたのだといった、天皇比定法は、以後ずっと研究者を束縛している。げんに井上光貞も同じ手法だ。一例だけあげると、「仁徳の御名、オホサザキのサザは、持統天皇の御名、鸕野《〔うのの〕》讃良《サラ》にもみられるごとく讃の音に通じている」

（三七頁）、といった具合である。ただし仁徳は讃よりも在位が早すぎ、また宋書の記す系譜とあわないので、しだいに履中とするようになってきているが、履中とした場合、その在位年数と讃の在位年数とが大きくくいちがう。あちら立てればこちら立たずといった状況である。

天皇に比定する手法批判

この松下見林から現代の古代史家までをとらえている手法を批判したのが、古田武彦（『失われた九州王朝』、一九七三年）である。㈠、仁徳の諱は第三・第四音サザをとり、履中のばあいは第二音をとったり、統一もルールもない。㈡、大泊瀬幼武（雄略）からは武という字をとり、穴穂（安康）からは、音がまちがって興となったと、音のことにしたり、恣意的である。㈢、そういう自分に都合のいい手法をとりながら、まだ説明できず、字が似ているので、瑞が珍、津が済となったと、誤字説までもちだした。

古田は、さらにすすんで、宋書の全叙述の中で、松下見林から井上光貞にいたるやり方、すなわち長い名の中のある一音を恣意的にえらび、漢字一字にかえて表記したような例があるのかどうかを、たしかめた。まず宋書夷蛮《そうじょいばん》伝《でん》からひく。

(1) （高句驪国）高句驪《こうくり》王高璉《れん》、晋の安帝の義熙《ぎき》九（四一三）年、長吏高翼を遣わし、表を奉じ、赭白馬《しゃはくば》を献ず。〈宋書九十七、夷蛮伝〉

(2) （百済国）義熙十二（四一六）年、百済王余映を以て使都督《しとどく》百済諸軍事鎮東将軍百済王と為す。〈同右〉

高句麗《こうくり》も百済《くだら》も、早くから中国と交流し、中国風の二字名称を使うようになっていた。右の(1)(2)はそのことを示し、宋書はそのまま二字名で表記した。このさい高句麗王だから高璉といい、百済王だから国名夫余の一字をとって余映といった。宋書五、文帝紀が、五王の一人済を、倭王倭済と書いたのも、同じ書き方だ。

つぎに古田は、宋書の中に、現地風の名称（たとえば倭国ではヒミコ）が、中国風名称（倭国では倭王讃）にかわる例を見出す。

(3)索頭虜《さくとうりょ》、姓託跋《たくばつ》氏……索頭単于《ぜんう》猗馳《いた》、軍を遣わして騰《とう》を助く。懐帝の永嘉二〔三〇八〕年、馳の弟盧、部落を率いて雲中自り鴈門に入る。……上の孫、什翼鞬《じゅうよくけん》勇壮。……鞬死す。子の開、字《あざな》は渉珪《しょうけい》、代りて立つ。……開の次子済王、嗣の字木末。……嗣死して謚《おくりな》して明元皇帝と曰う。子の燾《とう》、字は仏貍《ぶつり》、代りて立つ。〔元嘉〕十七〔四四〇〕年、寿、太平真君元年を号す。十九年虜鎮東将軍武昌王宜勤庫莫提《ぎろくこばくてい》、書を益、梁二州に移す。

〈宋書九十五、索虜〉

(3)について、古田の解説をきこう。次のようである、――〈右において、「索頭」「託跋」「猗馳」「什翼鞬」などは、原音の表音表記である。ところが「什翼鞬」の子「開」に至っては、〝字〟として「渉珪」という名と、中国風の一字名称「開」と二つの名をもっている。この中、字《あざな》という方が、父の什翼鞬のような部族風名称だと思われる。しかるにこれとは別に、「開」という中国名をもつに至ったのである。このあと、「嗣―木末」「燾―仏貍」の関係も同一だ。／一方、「宜勤庫莫提」のように、部族風名称だけの人物も臣下にあり、この方は忠実に原音の漢字表記をしている。右のような部族風名称だけの段階より中国風名称をももつにいたる変化の過程。それは、すなわち「卑弥呼」のような部族風名称より「讃――武」といった中国風名称の所有への変化とそっくりだ。彼らは当然、別に倭国風名称もまたもっていたはずだから、二通りの名前をもっていたのだ。右の索頭虜の例の、「名」と「字」の併用のように。〉

宋書のつづきが南斉書《なんせいしょ》で、そのつぎが梁書《りょうしょ》。倭の五王のさいごの武は、この三書に出てくるのだが、梁書は、百済の武寧王を、余隆と記す。これは(2)の余映と同じ、中国風の名称である。他方、この王の百済名は斯麻《しま》である。隆と斯麻とでは、音や字に共通ないし対応するものはない。これは松下見林の手法が、たんなる思いつきでしかないことを、示している。元禄の見林の思いつきが、昭和の光貞をも走らせていたわけだが、そろそろ元禄からの呪縛をたちきってもいいのではないか。

百済の余隆、倭の倭讃…武など、東アジアにひろく中国風の名称が波及してくるが、そもそも中国風名称をもちいはじめたのは、いつ、どこのことか。古田は、「その、もっとも早い先例は匈奴《きょうど》の場合である」といい、漢書からその例をあげているが、いま二例を示す（人名の訓みは小竹武夫による）。

(4)始め呼韓邪《こかんや》、左伊秩訾《さいちつし》の兄呼衍《こえん》王の女二人を嬖《へい》〔寵愛〕す。長女の顓渠閼氏《せんきょあつし》、二子を生む。長は且莫車《しょばくしゃ》と曰い、次は囊知牙斯《のうちがし》と曰う。少女《いもうと》は大閼氏《だいあつし》と為り、四子を生む。長は雕陶莫皐《ちょうとうばくこう》と曰い、次は且麋胥《しょびしょ》と曰う。皆且莫車より長ず。少子の咸《かん》、楽《らく》二人、皆囊知牙斯より小なり。〈漢書、匈奴伝下〉

(5)呼韓邪死し、雕陶莫皐《ちょうとうばくこう》立つ。復株絫若鞮単于《ふくしゅるいじゃくていぜんう》と為る。……復株絫単于復た王昭君を妻とす。二女を生む。長女云《うん》を須卜居次《しゅぼくきょじ》と為す。〈漢書、匈奴伝下〉

古田はいう、〈中国の天子に臣従した呼韓邪の子供の段階において、匈奴に中国風の一字名称が発生したことを示すのが右の(4)の史料だ。その末端の子二人におよんで、「咸」「楽」という一字名称が発生しているのは興味深い。その「咸」が単于となって、「烏累若鞮単于咸」と称している。部族風名称と中国風名称の併用である。／(5)は有名な王昭君の子供の例だ。王昭君がはじめこの呼韓邪単于に嫁し、呼韓邪単于が死ぬと、匈奴の慣例に従って弟の復株絫若鞮単于の妻となった。そして生んだ子供に対し、「云」という中国風一字名称と、「須卜居次」という部族風名称とを共有させているのである。／『漢書』匈奴伝の最初には、「其の俗、名有りて諱《いみな》せず、而して字《あざな》無し」と書かれている。「頭曼」「冒頓」「老上稽粥」「軍臣」「伊穉斜」といった部族風名称を誇りとし、漢の最大屈強の敵手となってきた匈奴も、漢に和親を乞うにいたって、このような名称上の変化を生じたのである。〉漢代、匈奴にはじまった中国風名称は、三世紀の女王卑弥呼《ひみこ》ではみられなかった。そして、五世紀の倭の五王のときは、あきらかに中国風名称となっていた。(1)〜(5)例からして、中国側が勝手に作っておしつけたのではなく、中国との交流上、倭国側が作ったものとみるのが、穏当であろう。

古田の宋書による宋書（倭国伝）の解読によって、松下見林から井上光貞にいたる倭五王の比定の手法には、なんの根拠もないことが、あきらかになった。同時に、帝紀はあてにならないから、宋書によって、仁徳(16)〜雄略(21)天皇の実在を証しようという、井上の意図が果たせぬ夢だったことも、あきらかとなった。ちょうど、百済記によって、葛城襲津彦の実在を証明しようとして、そのじつ証明できていなかったように。

ふくざつな思い

二〇世紀の出口でこう書いても——いそいでつけ足さなねばならないが——二〇世紀の半ば、敗戦で瓦解した旧古代史像のかわりに、新しい古代史の基盤を築こうとした井上の、清新な気概は、この論文を読むと、私のようなものにも、伝わってくる。歴史革新の志は、ずっとひきつがれていくべきものだし、ひきつがれていくだろう。

仁徳(16)巻第一一——雄略(21)巻第一四——武烈(25)巻第一六は、日本書紀III部を構成し、以前のI部と以後のII部とをつなぐため、造作された。したがって、III部の天皇は実在しなかった、と私は考えている。その仁徳〜雄略を、江戸期の古い手法で、倭の五王に結びつけ、その実在を証しようとした井上に、そしてまた日本書紀のみごとなテキスト（古典文学大系本・日本書紀）をつくった井上に、ふくざつな思いで、私から言うことがあるとすれば、書紀という文献、宋書という文献の、じゅうぶんな文献批判《テキスト・クリティーク》に欠けていたのではないか。

古代史の絶対年代はない

もう一つ、根本的な問題がある。二次大戦前は、書紀の紀年をそのままに皇紀二千六百年などと言ってきた。それがなくなった。古代史にとつぜん年月日がつかなくなった。物語なら、昔、むかしの、その昔、どっと昔の大昔、でいいが、歴史にはやはり年次、絶対年代がほしい。比較して、皇紀は西暦より六六〇年長いから、皇紀から六六〇年をひけば、いちおうの年次は立つが、これにはなんの意味も史実性もない。かわって出てきたのが、先の天皇の実在の証明と同じく、外的証拠による方法である。仁徳～雄略は倭の五王に該当する。宋書によれば、

倭讃　永初二年〈421〉、元嘉二年〈425〉
　珍
　済　元嘉二〇年〈442〉、同二八年〈451〉
　興　大明六年〈462〉
　武　昇明二年〈478〉

と年次が記されている。もしも讃が仁徳であるなら、仁徳は少なくとも四二〇年代の人となり、以下同様にほぼ年次が決まってくる。じつのところ宋書との対応は、天皇の実在すなわち帝紀の信憑性よりも、古代史の年次を立て直す点に、はるかに根本的な意義があったのである。

だが、書紀、宋書の文献批判の上から、倭の五王と仁徳系の天皇との対応は、つけがたいことが、あきらかになった。その結果、仁徳系天皇が五世紀の存在という、古代史の唯一の年次標準は、なりたたなくなった。いわゆる応神、仁徳の二陵は、古市《ふるいち》と百舌鳥《もず》野に、その巨大な雄姿を横たえている。これら天皇が四世紀末～五世紀初の存

在という年次標準は、考古学にも波及して、古墳時代の前、中、後期は、それぞれ四、五、六世紀にあてられ、応神、仁徳二陵は、古墳最盛期である中期の頭に、据えおかれた。考古学上、四、五、六世紀というのは、実質、相対年代にすぎず、絶対年代を示しているものとは、思えない。宋書倭国伝との対応がつかないことになると、古代史は年次標準を失って、漂いはじめることになる。

江田船山の大刀銘文

井上は、つぎに「帝紀の信憑性」ロとして、もう一つの外的史料、金石文をとりあげる。金石文とは、「石碑・鏡・墓誌・仏像・梵鐘・陶磁器・木簡など、岩石・金属・土・木などでつくられた遺物に記された文字のこと。その文字または文章を銘または銘文という」(『日本考古学用語辞典』、一九九六年)。井上のとりあげた金石文は、㈠江田船山古墳(熊本県玉名郡)出土の銀象嵌《ぎんぞうがん》銘大刀の銘文(五世紀)、㈡隅田八幡宮(和歌山県)の人物画像鏡銘(六世紀)の二つである。㈠の銘文を井上に従ってかかげる。

治天下復□□□鹵大王世、奉為典曹人、名旡利弖、八月中用大鐺釜、并四尺廷刀八十練六十㧗三寸上好□刀、服此刀者、長寿子孫注々、得三恩也、不失其所統、作刀者、名伊太加、書者張安也、

「この銘で問題となるのは、はじめの十一字で」(四二頁)、井上は、福山敏男(「江田発掘太刀及び隅田八幡神社鏡の製作年代について—日本最古の金石文」、考古学雑誌、二四—一、一九三三年)の「治天下復宮瑞鹵大王世」すなわち反正天皇説を、「原則として是認し」た。ところが、埼玉県稲荷山古墳から出土した鉄剣に銘文があることがわかり、その中に獲加多支鹵大王の文字があった。銘文の解読に当たった田中稔、岸俊男、狩野久らは、これをワカタケル大王と訓んで、雄略のこととした(一九七八年九月)。そしてさらに、江田船山の銘文の四〜八も、この獲加多支鹵の可能性がある、

と展開し、福山じしんが復宮瑞歯とした自説を撤回して、雄略説に合流してしまった。すると、関東から九州まで、雄略の時代に、統一されていたことになり、画期としての雄略朝説が、成立してきたのである。これは、井上が「帝紀からみた葛城氏」を書いた時点（一九五六年）からすれば、思いがけない展開というべきことであった。

これに対する井上の判断がのこっている（『シンポジウム・鉄剣の謎と古代日本』、一九七八年、一二二頁）。銘文の中に、㈠大王とあるから天皇だ、㈡辛亥《しんがい》の年とあるのは四七一年だ、㈢そのころの天皇でワカタケルといえば雄略、「ここでもう雄略だと決まる」と、井上は、岸たちを前に発言している。福山だけではなく、井上もまた自説を改めた。

人物画像鏡の銘文　つぎに㈡の隅田八幡宮の人物画像鏡の銘文（福山解読文）。

癸[1]未[2]年[3]八[4]月[5]日[6]十[7]、大[8]王[9]年[10]、男[11]弟[12]王[13]、在[14]意[15]柴[16]沙[17]加[18]宮[19]時[20]、斯麻念長寿、遣開中費直穢人今州利
二人等、取白上同二百旱、作此竟

右のうち、1〜3の癸未《きみ》年は福山説では五〇三年なのを、六〇年繰りあげて四四三年、4〜7は八月十日、8 9の大王は（福山説の仁賢ではなく）允恭、10は年ではなく与で、11〜13の男弟王は（福山説のオホホド王＝継体ではなく）弟のこと、15〜19は忍坂宮《おしさかのみや》で、1〜20を井上は「四四三年八月十日に、允恭がその弟と、后妃の忍坂宮にあった時」と解読した。井上は、以上二つの銘文の解釈によって、⑴帝紀の（武田祐吉のいわゆる帝紀七項目の中の㈡の）天皇の御名（このばあい反正＝ミヅハワケ）が立証される、とした。つぎに⑵、（武田の㈢）皇后と治天下のことが、大刀銘では治天下某宮某大王というように記載され、⑶宮号についても、「反正のタヂヒのシバガキ宮のことだけは、太刀銘によっ

て立証されるであろう」（四五〜六頁）、としている。(4)鏡銘に意柴沙加宮とあるのは、「允恭紀の〔武田のいわゆる〕(四)の記載、つまり后妃・皇子女の記載によりどころがあったことを示している」（四六頁）。このように帝紀の各項のいくつかが、「偶然に出土した史料」（銘文）にみられることで、「武田氏の推定」した帝紀は、「外的史料によって、一そうその確実性を増」す、と井上は、結論づけた。

はたしてそうか。井上じしん、大刀銘は、ミヅハワケ（反正）ではなく、ワカタケル（雄略）のことと自説をかえたから、(1)武田の帝紀七項目の中の(二)天皇の御名については、ミヅハワケからワカタケルに名をかえるだけでいいが、(2)武田の帝紀七項目の中の(三)皇后と治天下は、井上の改説により治天下某宮某大王という形が消えて、治天下某大王の形になってしまうから、井上がこの論文でいうよりどころを失ってしまう。そしてまた(3)反正のタヂヒの宮も消え、雄略の宮号ハツセのアサクラ宮は大刀銘からは立証されないことになる。だが、こういう後からの反証だけではなく、銘文そのものが、井上のいう「帝紀の外的史料」たりうるのかどうか、を検証すべきであろう。

江田船山の大刀銘については、現所蔵者の東京国立博物館編『国宝 銀象嵌銘大刀』（一九九三年）がある。銘文の釈読は、東野治之が担当した。まずその釈文ついで読み下し文をひく。

台〔治〕1天2下3獲4□5□6□7鹵8大9王10世11、奉12事13典14曹15人16名17无18□〔利カ〕19弖20、八21月22中23、用24大25鐵26釜27、并28四29尺30廷31刀32、八33十34練35、□〔九カ〕36十37振38、三39寸40上41好42□〔刊カ〕43刀44、服45此46刀47者48、長49壽50、子51孫52洋53々54、得55□56恩57也58、不59失60其61所62統63、作64刀65者66名67伊68太69□〔和カ〕70、書71者72張73安74也75

天の下治らしめしし獲□□□鹵大王の世、典曹に奉事せし人、名は无利弖、八月中、大鉄釜を用い、四尺の廷刀を并わす。八十たび練り、九十たび振つ《う》。三寸上好の刊刀なり。此の刀を服する者は、長寿にして子孫洋々、□恩を得る也。其の統ぶる所を失わず。刀を作る者、名は伊太和、書する者は張安也。

東野の注解で、1の台には、鏡銘では治を台と省画する例があるとの王子倫（「中国漢・六朝の銅鏡銘文」、古代学研究一二六、一九九二年）説がある。5～7は、「象嵌は全く残存しない」（古谷毅、象嵌の観察、同書、四四頁）が、4の獲（獲は獲の異字体）、8の鹵はまず確かだから、「この大王名が、埼玉県稲荷山鉄剣銘に現れる獲加多支鹵大王であろうことは、…ほぼ確言できる」。9～11の大王世は、船王後墓誌など「いずれも過去の君主の治世をさして用いられている」から、「大刀銘の作られた時点では、大王はすでに没していたとみる方がよい」ともいう。5～7の欠字についての東野の注は、そうかもしれないし、そうでないかもしれない。明らかなのはこの三字が全くの欠字だということで、この銘文をもとに、雄略朝が九州までを統一した王朝だと立証することは、できない。

埼玉稲荷山の大刀銘文

もう一つ、対するのは、国宝 金錯銘鉄剣《きんさくめい》である。埼玉《さきたま》古墳群の中で、唯一つ学術調査がなされた、稲荷山古墳の礫槨《れきかく》から出土した。

（表） 辛亥年七月中記乎獲居臣上祖名意富比垝其児多加利足尼其児名弖已加利獲居其児名多加披次獲居其児名多沙鬼獲居其児名半弖比

（裏） 其児名加差披余其児名乎獲居臣世々為杖刀人首奉事来至今獲加多支鹵大王寺在斯鬼宮時吾左治天下令作此百練利刀記吾奉事根原也

埼玉県立さきたま資料館の口語訳案をもかかげておく。

辛亥《かのとい》の年、七月に記す。私はヲワケの臣。いちばんの祖先の名はオホヒコ。その子はタカリノスクネ、その子の名はテヨカリワケ、その子の名はタカヒシワケ、その子の名はタサキワケ、その子の名はハテヒ、その子の名はカサヒヨ、その子の名はヲワケの臣。先祖代々杖刀人首として大王に仕え、今に至っている。ワカタケル大王の朝廷がシキの宮にある時、私は大王が天下を治めるのを補佐した。この何回も鍛えたよく切れる刀を作らせ、私が大王に仕えてきた由来を記しておくものである。

銘文の獲加多支鹵は、たとえば支はケともキともシとも読めるし、鹵はルともロとも読めるから、いろいろちがいはでようが、ワカタケルと読む可能性は高いと思う。雄略がオオハツセのワカタケル、ここはシキのワカタケル、江田船山はたんにワ□□□ル。門脇禎二《かどわきていじ》は、大王の称が地方首長に用いられた例がないので、雄略にあてるのもわかる、といくらかしぶしぶ言うが、大王は、このさい天皇以前は大王と言ったという（これが史実かは証明できない）その大王ではない。中国では、天子でない諸侯をも、大王ともちあげて呼んだ。たとえば、戦国策、趙《ちょう》に、今、大王垂拱《すいきょう》シテ両《ふた》ツナガラ之ヲ有ス、是レ臣ノ大王ノ為ニ願ウ所以ナリ、とある。垂拱とは衣をたれ手をこまねいてなにもしないこと。書経、武成に、垂拱シテ天下治マル、とある。趙は、戦国七雄の一だが、もとは晋の大夫、周の威烈王二三年に諸侯となった。

江田船山にしろ、埼玉稲荷山にしろ、銘文の起草者は帰化人と考えられる。戦前戦中の民族差別に結びつく帰化の用字を嫌って、戦後、渡来という言葉を使いはじめた人びとと、私は思想・心情を一にする。しかし同世代の平野邦雄がいうように、語の意味として渡来と帰化とはちがう。使節や観光客は渡来人だが帰化人ではない。いま風にいうと、国籍を移したものが帰化人であろう。国籍も民族差別もだい嫌いだが、適切な用語をみつけるまでは、帰化人を使いたい。銘文の起草者には、いまの古代史家のように、天皇称号以前は大王称号であったという観念はない。地方首長、すなわち小独立国の王であっても、大王と表記するのに、なんのはばかりも感じなかった。大王はのちの天皇という、学説上の固定観念でみるから、大王は唯一人で、獲□□□鹵大王も、獲加多支鹵大王も、みな雄略のことという虚像ができあがる。

大王は天皇以前の称号ではない

書紀の中に、大王の語が初出するのは、仁徳即位前紀である。ウジノワカイラツコが、兄の仁徳に皇位をゆずる言葉の中に、兄のことを大王といっている。皇位につく前だから、兄は天皇ではない。その兄を大王とよんだ。土田直鎮《なおしげ》は、この大王に注し、書紀の中で大王の語がでるところ（仁徳、允恭、雄略、顕宗、継体など）は、「いずれも後漢書など中国の文献によったものであるが、このころから天皇が大王と称しはじめたことと考えあわせて、注目しておいてよい」と書いた。前半はそのとおりだが、後半は、要するに江田船山の大刀銘から、大王を反正（のち雄略）とみなしての仮説にすぎない。

念をおして、大王の二度目、允恭《いんぎょう》即位前紀をみておこう。群臣がみな天皇に推挙するのを、允恭が辞退し、再三の押問答になる。この筋書のもとは、漢書、文帝紀である。文帝紀も、允恭即位前紀も、ともにまだ即位前の先帝の子のことを、大王と呼んでいる。小竹武夫の訳（漢書1、帝紀、ちくま学芸文庫版、一九九七年、一一二頁）を借りる。「いまや高帝（漢の高祖）の子は、ただ淮南《わいなん》王と大王のみで、大王はまた年長であり、賢聖仁孝の名が天下に聞こえており、そのゆえにこそ大臣らは、天下人心の帰するところによって、大王を迎え立てようとしているのです」。大王のでるさいご、舒明《じょめい》元年条をみても、即位前の呼称として、大王をつかっている。大王は、王の敬称、という中国の用法が、紀でも守られている。

地方首長が大王とよばれた例は、江田船山、埼玉稲荷山の銘文そのものが示しているし、天皇の前の称号が大王という例は、紀にはなく、すべて皇子を大王とよんでいる。

このように、大王が天皇以前の称号という学説的虚構がくずれると、金石文*をもって、帝紀——帝紀じたいも学説的虚構のふしがある——の補強をしようとすること自体が、虚妄となる。井上の「帝紀の信憑性ロ」は、砂上のパフォーマンスに終わったのである。

注　金石文に、いま一つ、人物画像鏡の銘文（六六八頁）があった。解読をめぐっては、諸説が錯綜し、解読の論点もまた多岐にわたり、とても一筋縄ではいかない。ごく簡略に記しておく。

福山敏男は、銘文を、大王（仁賢か）の癸未《きみ》年（五〇三）に、ヲホト王（継体）がオシサカの宮にいた時、（臣の）シマが、河内のアタヒの漢人《あやひと》、今州利《きんすり》の二人に、この鏡を作らせた、と解した。仁賢《にんけん》（大王）と継体（男弟王）とが忍坂《おしさか》宮にともに居たというのが、この解の最大の難点である。癸未年は単純計算では武烈《ぶれつ》五年に当たる。それで一九三三年の前掲論文（六六七頁）では、銘文中の大王が武烈であるかもしれぬと保留していたが、一九五四年の『書道全集』では、日十《ひと》大王は仁賢のことと断定した。これに対し、古代史家の水野祐、井上光貞は、大王は允恭、癸未年は四四三年、（允恭三二年）のこととした。井上のばあいは、允恭を倭王済として、その実在を確認し、宋書によって帝紀の信憑性を保証しようとしている。いずれにしろ右の三人は、人物画像鏡銘文を、天皇とかかわらせて、解読している。

この三人が、臣下（福山）とか族長の一人（水野）とかと解して、大王よりも軽視した斯麻《しま》に着目したのが、古田武彦（『失われた九州王朝』、一九七三年）である。斯麻は、百済王武寧の名であった。武烈四年是歳分注に、斯麻王の名がみえ、また三国史記には斯麻と書く。古田は、斯麻が、大王年・男弟王の兄弟に対し、敬語の類は用いていず、対等であるのを指摘した。のちの百済王斯麻が、九州王朝の日十《ひと》大王の長泰を祈って、開中費直《かいちゅうのあたい》（欽明二年七月条に加不至費直《かふちのあたい》）、穢人今州利《きんすり》の二人を遣わして、この鏡を作った、というのである。古田のばあいも、ヤマトと九州とのちがいはあれ、大王を王朝歴代の称号と解する点では同じといえる。

ともあれ、隅田八幡宮の人物画像鏡銘を、無造作に、ヤマト天皇家と結びつけるのは、二つの大刀・剣銘のばあいと同様に、むつかしいのである。

戦後の古代史の方法と枠組み

井上「帝紀からみた葛城氏」は、四〇年後の今日からみると、(1)紀から史実をひきだすのは絶望的に困難として、かんたんには津田史学にも同じない姿勢をとりながら、(2)いわゆる帝紀の信憑性を、三つの外的根拠、すなわちイ中国史書、ロ同時代の金石文、ハ考古学的事実によって、回復し、(3)結局は紀から史実をひきだし、津田史学を古代史の前提に据える、という形で、まことに巧妙に、二次大戦後の古代史の方法と枠組みを、定めている。しかし一つ一つ検証してみると、井上の論の運びは、かならずしも精密ではないし、また妥当でもない。

あと残っているのは、「二、帝紀の信憑性」のハ考古学である。井上は、この項で、帝紀(武田祐吉のいわゆる㈦)の宝算、崩御年月日及び山陵を保証する外的史料を、考古学にもとめる姿勢を示している。しかしこの時点で、いわゆる天皇陵についての知見は、まだ整ってはいなかった。坂本太郎のような歴史家も、こうのべた――「四半世紀後半から五世紀初頭にかけての時代は、わが皇室の系譜によると応神天皇・仁徳天皇の時代に当たると見てよい。そして両天皇の山陵の規模が歴代山陵中最も大きく、類を絶っていることは、あまねく世に知られたことである」(著作集第二巻、三二頁)。梅原末治のような考古学者すら、その巨大さの故に、応神、仁徳陵をよもや比定違いなどとは、考えなかった。だから井上が、仁徳—雄略の「山陵の記事がほぼ事実であろうことは、特に応神・仁徳・履中《りちゅう》についての考古学的知見の示すとおりである」(五一頁)としたのを、せめられない。しかしそこから、「倭五王時代の帝紀の記載は、ひとり天皇の御名にとどまらず、その宮号や山陵・后妃・皇子女についてもまた、史実にもとづくものであったろう」(五一頁)と論を拡大したのは、認めがたいことであった。

五《いつ》つ章　はじめに百国ありき

少し哲学的な議論をしよう。普遍はどのように現れるのか。普遍とは、すべてにゆきわたる、という意味である。例外があるのは普遍ではない。たとえば食べるというのは普遍である。生命を維持するには、食物の摂取、新陳代謝を、欠かせない。だから人はみな食べる。

だが、なんで食べるか。われわれは箸で食べる。ナイフ・フォーク派もいる。スプーン派、手づかみ派。箸派の中に取り箸のある派とない派。こうなると、派すべては特殊であって、普遍ではない。しかしなにもなしに食べることはできない。箸か、ナイフ・フォークか手づかみで食べる。つまるところ、普遍は特殊にしか現れない。特殊を通し、特殊を媒介とし、特殊に依拠して、普遍は現れる。

普遍と特殊

私たちの哲学の師匠で、西田幾多郎《きたろう》は普遍派であった。個はいかにして普遍に到達できるのか、を問うた。もう一人、田辺元《はじめ》は特殊派であった。特殊こそが、個と普遍を媒介する。二人の師匠のあいだで、普遍か特殊か、弟子たちそれぞれ、工夫しなくてはならなかった。

日本の特殊だけを主張したのが、戦前・戦中史観である。平泉澄の国粋主義は、その代表であった。その反対は普遍主義史観ではない。インターナショナリズムではない。特殊を通して現れる普遍を見ること、普遍が現れる特殊を見落とさぬこと。そう考える。

日本の古代史にというか、古代史家にというか、私が抱く根本的な疑いがある。

分レテ百余国

私の見るところ——やぶにらみの可能性もある——、日本の古代史は、ひたすら統一王朝に固執し、それも統一の過程を説くこと少なく、できあがった統一の方ばかりを見ているのではないか。

日本列島の面積は、およそ三八万km²である。朝鮮半島は、およそ二二・一万km²だが、その南半分を韓とよぶ。いわゆる三韓の時、魏志韓伝によると、辰韓《しんかん》一二国、弁韓《べんかん》一二国、馬韓《ばかん》五〇余国があった。のちそれぞれ新羅《しら》、伽耶《かや》、百済《くだら》となったが、地域国家として統一しなかった加耶を、百済、新羅が競って吸収しあい、半島北半の高句麗《こうくり》と、三国時代をつくった。互いに覇を競ったが、七世紀後半に、統一新羅が半島を支配するにいたった。

たくさんの小独立国が、ゆるやかな首長連合から小地域国家へと整理され、大地域国家をへて、統一国家にいたる。島国や半島と、大陸とでは、それぞれ特殊な条件があるけれども、大多数の小国から、多数の小地域国家、少数の大地域国家をへて、単一の統一国家に統合されていくのは、世界どこでも普遍的な現象である。

一世紀の漢書《かんじょ》地理志は、楽浪《らくろう》海中ニ倭人アリ、分レテ百余国、と記した。これをうけて三世紀の魏志倭人伝は、倭人ハ旧《もと》百余国、今、使訳《しやく》通ジル所三十国、とした。井上が援用した、六世紀初の宋書倭国伝にも、東ハ毛人ヲ征スルコト五十五国、西は衆夷ヲ服スルコト六十六国、渡リテ海北ヲ平グルコト九十五国、という倭王武の上表文の一節がある。列島上にじつにたくさんの小国が並存していたのである。

旧唐書日本国伝を読む

中国史書の中で、もっとも興味ぶかいのは、一〇世紀に成った旧唐書《くとうじょ》である。その巻一九東夷伝に、倭国、日本国、その他が記載されている。その中で、注目すべき箇条をあげてみよう。

(1)倭国の項のさいごに、貞観五年〈631〉〔舒明三年〕に倭国の遣使のことと、唐使、新州の刺使〔史〕高表仁《こうひょうじん》の来倭のことが、ある。

(2)日本国の冒頭は、日本国と倭国との関係について、のべている。次のようである〔訓み下しと訳は石原道博による〕。

日本国は倭国の別種なり。その国日辺にあるを以て、故に日本を以て名となす。あるいはいう、倭国自らその名の雅ならざるを悪《にく》み、改めて日本となすと。あるいはいう、日本は旧《もと》小国、倭国の地を併せたりと。
（日本国は、倭国の別種である。その国は日の出るところに近いので、故に日本をもって名としている。あるいはいう、倭国がみずからその名の雅《みやび》やかでないのをにくみ、改めて日本としたのである、と。あるいはいう、日本はもと小国だったが、倭国の地を併せたのだ、と。）

注　なお新唐書（旧唐書のおよそ一世紀のちに作られた）の当該箇所は、「後稍〻《やや》夏音を習い、倭の名を悪《にく》み、更《あらた》めて日本と号す。使者自ら言う、国日の出ずる所に近し、以《ゆえ》に名となすと。あるいはいう、日本は乃ち小国、倭のあわす所となる、故にその号を冒せりと」（石原）となっている。

⑶日本国の項のさいごは、

またいうには「その国の界は、東西南北おのおの数千里あり、西界・南界はみな大海に至り、東界・北界は大山があって限りをなし、山外はすなわち毛人の国である」と。

という遣唐使の言である。

日本紀編集中の遣唐使　⑵は、日本国と倭国との関係をのべたものだが、まず、日本国と倭国とは別種、すなわち同じ列島上の別の国《とち》、という結論。つぎに三説を並記している。その一、その国土が日の出る東方にあるので日本と名のった。その二、倭国が倭の字を嫌い日本国と改名した。その三、小国の日本が倭国の地を合併した。一と三が倭国と日本国とは別といい、二だけが同じものという説である。大宝元年〈701〉以後に復活した遣唐使によって、日本国側の情報は、地理も歴史もかなりの程度、唐に入ることになった。また、阿部仲麻呂《あべのなかまろ》、藤原清河《ふじわらのきよかわ》ら、長期に帰化ないし滞在して、唐に死んだ人物もいる。にもかかわらず倭国と日本国との関係について、旧唐書が、三様の説を並記したのには、それなりの理由があろう。復活した遣唐使は、大宝律令が撰定された年に出発したが、それはまた書紀制作のちょうど中間点にも当たっている。

いうまでもなく、書紀は、葦原中国《あしはらのなかつくに》は高天原の天神の孫が統治してきたという政治的主張をもち、第一代神武の東征、第一〇代崇神の四道将軍派遣、第一二代景行とその子ヤマトタケルの九州と東国の平定、といった、征討譚をかさねている。日本列島はア・プリオリに天皇が支配すべきところ、という当為《ゾルレン》と、にもかかわらず常に不服従者《まつらわぬものたち》を討つという現存《ザイン》との交錯で、書紀は構文されている。

神功三九、四〇、四三年条が、魏志云…という分注で作られているから、書紀の作者は、むろん魏志倭人伝を知っていた。書物として知っていただけではなく、その倭国と日本国との関係についても知っていた。神功紀の分注もふくめて、紀が、倭国について沈黙しているのは、一つの史料事実である。奈良盆地について、倭《やまと》、大倭《やまと》という表記を残しながら、倭国にまったくふれないのは、日本国史である紀の修史局が、日本国とは別種の倭国を無視すると、正式に決定していたことを、推考させる。

大宝元年〈701〉の粟田真人《あわたのまひと》、霊亀二年〈716〉の多治比県守《たじひのあがたもり》らの遣唐使は、倭国との関係についての唐側の問いに、はかばかしく答えなかった、というより答えられなかったのではないか。旧唐書は、先の倭国・日本国の関係三説の直後に、其ノ人、入朝スル者、多ク自ラ矜大《きょうだい》、実ヲ以ッテ対《こた》エズ、故ニ中国焉《こ》レヲ疑ウ、と書いている。文脈からして、三説とこの文とは関連している。使者によって答えがちがっていたので、唐側は、それぞれを三説として併記した。

そして実ヲ以ッテ対エズと総評した。中国側には三世紀の魏志以来、倭国についての知見、情報が集積している。それが実で、これにてらしての判断が、実ヲ以ッテ対エズである。

この評は、倭国・日本国の関係に限っての評らしく、次説では粟田真人への好意的な叙述がある。真人好ンデ経文ヲ読ミ、属（作）文ヲ解シ、容止温雅ナリ。また霊亀二年の遣唐使が、儒士ノ授経ヲ請ウタので、四門の助教趙《ちょう》玄黙に詔し、鴻臚寺《こうろじ》ニ就《じゅ》キテ教エさせた。使節団は、得ル所ノ賜賚《しらい》（賜物）、尽《ことごと》ク文籍ヲ市《か》イ、海ニ泛《うか》ンデ還《かえ》ル、ともある。明治以後の日本が、お雇いの外人学者について学び、欧州へ行けば大量の書籍、文物を購入したのとほとんど同じ、国をあげての唐文化の学習・移入がある。

毛人の国

⑶は、日本国の国境について書いている。その中で、東と北の境界が大山で、山外すなわち国境の向こうには、毛人国がある、というのである。

倭国・日本国問題について、書紀の文献批判から言えば、すでに二つ章でみたように、いわゆる「神代」（巻第二）の天孫降臨から神功紀（巻第九）まで、倭国創世史が、いろいろの形に改作されて、分散させられていた。紀に倭国がでてこないのと反対に、倭国史を日本国史（書紀）に利用し書き替えたのだから、倭国と日本国とは別種である。旧唐書の段階では、すでに倭国は日本国に併合されていたが、列島上に、西から倭国、日本国、毛人国が存在していた。

毛人国を、石原博道は、「蝦夷、アイヌをさした」とするが、ちがうのではないか。紀の中に、毛人は大毛人として一回だけでる。敏達《びたつ》一〇年閏《のちの》二月に、蝦夷数千、辺境ニ冠ス、是ニ由リ其ノ魁帥《かいすい》綾糟《あやかす》等ヲ召スとあり、この分注に、魁帥ハ、大毛人ナリ、とみえる。古典文学大系本・紀の頭注（関晃）も、「毛人は蝦夷のこと」としている。

しかし倭人、倭国の使用法からいえば、毛人、毛国で、毛人の国すなわち毛国である。これはのちに、上毛《かみつけ》（上野）、下毛《しもつけ》（下野）となって、統一日本国の中に吸収された。旧唐書の毛人国は、関東北部のことで、大山の外という大山とは、地勢上、中部地方の（北、中、南アルプスなどからなる）山地のことであろうし、毛人国が上毛、下毛というのも地理的に無理はない。

中国の日本認識は、当然のことだが、西から始まり、しだいに東へ拡大し、最終的には、本州島の地形にそって、東北から北へ及ぶ。西の倭国から、東の日本国、毛人国へと及んできたが、唐の時代、毛人国についての知見は、山外にあるという一事にとどまっている。

日本国の東方認識も同じで、プチ冊封《さくほう》体制で、自分を中国視し、東を東夷とみなす、イデオロギー的な固定観念にたっている。紀には中国を自称した例はないが、続紀では、紀作製の半ばごろ、文武三年〈699〉七月一九日条に、度感嶋《とかんのしま》（徳之島）中国ニ通フコト、是ニ始マル、とみえている。はじめ日本国は、顔を西に向けていた。先進文明は中国にあり、当然列島内では西がその受容口であった。この西を吸収しなければ、中国への優先権をもちえない。必然的に列島内の東への認識はおくれた。おくれた間に、西の中国から、中華思想が入ってきた。日本国の東方認識は、さいしょから東夷観にいろどられていた。

中華の東夷観は、五世紀の倭の五王にあったであろうか。例の武の上表文に、東ハ毛人ヲ征スルコト五十五国、西ハ衆夷を服スルコト六十六国、とある。だが、東に毛人、西に衆夷という表現は、中国にはない。夷は東で、西は戎《じゅう》。なにとはなしに中国風をまねながら、武、倭国に中華思想がなく、南宋の冊封体制におさまっている形が、武の上表文であった。

中華の東夷観に染まった日本国が、列島東北の住民を、蝦夷《かい》と表記した。東夷の夷に、蝦（がま）をつけたのは、蔑視に辶《しんにゅう》をかけたのである。このとき、毛人、毛国はどこへいったのか。すでに日本国に吸収・合併されていた。上毛野氏、下毛野氏あるいは大野氏が、律令国家の中央貴族に入っているのは、企業合併に当たり、吸収される小さい方のオーナーを、合併した新企業の重役に迎えるのと、似たような処遇だ。

毛人が消えて、蝦夷が生じたのは、斉明《さいめい》期を下限とする。斉明五年〈659〉七月三日条と分注の伊吉連博徳《いきのむらじはかとこ》の書には、この時の遣唐使が道奥の蝦夷の男女二人をつれて、唐三代の天子高帝に謁し、高帝が蝦夷に多大の興を示したことが、記されている。

列島上の大きな地域国家の、地理と歴史をとらえることを抜きにして、古代史がなりたつとは信じがたい。

よく知られているように、エミシ（この蝦夷の訓み以外に、呼称はないから、いまかりに片仮名表記であらわすことにする）は、奈良時代、律令国家（日本国）の多賀城を拠点とした侵攻にたえ、奈良時代末期には、反抗して多賀城をおとし、按察使紀朝臣広純《あぜちきのあそんひろずみ》を殺した。光仁《こうにん》の宝亀一〇〈779〉年のことである。ために光仁の息桓武《かんむ》は、蝦夷征討を決意、坂上大宿禰田村麻呂《さかのうえのおおすくねたむらまろ》をして、奈良時代一歩も入れなかった北上川流域に侵攻させ、延暦二一〈802〉年、胆沢《いざわ》城（岩手県水沢市）を築いた。大きな地域国家のさいご、エミシ国を征討して、日本列島上の統一国家が、最終的に完成したのは、平安初期であった。

諏訪

中部地方で、小地域国家の様相があったのは、諏訪（長野県）である。藤森栄一の『諏訪大社』（一九六五年）によると、諏訪神には神格の変化があり、諏訪下社秋宮に青塚古墳ができた八世紀初ごろ、「大和朝廷の勢力が（下社に）および、やがて上社領域にもそれに同化する傾向がみえはじめる」（一三頁）。神も土着の神から、征服者の信奉する神にかわった。藤森は、これに照応するのが、紀の持統五〈691〉年八月の、信濃の須波《すは》、水内《みぬち》等の神を祭った記事と、みている。

大ヤマト地域国家と継体

中部地方の西縁、越前（福井県）、三野（岐阜県）、尾張（愛知県西半）は、のちの日本国の中核となる、ヤマト（のちの畿内）を中心にした大きな地域国家ができたとき、これを支持し、その構成部分となった。これを物語るのが、紀のII部冒頭の継体物語である。近江（高嶋郡）に別業をもっていた父と、越前（三国）出の母との間に生れた継体が、山背筒城郡、同弟国郡、大和磐余（カンヤマトイワレヒコの名を二段地名と解するなら、神武よりも継体がふさわしい）と都を遷していった経緯が、その物語である。物語はさらに、ヤマト王継体がチクシ王磐井と、西日本の覇権をかけた戦争で勝利する筋書へと、のびていく。

筑紫地域国家と磐井

継体と戦ったのは、筑紫君磐井《ちくしのきみいわい》であった。岩戸山《いわとやま》古墳（福岡県八女《やめ》市）が、筑紫国風土記逸文の記述と一致して、磐井の墓に比定された。古墳東北の別区（ほぼ四三㎡）は、逸文で衙頭《がとう》とよばれたことが分かる。おかれた石人は解部《ときべ》で、側の石猪《いしい》四頭を盗んだ偸人《ぬすびと》を裁いていることも、逸文は記している。〔古墳と逸文の記事とが一致したことで、ややもすると磐井戦争は史実であるかのように、みてとれる。しかし大系本（補注17―二三）が克明に示したように、磐井戦争記の後半（継体二一年八月条）は、芸文類聚の武部から、戦伐（尚書、魏楊脩出征賦、魏文帝於黎陽作詩）・将帥（淮南子、漢書）の諸文をつないだ作文である。とても史実とはみなされない。磐井戦争は、ソガ王朝による吉備、安芸、出雲の統合と、天皇王朝による白村江の敗戦を利しての倭国、周芳国、伊予国の統合と、つまりは二王朝による七世紀半すぎまでの西日本の統一を、継体物語に託して描いたものと、私はみている。

周知のように、百済三書が、神功四七（三六七）年から欽明一七（五五六）年にわたって利用されている。これをふくめて考えるなら、Ⅱ部の(1)継体―(2)継体の子（安閑・宣化・欽明）―(3)欽明の子（敏達・用明・崇峻・推古）の三代は、ソガ王朝を隠蔽しながら、百済三書を利用して、天皇代数を新益《あらまし》したものと、理解される。〕

（〔 〕内は'16・3・21補筆）

吉備と出雲

継体王権と筑紫とのあいだで、大きな地域国家が存在したと思われるのは、一つは出雲（島根県）で、もう一つが吉備《きび》（岡山県）である。ともに弥生、古墳時代に個性をもつ。出雲の荒神谷《こうじんだに》弥生遺跡は、三五八本の銅剣、六個の銅鐸《どうたく》、一六本の銅矛《どうほこ》を出土し、筑紫との深いつながりを示した。ひきつづいて加茂岩倉弥生遺跡が、一つの遺跡からの出土数としては記録的な、三三個もの銅鐸を出土した。古墳時代にも、特徴的な四隅突出型古墳を築き、日本海側に分布していくもとになった。吉備では、百間川《ひゃっけんがわ》弥生遺跡から、前期以降各期にわたる水田跡が出た。また楯築《たてつき》遺跡、特殊器台を出土した黒宮大塚は、古墳の出現を告げる。特殊器台は、大和の古い古墳に存在し、吉備と大和との早い交流をしのばせる。吉備は、これ以後、造山《つくりやま》《ぞうざん》、作山《つくりやま》《さくざん》古墳など、大和に劣らぬ巨大な古墳を出現させる。

この吉備と出雲については、地域国家論を推進した門脇禎二に説がある（『飛鳥―その古代史と風土』一九七〇年、『出雲の古代史』一九七六年、『吉備の古代史』一九九二年）。アスカは蘇我《そが》氏とかかわる地名で、大和の飛鳥は蘇我本宗家、河内飛鳥は蘇我倉氏、そして安芸《あき》（広島県）に安宿《あすか》がある。安宿は沼田川の支流、椋梨川上流にあるが、沼田川下流には、御刀代《みとしろ》古墳と横見廃寺がある。前者は七世紀前半の古墳だが、その横穴式石室の築造技法は、大和・河内の飛鳥の技法と直結している。また横見廃寺から出土した瓦は、大和飛鳥の山田寺の瓦と、まったく同じであった。紀によると、ソガ王朝期のヤマト王権は、六世紀後半、吉備を押さえるのに白猪屯倉《しらいみやけ》を児島半島に設置したことが分かる。しかし、「強大な独立国であった吉備を押さえるために、東に児島〔白猪〕屯倉を置いた蘇我氏は、西にも拠点をつくって、腹背から吉備国家の勢力を封じ込めたのではないか」（『出雲の古代史』一三七頁）。そしてその吉備は、出雲の西部を支配していた。ソガ王朝は、吉備を征圧することで、出雲の西部をも征圧したのである。ソガ王朝は六世紀末までに西日本統一の土台を、ほぼきずいたとみていい。

紀に筑紫大宰《ちくしのたいさい》が初出するのは、推古一七年《〈609〉》四月、ついで皇極二年《〈643〉》四月。吉備大宰は天武八年《〈679〉》三月、周防《すわ》（山口県東部）総令が同一四年《〈685〉》一一月、伊予《いよ》（愛媛県）総令が持統三年《〈689〉》八月。大宰、総令の類が西だけで、大宰のおかれた筑紫、吉備は、かっての大きな地域国家だったところ。総令の周防、伊予は、先の西ハ安芸ヲ限リとあった、安芸より以遠でありかつ隣接したところである。東に大宰、総令の類がないのは、東に毛人国以外は大きな地域国家がなく、また先にもふれたが毛人国の服属が、軍事対決をふることなく、政治折衝で決着がついたこととも関連していよう。

紀は、いうまでもないが、日本列島の統治については、天皇一元論で、磐井のような存在があれば、大義名分論で叛逆とかたづける。地域国家についての記事、情報は、ほとんどない。この書紀史観は、意識するとしないとにかかわらず、古代史家の思考に、大小のちがいはあれ、しのびこむ。書紀史観は、日本列島だけは、さいしょから統一国家だったという、特殊を主張する。あらわれ方にちがいがあっても、大多数の小国から、多数の中くらいの国をへて、少数の大きな地域国家へ、そして統一国家へというのが、人類史の普遍である。書紀の特殊史観からはなれて、列島の特殊を通してあらわれる、普遍的な日本古代国家形成史を、おりからの二一世紀を目前に、そろそろ意識してさぐりだすときではないだろうか。

氏族の問題　つぎに、井上「帝紀からみた葛城氏」の主題だった氏族のことを考えよう。私が考えるのは、神武以後の天皇が万世一系でないように、紀が記す氏族もまた万世一系ではない。天皇が古くないように、氏族もまた古くはない、ということである。

葛城氏を論じるに先立ち、井上はつぎのような名言をはいている。

記紀の帝紀的部分は二重・三重に修飾されているから、原帝紀をそのままに復元することはほとんど困難であって、私がこれまで考えてきた帝紀の記事の信憑性とは、あくまで蓋然性であるにすぎないのである。まして、帝紀のある一部分が外的史料によって確かめられたとしても、他の部分もまたさようであろうと考えることは著しく危険である。（傍点、原）

これは、この一論全体の冒頭（六五八頁に引用）に、記紀の記載のなかから史実を探るのは、原則として絶望的だ、と書いたのと同じ箴言めいた自戒の辞である。そしてまた、それにもかかわらず、結局は、外的史料によって、記

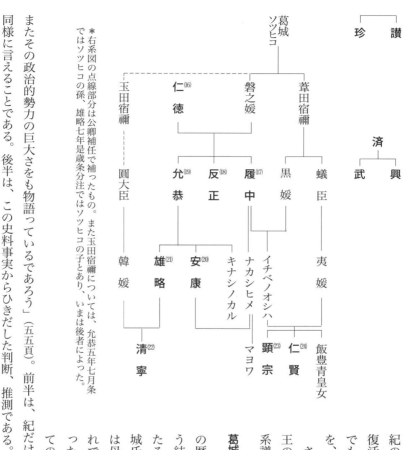

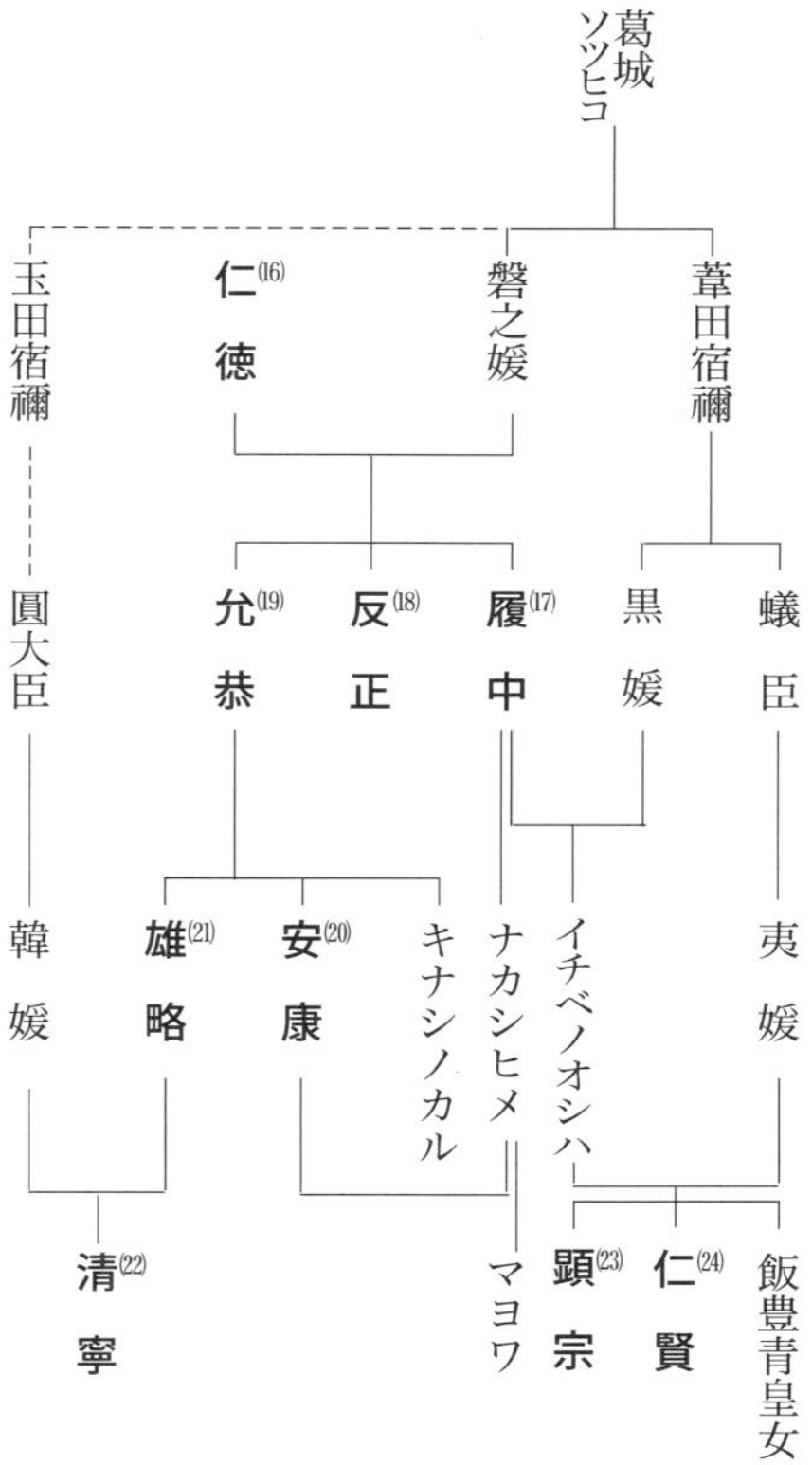

＊右系図の点線部分は公卿補任で補ったもの。また玉田宿禰については、允恭五年七月条ではソツヒコの孫、雄略七年是歳条分注ではソツヒコの子とあり、いまは後者によった。

紀の記載のほとんどを史実として復活させたように、井上は、ここでも葛城氏についての記紀の記載を、救っていくのである。

　さて、おそまきながら、倭の五王の系譜・続柄と、仁徳～雄略の系譜・続柄とを、あげてみよう。

葛城氏は実在したか

「帝紀からみた葛城氏の歴史」イのおわりを、井上はこう結ぶ――「仁徳以後、仁賢《にんけん》にいたるほとんどすべての天皇は、葛城氏を〔后〕妃としたか、もしくは母としたのであって、そのいずれでもないのは安康《あんこう》ただ一人であった。葛城氏の、天皇家外戚としてのこのような繁栄は、進んではまたその政治的勢力の巨大さをも物語っているであろう」（五五頁）。前半は、紀だけによって作った右系図でも、同様に言えることである。後半は、この史料事実からひきだした判断、推測である。

井上は、「帝紀からみた葛城氏の歴史」ハでも、同様に、「仁徳はソツヒコの女をめとって履中・反正・允恭がうまれ、履中また葛城氏をめとり、かくして葛城氏は皇室の外戚としてその勢力を振っていた」（六二頁）と、くりかえし書いている。この仁徳・履中ごろの天皇家と葛城氏との密接な関係は、允恭によるタマタノスクネ殺害、雄略によるツブラノオミ殺害とは、対照的である。そこで「安康・雄略ごろの皇室系図を記紀の帝紀的記載によってうかが」うと、「そこには三つの群をわかつことができる」。第一は「履中の葛城腹の系統」「葛城系の皇統」で、イチベノオシハ、イイトヨらがこれである。第二は「允恭の妃、オシサカノオホナカツヒメの系統」で、キナシノカル、安康、雄略。第三は、仁徳の子オオクサカ、その子マヨワで、「この系統がもっとも葛城氏と関係が浅い」。

井上は、イチベノオシハは安康のあと天皇になったとの、本居《もとおり》「宣長《のりなが》の説は正しい」（六六頁）とし、A「〔第二系統の〕雄略は〔第三系統の〕マヨワノミコを葛城氏とともに滅ぼし、葛城氏の後だてを失った〔第一系統の〕イチノベノオシハノミコから皇位を奪って、その位を得たのである」（同）と、書く。

そして宋書倭国伝の武の上表文に、B臣ノ亡考《ぼうこう》済、実ニ寇讐《こうしゅう》〔高句麗〕ノ天路ヲ壅塞《ようそく》スルヲ忿《いか》リ、…方《まさ》ニ大挙セント欲セシモ、奄《にわ》カニ父兄ヲ喪《うしな》イ、垂成《すいせい》ノ功ヲシテ一簣《き》ヲ獲《え》ザラシムとあるのを、雄略の「父の允恭が死に、続いて兄の安康らが死んだことをさしている。そしてそのことのために、この計画はむなしく水泡に帰したのである」（六七頁）と解した。Bは、石原道博の訳に、「臣の亡考（亡父）済は、じつに仇かたきが天路（天朝・宋に通ずる路）をとじふさぐのを怒り、…まさに大挙しようとしたが、にわかに父兄をうしない、垂成《すいせい》（まさに、成らんとする）の功もいま一息のところで失敗に終った」（岩波文庫新訂版、一九八五年、六三頁）とある。武（井上の考えでは雄略）の父兄とする井上の解釈はまちがいで、済（井上の考えでは允恭）の父兄なのである。

ところが井上はこう書く。「允恭の死後の即位の事情を上記〔A〕のように解してこの文〔B〕を読むと、それは異様なひびきをもってくるのである。〔そしてAをくりかえし〕何となれば、允恭の死こそ皇位継承の争いの発端であった。後嗣《こうし》を約束された〔第二系統の〕キナシカルノミコは〔同母系の〕安康に追われ、これを追って即位した安康の地位は不安定で遂に〔第三系統の〕マヨワノミコに殺された。続いて〔第一系統の〕葛城系のイチノベノオシハノミコが同じ形で皇位をおそった。しかるに〔第二系統の〕雄略は〔第三系統の〕マヨワノミコとともに葛城氏を自滅させ、さらに〔第一系統の〕イチノベノオシハノミコを殺して漸《ようや》く皇位についたから〔異様なひびきをもってくるの〕である。この〔武の〕上表文は、このように打ち続く皇位争奪の争いを、漸く乗りこえた後の雄略が宋におくった文章に他ならないのである」（六七頁）。

「私は記紀に記されている允恭の死後、雄略の即位にいたるまでの間の一連の皇位継承事件を、宋書とあわせ読むことによってこのように理解しているのである」（同）、と井上は自信満々だが、Aは推測、Bは誤読だから、ABあわせ読んでも、葛城氏の史実が論証されたことにはならないと思う。

それだけではない。(1)書紀という文献の批判的読解では、仁徳～武烈からなるⅢ部は、Ⅰ部（倭国史の書き換え）とⅡ部（継体以後の記録）とのつなぎとして、書紀制作時に、作文されたものであった。このⅢ部に史実を求めることはできない。(2)宋書倭国伝の文献批判からは、倭の五王と、Ⅲ部の仁徳～雄略とは、まったく無関係である。江戸時代の松下見林以来、名の中の任意の音をえらんで五王の名の音に比定する、恣意的な思いつきの手法が、今なお古代史学の中に生きているのに、おどろく。(2)宋書で(1)紀Ⅲ部を史実と化そうとするのは、さながら錬金術のようなものではないか。

大伴・物部との内乱？

井上の一論は、葛城氏にとどまらない。Aの「それぞれの皇子の背後には、必ずやこれを支持する勢力があったはず」として、(a)「キナシノカルノミコを討った安康の背後には、記紀の所伝によれば物部連《もののべのむらじ》があったとされている」（六八頁）。たしかにキナシノカルが逃げ入ったのは、物部大前宿禰《おおまえすくね》の家であったが、大前はカルを救わず、太子を自死させている。そして「またマヨワノミコ、続いてイチノベノオシハノミコを討った雄略を支持したのは、私は大伴連《おおとものむらじ》であろうとおもう」（同）。「大伴・物部など軍事的な伴造の勢力は、雄略をおしたてて、マヨワノミコを滅ぼし、葛城氏を自滅させ」（同）た。そして、ついに「葛城氏の没落が、允恭の死から雄略の即位にいたる内乱の過程において決定され…それはまた大伴・物部などの軍事的伴造の勢力向上と関係がある」（六九頁、傍点山田）という「推定」にいたるのである。

みごとな史実の創造、いや造作である。この成果に、「むすび」の文は、ひときわトーンが高い。

記紀の中には、多くの氏族が記されている。中臣氏や忌部氏、大伴氏や物部氏などは、既に神代の昔から記紀に活躍するのである。しかしこれらの氏々の活躍する舞台としての神代史は勿論、ヤマトタケルノミコトやオキナガタラシヒメの物語にいたるまでの記述は、いわゆる旧辞に属するものであり、案外新しいものかも知れないのである。してみると、それらの物語に登場する氏々もまた、それほど古くからあったとはいい難いことになろう。

まことにそのとおりである。ところが、ここで旧辞を出したのは、すでに外的史料（宋書）で確かめた、倭の五王時代の天皇（仁徳～雄略）の帝紀を、対比して強調するためである。「その帝紀的部分にでてくる氏の名は、実在したとみなしてよいことになる。……六世紀のなかば、口伝にもとづいて帝紀が作られた時、当時の宮廷人の人名の記憶には限界があった…。そしてその限界は、皇室でいえば応神であり、氏族でいえば、これと同時代の葛城ソツヒコであり、この二人はあたかもたれこめた靄《もや》の中から忽然《こつぜん》とあらわれてくるかの感がある」（七一頁）。まことに物語（旧辞）的な叙述で、崩壊した戦前の記紀史観の靄の中から、天皇も氏族もすくいだす錬金術に、ほとんど感歎する。

葛城氏はなかった

葛城氏についていえば、私もその実在を疑っている。津田左右吉（『日本上代史研究』、一九三〇年、一六三～四頁）は、葛城氏が六世紀以後、文献にみえないことから、その実在を疑った。これを考え方が逆だとし、六世紀なかばに没落したので、文献にはみえないのだ、としたのが、井上光貞説である。しかし後代、物部や蘇我のような大氏族は、その本宗家が亡んでも、かわって枝族から石上や石川のような雄族が出た。まったく影も形もなくなるのは不審なことだ。

紀のなかに、I、II部に限って、奇妙な人物が複数いる。いちばんはじめは、神代のシオツチの老翁《おじ》で、名は潮十ツ（の）十チ（神霊）だから、天神ではなく、国《とち》の神（地祇）である。天降《くだ》ってきたニニギに長屋の笠狭《かささ》の地を献上した（天孫降臨系の第四の一書）。そのつぎは山幸（ヒコホホデミ）に海神の宮へ行く道を教える。そして神武に東に美地《うましくに》があると教えた。以上三例とも筑紫でのことだから、シオツチは筑紫の神だ。神武即位前紀に、天祖（ニニギ）が天降ってから一七九万二四七〇余年がたった、と神武がいっているから、シオツチ老翁《じいさん》は、びっくりするほど長生きだ。（神なのだから不死と考えるのは当たらない。日本神話ではイザナキ・イザナミ二尊も、ニニギもヒコホホデミもみんな死ぬ。）

長寿ナンバー2は、武内宿禰《たけしうちのすくね》。景行[12]のときに生まれ、成務[13]、仲哀[14]、神功[14]、応神[15]、仁徳[16]と仕え、允恭[19]でその墓の話がでる。三百歳。

そのつぎが葛城襲津彦《かづらきのそつひこ》である。神功[14]五年に初出（すでに十分に大人、したがって武内宿禰と同時代人）、応神[15]、仁徳[16]、履[17]中、允恭[19]、雄略[21]の各紀に記事が出る。履中紀では、履中の母イワノヒメがソツヒコの娘という記事。允恭紀は、允恭に殺される玉田宿禰をソツヒコの孫とし、雄略紀には、玉田宿禰はソツヒコの子とある。すなわち、履中以後は登場人物の系譜を示すために、名が出ているだけで、本人の記事がでるのは、神功、応神、仁徳の三代に限られている。この三代の在位年数は、計一九七年。

つぎが倭直《やまとのあたい》吾子籠《あここ》。仁徳、[16]履中、[17]允恭、[19]雄略[21]に出る。仁徳即位前紀に初出のさい、韓国に遣わされていたとあるので、志田淳一（『古代氏族の性格と伝承』、一九七一年、四三三頁）は、応神～雄略七朝に仕えたアココは、武内宿禰の景行～仁徳の六朝をしのぐ、と言っている。そしてまたアココのように「長く歴朝に仕える人物としては、……中臣烏賊津《なかとみのいかつ》と大伴室屋《おおとものむろや》があげられる」とも、指摘している。

　これら奇妙に長寿で、長く歴朝に仕えた人物は、たんに荒唐無稽というのではなく、ある役割をはたすために、登場している。

奇妙に長寿な人物

　日本書紀は、いろいろな修史官が、複雑に重なった分担をしていて、このため巧みに各巻がつながっている反面、つながりの悪いところも生じている。巻第一、巻第二のいわゆる「神代」と、巻第三の神武とのあいだに、一つの断絶がある。津田左右吉がいったように、ニニギ以後が人代なのだから、神代と人代との断絶ではない。じつは神武は、ニニギ以来の系統（三代）につながらず、三代目の三人の子のあと、四人目としておしこまれたあとを、残している（第十*段の本文及四つの一書）。シオツチ老翁は、この断絶をつなぐ役割をはたしている。

　武内宿禰と葛城襲津彦は、応神《巻第一〇》までのⅠ部と、仁徳《巻第一一》以後のⅢ部とをつなぐものとして、両方にまたがっている。武内宿禰は景行《巻第七》から仁徳《巻第一一》の六朝に仕え、ソツヒコは神功《巻第九》から履中《巻第一二》の四朝に、そして倭直《やまとのあたい》吾子籠《あここ》は応神《巻第一〇》から雄略《巻第一四》の七朝に仕えた。長寿者はつなぎ役なのである。

　葛城氏については、このソツヒコのほかには、玉田宿禰、葦田《あしだ》宿禰、それに圓大臣《つぶらのおおみ》の三人の名が、出てくる。玉田宿禰は、上にみたように、一つが履中紀[17]《巻第一二》でソツヒコの孫、もう一つが雄略紀[21]《巻第一四》のある分注に、ソツヒコの子とした記事（ともいえない小記事）二つしかなく、前者に、つづけて、允恭に殺された話がある。葦田宿禰はもっと不審で、履中紀[17]《巻第一二》に葦田宿禰の娘黒媛《くろひめ》と出たのちはずっと出てこず、顕宗即位前紀[23]《巻第一五》分注にいたって、天皇の母が蟻臣《ありのおみ》の娘ハエ媛だということ、蟻臣は葦田宿禰の子だということが、べつべつに書かれている。圓大臣も、一度

	神功	応神[15]	仁徳[16]	履中[17]	反正[18]	允恭[19]	安康[20]	雄略[21]	清寧[22]	顕宗[23]
ソツヒコ	○	○	○	○		●		●		
葦　田				●						●
玉　田						●○		●		
圓				○				●		

目は履中紀で、二年一〇月、他の三人と共ニ国事ヲ執ルとあるが、二度目は雄略即位前紀に、雄略に殺された話、ついで元年正月三月是月に、葛城圓大臣の娘韓姫《からひめ》が元妃《はじめのひ》とある。以上のソツヒコ他三人の記事の出方を、表にしたのが、上表である。●印は——子式のかんたんな系譜記事であり、履中、允恭、雄略の枠内に、この系譜記事と殺された話が配列されている、という様態で、とても「葛城氏の繁栄」など、しのべない。

葛城氏の人物中、ソツヒコはつなぎ役、他の三人はかんたんな系譜記事のほかは、葦田宿禰をのぞいて、殺される記事。こういう叙述の様態から、葛城氏の繁栄と、内乱の過程での没落とをひきだした手口を、錬金術とはいったのである。

武内宿禰については、伝承上の人物とするのがふつうである。津田が、七世紀前半に覇権を握った蘇我氏によって作られたとして以来、これをつぐものが多い。しかし岸俊男のように、七世紀後半に内臣《うちつおみ》となった中臣鎌足《なかとみのかまたり》との関係をみる説があり、武内宿禰の内も地名（大和国宇智郡、現五条市）ではなく、内臣の内、内廷に近侍する臣の意だとする。

井上が、葛城襲津彦を実在の確かな最初の人物としたのは、ひょうたんなまずのような書紀に、ここからは確かだという線をひきたかったからにちがいない。そのさい、応神以後の帝紀はほぼ確実との、先行する津田説もあったし、加えて、中国史書、金石文、考古学などの外的史料で証明できるという目論見もあった。しかし、かりに中国史料（宋書）で、仁徳・履中～雄略（帝紀の御名）を証明できたとする。そのばあいでも、先に井上が「帝紀のある一部分が外的史料によって確かめられたとしても、他の部分もまたさようであろうと考えることは著しく危険である」、と言ったとおりで、他の部分の葛城氏まで「さようである」（確かめられた）とはいかないであろう。

ソツヒコの場合

もっともソツヒコについては、独自に、百済記に沙致比跪《さちひこ》とあるのと照応し、内（紀）外（百済記）の史料で一致するから、実在は確かだ、としていた。しかし、これについても、「書紀の編者は、百済記の職麻那那加比跪《ちくまななかひこ》から千熊長彦《ちくまながひこ》などという人名を捏造《ねつぞう》するくらいは平気であるから（神功四七年条本文、分注）、書紀が沙致比跪をソツヒコに擬定しているということはそれ自身としては証拠とみなしがたい」（五八頁）と、井上じしんがいましめていた。しかしすぐつづけて、「この場合にはしかるべき論拠があった、と私は考える」（同）といましめの外に出てしまう、その論拠とは神功五年条の新羅《しら》の人質、微叱許智《みしこち》の物語で、これにからんでソツヒコが新羅に攻め入り、いくつかの城をぬき、多くの俘虜をつれて日本に還ったとあるのは、「架空に捏造されたものではなかったのである」（同）とした。じつは、池内宏（『日本上代史の一研究』、一九四七年、五四頁～）に、ソツヒコのこの話が、三国史記、列伝第五の、新羅勇将朴提上《ぼくていじょう》の物語と同工異曲であるとの指摘があり、「おもうにこの話は元来五世紀はじめのころの史実にもとづくものであって、それが新羅側に伝わって朴提上の、日本側に伝わって微叱許智の帰還の話のもとができたのであろう」ともされていた。これが井上のいう論拠である。

戦後古代史への定礎

いましめ、いましめ、そのじつ論拠を重ねていましめの先へ出、けっきょくは紀のいうところを是認する傾きが、井上にはある。その上で古く巨大な葛城氏の実在をひきだしたのである。なお、葛城氏について論じた節の表題が、「帝紀からみた葛城氏の歴史」（傍点山田）であったことに注意しよう。先に書いたように、紀編集のさい、成書としての帝紀・旧辞などなかったと私は考えている。その私からみると、井上は、ありもしない帝紀から、ありもしない葛城氏を、ひきだそうとした。

たとえば、仁徳二年三月条に、イワノヒメを立てて皇后にした、とある。他方、履中紀冒頭（帝紀的部分）には、履中の母イワノヒメは、葛城ソツヒコの娘だ、とある。両方あわせて、ソツヒコ―イワノヒメという系譜がわかる。これに対し、古事記は葛城のソツヒコの娘イワノヒメと、仁徳一か所に書いている。武田祐吉（『古事記研究一―帝紀攷』）は、紀よりも記の方が帝紀の記載を純粋に伝えている、と考えていた。この証明はできない。武田の脳中の帝紀像にてらしての仮説でしかない。井上はこの武田の仮説をふまえ、「書紀が葛城氏のことを所定の場所に記さなかったのは、編集の際に手を加えたからであって、帝紀には葛城ソツヒコの女、イハノヒメと記してあったと考えてよいとおもわれる」（五三頁）とした。

井上ほどの歴史家にして、これほど、幻の帝紀に呪縛されるとは。が、思うに、あるいは次のようなことが、古代史の戦後的な境位《きょうい》であったのかもしれない。すなわち、戦前の皇国史観の典拠であり、記事の信憑性についてはひょうたんなまずのような書紀のかわりに、中国史書などの外的史料で証拠づけた帝紀で、戦後の古代史の枠組みを、つくりあげよう。こうして、「帝紀からみた葛城氏」（一九五六年）は、(1)主題は帝紀（戦前の津田左右吉をうけつぐ）、(2)方法は中国史書、金石文、考古学による根拠づけ、(3)古代史の枠組みとしては、倭の五王＝仁徳・履中〜雄略の実在と、その外戚である葛城氏の実在、そして(4)古代史の絶対年代の基準としての五世紀、の四項をもって、戦後の古代史学を定礎したのである（この論文をもとに、『日本国家の起源』（一九六〇年）が書かれたとは、井上じしんが明言していた）。

三〇年後

さいごに一九五六年の井上の一論が影響した跡をみて、この章をおえることにしたい。一つは、一九八四年の門脇禎二『葛城と古代国家』で、もう一つは、一九八八年の佐伯有清編『雄略天皇とその時代』である。

地域国家論をすすめてきた門脇は、この本で、大和の中の一地域、葛城をとりあげ、「統一国家が形成される前夜…の、葛城の地域史…的再構成を試みた」。興深い試みだが、その「Ｖソツヒコと葛城首長家の源流」で、「ソツヒコ原像の研究成果と問題点」を扱ったさい、井上「帝紀からみた葛城氏」にふれ、ソツヒコの人物像について、「綿密な検討を加えた労作」とし、「ソツヒコの実在性、その時代、対朝鮮関係における活躍など、教示をうけるところは少なくない」とのべている。その上で、井上がソツヒコを「大和政権の将軍」としたのを理解しがたいとし、こう書いた。「記・紀は、四世紀末～五世紀初めからは三〇〇年も四〇〇年も後の時代に記されたものであり、律令制下の天皇と臣下との関係を過去に投影して記してある。ソツヒコはもとより、葛城の首長が、最初から天皇家の下の一将軍になっていたといえるだろうか」。「ソツヒコをすでに大和朝廷の一将軍とみるような見解は、せっかくソツヒコの原像の年代的復元を追究され、見事な成果をひき出しながら、日本書紀の記述にみえるソツヒコの人物像の性格および葛城の地域史的検討に及ばなかった点で残念である」（五二頁）。

紀の古い部分にかえって律令制下の政治・行政が投影されているというのは、そのとおりで、その点から井上を批判したのは、鋭かった。しかしソツヒコの実在については、三〇年前の井上の説を認めていて、氏《うじ》の成立を考究する過程で、神功五年条の新羅のミシコチ、ヤマト王権のソツヒコの二人の実在をみとめた平野邦雄（『大化前代社会組織の研究』、一九六九年）と同じである。

『雄略天皇とその時代』は、表題のように雄略の時代が対象だから、応神と葛城ソツヒコを対象にした井上論文とは、直接結びつかない。だが井上は、「帝紀からみた葛城氏」をうけつぐ論文、「雄略朝における王権と東アジア」（一九八〇年）を書いていた。この論文で、葛城氏を滅ぼした雄略を支えたのが、軍事的伴造《とものみやつこ》としての大伴・物部氏だ、というのは、先にみたように「帝紀からみた葛城氏」での主張をうけついでいる。だが、大王家の協力者である葛城氏に支えられていた畿内豪族連合政権が、大伴・物部といった軍事的伴造に支えられるようになると、軍事的専制王権にかわるとして、倭の五王のうち、讃、珍、済、興を前者に、武を後者にあてて、政権構造のちがいをいっているのは、それだけ井上の論が進展したのである。さらに、このときは公表されていた埼玉稲荷山古墳出土の鉄剣銘文と、江田船山の大刀銘文をとりあげ、雄略朝の版図が、東は東国、西は九州にまで及んでいた、ともいう。

『雄略天皇とその時代』が、この第二の井上論文（と岸「画期としての雄略朝」）を多分に意識して編集されたことは、編者佐伯有清の序章、「一、雄略朝の歴史的位置」に、明らかである。戦後古代史の通説の枠をつくりつづけた、井上光貞の面目が、よくあらわれた事件というべきであろう。

氏記事も逆に読んだら

「帝紀からみた葛城氏」に対して私がもつ、多くの根本的な疑問は、右にみてきたとおりである。

しかし井上が、葛城氏が滅んだこと、すなわち氏は連綿と幾世紀もつづいたりするものではなく、消長常ならない存在だとしたことは、ソツヒコ実在説などより、はるかにうけつぐべき大事な論点だと考える。紀が、II部以降、大伴金村、物部守屋、蘇我蝦夷・入鹿の失脚、討伐をのべつづけているのは、偶然ではない。

氏族もまた万世一系ではありえない。たとえば、紀の中に記された蘇我氏の系譜が、蘇我本宗氏の滅亡後に進出した蘇我倉氏（石川氏）系のものであるとか、物部氏のばあいも、滅んだ守屋系ではなく、紀編纂時の石上氏の伝承が、さかのぼって崇神紀などに投影されたとか、周知の事例にことかかない。これまでの氏族論をみていると、紀の中の阿倍氏なら阿倍氏の関連記事を枚挙し（これは当然のこと）、一つ一つは史実ではあるまいとしてしりぞけても、総体としてたとえば外交のことにかかわっている記事が多いと、阿倍氏ははじめ饗《あえ》のことを掌ったが、天皇に近侍したので、しだいに使節、外交にたずさわるようになった、といった論のすすめ方が多い。

前に、紀の叙述の順序で読むよりも、紀の作られた順序で読む努力がいるということを、のべた。氏族や政治制度に関しては、ひっくりかえした叙述の順序、すなわち巻第三十・持統からはじめて次第にさかのぼってゆき、後代の投影が、千差万別ながら、それぞれどこまで及んでいるのかを、確かめる必要がある。大伴氏がはたして、室屋だの金村《かなむら》だの以来なのかどうか。意外と壬申《じんしん》の乱の吹負《ふけい》、馬来田《まくた》以来の登場なのかどうか。逆に読む——仲哀紀の、例の送迎記事を逆に読んで、成果があったが——ことの効用があるのではないか。

六《むっ》つ章　帝紀・旧辞はなかった

日本書紀のいわゆる「神代」の巻（巻第一、第二）は、他の巻とちがい、まず本文が記され、そのあとに複数（少ないときは一、多いときは一一も）の一書（異伝）が、ついている。そこで㈠本文・一書の性格や、異同、関係について、多くの研究が重ねられてきた。また筋立ての似た古事記という別本があり、㈡紀記の性格、異同、関係についても、あれこれの論がある。ともに専門的な研究である。この専門領域から、二つの研究成果をとりあげ、なるべく分かりやすく論じていくことにしたい。一つは梅沢伊勢三《いせぞう》『記紀批判』（正、一九六二年、続、一九七六年）で、もう一つは北川和秀「古事記上巻と日本書紀神代巻との関係」（一九八〇年）である。

公理のような定説・通説

一つ章（五九三頁）で、紀記と併記するのと、日本書紀だけを明示するのと、この二つのちがいをいい、後に問題にしたい、と書いておいた。梅沢は記紀と書くが、私は紀記と書く。また、古事記が和銅五年〈712〉にできたというのは、その序文の日付だけが根拠で、それ以外にはなんの証拠もないことも、のべておいた。古代史家は、日本書紀に書いてあるというだけでは、とても史実とは認めないのに、古事記の成立については、記序にそうあるだけで、和銅五年説をうたがわない。首尾一貫しないことだ。日本書紀は、つぎの続日本紀に記録されていて、養老四年〈720〉に成立した。したがって、記ができてから八年後に紀が成立した。誰もがこう信じていた。

世の中には、なんとなくそうなっている定説がある。古事記が古く日本書紀が新しい、万葉集の（最終）編者は大伴家持《おおとものやかもち》である、紀の天皇の漢風諡号《しごう》は淡海三船《おうみのみふね》がつくった、大化改新によって律令制への道がひらかれた、などなど。こういう――幾何学の用語を借りると――公理のような説は、ひっくりかえすのがむつかしい。

現在の二〇巻本・万葉集は、まず九世紀の末、菅原道真《すがわらのみちざね》が勅令で、複数の草稿本を総緝《そうしゅう》し、さらに一一世紀後半、後拾遺《ごしゅうい》撰者たちが二十巻本に作成した――こう結論づけたのは、平安歌壇史の研究者山口博（『万葉集形成の謎』一九八三年）である。契沖《けいちゅう》以来の撰者家持説に挑戦したものだが、万葉学者の中西進は、「万葉集の形成―平安朝文献の意味」正続（一九六八年）で、すでに、平安中期に現二〇巻本が成立していたことを、論じていた。しかし契沖以来の定説は、なおゆるがない。

紀前記後説

記が先で紀が後だ、という定説のばあいも、同じである。梅沢伊勢三は、この定説に挑戦した。坂本太郎が書評でのべた「著者の樹立した紀前記後」から、梅沢の主張は、紀前記後説とよばれることになった。坂本は公平に紹介しつつ、しかし結論の紀前記後には、むろん反対した。坂本だけではない。梅沢が反論しただけでも、林屋辰三郎、上田正昭らの史家がいる。梅沢説はまったく孤立していた。

しかし当の坂本は、日本書紀が、「最も内容的に深い関係にある古事記については、固く口を緘《かん》して語らず、全篇一度もその名を示していないのは、普通の状態とは考えられない…。両者の間には何か正常でない、一が他を無視するような原因が伏在するのではあるまいか」（『日本古代史の基礎的研究』上、一九六四年、二三頁）、と書いていた。さすがに、「歴史の学問に志しても、常に史実を支える典拠の吟味に興味をもち、文献批判や史料操作に多くの時を費してきた」（同書、序文）坂本にふさわしい発言であった。ただ、一つだけ言わせてもらうと、「最も内容的に深い関係」というさい、なにをもって内容というのかが問題である。話の筋立てなどといった程度のことなのか、それとも文献批判を行った上での深い関係のことなのか、である。

記は「一種の文学作品」

井上光貞は、古事記を「一種の文学作品」とみていた（六五八頁参照）。坂本もまた「古事記を歴史書と見ることは、今日の厳密な史学の概念からいえばむずかしい」（古事記の成立、一九五六年、坂本太郎著作集第二巻所収、二八頁）と、ふくみのある表現をしている。これに対し、日本書紀は、「六国史の第一として最も尊重すべき古典」（日本書紀の撰修、一九五一年、同第二巻、二〇頁）と言い、「文学者が関心を多くもった古事記…史学者の扱う領域であった日本書紀」（記紀研究の現段階、一九六三年、同第二巻、一一頁）という言い方もしている。師匠の坂本のいくらかひかえ目な表現を、弟子の井上はずばっと言い切ったのである。「古事記は一種の文学作品である」。

こういう概括的な言い方は、意外と細部にまでも及ぶ特性を示していて、紀記は、それぞれ性格を異にした作品なのである。坂本太郎は、紀記を同じ性格の作品と信じて疑わなかった世代だが、その坂本すら、右に引いたように、事実上のちがいは認めていた。

だがこの程度では、とても文献批判の上での両書の関係は分からない。文献批判からの紀記の関係に、正面からとりくんだのが、梅沢伊勢三「記紀両書の記事の比較による文献的相互関係の検出」（記紀批判、第二章、一九六二年）である。味もそっけもないだけ、言わんとすることを正確武骨に示した表題だし、その中身をここに示そうとしても、中身もまた正確武骨、とても要約などできない。

先立つ第一章は、紀記の関係を論じた江戸期以来の学説史である。まとめて三説になる、と梅沢はいう。第一は、古事記がなんらかの形で書紀の資料となっているとする説で、代表としては本居宣長がある（じっさいは坂本がいったように紀は古事記を無視《みていない》している）。第二は、紀記がほぼ資料を共通に成立した二書とする説で、新井白石、津田左右吉らがこの説。第三は、紀を主な資料として記が後から成立したとする説で、江戸期の沼田順義、昭和の中沢見明、すなわち記偽書説の二人が説いた。梅沢説は、第三説から紀前記後を、第二説から紀記は資料を共通にした二書であることを、とったことになる。（共通の資料とは主として帝紀、旧辞のことで、これらが実在したと考えられないことは、四つ章六五八～六一頁でのべておいた。）

紀は記を参照していない　梅沢は、「記紀両書は、はたして文献としてどのような関係をもっているであろうか」という問いから、出発する。すぐつづけて、その「最も直接的かつ具体的な方法」は、「両書の文章の徹底的な比較考察」しかないともいう。

先にも言ったが、紀の「神代」の巻は、本文と多くの一書とからなりたつ。それでいてアマテラスという神名は、すべて天照と表記されている。ところが、火神の表現は、本文が火神軻遇突智《かぐつち》、第三の一書が火産霊《ほむすひ》、第四の一書は火神軻遇突智、第五が火神、第六が火軻遇突智《ほのかぐつち》、第七は軻遇突智、第八が軻遇突智命と、まちまちなのに、カグツチについてはすべて軻遇突智と表記している。この一事以外にもたくさんの事例を細かく検討し、「以上を要するに、神代紀の文章は、修辞上多少の改変があったかも知れないが、全体として、頗る細部まで〔資料〕原本《〔文〕》の文章あるいは原本《〔文〕》の意味が充分に尊重されている」と、梅沢はいう。

ここで私が注をいれると、カグツチを、古事記は迦具土《かぐつち》とかく。もう少し細かくいうと、まず火之夜芸速男神《ほのやぎはやお》と書き、亦の名として、火之炫毘古《ほのかびこ》神、火之迦具土《ほのかぐつち》神の二つをあげた。そして下文では、この三つの名のうち、さいごの火之迦具土から火之をとって、たんに迦具土とだけ記すことになった。紀にこの三つの名（火之——の形）は、上に示したように、一つもない。またカグツチについても迦具土という表記は、一つもない。もし紀が記を参照して作られたのなら、先述のように細部まで原文を尊重した紀だから、火之——という形の名ないし迦具土という表記をのこしたにちがいない。紀にこれらの名は一切ない。紀は記を参照しなかったのである。

梅沢の検証の例　むろん、梅沢はカグツチの名だけで結論づけたのではない。周到をもってなる梅沢は、すこぶる多面的な検校をくりかえした。この作業はきわめて煩瑣《はんさ》で、学者であっても、敬遠したくなるほどだ。

だから紀記の文章検校の一例だけをあげる。これは巻第一第五段*本文である（上段が紀、下段が記、○は同字、・は同義異字）。

＊　神代を（本文＋一書群ごとの）段に分ける方法は、日本古典文学大系の日本書紀（いまは岩波文庫版）から採られた。全一一段に分けている。私は大系本の段分けでの第二、第三段は、もともと一つの段だったと考え（日本書紀史注、巻第一、六二頁以下を参照）、全一〇段とする。したがって、私の分け方での第五段*は、大系本＝岩波文庫本での第六段に当たる。

	日本書紀第五段*本文	古事記
1	於是	於是
2	素戔嗚尊請曰（中略）	速須佐之男命言（中略）
3	昇天之時	参上天時
4	溟渤以之鼓盪山岳為之鳴呴（中略）	山川悉動国土皆震
5	天照大神素知其神暴悪	爾天照大御神
6	至聞来詣之状乃勃然而驚曰	聞驚而詔
7	吾弟之来豈善意乎	我那勢命之上来由者必善心
8	謂当有奪国之志歟（中略）	欲奪我国耳
9	乃	即
10	結髪為髻縛裳為袴	解御髪纏御美豆羅而
11	便	乃

12 ——
13 ——
14 以八坂瓊之五百箇御統
15 〔御統。此云美須磨屢。〕
16 纏其髻鬘及腕
17 又
18 背
19 負千箭之靫与五百箭之靫
20 〔千箭此云知能梨。〕
21 臂著稜威之高鞆〔稜威。此云伊都。〕
22 振起弓彇急握剣柄
23 踏堅庭而陥股
24 若沫雪以蹴散
25 奮稜威之雄誥
26 〔雄誥此云烏多稽眉〕
27 発稜威之嘖譲〔嘖譲此云挙盧毗〕
28 而
29 徑詰問焉
30 素戔嗚尊対曰

12 於左右御美豆羅亦於御鬘
13 亦於左右御手各纏持
14 八尺勾璁之五百津之美須麻流之珠
15 〔自美至流四字以音。下效此。〕
16 ——
17 而
18 曽毘良邇者
19 負千入之靫附五百入之靫
20 〔訓入云能理。下效此。自曽至邇以音。〕
21 亦臂取佩伊都〔此二字以音〕之竹鞆而
22 弓腹振立而
23 堅庭者於向股踏那豆美〔三字以音〕
24 如沫雪蹴散而
25 伊都〔二字以音〕之男建踏建
26 〔訓建云多祁夫〕
27 ——
28 而
29 待問何故上来
30 爾速須佐之男命答白

31 吾元無黒心　　31 僕者無邪心
32 但（下略）　　32 唯（下略）

右を比較して、梅沢がひき出したのは、次の三項である。第一、「物語の筋の全体的一致はいうまでもなく、さらに各種の文字や語句の上に甚だしい契合照応」がある。三例だけをあげると次のごとくだ。（番号は右第五段*に同じ。）

7 吾弟之来豈以善意　　7 吾那〔原郡〕勢命之上来必不善心
24 若沫雪以蹴散　　24 如沫雪蹴散
30〜32 素戔嗚尊対曰。吾元無黒心。但　　30〜32 須佐之男命答白。僕者無邪心。唯

第二、「文章の句切りなどに現われている主要な接続的語句の位置及び文字の一致」。すなわち、

日本書紀　於是[1]……乃[9]……便[11]……而[28]……但[32]
古事記　　於是……即……乃……而……唯

第三、先の比較1〜32の中に、15、20、26のような訓注があったが、紀の訓注（むつかしい漢字の訓《よ》み方を万葉仮名で示した注）と記の仮名書きの語とは、ほとんど同一である。第五段*の全訓注を示すと、つぎのごとくだ（――は対応記事のないことを示す。〔　〕は分注あるいは訓注）。

日本書紀訓注

イ（髻）
ロ御統〔御統此云美須磨屢〕
ハ（背）
ニ千箭〔千箭此云知能梨〕
ホ稜威〔稜威此云伊都〕
―
ト蹴散〔蹴散此云倶穢簸邏々箇須〕
チ雄誥〔雄誥此云烏多稽眉〕
リ嘖讓〔嘖讓此云挙盧毗〕
―
―
―
ワ誓約之中〔誓約之中此云宇気譬能美難箇〕
カ（同前）
ヨ瑲々〔瑲々此云奴儺等母母由羅爾〕
タ齰然咀嚼〔齰然咀嚼此云佐我彌爾加武〕
レ吹棄気噴之狭霧〔吹棄気噴之狭霧此云

古事記仮名書き

イ美豆羅
ロ美須磨流〔自美至流四字以音下效此〕
ハ曽毘良邇〔自曽至邇以音〕
ニ千入之靫〔訓入云能理下效此〕
ホ伊都〔此二字以音〕
ヘ那豆美〔三字以音〕
ト（蹶散）
チ男建〔訓建云多祁夫〕
―
ヌ伊佐知流
ル（白）都良久〔三字以音〕
ヲ（神）夜良比夜良比岐
ワ宇気比（而）〔自宇以下三字以音下效此〕
カ宇気布（時）
ヨ奴那登母母由羅爾〔此八字以音下效此〕
タ佐賀美邇加美
レ（吹棄気吹之狭霧）

浮杙于都屢伊浮岐能佐擬理〕

これ以上は省略しよう。結論をいうと、「古事記が仮名を用いている語十箇のうち、八箇までは書紀もまた訓註〔注〕を以て仮名書きにしている」。「仮名書きの対象となっている語は、殆ど記紀ともに同じである」（前掲書、三六―七頁）。記紀「両書は、文献として何等かの関係を持った二書なのである」（四〇頁）。

煩瑣《はんさ》、些細《ささい》な検証から、紀記二書は文献としての関係をもつ、という大きな結論がでてくる。（その過程を知ってほしいと思いあえて煩をいとわず、右の「梅沢の検証の例」（二字下げで組版した1～32）で、梅沢とともに細部を注視してきた。もはや煩をいとって紹介はしないが、以下の梅沢の論のはこびに、いちいち同様の煩瑣、些細な検校、検証がともなっていることを、知ってほしい。）では、紀記二書はどのような相互関係をもつのか。これが問題だ。

梅沢は、両書の関係についての先の江戸期以来の三説を、とりあげる。第一、「古事記が日本書紀の資料として用いられているとする説」。もし記を資料としているなら、原資料の原文、原用字を尊重した紀の中に、「記独自の所伝」もふくめて、その痕跡があるはずだ。そこで梅沢は、神代全般、全一〇*段にわたって、検校を加えた。その結論だけをひく、――「少くも神代紀の中にはどこにも古事記は引用されていない」（六〇頁）。さらに人代の巻々を、歌謡の比較を例に検証して、「古事記は全く日本書紀（全般）には引用されていない」（六四頁）。こうして、本居宣長以来の、紀は記をもとに書かれたという説は、成立しないことが、明らかになった。

記は紀と深い関係をもつ

第二、紀記二書は共通の資料から作られたという説。梅沢は、（煩瑣、些細な検証をつみ重ねて）こう結論する、――「全体的にみてもまた部分的にみても、古事記は日本書紀の各書に関係をもっている」。「即ち、古事記は書紀には引用されてはいないが、書紀の中に列記されている殆ど全部の一書と、それぞれに文献

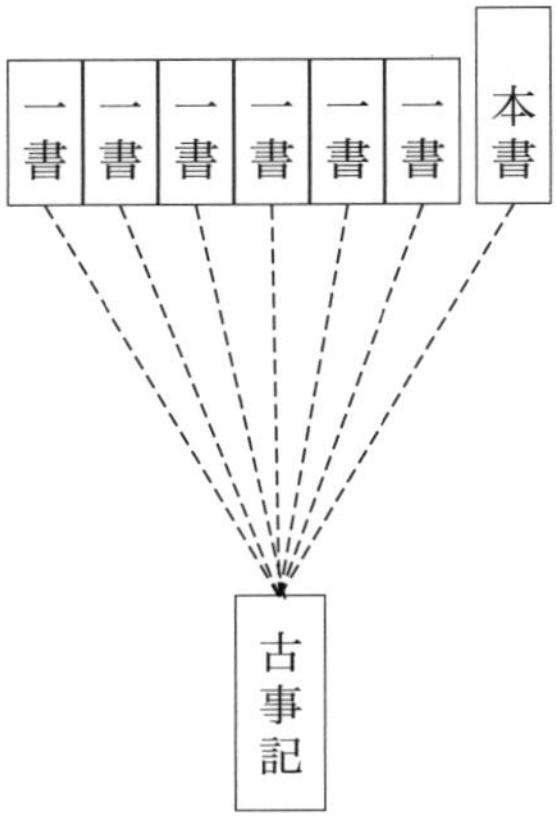

として関係を持った書である」（七六―七頁、傍点山田）。これを図示したのが、上図である。「この図を基礎として成立し得る、論理的に可能な推論」（七七頁）は、次の三つである。⑴記から紀の各書（本文＋一書）が派生した。⑵紀の各書を総合して記ができた。⑶資料の古文献を共通にして紀記二書が別々に成立した。

記成立に通説的な梅沢

⑴を唱えた学者はだれもいない。紀編者の立場でみると、（和銅五年に成立したとして）げんに目前にある古事記を参照せず（これは先に検証した）、その記から派生した各書（その中には本文もふくまれる）の方を集める、という「不合理」（七二頁）をおかすことになるからだ。⑵はいわゆる古事記偽書説に通じる。これへの梅沢の反論は、「古事記の序文にあるその成立年次は、決してたやすく否定し得ぬものであり」、「古事記の成立年次を書紀の後に下して、前後を合わせようとするのは、恣意的である」（七八頁）、というのにつきる。紀前記後という反常識、反通説の論をたてた梅沢が、反面で(イ)記序の和銅五年を信じ、またつぎにみるように、津田・坂本以来の(ロ)帝紀・旧辞論を信じて、常識的な通説を守旧したのに、歎息がでる。だが、人間のなすことは、個人のばあいであれ、集団のばあいであれ、ある点だけで革新的、大部分の面で守旧的というのが、宿命である。それで人類史が保たれるのだろう。

⑶「資料たる古文献を共通にして記紀二書が別々に成立したとする説」を、（例によってあれこれの煩瑣、些細な検校の結果、）模式的に示すと次図となる。「記紀の成立前に、その資料となった可成り多数の〝旧記〞があった。書紀はそれらを忠実に集録して三十巻の史書に集成したものであり、古事記は或る別個の目的から、これらの資料のすべてを総合統一して、一個の首尾一貫した物語として体系化し、三巻にまとめあげられたものである」（一〇〇頁）。

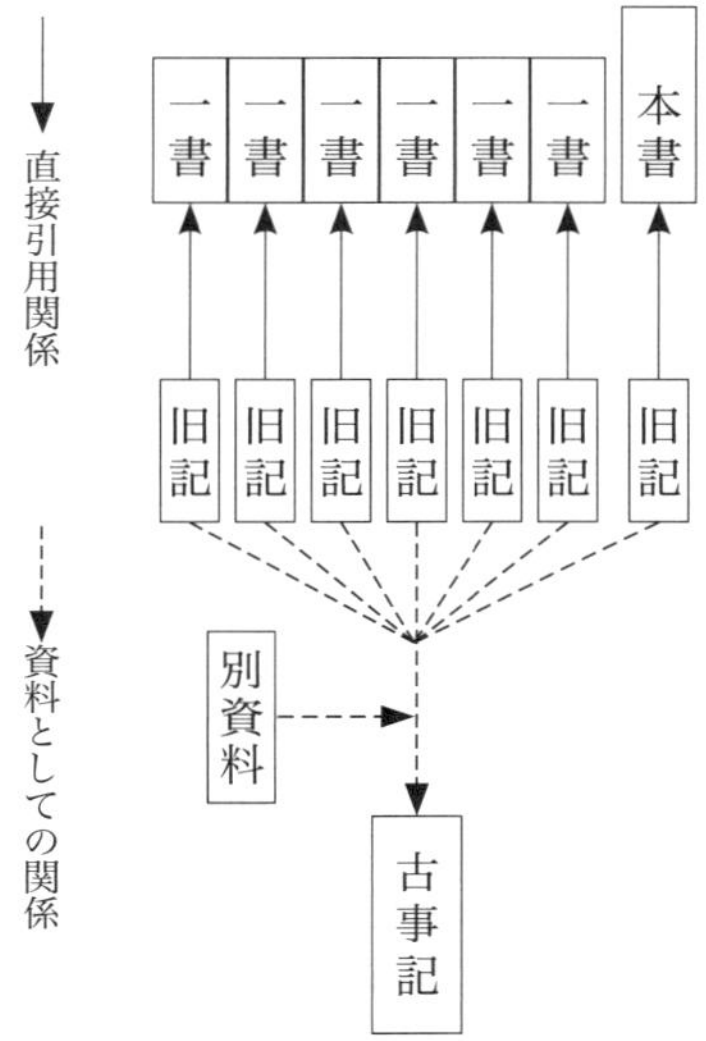

記が万葉にひかれたのは平安時代

ここで万葉集に関説しておく。梅沢は、「多少の問題は残されているけれども万葉集に古事記の引用があることは周知の事実であり、その後平安朝における古事記引用の文献としては」、弘仁《こうにん》私記（八一〇—八二三）以下があると書く（続記紀批判、一九七六年、第六章、一、平安時代における古事記、三九六頁）。いくらかの保留はつけているが、万葉への記の引用を、奈良朝のこととみたのである。この点でも梅沢は、常識的・通説的である。記の引用は、⑴万葉巻第二の九〇歌左注と、⑵巻第十二の三二六三歌左注の二つである。⑴は、君が行き日《け》長くなりぬ山たづの迎へを往《ゆ》かむ待つには待たじ、の歌が、古事記と類聚歌林〔山上憶良の〕とで説くところがちがうので、日本紀を検したが、今案ズルニ二代二時不レ見ル二此歌ヲ一也、と左注したものである。（ここでもあれこれの考証を省いて結論だけを紹介すると）「今案注者は〔菅原〕道真」（山口博、万葉集形成の謎、一九八三年、五八頁）である。⑵は長歌で、その左注に、検スルニ二古事記ヲ一曰ク、件ノ歌ハ者、木梨ノ軽ノ太子自死セル之時所ノレ作ル者也とある。この歌の二つ前三二六一歌にも左注がついていて、これは今案とはじまるから、道真のつけたものであることが分明であり、三二六三歌の左注もまた、紀伝家の注にふさわしく、記に検したのである。「古事記を平安時代に入ってからの偽託《ぎたく》の書だなどといふ説は、この巻二の記事だけでも明らかに反証せらるるであらう」とした山田孝雄（「古事記と万葉集」、『万葉集大成總記篇』一九五三年、所収、六二頁）や、万葉集は奈良朝の成立という通説にたつ梅沢らは、自論が、この二注で証明できると考えたが、あにはからんや、この二注は平安朝のものであった。

そしてまた、この二注を証拠に、古事記を奈良朝の成立だ、とすることもできないのである。

日神とアマテラスの区分

さて、古事記はアマテラス一本槍だが、日本書紀では、日神と書くばあいと、アマテラスと書くばあいとの、両様がある。これは、少し気をつけて読むと、誰でもが認知することだ。戦中では、池山聡助（「古典に現れたる天照大神中心思想の発展」、『神道研究』一―二、一九四〇年）が、「日神として表現してゐた系統の一連の文献があり、また一方では天照大神と書いて伝へた一連の文献があった」と書き、戦後では、泉谷康夫が、日神と書いたものの方が、天照《あまてらす》大神と書いたものよりも、古い伝えと考えた（「記紀神話形成の一考察」、『日本書紀研究』第一冊）。二つ章で書いておいた（六〇九～六一〇頁）ように、アマテラスの名は、持統の国風諡号とふかく関係していた。泉谷のいわゆるアマテラスと書いたものの上限は、持統期である。ごく新しい。

北川和秀の新研究

この日神、アマテラスの区分を、さらに日本書紀、ひいては古事記成立論に及ぼして、新しい地平をきりひらいた研究が、出現した。北川和秀「古事記上巻と日本書紀神代巻との関係」（『文学』四八―五、一九八〇年）である。北川は、日神、アマテラスの書き分けが、さらに次のような系列に区分されることに、着目した。

ⓐ	天照大神・	月読尊・	高天原・	八十万神・	天真名井・	天忍穂耳・	皇　孫
	＝	＝	＝	＝	＝	＝	＝
ⓑ	日　神・	月　神・	天　原・	(八十)諸神・	天渟名井・	天忍穂根・	天　孫

すなわち、天照と書く本は、かならず高天原、皇孫などと書き、日神と書く本は、高天原、皇孫は使わずに、か

系列														ニニギ	蛭児	三貴子	熯速日	号
ⓐ系列	三の1														国生みの時			○
	四の6	天照大神	月読尊	高天原	天安河											一神で	熯速日などと同系	○
	五の0	天照大神		高天原			天真名井	田心姫	市杵島姫	活津彦根命	熊野櫲樟日命		天忍穂耳					○
	六の0	天照大神			天安河	八十万神												
	八の1	天照大神				八十万神						石凝姥	天忍穂耳	皇孫				○
	三の3			高天原														
	四の10																	○
	七の1																	○
	九の3																	○
	五の2	天照大神					天真名井	田心姫命	市杵島姫命	活津彦根命	熊野櫲樟日命	石凝姥	天忍骨					○
	六の1	天照大神			天高市	八十万神												
	八の0	天照大神				八十諸神							天忍穂耳	皇孫			熯速日などと同系	○
	八の2	天照大神		高天原	天高市 天安河	八十万神							天忍穂耳	皇孫				○
	八の8												天忍穂耳					○
	三の10														国生みの時			×
	四の11	天照大神	月夜見尊	高天之原														
	四の7				天八十河													○
	四の1	大日孁尊	月弓尊													一神で		△
ⓑ系列	八の6					八十諸神							天忍穂根	皇孫				×
	八の7												天忍骨	天孫				×
	五の1	日神		天原			天渟名井	田心姫	瀛津島姫	活津彦根命	熊野忍蹈命		天忍骨	天孫				○
	五の3	日神		天原	天安河			田霧姫命	瀛津島姫命	活津彦根命	熊野忍蹈命		天忍穂根				ウケヒの時	×
	四の3																	×
	四の4																	×
	四の8																	×
	七の0																	×
	七の6																	×
	八の3																	×
	八の4													天孫				
	八の5													天孫				×
	九の0																	×
	九の1																	×
	四の0	日神	月神												日月のあと	二神で		○
	四の2	日	月												日月のあと	二神で		×
	六の2	日神				諸神				活目津彦根命								
	六の3	日神				諸神	天渟名井				熊野大角命	石凝戸辺	天忍穂根				ウケヒの時	×

ならず天原、天孫と書いている。北川は前者を神代紀の中のⓐ系列、後者をⓑ系列と名づけた。さらに（紹介を省くが）多くの細部の検校、考証を加えて、北川が完成したⓐⓑ両系列の特徴的な用語などの対比、区分表（表中、三の1は「第三*段の第一の一書」、五の0は「第五*段本文」をさす。なお段は私の史注の段分けに従って改変した）は前頁のとおり。

紀の中のⓐⓑ二系列

このⓐⓑ系列の発見は、梅沢説をこえた業績であった。ⓐⓑ系列についての北川の結論は次の(1)〜(3)である。

(1)古事記上巻（神代）は、ⓐ系の一本だけを選び出し、それを底本として成立した。

(2)その底本に欠けている内容についてはⓑ系その他の文献から異伝を補っている。

神代紀の本文・一書の中に、神代記と似たものが、各段に一つずつあることは、これも注意して読めば誰の目にもつくことであった。たとえばA古田武彦（『盗まれた神話』、一九七五年）は、こう見ている（ただし私の史注の段分けに直してある）。左側の各書をつなぐと、通して記に似た系列ができあがる、というのである。

A神代紀

(段)	(一)	(二)	(三)	(四)	(五)	(六)	(七)	(八)	(九)	(十)
	第四の「文曰」	本文	第七	第五、第六	本文	第一	第六	第一	第二	本文

北川の判断を同様の形に直して示すと、Bになる（—の部分については後述）。

記＼紀第三段	本文	第一	第七
天神の命令		○	
オノゴロ島	○	○	
天御柱・八尋殿		○	
二神の問答		○	
男神の指示で柱を回る		○	
男が左、女が右	○		
女神発言	○	○	
男神応答		○	
男神不快	○		
蛭児		○	
天神の指示		○	
柱を回る		○	
男が左、女が右		○	
二神の問答		○	
大八島の内容			○

B神代紀

(段)	(一)	(二)	(三)	(四)	(五)	(六)	(七)	(八)	(九)	(十)
	―	―	第一	第六、	本文	本文	本文	第一	第三	本文、第一

二人の相違は、第三段でいえば、北川は古事記の該当部分を、その内容からいくつかの項目にわけ、第三段の本文・一書と比較し、似ている項目の多い第一の一書をえらんだ（上図）。これでいうと、古田のえらんだ第七の一書は、大八島の内容しかない一書だから、当然、この項目しか似ていない。ただ大八島を構成する島の名については、第七だけが記と似る。古田はその点で判断した。まちがいではないが、総体としては北川の判断の方が妥当である。

北川はさらに、紀の中に記と共通する一通りの本がうかがえることの意味を、考えた。

「文献x」

(3)古事記が底本としたⓐ系の一本は、紀では、段ごとに切り離されたが、復元すれば、（この頁のBの）(三)の第一・(四)の第六・(五)の本文・(六)の本文・(七)の本文)・(八)の第一・(九)の第三）とつながる、一続きの文献であったろう。

この文献を北川は「文献x」とよぶ。つまり、先の梅沢と同じく、北

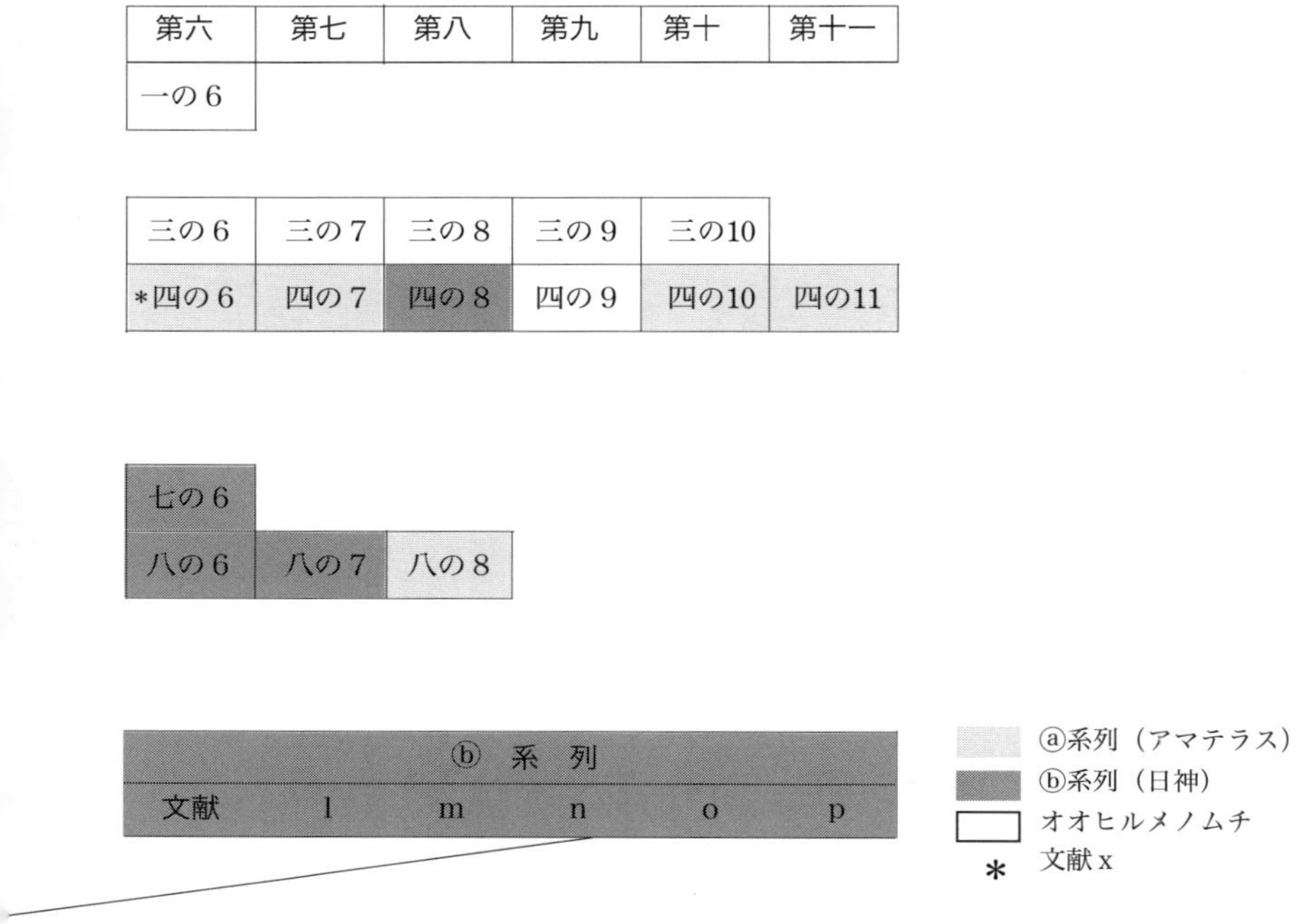

川もまた、紀はこの文献xをばらばらに分断して、右のように、㈢の第一〜㈨の第三）と各段に配分し、記はこの文献を底本に、別資料やⓑ系列を足して、成立した。つまり先の梅沢と同じく、北川もまた、「資料たる古文献〔文献x〕を共通にして、記紀書が別々に成立した」とみたのである。

　だいじなことなので、少しでも分かりやすいように、私がかりに北川説を図示したものを掲げておこう（上図）。北川は、文献xを想定した理由を、次のようにのべている。もし書紀をもとに古事記がつくられたとする。「古事記はその編纂に際し、例えば、第三段については書紀から三の1〔三の第一〕を抜き出してきて底本とし、第四段については四の6を抜き出してきて底本とし、第五段については五の0〔五の本文〕を抜き出してきて底本とし、というように各段毎の底本を定めていったことになる。ところが、書紀本文を表記や

	段数	本文	第一	第二	第三	第四	第五
日本書紀（神代）	㈠	一の0	一の1	一の2	一の3	一の4	一の5
	㈡	二の0	二の1				
	㈢	三の0	*三の1	三の2	三の3	三の4	三の5
	㈣	四の0	四の1	四の2	四の3	四の4	四の5
	㈤	*五の0	五の1	五の2	五の3		
	㈥	*六の0	六の1	六の2	六の3		
	㈦	七の0	七の1	七の2	七の3	七の4	七の5
	㈧	八の0	*八の1	八の2	八の3	八の4	八の5
	㈨	九の0	九の1	九の2	*九の3	九の4	
	㈩	*十の0	*十の1	十の2	十の3	十の4	

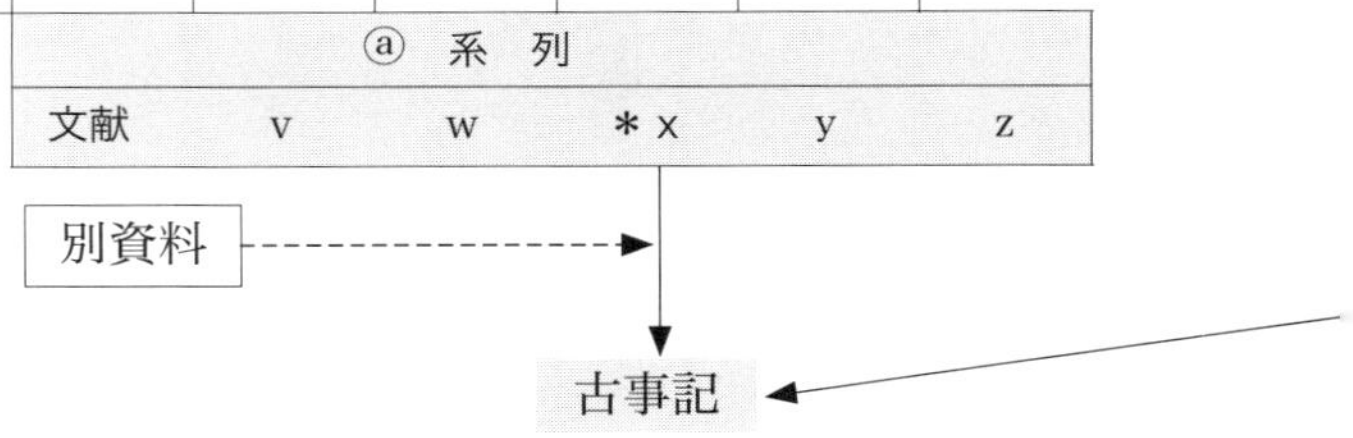

内容によってグループ分けすれば、三の1《㈢の第二》、四の6《㈣の第六》、五の0《㈤の本文》などはすべて同一のⓐグループに属する一貫した内容を持った本文と認められる。古事記編者が、書紀の各段から勝手に一部ずつの本文を抜き出して古事記の底本と決めていったのだとしたら、その時抜き出されたそれぞれの本文が、なぜすべて同一のⓐグループに属する本文なのであろうか。偶然と言ってしまえばそれまでであるけれども、偶然とばかりは言えないであろう」。（それで北川は、紀から記ができたという説をしりぞけ、共通の古文献から紀記二書ができたという説を採った。「書紀編纂に際しては、その文献は他の古文献と同様、段落ごとに分離され、ある段では書紀正文として採用され、別のある段では第何番目かの一書として採用された。その一方、古事記編纂に際しては、その系統の一本が一貫して古事記の底本として用いられ、古事記はその底本に無い部分についてだけ、別の幾つ

かの古文献から補って成立したものであると考える」。)

論より証拠

たしかにもっともな論理である。しかし論理はしばしば、もっともなばあいですら、事にあわないことがある。そのときは、論理はこびよりも、事の方をみるにしくはない。いま、事は、三の1〔三の第二〕、四の6〔四の第六〕、五の0〔五の本文〕、六の0〔六の本文〕…などなどのえらび方である。先のB表をみると、一・二段は文献xとは別に見るべきことだから、第三段*からはじめよう。

第三段*（大八洲生成章）でのえらび方　表で示したように、第三段*には本文と一〇の一書と合わせて一一の文がある。この一一の文を、分量からみてみよう。岩波文庫本の原文でいえば、本文は12行（一行四〇字ほど）、第一は13行、第二が2行弱、第三が1行強、第四は1行強、第五は2行強、第六は2行弱、第七が1行強、第八が2行弱、第九が2行弱、第一〇が1行強である。第二―第一〇の一書はすべて1―2行で、本文と第一の一書がほぼみあう12・13行の分量をもっている。第二―第四は、国生み神話の前半である、イザナキ・イザナミ二神が結婚する場であるオノゴロ島を求める話、第五が柱まわりのち交接する話。そして第六―第一〇が、国生み神話の後半である、生まれた洲《くに》の名と順序を示す異伝。みな一―二行だから短い。そして本文、第一は、分量が多く、第二―第一〇の内容をすべて含む。つまり、事として眺めると、第三段*では、本文、第一の中からどちらかをえらぶのが、当然なのである。

本文と第一の一書とをくらべると、本文の方は、イザ二神が、共に計り、共に夫婦と為っているのに、第一の一書は、天神が二神に指図している。この天神はまことに抽象的な神だ（私の日本書紀史注、巻第一、一一四頁以下を参照）が、後の天神=アマテラスへの展開からすると、いかにも古事記好みである。本文の上古的律令制的な男女共議とくらべるなら、第一の一書をえらんで当然といえる（梅沢伊勢三、続記紀批判、四六〇―二頁参照）。

また先表に明らかなように、第三段*では、三の1、三の3、三の10の三書がⓐ系列であるほかは、七書すべてがⓐでもなければⓑでもない。三段ではどれをえらんでもⓑにはならないのである。これが事に即した具体である。

私は、神代紀の本文は、当該の段の一書群のあれこれを取捨選択して、作られたとみている。第三段*の一書群を、こんどは書紀作者の立場で眺めてみることにしよう。上述のように、当然、第一の一書を筋立てのもとにすえる。しかし第二―五が二神だけなのに従って、天神は削って、かわりに律令的な共議に改めた。この紀本文と記とをくらべると、第一の一書は、紀記二書に共通の資料とみえることになる。梅沢のいう帝紀でもなければ、北川のいわゆる文献xでもないのである。

第四段*（四神出生章）のえらび方　この段は、北川がそこから出発した、日神と書くもの、アマテラスと書くもの、オオヒルメと書くもの、三様の諸書からなる。そこでまず、本文、一一の一書を、先表でたしかめよう。

(1)アマテラスとするもの（ⓐ系列）――四の6、11（他に7、10がⓐ系列）

(2)日神とするもの（ⓑ系列）――四の0、四の2（他に3、4、8がⓑ系列）

(3)オオヒルメムチとするもの――四の1

分量をみると、

本文―10行、第一―4行、第二―6行強、第三―2行、第四―2行、第五―2行、第6―39行、第七―8行強、第八―4行、第九―7行強、第一〇―10行、第一一―13行

である。きわだって長いのが第六の一書（記と酷似）で39行、本文は、第一〇、一一の二書と並んで10行、第二、七、九が7行前後、第三、四、五、八が2行ほどである。

この段の本文と一一の一書群との関係をみると、
(イ)山川草木を生む――第六
(ロ)天下之主者を生む――第一（御寓之珍子）
　a　日神――第二（日）、
　　オオヒルメノムチ――第一（大日孁尊）
　　分注の天照大神――第六
　b　月神――第二（月）
　　分注の月弓尊――第一
　c　蛭児《ひるこ》――第二
　d　スサノオ――第一、第二、第六、
　　分注の神素戔嗚尊、速素戔嗚尊――他に典拠がない。
(ハ)日神↓天、天上之事――第一
　月神↓配レ天而治――第一、第一一（配レ日而知二天事一）
　素戔嗚尊↓根国――第一、第二、第六

第四段*の一書群は、四種に分類できる。㈠三貴子（＋ヒルコ）の生誕と分治――第一、第二、第六、第一一、㈡火神カグツチを生んでイザナミが死ぬ――第二、第三、第四、第五、第六、㈢そのカグツチをイザナキが斬る（諸神が生まれる）――第六、第七、第八、㈣イザナキが死んだイザナミを訪ねる――第六、第九、第一〇。

このように、第四段*では第六の一書が、諸一書を網羅し、総合している観がある。これに対して紀本文は、一一もの一書の大部分、㈡㈢㈣をすべて割愛して、わずかに㈠の第一、第二、第六（第六のもつ㈡㈢㈣の大部分を除く）から、本文を作った。㈠だけの第四段*本文が10行、㈠―㈣を網羅する第六の一書が39行という分量は、じつにぴったりなのである。

学生のとき、土居光知《こうち》の文学序説（一九二二年）で、記は、高天原、葦原中国《あしはらのなかつくに》、黄泉《よみ》の国（死者の国）の三重の舞台仕立てになっている、としたのを読んだ。垂直型の高天原、天皇起源の高天原――アマテラスとワンセット――を尊重する記の意図からすると、この段では、その条件をみたし、かつ網羅的に説話的な第六の一書以外に、えらびようはないのである。

第五段*（瑞珠盟約章）のえらび方　本文と三つの一書群からなる。そして本文と第二がⓐ、第一、第三の一書がⓑと、きっぱり二分されている。本文は23行、第一が10行、第二が12行、第三が10行である。この誓いの第五*段では、ⓑ系列が天真奈井《あまのまない》とし（本文、第二）、ⓐ系列が天渟名井《あまのぬない》（第一）、またⓐが高天原（本文）、ⓑが天原（第二）とする。さらにⓐが市杵島姫《いちきしまひめ》（本文、第二）、ⓑが瀛津島姫《おきつしまひめ》（第一、第三）と書き分けている。そしてこの段の（天皇家ないし律令国家にとっての）最大の眼目は、次の系図をつくりだすことにある。

アマテラス――アマノオシホミミ（――ホノニニギ……天皇家）

ところがこの段は、スサノオが姉のアマテラスに対し、自己の潔白を証すため、アマノオシホミミ以下の男の子を生み、女の子（宗像三女神）を生んだアマテラスも、合点するという筋立てである。だからこのままではアマノオシホミミは、スサノオの子で、アマテラスの子ではない。そこで双方の子を取り替えなくてはならない。この点を確かめると、

㈠本文（ⓐ系）――子の物根《ものざね》でいうと、男の子はアマテラスの首飾りの玉、女の子はスサノオの剣がもと。
　だからアマノオシホミミはアマテラスの子。

㈡第一の一書（ⓑ系）――取り替え話なし。

㈢第二の一書（ⓐ系）――取り替え話は云爾と省略（ある、なしは分からない）。

㈣第三の一書（ⓑ系）――取り替え話はなし。

じつはこの段の一書はもう一つある。第六段*の第三の一書の後半（是後、素戔嗚尊曰…以下、15行）である。

㈤〔第六段*〕第三の一書（ⓑ系）――スサノオが生んだ男神を、姉に献じて根の国に去っていった。（取り替え型ではなく奉献型）

見るとおり、取り替え話は第五段*本文にだけある。だからこの段でも、記作者は、話の質（アマテラスは天皇家の始祖）からも、分量（二三行）からも、本文をえらぶのが、当然であった。

第五段*は、相手の身につけた物（物根）を、天渟真名奈井で洗って、サガミニカミテ、フキウツルイブキノサギリに生まれた神、という独特の表現をもち、これはそのまま記に使われている。記はさらにヌナト（瓊音）モモユラニ、天真名井で振り滌《すす》いだ、と書く。紀では、右の㈤（第六段*、第三の一書）の中にだけ、ヌナト（瓊響）モモユラニとある。このことは、とてもおもしろい、記憶さるべき事柄だ。記は第五段*の本文ⓐ系に、第六段*の第三の一書を足して作られたのである。

第六段*（宝鏡開始章）のえらび方　この段も、本文と三つの一書からなる（上述のように、第三の一書の中に、第五段*の一書とすべき部分がある）。本文がⓐ系で16行、第一もⓐ系で7行、第二はⓑ系で13行、第三がⓑ系で17行。

第六段*は、日神の冬至神話をその原形とする。その原形を利用して、紀ないしは記が、のべようとしたのは、いわゆる五部神である。アマノコヤネ、フトタマ、アマノウズメ、イシコリドメ、タマノオヤ。これは天孫ニニギとともに天降った。その五神は、ここ第六段*（天岩屋戸神話）では、天祖アマテラスを天岩屋からひきだすのに、協力した。紀本文で欠けているのはイシコリドメ（ⓐ系の第一の一書にある）だけである。

天の岩屋の前での祭事の準備とその担当者たちについて、本文および一書群を記述の簡単なものからならべると、つぎのようになる。

一、紀第一の一書（ⓐ系）

①八十万《やそよろず》神が天高市《あまのたけち》に集議した。

②オモヒカネ神*が、アマテラスの象《みかた》をつくって招禱《お》く（招く）ことにしよう、と言った。（*タカミムスヒの息）

③そこで、イシコリドメに天香山《あまのかぐやま》の金《かね》を採って日矛《ひほこ》を作らせた。また鹿（真名鹿《まなか》）の皮をはいでふいご（天羽鞴《あまのはぶき》）を作った。

二、紀第二の一書（ⓑ系）

①諸神が憂い

②アマノアラト者*に鏡、フトタマ命**に幣《にきて》、トヨタマ命***に玉を作らせ、ヤマツチ者に常緑樹の玉串、ノツチ者に竹の玉串を採らせた。（*鏡作部の遠祖　**忌部の遠祖　***玉作部の遠祖）

③これらの物が集まったところで、アマノコヤネ命*が神祝《ほ》ぎをした。（*中臣の遠祖）

三、紀第三の一書（ⓑ系）

①諸神がアマノコヤネ命*を遣わし祈らせた。（*中臣の遠祖コゴトムスヒの児）

②アマノコヤネは天香山の常緑樹《さかき》を根こぎにし、

(a)上枝《かみつえ》にイシコリトベ*の作った鏡（*鏡作の遠祖アマノヌカトの児）

(b)中枝《なかつえ》にアマノアカルタマ*の作った曲玉《まがたま》（*イザナキの児）

(c)下枝《しづえ》にアマノヒワシ*の作った木棉《ゆふ》（*阿波国の忌部の遠祖）

をかけたのを、フトタマ命*にもたせ、祈った。（*忌部首の遠祖）

四、紀本文（ⓐ系）

①八十万神が天安河辺《あまのやすのかわら》に集議した。

②オモヒカネ神が思案して、常世の長鳴鳥《ながなきどり》を集め長鳴きさせた。

③タチカラオ神を磐戸《いわと》の側に立たせた。

④アマノコヤネ命*とフトタマ命**が、天香山の常緑樹を根こぎにし（*中臣の遠祖　**忌部の遠祖）

(a)上枝に御統《みすまる》

(b)中枝に鏡

(c)下枝に青和幣《にきて》・白和幣

をかけて、ともに祈った。

⑤アマノウズメ命*が（*猿女君の遠祖）

(a)手に茅纏《ちまき》の矟《ほこ》をもって巧みに演技し、

(b)天香山の常緑樹をかずら、ひかげをたすきにし、火を焼き、桶を伏せ、神懸りした。

五、記

①八百万《やおよろず》神が天安河原に集議し、

②オモヒカネ神＊に思案させ、常世の長鳴鳥を集めて鳴かせ（＊タカミムスヒ神の子）
③天安河の河上の天《あま》の堅石《かたしわ》、天の金山の鉄《まがね》を取り、鍛人アマツマラをよんで
④イシコリドメ命に鏡を作らせ、
⑤タマノオヤ命に御統の玉を作らせ、
⑥アマノコヤネ命、フトタマ命に、天香山の鹿（真男鹿《まおしか》）の肩の骨を、天香山の朱桜《かにわさくら》を取って焼き、神意を占わせ、
⑦天香山の常緑樹を根こぎにし、
(a)上枝《ほつえ》に御統玉
(b)中枝に鏡
(c)下枝に白和幣・青和幣
をとりつけたのをフトタマ命がもち、アマノコヤネ命が祝詞をよみ、
⑧タチカラオ神が戸のわきに隠れ立ちし、
⑨アマノウズメ命が、天香山のひかげをたすき、まさきをかづら、笹葉を手草《たくさ》とし、岩屋戸に伏せた桶を踏みとどろかせ、神懸りして、胸乳をかきだし裳紐《もひも》を陰部までおしさげた。
⑩そこで八百万神が高天原をゆり動かし共に笑った。

紀本文は、一書群を統合していて、記作者が一—四をみて、四（本文）をえらんだのが、よくわかる。ここでも本文をえらぶのが当然なのである。

読者に煩瑣を強いるようなことを、やや長く記してきた。以上で神代上（なお第七段・いわゆる出雲神話のヤマタノオロチ退治が残るが、記はもともと紀にない展開をしていて、別資料によるのが明白なので、ふれない）を終えたので、これ以上の煩瑣をさけ、神代下以下の方は省くことにする。この検校によってなにが判明したのか。

幻の帝紀・旧辞

北川は、梅沢と同じく、紀記二書がともに資料とした古文献があった、と考えた。ただこれを梅沢は旧記——あの記序にいう「帝紀・旧辞」の旧辞——と言い表し、北川は古文献と言い表した。

しだいにいわゆる帝紀・旧辞からはなれだしたとはいえ、大枠では、津田、坂本、武田、井上らの成書としての帝紀・旧辞（が紀記以前にあった）論に従っている。

北川は、先に引いたように、記の作者が、直接に紀（の各段の一本）を底本にしたのなら、それらがすべてⓐ系列になるはずはない、という論理に自縛されて、共通の資料説にとどまった。そこで煩雑をいとわず、形式論理としてではなく、事に即して各段ごとに、なぜ三の1、四の6、五の0、六の0がえらばれたのかを、みてきた。

梅沢、北川ともに、紀記の関係について、

(1)記から紀各書ができた。

(2)紀の各書から記ができた。

(3)古文献を共通の資料にして紀記ができた。

の三つのケースの中から、(1)(2)はありえないとして(3)をえらんだ。しかしその(3)は論定はされたが確証されたわけではない。検証の結果は、選んだ各段各書が偶然ⓐ系列になったのではなく、選ぶとすれば当然ⓐ系列に属する各書になったのだ、ということが明らかになった。記紀の関係は、(3)ではなくて(2)、紀から記がつくられた、としていい。

げんに北川は、第一段について、記がもつ四つの内容

ⓐ天地が初めて分かれた時、アメノミナカヌシ・タカミムスヒ・カミムスヒの三神が高天原に出現した。

ⓑ次に「国稚如浮脂而、久羅下那州多陀用弊流之時、如葦牙因萌騰之物而成神名」は、ウマシアシカビヒコヂである。

ⓒ次にアメノトコタチが出現した。

ⓓ次にクニノトコタチとトヨクモノとが出現した。


を紀第一段の本文・一書とくらべると、「古事記は、ⓐは一の四〔第一段第四の一書〕、ⓑは一の2〔第二の一書〕、ⓒは一の6〔第六の一書〕、ⓓは一の0〔本文〕又は一の1〔第一の一書〕をえらんでいて、「諸伝承の集成という趣きであり、何か底本を定めてそれを他の文献で補ったというより、異伝の切り継ぎというのに近いかもしれない」といっていた。これはもう「異伝の切り継ぎ」というより、紀の各書の切り継ぎというべきである。

日本書紀の読み方

思えば、日本書紀という書物をどう読むのか、どう解するのか、について、長い長い歩みがあった。これからもあるだろう。その歩みの中で、津田左右吉の、応神以後の帝紀はほぼ確実、帝紀・旧辞は欽明のころ成立した、という見方は、いまもなお学界の通説になっている。いちど確立した通説がこわいのは、後を行くものの思考をも縛るからである。私の見るところ、日本書紀という文献のもつ性格、構成を、もっとも鋭く見抜いたのは、梅沢伊勢三、北川和秀、（そしてふれるいとまがなかったが）森博達らである。その梅沢、北川にしてなお、津田以来の帝紀・旧辞論に、その思考を制約されていた。そのことを痛む。

私は帝紀的資料すべてがなかったとは、考えない。諸家が指摘するように、欽明期の帝王本紀のような、小資料は許多《ここだ》あったにちがいない。私が否定するのは成書としての帝紀・旧辞である。このごろは、ありもしない帝紀の時代区分意識をさぐる書物（日本書紀史注、巻第四参照）も出た。日本書紀は信じがたいから、復元した帝紀から考えようとの、井上光貞が示した道が、袋小路に入ったことを、示すものだろう。

また紀記の関係で、諸家を縛っているのは、記序が示す和銅五年正月の日付である。記から紀ができたとの本居宣長説は、さすがに誰もうけつがない。しかし紀から記ができたとするには、紀前記後説の梅沢ですら、和銅五年はたやすく否定できない、と二の足をふむ。他に証明できない和銅五年に制約されて、紀記二書の文献批判的関係について、共通の資料説にとどまったのは、文献批判家梅沢の神髄にてらすと、いささかはがゆいことであった。

壁（通説）は、倒してはじめて前方への展望がひらける。日本書紀の解読、古代史の構成、その両面にわたって、津田左右吉いらいの壁が、やや風化の相貌を示しつつ、なおたちふさがっている。そこをこえたい。その壁を倒したい。せつにそう思う。

後篇あとがき

私たちが生まれ育った、近代という時代には、歴史と論理とは一致するとの有力な考えがあった。歴史が展開していく過程を論理化すれば、弁証法という論理になる。ヘーゲルも、マルクスもそう考えていた。京都の哲学科の学生だったとき、一生懸命にヘーゲルを読んだ。一九四六年に卒業して、こんどはマルクスを読んだ。五〇年以上たってみると、どんな論理、どんな理論も、みなある歴史の条件のもとで生じ、その条件がかわったり、消えさったりすると、永遠の相をみせていた論理もまた崩れ、消えさる、と考えている。そこにいくらかの悲しみをおぼえるのは、若いとき、中年のときの自分の誤ちが投影されるからだろう。

この本は、二次大戦後の古代史の前提になった、津田左右吉の理論、日本書紀の読解が、その史的な射程を終えた、ということを言おうとしている。いきおい戦後五十年の古代史の枠組みについても、異を立てる形になった。学問が精緻になればなるほど、その分科がすすむから、古代史家にとっては、専門外のアマチュアが、専門領域に口出しをしたように、とられるかもしれない。そうとられるのをおそれている。

さいしょに日本書紀を読んだのは、一九四一年である。旧制水戸高校に入学し、古典研究部に所属して、黒板勝美の訓読日本書紀（岩波文庫）を読んだ。じらい、ときに中断はあったが、趣味のように書紀を読んでいた。とくに、自分の言動に誤ちが多かったと気づいて、評論家を廃《や》めてからは、趣味が、たった一つの仕事にかわった。それが形になって、日本書紀の注釈を、一巻一冊、全三十巻で刊行することになったのは、一昨年である。ようやく三巻を刊行し、原稿の方は雄略紀《巻第一四》に入っている。

この、わが紀伝を書きはじめて、いやおうなく津田史学とよばれる書紀読解の当否をも、かえりみることになった。自分なりの書紀読解と対比して、しだいにちがうのではないかとの思いを強めた。津田史学が戦後五十年の古代史にひきつがれたので、いきおい、その跡を追って古代史にふみいる形になった。古代史家に、このようになった経緯について、理解をこいたい。私の心づもりでは、日本書紀という古典を、時代でいえば近代の終り――二〇世紀の終りと重っている――、私事でいえば一生の終りで、検証、読解しておきたかったのである。

日本書紀は、いまの日本人からは、いちばんとおい書物かもしれない。わたしの注釈書、『日本書紀史注』三〇巻（風人社）は、営業的になりたたないほど少部数しか売れない。旧知のニュートン・プレスの小飼一彦さんから、本書を書くようおすすめがあったとき、『日本書紀史注』の広告のつもりで書くことにした。私が日本書紀をどう読みとったのか、日本書紀をめぐる諸論点に、どういう考えをもっているのか、真剣に書いた。多くの人に読んでもらい、忌憚のない批判をえられたら、幸いである。

一九九八年一〇月二〇日

山田宗睦

付記　二〇年ちかく前の旧著を後篇として入れるにあたり、前篇との形式的な整合性にかんがみ（例えば1章を一つ章にするなど）、ごく少ない補正を行ったが、旧著の論旨を変えることは、意識して、しなかった。

〔補遺〕前篇一つ章補論　タカミムスヒをめぐってのこと（概要）

校了まぎわに私の紀伝全体を読み返して、（むろんたくさんのことを論じ残しているが）とくにタカミムスヒについて述べていないことに気づいた。高天原の主宰神として、アマテラスと並ぶというよりも先任格のタカミムスヒについて、アマテラス程に扱っていないのは、公平でない。

骨子は、前篇七つ章・ここでも筑紫史益が…（一八八頁）に記したが、更めて簡略に述べておきたい。紀中、タカミムスヒは三三度その名が出る。巻第一に三度、巻第二に二六度、巻第三に二度、巻第十五に二度である。このうち注目すべきは、さいごの巻第十五・顕宗三年二月条の月神、四月条の日神記事である。両条は二つ章・神武紀（六七頁）に引用したが、もう一度引く。

1是ニ〔壱岐ノ〕月神ガ人ニ著《つ》イテ謂《い》イ、「我ガ祖高皇産霊《たかみむすひ》ハ、預《あらかじ》メ天地ヲ鎔造シタ功ガ有ル。民地ヲ以テ我ガ月神ニ奉《たてまつ》レ」、ト曰《い》ッタ。（文庫本㈢―一二八頁）

2是ニ〔対馬ノ〕日神ガ人ニ著イテ…謂イ、「磐余《いわれ》ノ田ヲ以テ、我ガ祖高皇産霊《たかみむすひ》ニ献ゼヨ」、と曰《い》ッタ。（同一三〇頁）

両条ともにやや解しかねる記事である。月神は壱岐、日神は対馬の神だが、祖神タカミムスヒの功（なんと天地鎔造）で民地を奉れと神憑りして要求したので、月神には山城国葛野郡の歌荒樔田を、日神には大和国十市郡磐余の田十四町を献じた、というのが話の眼目であろう。解しかねるというのは、神の所在が壱岐・対馬なのに、奉った民地が山城・大和と離れているからだ。また、訴えた相手が天皇の命で任那（伽耶）に使した阿閉臣事代なのに、両神に侍祠したのは、それぞれ、壱岐県主の先祖の押見宿禰、対馬下県直（欠名）で、この話の登場人物三人が、これまた壱岐・対馬と大和と離れている。さらに人だけではなく神でもタカミムスヒは高天原（ヤマトと天香具山を共有している）の主宰神だから、日月神とはこれまた、大和と壱岐・対馬と隔たっている。

そこで、この場所、人、神と三様の隔たりを埋める工夫がなされだす。まず⑴タカミムスヒ――「延喜神名式に壱岐郡高御祖神社がある」（大系本頭注、岩波文庫版㈢―一二九頁）。つぎに⑵月神。「延喜神名式の壱岐島壱岐郡月読神社の祭神がこれにあたろう」（同、一二九頁）。「壱岐島の県主の祀る神を山背に分祠し、その地の民地を奉って神田としたものであろう。なお分祠の社は延喜神名式の山城国葛野坐月読神社であろう」（同、一三一頁）。そして⑶日神。「この日神は、上文の月神と一対。…延喜神名式の対馬島下県郡阿麻氏留《あまてる》神社がこれにあたろう。…延喜神名式の対馬島下県郡に高御魂神社が見える」（同、一三一頁）。対馬アマテル神社（半世紀近い昔に訪ねたとき近在の故老はアマテラスのお父さんの神社とこたえた）の京での分祠は、釈紀があてた延喜神名式の山城国葛野軍木島坐天照御魂神社である。

さて、たいていの事は以上の注釈で尽くされている。残るのは、顕宗紀の1・2二文からなにを読み取るのか、である。私たちは、前篇六つ章とその補論、後篇二つ・三つ章で、倭国の修史官・筑紫史益が、倭国史（その神話をふくめて）を日本国史（としての日本紀）に書き替えたのを、知っている。書き替えた形が、一つは顕宗紀二年の任那使阿閉臣事代に神がかりして謂ったであり、二つに壱岐・対馬の日・月神を京（葛野）に分祠したである。これを括弧に括ると、残るのは、(A)ツシマの日神とイキの月神とがタカミムスヒを共通の祖としているとの神統譜である。そしてこの神統譜は、倭国神話の中軸だったろう。

また、七つ章（小見出・天下之主者は決らなかった）で述べたように、天神がイザ二尊に、「豊葦原ノ千五百秋ノ瑞穂ノ地」を修めよと命じたと、*第三段第一の一書が伝えていた（文庫版㈠―二六頁）。この天神はタカミムスヒとみなされるが、第一の一書が伝えた天孫降臨神話の原型として、(B)タカミムスヒの子もしくは孫が博多湾岸の（筑紫の日向の小戸）イザナキミ二尊という、もう一つの神統譜を背後にもっていたと考えられる。そしてこの神統譜もまた倭国神話の中軸であったろう。

タカミムスヒは名（産霊）のとおり、吾ガ産ム所ノ児ハ凡《すべ》テ一千五百座と、紀巻第一の終り（第七段*、第六の一書、文庫版㈠—一〇六頁）にあり、さらに天地すら鎔造した万物のムスヒである。したがってムスヒは元来一神であり、後に沿えられた名のみの抽象神カンミムスヒとは異なり、古事記の用語を借りると、唯一の「別天神」であったろう。そのタカ産霊が（先の注釈があげる延喜式の）高御祖・高御魂のもとである。

タカミムスヒを考えるさいにもう一つ留意すべきは、魏志東夷伝である。周知のように同伝倭人条には、従《よ》レリ〔帯方〕郡至レルニハ倭ニ、循《したが》ニッテ海岸一ニ水行シ、歴ニテ〔諸〕韓国一ヲ、乍《たちま》チ南シ乍チ東シ、到ニル**其**ノ北岸狗邪《くや》韓国一ニ、七千余里（中国の古典17・倭国伝、一九八五年、後に講談社学術文庫版二〇一〇年）とある。文中ことさら太字にした其は何の代名詞なのであろうか。文中、〔帯方〕郡、倭、韓国と三候補がある。まず出発点の郡であるはずはない。次に其南岸とあれば韓国の代名詞だが、其北岸だから韓《かんのち》でもない。さらに同伝韓条は、韓ハ在ニリ帯方〔郡〕之南一ニ、東ト西ハ以レテ海ヲ限トシ、南ハ与レ倭接ス、方可《ばか》ニリ四千里一、と始まっている。韓とは朝鮮半島南半分の地名である。だから郡から七千余里でついた所（今の金海）を狗邪韓国（韓の地の狗邪）と呼んでいる。韓の地はむろん東、西、南が海ヲ以テ限リトシテイル。ところが韓伝は東西が海で、南ハ倭ト接シテイルと書いている。接はマジワル（接、交也—説文）、アフ（接、合也—広雅・釈語二）、ツヅク（接、相続也—字彙）、つまり直接で間接ではない。三世紀、韓の南岸は狗邪韓国をふくめて、海ではなく倭であり、だから、其（倭）の北岸狗邪韓国と、三国志は記したのである。

合せてもう一つ読み合せたいのが、日本紀巻第一、第五段*（いわゆるウケイ「神話」）の第一の一書のいちばん終いである。以ニテ日神ノ所レノ生ム三女神一ヲ、令《せ》レタ降ニラ於筑紫ノ洲一ニ、因《よ》ッテ教エテ之曰ッタ、汝ラ三神ハ、宜シク降ニリ居テ〔海北〕道中一ニ、奉レッ助《テケ》二天孫《ヲ》一、而為《ニ》二天孫《ノ》一所《れ》レ祭《ヨラ》也（㈠―四三九頁）とある。この三女神は宗像三女神で、北部九州の宗像社の辺津宮、大島の中津宮、絶海の孤島沖ノ島の奥津宮に祀られ、三宮を結ぶ線が海北道中である。七つ章その一（さいごの小見出「天孫は海北道から」）・その三でみたように、いわゆる「天孫降臨神話」は、天孫ニニギが海の彼方（伽耶）から海北道中をへて博多湾岸の今山辺に上陸し、日向にまず本拠を置いたという倭国創世史を、日本国史（日本書紀）の「神話」に置き替えたものであった。

以上を考え合せると、二つのことを引き出せる。一つは倭国の史実で、二つは倭国の神話である。史実は倭国創世史であった。（後篇、二つ・三つ章。前篇五つ章をみよ）。そして神話の方は、主神がタカミムスヒ（ムスヒ）で、その子孫の一様では、日神が対馬・月神が壱岐に所在し、別の一様ではイザナキミが倭国に所在した。これ以下は憶測でしか言えない。タカミムスヒを高天原の「別天神」（記）としたのは、おそらく筑紫史益の日本国史への書き替え草稿を利用した中臣連大嶋（つまり天武期の大嶋）である。藤原朝臣大嶋はさらに持統三・四年、高天原の主神をアマテラスにふりかえようとしたが、タカミムスヒを消去できなかった。そのタカミムスヒは倭国神話ではどこに居たのであろうか。史実と合せ考えるなら、伽耶（狗邪韓国）ではないか。「アジア大陸のアルタイ諸族などの持つ神の垂直降下の観念」は、朝鮮で「（始祖）首露王の（亀旨峰に）降下する神話」（巻第二補注一三、㈠―三七二頁）にひきつがれていた。七つ章その三で述べておいたように、紀第八段本文の天孫降臨条は、垂直型Aと水平型Bという二つの文章が一つに接した文であった（二二八頁）。Aがそもそも狗邪韓国型の祖タカミムスヒの神話を形取り、Bがその孫ニニギの倭地上陸という史実だった、と考えられはしないか。残生の宿題としよう。

（'16・7・7、七夕）

付記　先日亡くなった上田正昭は史脈という言葉を愛用した。彼とは門脇禎二と同じに二〇歳代の終りごろからの付合だった。上田は顕宗紀をふまえてタカミムスヒには朝鮮半島との史脈がある、と言っていた。右のような私見と彼のタカミムスヒの史脈とが合うところをもちうるのかどうか。もはや聞けないのがつらい。

与太噺《あとがき》

今朝はやく板付《いたづけ》遺跡を訪れた。資料館の入口で、「神奈川県、男、一人」と記帳し、なにがしかの資料を貰い、まだ人影のない遺跡へ歩み出していくと、いい時にいい処へ来た、という思いがつよく湧いてきた。今日は人生八十八度目の私の出生日である。

その名は、もはや日本書紀が記す天津彦彦火瓊瓊杵《ひこほのににぎ》としか、分らない。日向《ひむか》で六年過した（景行紀、(二)－七四頁）後、移動して吾田《あた》の長《なが》屋の笠狭《さ》碕へきたところ、事勝国勝長狭《ことかつくにかつながさ》という人物がいた（紀巻第二、(一)―一二二頁）。この名はニニギよりもずっと具体的で面白い。勝はカツと訓んでいるがスグレルの意だ。国は国家ではなく土地のこと。詩経、魏、碩鼠《せきそ》に、適《ゆク》二彼ノ楽土一ニと一章にあるのを、二章で適《ゆク》二彼ノ楽国一ニとくりかえしている。また国家はミカドのこと。事にスグレ国《とち》にクワシイと形容される人物の名が長狭である。

この男は長屋（古那珂川流域）、笠狭（古御笠・諸岡川流域）の事や土地にくわしかったのである。ニニギが国《とち》ガ在ルノカ耶以不《ないのか》、と問うと、たちどころに長狭は此ニ焉有レルガ国とこたえた。「あとがき」で注釈するのもヘンだが、与太噺と聞き流してください。以不は、前篇、九つ章の補論でみておいたように、唐代（六一八～九〇四）の変文に使われた俗語である。天降った皇孫（紀巻第三によると、神武より一七九万余年前）が「後代」俗語の以不を使っている。それと気づくと、日本（書）紀にときどきあるひょうげた箇所の一つと分って、口元が綻ぶ。

国を土地のことと理解しても、それだけでは十分でない。何の土地か。長狭の土地柄から考えると、水田イナ作の適地を問われ、打ちかえす語の響きで此焉有国《こここそそのとち》と言ったのだ。板付遺跡は古諸岡川沿いにあり、発掘されたときは最古（国立歴史民俗博物館の炭素14年代法の研究グループによって紀元前九五〇年ごろと測定された）の水田遺跡と言われた。たしか翌年、唐津市に菜畑遺跡が発掘調査されてその座をゆずったが、いまの博多駅以南には、比恵遺跡から那珂、板付、金隈と、弥生遺跡が並んでいる。そして板付の西、那珂川をはさんだ対岸には須玖岡本遺跡もある。まさしく此焉有国で、さすがに国勝（土地通）の長狭だった。紀の叙述は古代博多の景観に沿っていて、ニニギがはるか

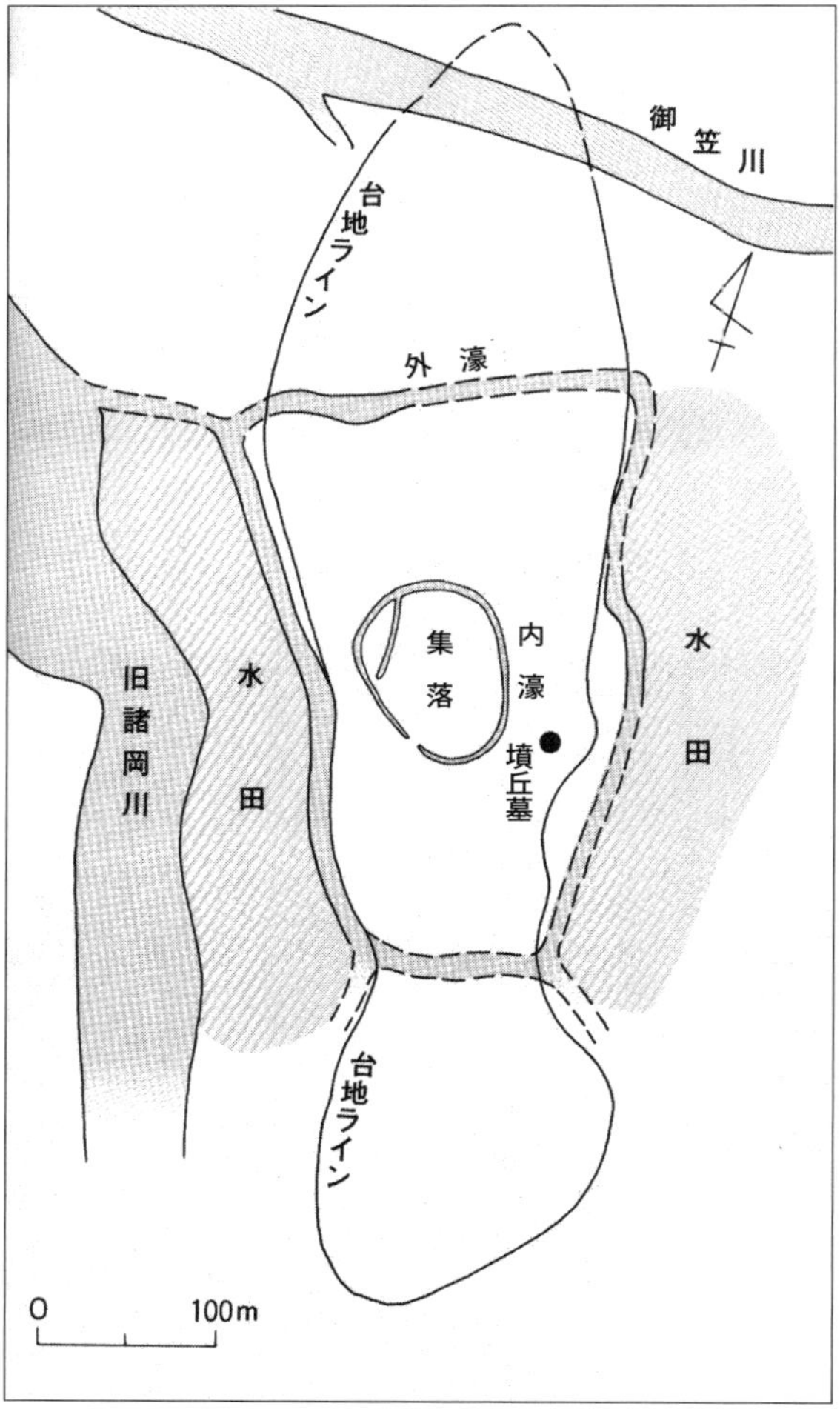

福岡市博物館常設展示案内より

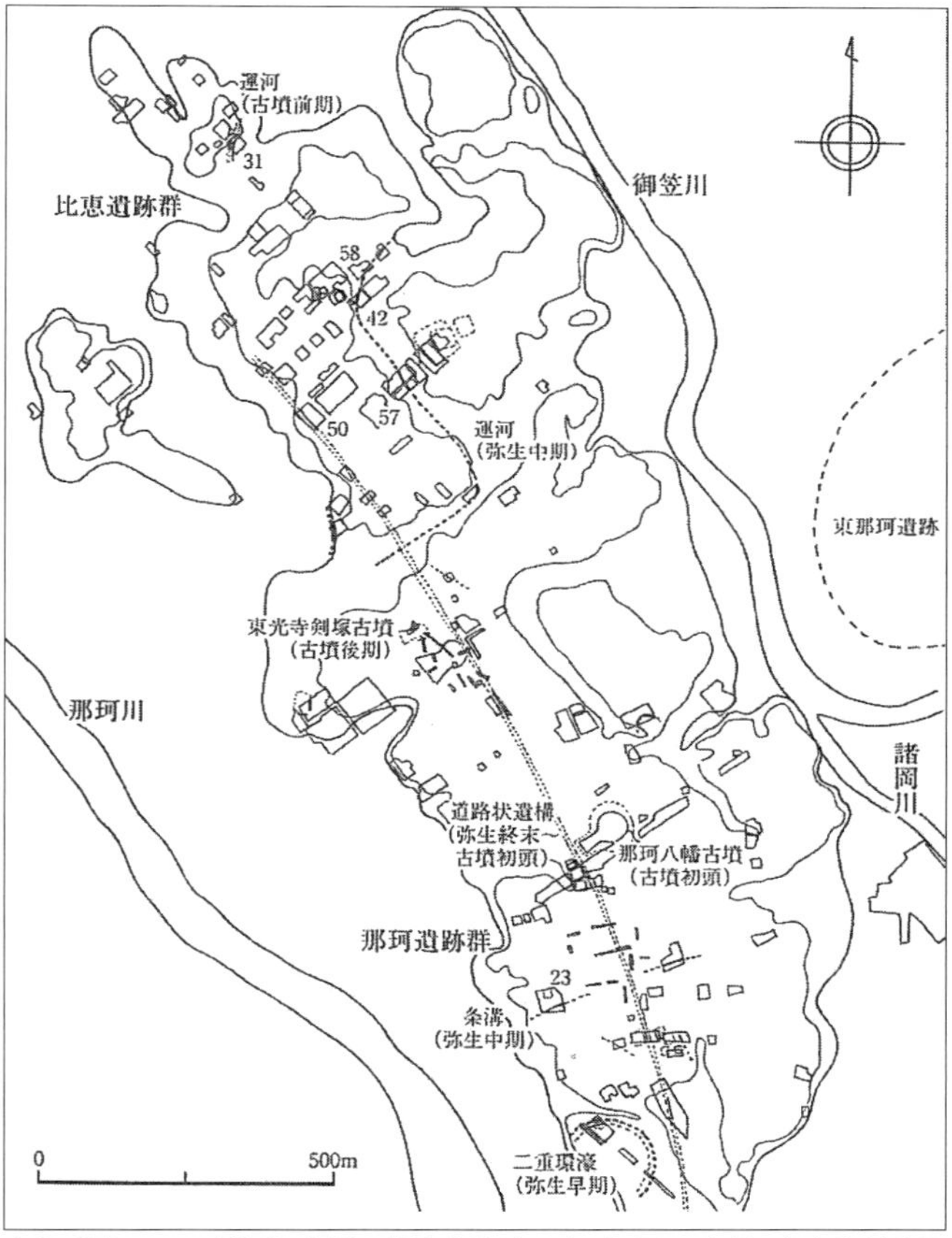

吉留秀敏、2004「集落・居館・都市的遺跡と生活用具―九州」考古資料大観第10巻、より

南の霧島高千穂峯に天降ったの、さらには薩摩の阿多（隼人の地）に移動したなど、もっともらしく解したのが恥ずかしいほどである。

すっかり整備されてからでも二度目の板付遺跡を歩き廻りながら、予定どおり、本書の「あとがき」を由布院の宿、玉の湯で書き始めようと思った。博多駅への帰りのバスが、板付、那珂、比恵と停まっていくのもおもしろく、また長狭のことを思いだした。

まえがきにも書いたが、最初に日本書紀を読んだのは、一九四一（昭和一六）年四月、旧制水戸高等学校文科乙類に入学し、古典研究部に入部してのことだ。三年生に大河原太一郎（農林省事務次官、農水相）、相良亨（東京大学倫理学教授）ら、二年生に西銘順治（沖縄県知事）ら、われわれ一年生に池谷吉春（紙パ労連委員長）、諸沢正道（文部省事務次官）らがいた（ここに記した皆がすでに物故した）。この年に新設されたばかりの部だったから誰もが新部員で、大河原、相良さんらも先輩風を吹かすことなどまるでなく、古事記をテキストに、みんなが自由に意見を述べあい、楽しかった。私はテキストの古事記よりも、参考に読み始めた日本書紀の方が性に合い、この時から日本書紀を読むのが私の趣味となった。記の参考書は多かったが、紀にはほとんど無かった（後に知ったが、中国史書でも、漢書には早くからいくつもの注釈が作られたのに、史記にはほとんど無かったという）。黒板勝美訓読の岩波文庫旧版（上、中、下）の紀を、ひっくり返しては眺めていた。記をテキストにした自由な議論、独り紀をひっくりかえして楽しんだこと、水戸の古典でのこの二つの原体験が、私の趣味を持続させてきたと思う。水（戸）高にいざなってくれたのは、池田拓郎（東北大学教授）である。函館中学でずっと同級で、早くから水高を志し、私に共に受験するようすすめてくれた。このすすめに従って良かったと、今は亡い池田に礼を言う。

私の学校歴は戦争の拡大と共にある。下関市の幡生《はたぶ》小学校に入学した一九三一年に「満洲事変」がおこされ、旧制の函館中学校に進んだ三七年には日中戦争に拡大し、水戸高に入った四一年が破滅的な太平洋戦争で、京都帝国大学（戦時措置で一〇月）入学の四三年、二ヵ月後の一二月には学徒出陣が強行された。軍隊に召集されたらその先にあるのは確実に死と思えた。京都帝国大学文学部の哲学科では、田辺元先生が、精神現象学をテキストに演習を行っていた。一九三一年がヘーゲル歿後一〇〇年に当り、このときから先生は精神現象学の演習を開講した。私が小学校から歩きはじめ、十二年半をかけて京都の哲学科に到ったとき、先生の演習も十二年半をかけて、ようやく精神現象学の半ばをこえ、理性の段階の終りの方まで進んでいた。先生の演習は、精神現象学そのものの解読と、先生の思索の展開との、ダブル・リーディングの趣があり、その時の私は、先生の思索を追う方に関心を寄せていた。一年後の一九四四年一一月に私は召集されたが、間もない四五年三月に先生は京都帝国大学を退官したから、精神現象学の演習は、理性の段階で終ったことになる。

私たちが、金沢・尾山城内の速射砲（対戦車砲）中隊に入隊したとき、入れちがいに営門を出ていった部隊があった。後に中隊の准尉の話では、フィリピン派遣で出航し、沖縄辺で轟沈され全員生還できなかったという。この一戦で軍隊輸送の船団が壊滅し、これ以後、軍の海外派遣はできなくなった。わずかな召集日の違いで、先立ったものは全員死に、後から入った私たちは、本土決戦以外に戦闘に巻き込まれることが無くなったのである。その本土決戦以前に敗戦が決定し、私たちは一生を得て復員した。爾来じつに長く長く生きた。戦歿学徒はむろんのこと、この戦争にあたら命と人生を喪失した三五〇万ともいう内外のおびただしい人々のためにも、二度と戦火を被らない未来を築きたい。切にそう願う。

敗戦の年の冬、あらかじめ手紙をさしあげ、北軽井沢（群馬県）に隠栖の田辺先生を訪ねた。心積りではほんの一時間ほどで済むはずだった。が、敗戦の混乱で、草《くさ》（津）軽《かる》（井沢）電鉄（ただし軽井沢—北軽井沢間しか軌道がなかった）の運行は日に何便もなく、私が乗った午後四時ごろの便が、最終便だった。帰るに帰られず、戦争直後の最悪の食糧事情なのに、私は先生のお宅に泊めていただくほかはない破目におちいった。田辺先生のお宅に泊めていただくなどというのは、後にも先にも、私しかいなかったのではないか。今、書いていても冷や汗が出る。

もどった哲学科に、柱となる講義はなかった。翌一九四六年九月の卒業まで熱中したのは、武内義範講師の演習である。テキストは教行信証。田辺先生は、はじめの「正法眼蔵の哲学私観」から、その伝で言うと教行信証の哲学（岩波文庫版『懺悔道としての哲学』の藤田正勝の解説では、田辺の最終講義をきいた社会学専攻の学生、南伝太郎が、自分のノートや他の学生のノートをまとめ、田辺の許可をえて一九四五年に非売品として刊行した書名が、「私観教行信証の哲学」である）に変り、一九四四年一〇月二一日、京都哲学会の公開講演会で、敗戦に先がけ、思想的な自己批判として「懺悔道」を講演した。当時、京大文学部の学生は、学徒出陣の後に残った少数が、陸軍中尉の軍服姿の宮崎市定助教授に引率され、宇治の陸軍火薬廠に勤労動員中であったが、特に哲学専攻二名が聴講を許され、敗戦後に刊行された『懺悔道としての哲学』のもとを聴くことができた。その経緯もあって、卒業までを、教行信証の講読に従ったのである。

私の手許に、文庫版大の、昭和一九年四月現在・京都帝国大学文学部学生名簿が、ふしぎにも残っている。その講師の欄に武内先生の名はないから、おそらく戦後に講師になったばかりの先生は、顕浄土真実教行証文類（教行信証）の教の巻を、一字一句、関連の経典、釈論、注解などの言うところを一つひとつ挙げては、ご自分の見解もつけ加え、詳密にして倦むことがなかった。たいていは一行半ほど、まれに二、三行すすむと、今日は少し急ぎすぎましたと、はにかむように本を閉じた。感に入りながら、自然と田辺先生の戦争末期の懺悔道を想起し、改めて十二年半をかけてもその半ばしか読めなかった、いや読まなかった精神現象学の講読の仕方の方に意が及んだ。

八十八の老齢にもなり、紀の注釈や講読をしてふりかえると、私が京都の哲学で学んだことのなかでいちばん残ったのは、テキストの読み方、読解の仕方だった、と思う。その学習の跡がわが紀伝―研究ひとつに残っているなら、田辺、武内先生の学恩にわずかばかり報いえたことになろうか。青、壮年期、がさつな生き方をして、ついぞ謝辞ものべなかった非礼を省み、ここに（与太噺ではなく）おそまきながら泉下の両先生に深甚の謝意を表しておきたい。

これも老来その思いを深くしていることだが、私は多くのすぐれた人に逢い、援けられ、励まされた。全ての人にはふれられないが、人生の節ぶしで必らず誰かに逢い、その援けで大過なくすごしえたと思う。

二〇代の終りに近く、私は思いがけずに、東京大学出版会の編集者になった。仲介してくれたのは、筑摩書房の編集者だった石井　立。彼は史学科、私は哲学科だったが、宇治火薬蔽での勤労動員の仲間である。戦後の總合雑誌の一角を占めた『展望』の編集を担当した一人で、そのころ、鹿児島の鶴丸高校定時制の教師をしていた私にも、編集の苦労を記しながら、『展望』への意見を求める長い手紙を寄こした。早くに亡くなり、展望、太宰治全集、田辺元全集などの仕事を残したにせよ、彼の繊細な知と感性が全面的に展開しえなかったのが惜しまれる。互いに編集者で忙しく、筑摩書房の当時の社屋の二階が編集部で、木の階段を上がっていくと恰度出かける彼と鉢合わせになるといった具合で、鹿児島にいて手紙のやりとりをしたときよりも、かえって委細を話せぬままになってしまった。いまも目を閉じると彼の風貌が浮かんで懐かしい。

東大出版会では、折から、丸山眞男・日本政治思想史研究（一九五三年）の製作が進行中で、新米の私は、出てきた校正刷を持っては、吉祥寺の丸山先生宅にとどけ、他日に持ち帰る役を担当した。この名著はたちまち私を魅了し、お茶の水、吉祥寺間の電車の中で、校正刷を読みふけって、時に乗りこすことがあった。

はじめて校正刷をとどけたとき、丸山さんは私に、「ナチス国家に国法学的基礎づけを与え」（全集第一巻、九〇頁）ようとした、カール・シュミットの話をした。後に丸山さんは、シュミットとの関係はHaß-Respekt（尊敬する敵）のようなもので、尊敬というのは考え方の鋭さだと語っている（小尾俊人による）。シュミットに拠れば、と丸山さんはその政治理論を、さらさらと構築してみせた。そして次の瞬間、丸山さんは眼鏡の奥の眸をきらめかせ、しかしこの理論構成にはこの点に弱点があり、とまたさらさらと崩してみせた。そのみごとさに、私は碌に応答もできず、早々と退参した。こういうことが訪ねるごと繰り返された。編集者を辞めてから訪ねる機会もへったが、丸山さんは私ごとき半端者をも、なんとかひきあげようと心を配られた。君は思想史に関心をもっていたからと、ご自分の思想史関係の論文抜刷を下さったりした。がさつな時代のがさつな本についても、君は哲学科を出たのだからもっと理論でつめなくてはだめだ、と叱ってくれた。日本書紀の現代語訳を送り、ほんとうは訳より現代語訓み下し文を作りたかったと書き添えたら、黒板勝美の訓読本が出たとき、これは現代語訓みだと思った、訓み下し文を作るのに努力したらいい、という趣旨の返事を下さった。それに力を得て、日本書紀史注（既刊四冊、一九九七～

九九年、風人社）を、原文・現代語訓み下し文・注解という形にすることにした。ようやくわが紀伝を書きあげたが、丸山さんの批判をえられないのがつくづくと淋しい。

二〇一四年一〇月二〇日の、朝日・文化の扉欄が、生誕百年の丸山眞男をとりあげた。「29年前、学生だった筆者を含む二十数人の勉強会に出席した71歳の丸山は、よくしゃべった」と、記者の石田祐樹は書き起こしている。二九年前というと一九八五年、還暦の私が趣味の日本書紀以外のことは、断念、放棄した年だなあ、と思いながら読みつぐ。「大学紛争後の71年、丸山は東大教授を辞職する。日本の思想に流れる〈いま主義〉や大勢順応を〈古層〉あるいは〈執拗《しつよう》低音〉と名づけ、分析を続けた」。そして29年前の会で、丸山がこうも話したと、一文を結んでいる。その発言は、「現在が全ての基準になる、いま主義」とかかわっているのだが、「昔のことを済んだこととするのが、日本人の盲点です。俺は現代に住んでいるんだ、江戸時代とは無関係だと。そうではありませんよ、江戸時代どころか、あなたのなかに古事記が住んでいますよ」。

丸山さんを（むろんそれだけの人ではないが）突出したアカデミシァンとしても、さしたる異議はでないだろう。他方、鶴見俊輔さんは、アカデミズムを「敵」としていた。その鶴見さんが丸山眞男は除外していた。鶴見さんの『もうろく帖』（二九九六年分）から、

八月一九日

一五日　丸山眞男　死

一八日　丸山眞男について

一生懸命書いたが支離滅裂

右は鶴見さんが丸山さんの死を知った四日後に書いたものだが、対照的に、丸山さんは鶴見さんが初めて訪ねてきたときのことを書いている（鶴見俊輔中尉との出会い、全集第九巻）。それによると、初めからはげしい哲学論争になったそうだが、丸山さんはまた、戦後もっとも多くを学んだのはこの人からだ、と記している。初会の私が、丸山さんのみごとなシュミット論にただただ感歎したのとちがい、はじめから論争した俊輔さんに脱帽する。

丸山さんが日本の歴史意識の「古層」ないし「執拗な持続低音 basso ostinato」と名づけた、いま主義や大勢順応を、鶴見さんは「思想のたる詰」とよぶ。「昭和の思想は、戦争、占領、高度成長という三つのたる詰になっている。それぞれの時代に固定化した大勢があり、…戦争のたる詰の中で、下級兵を殴り、あるいは中国人などの捕虜を虐殺する。そして次の占領のたる詰へ、集団転向して入り込み、前のたる詰での残虐行為には口を閉ざす。これが大勢だ。仁木靖武という人物がいて、結婚した妻に二人の連れ子があったので、自分の子が生まれたら必ずわけへだてをすると考え、自分の子はつくらなかった。その子らに戦争を知ってもらうため、自分が捕虜虐殺したことを書く。占領・戦後のたる詰の中で、転向せずに戦中の記憶を隠さずに保つ。これは思想のたる詰を超える行為だ」。（以上は、一九八〇年代の文を集めた鶴見・思想の落とし穴（一九八八年）への、私の書評・俊輔の本一つ、一九八九年での要約である）。

丸山眞男が、論文・歴史意識の「古層」（一九七二年）で名づけた古層や執拗低音という表現より、石田らの集会で語った「いま主義」の方が分かりやすい。* 丸山のいま主義と鶴見の思想のたる詰とは、大勢順応や集団転向への共通した批判と抵抗の工夫を示している。「昔のことを済んだこととする」（丸山）、次の「たる詰へ集団転向して入り込み」、前のたる詰の「固定化した大勢」での言動には「口を閉ざす」（鶴見）。これに抗して、〝いま〟のなかに「古事記が住んで」（丸山）いるようにする、「占領・戦後のたる詰の中で、転向せずに戦争の記憶を隠さず保つ」(鶴見)。大勢順応の〝いま主義〟の今の中に「昔のことを済んだことと」せず、逆に執拗低音としてつきつける(丸山)。その伝でいけば、いまの日本人からもっとも遠い日本書紀を、いまの中に住まわせるようにすることも意味のあることといえようか。丸山さんが、私に紀の現代語訓み下し文の作製をはげましてくれた思想的背景を思うと、本書のあと余命のある限り、訓み下し文の完成に向けて努力したい。

(二〇一四年一〇月追記)

注 丸山自身こういっている、―古層における歴史像の中核をなすのは過去でも未来でもなくて、「いま」にほかならない。われわれの歴史的オプティミズムは「いま」の尊重とワン・セットになっている。過去はそれ自体無限に遡及しうる生成であるから、それは「いま」の立地からはじめて具体的に位置づけられ、逆に「なる」と「うむ」の道程として観念された過去は不断にあらたに現在し、その意味で現在は全過去を代表(re-present)する。そうして未来とはまさに、過去からのエネルギーを満載した「いま」の、「いま」からの「初発」にほかならない。未来のユートピアが歴史に目標と意味を与えるのでもなければ、はるかなる過去が歴史の規範となるわけでもない。(歴史意識の「古層」、一九七二年、全集第十巻、五五頁。)

家永三郎先生とも編集者としてお逢いした。遠山茂樹さんから東大出版会が学術書の原稿を求めていると聞き、とつぜん編集部を訪ねてこられた。たまたま居合わせた私が、風呂敷包みの、きちんと整えられた原稿をいただき、日本近代思想史研究を刊行した。これを機会に代田の家永宅を訪ねることが多くなった。家永さんは生来不眠症で、一日四時間ほどしか眠らなかった。それもあってじつに多種多様な領域の書籍、史料を読み、古代、中世、近代、そして次第に近代思想史へ収斂し、田辺元についての著作までがある。生涯のさいごを賭して教科書検定にノーをつきつけた。

私が編集者を辞めたとき、家永さんは、ご自分の日本近代思想史の講義が、敗戦後まで及ばないので、戦後の分を担当してくれとの名目で、私を非常勤講師とし、研究者として歩み出す準備をしてくれた。初日、家永研究室を訪うと、家永さんは一枚の紙片を手渡した。みると戦後歴代の首相名が列記され、それぞれの下に数字がある。家永さんはご自分の講義の学生に問い、知っている者の数を調べていた。その数はおどろくほど少なかった。君が分りきっていると思った事や人でも、このように、学生はほとんど知らない。そうと承知のうえ講じたらよい、と家永さんはいつものやや甲高い声音で忠告してくれた。私はこれまであちこち一〇回近く日本書紀全巻を講じ終えているが、いつも家永さんの忠告にしたがい、こんなことぐらい言うまでもあるまいと思うのを禁じ、初心の側から見るべく、努めている。

日本書紀史注をお送りしたところ、このごろ手がふるえて手紙を書けないからと、深夜、電話をいただいた。ここで少しことわり書きをいれておく。日本書紀の巻第一の第三段*本文に、陽神《お》ハ〔イザナキ〕左ヨリ旋《めぐ》リ、陰神《め》ハ〔イザナミ〕右ヨリ旋ル、とある。日本古典文学大系本の紀はこれへの補注（岩波文庫版㈠―三三〇頁）で、左旋右旋の文につきこう記した。この紀の文には、医心方巻廿八が引用した洞玄子に、男左転而女右廻、男下衝女上接とあるような、「中国の男尊女卑道徳に則った性交体位の規範が投影している」、と安田徳太郎は言っている。これに対し、補注は、かりに安田の解釈を採ったとしても、「このような性道徳が〔〕男尊女卑道徳の確立していなかった古代日本において〔〕現実に規範力をもっていなかったであろうことは、高橋鐵*」が指摘した「法隆寺金堂楽書の女性上位の性交図に徴しても推認できよう」と、記している。私は日本書紀史注・巻第一の当該箇所の注釈で、この補注を、小気味の良いもの、と評した。―以上がことわり書きである。家永さんは電話で、あの補注は自分が書いた、と少し笑いながら言い、私が紀の巻数がふえるにつれ、古代史研究の諸成果を知らない私には重荷になる、というと、今の流儀のまま進めて大丈夫とはげまし、「それにしても、ふむ、たいへんなことをはじめたな」、と言われた。史注のような注釈書ではなく、私が見た紀の姿を直截に述べた本書を、家永先生に批判していただけないのが、痛切に哀しい。

注 高橋鐵を訪ねたことがある。応接間に通ると先客がいた。おどろいて立っていると、高橋さんは、「警察の人です。いつも居ますから、気にしないでください」と言い、ソファーに坐るように手ぶりした。高橋さんは次から次へと性文化の資料を出しては、それについての説明をじつに熱心につづけた。高橋さんの性の文化への好奇心と情熱は、後に私が道祖神や天白、画像石などにもった好奇心と情熱と同質のものだった。「先客」もいっしょにのぞきこんで、先ほどまでの退屈そうな無表情とはまるで違っていた。当時は性と性文化についてまだ公民権を認めないころだったから、警察当局も「先客」を派遣して警戒していたと合点した。こう書いてきて思い出した。愛のコリーダで著者の大島渚と三一書房の竹村一とが起訴されたとき、竹村と相談して「愛のコリーダ起訴記念出版」として、「ワイセツ」考—国家は性に介入するな（三一新書、一九七八年）を出したことがある。そのなかに、「高橋は戦後の「解放」の中で、しばしば性研究について検察・警察権力の介入を受けた。わたしが編集者であった頃、高橋を訪ねたときも、一人の私服警官が同席していたのを思い出す。」（九一頁）、一説に頼山陽の筆かといわれる「本邦無双の春本、壇の浦夜合戦記」について、「逸品は、故高橋鐵のところでみた挿絵入りの巻物だった」（二五頁）とも書いている。そういう次第で、紀の左旋、右旋について、高橋鐵を引き合いにした補注を小気味のいいものと評したのである。なおこの本で「畏友鶴見俊輔の退行計画という文章は、私を衝撃した」とし、しかし「ワイセツ」考とかかわる次の一節だけを引いている。「それから性。このことについて書くことが、自分の生涯の仕事になるかと思った。しかし、ハヴェロック・エリスがあり、フランク・ハリスがあり、キンゼイがあることを知った今、こまごましく、これについて書こうとは思わない」。これに対し、もっと多くを語るべきだ、とコメントしている。

鶴見俊輔さんは、どこかで書いたように、私の始末をつけてくれた畏友である。今は書くのも恥ずかしい本だが、私は戦後思想史で世に出た。書かず、世に出なかったらどんなによかったかと、何度思ったことか。俊輔さんはこの本の読書会を思想の科学研究会でひらいてくれた。花田清輝さんが報告者だった。俊輔さんとは、その前、編集者として思想講座の企画の相談で、金町に訪ねたのが、初対面であった。急な事情で編集者を辞めたため、この企画は沙汰やみとなった。その後、長い長いつきあいを重ねてきた。日本書紀史注を出したとき、俊輔さんは既刊の四冊をかつぎ京都からわざわざ出てきて、熱海の宿で一晩、安田武夫人のつたゑさんと三人、史注の読書会が開かれた。ぜいたくな一夜があけ、二人で見送り、俊輔さんは帰洛した。あの晩、俊輔さんは神話研究について心がけるべきこと五か条を、諄諄と説いてくれた。つくづく幸せだった。こうして始と末とがつけられたのである。

俊輔さんとの付き合いの中で、安田武と私と三人交替で、戦争を忘れないため、昭和三七年（一九六二）から同五一年（一九七六）まで、毎年八月一五日に、入隊のさいと同じ一厘刈りにする小さな行事を続けたのが、特記すべき事柄だろう。「満洲事変」から敗戦まで一五年だったから、この行事も一五年は続けようと、そのころ思想の科学研究会の事務所があった銀座七丁目近くの床屋さんに「玉音放送」のあった一二時、三人は集合した。

鶴見、安田の二人が、東北、秋田で白鳥邦夫がつづけていた山脈《やまなみ》の会に出掛ける車中、戦争が忘れられていくと悲憤慷慨、とどのつまり坊主になる行事を思い立った。しかし帰京して近間の誰彼にもちかけても、みな及び腰。とうとう少しへりの方にいた私に、安田などもう決りといった表情、声色で、もちかけてきた。

行事が三人だけでもたれたのは、二度目まで。坊主の会を聞き知った、記者、編集者が取材に来始めたのが、三度目の私が「当番」だったときで、二人を背後において長髪に一筋、一厘刈のバリカンが通った（つまり床屋の鏡に映ったのを撮った）写真が「公表」された。三人坊主の会が無事に終了した一五度目も―刈るのが鶴見、安田、山田の順だった（思想の科学の事務所があったビルの屋上で、投げ上げたコインをつかみ、大の男三人がわあわあと、裏か表かで順番を決めた。奇妙に一つちがいずつの年の順になった）ので―私の番だったが、最終というので三人揃って坊主になった。坊主の会は終ったが、三人の会はその後も八月一五日に、安田が亡くなるまで、続けられた。私の書紀史注の読書会が、俊輔さん、安田夫人、私の三人でもたれたのは、その延長だった。

坊主の会を始めた頃をふくめ、編集者を辞めてからの一〇年ほど、私に定収入はなくかみさんの洋子さんを心細がらせたが、かろうじて原稿料・印税で生計を立てることができた。筆一本で暮らすなど自分にはとてもできない、と言っていた俊輔さんが、さらに一〇年ほど経つと筆一本で暮らしはじめた。たしかに筆一本は水商売（客の人気によって立ってゆく収入の不確かな商売の俗称―昭和三十年版・広辞苑）だ。今からふりかえって、あの頃の未熟でがさつな私の論稿を読んでくれた昔の読者に、ふかく感謝したい。時は過ぎ、昔は今ではないけれども、私のさいごの本であるこの紀伝は、昔とちがい私の経済力がへったためごく少部数だが自費出版して、今の読者に進呈し、読者への感謝の念を、ともかくも形にしたいと思っている。

〔追って書き〕俊輔さんが現世《この》を去った。（二〇一五年）五月に自宅で転び、大腿部を骨折し、入院治療していたが、七月一八日に肺炎を発症、二〇日の夜おそく帰らぬ人となった。

俊輔さんは、物事には物事用の、人には人用の、細やかな多面体を、脳内に備えていた。前者については「戦時期日本の精神史一九三一～一九四五」（一九八二年、現、岩波現代文庫）をご覧いただきたい。一五年戦争の背景をなす日本の精神史を、序をいれて一三のレンズで活写しているが、一三の一つひとつがまた無数の面をもっている。一読して、このように歴史をとらえたことについて、この人をただただ畏愛した。まさしく礼記、曲礼上に賢者ハ狎レテ而モ敬シレ之ヲ、畏レテ而モ愛スレ之ヲとあるとおりである。

物事に出会《くわ》すたび、人と出会うごと、それぞれの多面体はその面を増したから、それぞれの多面体はほとんど無数の面をもっていた。その面同士は、ライプニッツの窓のないモナド、すなわち互いに無交渉、無縁ではなく、どれについても微細で透徹した関わりが把持されていた。

たとえば、がさつに忙しい生き方をしたとき、私はかみさんと顔を合わせる時間がなく、いきおい、居間のテーブルに置いた連絡用のメモ帳に、あれこれ交互に記して事を伝えた。その話をしたら俊輔さんは、手を打ち大きな目を瞠《みは》り、京都府のどこそこに同じことをしている何某がいる、と言い、かつ当の何某にもそのことを伝えたとみえ、数か月後に、当の人から私に共通の誼《よしみ》の便りが届いた。多面体は表面だけの物ではなく、その底のというか中心の俊輔さんを通して、物事の多面体は、みごとな転向研究、精神史などを、人の多面体は、思想の科学、転向研究会、べ平連、九条の会と、ハンナ・アーレント流にいえば、人間の複数性をつくりあげた。それでいてどこかで書いたように、一人のツルミアン、ツルミニストも出なかった。みんな一対一、俺とお前といった関係で俊輔さんと相対した。人間の複数性のもとは、一対一のただの人間同士の友情とでもいうべきものにある。

人は出生の所与をまぬがれない。俊輔さんが茶目っ気でそれでいて行儀正しいところは、名家鶴見家の長男としての所与と思うが、名家故の母親の躾、教育の箍《たが》に反抗して、俊輔さんは小学校上級生の頃から「不良」となった。心配した父が都留重人さんに頼んで、アメリカへ移住させた。ハーバード大学哲学科を卒業したが、日米開戦でそのアメリカから理不尽な扱いをうけた。少、青年期に、居るべきところに居られなかった経験が、俊輔さんの中に、大勢への順応とは別の、というよりそれとは対極の目、批判力、思考の慣性を育てたと思う。

坊主の会は終えたが、三人の会をつづけていたとき、話が葬儀に及んだことがあった。俊輔さんは、葬式はいいものだ、といった。ふだん逢わないあるいは逢えない人と逢うことができるから、とまるで年賀状の効用に近い理由を挙げていた。話のたいていは忘れたが、俊輔さんが、通夜の来会者みんなに鰻の蒲焼を出したい、というから、それはたいへんだよ、来る人は夕方から夜遅くまで不定時だろ、鰻職人を一晩借りなきゃならないから、と言ったのは覚えている。三人とも葬式に遠い年齢だった。この時であったのか、別の時であったのか、自分の葬式をどうするかはその時の太郎（子息）の器量次第だ、と言ったのも覚えている。太郎さんは、父が生前から葬式はしないとのメモを残していた、と語っている。太郎さんに丸投げせずに、自分で決めていてよかった。いやあるいは太郎さんの器量であったか。

太郎さんはもう一つ、父について「ふだんから表情の豊かな人だった」と言っている。たしかに、小田実をみつけたとき、「戦争中に、無能な隊長についた兵士は哀れで、いい隊長につくと戦死の可能性はうんとへる、小田実には大将の器量がある」、と鶴見中尉殿は、目玉はぐりぐり顔はくしゅくしゅにして喜こんでいた。

いつか京都、川端署前でデモをしたとき、俊輔さんが捕まった。手足を四人ほどの警官にかかえられて連行されていた。助けようと駆け寄ったら、仰向けだから目が合った。目くばせして首を振っている。そうか、捕まった方が後あと何かできる、と見送ったが、二〇分もたたぬうちにあっさり釈放されてしまった。テキもさるもの、面倒なのは放せ、だった。川端署は戦前、京大生だった宇都宮徳馬を逮捕した。父が三太郎の一人だった陸軍大将宇都宮太郎で、代りに母が乗りこんで釈放させられたから、釈放上手なんだろう、と冗談を言ったが、うまくいったと思ったんだが、と本気で残念がっていた。そんなときの茶目っ気な表情がなつかしい。

三〇過ぎから半世紀を超える長いつきあいになった。彼への尽きない感謝を、小さな本「まち・みち・ひと・とき」を献じることで表わした。俊輔さんは、この本から一つ二つの文章を、「もうろく帖」に引くことで、返事としたようだ。今にしてあれが二人の別れの挨拶だったんだな、と思える。

俊輔さんは、私の日本書紀史注のリーフレットに小さな文章を寄せてくれ、「…彼はマルクス主義の哲学、西田哲学、三木清の哲学、コミュニケーションの理論について研究した。観念の配列を主とするこれらの研究が、その後の仕事、特に日本書紀の解読にどういかされるのか。私にそれを見とどける時間がのこされているのかどうか」、と書いている。この本を仕上げるのをぐずぐずと延しているうち、私に始末をつけた、おそるべくもかけがえのない「読者」を喪ってしまった。ふさぎようのない大きな喪失感に沈んでいる。

（'15・7・25）

親友の元濱清海は、昭和一八年（一九四三）一〇月にともに京都帝国大学の哲学科に入学し、同二一年九月にともに卒業した。一五年戦争末期から敗戦後すぐのことで、入学、卒業がともに同じというのはごく少ない。入学してまだ日数《ひかず》もたたぬのに、浄土寺西田町の下宿に訪ねてきたのが、元濱だった。彼はいわゆる大検合格者だったから、旧制高校をいい加減に過した私などより、よほど学力が確かだった。卒業までの半年ほど、元濱をチューターに、恒藤武（水戸高の文乙クラス、古典研究部で一緒、京大文学部哲学科社会学専攻）と私の三人で、高畠素之訳・資本論（敗戦後おどろくほど早くかなりの数が古書店に出てきた）を読んだのが、昨日のことのように思い出される。

爾来およそ六〇年ほど、元濱は欠陥の多い私を受けとめ、しかし友人だからと私の欠点を見て見ぬふりせずに、つき合ってくれた。四〇代前半から五、六年、私はある私学に勤めて堺市で生活するようになり、別の私学の元濱と頻繁に合い、学生時代のような哲学談議を交した。それが、私をがさつな生き方からひき戻すベースになった。

その頃の私は、大学でもコミュニケーション論を担当し、評論家としてTV批評を手がけ出演も多かった。そういうなかで自然と朝日放送や毎日放送などとのつきあいがはじまり、『放送朝日』編集部の五十嵐道子さんとも知り合った。あるとき原稿を頼まれ、詰めこみすぎてかえって舌足らずなものを渡した。しばらくして、これを連載用にゆっくり書き直してはと、彼女が連絡してきた。これが『道の思想史』四部の発端だった。直接TV放送とかかわりのない連載に、社上層部から批判があったと余所ながら聞いたが、五十嵐さんは中一年半余の中断をいれるなど、ねばりづよく継続する方途をさぐってくれた。鶴見さんが、「彼はながいまわり道をして、中年以後になってから、少年期に好んだものにもどってきた。『道の思想史』以後の仕事が、彼にとっては、打ちかけにしておいた碁の打ちつぎのようなものだろう」と評したが、この五、六年の歳月の間《ま》と、執筆、そのための取材とが、私をおちつかせた。稀有のことと彼女への感謝は尽きない。

「道の思想史」以後、私はしだいに古代の日本に深入りしはじめたが、このとき、哲学を離れて久しいがと書くことが重なった。たちまち元濱から筆書きの葉書が来て、見苦しい、君がいつも言うように、古代ギリシァでは何を知ろうとしようがみな哲学だったではないか、と衝かれた。還暦を迎え、他事はみな廃し、趣味だった日本書紀の解読だけを残そうと決めたさいも、元濱の苦言が力になった。古稀になって、悔いを残さぬよう二、三ヵ月に一回ほど、二人であちこち旅をした。夜が更けるまで四方山の話をした。ほんとうに楽しかった。

彼の墓参に小豆島へ行ったが、わが紀伝が本になったら、また、墓前に献じに行きたい。

ちょうど七〇年安保のころ、ある私学にコミュニケーション論の手伝いに行った。ゆるい傾斜の前庭を上っていった階段教室で、一年間の講義を始めて顔を上げたら、中段に元濱の子息、涼一郎さんが居た。びっくりしたが、折からの大学封鎖がこの私学にも及んで、たしか一、二度で講義はお終いになった。涼一郎さんとは彼がまだ幼年のとき、田毎の月で有名な姨捨山近くの麻績村の某寺に元濱を訪ねたさい逢って以来である。いつのまにかわれわれと同じ大学人になり、元濱が亡くなって、専門のちがう父の書庫の後始末をし、何か欲しい本があるかというので、いつか話のさいにもっていると分った佩文韻府《はいぶんいんぷ》(清、康熙帝の勅命で張玉書ら七六人で作った韻書、佩文は帝の書斎の名)をもらうことにした。

がさつな生き方からひきもどしてくれたもう一人に、早く立川文庫について書いた、足立巻一さんがいる。私の読書歴は、早死の叔父から父が遺品として受けていた立川文庫に始まり、中里介山・大菩薩峠へと続いていくから、足立さんの名を一種の懐しさで知った。その足立さんがテレビ番組、真珠の小箱の実質的な担当者として訪ねてきて、猿田彦、天白などの主題で、いく度も出演した。この人はみごとに大人《おとな》であった。

大著・やちまた（一九七四年）で、足立さんは、一方で本居宣長全集を読み、その像が「星雲のように巨大な…もものになり、わたしの大脳（の中）を回転しはじめた」と書き、他方で宣長が自分の死後の葬儀について記した「遺言の事」を読み、「世俗の生活者としての宣長」「その学問や思想のために生活を動揺させなかった宣長」を見とどけている。足立さんもまた、一方で「やちまた」という複雑多岐な人間世界の言葉、思想の通路を二重、三重に描きながら、他方「世俗の生活者として」の大人《たいじん》ぶりをみごとに持していた。後年、足立、鶴見、私の三人、京都で食事したことがある。ワリ勘だからそれぞれ財布をあけた。足立さんの財布に高額紙幣がものの四、五十枚入っているのをみて、俊輔さんが、足立さんはいつもそんなに大金をもち歩いているの、と聞いた。人間いつどこで行き倒れになるか分らないからさしあたりの始末料に、と足立さんは返事した。こういう大人《おとな》で足立さんはあった。

その人と、奈良、伊賀、伊勢、志摩を取材してえた充足感と、のちに「やちまた」を読んでえた充足感とはひとつであった。ひと柄の感触と、書いたものの感触とが同じという好ましい経験を、足立さんのばあいに、もちえたのである。「やちまた」が出たとき、私は朝日新聞の読書欄（当時、書評は無署名）のメンバーの一人で、その書評が当然のように私にまわってきた。「これはおそるべき本である。このような本を書けたことについて、著者にねたみを感じる」と書きおこした（「やちまた」が二〇一五年三月二五日、中公文庫に、上下二冊で刊行された。下の巻末エッセイで呉智英さんが、私の書評で「やちまた」を読んだと書いている。足立さんのためにも、私にとってもうれしいことだった）。

足立さんは、晩年の数年、人生で相渉った人びとに、それとなく訣れをつげる便りを書いたようだ。私のもとにも、「やちまた」の書評をしてくれたのに、長く無音に過し心ないことだった、と突然の来信があった。さいごまで足立さんはみごとに大人だった。足立さんとは共著者同士でもあった。足立、尾崎秀樹、私で「忍法」（三一新書）を出した。この三人の中だけでなく、いろんなグループの中で、私だけがひとり残っている。齢九十、年を取るとは孤独になること。すぐれた人が居なくなる。半端者の心に痛みが寂寥とともに残る。

元濱も私も、哲学は無の学であることを論証せよ、との田辺先生の哲学概論の試験問題を受けた。彼がどういう答案を書いたのかむろん知らないし、私自身もなにを書いたのかまったく忘れている。七〇年ほど経った今なら、どう書くか。西田先生は絶対無の自己限定、絶対矛盾的自己同一などを強調し、田辺先生は、絶対弁証法、絶対媒介、絶対批判の哲学を考究した。そう言えば精神現象学の最終段階にヘーゲルが置いたのは、絶対知 Das absolute Wissen だった。独創的な哲学体系の構築をめざす人は、絶対という言葉が好きなんだなと、お師匠さん二人よりずっと老人になった私はおもしろがる。普通に・良《い》いなぁが、比較級・他よりずっと良い、最上級・絶対に図ば抜けて良い、とテンションが上がっていく。絶対抜きに普通に答案を書くのがいいんじゃないか。このごろウマイを、ウマッ、メッチャ・ウマッ、ゴク・ウマッという。これがへんなのと、無、媒介でいいのに、絶対無、絶対媒介と気張るのとは、どこか似てはいないか。

道慈が書き入れた紀の文、たとえば欽明紀一三年一〇月条、いわゆる仏教公伝の文中に、大乗仏教の用語が多用されていることは、前篇九つ章でみておいた。仏典では人知を超えた仏界を表現するのに、否定詞の無 a, an をつける。おもしろいことに、J・P・サルトルも「無 néant に関していえば、無はその起源を否定的判断のうちにもつ」（松浪信三郎訳）と言っている。人知で量るのを超えるから、無量 a-mita。この a-mita から阿弥陀仏 Amitābha（無量寿仏）の名が出る。an-anta が無辺、無限。有限な人間から見れば、無限は、量り知れ無い超越的な他者である。無限を前にすれば、人は畏れ、自己の無力にうち拉がれる。

寒夜の北軽井沢で、こちこちになりながら私は質問した。信仰でなければ人間は救済されないのでしょうか。言い終るか終らぬうちに、馬鹿なことを、と田辺先生は叱責した。一呼吸おいて、「救われてあるのが信仰だ」と静かに諭した。信仰は有限の側の自力道、無限の側からの本願（絶対媒介）で救済される他力道。だから救われてあるのが信仰、と先生は言ったのだろう。ついでだが、私の京都帝国大学哲学科の卒論の題は、人間の救済と論理、である。古代、中世ならいざ知らず、宗教的信仰でしか人間の救済が無いはずは無い、と幼いなりに考えていた。

一九三四年から三九年まで、七本ほどの論文で、田辺先生は種の論理を考究した。単行本にならなかったから、私たちは哲学科に入学してはじめて、哲学科図書室の「哲学研究」でこれらを読んだ。さいしょの論文「社会存在の論理」の中に、「宗教的信仰といえども救済の論理を含む。…信仰さえもその原理は論理において自覚される」（岩波文庫版・種の論理、六三頁）の文言があり、これが私の人間の救済と論理への出発点となった。一九三四年の文言と、一九四五年冬の北軽井沢での先生の諭旨とでは、かなりのちがいがある。その中間に、元濱と話したことだが、種の論理そのものが論理的に国家を絶対化したため*、時局（非常時、総力戦）の圧力に足をすくわれ、その無力感を懺悔し戦後、懺悔道の哲学に転じたことがある。

注　田辺は一九三九年の論文「国家的存在の論理」で、国家を「絶対の応現的現成」とした。こういう種の論理は、丸山眞男が「一生の恩師」とした南原繁の『国家と宗教―ヨーロッパ精神史の研究』（一九四二年）によって正当に批判された（岩波文庫版、二〇一四年、三一八～三二〇頁）。この批判を田辺は受け入れ、南原はそのいさぎよさを忘れなかったという。これらについて文庫版の福田歓一による一九七二年の解説1（四四二頁）と、とくに加藤節による二〇一四年の解説2（四五二～四六二頁）が、ふれている。加藤が「戦中期の日本の思想史を再構成する上で、南原繁を落とすことはあきらかに不当である」（四五五頁）というのに賛成である。なお南原繁年譜に、「一九五一年二月、東京大学出版会創立にあたり、初代会長に就任（同年十二月まで）」とある。というより東京大学出版会は南原さんの発意で創立された。私が東京大学出版会の編集者になったのは、一九五二年夏のことだった。

一五年戦争（この呼称の作り手が鶴見俊輔）当時の私は、大学生になっても忠君愛国の精神をもちつづけていたから、種の論理の展開に沿いながら、精神現象学の演習で、理性の終りの方、理性による掟の吟味の項で、アンティゴネーに関説した箇所について、田辺先生が「人間は死なねばならぬ」と述べたとき、召集された先にあるのは死という宿命を前にしての、自足的な感動を覚えた。一九四四年一〇月二二日、京都哲学会での公開講演「懺悔道 Metanoetik」でも、戦局は非なるに自分は無力と懺悔した先生の心情に共感した。*

注　この年六月、米軍はサイパン島に上陸、七月守備隊三万、住民一万余が死んだ。月末テニアン島に上陸、守備隊八千人が玉砕し、両島を基地にB29の本土爆撃が開始された。サイパン島の陥落は、政変につながり、悪名高い東条英機内閣が総辞職に追い込まれた。「懺悔道 Metanoetik」は、岩波文庫版「懺悔道としての哲学」（二〇一〇年）の巻頭に、上田泰治の筆記（群馬大学図書館蔵）として初めて収録された。公開講演の当日の夜、私も、宇治火薬廠の勤労動員組に、自分の筆記をみいみい拙い報告をした（石井立もそれを聞いた一人で、戦後『展望』に田辺の論稿が乗り、また田辺全集が筑摩書房から出たのに石井立が関わっていたと思う）から、それに照らすと、上田筆記はみごとすぎる気がする。田辺先生は群馬大学付属病院で生涯を閉じた。上田筆記は先生の講演原稿を参照した可能性がある。

卒業論文を文学部事務室の窓口に提出したとき、一足先に提出していたのが辻村公一である。史学科の岸俊男（一九四四年九月卒）らと同年次（一九四二年四月）に入学したが学徒出陣で入隊。それで卒業が私たちと同じ一九四六年九月になった。当時、哲学科の卒論は四百字詰で三十枚たらずに限られていたが、副論文は無制限だった。本論だけの私とちがい、辻村の副論文は優に数百枚はありそうで、表題にハイデッガー（当時の表記）の名が見えた。

辻村は復員したときそのままの兵隊服姿だったように記憶するが、それとはやや不釣合いで、へぇ、ハイデッガーを卒論に選んだんだ、と新鮮な感じがした。ハイデッガーの名は、田辺元（田辺の種の論理とハイデッガーとの関わりについては、藤田正勝・「種の論理」はどのようにして成立したのか——田辺哲学の成立への道、思想一〇九三号、二〇一五・五がある。）、三木清、九鬼周造が留学の折にフッサールのもとなどで交わったこともあり、哲学科の学生には早くから知られ、ヨーロッパ最先端の哲学と評判されていた。二次大戦後、サルトルらフランス実存主義にうけつがれ、日本でも戦後の一時期、実存主義とマルクス主義の二様が盛行した。私は信仰によらない現世での人類の救済を、マルクスの資本論と革命に求めて、マルクス主義に猪突したから、実存主義には不案内である。

はるかな時がたち、二〇一三年、ハイデガー（最近の表記）・存在と時間（一九二七年）の熊野純彦、高田珠樹両訳が出た。おかげで拾い読み程度だったこの本を通読し、し残した宿題を果した気分になった。さすがに二〇世紀の哲学書で、天帝や神など超越的な絶対者は出ないし、絶対知もない。考究の対象が現世の存在Daseinなら、思考の仕方も現世的、現象学的である。

現世は宗教ないし信仰からは評価が低い。真実の世界は、神界、仙界、天界、仏界、なんと表現されようがすべて上昇的な超越世界である。「第九」のシラーではないが、創造主の存在をあなたは感じるか、彼を天上に求めよ、である。これに対して現世は仮の世にすぎないとされる。しかし、そうであろうか。ハイデガーが、現存在Daseinの本態Verfassungの一つとするIn-der-Welt-Seinを、ふつう世界-内-存在と訳しているが、私はあえて現世-内-存在いや、現世《このよ》に有るもの、と表現したい。サルトル・存在と無の訳者、松浪信三郎も、In-der-Welt-Seinを「世の中にある存在」と言ってもいい、という。世の中すなわち現世である。

ハイデガーの現存在とは、熊野純彦がいうとおり「そのつど〝私のものである〟人間的存在」である。現存在Daseinのdaには空間的、時間的、二様の意味があり、この二様を一語で表すには世（代）しかない。日本書紀について、二一世紀になっても、巻第一、第二を神代上、下と理解（誤解）しているが、神世（七代）の語は、ただ一ヵ所（巻第一、第二段本文*、㈠—二二頁）にしか出ない（本書前編の、一つ章参照）。世（世、三十年ヲ為ル二一世ト一—説文）と代（代ハ、年代—広韻）とは等義だが、世の方がやや空間的（よ〔世・代〕—人類の社会、世間—広辞苑）、代はやや時間的（②…また、家督を相続して、その家を治める間。世。—広辞苑）。それで現存在の本態を、世界-内-存在と訳すよりは、現世-内-存在（この世に有るもの）としたい。ハイデガーは、現世-内-存在から、天上、上への超越ではなく、現世内への超越、時間性、歴史性へのびる方向を、重視した。

注　ヘーゲルの精神現象学（長谷川宏の名訳が一九九八年に出た）は、「いま」「ここ」についての思考から出発していて、学生のとき、哲学とはこういうふうに考えるものなのだと、ふかく印象づけられたなつかしい箇所だ。長谷川訳（ただ長谷川が「いま」としたのをイマとしたほか、それをこれにした程度かえている）を借りて言うと、ヘーゲルは、イマを示す（傍点、山田）ということは一つの運動だという。まず「一、私がイマを示しこれがほんとうのイマだと主張する。しかし示されるのはイマであったもの、もうイマではないものだ。そこで二、わたしはイマとは、イマであった（傍点、原）もの、もうイマではないもののことだと主張する。しかし三に、イマであったものはイマもうないのだから、イマであったもの、もうイマではないものがイマだという二の主張は否定される。こうして、イマの否定がもういちど否定されて、イマはあるという最初の主張へもどる。イマはこういう一つの運動なのだ」（七三頁）。このヘーゲルの当初の論理をもとに、私は卒論で、否定の否定は絶対の否定だとするお師匠さんたちの哲学を批判した。

ヘーゲルはココ（長谷川訳では「ここ」）についても同じことをいう。「ココは点だと思われているかもしれないが、点は存在しない。その点が存在するものとして示される（傍点山田）とすれば、それはココを示す（同上）ことが目の前のものをとらえるだけの知ではなく、点としてのココから多くのココを経て一般的なココへと向かう運動だからである。一日がたくさんのイマをふくむ単一体であるように、一般的なココは、たくさんのココをふくむ単一体なのである」(長谷川訳七三〜四頁)。

ハイデガーのDasein(現存在)のdaは、イマ・ココであるとともにイマ・ココではない。まさしく、点としてのイマ・ココに有るものから多くのイマ・ココを経て一般的なイマ・ココへむかう運動としてのイマ・ココに在るものがダーザインである。まさしく点としてあるもの(眇たる存在)だから、現世に有るものIn-der-Welt-Seinすなわち時間性をへて、歴史性にいたる運動が現存在なのである。

朝日新聞で七四年ぶりに再読している漱石先生の「三四郎」で、右のイマ、ココ、ダーザインの哲学論議をしのばせる箇所があった。三四郎が原田画伯(古田亮の好著『特講漱石の美術世界』二〇一四年によれば黒田清輝)のモデルをしている美禰子を訪ねる場面(十の五)である。画伯がいう「小川さん、僕の描いた眼が、実物の表情通り出来ているかね」三四郎がいう「どうも能《よ》く分らんですが、一体こうやって、毎日々書いているのに、描かれる人の眼の表情が何時《いつ》も変わらずにいるものでしょうか」「それは変るだろう。本人が変るばかりじゃない、画工《えかき》の方の気分も毎日変るんだから、本当をいうと、肖像画が何枚でも出来上がらなくっちゃならない訳だが、そうは行かない。またたった一枚でかなり纏《まと》まったものが出来るから不思議だ。…」美禰子の眼を現存在、変る眼の表情をイマ(ココ)、描くこと(画業)を現象学的認識、「たった一枚でかなり纏まったもの(原田の描いた眼)」を一つの運動としての現存在、とかりに置き換えてみると、なにがなし野暮な哲学よりもすとんと分りはしないか。

本との本当の付き合いは、通読していて、読み止《とど》まる所があるかないかで、決まると思う。日本書紀は、古典としての出来でいえばあまり良い方には属さない。その紀に、還暦以後の三〇年を、他事をみな絶ってまで付き合ったのは、一六歳の時から趣味として、つまり本事としてはそのつど別事に取り組んでいながら、ふっと閑暇が生じるとは片手間にめくっていた紀(私が四〇歳のとき、古典文学大系本の日本書紀下、四二歳のとき上が刊行され、以前よりずっと読解が進んだ)に、四〇代、五〇代とだんだん読み止まるところが増えだして、これはなんだ、どういうことか、と考えたり調べたりが積もってきて、とうとう本事として付き合わなくてはならなくなったからでもある。

卒読の「存在と時間」だったが、読み止まるところはいくつもあった。その中でこの与太噺とかかわる一つだけをあげよう。こうである。「ひと」の慣行では、

今日を現在化するのに没頭するあまり、「過去」も「現在」から理解する。これに対して、本来的な歴史性を構成する時間性とは、先駆けしながら反復する瞬間として、今日を現在化から解きほどき、「ひと」の慣行から脱却することである。（高田訳五八〇―一頁を少し変更）

すなわち右の箇所に読みとどまったのは、先にのべた丸山眞男、鶴見俊輔それぞれのいま主義・大勢順応〈たる詰め〉批判に通じるものを感じ取ってのことである。ゴシックにした訳語は、原語が *Entgegenwärtig* des Heute で、「言語の成り立ちからすると脱現在化という表現が当たる。今日を単に今日としてだけでなく、死への先駆と反復を通じて、遺産としての可能性の授受という伝承の中で捉えることによって、先人たちの思いとともに今日が別の相貌をもって立ち現われることを指す」（高田、七一〇頁）。いまをいまでなくすこと＝脱現在化と、そのためにそれと対となる、過去を Vergegenwärtigung「再現在化」することは、「現象学用語であるとともに思いだすというほどの意味ももつ」（熊野、㈢―三六四頁）。いまの脱現在《イマ》化と、過去の再現在《イマ》化とが進行すれば、時間は熟し zeitigen、この時熟 Zeitigungn によって歴史が生起し Geschehen、時間性は具体化して歴史性となる。

ハイデガーには暗い過去がある。ハイデガーが自《みず》分から進んでナチズムに乗ったのを、私は忘れない。『存在と時間』を読んでいても、それを忘れない。そして『存在と時間』で述べた哲学に、彼自身が反したと考えている。ナチズムとのかかわりに口を閉ざした戦後*の「今日《イマ》」を脱現在《イマ》化 *Entgegenwärtig* し、ナチズムとかかわった過去を

再現在化 Vergegenwärtigung するのに、ハイデガー自身が背いている。このため、彼の生涯に時は熟せず、存在論的に歴史性へ達するのを、自ら閉ざしてしまった、というほかはない。

注　高田珠樹は「ハイデガー　存在の歴史」（一九九六年）で、次のように述べている――ヒットラー政権の誕生からナチの一党独裁体制の確立に向かう時期、ハイデガーはフライブルク大学の總長になった。当時、ドイツ国内では、政治に限らず各種の領域でナチズムが浸透しその支配を固めていったが、彼のこの總長就任も実はその動きのひとつであった。第二次大戦後、ハイデガー自身や彼と親しかった人物たちによって、彼のナチ加担に関わる事実の多くが隠蔽《いんぺい》され、また当時の行動の意味を歪《ゆが》め矮小化《わいしょうか》する様々な試みがなされてきた。それらの試みは一面では功を奏しもしたが、結局、新たな事実が発掘され新しい証言が出てくるたびに、ハイデガーらの言い分の信頼性は薄れてきた。今日、問題視されているのは、彼が党員としてナチに積極的に加担したという事実もさることながら、戦後、それを隠蔽しつづけ、自らの非をおおやけの場で認めようとしなかったことである（講談社学術文庫版、二〇一四年、二二八～九頁）。多くのハイデガー研究者たちが、ハイデガーのナチズム加担にふれずにいるなかで、高田のハイデガー　一生と著作《レーベンス・ウント・ヴェールケ》とでもいうべきこの著作は、第四章に『存在と時間』、第五章に「ナチズムへの加担と後年の思索」を配し、問題から目をそらさず、逃げていない。「学術文庫版へのあとがき」でも、ハイデガーの「黒いノート」での反ユダヤ主義や民族主義的な言説をめぐって、『黒いノート』の出現は、彼〔ハイデガー〕の思索やそれが描く歴史の構図も、私たちの生きる時代の文脈に由来するものであり、またそれによって検証されねばならないことを告げている。『存在と時間』における歴史の生起 Geschehen や歴史性 Geschichtlickeit、運命や民族共同体などに関する一連の議論は、けっして、ただ文献学的な研究の中で賞玩されるべき思弁ではない。存在史的な考察は、単に哲学的な思索や壮大な哲学史のヴィジョンとしてだけでなく、それが持つまがまがしさ、不気味さを含めて、あらためて私たちの前に立ちはだかっている」（同、三七五～六頁）、と記している。

高橋源一郎の論壇時評で知った、朴裕河《パクユハ》『帝国の慰安婦―植民地支配と記憶の闘い』に衝撃された。朴裕河の、人間としての視座と思いの深さに打たれる。朴はいう、A「これまで慰安婦たちは経験を淡々と話してきた。しかしそれを聞く者たちは、それぞれ聞きたいことだけを選びとってきた。それは、慰安婦問題を否定してきたひとでも、慰安婦たちを支援してきたひとたちでも、基本的には変らない。さまざまな状況を語っていた証言の中から、それぞれ持っていた大日本帝国のイメージに合せて、慰安婦たちの〈記憶〉を取捨選択してきたのである」（一〇頁）。又いう、B「何よりも、「性奴隷」とは、性的酷使以外の経験と記憶を隠蔽してしまう言葉である。慰安婦たちが相対的な被害者であることは確かでも、そのような側面のみに注目して、「被害者」としての記憶以外を隠蔽するのは、慰安婦の全人格を受け入れないことになる。それは慰安婦たちから、自らの記憶の「主人」になる権利を奪うことでもある。他者が望む記憶だけを持たせれば、それはある意味、従属を強いることになる」（一四三頁）。紹介した高橋の言、「かつて、自分の身体と心の「主人」であることを許されなかった慰安婦たちは、いまは自分自身の「記憶」の主人であることを拒まれている。その悲哀が、朴の本を深い孤独の色に染めている」。

朴は、朝鮮人慰安婦を生じた責任は、朝鮮を植民地として支配した帝国日本が負うべきだとしながら、他方で、彼女たちをそれぞれの故郷、家族から連れ去った、朝鮮人同朋の業者、それを許した「女子の人生を支配下に置く家父長制」をも見逃すことなく批判した。これが朝鮮民族を裏切る発言とみなされ、じっさいに元慰安婦たち（実は背後の慰安婦向けの「ナヌムの家」の管理所長、顧問弁護士）から、刑事告訴されもした。人間としての深い洞察からの批判が、植民地支配した帝国日本の責任ではなく、方角ちがいに同朋を責め問い、民族を裏切るもの、とみなされたのである。

ほとんど似た、深い孤独の色に染められた悲哀に耐えた女性哲学者がいた。ドイツ・ユダヤ人（佐藤貴志『ドイツ・ユダヤ思想の光芒』二〇一五年。佐藤はアーレントにはふれていないが、日本でこういう思想史が書かれるようになったことに、おどろく）出のハンナ・アーレント。この人の「人間の条件」（一九五八年）は、一七世紀のジョン・ロック、一八世紀のアダム・スミス、一九世紀のカール・マルクスが作った労働観を、別の労働観で批判したという側面をもっていて、マルクスに猪突した私は（一九七三年の志水速雄訳で、はじめ反撥し、やがて公正にうけとめて）、人間の活動力を、現世での人間の救済と論理に深くかかわるものとして考えるようになった。

　アーレントは、一九六〇年六月、英語版で出した「人間の条件」のドイツ語版を仕上げた後、ナチのユダヤ人部門の責任者で、その「最終解決」（行政的大量殺戮）の実行者アイヒマン裁判を傍聴、取材し、一九六三年、「イェルサレムのアイヒマン─悪の陳腐さについての報告」を、出した。ニューヨーカー誌に五回の連載だったが、アーレントは、第一回発表の直後から非難と攻撃の的になった。

　アーレントは裁判中のアイヒマンの言動を見、この男を「怪物的な悪の権化ではなく思考の欠如した凡庸な男」だととらえた。表題にある「悪の陳腐さ」である。この判断の背後には、二〇世紀前半の、ナチズムとスターリニズムにあらわれた全体主義を対象とした彼女の理論的分析、「全体主義の起源」3巻がある。自からもナチズムによって無国籍者となった経験を持つアーレントは、一次大戦直後に始まった大規模な難民 displaced persons の流れから生じた無国籍者たち stateless persons こそ、「現代史の最も新しい現象」であり、「国民国家の崩壊のもっとも明白な徴候だ」と見た。生活の場《プレイス》を喪失した難民、その場を守ってくれるはずの国籍が消殄《てん》した無国籍者は、すべてから（自分自身からさえも）「見捨てられている」Verlassenheit, loneliness。全体主義は、体制内の異分子（たとえばナチズムにとってのユダヤ人）・「余計者」をとことん見捨て、最終解決（行政的大量殺戮）にまで追い込む。そして全体主義が支配する体制内では、徹底した同質化が計られる。すべての国民が陳腐で凡庸な群になる。たとえていえばハイデガーもアイヒマンもその辺の小市民も変りはない。見捨てられた者も、見捨てられなかった者もみな、「真の思考能力と真の経験能力」をなくしてしまう。矮小化したアイヒマンを通して、アーレントは、難民の時代である二〇世紀の巨大な全体主義をひたと見つめていたのである。

アーレントは、アイヒマン裁判を「ユダヤ人の苦難の巨大なパノラマ」に「見世物化」しようと意図した、イスラエル首相ベングリオンを批判し、さらにまた「ユダヤ評議会はアイヒマンもしくは彼の部下から、各列車を満たすに必要な人数を知らされ、それに従って移送ユダヤ人のリストを作成した」と指摘した。矢野久美子（ハンナ・アーレント、二〇一四年）がいうように、「アーレントの言葉は、ユダヤ人にナチの犯罪の共同責任を負わせ、イスラエル国家を批判するものと受け止められたのである」（一八六頁）。アーレントは、ユダヤ人の友人ほとんどを失った。

朴裕河の本は、「植民地支配と記憶の闘い」（傍点山田）という副題をもっていた。㈠第1部・第2章「慰安所」にて、にも「風化する記憶」という副題がつき、㈡第2部第2章は「記憶の闘い」が主題である。記憶の問題が重い位置を占めているのが、うかがえる。

㈠の場「慰安所」（九八頁）は、帝国陸軍の将兵と慰安婦が直接に接触するところだった。基本的にはa「慰安婦の苦痛を産んだ慰安所」（九八頁）だが、b人間は苛酷な運命の重圧に拉《ひし》げられながらも、かろうじて人間としての面目を保つことを、小さな時の中で、小さなふるまいによって、表わす。ある慰安婦は「一番楽しく幸せだった時はいつか」と問われ、a「ないね、そんなもの」と言い返しながら、b「どこかにでかけて散歩しながら遊んでたこと、景色のいいところに行って遊んだこと、軍人たちにどこかに連れていってもらって花畑で遊んでたこと…もう子供のようにいたずらをして遊んだ」（『強制』5、七三頁、朴裕河九八頁）と語っている。また「目立って幼い少女が慰安所に」つれてこられたとき、「ムカヤマ少佐、コンドウ少佐、タカハシ中佐」が、「こんなかわいそうな子供たちをどうして連れてきたのか、この子たちを連れて元の場所に戻せ」と「主人（朝鮮の業者）を呼びつけて…間違いなく戻させた」（『強制』5、四九～五〇頁、朴裕河九七頁）のはこれら将校が「自分の意思で構造を変えられない運命の中で発揮しえた、せめてもの倫理意識だったのだろう」と書いたのち、朴裕河は「そのような記憶は…忘れられたまま」で、「記憶しなおされ、再生産されるのは、ただ（兇暴なけだものとしての日本軍）のみである」（九八頁）と指摘する。

右は「〔記憶の〕消去と忘却」という小節に記されたことだが、この小節のまとめが、先に引いた文章Aである。右に引いた資料『強制』5からの二つの話（もっと沢山あるのだが）は「再生産される記憶」からみれば「ノイズ」「再生産されない記憶」でしかない、と朴裕河はいう。「記憶すべき物語から排除される話は「公的記憶」にならない」し、「歴史」として残ることもない。「韓国社会が〔…〕彼女たちを〔…〕家父長制の韓国社会から「大日本帝国の慰安婦」という役割を押しつけて共同体の外へ追いやり、その後も五〇年間も差別と忘却で歴史から排除してきたことも〔…〕忘却の彼方へ葬られるだろう。しかし本当の意味で元慰安婦たちに向き合うためには、ノイズにこそ耳を傾けるべきだ」（第2部第1章3節「ノイズの消去」、一四六頁）。先の文章Bはこの3節の中（一四二頁）にある。

注　今年（二〇一五年）七月に、東京で、日本の戦後を考えるシンポジウムがもたれ、朴裕河は、朝鮮半島や中国からの「引き揚げ者」への注目を促した、という（朝日夕刊、八月一八日）。記者の藤井祐介はこう記している。――「日本の中に生きる場所を見いだせなかった」ために中国などに渡り、植民者としての位置にいて、戦後財産を失い、帰国しても「お荷物」とされた人たち。朴さんは、戦後日本は、そうした引き揚げ者の存在や植民地のことを考えることなく、「定住者中心の単一民族国家幻想」を抱いてきたと指摘。引き揚げ者から見える「忘却された支配の記憶」を考え直すことが必要だと話した――。藤井によると、これに対し司会の中島岳志が、「戦後民主主義的な歴史観と、歴史修正主義者たちの歴史認識は、どこかでつながっているのではないかという問題認識」で朴さんと共通すると話した、という。

ハンナ・アーレントは、大著「全体主義の起源　3全体主義」のある箇所で、忘却の穴という表現をつかっている。矢野久美子（ハンナ・アーレント、あるいは政治的思考の場所、二〇〇二年）も、小玉重夫（難民と市民の間で、二〇一三年）も、この表現につよい関心をよせている。その実体である絶滅収容所、死体大量生産工場にくらべ、忘却の穴という表現は心理的に共鳴しやすいが、実体を直視する方が、全体主義の理解に役立つ。

警察の管轄下の牢獄や収容所は単に不法と犯罪のおこなわれる場所ではなかった。それらは、誰もがいつ何時《なんどき》落ちこむかもしれず、落ち込んだら嘗てこの世に存在したことがなかったかのように消滅してしまう、忘却の穴に仕立てられていたのである。

忘却の穴とは、具体的にはアウシュヴィッツ*の絶滅収容所である。アーレントも「忘却の穴、死体の大量生産工場」と書いている。忘却の穴という表現は、絶滅収容所を「隠蔽するナチスの所業を結果的に擁護することにならないかという批判がなされており、後にアレント自身も「完全な忘却は不可能だ」と修正している」（牧野雅彦、精読　アレント『全体主義の起源』、二〇一五年、二一一頁）とのことである。

注　今はアウシュヴィッツとは言わないが、私の最初のヨーロッパ行は、一九六五年、フィレンツェで世界青年平和大会に出席したあと、ベルリンの壁を通って東独からポーランドに入り、アウシュヴィッツを訪ねた旅だった。このときワルシャワで映画『灰とダイヤモンド』の監督アンジェイ・ワイダにあえたのが望外の幸せだった。

矢野久美子の初々しい著作（前掲、ハンナ・アーレント、あるいは…、二〇〇二年）は、アイヒマン論争についても、目

くばりよく語っている。その一環としてアーレントの「カフカ論」から次文を引き、

> 予言者たちがいつも不幸の予言者であるのは、破局がつねに予告できるからである。奇蹟というものはつねに救済であって、破滅ではない。というのは、破滅ではなく救済だけが、人間の自由と、世界とその自然的結末を変える人間の力とに、かかっているからである。

「アーレントの政治的思考が、「全体主義」の戦慄からだけでなく、いわば「聖なる歴史」であるユダヤ的「主流」への批判から始まっていることを示している」と指摘したのは、鋭いし、「この時期〔一九四〇年代後半〕にアーレントが書いたものに、「人間の力」「意思」「自発性」を鼓舞する箇所が目立つのは、反ユダヤ主義を永遠のものとして受容するような潮流を意識しているからである。しかもそうした折にアーレントは、「受難」の特権化にもつねに警告を発している」（一〇二頁）と述べて、次を引いたのは、周到というべきである。

> 人間的な真なるものは、例外のなかにはけっしてありえず、迫害された例外性のなかにもありえず、それはただ普通のもの、普通であるべきもののなかにある。〔アーレント、隠された伝統、一九四八〕

救済だけが人間の自由と力にかかっているし、人間的な真《ほんとう》のものは、例外ではなくて、普通（普通は日本でできた熟語だが今は中国でも使われるようになった）の中にだけある。人間の自由と力と真なるものと、アーレントがあげたこれらは、現世Weltを形造り、その支柱となるものである。そこで当然にハンナ・アーレントは、「公的空間は、死すべき人間の一生を越えなくてはならない」につづけて、現世について論述した。

現世は潜在的に不死であると確信し、現世の枠をこのように乗り超えない限り、厳密にいって、いかなる政治も、いかなる共通世界も、いかなる公的領域もありえない。…共通世界とは、私たちが生まれるときにそこに入り、死ぬときにそこを去るところのものだからである。それは、過去の方向においても、未来の方向においても、私たちの一生を超越している。つまり共通世界は、私たちがやってくる前からすでに存在し、私たちの短い一生の後にも存続するものである。それは、私たちが、現に一緒に住んでいる人びとと共有しているだけでなく、以前にそこにいた人びとや私たちの後にやってくる人びとも共有しているものである。（ちくま学芸文庫版・人間の条件、八三頁）

小学生の時の大半を、私は、北海道最北の町、稚内で過した。父が鉄道省の連絡船に乗り組んでいて、下関（関《かん》釜《ぷ》連絡船）から稚内（稚泊《ちはく》連絡船）に転勤となったのである。南から来た子供に、寒さで指がちぎれそうに痛む厳冬の吹雪は堪えがたかったが、夏の月のない夜には、天空をちりばめた星々を横ぎって、天の河がひと筋白く暗く光っていた。子供心に無限を感じとったところとして、稚内が懐かしい。宇宙物理学者のスティーブン・ホーキンスも、子供のとき、長い坂への下り口で、やや水平にひらけた満天の星々を眺め、この無限の宇宙を知りたいと思った、という。

敗戦後、復学してのある日、午前だったと記憶しているが、哲学研究室にいた。音もせずにドアがあき、しかし颯爽とした感じで入ってきた人がいた。歩きながら、どなたか虚ろであって虚ろでない空間を考えてくれませんか、とよく透る声で言い言い、奥の教授室の方へ姿を消した。確かめて理学部の湯川秀樹さんと知った。湯川さんにあった、というよりじかに見たのはこの時だけだが、虚ろであって虚ろでない空間という発想から受けた一種の衝撃は、ずっと後年まで持続した。それで、こわいもの見たさならぬ、分らぬもの見たさで、素粒子物理学の啓蒙的な記事、文章、本をのぞくくせがついた。昨日亡くなった南部陽一郎さんの、質量の起源を求めての自発的対称性の破れという発想、クォークの性質を色の類推で考える量子色力学、クォークを点ではなく弦と考えた超弦理論など、学問的にはなに一つ分らないが、村山斉（宇宙は何でできているのか―素粒子物理学で解く宇宙の謎、二〇一〇年）、多田将（すごい宇宙講義、二〇一三年）、郡和範（宇宙はどのような時空でできているのか、二〇一六年）さんたちのおかげで、なんとはなしに湯川さんの発想を思い出す。素粒子の解明が反対極のような宇宙の解明に通じるのは、無限、無量の世界と有限な個との関係を考える哲学の課題と、どこかで通じていると思われる。

無限を感じる、あるいは感じ取っても、その無限を認識するのはきわめて困難である。村山さんの本によると、宇宙はビッグ・バンで始まり一三七億年をかけ現在の大きさまで膨張したが、そうと認識されたのは、原子を考えた古代ギリシアの哲学者・物理学者デモクリトス（ＢＣ四六〇〜三七〇）から二四〇〇年たった、ジョージ・スムート、ジョン・マザー二人がつきとめた「マイクロ波宇宙背景放射の異方性」によってだそうである。

宇宙の悠久の時（一三七億年）と無涯の拡がり（日本国立天文台のすばる望遠鏡は、二〇〇五、六の両年に、地球からの距離が一二八億光年前後の銀河やクェーサーを発見している。ちなみに宇宙の膨張は加速しているそうだ）の中で、日本書紀の地名の三段表記（cf.筑紫の日向の小戸）で言えば、あまり大きくない天の川銀河（隣の四倍も大きいアンドロメダ銀河に引かれて四〇億年後に衝突する）の、はじっこの太陽系の、まだ五億年程度の寿命と点ほどの眇たる惑星・地球がある。この地球に仮設されたのが、ハンナ・アーレントが言い私が言う現世《このよ》である。現世は、単なるイマでもなければ単なるココでもない。現世こそは有限な人間が無限・無量の世界《ヴェルト》の中に築きあげ仮設した唯一の歴史的な場所、である。

そして有限の個からすれば、仮設の現世ですら、三万年前の新人（ホモ・サピエンス・サピエンス）以来の時と全地球的規模とでしつらえた時空経験の凝縮なのである。現世とは、三万年に及ぶ時間・歴史がたたみこまれた今、五億余㎢の全地球的空間での全人類の営為をたたみこんだ此処、である。アーレントは、公的空間、現世、共通世界といろいろ言うが、現世は「死すべき人間の一生を越え」「潜在的に不死であると確信し」ている。個の限られた生命（たかだか一〇〇年）は、宇宙時間からすれば一瞬（眇）にもならないほどの有限だが、個の時間からすれば永劫と言いうる人類の生命・歴史時間を、身心とともに前世代から受けつぎ、次世代に受け渡す。その歴史的な継受の場所が現世である。個はそれぞれの生き方で無限にいどみ、それぞれの個性で無限の片鱗をなぞり、表現する。人類知の總体は、現世《このよ》に有るIn-der-Welt-Sein個人《ダーザイン》が心身かけてとらえた「無限の片鱗」の集積である。

一〇六年ぶりに朝日が連載したので、漱石の作品でさいしょに読んだ「三四郎」を、七四年ぶりに再読している。上野精養軒での会で、野々宮宗八（寺田寅彦）の問いへの、偉大な暗闇こと広田先生の答え（明治四一年一一月二九日掲載、三四郎九の三）を、二〇一五年二月四日立春の日に読んだ。こうである。「だって、光線の圧力を試験するがために、眼だけ明けて、自然を観察していたって、駄目だからさ。自然の献立のうちに、光線の圧力という事実は印刷されていないようじゃないか。だから人巧的に、水晶の糸だの、真空だの、雲母《マイカ》だのという装置をして、その圧力が物理学者の眼に見えるように仕掛けるのだろう。だから自然派じゃないよ」

明治四一年（一九〇八）当時の水晶の糸を、一世紀余り後の今に言うなら、飛騨市の神岡鉱山跡の地下一〇〇〇mに作られた、素粒子観測装置スーパーカミオカンデになるだろう。およそ一万一千個の高感度光センサーを五万トンの水槽に備える実験装置である（村山さんの本三九頁に写真がある）。素人の記憶ちがいかもしれぬが、先日、重力波をとらえる実験にも名があがった。あるいはスーパーをさらに二〇倍大型化するハイパーカミオカンデの設置が動きだした。直径約五〇m、長さ約二五〇mの二つの水槽に百万トンの水を蓄え、内側に約一〇万個の高感度光センサーを備える。茨城県東海村のJ―PARCの加速器から、ハイパーカミオカンデに向け、ニュートリノなどのビームを飛ばし、「ニュートリノと、その反粒子である反ニュートリノの違いの測定や、世界初の陽子の崩壊の発見」をめざす（以上、二〇一五年二月五日の朝日科学欄、小池竜太「ハイパーカミオカンデ」目指す、による）。

広田先生の言うように、「自然の献立のうちに、光線の圧力という事実は印刷されていない」ので、個が「眼だけ明けて、自然を観察していたって、駄目だから」、人工的（漱石先生の人巧的の方が含蓄がある）に、「水晶の糸だの、真空だの、雲母《マイカ》だの」、という装置をして、その圧力が物理学者の眼に見えるように仕掛ける」。すなわち、無限の作用が人間の眼に見えるように、ハイパーカミオカンデだの、物理学だの、数学だの、哲学だの、政治学・歴史学だのを仕掛ける。現世とはすべての仕掛けの総体なのである。

〔'15・7・9、加筆〕

私がいつ無神論したがって無信仰になったのかは分らない。いやなったのではない。そもそもの「始まり」から、神仏、信仰はなかった。哲学を学ぶようになったとき、西欧の哲学がつねに理論の背後に神をおいているのに、困惑した。津田左右吉さんは、私たちの先祖は天に関心をもたなかったと指摘したが、その現実主義というか、地上（すなわち天下）主義を私はひきついでいるようだ。天上の星々を仰いで無限を感じても、そこに神を思い描くことはなかった。

信仰は、つねに、彼岸、来世、天界といった超越界の力による魂の救済を期待する。人間は身体と不可分で死とともに身体が亡ぶのは知っているから、この世ならぬところでの魂の救済をまつのである。現世の艱難も信仰を堅持することで乗り切り、彼岸での救済にたどりつく、とする。

私は、現世以外に人間の救済の場は無い、と考えてきた。その時どきの現世で、人類は、有限の力いっぱいに、過酷な自然・人為の環境に働きかけては、圧倒的な力で反撥され、翻弄される経験を、歴史として繰り返してきた。反撥され翻弄されての無力感、不安、絶望の中で、人類の精神的生産が産み出したのが、神と信仰を柱とする宗教である。現世の苦難は繰り返し続いたから、宗教は長い歴史的期間に存続し、その組織は拡大しつづけた。しかしというべきか、だからというべきか、神仏もまた現世の歴史的な産物である。神仏、宗教もまた現世に仮説された一つである。神仏がどんなに超越的な絶対者として描かれようとも、つまるところ、神仏は現世に還らざるをえない。弥勒仏は現世に下生し、天帝は現世の聖人に天命、革命を下し、天神の子キリストは三日で現世によみがえる。現世こそは、有限な人間が、無限の世界の中に築きあげた、唯一の歴史的な場所である。現世で救済できずしてなんの救済か。

　現世での救済は、むろんそれだけではないが、その時どきの政治の力によるところが大きい。神仏の絶対的な力による（例えば弥陀の本願）救済は、信仰しさえすれば、楽だが、人間のそれも政治の相対的な力による救済となれば、すでに凡百の史書、政治史が示すように、千筋万筋の試行錯誤が重なり、容易ではない。ハンナ・アーレントが「人間の条件」で示した、西欧人があこがれる古代ギリシアのポリスの政治議論という一筋では、事は解決しない。信仰による救済（につく容易さ）に較べ、人間の活動力による現世での救済は、はるかに絶望的に困難である。

　私は諸世界宗教の中で、仏教がもった思考力がもっともすぐれていたと考える。キリスト教をふくめて宗教の名による戦争が、昔も今も絶えないが、仏教の名による戦争はなかった。部分的に一向一揆のごとき類はあったが、これは宗教的というより封建領主への政治的抵抗とみるべきだろう。

　仏教のいう衆生《しゅじょう》は、人間に限らず、生きとし生けるものすべての生命体をいう。そして一切ノ衆生ハ悉ク有《も》ツ二仏性一ヲ（涅槃経師子吼菩薩品）と考えた。この認識はすばらしいが、大乗の大涅槃経《ねはんぎょう》四〇巻が北涼の曇無讖《どんむせん》（三八五～四三三）によって訳されると、衆生 sattva を有情《うじょう》（意識を有つ存在）sattva に限り、非情の存在を除外する考えもでてきた。sattva の旧訳が衆生で、新訳が有情となった。これに対し、三論宗の吉蔵《きちぞう》（五四九～六二三）が、非情成仏、草木成仏を唱え、唐の天台中興の学僧湛然《たんねん》（七一一～七八二）の無情成仏論は、最澄によって日本天台宗にひきつがれた（なお吉蔵の弟子だった高麗僧慧潅《えかん》が推古三三年（六二五）に初めて三論を伝え、飛鳥寺に住居した──紀、㈣一一四六頁）。

四世紀の第二期大乗仏教の経典に、如来蔵《にょらいぞう》 tathāgata garbha、仏性《ぶっしょう》 buddha dhatu という概念がみえる。dhatu の語は、置く場所、基盤、土台を意味するそうだが、仏教用語に使われて garbha（胎、胎児）の意味をもつようになったらしい。tathāgata garbha は如来、すなわち仏である。そこで tathāgata garbha は、如来（仏）と胎との複合語で、「如来を胎に宿すものの意で、衆生の説明語である」（岩波仏教辞典、如来蔵の項）。まったく同様に buddha dhatu は、仏陀（仏）を胎に宿すもので、こちらは仏性と訳されている。如来蔵経が「一切の衆生は如来を胎に宿している」というのと、涅槃経の一切衆生悉有仏性《いっさいしゅじょうしつうぶっしょう》（すべての衆生に仏となれる本性がある）とは、まったく同義である。衆生にはすべて仏性がある。

大乗仏教の衆生─仏性─成仏と、『存在と時間』の現存在─気遣い sorge ─時熟とは、同じ存在論的構造をもつ。気遣い《ゾルゲ》はハイデガー存在論に独特の概念だが、平たくいえば、自分の在り方が気になり、在りうべき在り方を気にすること、である。[*1]「気遣いの構造の根源的な統一性は時間の内に潜んでいる」から、気遣いは、現存在を時間性、歴史性へと脱現在化 Entgegen-wärtigung する。「今日《イマ》を単に今日《イマ》としてだけでなく、死への先駆[*2]と反復を通じて、遺産としての可能性の授受という伝承の働きの中で捉えることによって、先人たちの思いとともに、今日が別の相貌をもって立ち現われる〔begegneu〕ことを指す」（高田訳七一〇頁、傍点山田）と、高田は解説している。

『存在と時間』は、二〇世紀の哲学にふさわしく、超越的な存在なしに、現存在が気遣いで脱現実化し、今だけの存在から、一方では死、他方では人類が営々と築いてきた歴史的蓄積を受けとめる。現存在（衆生）は、その根底において時間的であるからこそ、時熟 zaitigen して歴史性に実存するものとなる。

注1 鶴見さんの「もうろく帖」の中、一九九八年七月一〇日にこうある。鶴見さんのゾルゲだ。

自分という存在の形に
なじむか?
なじまないか。それが
哲学の問題。
少なくとも私の

注2 同じく、一九九七年九月二日にこうある。鶴見流のエントゲーゲン・ヴェルティヒウンクだ

無は、得るということだ。
生を失うというのは、存在を得るということ。
Not to have is to gain
けさがたの夢にあらわれた言葉。

ついでに記すと、鶴見さんはいつか、外国に向けて飛行機の車輪が羽田の滑走路を離れると、自然と英語で考え出している、と話して、私を驚かせたことがあった。

現世での人間の救済について、ただでさえもの凡脳が老来衰えて、どうしょうもない。もうろく帖にちなんでなら、——もじって言えば、現世の人間の・現世の人間による・現世の人間のための救済、が人間の救済である。

小学生のときには稚内で天を仰いだが、中学生のときには函館（小学五年の三学期、父が青函連絡船に転勤）で地上を

探索した。植物研究会に入って、土、日曜ごと胴乱を背に山野をめぐった。仲間の石塚和雄は初志を貫いて植物生態学の専門家になった。私が水戸高に入学するとき、青函《せいかん》連絡船の乗場まで送りに来て、河合栄治郎の学生叢書を二冊くれた。これがチャンバラ小説以外の「むずかしい本」を読んださいしょだった。石塚は学者として山形大学に教授籍をおいたが、東北の山という山を踏破して植物の生態を極めた。「道の思想史」に次いでの著「花の文化史」を送ったら、やったぁと思った、と便りをくれた。

「花の文化史」が機縁になって、館脇操、前川文夫、中尾佐助ら独創的な植物学者と知り合えたのが、私の生涯のきらめくような時間となった。北方植物学の泰斗、館脇さんには、花の文化史連載中、札幌郊外、野幌《のっぽろ》の北大自然植物園を案内していただき、ぜいたくな案内人から、その学識の一端にふれることができた。石塚と中学の植物研究会でいっしょでしたというと、彼はいい植物学者になりましたと返事された。戦前、北千島列島やカムチャツカ半島へは、定期の航路などなく、農林省の巡視船で行くほかはなかった。植物分布の空白区アリューシャン群島の植物採集を志した館脇さんも、スウェーデン博物館のぼう大な極東アジア・コレクションにない千島列島の動物の蒐集を志した鳥類学者のステン・ベルグマンも、巡視船白鳳丸船長山本清内（のち鹿児島大学水産学部長、妻の父）の厄介になった。ひいてはそんな縁で大先生の館脇さんが私の案内役をつとめてくれたのである。岳父の葬式にたまたま来日していたベルグマンが館脇さんと並んで参列してくれたのも縁というべきであろうか。

前川文夫・地球上の植物の分布と進化―古赤道分布説は、一九六七年に発表され、その一般人向けの「植物の進化を探る」（岩波新書）は翌六八年に出た。三千万年前に移動を完了したのが今の赤道で、地球上の植物分布が示す古赤道があった、という衝撃的な知見が示されていた。近代哲学はデカルトのすべてを疑えから出発したとはいえ、いまの赤道を疑ったものはいなかった。よって私は花の文化史を、前川・古赤道説から始めたのである。

一九七二年、私は四国で、ある短大の創設に関わっていた。四国への車中、大阪の本屋でもらった図書（一九七二・七）をひらくと、前川・ミシャグチの神にかかわる植物（のち「日本人と植物」４）がのっていた。さっそく読み始めたが、数行読んで思わずリクライニング・シートをもどして姿勢を正した。前川さんが私の花の文化史を「愛読」している、と書いていた。翌年思いがけなく、日本人と植物（岩波新書）を恵与され、とうとう前川さんと座談会でおあいし、この独創的な植物学者とのつき合いが始った。

栽培植物の種類と起源から、人類の文化を区分しようとしたのが、育種植物学の中尾佐助である。革命直後で金がないのにレーニンが研究費を出したほどのパブロフをこえる業績だった。私の見るところ、中尾説の中でやや肥大して捉えられたのが照葉樹林文化論である。これはついにイネの栽培化をも雲南半月弧に求めようとまでしたが（イネの栽培化は長江中・下流域に起源することが考古学的発掘で解明された）、前川さんは早くから、雲南の植物圏には主食がないと言っていた。中尾さんとの初会も、古代日本人と植物について、植物学の前川、中尾、人文学から中西進と私とでもった座談会においてだった。

ふりかえって、天上ではない地上の具体相を、館脇、前川、中尾さんたちの独創的な研究成果からうけえたことは、地球上の現世を重視する私にとって、楽しくも幸いなことであった。「花の文化史」は富士ゼロックス「グラフィケーション」に連載された。その機会を作ってくれた編集者田中和男さん、高田英子さんに深く感謝している。

私が西田幾多郎の哲学で最初に接したのは、その哲学論文集第三（一九三九年）である。一九四一年に水戸高に入ったとき、川又書店の書棚に、並んでいた。はじめ地理学者になるつもりでいたから、岩波文庫のヴィダル・ド・ラ・ブラーシュの人文地理学原論や、水（戸）高図書館から借り出した地理学書を読んでいた。その一冊にオットー・グラーフ、地理学の概念があった。読んでもよく分らない。H・リッケルトの哲学に拠って書いたとは分ったので、四二年の夏休み、函館へ帰省するのに、水戸から青森まで満員の夜行列車で、リッケルト・認識の対象を読み始めたが、これまた理解に苦しんだ。

さんざん探して、全体が茶褐色に褪色した岩波文庫本・認識の対象（昭和一七年五月三十日、第十三刷、発行四千部とある）を見つけだした。はじめ大正五年（一九一六）五月に、単行本で刊行された。訳者は山内得立。西田幾多郎が書いた序は、文庫版でも付いている。それで、あゝ川又書店の棚にあった本の著者だと思い出し、夏休みからもどって購入し、分らないなりに理解しようと努力した。こうしてだんだん地理学から哲学の方へワープしだしたのである。

その山内得立先生が、西谷啓治さんを副に、卒論の主査となった。私の卒論は、論理の面で、否定の否定は絶対否定だとの西田・田辺師匠の考えを批判していた。審査の席上、西谷さんに絶対否定論の側からきびしく批判されたが、山内さんがガイストリッヒな論文だと擁護してくれた。審査がすんで思い出したが、山内さんは古代ギリシア哲学の講義の中で、ときに田辺さんの絶対媒介の考えを、ひやかし気味に論うことがあった。

哲学論文集第三所収の二番目の論文は、歴史的世界に於いての個物の立場（一九三八年）である。今からみると含意の深い論文名だ。下村寅太郎・ライプニッツ（一九三八年）の影響で、西田はこの論文でにわかにライプニッツのモナドロジー（単子論、一七一四年）に関説している。私は、ライプニッツにも暗いが、そう言えば編集者として丸山さんの本の次に担当したのが、「戦後の本格的なライプニッツ研究の先駆け」（酒井潔、ライプニッツ、二〇〇八年）といわれた、山本信・ライプニッツ哲学研究（一九五三年）だった。これも校正するよりも読みこんでしまうことが多く、まことに編集者としては失格だった。二〇一四年は、モナドロジー三〇〇年に当るというので、『理想』（六九一号、二〇一三年九月）が特集をし、また丹念さと詳密さでおどろくべき河野与一訳注の単子論（一九五一年）も、（私の出生日二日前）二〇一四年二月一九日に、リクエスト復刊がなされた。一九三八年時の西田、現在の研究者、素人の私、誰でもが、ライプニッツといえば都市の比喩に関心を寄せる。

違った側《がわ》から眺めると、同じ都市がまったく違った都市に見え、眺めの数としては何倍にもなったかのようだ。それと同じように、単純な実体〔モナド〕は無数に多くあるので、その数だけ違った宇宙があるかのようになる。しかしながらそれは、各モナドの視点から見た、唯一つの宇宙のさまざまな眺めなのである。（モナドロジー、57節）

七〇余年ぶりに、西田の第二論文を読みかえし、おもしろい文に気づいた。「絶対は之に近づくと云ふことのできないのみならず、是に向ふと云ふこともできないものである」（全集九巻、一〇三頁、傍点山田）。「我々がこれに向はんと欲すれば背く絶対矛盾的自己同一」（九七頁、傍点山田）。絶対の前の衆生、無限を前にした有限な現存在《ダー・ザイン》の困惑、畏れが、密教、大日経の語を借りると如実《にょじつ》ニ知《ち》ル二自《じ》カラノ心《しん》ヲ一（あるがままに自らの心を知る）にとらえられている。こういう師匠のテンションが好きだ。若い日の参禅以来、常に惑う。悟りに遠い。悟ろうとして悟られぬ。近づくのはむろん、向かうことすらできない。向かえば向うほど背かれる。あれこれ惑い、悩み、絶望する。そんな無明のなかで、如実 **Yathā-tatha**（あるがまま）に惑う自分の心を覚知することが悟りなのである。悟りすなわち仏である。

つまらぬ本をずいぶんと出してきたが、書名を考えるのは楽しい事の一つだった。本書の副題（ジョン・ロックのように日本書紀を読んだなら）の方は、一五年ほど前、雲南省に元陽の棚田を訪れたさいの旅仲間に、この書名で出すと告げた。しかし私の心積り（本書のまえがきの前半、つまり私の紀現代語訳あとがきに書いた）は表せても、本の内容の表現としては、分りにくい。分りやすいのは、日本書紀の研究だが、いかにも野暮である。考えあぐねてしばらく放っておいた。

私の書紀講読は、主に朝日カルチャーセンター（千葉、新宿、横浜、湘南）でつづいた。武内義範流に、一字一句をゆるがせにしない読み方をしていると、読み終えるのに、はじめは七、八年だったのが、いまは倍以上かかる。長丁場だからときに脱線して与太噺にワープする。こんな風に。

「長く紀を読むのを趣味としてきたが、私一己では、紀程度の古典でも、すべてに通暁することはとてもできない。果てしない無限に近い。有限な人間がひとりで無限の全体など知るべくもない。無限など知りえないから有限なので、無限は無限だけが知る。しかし無限に自知、自覚、自意識はない。無限は自己に無関心である。そうするとどうなるか。限りはあっても、有限として知ろうと努めるほかはない。マルクスもそう見ていたように、有限な人間の本質は世界の意識機関であることだ。有限のまったくの力不足を補うのは、ライプニッツの都市の比喩がいうように、無数のモナドが無限の宇宙のそれぞれの表現を互いに表出し合うほかはない。

群盲撫象という語がある。尻尾をつかんだ者は細い管だと言い、足にふれた者は太い柱、耳にふれた者は風呂敷のようなもの、鼻にさわった者は太い管、と言う。一人では全体のある小さな部分しか把握できないが、多数の個それぞれの撫象を合せたなら、象の全体がその細部とともに浮びあがるし、他と異なる撫象は、他人に替えがたいそれぞれの個の個性《アイデンティティ》となる。群盲撫象とモナドロジーとは相通じるのではないか。」

話しているうちにふいと気づく。そうだ、書名は、日本書紀の研究ひとつがいい。

〔二〇一四年加筆〕

私の論敵は一八世紀の本居宣長である。三〇年前、日本書紀のことだけにしようと決めた年の一日《いちじつ》、思いたって宣長さんの奥墓《おくつき》に詣でるべく、松坂を訪うた。奥墓は市の南西、山室町の里山の一つにある。嵐のあった翌日で、妙樂寺の裏手を上っていく細道に、吹き千切られた小枝や、葉や、小さな蝮の死骸まであった。森閑と静まりかえって、人影も人声もなかった。

上り切ると、少し現代風に整えられた墓があり、宣長さんが好んだ山桜が一本、墓の右手奥にあった。足立巻一さんたちは、学生のとき、宣長さんの命日（九月二九日）になるとは、暁闇のうちに出発し、二〇㎞ほどを歩いて山室山の奥墓に詣でたという。このとき、山桜の苗木をのせた大八車を先頭に行進し、墓前に献じたと「やちまた」に記されている。しかし私が訪ねたとき山桜は一本しか植わっていなかった。墓のまわりに杉の木を植えたため、山桜もひょろめきながら伸びて、はるか上の方で枝をひろげている。伸びてひろげなければ、朝陽に匂えないのだろうが、それにしても上すぎるかなあと、首をさかさに折りながら見上げるうち、ふいと気づく。そうか、宣長さんは仰向けなのだろうから大丈夫だ、と。

膝を折り曲げて墓所に威儀を正し、宣長さんに、あなたの記尊紀侮説にさからいますが、後代の小僧めがと笑い納めてくださいと、頭を垂れてきた。宣長さんの記念館を入った正面に、宣長さん関係の系図が掲げられていて、ずーっと見ていくと、かみさんの洋子さんとコーラスグループでいっしょだった本居若葉さんの名も、養子本居大平系のさいごにちゃんと記されていた。松坂城一帯の佇まいは清閑に静まりかえっていて、心ひかれるところだった。

駅へ戻る道筋、とある肉屋の二階で旨いすき焼きを食し、松坂っていいところだなあ、と思った。

（卆寿の出生日に、還暦の年の一事を想起して）

ひさかたの由布院である。雪の筋二つ三つを頂きにひく由布岳が、裸木の枝ごしに見える。四〇代の半ば過ぎ、四国のある都市に短大を作るのを手伝った。新設校は受験生を集めるのに一苦労だ。高校を訪ねて、四国中はむろんのこと、ついには豊予海峡（これを速吸之門とする謬説がある）を渡って大分県に行った。別府の高校を訪ねたあと、由布院の盆地をめざして、由布岳の裾を廻り、逆落しのように降って、ごく自然に小さな川沿いの宿、玉の湯に遭遇した。繊細に作られた雑木林の間に、離れ屋を配したこの湯宿の佇いに心ひかれ、いくたびか足を運ぶうち、宿主の溝口薫平、喜代子夫妻との交流が生じた。同じ時代に己の目的を持して歩き抜いた者同士の共感を覚えているが、またその謙譲な生き様《よう》が好きだ。わが紀伝を書きあげたら、あとがきは玉の湯で記すことに、決めていた。薫平さんが寄せ書き帖をもってきて、何か書けと言う。こう書いた、――

われわれ、この世に有るものは、
みな、眇たる存在に過ぎない。しかし
有るものは、それぞれ、有るがままに
無限の世界を表現している。

二〇一三年二月二一日、八十八度目の出生の日に
由布院、玉の湯にて

山田宗睦

付け書き

本書中、紀中の語で通説の訓みにしたがわず変えたものが二、三ある。思い出すままあげておく。

1、天。たいていはアマと訓む。天はアメなりとの記伝の語を訓みのこととして天とあればアメノと訓む悪い癖にしたがわない。記を以て紀を訓むべからずが、わが紀伝の原則。

2、大神。天照大神は天照オオミカミ、一例で猨田彦大神はオオカミと差別訓みはしない。これも記の大御神を紀の大神の訓みにもちこす悪いクセだ。アマテラスオオカミと訓む。

3、筑紫。断固としてチクシ。このチクにあてた漢字筑、竹（欽明一五年一二月、竹斯物部、竹斯嶋）、竺（欽明一三年一〇月、天竺―上に天のn音があるので濁音になったが、元来チク）に共通する音はチク。いわゆる天孫降臨の条で、筑紫ノ日向の日向を宮崎県に当てたため、筑紫を九州の總称と誤った（大系本など）が、チクシは今の福岡県である。だから後に筑《ちく》前、筑《ちく》後と分れたのでツクゼン、ツクゴにはならなかった。

4、瀛《エイ》。天武の名の中にある。通説の訓みではオキノ。この文字に沖の意はない。道教に東海の中にある仙人の住む三島の一つとしてこの文字をもつ島が出るが、広韻に瀛、大海とある。大海は天武の皇子のときの名でオオシアマと訓む。よって天武の名、天渟名原瀛真人は、アマノ・ヌナハラ・オオシアマノ・マヒトと訓む。

5、新羅。シラ。通説シラギは新羅城の訓みにすぎない。広開土王碑が述べる新羅をめぐっての倭と高（句）麗との軍事的衝突以来、また百済三書が記す加耶をめぐる百済、新羅戦争まで、新羅城をめぐる攻防があり、その呼び名シラキを、新羅そのものにまで及ぼしたのがシラギの訓みである。新羅は斯盧とも書くが、これをシラキと訓めるはずはなく、当然にシラ。

6、高麗。コマとは訓まない。はっきりした根拠はない。おそらく百済が建国以来の宿敵、高麗を、敵性の蔑称で狛と呼んだ。出典は百済亡国後に作られた百済三書であったかもしれない。狛《ハク》はすなわち国訓で高麗《こま》である。よって高麗はコウラ（イ）

（Kōrai → Kōra）と訓むことにした。なお中国史書の使う高句麗よりも、三国史記の高麗の方をとる。文献的根拠はないが、コウラ（イ）、クダラ、シラ、カラ（加耶、加羅）、もう一つタムラ（耽羅）と並べて、今の朝鮮語でラは地名語尾のようだが、朝鮮諸国の国名語尾にラのつく根拠があるのかどうか。また百済をなぜクダラと訓むのか。併せて教示を乞いたい。

なお付言しておきたい。私は多く各種の専門書を読んだが、注釈や図出典一覧などが巻末もしくは章末に付されていると、いちいち後ろを繰り返し見なくてはならず、煩わしい思いをした。本書はその頁もしくは次頁ぐらいで注や図表（その出典）が見て取れるようにした。もっとも、長い注釈が二、三頁にわたるばあいがあり、かえって煩しいかもしれないが、その節はとばして読み進んでください。また文中、清書原稿に残っている限り執筆年月日をいれた。老来の自己のための日記がわりである。この三十年、原稿を書かない時を、ただただ紀を読み、そのつど調べごとをしていたが、原稿を書くのはその区切りを示していて、私一箇には思い出があるが、読者にはジャマ、寛恕ください。

ふりかえると、本書原稿を風人社・大森誠さんに渡したのが、二〇一五年一月。爾来一年九ヵ月をへてまだ刊行に至らないのは、一に私が補論の類を書き加えたからだ。さいごに頁の台割も決り念校が出たのが一六年九月六日。それでも台割の余白を見付けて、すでに亡い伊藤義教・ペルシア文化渡来考（一九八〇）による、紀中の吐火羅関係記事の解明（二千字）をねじこんだ。稀有の成果なのに誰もが紀研究の分野に取り入れずに来た。私の性格を熟知している大森さんは、台割に変更が及ばぬならと眼をつぶってくれたが、これをさいごにせぬと刊行ができない。だがなお書き足したいこと二、三が有る。スズメ百まで生きたなら、この本の外に書き置くとしよう。

（'16・10・1）

制作・風人社編集部

大森誠（進行統括、照合校正、制作全般）
小菅めぐみ（本文組版、テキスト入力、作図・作表、制作全般）
四方愛子（本文テキスト入力）

本文テキスト入力協力者

岩﨑敦史・海野博・斎藤美紀・佐野公子・早見貞之・堀川陽子

山田宗睦（やまだ・むねむつ）

1925年生まれ。幼少期を、下関・金沢・稚内・函館ですごし、1941年旧制の水戸高校（文科乙類）に入学、日本書紀にであう。1946年、京都帝国大学（文学部哲学科）を卒業。編集者、評論家、大学教師をへて、1985年に還暦をむかえ、日本書紀の注釈・研究だけをすることにした。そして30年、90歳、2015年1月に本書の原稿を渡したが、制作中つぎつぎと書きたしたので、刊行まで二年を費やした。なお書きたすことがあり、雑文《くさぐさのふみ》として手もとに書きとどめている（伊勢の物語、其北岸狗邪韓国考など）。
よって——はや冬の　野に細ぼその　一路かな

日本書紀《にほんしょき》の研究《けんきゅう》ひとつ　ジョン・ロックのように日本書紀を読んだなら

2016年12月17日　初版第1刷発行

著　者　山田宗睦
発行所　株式会社 風人社
〒155-0033　東京都世田谷区代田4-1-13
TEL　03-3325-3699
ホームページ　http: // www. fujinsha. co. jp
印　刷　株式会社シナノ

ISBN978-4-938643-73-7　C0021

山田宗睦・著作

『日本書紀史注』(巻第一〜巻第四)

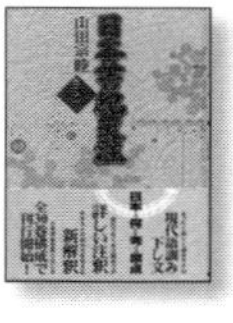

各巻本体定価 6000円＋税／ A5判／上製本・ビニールカバー

巻第一　神代上（512頁）

巻第二　神代上（432頁）

巻第三　神武（352頁）

巻第四　欠史八代及び日本書紀関連地図集（360頁）

日本書紀は、なぜ、どのようにつくられたか、原文の一字一句を詳細に検証しながら、制作者のメッセージを読み取る。

原文は大きく見やすい文字。訓み下しは、現代語、新仮名遣いによる試み。ただし、古訓も参照できる。頭注ではなく、本文構成の注釈は、一字一句ごとに徹底究明。注釈の積み重ねから、従来の学説と突きあわせて、テキストの読み方を変える新解釈。

まち・みち・ひと・とき

本体定価 1900円＋税／四六判／上製本／ 237頁

少年時代に日本の古典に熱中した、昭和と同い年の著者は、それからの半世紀、思索の人として日本各地に過ごした。評論家をやめて以降、青年の頃の夢を、日本書紀注釈の仕事に傾注した。本書は、ここに至った著者の思索の足跡を、静かにしるしたエッセイによってたどっている。